Johann Jakob Mezger

Geschichte der deutschen Bibelübersetzungen

in der schweizerisch-reformirten Kirche, von der Reformation bis zur Gegenwart

Johann Jakob Mezger

Geschichte der deutschen Bibelübersetzungen
in der schweizerisch-reformirten Kirche, von der Reformation bis zur Gegenwart

ISBN/EAN: 9783743427068

Hergestellt in Europa, USA, Kanada, Australien, Japan

Cover: Foto ©ninafisch / pixelio.de

Manufactured and distributed by brebook publishing software (www.brebook.com)

Johann Jakob Mezger

Geschichte der deutschen Bibelübersetzungen

Geschichte

der

deutschen Bibelübersetzungen

in der

schweizerisch-reformirten Kirche

von der Reformation bis zur Gegenwart.

Ein Beitrag

zur Geschichte der reformirten Kirche

von

J. J. Mezger,

Antistes und Professor in Schaffhausen.

Basel.

Bahnmaier's Verlag (C. Detloff)

1876.

Hieronymum veneramur, Lutherum miramur, quod ipsos adire fontes in ecclesia latina et germanica primi fuerint ausi, neutri tamen authoritatem ἀνυπεύθυνον relinquimus.

J. H. Hottinger. Bibl. quadr. pag. 155.

Seinen theuren Freunden

Herrn Antistes Dr. th. G. Finsler in Zürich

und

Herrn Professor Dr. th. J. Riggenbach in Basel

in alter Liebe gewidmet.

Vorwort.

Auf dem enge begränzten Boden der deutsch=reformirten Schweiz haben allmälig drei Bibelübersetzungen kirchliche Geltung erlangt, die Luthersche, die Zürchersche und die Piscatorsche. Vorliegende Schrift macht den Versuch, diese an sich schon nicht uninteressante und innerhalb der deutsch=evangelischen Kirche einzig dastehende Erscheinung in ihrem Ursprung und in ihrem Zusammenhang mit der Entwicklung unserer schweizerisch=reformirten Kirche darzustellen. Die Luthersche Bibelübersetzung theilt zwar ihre Geschicke innerhalb der reformirten Kirche mit der deutschen evangelischen Kirche. Doch dürfte Manches von dem, was über die Geschichte ihres Eintrittes und ihrer Verbreitung in der Schweiz gesagt ist, unbekannt sein. Daß die Geschichte der Zürcherschen Bibelübersetzung bei Weitem den größten Raum in dieser Schrift einnehmen muß, ergibt sich schon aus der Thatsache, daß diese Uebersetzung die einzige ist, welche aus der deutsch=reformirten Schweizerkirche hervorging, aber auch als die einzige deutsche Bibelübersetzung überhaupt dasteht, welche sich während eines Zeitraums von dreihundertundfünfzig Jahren fortwährend mit der Entwicklung biblischer Wissenschaft in Beziehung zu setzen versucht hat. Die Geschichte der Bibelübersetzung des Herborner Theologen Piscator, welche etwa zweihundert Jahre der Bernerkirche diente, jetzt aber beinahe im Verschwinden begriffen ist, bildet eine ganz eigenthümliche Episode in der Bibelgeschichte und hat bisher noch nirgends eine urkundliche Darstellung gefunden.

Die außerordentliche Seltenheit nicht nur der ältesten, sondern auch mancher späterer Ausgaben von den in der Schweiz gedruckten Bibeln wird es rechtfertigen, wenn die wichtigsten unter denselben eine genauere Beschreibung gefunden haben. Es mag dieß manchen Lesern als etwas sehr Trockenes erscheinen. Allein es war nicht bloß das bibliographische Interesse, welches den Verfasser bewogen hat, das Aeußerliche der Ausgaben und die mancherlei Zuthaten zum eigentlichen Bibeltexte genauer zu schildern, sondern die Darstellung selbst wird zeigen, daß sehr oft die Titel, Vorreden, Summarien u. s. w. charakteristische Zeugnisse der in einem bestimmten Zeitpunkt herrschenden theologischen Ansichten, kirchlichen Anschauungen und religiösen Stimmungen sind. Mit wenigen Ausnahmen wurden nur diejenigen Bibelausgaben näher beschrieben, welche selbst eingesehen werden konnten. Der Verfasser ist auch so glücklich gewesen, daß ihm die kostbarsten und seltensten Drucke durch Bibliotheken innerhalb und außerhalb der Schweiz anvertraut wurden. Den Herren Bibliothekaren der Kantons- und Stadtbibliotheken in Zürich, Bern, Basel, Aarau, Zofingen sei an dieser Stelle der aufrichtigste Dank für die wohlwollende Förderung meiner Arbeit ausgesprochen. Ganz besonders gilt dieser Dank dem Oberbibliothekar der Stadtbibliothek in Zürich, Herrn Dr. Horner, dessen unermüdliche Gefälligkeit der Verfasser während mehr als zwei Jahrzehenden erfahren hat. Auch die verehrl. Vorstände der Universitätsbibliothek in Tübingen und der königl. Bibliothek in Stuttgart gestatteten in liberalster Weise den Zutritt zu ihren reichen Bibelschätzen.

Was die Auswahl der zur Charakterisirung einzelner Ausgaben aufgenommenen Bibelstellen betrifft, so lag derselben die doppelte Absicht zu Grunde, einmal die sachliche und sprachliche Eigenthümlichkeit einer Ausgabe hervortreten zu lassen, sodann, und dieß namentlich bei der Zürcherbibelübersetzung, deren fortschreitende Umgestaltung und zugleich die eigenthümlichsten Abweichungen von der Lutherschen Uebersetzung zur Darstellung zu bringen. Obgleich, um dieser Schrift nicht einen allzugroßen Umfang zu geben, eine Menge ausgewählter Stellen wieder ausgeschieden wurden, so möchte manchem Leser des Guten doch zu viel geschehen sein. Freunde, welche hiebei zu Rathe gezogen wurden, riethen von einer weitern Beschränkung ab, weil sie meinten, bei dem gegenwärtig neu erwachten Bestreben, dem evangelischen Volke eine berichtigte Lutherbibel zu geben, sei es wünschenswerth, daß auf die bisher in weiterm Kreise so wenig bekannte, ja öfters verkannte Uebersetzungsthätigkeit auf dem Boden der reformirten Schweiz in eingehenderer Weise aufmerksam gemacht werde.

Die sprachliche Seite durfte nicht außer Acht gelassen werden, einmal deßhalb, weil ihr theilweise die Ungunst zuzuschreiben ist, welche die in der Schweiz erschienenen Bibelübersetzungen erfahren haben, dann deßhalb, weil darin sowohl die Trennung von der deutschen Reformation und deren Bibel, als auch wieder die Annäherung an dieselbe sich kund gibt. Zudem ist die Zürcherische Bibelübersetzung das einzige Werk, welches in ununterbrochener Reihenfolge die Entwicklung der deutschen Schriftsprache in der Schweiz darstellt, von den ersten Jahrzehenden des sechszehnten Jahrhunderts an, wo diese Sprache noch enge an den alamannischen Dialect sich anschließt, bis zu unsern Tagen, wo der Uebergang in die hochdeutsche Sprache sich gänzlich vollzogen hat.

Eine eigenthümliche Zugabe zu den Schweizerbibeln besteht in deren Illustrationen. Auch diese folgen dem Gang der Geschichte. Erst kommt der noch ganz unbefangene Gebrauch der biblischen Bilder während des Reformationszeitalters, sodann der Widerwille gegen sie in der Zeit streng reformirter Orthodoxie, endlich ihre Wiederaufnahme in der Aufklärungsperiode. Was Woltmann und andere

Kunstkenner für die Ermittlung des Ursprungs der den ersten Bibeln beigegebenen Bilder gethan haben, wurde dankbar benutzt, dabei jedoch auch auf manches Unbekannte aufmerksam gemacht.

Den Gelehrten und Freunden, die vorliegende Arbeit durch viele werthvolle Beiträge unterstützt haben und deren Aufmunterungen allein den Verfasser bewegen konnten, sie durch den Druck zu veröffentlichen, spreche ich noch meinen herzlichsten Dank aus. Nur unter vielen und oftmals länger andauernden Unterbrechungen ist das Ganze zuletzt zu Stande gekommen. Hat dieß auch zu größerer sachlicher Vollständigkeit mitgewirkt, so hat es auch einen hie und da erkennbaren Mangel an Abrundung der Form herbeigeführt. Wenn diese Schrift jedoch trotz ihrer Unvollkommenheiten zur Anerkennung der geistigen und wissenschaftlichen Thätigkeit beiträgt, welche in der deutsch-reformirten Schweiz auf die Verbesserung und Ausbreitung der deutschen Bibel aufgewendet worden ist, und wenn sie zugleich auch etwas zur Förderung der Achtung vor dem heiligen Werke selbst dient, dem von der Reformation bis zur Gegenwart so viele ausgezeichnete Männer alle ihre Kraft gewidmet haben, dann ist ihr Zweck erreicht.

Der Verfasser.

Neuhausen, am Rheinfall,
   im August 1876.

Register.

Einleitung.

Einführung des Christenthums in der deutschen Schweiz. — Die irischen Apostel. — Das Kloster St. Gallen. Errichtung einer Klosterbibliothek. — Biblische Studien und Uebersetzungen der St. Gallermönche. — Die Kloster-schule. — Spätere Geschichte des Klosters: Bischof Salomon. Notker Labeos Bibel-studien. — Völliger Zerfall des Klosters. — Bibelstudien in den übrigen Klö-stern und Stiften der Schweiz: Einsiedeln, Allerheiligen in Schaffhausen, Rheinau, Zürich u. a. — Die Mystik: Tauler, Niklaus von Basel und die Gottesfreunde. — Stiftung der Universitäten. — Gelehrte Geistliche in der Schweiz, besonders aus dem Dominikanerorden. — Die deutsche Prosa im 14. und 15. Jahrhundert und ihr Verhältniß zur Bibel.

Stiftung der Universität Basel 1460 und deren Einfluß auf das Studium der Bibel (Joh. von Wesel, Joh. Crüzer, Gayler von Kaisersberg, Thomas Wytten-bach ꝛc.). — Bibellectionen. — Die Facultät der Artisten. Joh. Heynlin de Lapide. — Der Humanismus in Basel: Seb. Brandt, Joh. Reuchlin, Erasmus. — Blüthezeit der Universität Basel. — Die Schweizerstudirenden auf verschie-denen Universitäten.

Geschichte der deutschen Bibelübersetzung in der Schweiz.

Erste Periode.

Zwinglis erstes Auftreten in Zürich sofort auf die Bibel gerichtet. Die Predigten des Reformators. — Die Sprache Zwinglis und der schweizerischen Reformatoren. — Die Nachdrücke des Lutherschen Neuen Testamentes in Basel. — Zwinglis Verhalten zu denselben bei der ersten Disputation in Zürich. — Adam Petris und Thomas Wolfs zwölf Nachdrücke der Lutherschen Bibel in Basel. — Erste Nachdrücke des Lutherschen Neuen Testaments in Zürich von Froschouer und Hager. Ihr Unterschied von den Baslernachdrücken. — Das alte Testament von Luther in Basel. Erster bis dritter Theil. — Beinahe gänzliches Aufhören des Nachdrucks der Lutherschen Bibel in der Schweiz während der zweiten Hälfte des 16. Jahrhunderts. — Die Illustrationen der Baslerabdrücke (H. Holbein und Urs Graf).

Der Abendmahlsstreit. Zwinglis Hervortreten mit der symbolischen Auffassung. Oecolampads Zustimmung. Kampf in Basel. — Versuche von katholischer Seite, diesen Streit gegen die Reformation zu benützen. — Einigkeit der schweizerischen Reformatoren. — Verbreitung der reformirten Abendmahlslehre. — Einfluß der Verschiedenheit des deutschen und schweizerischen Sprachidioms. — Verschiedene Uebersetzung einzelner Bibelstellen von Seite Luthers und Zwinglis.

Entstehung und Einrichtung der Prophezey in Zürich. Die dafür angestellten Gelehrten. — Leo Judä nach Zürich berufen. — Zwinglis Idee einer Universität. Sein Studium der hebräischen Sprache. — Herausgabe des ersten Theils vom Alten Testament nach Luther bei Froschouer 1525 in Folio. Der zweite und dritte Theil nach Luther vom gleichen Jahr. Verhältniß zu den Lutherschen Originalausgaben. — Die Sedezausgabe von 1527—1529. Deren sprachliche Abweichungen von der Folioausgabe. — Die erste selbstständige Arbeit der Zürcher: Die Propheten und Apocryphen, 1529. Die Rechenschaft der Uebersetzer darüber. Hülfsmittel (die Propheten von Denk und Hetzer). — Proben aus der neuen Uebersetzung. — Die Froschouersche Handbibel von 1530. — Die Foliobibel von 1531 und die ganz neue Uebersetzung der poetischen Schriften. Proben aus derselben. — Zwinglis Vorarbeiten für die Psalmen. — Untersuchung über die Illustrationen der Zürcherbibel (Holbein u. A.). — Die sprachliche Eigenthümlichkeit der Zürcher Bibelübersetzungen. — Stillstand in der Uebersetzungsarbeit nach Zwinglis Tod. Zustände nach der Schlacht bei Kappel. — Der Antistes Bullinger. — Einzelne Ausgaben des neuen Testamentes. — Wiederaufnahme der Uebersetzungsthätigkeit. Die Froschonerausgaben von 1534 und 1536 (Proben aus der letztern) und 1538. — Gelehrte biblische Arbeiten der Zürcher. — Die neurevidirte Ausgabe von 1540 und 1541. — Revidirte Ausgabe von 1542. — Leo Judäs Tod. Seine lateinische Bibelübersetzung. — Stillstand in der Revisionsarbeit. Fortgesetzter Abdruck früherer Ausgaben. — Verhältniß der revidirten Zürcherausgaben zu den gleichzeitigen Ausgaben der Lutherschen Bibelübersetzung.

Politische und kirchliche Zustände der Schweiz. — Die vorwiegend dogmatische, polemische und gelehrte Zeitrichtung der Bibelverbesserung ungünstig. — Tod von Chr. Froschouer. Mangel an Ueberwachung des Bibeldrucks. — Allmälige sprachliche Umgestaltung der Zürcherbibel. — Spätere unveränderte Ausgaben verschiedener Buchdrucker. — Das revidirte Neue Testament von 1574. — Die erste Ausgabe mit Versabtheilung, 1589. — Wiedererscheinen der Pericopen. — Die Wolfsche revidirte Bibel von 1597. Proben aus derselben.

In Zürich selbst. — Glarus. — Thurgau. — St. Gallen. Dessen Schwanken zwischen der Lutherschen und der Zürcherschen Bibel. Lutheranisirende Bestrebungen in St. Gallen. Das Toggenburg, das Rheinthal und die oberthurgauischen Gemeinden. — Appenzell a. Rh. — Schaffhausen. Kämpfe gegen lutheranisirende Bestrebungen. Benedict Burgauer und Dekan Ulmer. Schwanken zwischen beiden Uebersetzungen. — Graubünden. Kämpfe um die Existenz der evangelischen Kirche.

Die Disputation von 1528. Gebrauch verschiedener Uebersetzungen bei derselben. — Aufstellung einer „Prophezey". — Luthersche Bestrebungen. — Der Othersche Catechismus. — Der Megandersche Catechismus. Kampf gegen den

in Zürich. — Veranlassung zu der neu revidirten Bibelübersetzung von 1667. — Versuch, mit Bern gemeinschaftlich zu arbeiten. — Das Collegium biblicum. Dessen Grundsätze und Organisation. — Rascher Abschluß der Arbeit. — Ulmer= bibeln. — Beschreibung der neu revidirten Bibel nach Form und Inhalt. — Stillstand in der Uebersetzungsthätigkeit. — Incorrecte Abdrücke und Maßregeln dagegen. — Rasche Aufeinanderfolge der Ausgaben von 1683, 1691, 1707, 1724. — Anbruch einer neuen Zeit, zunächst nur an der veränderten Orthogra= phie erkennbar. — Die Ulrichbibel von 1755 und die illustrirte Ausgabe von 1756. — Einfluß des Rationalismus auf die Bibelübersetzung. — Die Aus= gabe von 1772 und der Streit zwischen Zürich und Bern wegen derselben. — Die Uebersetzung von J. J. Stolz.

Dritte Periode.

Die von der Synode veranstaltete und durch die Bibelgesellschaft ausgeführte Revision von 1860. Nähere Schilderung dieser Ausgabe. — Die abermalige Revision und die Bibel von 1868. Proben aus derselben. — Verbindung mit der evangelischen Gesellschaft und die Thätigkeit für Ausbreitung der heiligen Schrift. — Bibelgesellschaft in Winterthur. — Verbreitung der Zürcherbibel außerhalb des Kantons Zürich: Thurgau, Glarus, St. Gallen, Graubünden. — Würdigung der Zürcher Bibelübersetzung durch deutsche Gelehrte.

Einfluß der politischen Umgestaltung des Kantons Bern auf die Verbrei= tung der Piscatorschen Uebersetzung. — Der neue Kanton Aargau. — Grün= dung der Bibelgesellschaft in Bern. — Die neue Piscatorbibel, 1823. — Ver= bindung der Bibelgesellschaft mit der evangelischen Gesellschaft. — Ursachen des allmäligen Zurücktretens der Piscatorschen Uebersetzung. — Die letzte von der Bibelgesellschaft veranstaltete Ausgabe 1847, 1848. — Verbindung der sämmt= lichen schweizerischen Bibelgesellschaften der deutschen und der französischen Schweiz unter einander.

Erster Versuch von 1835 durch St. Gallen angeregt, von Zürich aus ge= leitet. — Zurücktreten mehrerer Kantone. Scheiterung des Projectes. — Die evangelische Conferenz. Einführung einer gemeinschaftlichen Feier des Charfrei= tags und Errichtung einer gemeinschaftlichen Prüfungsbehörde. — Zweiter Ver= such der Bearbeitung einer gemeinschaftlichen Bibelübersetzung. — Hiefür auf= gestellte Grundsätze. — Zürichs Zurücktreten. — Aufstellung einer Uebersetzungs= commission durch die evangelische Conferenz. Thätigkeit der Commission. — Allmähliger Stillstand der Arbeit und die neuesten Versuche zu deren Wieder= aufnahme. — Schluß.

Einleitung.

Kenntniß und Studium der heiligen Schrift in der Schweiz vor der Reformation.

Erster Abschnitt.

Die Zeit vor dem Drucke der Bibel.

Daß die ersten Spuren des Christenthums auf dem Boden der jetzigen Schweiz da zu suchen sind, wo die Römer ihre festen militärischen Standorte hatten, darüber kann wohl kaum mehr ein Zweifel sein. Allein die Bekehrung des Volks war erst den Männern aufbehalten, welche von verschiedenen Seiten her unter die einzelnen Volksstämme als Apostel getreten sind. Columban und seine Gefährten, Gallus und Andere sind es, denen unser Vaterland, zunächst in seinem deutschen Theile die Predigt des Evangeliums verdankt. Es war weniger eigentliche Schriftgelehrsamkeit, welche diese irischen Männer aus ihren heimathlichen Klöstern mitbrachten, als die praktische Auffassung der biblischen Wahrheit. Nach den uns erhaltenen Andeutungen und Bruchstücken suchten dieselben vorzüglich durch erschütternde Predigt, durch mahnendes Beispiel und durch energisches Beseitigen der heidnischen Heiligthümer einzuwirken. Der überwältigende Eindruck lebendiger Ueberzeugung von der Gotteskraft des Evangeliums, den diese Apostel machten, that das Meiste. Dennoch darf nicht außer

Acht gelassen werden, daß in den irischen Klöstern, zumal in Bangor, das Studium der heiligen Schrift eifrig gepflegt wurde. Die freiere Bewegung, welche die alte britische Kirche sich erhalten hatte, machte es dieser möglich, sich eifriger auf die ursprünglichen Urkunden des Christenthums als auf kirchliche Satzungen zu werfen. Die Nachwirkung dieser biblischen Studien läßt sich am meisten in dem Kloster verfolgen, welches der geistige und christliche Mittelpunkt für den alamannischen Theil der Schweiz wurde. Bemerkenswerth ist auch die immer wieder erneuerte Verbindung St. Gallens mit den irischen oder sogenannten schottischen Klöstern und die wiederholte geistige Auffrischung, welche die Stiftung des Gallus durch Mönche irischer Abkunft erhielt.[1] Schon unter dem ersten Abt Otmar (720—759) fanden sich Alamannen, Rhätier und wandernde Iren zu einem wohlgeordneten Klosterleben zusammen. Eine Klosterschule wurde gegründet, und die begeisterten, des Lernens meist ungewohnten Männer, begannen mit hingebendem Eifer sich die Elemente der lateinischen und zuweilen auch der griechischen Sprache anzueignen, um die heilige Schrift selbst lesen zu können.[2] Doch erst mit dem rüstigen Kämpfer für die Unabhängigkeit des Klosters von dem constanzischen Bischof, mit Abt Gozbert (816—837) beginnt jener staunenswerthe Eifer für wissenschaftliche Studien, denen wir den so reichen, in neuster Zeit erst recht bekannt werdenden Bücherschatz verdanken. Gozbert ist der eigentliche Begründer der Klosterbibliothek[3], für die er in dem unter ihm ganz neu aufgeführten Klostergebäude einen eigenen Raum bestimmte und für die er zahlreiche Abschriften der heiligen Schriften und der Kirchenväter anfertigen ließ. Was dieser Abt begonnen, das setzte sein Nachfolger, Abt Grimold in der rühmlichsten Weise fort. Von den biblischen Studien der Mönche zeugt der wahrscheinlich in seine Zeit fallende Catalog der Klosterbibliothek.[4] Unter

[1] Dr. Ferdinand Keller: Bilder und Schriftzüge in den irischen Manuscripten der schweizerischen Bibliotheken. Zürich. Antiquarische Mittheilungen. Band VII, pag. 62 ff.

[2] Wartmann: Das Kloster St. Gallen. I. Heft. pag. 4. 1863.

[3] Weidmann, Geschichte der Bibliothek von St. Gallen. St. Gallen, 1846. pag. 1 ff.

[4] Ibid. pag. 360 ff.

den beiläufig 450 hier angegebenen Werken sind etwa 16 Bände bibli=
scher Schriften und etwa 50 Commentare. Von eigenthümlichem In=
teresse sind hier die schottischen Schriften.[1] Das Bedeutendste, das auf
griechische Studien hinweist, ist jedenfalls das von Rettig 1836 heraus=
gegebene Evangeliarium, die vier Evangelien in griechischer Sprache mit
lateinischer Interlinearversion enthaltend, ein Codex, der nach der Ver=
muthung des Herausgebers unter Abt Grimold oder dessen gelehrten
Stellvertreter Hartmut geschrieben worden ist. Von griechischen Texten
ist nur noch ein Fragment Marc II. 8—12 und ein Palimpsest mit eini=
gen Versen des Lucas vorhanden. Andere griechische Texte, deren wahr=
scheinlich eine nicht unbedeutende Anzahl vorhanden war, sind während
der Concilien von Konstanz und Basel fortgekommen. Daß auch
das Studium der hebräischen Sprache nicht fehlte, davon geben nicht
nur die Chroniken Zeugniß[2], sondern es liegen auch einige Blätter
merkwürdiger hebräischer Schriftzüge vor. Den Zusammenhang mit
der irischen Kirche zeigen die Fragmente lateinischer Bibelübersetzungen,
die weder mit der altitalischen Version noch mit der Vulgata des
Hieronymus übereinstimmen, z. B. ein lateinisches Evangeliarium,
welches zwar die Evangelien in der gewöhnlichen Reihenfolge, aber
auf eigenthümliche Weise in Lectionen und Verse abgetheilt zeigt
(z. B. bei Scherrer Verz. p. 22, Nr. 51). Die Bekanntschaft mit der
ganzen Schrift beweist auch deren Benutzung bei außerordentlichen
Gelegenheiten. So ist dem Gedichte, welches wahrscheinlich bei Ge=
legenheit des Besuches von Ludwig dem Deutschen und seiner Ge=
mahlin Emma in St. Gallen verfertigt wurde: Benedictus eris in-
grediens et benedictus egrediens etc. offenbar Deut. 28 zu
Grunde gelegt.[3]

---

[1] Weitmann, a. a. D. zählt deren 20, Arx, Geschichte des Kantons St.
Gallen, I., pag. 190, 26, und Keller, a. a. D. 32 noch vorhandene auf.
Siehe das höchst verdienstliche Werk von Gustav Scherrer: Verzeichniß der
Handschriften der Stiftsbibliothek von St. Gallen. Halle 1875.
[2] Chronicon P. Magni Brüllisauer. Tom I., pag. 528 und pag. 570
und Scherrer, a. a. D. pag. 7 (Codex 9).
[3] Monach. Sangalligosta Caroli Magni b. Perz monum. G. II. pag. 747. cf.
pag. 763 in cod. St. Gallens. ap. Canis. Schubiger: die Sängerschule
St. Gallens. Einsiedeln 1858. pag. 29.

Die Nothwendigkeit, sich dem umherwohnenden deutschen Volke
verständlich zu machen, und das Interesse, letzteres durch die Predigt
des Evangeliums zu erbauen, führte die St. Gallischen Mönche von
selbst dazu, sich die Sprache des Volkes anzueignen. War Gallus
im Anfang seines Wirkens genöthigt, sich eines Dollmetschers zu
bedienen, so mußte er sich doch bald zur Erlernung der einheimischen
Sprache gedrungen fühlen. Ein Beweis hiefür ist das vocabularius
St. Galli, dessen Abfassung dem Gründer St. Gallens wohl mit
Recht zugeschrieben wird, und dessen Erhaltung in einer Abschrift
des achten Jahrhundert auf das fortgehende Bedürfniß des deutsch=
sprachlichen Unterrichtes hinweist. [1] Ungleich wichtiger sind für uns
das dem St. Gallischen Mönch Kero (um 750) zugeschriebene aber,
wie die wechselnde Handschrift zeigt, durch sieben verschiedene Hände
gegangene große Wörterbuch zur Bibel [2] und die Glossen zur Bibel.
Letztere, von denen uns Hattemer sechs, [3] eines mit dem genaueren
Datum (761) mittheilt, enthalten kurze Worterklärungen und erstrecken
sich über das ganze alte Testament, während nur noch über wenige
Bücher des neuen Testaments solche Erklärungen aus dieser Zeit
sich gerettet haben. Ist Wackernagels Vermuthung, daß Ottfried,
Mönch in dem elsässischen Kloster Weißenburg, früher Mönch in
St. Gallen gewesen sei [4] richtig, so würde das früheste Denkmal
der Reimpoesie, das Evangelienbuch, auch mit das Interesse der
St. Galler an dem Studium der biblischen Geschichte beurkunden.
Jedenfalls ist es von Bedeutung, daß dies Werk zwei St. Galler
Mönchen gewidmet ist.

Ganz besonders wichtig ist ein in Wien befindlicher, aber aus
dem durch den iroschottischen Apostel Pirmin gestifteten baierischen
Kloster Monsee stammender Codex, welcher eine alamannische Ueber=

---

[1] Wackernagel, Geschichte der deutschen Sprache. Basel 1848. pag. 36
und dessen: Verdienste der Schweizer um die deutsche Literatur. Basel
1833. pag. 7. Abgedruckt in: Hattemer, Denkmale des Mittelalters.
St. Gallen 1844. pag. 5—14. Bei Scherrer, Verz. Cod. 913. cf. Henning,
über die St. Gall. Sprachdenkmäler. Straßburg 1874. pag. 1 ff.

[2] Hattemer, a. a. O. I. pag. 139 – 218 f. Scherrer, Verzeichniß.
pag. 329 (Cod. 911).

[3] a. a. O. pag. 219 ff.

[4] Verdienste der Schweizer, pag. 9.

setzung enthält, die spätestens in der ersten Hälfte des achten Jahr=
hunderts entstanden zu sein scheint. Wir haben hier ohne Zweifel
das Fragment einer schon im achten Jahrhundert vorhandenen ala=
mannischen Bibelübersetzung. Maßman, der 1841 dieses Fragment
herausgegeben hat, vermuthet wohl mit Recht, daß dasselbe St.
Gallen zu seiner Geburtsstätte hat. [1]

Diese biblischen Studien des St. Galler Klosters hörten auch
dann nicht auf, als sich der Unterricht in der Klosterschule allmählig
über alle Gebiete des damaligen Wissens erweiterte. Nachdem der
Wissenseifer der Mönche den gelehrten Iren Marcellus oder Möngal,
und dessen Neffen, den Bischof Marcus, festgehalten hatte, begann
recht eigentlich das goldene Zeitalter der Schule, dem insbesondere
die Namen Notker, Ratpert und Tutilo angehören. Notker's I.
oder des Stammlers vorzüglichstes Verdienst gehört zwar der
Dichtkunst und Musik an, allein eines seiner gelehrten Werke, eine
Anleitung zum Studium der heiligen Schrift, fand beinahe eine
ebenso große Verbreitung als seine Sequenzen. Die ebengenannte
Schrift läßt uns noch deutlich erkennen, daß dieser Gelehrte aus
wirklichem Interesse am Gegenstand einzelne Briefe der heiligen
Schrift abgeschrieben hat. Außer den kanonischen Briefen des Neuen
Testamentes copirte er auch das Buch Baruch und den Brief des
Jeremias. Wie das ganze theologische Studium auf die Bibel ge=
gründet war, zeigt die, wie es scheint, bisher beinahe unbeachtet
gebliebene Schrift Notkers: „Liber de interpretibus divinarum
scripturarum." [2] Dieselbe ist an Notkers Schüler Salomon, den
spätern Abt und zugleich Bischof von Constanz, gerichtet und gibt in
zwölf Kapiteln eine förmliche theologische Encyclopædie und Metho-
dologie. Der Meister muthet seinem Zögling nicht wenig zu. In
den vier ersten Kapiteln gibt er ihm Anleitung zum Studium der
heiligen Schrift, weist ihn auf die vorzüglichsten Ausleger und gibt

---

[1] Fragmenta Theotisca versionis antiquissimæ evangelii St. Matthæi.
1841. Vergleiche Ebrard, die irochottische Missionskirche des 6., 7. und
8. Jahrhunderts. Gütersloh 1873. pag. 84 — 90.

[2] Pez, Thesaurus anecdotorum. Aug. Vind. 1721. vol. I, pag. 1.
Erst Gelpke, Kirchengeschichte der Schweiz, Band II, pag. 604, machte
wieder darauf aufmerksam.

von deren Schriften eine kurze, zuweilen sehr geistreiche Charakteristik, aus der man sieht, wie eingehend dieß Studium damals in St. Gallen betrieben worden ist. [1] Zn den folgenden Kapiteln wird dann auf die dogmatische, polemische, praktische und historische Theologie gewiesen und dabei das Lieblingsstudium Notkers, die Hymnologie nicht vergessen. Auch hier werden die einzelnen Schriftsteller zum Theil trefflich charakterisirt. Es wehte da ein noch freier kritischer Geist. Er tadelt den Beda wegen seiner allegorischen Schriftinterpretation, greift cap. 9 die Autorität der Apocryphen (c. 9), die Lebens- und Leidensgeschichten der alten Märtyrer an und weist die Legenden in den Randbemerkungen mit mendacium „mendacinimum" zuweilen in das Gebiet der Fabel zurück (c. 10).

Mit Anfang des 10. Jahrhunderts wurde das Kloster St. Gallen allmählig in den Strudel der Welthändel hineingeworfen. Die Doppelstellung, welche der ebengenannte Salomo als Abt (890 — 920) und Bischof hatte und welche ihn in die Kämpfe um die carolingische Erbschaft verwickelte, brachte auch den St. Gallern Verlegenheiten. Allein Salomon hatte als Zögling Notkers und anderer Gelehrten ein zu hohes Interesse für Wissenschaft erlangt, als daß er nicht deren Beschützer hätte sein wollen. Und so konnte auch wirklich das geistige Leben des Klosters unter ihm noch einen Nachsommer feiern. Auch die Kunst half jetzt die Bibel verherrlichen. Eines der schönsten Denkmäler ist das sogenannte „lange Evangelium", ein lateinisches Evangelienbuch, das zu den schönsten Manuscripten gehört, die wir überhaupt besitzen. [2] An vereinzelten Zeugen der Beschäftigung mit

---

[1] Wie frei damals noch über die Apocryphen geurtheilt wurde, sieht man daraus, daß nur von dem ecclesiasticus und dem Buche Sirach die Rede ist, während die canonischen Bücher alle behandelt, und deutlich die bestehenden Zweifel an der Canonicität der beiden ebengenannten apocryphischen Bücher hervorgehoben werden.

[2] Vide die genaue Beschreibung des von dem Schönschreiber Sintram verfertigten Buches bei Wartmann, Geschichte des Klosters St. Gallen, Heft 2, pag. 22, und ebendaselbst das Facsimile des von Salomon selbst gemalten ersten Buchstabens. cf. Perz, Monum. Germ. vol. II, tab. V. Wartmann, a. a. O. pag. 15. Bei G. Scherrer, pag. 23 (Cod. 53).

der heiligen Schrift fehlt es auch im 10. Jahrhundert nicht. Die in
sprachlicher Beziehung so wichtige Evangelienharmonie des Ammonius
von Alexandrien,[1] welche aus dem Lateinischen, nicht aus dem
Griechischen übersetzt worden, hat auch ihre bibliologische Wichtigkeit.
Offenbar wollte man den Evangelieninhalt für weitere Kreise auch
der Laien zusammenfassen. Ein lateinisch-griechisch-deutsches Vocabula-
rium aus dem Anfang des 10. Jahrhunderts[2] läßt auf die fortgehende
Beschäftigung mit der neutestamentlichen Ursprache schließen. Aus
der trüben Zeit des 10. Jahrhundert, wo Einfälle der Hunnen,
Brand, zuletzt noch Pest mannigfaches Ungemach brachte, leuchten die
Bestrebungen einzelner Aebte, z. B. des Abtes Burkhard (959—971)
und des Abtes Notker (971—974) hervor. Wie ein goldener Faden
zieht sich durch diese Bestrebungen das Studium der heiligen Schrift
hindurch und verläßt auch da die Mönche nicht, als bereits die aus-
gezeichnetsten Klöster, z. B. Fulda, von dem Gipfel ihrer Blüthe
heruntergesunken waren. Nur so erklärt es sich, daß beim Beginn
des 11. Jahrhunderts noch so viel Leben auf diesem Punkte war, daß
eine Reihe von Uebersetzungen und Erklärungen in lateinischer und
deutscher Sprache entstehen konnte. Viele dieser Schriften hat Notker
Labeo selbst verfaßt, zu andern aufgemuntert. Ein Werk von
hoher Bedeutung, die Erklärung des Hiob, welche Notker noch an
seinem Todestage vollendete[3] (1022) ist verloren gegangen. Dagegen
besitzen wir noch die deutsche Uebersetzung und Erklärung der Psalmen und mehrerer psalmartiger Stücke des alten und des neuen
Testamentes, sodann das Gebet des Herrn[4]. Zuerst kommt immer
der lateinische Text, dann erst die deutsche Uebersetzung, an welche sich die
genauere Erklärung anschließt. Dieses Werk muß ziemlich verbreitet
gewesen sein, wie die auf andern Bibliotheken aufgefundenen Bruch-
stücke und namentlich ein auf der königlichen Bibliothek in München
befindliches verjüngtes Exemplar der Notkerschen Bearbeitung aus dem

---

[1] Weniger richtig wird auch Tatianus als Verfasser gemeint. vide Wackernagel, Gesch. der deutschen Literatur, pag. 68.   G. Scherrer, a. a. O.
pag. 25 (Cod. 56).

[2] Wartmann, a. a. O. pag. 12, Anmerk. Nr. 299 der Manuscripte.

[3] Perz, Mon. Hist. II. pag. 57—58.

[4] Zum ersten Male vollständig abgedruckt bei Hattemer, a. a. O. vol. II.

vierzehnten Jahrhundert beweist[1]). Mit Recht macht Wackernagel[2]) darauf aufmerksam, wie hoch diese Arbeit nach Inhalt und Sprache über der beinahe gleichzeitigen Uebersetzung und Erklärung des hohen Liedes von Williram, Mönch von Fulda, steht. Bemerkenswerth ist hiebei noch dies, daß Notker diese Psalmerklärungen, auch darin seinem Gewährsmann Augustinus folgend, in der Kirche vorgetragen hat. Dies erhellt aus der Unterschrift von Psalm 88 (eigentlich 89), wo er sagt: „Hier ist das end dises psalmi, der ze zevvein in mâttinon sancti cypriani gebrêdigat voard" und aus dem Eingang zum 118. (eigentlich 119.) Psalm. Es sind diese Bibellectionen bereits der An= fang der deutschen Predigt, denn die eigentliche Predigt wurde auch in St. Gallen noch auf Latein gehalten und folgte in dieser Sprache dem Schlusse eines sonst deutschen Beichtgottesdienstes[3]).

Notker Labeos Wirken war das letzte bedeutende auf wissen= schaftlichem Gebiete. Die Klöster des heiligen Benedict gingen überall raschem Verfall entgegen. Wer noch ein klösterliches Leben führen wollte, flüchtete sich in den Orden der Franziskaner, Dominikaner und anderer Orden von größerer Thätigkeit. St. Gallen nahm ein so klägliches Ende, daß der After=Abt Conrad von Kempten mit neun Capitularen selbst von sich sagen mußte: „cum scribendi peritia carcamus" und Abt Rumo von Ramstein (1274 — 81) konnte sammt drei hervorragenden Stiftsherren bei einer Urkunde nicht ein= mal seinen Namen unterschreiben. Eine Menge trefflicher Werke wurde zerstört oder geplündert. Der Catalog von 1461 läßt eine Menge Schriften jenes ersten Cataloges vermissen und zeigt einen geringen Zuwachs biblischer Schriften.

In der Geschichte des Zerfalls der einst so blühenden Abtei St. Gallen stellt sich uns das Bild beinahe sämmtlicher Benedictiner= klöster der Schweiz dar. Wohl ist uns die Geschichte gerade der bedeutendsten Klöster und Stifte der Schweiz, Einsiedeln, Rheinau, Großmünster in Zürich, des Klosters Allerheiligen in Schaffhausen

---

[1]) Docen, Miscellaneen, pag. 32 f. und Wackernagel, Die altdeutschen Hand= schriften der basler Bibliothek, pag. 10.

[2]) Deutsche Literaturgeschichte, pag. 82.

[3]) Hattemer, a. a. O. I. pag. 328 f. Wackernagel, Geschichte der deutschen Literatur, pag. 83.

und anderer in neuester Zeit ziemlich aufgehellt worden. Dagegen
fehlt nicht nur eine genauere Aufnahme des Bibliotheken-Bestandes
verschiedener Jahrhunderte, sondern es ist überhaupt das geistliche,
innere Leben der Klöster noch viel zu wenig im Einzelnen aufgehellt.
Nur aus dem Kloster Pfäffers erfahren wir, daß die Bibliothek hauptsächlich aus römischen Klassikern bestand[1]). Den Hauptbestandtheil
der Klosterbibliotheken, so weit diese uns bekannt geworden sind, bildeten einzelne hervorragende Kirchenväter, Auslegungen der Sentenzen
des Lombardus und Legenden. So sehr man sich Mühe gegeben
hat, den Fortbestand biblischer Studien vom 12.—14. Jahrhundert
nachzuweisen[2]), so ist es nicht gelungen, auch von Ferne etwas auf-
zuweisen, was jenen St. Gallern an die Seite gesetzt werden könnte.
Vereinzelte Stücke deutscher Uebersetzungen, namentlich der Psalmen,
auf einzelnen Bibliotheken etwa auch ein ganz seltenes Exemplar
der ganzen heiligen Schrift in deutscher Uebersetzung ist Alles. Wirkliche Proben einläßlicherer Beschäftigung fehlen beinahe ganz. Ver-
deutschungen von Pericopen, der Evangelien und anderer Stücke der heiligen Schrift galten in den Händen der Layen als Beförderungsmittel
der Ketzerei. Das Interesse der Geistlichkeit an einläßlicher Schrift-
behandlung konnte nur so lange rege erhalten werden, als für solche
Studien ihnen ein weiterer Kreis gegeben war. Jetzt wurde ihnen
dieser aber genommen[3]). Von dem Stifter des Klosters Einsiedeln
wird uns zwar erzählt, daß er im Kloster Reichenau, wo er seine
Jugendjahre zubrachte, besonders die heilige Schrift studirt und
mit Ausnahme der prophetischen Bücher die ganze heilige Schrift
eigenhändig abgeschrieben habe; allein was von Abt Thietland (958)
erzählt wird, daß er vielen Fleiß auf Schriftforschung verwendet
und daß er dessen Ergebniß namentlich in einem Commentar über
die Paulinischen Briefe niedergelegt[4]) habe, ist das letzte, was uns
in dieser Beziehung von der Abtei erzählt wird. In der Abtei Zürich
lasen die Frauen am Schluß des 10. und Anfangs des 11. Jahr-

---

[1]) Vido Arx, Geschichte von St. Gallen. I. pag. 220.

[2]) Z. B. Kehrein: Zur Geschichte der deutschen Bibelübersetzung vor Luther.
Stuttgart 1851.

[3]) Docens Miscellaneen, 2, 27 ff. Deutsche Passion zu Rheinau b. Mone,
Schausp. des Mittelalters, 1, 61. cf. Wackernagel, d. L. pag. 233.

[4]) Hottinger und Wirz. Helvetische Geschichte. I. pag. 176.

hunderts noch die moralia Gregor. M. über Hiob[1]), die Psalmen
und andere Schriften, hatten auch eine Schule, welcher die Tochter
des Bischof Salomon ihre treffliche Erziehung verdankte[2]). Aber später
hinaus finden wir keine weiteren Spuren weder biblischer noch über=
haupt geistiger Thätigkeit in dem Stifte. Rudolph, der Priester von
Zürich, der um die Mitte des eilften Jahrhunderts in vorgerücktem
Alter sich als Mönch in Rheinau aufnehmen ließ und sein Kloster
mit der Erklärung der Psalmen beschenkte, ist vielleicht der Verfasser
der Rheinauer Glossen, welche Wackernagel bekannt gemacht hat[3])
und der auf der Kantonalbibliothek in Zürich befindlichen Erklärung
sämmtlicher Psalmen (cod. Rhenaug n. 26). Der Dichter Amarcius,
welcher um dieselbe Zeit für seine Schüler in Zürich ein griechisches
Lesebuch schrieb, mag wenigstens als Beispiel genannt werden, daß
damals noch die Wissenschaft in Zürich ihre Jünger zählte[4]). Allein
der Geist Karls des Großen verschwand auch da in den folgenden Jahr=
hunderten. Arnold von Brescias vorübergehendes Wirken in Zürich
mag zu sehr auf die praktischen Fragen des Verhältnisses zum Papste
und der sittlichen Verhältnisse des Clerus gerichtet gewesen sein, als
daß es hätte einen geistigen Umschwung veranlassen können. Von
Conrad von Mure (1259), dem als Schriftsteller sehr fruchtbaren
Kantor an der Collegiatkirche in Zürich bis anderthalb Jahrhundert
später, d. h. bis auf Felix Hemmerlein erstand kein neuer Schrift=
steller aus der Mitte dieses Stiftes, und auch Hemmerlein hat,
ungeachtet er für einen reformatorischen Charakter gilt, in seinen
Schriften kaum Anklänge an biblische Worte[5]). Das Einzige beinahe,
was man in dieser Hinsicht erfährt, ist seine Billigung des Lesens
gewisser Bibelsprüche, welches der Bischof von Lausanne wider die
Blutsauger in den Wassern zum Besten der Salmen veranstaltete[6]).

---

[1]) Wyß, Geschichte der Abtei Zürich, pag. 35.
[2]) Wyß, ibid. pag. 45.
[3]) Haupt, Zeitschrift III. pag. 127 ff.
[4]) Schinz, Schweiz. Mus. Jahrgang VI. pag. 741 ff. Bübinger, Aeltestes
  Denkmal. Zürich 1866. pag. 1 ff.
[5]) Vido B. Reber, Felix Hemmerlin von Zürich. Zür. 1846, Fiala, F. Hem=
  merlin. Sol. 1860.
[6]) Müller, Schweizergeschichte. III. pag. 164. Hemmerlin de Exorcismis.

Die Stiftsstatuten gedenken zwar in dieser Zeit eines Bibliothekars, custodis armarii librorum, allein dieser hatte nur die beim Gottes= dienste nothwendigen Bücher unter seiner Aufsicht. Im Jahre 1271 wird auch ein Scholasticus in der Person des Canonicus Berchtold ernannt, aber das Bedürfniß der Schule ging nicht über Lesen und Singen des beim Gottesdienste Nothwendigen hinaus. Dasselbe war wohl auch bei dem Scholasticus von Münster im Aargau der Fall. Wo der Unterricht weiter ging, wie in dem Chorherrnstift zu Amsoldingen bei Thun, da galt es nur den grammaticalia[1]). Der schon vor 1430 berichtete Aufenthalt von Waldensern in Freiburg i. U. scheint in dieser Stadt keine Spur hinterlassen zu haben[2]). Gewiß hätte der gelehrte Geschichtschreiber des Klosters Rheinau, P. Moriz Hohenbaum von der Meer es hervorgehoben, wenn seiner Abtei in irgend einem Zeitraum ein besonders geistiges Leben nachgerühmt werden könnte, allein das Einzige, was er bringt, weist uns wieder auf frühere Zeiten, auf den Anfang des 10. Jahrhunderts zurück, wo ein Mönch Hademar die vier Evangelien zusammenschrieb und am Schluß eine Art Concordie beifügte. Ein Evangelienbuch mit kostbarem Einband steht noch als ehrwürdiges Zeugniß aus jenem Jahrhundert da[3]). Fast zu gleicher Zeit zog ein Züricher aus edlem Geschlecht in Rheinau ein (unter Bischof Conrad von Constanz 934), der in einem größeren Werke Glossen zu den Psalmen und einigen Gesängen aus den Vätern zusammenschrieb[4]). Die von Hirschau aus= gegangene Reformation am Ende des 11. Jahrhunderts war wesent= lich diciplinarischer Natur. Dem Kloster Allerheiligen in Schaffhausen kam seine etwas spätere Stiftung (1052) sowie seine Reformation durch Hirschau zu statten. Der Abt Sigfried († 1096) beschäftigte seine Mönche mit Abschreiben von Büchern, unter denen auch die heilige Schrift genannt wird[5]). Dagegen beschränkte sich die geistige Thätig=

---

[1]) Hottinger, a. a. O. 2, pag. 67 ff., 144, 288 und S. Vögelin in Zür. Ant. Mitth. II, 120 f.

[2]) Wirz, Helv. K. G. III. pag. 24.

[3]) van der Meer, Kurze Geschichte der 1000jähr. Stiftung von Rheinau. Donaueschl. 1778. pag. 42. Gelpke, a. a. O. pag. 622.

[4]) Gelpke. II. pag. 623.

[5]) Einige dieser Bücher befinden sich noch auf der Ministerialbibliothek in Schaffhausen.

keit der dortigen Mönche damals und noch etwas hernach vorzüglich
auf die Vertheidigung der Grundsätze Gregors VII.[1]) Des Mönches
Vernold imago mundi läßt indeß ein achtungswerthes Streben
schließen, die Wissenschaft nicht auf Geld und Ruhmbegierde, sondern
auf Liebe zu ihr selbst zu begründen. Ein nicht unwichtiges Zeugniß, daß bei Erörterungen von Streitfragen die heilige Schrift noch
ernstlich zu Rathe gezogen wurde, zeigt der Briefwechsel des Abtes
Hugo († 1199) mit dem Abt des Klosters St. Johann im Toggenburg. Beide Aebte beriefen sich in dem Streite, ob Christus durch
sein Absteigen zu der Hölle auch die Verdammten befreit hätte und
die Gerechten des alten Bundes schon vor seiner Ankunft glückselig
gewesen wären, sowohl auf Augustin als auf die heiligen Schriften.
Burkhard äußerte, daß er nichts lieber thue, als sich über diese
zu unterhalten und dieselben mit dem größten Fleiße zu studiren[2]).
Von dem Abte des mit Allerheiligen enge verbundenen Klosters Wagen-
hausen, Gebino († 1156), erfahren wir, daß er die heilige Schrift
in hohen Ehren gehalten und denjenigen mit der Strafe des Judas
bedroht habe, der sich an einem ihm zugehörigen Theile derselben
vergreifen würde[3]). Als einzelnes Licht wird uns auch aus dem
Kloster Engelberg noch der Abt Heinrich Arnold genannt, welcher
sich unter seinen Zeitgenossen durch Gelehrsamkeit auszeichnete und
einen Kommentar über die Evangelien und die Paulinischen Briefe
geschrieben haben soll[4]). Vom 10. oder 11. Jahrhundert an, aus
welchen die Engelberger Glossen zur Bibel stammen, bis zu diesem
Abt haben wir weiter keine Andeutung gefunden[5]). Im 13. und
14. Jahrhundert erlosch auch da unter den Streitigkeiten für Erhaltung des äußern Besitzstandes jede Spur ernsterer Beschäftigungen.
Die Klosterschulen sanken beinahe ohne Ausnahme zu Anstalten der

---

[1]) Kirchhofer, Neujahrsbl. II. pag. 9 und Vernoldi, Chronic. Scaphus. bei
Perz, mon. Germ. Es ist derselbe, den Gelpke, II, 622, nicht richtig
Berthold nennt.

[2]) Kirchhofer ibid. III. pag. 7 und Schalch, Erinn. I. pag. 156.

[3]) Kirchhofer ibid. IV. pag. 7.

[4]) Hottinger und Wirz. II. pag. 103.

[5]) Siehe Theot. III, 422 f. und Berichtigung zu diesen Glossen durch
Wackernagel in Haupt Zeitschrift III, 123 ff.

Abrichtung junger Leute für die äußern gottesdienstlichen Uebungen herab.

Allmählig verkündete das Wetterleuchten vereinzelter Bewegungen die Stürme der Reformation. Nicht nur in den nun zahlreicher hervortretenden Secten, sondern innerhalb der Kirche selbst treten Erscheinungen freier Art auf. Erst vereinsamt drang die Mystik allmählig in immer weitere Kreise. Prediger, wie Berthold von Regensburg, griffen tief in das Leben hinein. Zwar fehlten ihnen oft noch biblische Kenntnisse, wie ja der obengenannte Franziskaner Alexander den Großen mit Antiochus Epiphanes verwechselt und nicht merkt, daß sein Spott gegen die Juden den Jesajas, ja selbst Christus trifft[1]). Wenn Berthold auch nicht aus der Schweiz war, so predigte er doch da und half mit die ersten Keime des neu erwachenden Lebens in vieler Herzen zu legen. Noch mehr als die Franziskaner ergriff der Geist der Mystik die Dominikaner. Der tiefe Ton, den Meister Eckard angeschlagen, klang in einer ganzen Reihe von Predigern fort[2]). Zumal die Frauenklöster standen unter dem Einfluß der Mystiker. So in dem Kloster zu Töß, wo die geistliche Tochter Susos Elisabetha Staglin sich befand, und den Klöstern St. Catharinathal bei Dießenhofen, Oetenbach zu Zürich, Klingenthal zu Basel. Soll doch die Aebtissin Clara Anna von Hohenberg in St. Catharinathal die Schrift des Pseudo-Dionysius gelesen haben (1397)[4]). Doch trug diese Mystik zunächst dem Bibelstudium nicht viel ein. Sie war eine Brücke zu diesem für viele, für andere dagegen nur der Weg ertödender Askese oder schwärmerischer Verirrung. Wichtiger noch war, daß sie hauptsächlich den Uebergang der geistlichen Studien von den Geistlichen zu den Layen vermittelte. Eine bedeutende Erscheinung in dieser Beziehung ist der Laye Nicolaus von Basel, das geheimnißvolle Haupt der Gottesfreunde und der geistliche Vater Taulers. Dieser merkwürdige

---

[1]) S. b. Predigt Wackern. b. Lesebuch I, 670—672 und 675, 5.

[2]) Siehe die Namen einer Anzahl derselben b. Wackern., b. Literaturgesch. pag. 333. Anm. 22. Z.

[3]) Hottinger und Wirz, schw. K.-Gesch. II. 179, 281 und Wackern., Lit.-Gesch. pag. 333.

[4]) J. J. Hottinger, helv. Kirchengesch. II. pag. 203 und Faber, Hist. Suev. pag. 188.

Mann, dessen Leben erst in neuester Zeit aufgehellt worden ist[1]),
soll in 30 Wochen dahin gekommen sein, die heilige Schrift so gründ=
lich zu verstehen und dermaßen „in guter Grammatika" sprechen zu
können, „als ob er alle seine Tage in den höchsten Schulen studirt
hätte". Er wies auch oft auf die Bibel hin und fordert Zeugnisse
aus ihr; allein die Regungen seines eigenen Gefühls und die Gebilde
seiner Phantasie stehen ihm weit höher als das geschriebene Wort.
Basel war der Sitz der von Nicolaus gegründeten Gemeinschaft.
Tauler selbst war schon 1338 dort und wurde mit dem Manne
bekannt, der einen so mächtigen Einfluß auf sein Leben und Wirken
erhalten sollte. Die Wirksamkeit des mystischen basler Layen und
seiner Genossen erstreckte sich auf Layen und Priester, auf Männer
und Frauen, drang in Klöster und Beghinenhäuser ein. Unter den
letzteren werden namentlich viele aus Basel genannt. Gab es doch
auch zu Anfang des 15. Jahrhunderts in Basel ein Beghinenhaus,
dessen Bewohner sich Gottesfreunde nannten. Bald sehen wir Taulers
Schriften in vieler Klosterbewohner Hände. Leibliche Noth, Pest
und Erdbeben, die kirchliche und politische Verwirrung der Zeit, der
Mangel an einer Predigt, welche die Bedürfnisse der Herzen befrie=
digte, erfüllte fromme Layen mit Ungewißheit und Angst. Diese
suchten daher nach solchen, bei denen sie Trost finden konnten.
Daher das Ansehen solcher Männer, die sich reicher innerer Erfahrung
rühmten, die ihren Rath nicht auf äußerliche priesterliche Autorität,
ja nicht einmal auf die geschriebenen Worte der Bibel, sondern
unmittelbar aus dem heiligen Geist ableiteten. Ja selbst ganz
eigene Anstalten gründeten sich in Folge dieser Anregung, wie jenes
Klösterlein „unserer Frauenzelle, auf dem Berenberge bei Winter=
thur"[2]). Ueberhaupt war die östliche Schweiz längs des Rheins
übersät mit solchen Anhängern der Gottesfreunde. Wenn auch
diese religiöse Richtung zu innerlich war, als daß sie dem Studium
der heiligen Schrift etwas eingetragen hätte, so machte sie das Volk
mit der Bibel und deren Ausdrucksweise bekannt. Schon die eine

---

[1]) Bes. durch Prof. C. Schmidt: Nicolaus von Basel und die Gottesfreunde,
pag. 253 in „Basel im 14. Jahrh." Basel 1856. S. Wackernagel: Die
Gottesfreunde in Basel. Histor. Beiträge. Basel. Bd. II. pag. 111.

[2]) Schmidt, a. a. O., pag. 262. cf. Burckhardt u. Riggenbach: Die Domi=
nikanerkirche in Basel. Bas. 1855. pag. 10.

Schrift in schweizerischem Dialecte[1]), welche wir von Nicolaus übrig haben, ist ein Beweis, wie diese Sprache geeignet war, später den ganzen Reichthum des Bibelwortes in sich aufzunehmen. Wie wenig übrigens auch reformatorisch gesinnte Männer auf die biblisch=mystischen Studien der Dominikaner gaben, sieht man aus der Aeußerung des 1480 nach Basel gekommenen Cardinals Andreas, welcher seinem Gegner, dem Dominikaner Heinrich Krämer vorwarf, er sei ein Mann, der Vorsteher eines übermüthigen, großsprecherischen Ordens, dessen Mitglieder in Weiberversammlungen über die heilige Schrift philoso= phiren und von Weibern lernen, was sie Männer lehren müßten[2]).

Nicht ohne Einfluß für die Schweiz konnte die Stiftung der Universitäten und das Wiederaufleben der classischen Studien sein. Edelleute und Geistliche zogen immer zahlreicher auf die hohen Schulen zu Bologna, Paris und Heidelberg. Dem ersten Zürcher, welcher 1405 auf der Universität Heidelberg immatriculirt wurde, folgten bis zur Reformation noch vierundvierzig Zürcher. Ein Berner, Herr= mann von Bonstetten, starb Anfangs des fünfzehnten Jahrhunderts in Paris. Wenn auch die „gelehrten Reisen" manchen nur ein Vor= wand für ein ausgelassenes Leben waren, und der Doctorgrad nicht immer ein examen rigorosum voraussetzen ließ[3]), so fehlt es doch nicht an solchen, welche reichen Gewinn aus ihren academischen Studien zogen. Daher kommen in mehreren Klöstern jetzt gelehrte Aebte vor. So in St. Gallen der Abt Ulrich VI., Freiherr von Hohensax († 1219), der als der erste bezeichnet wird, welcher in Paris und Bologna studirt habe[4]), der Abt Wido im Kloster Cappel († 1240)[5]), der Abt in Rüti Gottfried Schultheß aus Rapper= schwyl[6]), ein großer Kenner des canonischen Rechtes (1394—1422), der Prior der Augustiner=Eremiten in Basel, Heinrich Riedmüller, Dr. der Philosophie und Theologie[7]), der Probst des Prämonstra= tenser=Mönchsstiftes Curwalden, Gerung (1389—1395)[8]).

---

[1]) Schmidt, Nicol. von Basel Leben u. ausgew. Schriften. Wien 1866. pag. 102.
[2]) Hottinger und Wirz, III, 271.
[3]) Worüber Felix Hemmerlin in der Satyre doctoratus in stultitia.
[4]) v. Mülinen, Helv. sacra, Bern 1861. pag. 91.
[5]) ib. pag. 183.
[6]) ib. pag. 212.
[7]) ib. II. pag. 7.
[8]) ib. I. pag. 212.

Seitdem Franziskaner und Dominikaner sich der Lehrstühle an den Universitäten bemächtigt hatten, fehlten auch der Schweiz gelehrte Dominikaner nicht. Nicolaus von Landau war in der zweiten Hälfte des vierzehnten Jahrhunderts bei Weitem der gelehrteste Mann in der Stadt Bern. Er trat auch damals mit gewaltiger Predigt nach dem Worte Gottes und der Kirchenväter auf[1]). Ein Priester und Jurist, Werner Stettler, hinterließ den Dominikanern vierzig Bücher. In Freiburg glänzte schon früher der gelehrte Prediger Johann († 1314)[2]). Der Ordensgeneral der Dominikaner, Johann von Ragusa († 1440) sammelte in Constantinopel alte Handschriften und brachte sie nach Basel. Das bekannte griechische Evangelienbuch aus dem siebenten oder neunten Jahrhundert, das Wetstein für das fünfte hinsichtlich seiner Wichtigkeit hielt, und ein nicht viel neuerer Codex des neuen Testamentes, welchen Reuchlin dreißig Jahre behielt und Erasmus bei seiner Ausgabe gebrauchte, stammt aus der Bibliothek dieses Dominikaners[3]). Der Prior der basler Dominikaner, Johannes Nieder († 1438), hatte in Wien und Köln den Grund zu seinen gelehrten Arbeiten gelegt[4]). Einer seiner Nachfolger, Mathias Frankel († 1483), wird der heiligen Schrift und beider Rechte Doctor genannt[5]). Auch unter den Dominikanern in Zürich waren nicht wenige von gelehrter Bildung. Daß letztere auch aus Italien geholt wurde, dürfte der Predigermönch Leuthold von Regensberg beweisen, welcher im Dominikanerkloster zu Viterbo studirt und von dort 1276 einen schönen pergamentenen Codex der Chronik des Otto von Freisingen mitgebracht hatte[6]). Auch Heinrich Suso hielt sich zeitweise in Zürich auf. Noch andere verdienstvolle Gelehrte werden uns aus der ersten Hälfte des Jahrhunderts dort genannt, während gegen Ende des Jahrhunderts auch in Zürich der Orden dem allgemeinen Sittenverderbniß anheimfiel.

---

1) Müller, Schweizergesch. II, pag. 583.
2) ib. pag. 119, Anm. 391.
3) Hottinger und Wirz, III, pag. 251 nach Müller, Schweizergesch. IV. pag. 233. Anm. 106.
4) Mülinen, a. o. O. II, pag. 16.
5) ib. pag. 16.
6) Wyß (9. v.), Gesch. der Abtei Zürich. Beil. Nr. 179, Not. 3. cf. Schinz in Füßli, Schw. Mus. pag. 805 f. und v. Mülinen, II, pag. 23.

Weit weniger erfahren wir von gelehrten Studien aus den zweiundzwanzig Franziskaner-Conventen der Schweiz, und, während uns beim Dominikanerorden doch noch einige Andeutungen von Beschäftigung mit der Bibel erhalten sind, haben wir hier nichts auffinden können. Der älteste schweizerische Annalist, der Minorit Johannes von Winterthur (1340—1348) giebt in seiner Chronik in dieser Hinsicht keinen einzigen Anhaltspunkt[1]). Erst mit und nach der Reformation sehen wir bei diesem Orden auf Schweizerboden ein geistigeres Leben erstehen.

Während des vierzehnten und fünfzehnten Jahrhunderts trat immer mehr ein lehrhafter Geist in den Vordergrund und an die Stelle der Blüthe deutscher Poesie trat jetzt eine bis dahin noch nie dagewesene Mannigfaltigkeit der Prosa hervor. Je weniger dieser Richtung die originelle Kraft der vergangenen Jahrhunderte inne wohnte, desto mehr war sie der Uebertragung aus fremder Sprache in die Landessprache günstig. Daher kommt es, daß eine große Zahl biblischer Stücke, namentlich der Psalmen, aber auch der ganzen Bibel aus den beiden bezeichneten Jahrhunderten vorhanden sind. Eine deutsche Uebersetzung der ganzen Bibel vom Jahre 1472 befand sich z. B. in Zürich[2]). Diese Thatsachen erklären auch die Erscheinung, daß gleich nach Erfindung der Buchdruckerkunst so rasch hintereinander 14—16 deutsche Bibelübersetzungen herausgegeben werden konnten. Diese Uebersetzungen waren alle nach der lateinischen verfertigt. Doch wurden auch frühere deutsche Uebersetzungen, wie Notkers Psalmen, ins damalige Deutsch übertragen[3]).

---

[1]) Dr. G. von Wyß im Archiv für Schweizergesch. Bd. XI.

[2]) Le Long, bibl. sacra. II. vol. Lips. 1709. 8. pag. 174. Diese Uebersetzung ist nicht mehr in Zürich.

[3]) Vide Docen, Misc. (1807) I. 35, 38.

Zweiter Abschnitt.

Von der Mitte des 15. Jahrhunderts bis zur Reformation.

Zwei Ereignisse griffen beinahe zur gleichen Zeit mächtig in das geistige Leben der Schweiz ein, die Stiftung der Univer= sität Basel und die Einführung der Buchdruckerkunst. Basel, schon vorher, wie wir gesehen, der Herzpunkt der über die Schweiz und Deutschland sich verbreitenden Mystik, wurde durch seine Universität der geistige Heerd, an dem beinahe alle jene bedeu= tenden Männer zugerüstet wurden, welche die schweizerische Refor= mation vorbereiteten, leiteten oder auch selbst bekämpften. War die Gründung einer Universität schon an sich ein Zeichen bereits vor= handenen geistigen Lebens, so namentlich auch das, daß eine ziemliche Anzahl der gleich anfangs angestellten Lehrer schon vorher in Basel heimisch oder wohnhaft gewesen war [1]. Auch der erste Rector, der Domprobst Georg von Andlo, hatte schon über vierzig Jahre im Dienste der basler Kirche gestanden. Schon in dem ersten halben Jahre des ersten Rectorates wurden 121 Namen immatriculirt, leicht begreif= lich vorzugsweise aus Basel und der nähern Umgegend, darunter besonders diejenigen vieler geistlicher Würdenträger, welche der damals so allgemeine Drang nach wissenschaftlicher Erkenntniß hergeführt hatte. Lag schon von Anfang das Bestreben vor, die Universität möglichst frei vom Einfluß des Bischofs zu erhalten, so zeigte sich dies auch in der Auswahl der Professoren von freierer theologischer Anschauung. Wenige Monate nach Eröffnung wandte man sich schon an Johannes Rücherad von Wesel (de Wesalia) [2], damals Dom= herr in Worms, einen der ersten Theologen, welcher der Entartung der Kirche auf dem Wege der Wissenschaft und der Lehre entgegen=

---

[1] Vischer, Gesch. der Univ. Basel v. 1460—1529. Basel 1860. pag. 64.
[2] Ib. pag. 69 u. 206.

gearbeitet und auf die heilige Schrift als die Quelle der christlichen
Wahrheit hingewiesen hat. Zwar dauerte seine Wirksamkeit in
Basel nicht viel länger als ein Jahr (1462), aber ihm folgten
Schüler der damals durch ihre reformatorische Richtung ausgezeich=
neten Universität Erfurt, von denen z. B. Johann Crützer nach=
drücklich auf das Studium der Bibel hinwies[1]). Die Statuten der
theologischen Facultät verlangten, daß demjenigen, welcher einen Grad
erwerben wollte, ein Buch des alten, dann eines des neuen Testa=
mentes, natürlich in der lateinischen Uebersetzung, aufgegeben werde.
Nach Zulassung zur biblischen Erklärung wurde ein solcher Theologe
baccalaureus biblicus. Erst nach zwei Jahren wurde dann einem
solchen die Erklärung der Sentenzen des P. Lombardus gestattet.
Um Licenziat zu werden, bedurfte es dann noch eines Examens,
für welches ein Thema aus dem alten und ein Paar Stellen aus
dem neuen Testamente vorgelegt wurden. Eine Reihe von Ordi=
narien finden wir von nun an mit dem Lesen biblischer Bücher und
der Sentenzen beschäftigt. War auch diese Exegese mit der aus=
drücklichen Versicherung verbunden, nichts „gegen den Glauben,
gegen die guten Sitten und zu Gunsten von Artikeln zu sagen,
welche in Paris oder Basel verurtheilt waren", so konnte das
unmöglich ganz verhindert werden. Dies gilt wohl besonders
von dem berühmtesten Lehrer dieser Zeit, von Johann Gayler von
Kaysersberg. Von seiner kurze Zeit dauernden Wirksamkeit in
Basel (1471—1476) erfahren wir, daß seine biblischen Vorlesungen
über das Deuteronomium und die Apocalypse sich erstreckten. Bald
nach ihm kommt die Reihe derjenigen Männer, deren Namen mit
der schweizerischen Reformation so innig verflochten sind, Thomas
Wyttenbach von Biel, der 1505 als tübinger Biblicus zu den Sen=
tenzen zugelassen ward, Constantin Phrygio aus Schlettstadt, der im
gleichen Sinne seit 1510 wirkte, Ludwig Ber aus Basel, welcher
durch Erasmus für ein gründliches Studium der heiligen Schrift
gewonnen war, Wolfgang Capito aus Hagenau im Elsaß, 1518

---

[1]) Ib. pag. 216. cf. Hagenbach, die theolog. Schule in Basel. Basel 1860.
pag. 4.

Dekan der theologischen Facultät, Johann Oecolampad, der bei
seinem ersten vorübergehenden Aufenthalte in Basel (1515—1518)
den Propheten Obadja und den Brief an die Epheser erklärte[1]),
der Comthur Conrad Schmid von Küßnacht, Caspar Hedio (1519)
und Urbanus Regius (1520), Conrad Pellican mit Oecolampad
1523 zum Lehrer der heiligen Schrift vom Rathe berufen. Daß
auch bei Layen ein gewisses Interesse vorhanden war, das Studium
der heiligen Schrift auch an der Universität gefördert zu wissen,
mag die Stiftung einer Frau Margaretha Brand beweisen, welche
1467 durch testamentarische, vom Rath bestätigte Verfügung eine
sogenannte Collegiatur und Lection mit einem jährlichen Einkommen
von 24 Gulden errichtete, weil für das Heil der Seelen nichts nütz-
licher sei, als das Studium der heiligen Schrift[2]).

Noch kräftiger als in der theologischen Facultät äußert sich
die ganze geistige Bewegung der Zeit in der philosophischen Facultät
oder, wie sie damals hieß, der Facultät der Artisten. Manche der
obengenannten Männer wirkten zuerst und am nachhaltigsten als
Lehrer an der letzteren. Noch einmal hatte sich in der zweiten Hälfte
des fünfzehnten Jahrhunderts die Scholastik zusammengerafft, um
sodann nach heftigen Kämpfen ihrer beiden Partheien, Realisten und
Nominalisten, den neu aufkommenden Richtungen des Humanismus
und einer auf gesunder Bibelerklärung begründeten Theologie das
Feld zu räumen. Es gehörte eine damals ganz einzige Weitherzig-
keit dazu, die beiden scholastischen Richtungen mit voller Gleich-
berechtigung nebeneinander zu dulden und für beide gleich viele
Lehrstühle zu errichten (1465)[3]). Dies war besonders das Werk des
ausgezeichneten Gelehrten Johann Heynlin de Lapide, dem Paris,
wo er später Rector der Universität wurde, die Berufung des
ersten Buchdruckers (1470), Bern, wo er als Prediger wirkte, die
Errichtung einer neuen Schule verdankt, und der auch später noch

---

[1]) Vischer, a. a. O. pag. 227 ff. und Hagenbach, a. a. O. pag. 4 f.
[2]) Vischer, a. a. O. pag. 83.
[3]) Diese freie Anschauung spricht sich in einer auch für unsere Zeit beherzi-
gungswerthen Weise in den Erwägungen aus, die zu dem Beschlusse führten. S. Vischer, a. a. O. pag. 145. Anm. 6.

einmal der geistige Mittelpunkt eines Kreises trefflicher Männer in Basel wurde († 1496). Durch jene Einrichtung kam ein solches geistige Leben in die Universität, daß die Jahre von c. 1460—1490 eine der schönsten Perioden der Universität wurden. Die Namen eines Johann Gayler von Kaisersberg, Sebastian Brant, Christoph von Utenheim, spätern Bischofs von Basel, des gelehrten Buchdruckers Johann Amerbach gehören diesem Kreise an. Die Aufhebung der gedoppelten philosophischen Facultät in eine einzige (1492) schien der Entwickelung des geistigen Lebens nicht förderlich zu sein, aber sie war nothwendig, da überhaupt jene scholastischen Gegensätze allmählig ihre Bedeutung verloren, denn eine neue Richtung trat in den Vordergrund, der Humanismus. Basel öffnete den Jüngern dieser neuen Weisheit, welche sich bald Dichter bald Redner nannten, sehr bald den Zutritt an der Universität und errichtete für die Poesie einen besonderen Lehrstuhl, den bald Männer von ausgebreitetem wissenschaftlichen Rufe besetzten [1]. Hierher gehört Sebastian Brant, der schon 1476 als siebenzehnjähriger Jüngling immatriculirt wurde, dann von 1480—1500 als humanistischer Lehrer eine begeisterte Zuhörerschaft um sich sammelte; dann kam sein Studiengenosse, Johann Reuchlin, und setzte da sein Studium der griechischen Sprache fort, für welche einer von jenen in das Abendland geflohenen Griechen, Andronikus Kontoblakas, als öffentlicher Lehrer angestellt worden war, ein Beispiel, das wohl unter den damaligen deutschen Universitäten einzig dastehen dürfte. Auch Johannes Wessel, der berühmte Theologe, welcher eine hebräische Bibel dem Cardinalshut vorzog, soll den Studirenden in Basel griechischen und hebräischen Privatunterricht gegeben haben [2]. Wenn diese obengenannten Huma=nisten, so belebend sie auch wirkten, doch noch sehr enge mit der bis=herigen Kirche und namentlich der realistischen Seite der Scholastik zusammenhingen, so trat eine von der Kirche unabhängigere, gegen sie theils aggressiv theils indifferent sich verhaltende Richtung auf; und auch diese fand ihre Stätte in Basel. Traten auch manche Vertreter dieser Richtung später der Reformation feindselig entgegen,

---

[1] Vischer ib. pag. 187 f.
[2] Ullmann, Reformatoren vor der Reformation. 2. Bd. pag. 359. Anm. 2.

so lieferten sie doch Bausteine für sie und weckten eine Menge vor-
züglicher Talente auf, die später auf dem Felde der Kirche und der
biblischen Wissenschaft Großes leisten sollten. Wir nennen nur den
schon als Theologen angeführten Thomas Wyttenbach, dann den
ohne Zweifel bedeutendsten der jüngeren Humanisten Heinrich Loriti,
Glareanus genannt, unter deren Einfluß ein Zwingli, Leo Jud,
Oswald Myconius, Urban Regius gestanden hatten. Was noch
außerhalb der Universität für theologische und philosophische Wissenschaft geschah, schließt sich gegen die Zeit der Reformation beinahe
ausschließlich an Erasmus an, der erst vorübergehend 1514, dann
bleibend von 1521—1529 in Basel sich aufhielt. Es liegt außerhalb der Grenzen dieser Schrift, die Verdienste des Erasmus, die
er sich sowohl überhaupt als während seines Aufenthaltes in Basel
um die Erklärung und Critik der Schrift erworben hat, darzustellen.
Aber er bleibt ein sprechendes Zeugniß für das geistige Leben,
welches in Basel herrschte, und für die Bewegung, welche von da
auch die übrigen Theile der Schweiz ergriff.

Kein Wunder, daß aus allen Theilen der Schweiz junge Männer
nach der neuen Universität wanderten, und theils als Studirende
dort den Schatz tüchtiger Kenntnisse holten und in verschiedenen
Theilen des Landes verwertheten, theils selbst als Lehrer auftraten.
Es wäre nicht uninteressant, ein genaues Verzeichniß der in Basel
studirenden Schweizer von 1460—1529 zu besitzen. Wir finden[1])
die bekannten Geschlechter fast aller Kantone vertreten, die Abyberg
und Reding aus Schwyz, von Matt aus Unterwalden, Hertenstein
aus Luzern, Göldli aus Zürich, Varnbühler und Vonwiler aus
St. Gallen, Tschudy und Schuler aus Glarus, Heinzenberg aus
Graubünden, Müllinen, Dießbach, Hallwyl aus Bern, Riedmatten
aus Wallis, von Blonay und Mestral aus Waadt, darunter eine
Menge in der Geschichte der Reformation hervortretender Männer
beider Seiten, z. B. Martin Schinner (1511), später Bischof von
Sitten, Thomas Murner, den bekannten Gegner Zwingli's und der
schweizerischen Reformatoren, Jakob Edlibach aus Zürich, Thüring
Frikhart von Bern. Nicht wenige Professoren waren Schweizer,

---

[1]) Vischer, a. a. O. pag. 257.

natürlich eine bedeutende Anzahl aus Basel selbst, doch sind gegen
zwanzig andere Schweizernamen unter den Mitgliedern der ver=
schiedenen Facultäten, von denen einige, wie Glareanus, ihre speciel=
len Landsleute nach sich zogen.

Mit der Einführung der Reformation hatte die Universität
Basel eine Hauptaufgabe ihres Daseins und Wirkens erfüllt. Sie
trat einstweilen zurück, um später ihre Aufgabe in anderer Weise
und in anderem Geiste wieder aufzunehmen. Die alte Ordnung
wurde zerstört, eine neue erst nach vollständiger Durchführung der
Reformation wieder eingeleitet.

Nur in seltenen Fällen vollendeten die Studirenden jener Zeit an der=
selben Universität ihre Studien. Auch die academischen Grade wurden
oft auf mehreren Universitäten nach und nach erworben. Gewiß hat
dieß nicht wenig zu der universellen Anschauung beigetragen, welche
die Männer der schweizerischen Reformation in so hohem Grade
auszeichnet. Schon die geographische Lage der Schweiz wies auf
die Universitäten der drei Länder Deutschland, Frankreich und Ita=
lien hin. Heidelberg, Tübingen, Cöln, Wien, etwas später Witten=
berg, waren die deutschen Städte, wohin der Zug der Studirenden
sich wendete. Mit den italiänischen Staaten machte man Bündnisse,
in denen die Bedingung aufgenommen war, daß sie schweizerische
Jünglinge bei sich studiren lassen. Der Herzog von Urbino und die
Stadt Florenz gaben vier zu Pisa studirenden Schweizern je 50 Gold=
gulden für ihr Studium. Auch der Papst übernahm die Verpflegung
von vier jungen Schweizern in Bologna, und der Herzog von Mai=
land versprach 1513 jedem der dreizehn Kantone fünf Jahre lang
ebensoviel zum Unterhalt eines in Pavia Studirenden zu geben, ein
Beispiel, das Frankreich in dem ewigen Frieden von 1515 nach=
ahmte[1] und jedem Kanton 100 Franken zum Zweck des Studiums
in Paris zuerkannte. Auch Basel, ungeachtet es eine eigene Univer=
sität hatte, sandte Jünglinge nach Paris[2].

Es ist nicht ohne Interesse, eine Reihe von Männern an ver=
schiedenen Universitäten gleichsam auf ihrer Studirstube zu beobachten

---

[1] Hottinger und Wirz, schw. Kirchengesch. III. pag. 453.
[2] Dr. Fechter: Das Studienleben in Paris Anf. des 16. Jahrh., in den
Basler Beitr. zur vaterl. Gesch. III. pag. 147.

und zu sehen, wie dieselben sich mit der Aneignung der biblischen
Sprachen und der Bibel selbst beschäftigen und dieß zu einer Zeit,
wo noch keiner daran denken konnte, welchen hohen Beruf das
Reformationswerk ihm demnächst auferlegen werde. Pellican berichtet
in seiner Selbstbiographie [1]), daß ein tübinger Buchhändler 1500
eine vollständige hebräische Bibel, in Duodez zu Pesaro gedruckt, nach
Tübingen gebracht, aber dafür keinen Käufer gefunden habe. Er
kaufte sie um anderthalb Gulden und lernte dann, nachdem er einen
Theil von einer hebräischen Grammatik erhalten hatte, mit unbeschreib=
licher Geduld die Sprache so vollkommen, daß er zuerst die Psalmen,
dann das ganze alte Testament lesen konnte [2]). Derselbe Gelehrte
erzählte dem nachmaligen Antistes Ludwig Lavater, daß er sich wohl
noch der Zeit erinnere, wo man in ganz Deutschland kein einziges
Exemplar des Neuen Testamentes habe kaufen können, und wie das
erste aus Italien gekommen sei [3]). Andere brachten die Bibel aus
Italien mit, z. B. Wernher Steiner aus Zug [4]). Mit wie vielen
Schwierigkeiten die späteren Reformatoren Zwingli, Vadian, Seba=
stian Hofmeister, Johann Keßler u. A. zu kämpfen hatten, um wäh=
rend ihrer Studienzeit zu biblischer Beschäftigung zu gelangen, wie
sie es aber dennoch erreichten, davon reden ihre Biographien.

Erst allmählig wurde sowohl das Studium der Wissenschaften über=
haupt als der Bibel insbesondere erleichtert durch die zweite wichtige
Erscheinung des 15. Jahrhunderts, die Erfindung der Buchdrucker=
kunst. Nach der ziemlich sicheren Annahme war es nicht einer der
Hauptorte geistiger Bewegung in der Schweiz, wo diese Kunst zuerst
ihren Sitz aufschlug, sondern das Chorherrnstift Beromünster an
der Wynen, im Kanton Luzern [5]). Dieses Stift, im Jahre 720

---

[1]) Hotting., bibl. quadr. pag. 125 ff.
[2]) Leu, Lexicon. XIV. pag. 424.
[3]) Hotting., Anhang zur K.=G. IV. 130.
[4]) Kirchh. in W. Steiners Leben.
[5]) Gräße, Literärgesch. III, a. pag. 219 wiederholt diese Angabe. Ebert,
bibl. Lex. Nr. 12890 und nach ihm Wackernagel, Vorr. zu Stockmeier und
Reber Beitr. pag. VII sucht sie zu bestreiten und nachzuweisen, daß der
unten zu nennende Mammotrectus nur ein Abdruck der Mainzerausgabe

durch Graf Bero von Lenzburg gegründet, hatte in der Zeit großen
Zerfalls der Klöster die Liebe zu den Wissenschaften bewahrt. Noch
im Anfang des 14. Jahrhunderts wird dort ein Canonicus und Schul=
herr genannt, welcher den Tod König Albrechts in lateinischen Versen
besang. Unter der ausgezeichneten Verwaltung des Probstes Jodocus
von Sillenen (seit 1469), spätern Bischofs von Grenoble und noch
später von Sitten, gelangte die Schule zu solcher Blüthe, daß Helyas
Helye, Magister der freien Künste und Chorherr von Lausen, der
aus Basel oder Schaffhausen stammte, im Jahre 1470 eine Buch=
druckerei anlegen konnte. Einen thätigen Beförderer seiner Bestre=
bungen fand dieser Mann in seinem Vetter Hans Dörflinger, dessen
adeliches Geschlecht aus dem Hegöw bei Schaffhausen entsprungen,
sich in Beromünster niedergelassen hatte[1]). Daß das erste aus dieser
Druckerei im Jahre 1470 hervorgegangene Buch unter dem allgemeinen
Titel „mammotrectus" ein dictionarium vocabulorum difficilium
in bibliis repertorum war, bezeugt wohl hinreichend, daß man sich
in dem genannten Stifte für biblische Studien interessirte. Der
gelehrte Collin, welcher seine Jugendzeit dort zubrachte, bestätigt dies
noch ausdrücklich. Das Werk selbst, von Marchesinus verfaßt, ent=
hält neben der Erklärung schwieriger Wörter in der lateinischen
Bibel, auch die Erklärung solcher, die in lateinischen Hymnen, Pre=
digten u. dgl. vorkommen. Am Schluß dieses ersten Druckwerkes,
welches in Folio erschien, heißt es: „explicit mammotrectus sive
primicerus arte imprimendi seu caracterizandi per Helyam helye
alias de Laufen canonicum ecclesiæ Veronensis in pago Ergo=
wie site absque calami exaratione: vigilia Sancti Martini Epis=
copi sub anno ab incarnatione domini Millesimo Quadringentesimo
Septuagesimo". Während so für Beromünster die Jahreszahl 1470
feststeht, ist das Datum für den ersten Baslerdruck nicht so genau fest=

---

von 1470 sei und daher frühestens 1474 gedruckt sein könne. Brunet,
t. III, pag. 250, hat jedoch diese Ansicht gründlich widerlegt. cf. Schiff=
mann im Geschichtsfreund, t. XXV, pag. 85—95, und Aebi, Die Buch=
druckerei in Beromünster. Einf. 1870. pag. 21 ff.

[1]) Hott. u. Wirz, Schw. K.=G. III. pag. 88 f. Müller, Schweizergesch. V.
pag. 207. Anm. 363 ff. J. J. Rüger, Handschr. Chronik v. Schaffh.
s. v. Dörflinger.

zustellen. Sicher ist nur das, daß Basel unter den Schweizerstädten
die erste Buchdruckerei hatte, und nicht unwahrscheinlich ist es, daß
eine noch in Basel aufbewahrte Bibelausgabe in zwei Theilen eines
der ersten dort erschienenen Druckwerke gewesen ist[1]). Der Drucker
hieß Bernard Richel. Doch war es zunächst nicht die heilige Schrift,
für welche die ersten Pressen in der Schweiz thätig gewesen sind.
Noch eher schienen Rechtsbücher, Legenden und romanhafte Erzäh=
lungen der Verbreitung werth[2]). Erst als sich Männer der Wissen=
schaft anfingen für die Bibel zu interessiren, und gelehrte Buch=
drucker sich zur Theilnahme an diesen Bestrebungen herbeiließen,
da trat jener Wetteifer hervor, die Bibel in so großer Zahl heraus=
zugeben, wie wir es am Schluß des 15. und Anfange des 16. Jahr=
hunderts finden. Zunächst war es freilich vorzugsweise die lateinische
Bibelübersetzung, die man zu verbreiten suchte. Wenn Gayler von
Kaisersberg noch im Jahre 1511 sagen konnte: „Es ist ein böß
Ding, das man die Bibel zu teutsch druft, wann man muß syn
gar vil anders verston, weder es do stot, will man im achter (nur)
recht thun"[3]), so sieht man, welche Vorurtheile überhaupt noch dem
Drucke einer deutschen Bibel entgegenstanden. Dennoch fanden
deutsche Bibelübersetzungen große Verbreitung. Ob von den vierzehn
vorlutherschen deutschen Bibelübersetzungen eine Ausgabe in der
Schweiz gedruckt wurde, ist zweifelhaft. Dagegen ist gewiß, daß die
meisten derselben in Süddeutschland erschienen sind. Die s. g. vierte
deutsche Bibel, welche zwischen 1470 und 1473 erschien und zuerst
den Text der ersten drei Ausgaben verbesserte, gehört einer Mundart

---

[1]) Stockm. u. Reber, a. a. O. pag. 3 ff.

[2]) In Genf sollen nach einer freilich nicht hinreichend verbürgten Sage schon
1454 die Freiheiten der Stadt im Drucke erschienen sein. Dann kam
1478 daselbst la vie des S. S. anges des nachmaligen Cardinals Ximenes
und der Roman von Fierabras heraus. In Basel ließ der erste Drucker
das fabularium des Conrad von Mure und Dietrichs von Burgdorf con=
cordanz über den Sachsenspiegel 1474 erscheinen. In Burgdorf wurde
Jacobus de Cusa tractatus de apparitionibus animarum post mortem
herausgegeben 1478. cf. Hottinger und Wirz, K.=G. III. pag. 38 und
P. W., Die Buchdrucker der Schweiz. St. Gallen 1836.

[3]) Christliche Pilgerschaft. Basel 1511. Blatt 127.

an, die sich der schweizerischen sehr nähert[1]). Eine deutsche Basler=
ausgabe, welche 1517 erschienen sein soll, konnte bisher nicht auf=
gefunden werden. Dagegen findet sich schon 1502 ein in der
Druckerei des Michael Furter in Basel erschienenes „Psalterium cum
apparatu vulgari firmiter appresso, Lateinisch Psalter mit dem
deutschen nutzbarlichen dabei gedruckt". Es ist dieß nach Panzer die
dritte Ausgabe des deutsch=lateinischen Psalters. Gleich das Jahr
darauf folgten noch zwei Abdrücke. Erst 1518 erscheint sodann in
Basel eine deutsche Uebersetzung der Evangelien und Episteln[2]).

Nach allem dem steht die Thatsache fest, daß in den ersten Jahr=
zehnten des 16. Jahrhunderts deutsche Bibeln in Vieler Hände
waren.[3]) Die auffallend große Anzahl von vorreformatorischen deut=
schen Bibeln, welche sich auf den Bibliotheken der deutschen Schweiz
befinden, dürften mit ein Zeugniß sein, daß die heilige Schrift auf
schweizerischem Boden wenigstens in Klöstern ziemlich eifrig gelesen
wurde[4]).

Was die lateinischen Ausgaben betrifft, so war der genannte
basler Buchdrucker Bernard Richel dafür thätig. Mit Ausnahme
von Anton Coburger in Nürnberg hat innerhalb weniger Jahre keine
Presse in dieser Beziehung so viel gethan, wie die seinige. Zwischen
1475 (vielleicht schon 1473) und 1477 erschienen bei ihm vier Aus=
gaben der Vulgata[5]). Andere Buchdrucker folgten ihm mit wahrhaft
erstaunenswerthem Eifer nach. Es ist außer allem Zweifel, daß
während eines Jahrzehnts (1479—1489) neun Auflagen der Vul-

---

[1]) Scherrer, St. Gall. Handschriften. St. Gallen 1859. pag. 76. Panzer,
Annalen der ältern deutschen Literatur I, 13, Nr. 11, schwankt hinsichtlich
der vierten Bibel zwischen Nürnberg und Straßburg. Stockm. u. Reber,
a. a. O. pag. VII, wird es dagegen wahrscheinlich gemacht, daß diese
Bibel Basel angehört. cf. Kehrein, a. a. O. pag. 33 ff.

[2]) v. Panzer, Gesch. der röm.=kath. deutsch. Bibelübersetzungen. Nürnberg
1781.

[3]) Geffcken, der Bildercatechism. des 15. Jahrh. Leipzig 1855. 4. pag. 10.
cf. Studien und Krit. 1857. pag. 187.

[4]) Die Stadtbibl. in Schaffhausen besitzt die 4., 7., 8. (deren erster Theil
sonst bisher noch nirgends gefunden wurde) und die 9. Ausgabe.

[5]) Laire index librorum ab invent. Typ. ad annum 1500. I. 101. 35.
cf. Stockm., a. a. O. pag. 20.

gata aus der Druckerei des gelehrten Johann Amerbach hervor=
gegangen sind. Dazu kommt noch das große Bibelwerk: „biblia
cum Postilla domini Hugonis Cardinalis" 1498—1502 in sieben
Foliobänden und die lateinische Bibel mit der Postille des eben=
genannten Hugo de Sto Caro 1504 in sechs Foliobänden, welche
beide Werke Amerbach auf Kosten des Anton Koburger erscheinen
ließ [1]). Dazu kommen noch ferner zwei Ausgaben der Vulgata von
Niclaus Keßler, 1487 und 1491, beide in Folio [2]), sechs Ausgaben
von Johannes Froben, 1491, 1495, 1498 mit der Postille von Lyra
in sechs Foliobänden, 1502 dasselbe in sechs Foliobänden, 1509, 1514,
noch später zwei Ausgaben von Hieronymus Froben 1538 und 1540.
Nehmen wir hiezu noch die umfangreichen Concordanzen, dann die
Ausgaben von Erklärungen einzelner biblischer Bücher, namentlich
Gregors des Großen und anderer die heilige Schrift nahe berühren=
der Druckwerke, so werden wir gestehen müssen, die der Reformation
unmittelbar vorhergehende Zeit sei wenigstens unter den Gelehrten
eine so vielfach biblische gewesen, daß es nur noch des einschlagenden
Wortes bedurfte, um die Strahlen vereinzelter Bestrebungen in
Einen Brennpunkt zu sammeln.

Doch haben wir noch der bedeutendsten typographischen Leistung,
der Blüthe der biblischen Studien vor der Reformation, nicht gedacht.
Es ist die erste Ausgabe des neuen Testamentes in der
Ursprache, welche Erasmus 1516 in der Druckerei seines Freundes
Froben herausgegeben hat. Der Titel des Werkes ist charakteristisch
genug, um hier eine Stelle zu finden. Er heißt: Novum instru-
mentum omne, diligenter ab Erasmo Rot. recognitum et emen-
datum, non solum ad græcam veritatem verum etiam ad
multorum utriusque linguæ codicum eorumque veterum simul
et emendatorum fidem postremo ad probatissimorr. autor. cita-
tion., emendation. et interpretation. præcipue Origenis, Chry-
sostomi, Cyrilli, Theophylacti, Hieronymi, Cypriani, Ambrosii,
Ililarii, Augustini, una c. Annotationib. quæ lectorem doceant
quid qua ratione mutatum sit. Quisquis igitur amas veram

[1]) Stockm., a. a. O. pag. 37—39 u. 45—47.
[2]) Ib. pag. 56 u. 61 (10 u. 27).

theologiam, lege, congnosce ac deinde judica. Neque statim
offendere, si quid mutatum offenderis sed expende, num in
melius mutatum sit. Apud inclytam Basileam. Cum Privilegio
Maximiliani Cæsaris Augusti, Ne quis Alius in sacra Romani
imperii Ditione, intra Quatuor annos Excudat, aut Alibi Excu-
sam importet. Auf der Rückseite des ersten Blattes ist eine Vor=
rede: Joh. Frobenius Pio Lectori S. S. etc. Auf der ersten Seite
des zweiten Blattes die Dedication: Leoni Decimo, Pontifici Modis
omnibus Summo, Erasmus Roterdamus Theologorum infimus
S. D. etc. Sodann desselben Paraclesis ad Lectorem pium. fol.
Erst nach längerer Vorbereitung hatte Erasmus sich an diese be=
deutendere Arbeit gemacht. Zuerst standen ihm nur vier, nachher fünf
Exemplare von griechischen Manuscripten zu Gebot, die er unter
sich, mit den ihm zu Gebote stehenden Handschriften der Vulgata
und den Citaten der Kirchenväter verglich. Erst in Basel, wohin
er ungefähr Anfangs des October 1513 kam, ging er dann ernstlich
an die Herausgabe. Dort kamen ihm noch drei Codices der Evan=
gelien, ein zweiter der Apostelgeschichte und der Briefe, je einer aus
dem Dominikanerkloster zu Basel in die Hände. Zu der Apocalypse
benutzte er Reuchlins Exemplar. Da aber diesem der Schluß fehlte,
so übersetzte ihn Erasmus aus dem Lateinischen ins Griechische
zurück. So vollendete er die Arbeit, welche im Februar 1516 bei
Froben herauskam[1]). Der Herausgeber rühmt selbst die Unterstützung,
welche er von Capito und Oecolampad dabei erfahren habe[2]).
Gleich im folgenden Jahre kam ein Aldinischer Abdruck, der ver=
hältnißmäßig nur wenige Veränderungen erfahren hat. Die zweite
Ausgabe vom Jahre 1519 enthält das Belobungsschreiben an Eras=
mus von dem Papst Leo X. Mehr als 330 Stellen waren nach
neu aufgefundenen Manuscripten verbessert. Diese Verbesserungen,
sowie diejenigen der Aldinischen Ausgabe druckte sofort Nicolaus
Gerbelius in seiner Ausgabe zu Hagenau ab. Bekannt ist, daß
Luther nach der obengenannten zweiten Frobenschen Ausgabe über=
setzte. In der dritten Ausgabe von 1522 nahm Erasmus ebenfalls

---

[1]) Erasm. epist., l. 12, ep. 28: l. 8, ep. 29: l. 1, ep. 7.
[2]) Epist. lib. 19, ep. 91.

einen Theil der Aldinischen Varianten auf und mehrere andere Lesarten aus anderen Manuscripten. So findet sich hier zuerst die
Stelle über das dreifache Zeugniß des Vaters, Sohnes und heiligen
Geistes, welche der Herausgeber aus einem englischen Codex nahm
„ne cui foret causa calumniandi". Im gleichen Jahre wurden noch
zwei Abdrücke dieser dritten Ausgabe und 1523 ebenfalls zwei Abdrücke nebst lateinischer Uebersetzung veranstaltet. Unterdessen waren
auch außerhalb Basels andere Nachdrücke veranstaltet, z. B. 1522 in
Wittenberg. — Die vierte wiederum verbesserte Ausgabe kam 1527
heraus. Zu dieser wurde namentlich die complutensische Polyglottenbibel zu Rathe gezogen. Sie weicht in etwa 106 Stellen von der
dritten Ausgabe ab. Die Vulgata ist beigefügt, damit der Leser
mit eigenen Augen sehen könne, worin sie mit dem Grundtext über-
einstimme oder von demselben abweiche. Johannes Froben starb in
demselben Jahre und hinterließ seinem Sohne Hieronymus die Aufgabe, die letzte von Erasmus selbst noch verbesserte fünfte Ausgabe
im Jahre 1535 und einen im gleichen Jahre erschienenen Abdruck
zu besorgen.

Ziemlich später als in Basel fand die Buchdruckerkunst in Zürich
Eingang. Als erster Druck gilt der Kalender des Hans am Wasen
von 1508. Doch hat wahrscheinlich Hans am Wasen schon vorher
Einzelnes erscheinen lassen. Reges Leben erhielt die Zürcher Presse
erst durch die Ankunft Christopher Froschowers aus Neuburg, welcher
1519 Bürger wurde und eine Druckerei errichtete. Es war im Jahr
des Beginns der Schweizerreformation, für welche dieser treffliche
und gelehrte Mann in ausgezeichneter Weise arbeitete, und welcher
auch beinahe seine ganze seit 1521 eröffnete Thätigkeit angehörte.
Bald zog auch Johannes Hager in Zürich ein, druckte jedoch nur kurze
Zeit, widmete aber ebenfalls sich vorzugsweise der Verbreitung reformatorischer Schriften[1]). Wir finden nicht, daß diese Buchdrucker
oder andere in der Schweiz aufgetretene, z. B. zu Genf (seit 1498),
Luzern (1524), Schaffhausen (1536), vor der Reformation Bücher
gedruckt hätten, welche auf das Studium der heiligen Schrift Bezug

---

[1]) Denkschrift der Museumsgesellschaft in Zürich. 1840. 4. pag. I ff. und
Vögeli, Christoph Froschauer. Zürich 1840. 4. cf. Gräße, Literärgesch. III.
1. pag. 221 ff.

haben. Es mag daher immerhin wahr sein, daß unter allen Dekanen
in der Eidgenossenschaft damals kaum drei waren, welche die Bibel
gelesen hatten[1]), und daß einzelne Gegenden gewesen sind, wie das
Wallis, wo kein einziger Mann sich fand, der dieß Buch dem Ge=
rüchte nach kannte[2]). Behauptet doch auch Erasmus, achtzigjährige
Priester zu kennen, welche nie in der Bibel gelesen hätten. Wohl
wurde von den sog. Reformatoren vor der Reformation über diese
Unwissenheit geklagt und von einzelnen selbst das Volk gemahnt, die
gute und wohlfeile Gelegenheit, sich aus der Schrift zu belehren,
zu benützen[3]), aber einmal fehlte es an der nothwendigen Vor=
aussetzung, an dem Lesenkönnen, was nur in Städten vorkam, so=
dann waren die deutschen Ueberfetzungen der Art, daß Vieles selbst
dem Gebildeten unverständlich sein mußte. Nehmen wir z. B.
Ebräer 3, 14—17 nach dem obengenannten, dem Schweizerdialecte
sich nähernden nürnberger Exemplar der vierten deutschen Bibel=
übersetzung. Hier wird übersetzt: Wann wir syen worden teyl-
hafftig christo Yedoch ob wir behaben den anfang siner sub-
stantz vest untz an daz end als lang bisz das es wirdt gesaget
ob ir hüt hört sin stymme nit wölt erherten üwer hertzen als
in der bitterkeit · wann etlich hortens vnn erbitterten · aber doch
nit all uszgiengen von egipto durch mosen: wan welchen wz er ley-
dig XI jar. War er nit den ledig die da sündten · der asz wurde
nidergeschlagen in der wüst. Welchen schwur er nit inzegen
in sin rue u. s. w., oder Psalm 90, 9 und 10: Wann all unser
tag gebrasten vnd in dim zorn gebrasten wir. Unser jare
werdent betracht als ein spinn (sicut aranea meditabuntur)
die tag unser jar in yn syen sibenzig jar. Ob aber in den ge-
wälten (in potentatibus) sint achzig jar. Vn fürwass ist ir arbeit
und schmerz. Wann die sennftigkeyt die überkumpt (supervenit
mansuetude) vnd wir werden gestraffet. Psalm 110, 3: Mit dir
ist der anfang an dem tag diner kräft · ich gebar dich vor dem
morgenstern uz dem lybe in dem schyn der heyligen.

---

[1]) G. Müller, Reliquien, Bd. I, pag. 252.

[2]) Ruchat, Hist. de la ref. (éd. de 1835) I. pag. 300.

[3]) Z. B. in dem Basel 1514 gedruckten Plenario oder Evangelienbuch. S.
Baumgarten, Nachr. von merkwürdigen Büchern, I, pag. 453.

Wenn sich so aus den vorangegangenen Erörterungen die That=
sache ergiebt, daß auf dem Boden der Schweiz die Kenntniß der
heiligen Schrift nie ganz erloschen ist, daß aber diese Kenntniß
zumal unmittelbar vor der Reformation mehr auf gelehrtem Boden
sich bewegte, so erhellt zugleich deutlich, daß es einer ganz außer=
ordentlichen Bewegung auf dem kirchlich=religiösen Boden bedurfte,
um das Volk selbst wieder für die Bibel zu interessiren und zu
gewinnen, und diese selbst wieder zum Mittelpunkt alles geistigen
Lebens zu machen. Die fast gleichzeitig in der Schweiz und in
Deutschland ins Werk gesetzte Reformation hat diese Wendung zu
Stande gebracht. Ihre Geschichte in beiden Ländern ist daher mit
der Bibelgeschichte auf das Engste verbunden.

Geschichte der deutschen Bibelübersetzungen in der Schweiz.

Erste Periode.

Vom Beginn der Reformation bis um die Mitte des 17. Jahrhunderts.

Erster Abschnitt.

Die Anfänge der schweizerischen Reformation und das Auftreten der Lutherschen Bibelübersetzung.

Als die Chorherren des Stiftes Großmünster in Zürich sich unter dem Vorsitze des Propstes Magister Felix Frei am 27. December 1518 in dem Stiftsgebäude versammelt hatten, um den neuen Leutpriester Ulrich Zwingli mit den Pflichten seines Amtes bekannt zu machen und ihn förmlich in sein Amt einzusetzen, da wurden demselben vierzehn Artikel als Anleitung für seine Amtsführung vorgelesen, von denen die zwei kürzesten auf die Predigt, die meisten andern auf die Unterhaltung und Mehrung der Einkünfte des Stiftes sich bezogen. Es war ein Akt von durchgreifender reformatorischer Bedeutung, daß Zwingli schon dieser Versammlung gegenüber einen Nebenartikel als die Hauptsache herausgriff und erklärte: „Er wolle die Geschichte Jesu, unsers Erlösers, nach dem Evangelium Matthäi predigen, damit das Volk nicht länger, wie bisher, zum größten Nachtheil für die Ehre Gottes und für die Seelen der nach ihm genannten Christen Christum nur dem Namen nach kennen lerne, während ihm seine Geschichte und sein Heilswerk ganz unbekannt bleibe. Er werde daher über das ganze Evangelium Matthäi, Vers auf Vers, Kapitel auf Kapitel predigen, ohne menschliche Erläuterungen, an die er sich überhaupt nicht binde, sondern blos aus dem Quell der heiligen Schrift, dem Geiste gemäß, den er bei sorgfältiger Vergleichung und nach herzlichem Gebet finden werde". Es fehlte da schon nicht an Einwendungen, denen aber Zwingli entgegnete: „Diese Predigtweise sei keine Neuerung, sondern die alte, wie sie von den Vätern der Kirche geübt worden". Der Reformator blieb auch bei dieser Predigteinrichtung, und er erzählt uns selbst: „Bei meiner Ankunft in Zürich begann ich mit der Auslegung des Evangeliums Matthäi, dem ich die Apostelgeschichte folgen ließ, um meinen Zuhörern die Verbreitung des Evangeliums zu erzählen. Dann folgte der erste Brief an den Timotheus zum Nutzen der Gemeinde, da in demselben die Regeln des Lebenswandels eines wahren Christen enthalten sind. Da ich die Glaubenslehre von Klüglingen entstellt sah, verschob ich den zweiten Brief an Timotheus, bis ich den an die Galater durchgenommen und ließ nun erst jenen folgen, um des Paulus große Verdienste und hohen apostolischen Werth dem Volke darzuthun. — Ich ließ darauf die beiden Briefe Petri folgen, um den Verächtern Pauli zu zeigen, daß beide Apostel von Einem Geiste beseelt, das Gleiche gelehrt haben. Hierauf begann ich die Epistel an die Hebräer, um die Wohlthat der Sendung Christi in ihrem ganzen Umfange zur Erkenntniß zu bringen. Hier sollten sie lernen, daß Christus der einige wahre Hohepriester ist."[1]

Der Zudrang zu der neuen Art des Gottesdienstes in Zürich war groß und der Erfolg so erfreulich, daß Zwingli am Ende des Jahres 1519 berichten konnte, zu Zürich seien bereits mehr als 2000 Seelen mit der Milch der evangelischen Wahrheit so weit gestärkt und genährt, daß sie schon festere Speise zu ertragen vermöchten und auch sehnlich nach solcher verlangten[2]. Auch das Land-

---

[1] S. Christoffel, Leben Zwinglis, I, pag. 33.
[2] Zw. an Osw. Myconius. 31. Dec. 1519.

volk blieb der Bewegung nicht fern, und wünschte Verkündigung des reinen Wortes. Diesem Wunsche kam Zwingli freudig entgegen, indem er im Jahre 1520 anfing, an den Freitagen, den Wochen= marktstagen, den zahlreich in die Stadt kommenden Landleuten über die Psalmen zu predigen.

Und welcher Sprache bediente sich Zwingli in seinen öffentlichen Vorträgen? Das sehen wir deutlich aus den noch vorhandenen Predigten und den bei verschiedenen Gelegenheiten gehaltenen längern und kürzern Reden. Den Kern bildet die allemannische Mundart, wie sie in mannigfachen Abweichungen im größten Theile der deut= schen Schweiz gesprochen wird und auch noch am rechten Rheinufer bis gegen die Allgäuer=Alpen herrscht, sich dann zwischen dem Rhein und dem Schwarzwalde hinzieht, bis sie immer mehr von ihrer Eigenthümlichkeit verliert und endlich, nordwärts von Baden=Baden, in die pfälzische Mundart übergeht [1]). Auch das obere Elsaß gehörte dieser Mundart damals noch ganz an. Ein zweites Element, das bei Zwingli und den schweizerischen Schriftstellern der Reformation sich zeigt, ist das speciell Mundartliche der besondern Landschaft des Einzelnen, wie bei Zwingli der Toggenburger, bei Tschudy der Glarner zu erkennen ist. Und endlich läßt sich ein drittes Element nicht verkennen. Die höhere Bildung, der Umgang mit Gelehrten, die Beschäftigung mit fremden Sprachen, der oft längere Aufenthalt auf nichtschweizerischen Universitäten hatte mannigfaltig auf Denk= weise und Sprache der schweizerischen Schriftsteller eingewirkt und so bildete sich für diese eine Art $Koίνη\ διάλεκτος$, der dem Volke zwar sehr verständlich war, aber doch über dessen Sprache sich erhob. Bei Zwingli und Tschudy tritt dieser Dialect am deutlichsten hervor, und ihr Dialect, dem damals die Literatur noch voller mitgehörte, hat noch Formen, z. B. das erzählende Imperfect, welche ihm später verloren gingen. [2])

Nicht nur sprachen und schrieben aber die schweizerischen Refor= matoren in diesem Dialecte, sondern sie übersetzten auch die heilige

---

[1]) Götzinger, deutsche Sprache und Literatur. Bd. I, pag. 41. — (Mörikofer) Die schweizerische Mundart im Verhältniß zur hochdeutschen Schriftsprache. Frauenf. 1838.

[2]) Wackernagel, Geschichte der deutschen Literatur, pag. 376. Anm. 38.

Schrift in demselben. Beim ersten Auftreten des Zürcherschen Reformators war noch keine allgemein gültige und anerkannte deutsche
Uebersetzung da. Ueber einzelne Bibelstellen, die wiederholt in Predigt und Schrift gebraucht wurden, hatte sich wohl eine gemeinsame
Tradition festgestellt. Das Gebet des Herrn, einzelne Psalmworte,
Stellen aus den sonntäglichen Evangelien und Episteln werden daher
überall beinahe gleichlautend wiedergegeben. Je mehr es sich nun
aber darum handelte, den Gesammtinhalt der Bibel dem Volke nahe zu
bringen, desto mehr war man genöthigt, entweder an eine der vorhandenen Uebersetzungen sich anzuschließen oder neu aus dem Grundtexte
zu übersetzen. Den letztern Weg wählten in der Regel die schweizerischen
Reformatoren, wenigstens bis gegen Ende des ersten Jahrzehnds ihres
Auftretens. Nehmen wir einige Beispiele zunächst von Zwingli aus
dem Jahr 1522: Matth. 15, 17: „das da yngat in den Mund, vermaszget den Menschen nit." [1] Act. 10, 10: „do Petrus in Joppen
war, (die man jetzt Japhet nennt), ist er an einem Tag um die
sechste Stund zu oberst ins hus ufhin gangen, hat da wollen beten
und ist hungrig worden begeerend essen; und indem das gsind zurüst,
ist er verzukt worden, und sieht den Himmel uffgethon und ein bereitschaft (Gefäß) herabkummen, glych als wär es ein groß lynin tuch)
mit den vier zöpfen (zipfeln) zemmen bunden und nidergelassen uf das
erdrych), in welchem tuch allerley vierfüßige thier und wilde und
krüchende und flügende in dem Luft warend. Do het ein stimm zu
ym gesprochen: Stand uf Peter, mezg (schlachte) und iß." [2] Luc.
16, 15: „Hörest du, das, was den menschen ein groß ding dunket, von
gott treffenlich geschohen (gescheut, verabscheut) und das gsetz, so viel
es ceremonisch und gerichtsfundelig, abgethon ist". Luc. 22, 35:
„Do ich üch gesendt hab on sek oder täschen, het üch etwas gebro-
sten?" [3] Jes. 45, 23: Ich leb, spricht der Herr. Mir werdend sich
bufen alle knüw, und alle zungen werdend mir, der Gott bin, ver-
jähen (bekennen, sich zusagen)." [4] — Zuweilen in freier Discussion
übersetzt Zwingli nur dem Sinne nach, z. B. in der ersten Disputation

---

[1] Von Fryheit der Spysen. Zw. Werke von Schuler und Schulthess. 1, pag. 4,
„vermaszget" von dem Schweizerischen mase = Flecken.
[2] Ib. pag. 4.
[3] Ib. pag. 10.
[4] Ib. pag. 17.

von Zürich Matth. 15, 1: „do die Juden und Pharisäer den Herrn
beraffletend (tadelten) und straften, warum sine jünger nit hieltend
die leer und satzung der alten, sprach Christus ꝛc.[1]) Der Unterschied
zwischen Zwingli und seinen Gegnern, dem Generalvicar Faber von
Konstanz, Steinle aus Schaffhausen u. a. auf dieser Disputation gibt
sich schon darin zu erkennen, daß letztere immer zuerst die Vulgata
citirten und diese dann übersetzten. Auch Leo Judä übersetzt wohl
unmittelbar aus dem Grundtext, wenn er in der zweiten Disputation
z. B. 1 Joh. 5, 21 anführt: „Ir minen sün, hütend üch vor den
bildern“[2]) oder Ex. 20, 23: „du sollst mich weder silberin noch gul=
din machen“. „das vermag das hebraisch wörtlin ithi.“ Man sieht
aus diesen und andern Stellen, daß der Grundtext in Bereitschaft
lag, wie es auch ausdrücklich in dem Bericht der 2. Zürcher Dispu=
tation heißt: „da las Zwingli us dem Griechen=Testament“. [3]) Der
Comthur Conrad Schmid von Küßnacht citirt auch ohne Vorgang
einer andern Uebersetzung, z. B. Joh. 6, 35: „Welcher kunt zu mir,
den hungert nümmen; welcher gloubt an mich, denselbigen durst
nümmen. Aber keiner kömmt zu Christo oder gloubt an jn, denn
welchen der vater zücht.“ [4]) Wer nicht hebräisch verstand, hielt
sich neben der Vulgata etwa an die Septuaginta, wie z. B.
Martin Steinle, Pfarrer zu Schaffhausen. „Job, der heilige
Prophet, sagt auch 15, 14: es sye niemen rein von wüst (als
die Septuaginta interpretirt haben) der sünden.“[5]) Es gibt sich in
der zweiten Disputation von Zürich im Oktober 1523 darin ein
bemerkenswerther Fortschritt kund, daß man sich von beiden Seiten
viel klarer der Stellung zur Schrift bewußt war. Eine Menge Stellen
wurden da durchgesprochen und von Seiten der Evangelischen die
Exegese mit einer Sicherheit gehandhabt, die oft in Erstaunen setzt.
Wir finden nun aber gerade in der mundartlichen Uebersetzung so
viel Eigenthümliches, daß es beinahe zu bedauern ist, es nicht mehr

---

[1]) Zw. Werke I, pag. 145.
[2]) Ib. pag. 474.
[3]) Ib. pag. 486.
[4]) Ib. pag. 501.
[5]) Ib. pag. 503.

in dieser Ausdehnung bei der bald darauf erschienenen Zürcherbibel=
übersetzung verwerthet zu finden.

Unterdessen war bereits das luthersche neue Testament heraus=
gekommen und auch in der Schweiz verbreitet worden. Wie auf=
merksam Zwingli auf diese Erscheinung war, sieht man aus seinen
Aeußerungen schon in der ersten Zürcherdisputation (29. Jan. 1523).
Er entgegnet dem bischöflich constanzischen Generalvicar Faber, welcher
die Schriftauslegung unter die Autorität der Kirche gestellt wissen
wollte, daß jeder, der Gottes Geist habe, zum Verständniß der Schrift
gelange. „Die göttlich gschrift ist so selbst allenthalben so glych, der
geist gottes flüßt so rychlich, spaziert in ihr so lustlich, daß ein jeg=
licher flyßiger leser, so fer er daryn kummt mit demüthigem Herzen,
entscheiden wird durch gschrift, von dem geist Gottes in die Schrift
gewyst, bis er kummt zu der worheit." Dann spricht er weiter davon,
wie zudem das Bibellesen erleichtert sei und fährt fort: „Aber jetz=
und ist durch die gnaden gottes das heilig evangelium
und göttlich geschrift durch den druk (bsunder zu Basel)
in die welt und an das liecht kummen, daß man das in
latin und tütsch findt. Darus sich ein jedlicher frummer christen=
mensch, der lesen und latin kann, lychtlich berichten mag und den
willen gottes erlernen. Ist dazu kummen, gott sye lob! daß jetzt
ein priester, der flyß will haben, in zwey oder dryen jaren wol so
vil in der göttlichen geschrift mag bericht werden und wüssen, als
vorhin mancher in zehen oder fünfzehen jaren. Deßhalb will ich er=
mant haben alle die priester, so unter minen herren von Zürich oder
in jro landschaft verpfründt sind, daß ein jedlicher sich flyß und ar=
beit, die göttlich schrift zu lesen und insunder die, so prediger und
seelsorger sind! kouf ein jeder ein nüw testament in latin oder in
tütsch, wo er das latin nit recht verstünd oder uslegen möcht, denn
ich mich ouch nit schäm das tütsch zu zyten zu lesen von
wegen lychtlicher Dargebung. Fach einer an zu lesen am
ersten das evangelium Mathäi, insunders das 5. 6. und 7. Capitel!
Dernach les er die andern evangelisten, daß er doch weißt, wovon
sy schryben oder sagend. Nachdem nem er für sich acta apostolorum.
Dernach epistolas Pauli, sunder am ersten ad Galatas! Nach dem
sant Peters epistel und ander göttliche gschrift! so mag er lychtlich
ein rechts christlichs leben in sich bilden, geschikter werden die andern

auch deß bas zu leeren. Dernach schickt sich einer in das alt testament, in die propheten und ander bücher der bibel vergriffen, welche, als ich vernimm, bald durch den druk latin und tütsch usgon soll."[1] Aus dieser wichtigen Stelle erhellt deutlich, daß der in Basel erschienene Nachdruck des lutherschen neuen Testamentes sofort auch in Zürich bekannt wurde, daß Zwingli ihn benutzte, und daß bereits im Anfang des Jahres 1523 in Zürich eine lateinische und deutsche Ausgabe vorbereitet wurde. Zwingli hatte ja auch selbst im Anfang des Jahres 1520 von Zürich aus einen Besuch in Basel gemacht und nicht nur mit den dortigen Gelehrten, sondern auch mit den Buchdruckern daselbst Verbindungen angeknüpft. Noch vor dem Druck der Lutherbibel ließ der Freund Zwinglis, Leo Jud, gleichsam als Vorläufer seiner spätern selbständigen Arbeiten über die Bibel ein Paar Schriften des Erasmus erscheinen, nämlich 1520 in Basel die Schrift "Ein vast nützliche Auslegung des ersten Psalmen, durch den Erasmum von Rotterdam und vertütscht durch Leo Jud" und 1521 und 1522 bei Froschauer in Zürich die Episteln Pauli in deutscher Uebersetzung nach der Paraphrase des Erasmus in groß 4°.[2]

Zwingli kann unter dem in Basel gedruckten deutschen neuen Testamente wohl nichts anders verstanden haben, als den im Dezember 1522 erschienenen ersten Nachdruck von Luthers Septemberausgabe. Der Buchdrucker Adam Petri war einer der ersten, der überhaupt lutherische Uebersetzungen nachgedruckt hat. So druckte er schon 1519 in 4° Luthers 1515 erschiene "Ußlegung des Vatterunser für die einfeltigen Layen".[3] Die genannte Ausgabe des neuen Testamen-

---

[1] Disput. in Zürich. Originalausgabe von 1523 (10½ Bogen) pag. 68, bei Schuler, Zw. Werke I, pag. 150 f., s. Mörikofers Leben von Zwingli 1867, I, pag. 79.

[2] S. Vögeli, Christoph Froschauer. Zür. 1840. 4. pag. 4 u. 5. Der Titel (bei Lork, Bibelgeschichte I, pag. 142) ist: Paraphrases zu tütsch die Episteln sancti Pauli durch Erasmum von Rotterdam durch Leonem Jüd verbütscht. Zür. bei Frosch. 1521 u. 22. — Das gleiche mit gleichem Titel in Folio 1523. Vielleicht fällt in dieselbe Zeit: "Postille deutsch. Oder das neue Testament mit Erasmi Auslegung aus dem Latein ins Deutsche gebracht. In Folio." Ohne Ort und Jahr, aber mit dem Froschauerschen Zeichen.

[3] Panzer, Entwurf einer vollständigen Geschichte der deutschen Bibelübersetzung Luthers. Nürnb. 1783, pag. 11.

tes gab er in Folio heraus unter dem Titel: „Das newe Testament,
yetzund recht grüntlich verteutscht. Welchs allein Christum unser
Seligkeit recht und klärlich lernt. Mit gar gelerten und richtigen
vorreden und der schwersten Oerteren kurz aber gut Außlegung."[1]
Dieser Titel steht in einem Holzschnitte, an dessen vier Ecken die
Embleme der vier Evangelisten und an dessen beiden Seiten die
Bildnisse der Apostel Petrus und Paulus stehen. Oben ist das Wap=
pen der Stadt Basel, über welchem die Worte stehen: inclyta Ba-
silca. Unten sieht man das Wappen des Druckers Adam Petri, ein
auf einem Lamm reitendes Kind, mit einer Fahne in der Hand,
auf welcher der Name des Druckers zweimal steht. Vor dem An=
fang eines jeden Buches steht ein kleiner Holzschnitt. Auf dem zweiten
Blatt ist Luthers Vorrede: „Es wäre wol recht und billich 2c." und
noch eine zweite kleinere: „Welchs die rechten vnd edelsten Bücher
des Neuen Testamentes sind" (2 Blätter). Auf dem dritten Blatte
ist ein Register der Bücher des Neuen Testamentes. CLXXXI ge=
zählte Blätter bilden den Text. Nach dem Blatt 181 ist noch ein
Blatt mit dem Buchdruckerzeichen. Welch einen schnellen Absatz dieß
Werk gefunden hat, beweisen die im folgenden Jahre 1523 erschie=
nenen drei Ausgaben aus der gleichen Officin und drei Ausgaben
des Thomas Wolf, Buchdruckers in Basel. Adam Petri gab näm=
lich im gleichen Monat März eine Ausgabe in Folio und eine in
Octav heraus. Die erstere[2] führt den Titel: „Das neww Testament
recht gründlich teutsch. Mit ganz gelerten und richtigen vorreden
vnd der schwersten örtern kurz aber gut, außlegung. Ein gnugsam
Register, wo man die Episteln und Evangelien des ganzen jars in
diesem Testament finden soll. Die außlendigen Wörter- auff vnser
teutsch angezeygt. Gedruckt zum anderen mal durch Adam Petri zu
Basel Anno 1523". Auch hier finden sich Holzschnitte, vor dem Anfange
der Bücher je ein großer, der die Hälfte der Breite des Blattes und die
Höhe von je 16 Zeilen einnimmt und den betreffenden Verfasser vorstellt.
Zu Anfang der Capitel stehen kleinere zierliche Holzschnitte. Der Text
ist auf 181 gezählten Blättern und mit fortlaufenden Zeilen gedruckt,

[1] Panzer a. a. O. pag. 98 und Stockmeier u. Reber, Beiträge, pag. 145,
auf der Stadtbibl. Basel.

[2] Panzer a. a. O., pag. 99—101 und Stockmeier a. a. O. pag 145.

die Glossen mit kleinerer Schrift dem Texte selbst einverleibt. An
dem Rand stehen Parallelstellen. Ein weitläufiges Register, 16 Blätter
umfassend, über die Evangelien und Episteln folgt auf die Vorreden
der ersten Ausgabe. Das Verzeichniß der Bücher des Neuen Testa=
mentes und das Register der ausländischen Wörter haben zusammen
21½ Blätter. Einzelne Vignetten zu Anfang der Capitel sind sehr
hübsch, andere unbedeutend. Auch dieser Nachdruck gibt den Text
der Septemberausgabe. Nur hin und wieder sind kleine Aenderungen,
z. B. Sucht für Seuche. In den Glossen heißt es, man habe die
unverständlichen Wörter „auf unser Hochdeutsch außlegen" lassen.
Die Offenbarung Johannis hat noch keine Figuren.

Die Octavausgabe aus demselben Monat stimmt in dem Titel
und der Anordnung mit der eben beschriebenen Folioausgabe ganz
überein. Die Holzschnitte der Anfangsbuchstaben sind nur kleiner als
die der letztern.[1]) Der Text ist auf 845 gezählten Blättern, die Vor=
rede, Glossar, Register der Episteln und Evangelien umfassen 6½ Bo=
gen. Noch im Dezember erschien die vierte Ausgabe von Adam
Petri in 8°.[2]) Die verschiedenen kleinen Holzschnitte, auch kleinere
Abweichungen in der Schreibart (z. B. geboren statt geporn Matth. 2, 4,
gschrifft statt schrift Röm. 1, 2) unterscheiden sie von der Octavaus=
gabe des März beinahe einzig. Der Druckfehler der letztern „erfor=
stete" ist hier verbessert: „erforschete". In allen genannten Ausgaben
von Petri fehlt noch die von Luther in seiner ersten Ausgabe weg=
gelassene, dagegen in der zweiten beigefügte Stelle 1 Petri 1, 25: „das
ist das Wort, das unter euch verkündigt ist."

Die drei Wolfschen Ausgaben vom Jahr 1523 haben viel Aehn=
liches mit den Petrischen. Der halb deutsch, halb lateinisch gedruckte
Titel der ersten Ausgabe in 8° lautet: „Das ganze neuw Testament
yetz klärlich aus dem rechten grundt teutscht. Mit gargelorten vor=
reden, welche eingang vn vnder-richtung in dise bucher klaer-
lich antzeigen. Dazu kurtze und gutte etlicher schwerer ortter
ausslegung. Auch die offenbarung Joannis mitt hiipschen Fi=
guren, aus welchen man das schwerest leichtlich verston kan.

---

[1]) Panzer, pag. 101. Basler Stadtbibl.

[2]) Panzer, pag. 102. beschreibt die Ausgabe genau. In Basel ist sie nicht.

Zu Basel M.D.XXIII."[1] Der Titel dieser Octavausgabe steht in
einem schönen Holzschnitt. Nach den beiden Vorreden und dem Ver-
zeichniß der Bücher kommt auf der ersten Seite des achten Blattes
ein Holzschnitt, Petrus und Paulus vorstellend. Auf der zweiten
Seite befinden sich die Sinnbilder der vier Evangelisten in 4 Feldern.
In der Offenbarung Johannes sind 21 Figuren von der Größe des
Blattes, die aber, wie wir weiter unten sehen werden, nicht, wie
Panzer meint, Copien der Holzschnitte in der Wittenbergischen Originalausgabe sind. Die beiden andern Wolfschen Ausgaben desselben
Jahres, die eine in Quart, die andere in Octav stimmen mit der
ersten ganz überein, nur daß eine Ausgabe deutsche Typen hat, die
beiden andern lateinische.[2] Im folgenden Jahre 1524 gab derselbe Wolf noch zwei, Adam Petri eine, dagegen 1525 wieder zwei
Ausgaben heraus, welche sich von den früheren nur wenig unterscheiden.[3]

Diesen sämmtlichen zwölf Ausgaben liegt Luthers Septemberausgabe, also die erste 1522 in Wittenberg herausgekommene Uebersetzung zu Grunde. Nur selten sind Wörter nach der Schweizer-
mundart geändert. Daher schien ein Wörterbuch nothwendig, worüber
Adam Petri selbst Auskunft gibt: „lieber christlicher leser, so ich
gemerkt hab, daß nitt yederman verston mag ettliche Wörtter im yetzt
gründtlichen verteutschten neuwen testament, doch dieselbigen wörtter
nit on schaden hätten mögen verwandelt werden, hab ich lassen dieselbigen auf unser hoch teutsch außlegen vnd ordenlich in ein klein
register, wie du hier siehest, fleißlich verordnet." Manche Wörter,
welche dieses Glossar als unverständliche bezeichnet, mochten damals
schon nicht so unbekannt sein, z. B. fliken, Narben, Qual, Ufer u. a.
Uebrigens scheint Adam Petri sein Testament Luthers noch keineswegs
in der Absicht herausgegeben zu haben, um damit eine reformatorische
Bewegung zu veranlassen. Schenkte er doch viele seiner Bücher den
Carthäusern in Kleinbasel, die zum Danke Messen für ihn lasen.
Etwas bedenklich schien diesen Mönchen freilich das Unterfangen des

---

[1] Panzer, pag. 101. Baslerbibl.

[2] Eine Ausgabe auf der St. Gallischen Stiftsbibl., s. Scherrer, St. Gallische
Handschriften 1859, pag. 84.

[3] Panzer a. a. O. pag. 105—110.

Buchdruckers. So steht auf dem noch vorhandenen Exemplar des Neuen Testamentes, das denselben geschenkt wurde, die Bemerkung: „Doch sol ein jeklicher dise ding mit guotem bescheid ußerkiesen und nitt wytter wellen hieruff buwen dann die gemein christlich kilch leret und haltet“. Und auf einem andern Geschenk Petris, den fünf Büchern Mosis, heißt es: „Darumb auch neben war zu nemen ist, daß man sich nit zu vil mit söllicher Neuwerung bekümmern, noch den Nebenglößlein zu vil Glauben gebe. Wer weiß, was darhinder steckt? doch, was got lert, mag nit vergon“.[1] Luthers Name war übrigens auf sämmtlichen genannten Basler-Nachdrucken eben so wenig genannt, als in den ersten Originaldrucken von Wittenberg.

Zwinglis Erwartung, daß auch in Zürich bald eine deutsche Ausgabe des Neuen Testamentes erscheinen werde, erfüllte sich bald, denn schon 1524 erschienen nach einander drei Abdrücke des Lutherschen Neuen Testamentes.[2] Froschauer besorgte deren zwei, eine in Octav (beinahe klein Quart) und eine in Folio. Welches die frühere ist, läßt sich nicht mehr ermitteln. Die erstere hat folgenden Titel: „Das ganz nüw testament recht grüntlich vertütscht. Mit gar gelerten und richtigen vorreden und der schwäresten örteren kurz, aber gut ußlegung. Ein gnugsam register, wo man die Episteln und Evangelien deß ganzen jars in disem testament finden soll. Gedrukt durch Christophorum Froschauer zu Zürich anno MDXXIIII.“ Dieser Titel steht in einer Umfassung von Arabesken, deren untere Seite Christum mit sechs Begleitern und ihm gegenüber allerlei Kranke darstellt. Auf der Rückseite des Titels beginnt die Vorrede Luthers („Es war wol recht un billig“ 2c.), welche 6½ ungezählte Seiten umfaßt. Sodann folgt auf neuer Seite das Verzeichniß der neutestamentlichen Schriften, „welche die rechten und eltesten bücher des nüwen testaments sind“, ganz nach Luther, 3 Seiten umfassend. Dann nach kurzer Einleitung von ½ Seite das 41½ ungezählte Blätter umfassende Register der

---

[1] Panzer, pag. 137. Auf der Stadtbibl. in Basel.

[2] Diese drei höchst seltenen Ausgaben besitzt die Stadtbibliothek in Zürich, welche sie dem Verfasser zur Einsicht anvertraute. Da sie bisher nirgends genau beschrieben worden sind, so ist im Texte ausführlicher davon gesprochen. Ueber die Folioausgabe s. Panzer a. a. O. pag. 263. Baumgarten, Nachrichten von einer hall. Bibliothek III, pag. 13, bei Rudolphi: die Buchdruckerfamilie Froschauer in Zürich, Zür. 1869. Nr. 87 u. 88.

ſonntäglichen Evangelien und Epiſteln. Nun erſt kommt der eigentliche Text, die 4 Evangelien und die Apoſtelgeſchichte auf 227½ gezählten Blättern, dann der zweite Theil mit dem beſonderen Titel
„Die Epiſtel Sanct Pauls zu den Römern" beginnend und 190½ gezählte Blätter einnehmend. Auf der Rückſeite eines beſondern Schluß-
blattes iſt das Froſchauerſche Zeichen. Vor jedem Evangeliſten ſteht
deſſen Bild nebſt ſeinem Attribut. Vor der Apoſtelgeſchichte ſteht die
Vignette des Evangeliums Lucas, vor der Apocalypſe diejenige des
Evangeliums Johannis wiederholt. Vor dem Römerbrief iſt das
Bild des Apoſtels mit dem Schwert in der Hand. Vor jedem Briefe
findet ſich die dazu gehörige Vorrede Luthers. Auch die Gloſſen
Luthers ſind in lateiniſcher Schrift in den Text eingefügt. Luthers
Parallelſtellen der Septemberausgabe ſtehen am Rande, dagegen fehlen
in der Offenbarung Johannis die bei Luther durch Kranach gezeich-
neten 21 Holzſchnitte. — Die Folioausgabe deſſelben Jahres iſt ganz
auf die nämliche Weiſe eingerichtet. Der gleichlautende Titel ſteht
inmitten von vier Darſtellungen aus dem Leben des Apoſtels Paulus,
oben der Schiffbruch bei Malta, unten die Gefangennehmung in
Jeruſalem, links die Bekehrung, rechts die Rettung aus Damask.
Auf dem zweiten Blatt beginnt die Vorrede, welche mit den oben
genannten Zuthaten 12½ Blätter einnimmt. Der Text hat 162 gezählte Blätter, an deren Schluß es heißt: „Gedruckt zu Zürich, durch
Chriſtophorum Froſchauer. Im erſten tag des Augſtmonats, im Jahr
MDXXIIII." Dann kommt ein halbes Blatt Druckfehlerverzeichniß,
und auf der zweiten Seite des letzten Blattes das Froſchauerſche
Zeichen. Vor den Evangelien und der Apoſtelgeſchichte ſind die nämlichen und gleich großen Bilder wie in der 8° Ausgabe; die lutherſchen Gloſſen ſind hingegen in kleinerer deutſcher Schrift beigefügt.
Daß die größere Ausgabe noch mehr dem ſchweizerſchen Idiom ſich
nähert, z. B. ſtröwne Epiſtel ſtatt ſtröern Epiſtel ſagt, läßt vielleicht
auf ihr ſpäteres Erſcheinen ſchließen, wozu noch kommt, daß wohl
ſchon die in gleichem Format das Jahr darauf erſchienene Ausgabe
des alten Teſtamentes dabei in Ausſicht genommen wurde. Der
dritte im Jahr 1524 durch Johannes Hager beſorgte Abdruck des
Lutherſchen Neuen Teſtaments unterſcheidet ſich von der kleineren
Froſchauerausgabe nur durch das etwas größere Quartformat, durch
die verſchiedenen Vignetten (auf dem Titel oben Darſtellung der Auf-

erstehung, auf beiden Seiten je zwei Engel). Die Vorrede und Re=
gister nehmen 30 Blätter mit der Rückseite des Titels ein. Der erste
Theil hat 188, der zweite 185 gezählte Blätter.

Unter wessen Leitung diese drei Ausgaben[1]) herausgekommen
sind, ist nicht bekannt. Gewiß ist, daß sie alle dem schweizerischen
Idiom viel näher stehen als diejenigen von Basel, welche sie zunächst
vor Augen hatten. Die beiden Froschauerschen Ausgaben sind cor=
recter als die Hagersche. So hat letztere gleich im Anfang des Re=
gisters den sinnstörenden Druckfehler „wil die" statt „wilde" Deutung.
Daß Luthers erste oder Septemberausgabe von 1522 zu Grunde
gelegt wurde, zeigt das Fehlen der in der zweiten oder Dezember=
ausgabe beigefügten Glossen, die Beibehaltung der Uebersetzung auch
da, wo sie in der zweiten Ausgabe verändert wurde, z. B. Matth. 5, 11:
wenn üch die menschen schmähend und verfolgend und reden allerlei
args wider üch, so sy daran liegend umb meinetwillen (Luth. 2. Ausg.:
wenn euch die menschen um meyner willen schmehen und verfolgen),
Act. 27, 12: westsüd (2. Ausg.: südwest), V. 14: ostnord (2. Ausg.:
nordost), Gal. 3, 11: der gerecht läben wirdt durch den glouben (Luth.
2. Ausg.: der gerechte wird seynes glawbens leben), 1 Petri 1, 7:
Uff das die bewärung an üwerm glouben (Luth. 2. Ausg.: auf das
ewer glawbe bewerdt). Sonderbarer Weise ist auch der nicht nur
in den ersten, sondern auch einigen folgenden Wittenbergerausgaben
sich findende Druck= oder Uebersetzungsfehler Gal. 5, 6: „die liebe,
die durch den glouben thätig ist", nicht nur in den Zürcher=, sondern
auch Baslerausgaben wiederholt. Es fehlen auch in der Stelle
2 Cor. 11, 15 die Worte: „welcher Ende sein wird nach ihren Werken"
und 2 Thess. 4, 3 die Worte: „daß ihr meidet die Hurerei", welche
Stellen Luther erst in der achten Ausgabe von 1524 aufgenommen
hat. Wenn wir so durchgehends die lutherische Uebersetzung vor uns
haben, so unterscheiden sich doch die Zürcherausgaben wieder wesentlich
durch ihre Spracheigenthümlichkeit. Die Vocalisation ist die schwei=
zerische, huß statt haus, zyt statt zeit, für statt feuer, lüchten statt
leuchten, licht statt leicht. Die zweite und dritte Person Pluralis
haben noch das d, z. B. grabend, stählend, samlend, fressend, trach=

---

[1]) Siehe pag. 43, Note 2.

tend statt graben, stehlen, sammlet, fresset, trachtet, wynsuffer statt
weinsäufer (Matth. 11).

Es kommt auch schon eine ganze Reihe schweizerischer Provinzialismen vor, z. B. Math. 5: „Wo nun das salz sin räßi verlürt"
(Luther und Baslernachdruck „dumm wirbt"), Math. 9: „Niemant
bützt ein alt kleyd mit einem bletz von nouwem tuch" (L. u. B.:
„niemant flickt ein alt kleyd mit einem lappen von newem thuch"),
Math. 10: Sparen (L. Sperling, B. Spatzen), Math. 4, 24: sin
lümd (L. u. B. sein Gerücht), Math. 10: Sohnsfrau (L. u. B. Schnur),
Math. 11: lydlicher (L. erträglicher), Math. 13: köl (L. u. B. kol),
süly (L. u. B. Füllen), Math. 6: glychsner (L. u. B. Heuchler),
Math. 9, 2, Lucas 5 oder Marc. 2 perlisüchtig, pärlisiech (L. u.
B. gichtbrüchig), Luc. 15: trüsch (L. träbern, B. triestern). Ausdrücke, welche dem Schweizer ganz unbekannt sein mußten, sind umgeändert, z. B. Röm. 13 stür statt schoß (L. u. B.). Wir werden
weiter unten Gelegenheit haben, die Eigenthümlichkeit der Sprache
in der Zürcherübersetzung näher kennen zu lernen. Alle angeführten
Aenderungen sind sprachlicher Natur. Man sieht, es handelte sich vorerst nur darum, dem Volke eine ihm verständliche Bibel zu geben. Von
irgend welchen Aenderungen im Sinne der dogmatischen Anschauung
der Reformirten konnte jetzt noch nicht die Rede sein. Das Gebet des
Herrn beginnt bei Matthäus und Lucas mit: unser Vater, wie bei
Luther und hat an ersterer Stelle auch den Schluß nicht. 1 Joh. 5
hat Luther und die Baslerausgaben: „denn drei sind, die da zeugen,
der Geist, das Wasser und das Blut und die drei seind eins". Dagegen haben die Zürcherausgaben: „dene dry sind, die da zügend, der
geist, das wasser unnd das Blut, unnd die dry dienend in eins."

Diese ersten Zürcherausgaben bilden die Grundlage der spätern,
die sich, wie wir sehen werden, immer mehr von dem luther'schen
Original entfernten. Doch scheint die Vorliebe für jene noch eine
Zeitlang sich erhalten zu haben, indem Froschauer 1533 noch einmal zwei Abdrücke davon in Sedez veranstaltete[1] und noch 1542 eine
solche Ausgabe in Zürich erschien. [2]

---

[1] Nach Panzer a. a. O. pag. 143 u. 144 und Zusätze pag. 16, die eine
418, die andere 429 Blätter. Rudolphi a. a. O. Nr. 212.

[2] Panzer pag. 144. Rudolphi Nr. 283. Der Titel beider Ausgaben ist ganz
der gleiche wie 1524.

Während in Zürich die lutherſche Bibel allmälig von der Zür=
cherſchen verdrängt wurde, und das Alte Teſtament, wie wir ſehen
werden, nur theilweiſe daſelbſt erſchien, ſo waren in Baſel die Preſ=
ſen von Adam Petri und Thomas Wolf eifrig bemüht, die in Wit=
tenberg herausgekommene Fortſetzung der lutherſchen Ueberſetzung
ſogleich zu vervielfältigen. So erſchienen ſchon im Dezember 1523 von
dem erſten Theil, welcher den Pentateuch enthält, folgende Ausgaben:

a) bei Adam Petri[1]) im Dezember: „Das alte teſtament, deutſch,
der urſprünglichen wahrheit nach auffs treulichſt verdeutſcht. Vnd
jezmals in diſem truk, durch den tolmetſcher erleuchtet mit vil hüb=
ſchen der beſunder ſchweren ortten außlegungen und erklerung, die
keyn ander druk haben. Zu Baſel bei Adam Petri in Chriſtmond
des MDXXIII jahrs.“ Folio. Dieſer Titel ſteht ſozuſagen in einer
Säulenhalle, die in ein Gewölbe ausläuft. Oben daran ſind zwei
Phantaſiefiguren, welche an einem Seile zwei einen Schild tragenden
Engel ſchaukeln. Auf beiden Seiten ſteht an den Säulen je eine
Figur, eine männliche und eine weibliche. Unten am Titel ſind
wieder zwei Engel. Rechts unten findet ſich das Monogramm des
Künſtlers, Urs Graf. Auf der Rückſeite des Titels iſt das Ver=
zeichniß der Bücher des Alten Teſtamentes, der canoniſchen und der
apokryphiſchen (Tobia, Judith, Baruch, Eſra, das Buch der Weisheit,
weiſe Mann, Maccabäus). Hierauf folgt die Vorrede Luthers, deſſen
Name jedoch nirgends genannt wird: „das alte teſtament halten et=
liche geringe ꝛc.“, 5 Blätter. Der Text, mit vielen Initialen und
andern Bildern geſchmückt, hat CLX gezählte Blätter. Luthers
Gloſſen ſind am Rande angebracht. [2])

b) Ebenfalls im Dezember erſchien bei Adam Petri eine zweite
Folioausgabe desſelben Werkes, die ſich von der ebengenannten nur
dadurch unterſcheidet, daß Luthers Name ſowohl auf dem Titel als
vor der Vorrede ſteht. [3])

---

[1]) Panzer a. a. O. pag. 175—177 und Stockmeier, Beiträge pag. 145
(Nr. 80 und 81). Auf der Stadtbibliothek in Baſel.

[2]) Vor dieſer Ausgabe der Basler Stadtbibl. ſteht die oben angeführte Be=
merkung des Carthäuſers: „diß buch ſo da zugehört“ ꝛc.

[3]) Stockmeier a. a. O. pag. 145, Nr. 81.

c) Eine Ausgabe in gr. Octav[1]): „Das alt testament, yetzt recht grüntlich auß dem Ebreischen teutscht vnd auf einen rechten verstant bracht. Vnd an vil örtern erklärt vnd besseret, welchs in dem vorigen gar schwer, tunkel vnd falsch gewesen ist. Zu Basel MDXXIII." Am Ende des Werks: „Zu Basel durch Thomen Wolff im jar als man zelt MDXXIII." Der Titel ist von einem Holzschnitt eingefaßt, der jedoch weniger schön ausgeführt ist als der der Petrischen Aus=gabe. Auf der Rückseite ist das Register der sämmtlichen canonischen und apokryphischen Bücher des Alten Testamentes. Luthers Vorrede auf 11 Blättern ist ohne des Verfassers Name beigefügt. Dem Text auf CCLII gezählten Blättern folgt die Erklärung von Wörtern, die dem Schweizerleser unverständlicher waren und auch eine Anzeige der Erklärung hebräischer Wörter in der Uebersetzung. Luthers Glos=sen finden sich ebenfalls. Im Uebrigen zeichnet sich diese Ausgabe noch dadurch aus, daß die Druckfehler, welche in dem Original von Wittenberg stehen geblieben und dort im letzten Blatte verzeich=net waren, verbessert wurden.

Thomas Wolf hat, wie es scheint, keine Fortsetzung des Druckes der Lutherbibel veranstaltet, sondern überließ dieses aus uns unbe=kannten Gründen seinem Collegen Adam Petri. Dieser ließ den zweiten Theil des Lutherschen Alten Testamentes noch im Sep=tember des gleichen Jahres erscheinen, in welchem er in Wittenberg die Presse verlassen hatte. Der Titel lautet: „Das ander teyl des alten testaments". Unter diesem Titel ist eine geistreich entworfene Kampfesscene. Dann folgen die Worte: „das register über die bü=cher dieses teyls". Diese letztern werden in folgender Reihenfolge genannt: Josua, die Richter, Ruth, die Könige, Chronika, Esther, Esra und Nehemia. Unter diesem Register steht: Getrukt zu Basel durch Adam Petri. Anno MDXXIIII. Der ganze Titel ist von Arabesken umschlossen, der Band zählt CCXI gezeichnete Blätter. Am Schluß des Ganzen steht noch: zu Basel bei Adam Petri im jar MDXXIIII im Herbstmonat.[2]) In Folio.

Panzer führt nach Palm und Lork noch eine Octavausgabe des zweiten Theils von A. Petri an und vermuthet, wohl nicht mit Un=

---

[1]) Panzer a. a. O. pag. 176. Auf der Stadtbibl. in Bern. Catal. v. 1811. Bd. I, pag. 173.

[2]) Panzer a. a. O. pag. 177 f.

recht, daß auch der erste Theil in diesem Format erschienen sein müsse, da sich der dritte Theil noch vorfindet,[1]) welchen letztern er näher beschreibt.

Im Dezember 1524 folgte schon ein Nachdruck des dritten Theils der Lutherbibel in Folio[2]): „der dritt Teil des Alten Testaments". Das Register über die Bücher dieses Theils, „Hiob, Hohelied Salomons" steht hier über der Kampfesscene des ersten Theils, und unter dieser die Worte: „Gedruckt zu Basel durch Adam Petri anno MDXXIIII". Die gleiche Arabeskenumfassung wie im zweiten Theil. Am Schluß heißt es: „Getruckt zu Basel bei Adam Petri im Christmon des Jahrs MDXXIIII". Der Text zählt LXXXVII Blätter.

Gleich im August des folgenden Jahres 1525 besorgte Adam Petri einen neuen Abdruck desselben Theils des lutherschen Alten Testamentes. Diese Ausgabe stimmt in Beziehung auf Titel, Text und die Illustrationen, selbst in der Blätterzahl (81) ganz mit der vorigen Ausgabe überein; nur daß am Schluß ausdrücklich steht: „Gedruckt zu Basel bei Adam Petri im Augst des jars MDXXV".[3])

Schon im Januar war der oben angeführte dritte Theil[4]) bei dem gleichen Buchdrucker in 8⁰ herausgekommen. Luthers Vor-reden sind dem Hiob und den Psalmen vorangestellt. Das Ganze zählt CXX Blätter. Bemerkenswerth ist, daß der Psalter, sonst ein Abdruck der Wittenbergerausgabe von 1524. 8⁰, doch auch schon einige Verbesserungen der Folioausgabe von demselben Jahre aufge-nommen hat; ein Beweis, wie aufmerksam man in Basel auf jede neue Erscheinung von Luthers Werk gewesen ist.

Noch sind zwei nur durch das Format (Folio und Octav) sich unterscheidende Separatabdrücke der Lutherschen Psalmen zu nennen, die bei A. Petri erschienen sind. „Der Psalter recht gründtlich ver-teutscht nach der Ebreischen warheit. M. Luther. Gedruckt zu Basel bei Adam Petri im jar MDXXV." Am Schluß dieser Octavaus-

---

[1]) Schelhorn Ergötzlichkeit II, pag. 608. Panzer a. a. O. pag. 178 und be-richtigend. Zusätze pag. 17, s. Stockmeier Beiträge pag. 146, Nr. 87.

[2]) Panz. ib. pag. 178. Auf der Stadtbibliothek in Basel.

[3]) Panzer, pag. 179 f. Auf der Basler Stadtbibliothek.

[4]) Panzer a. a. O. pag. 178—180 und Stockmeier Beiträge pag. 146. Nr. 89—95.

gabe ift noch das nähere Datum „Im jenner" beigefügt. Die Vor=
rede von Luther nimmt 2¹/₂, der Text 98 gezählte Blätter ein. Die
Folioausgabe trägt den Titel: „Pfalter, wol verdeutfcht, auß hei=
liger Sprach. Verklärung des Pfalters, faft klar und nuklich, durch
Johann Bugenhag auß Pomern, von dem Latein im Teutfch an
vilen orten durch in felbs gebeffert ꝛc. Gedruft zu Bafel durch Adam
Petri im jar MDXXVI." Am Ende das genauere Datum: „im
Jenner". Bugenhagen hatte eine Erklärung des Pfalters herausge=
geben, welche Martin Bucer nachher in's Deutfche überfekte. Diefe
Erklärung wurde in Bafel abgedruft, aber die lutherfche Bibelüber=
fekung beigefügt. Lektere ift zwar die von 1524, doch find hin und
wieder einige fpätere Verbefferungen beigefügt. Es ift in der Erklä=
rung auch die Stelle über den 111. Pfalm aufgenommen, welche
das heilige Abendmahl betrifft und wegen welcher Bugenhagen mit
Bucer in Streit gerieth.¹) Die gleiche Pfalmenausgabe erfchien im
nämlichen Jahr auch in Octav. Titel, Vorrede und Regifter umfaffen
7 Bogen, der Text fammt Erklärung 843 gezählte Blätter. Zur
Vervollftändigung fei noch eines mit Wahrfcheinlichkeit in Bafel 1524
in Kleinoctav erfchienenen Pfalters gedacht, der nur den lutherfchen
Text von 1524 gibt (132 Blätter).

Von den gleichfam als Vorläufern erfchienenen Lutherfchen Ueber=
fekungen prophetifcher Stüke kam in Bafel nur ein Nachdruck des
Propheten Habafuk heraus: „der Prophet Habacuc deutfch. Ver=
deutfcht vnd außgelegt durch den Mart. Luther, Ecclefiaften zu Wit=
temberg. Gedruft zu Bafel bei Adam Petri im Jar MDXXVI.
Octav." Hinten fteht noch beftimmter „im Augft 1526".²)

Aus der obigen Darftellung ergibt fich fchon, daß die Nach=
drüke in Bafel keinen dem fchweizerifchen Dialect fich nähernden Text
geben. Auch die zum Verftändniß der erften Nachdrüke dienenden
Gloffare hörten bei den lekten unter den genannten Ausgaben gänz=
lich auf. Ohne Zweifel gewöhnte man fich in Bafel, der hart an
das deutfche Reich gränzenden Stadt, bald an die Lutherfche Sprache.
Da der lekte Theil des Alten Teftamentes von Luther nur fehr
langfam fortfchritt, fo war man genöthigt, nach andern Ueberfekungen

¹) Panzer a. a. O. pag. 215.
²) Panzer, pag. 235. Stockmeier, pag. 146, Nr. 98.

sich umzusehen. Der ersten der obengenannten Folioausgaben des
1—3. Theils vom Alten Testament aus den Jahren 1523—1524 sind
in dem Baslerexemplar die Propheten von L. Hezer vom Jahr 1527
beigebunden. Vielleicht weist dieß darauf hin, daß man sich in
Basel noch lieber dieser Ausgabe als derjenigen der Zürcher bediente.

Es müßte auffallen, daß gerade aus der bedeutendsten Buch=
druckerei Basels, derjenigen des Johannes Froben, „des Fürsten
der Buchdrucker", nicht ein einziger Theil der Lutherschen Bibel=
übersetzung hervorgegangen ist, wüßten wir nicht, daß der gelehrte
Buchdrucker ganz unter dem Einfluß des Erasmus gestanden hat,
schrieb doch der letztere (13. Sept. 1523) an Papst Leo X.: minis
etiam egi cum Joanne Frobenio typographo, ne quid operum
illius (sc. Lutheri) excuderet. So blieb denn wirklich Frobens
Presse eine rein Erasmische und scheint überhaupt niemals auf eine
deutsche Schrift verwendet worden zu sein.[1] Aber auch die A. Pe=
trische Druckerei, bisher so thätig für die Verbreitung der Luther=
schen Schriften, vollendete nicht einmal den Druck der Wittenberger
Bibelübersetzung. Ob der Tod dieses Buchdruckers (zwischen 1525 und
1527) die Fortsetzung, der doch nur noch die Propheten fehlten, ver=
hinderte, oder ob die Söhne Sixtus und Sebastian Petri kein
ähnliches Interesse an der Verbreitung der Schriften des deutschen
Reformators hatten, oder ob die massenhafte Concurrenz anderer
Nachdrücke, zumal von Frankfurt a./M., die Ursache davon ist, läßt
sich nicht ermitteln. Gewiß ist, daß weder der so fleißige Panzer,
noch irgend ein Verzeichniß der Schriften schweizerischer Buchdrucker
aus dem dritten bis fünften Jahrzehnd des 16. Jahrhunderts eine
Baselsche Fortsetzung der Lutherbibel meldet. Aber auch andere schwei=
zerische Druckereien füllten die Lücke nicht aus. Ja es tritt sogar
die auffallende Erscheinung zu Tage, daß während des ganzen sechs=
zehnten Jahrhunderts beinahe keine vollständige Lutherbibel auf dem
Boden der reformirten Schweiz gedruckt worden ist.[2] Trotz allem
Nachforschen ist es dem Verfasser nur gelungen, eine einzige vollstän=

---

[1] Stockmeier, Beiträge pag. 90, 91, wo Wegelins Angabe („Buchdruckereien
in der Schweiz") berichtigt wird.

[2] Wenn Ostertag „die Bibel und ihre Geschichte" von 16 Baslerabdrücken
der luth. Uebersetzung redet, die bis 1555 erschienen seien, so ist das
wohl von jenen einzelnen Theilen zu verstehen. (3. Aufl. pag. 110).

dige Schweizerausgabe zu entdecken aus dem Jahr 1552: „Bibell, das ist alle Bücher allts vn neues Testaments aus hebreischer vnd griechischer jhrer ursprünglichen Sprachen mit allem fleiß vnd auffs allertrewlicheft verteutschet. Basel 1552. Hinten steht: Basel bei Nicolaus Brylinger MDLII.[1]) Der Titel ist in hübsch illustrirter Umfassung. Mit dem zweiten Blatt beginnt die Vorrede über den Werth der heiligen Schrift: „In was würden vnd ansehen einem yetlichen 2c." Hierauf 12½ Blätter „Zeiger", eine Art Concordanz. Eine Menge kleiner Holzschnitte, von denen einige recht hübsch sind, zieren das Werk. Die Apokryphen kommen nach den historischen Büchern des Canons mit fortlaufender Blätterzahl. Das Alte Testament hat CCCCXVI, das neue XCII gezählte Blätter. Der Text ist derjenige der letzten von Luther besorgten Ausgabe von 1545 mit unbedeutenden Abweichungen.

Eine ungemein werthvolle Zugabe zu den bei Adam Petri und Thomas Wolf in Basel erschienenen Lutherschen Bibelübersetzungen des Neuen Testamentes sind die bereits angedeuteten Holzschnitte, die bei dem ersten Blicke schon die Hand eines bedeutenden Künstlers verrathen. Daß diese keine andere als diejenige von Hans Holbein dem jüngern ist, darf jetzt als vollständig ausgemacht gelten. Wie Albrecht Dürer in den Dienst der deutschen Reformation getreten ist, so Holbein in den der reformirten zunächst der schweizerischen Reformation. Schon zu der ersten Ausgabe des Neuen Testamentes von Adam Petri vom Dezember 1522 (Fol.) zeichnete Holbein das schöne Titelblatt, dessen vier Ecken mit den Zeichen der Evangelisten und dessen Seiten mit den Bildnissen der beiden Apostel Petrus und Paulus geschmückt sind. Die Apostel haben beide die heilige Schrift in der Hand, Paulus daneben noch das Schwert. Oben ist das Basler Stadtwappen mit der Inschrift inclyta Basilea, unten das Zeichen des Druckers, ein Knabe auf einem Löwen reitend und mit einer Fahne in der Hand. In der Märzausgabe von 1523 in Octav sind ebenfalls Holzschnitte von Holbeins Erfindung. Der Titel ist mit Ausnahme kleiner Abweichungen der nämliche, wie in der Folioausgabe. Im Texte selbst befindet sich eine ziemliche Anzahl größerer Holzschnitte, eine Menge Initialen und kleinerer Anfangs-

---

[1]) Stadtbibliothek Basel.

buchstaben, die letzten beiden mit Figuren weltlichen Inhalts. Vor Matthäus steht eine liebliche Darstellung von Christi Geburt, vor Marcus Christi Auferstehung, vor Lucas Christus am Kreuz. Auch die Einzelheiten sind meisterhaft ausgeführt. Die noch im nämlichen Jahre bei Petri „im Merzen" und „im Christmond" erschienenen Octavausgaben weichen bezüglich der Holzschnitte nur darin von den ersten ab, daß einige von diesen z. B. das Titelblatt in kleinerem Maßstab ausgeführt sind.

Einen wesentlichen Fortschritt in der Darstellung biblischer Gegenstände beurkunden die Compositionen des großen Meisters in der ersten Ausgabe des Neuen Testamentes von Thomas Wolf 1523 in Octav.[1] Schon das Titelblatt ist meisterhaft ausgeführt. Lassen wir über die künstlerische Ausstattung des Buches einen ausgezeichneten Kenner Holbeins reden.[2] „In Mitten der obern Querleiste tauft Johannes den Heiland, der im Jordan steht, und wie gewöhnlich harrt seiner am Ufer ein Engel mit den Kleidern. Rechts und links hievon die vier Evangelistenzeichen, lebhaft bewegt, als wären sie eben in Sturmeseile genaht. Die Klauen der Thiere ruhen auf Büchern; auch der Engel des Matthäus hat ein Buch in den Händen. Die übrigen Bilder sind aus der Apostelgeschichte entlehnt. Unten das bekannte Signet des Druckers Thomas Wolf, der zum Schweigen ermahnende Philosoph, welcher in einer Nische steht, rechts davon das Gesicht des Petrus, vor welchem zwei aus Wolken hervorkommende Hände das Tuch herablassen, welches allerlei unreine Thiere, vierfüßige Thiere der Erde und wilde Thiere und Gewürm und Vögel des Himmels birgt. Links Sauls Bekehrung, der in deutscher Reitertracht, gestiefelt und gespornt, mit dem Pferde gestürzt ist. Das Entsetzen bei Mann und Roß ist meisterhaft dargestellt. In der Höhe aber keine himmlische Erscheinung, nur ein Blitz, der zwischen Wolken flammt; denn in der Bibel ist nur von der Stimme, die Saul hört, und dem Lichte vom Himmel, das ihn plötzlich umleuchtet, die Rede. In der Ferne stehen ein Paar Gefährten „erstarret", wie die Erzählung meldet, „denn sie hörten eine Stimme und

---

[1] Auf den Stadtbibliotheken in Zürich und Basel.

[2] Woltmann: Holbein und seine Zeit. Leipz. 1868. 2. Band, pag. 43 ff.

jahen Niemand." Solche durchgehende Schrifttreue bis in den kleinsten
Zug ist die Eigenschaft aller Bibelbilder Holbeins."

„Die Seitenleiste rechts zeigt Saulus auf der Insel Melita,
wie er einen Reiserhaufen herbeibringt und die Otter, welche ihm
dabei an die Hand gefahren war, in's Feuer schleudert. Im Hinter=
grunde das vorhergehende Ereigniß des Schiffbruches, auch dieses
treu nach des Lucas Bericht „das Vordertheil blieb fest stehen, aber
das Hintertheil zerbrach vor der Gewalt der Wellen". Dieses Ber=
sten des Schiffs ist ziemlich naiv veranschaulicht; so etwas mochte
eben Holbein nicht gesehen haben. Was er aber gesehen hatte, stellt
er in überraschender Lebenswahrheit dar, so die sich in's Wasser
stürzenden, schwimmenden, das Ufer erkletternden Menschen."

„Auf der Leiste links sehen wir den Kämmerer der Mohrenkönigin
entkleidet in einem flachen Wasser knien, während Philippus ihn
tauft. Gerade hier ist die nackte Gestalt vortrefflich, und alle ein=
zelnen Motive — wie die Haltung des taufenden Diakonen, der,
ebenfalls mit einem Fuß im Wasser stehend, die Gewänder, daß sie
nicht naß werden, mit der Linken emporzieht — sind meisterhaft dem
Leben abgelauscht. Im Hintergrunde wieder der vorhergehende Mo=
ment. Der Maler zeigt uns den ganzen Reisezug des Kämmerers,
was er bei dem hohen schmalen Raum dadurch möglich macht, daß
er ihn auf absteigender, von Laub= und Nadelholz beschatteter Straße
gerade auf den Beschauer zukommen und eine Wendung machen
läßt. Es ist ein vierrädriges Planwägelchen, bespannt mit zwei
Pferden, eines vor dem andern; auf dem zweiten sitzt der Reitknecht;
so mochte damals in Deutschland reisen, wer das bequeme Fahren
dem gebräuchlichern Reiten vorzog. Philippus tritt eben an den
Wagen und beginnt mit dem Insaßen das Gespräch."

„Auf der untern Querleiste, an dem Schemel, auf welchem Pe=
trus kniet, steht das Zeichen des Hans Lützelburger H. L. FVR.
(Furmschneider). Dieser ausgezeichnete Formschneider zeigt hier eine
Meisterschaft, die nur er selbst in einigen spätern Arbeiten übertrifft.
Aber nicht nur die Arbeit des Formschneiders und die malerische
Darstellung verdienen Bewunderung, auch der Gedankengang, der
sich in dem Ganzen ausprägt, ist hoher Beachtung werth. Oben die
Weihe des Erlösers zu seinem Werk, und nun ringsum eine Darstellung
von der siegreichen Macht seiner Lehre. Sie überwindet die Befan=

genheit der Anhänger wie den Widerstand der Feinde, die sie zu
Bekennern macht, sie schirmt die Getreuen in Gefahr und Noth und
zieht mit überzeugender Kraft die Menschen fernster Länder in die
Gemeinschaft der Christen hinein. Was hier vom Urchristenthum
verkündigt wird, das — hoffte der Künstler und die ihn verstanden —
sollte sich nun auch an der neugereinigten Lehre des Herrn bewähren."

Die gleiche Wolfsche Ausgabe des neuen Testamentes enthält
aber noch eine andere künstlerische Zugabe, die unverkennbar Erfin=
dung des gleichen Künstlers ist. Es sind die schon oben genannten
einundzwanzig Holzschnitte aus der Offenbarung Johannis. Ueber
den Einfluß, den Albrecht Dürers vierzehn Holzschnitte zu derselben
biblischen Schrift auf Holbeins Darstellungen geübt, und über die
hohe Selbstständigkeit, die sich unser Künstler bei den letztern dabei
bewahrt hat, über den großen künstlerischen Werth dieser Composi=
tionen hat Woltmann so Erschöpfendes und Treffendes gesagt, daß
wir nur auf dieses hinzuweisen uns erlauben. [1]

Die zweite Ausgabe des Thomas Wolf vom Augstmonat 1523
in Quart [2] hat statt der schönen Titeleinfassung der ersten Ausgabe
eine ganz einfache, zu beiden Seiten je eine Säule mit Eichenlaub
umschlungen, links und rechts in den obern Ecken zwei gegen ein=
ander schauende Löwengestalten, dazwischen zwei phantastische Thier=
figuren. Am untern Rande sind zwei Engelkinder, welche einen
Schild mit dem Buchdruckerzeichen tragen. Die Vorrede auf der
Rückseite ist ebenfalls mit einer Einfassung verziert, kleinen Säulen,
Arabesken, ein Paar Menschengesichter. Beide der genannten Ein=
fassungen haben keinen künstlerischen Werth. Dagegen steht vor dem
Evangelium Matthäi die holbeinsche Taufe Christi, die wir auf dem
Titelblatt der ersten Ausgabe schon kennen gelernt haben. Das
gleiche Bild erscheint noch einmal vor dem Römerbrief. Auch die
Anfangsbuchstaben vor den einzelnen Schriften stimmen mit der er=
sten Ausgabe überein. Endlich kommen noch die obengenannten
21 Holbeinschen Bilder zur Apocalypse.

---

[1] Woltmann a. a. O. pag. 45 ff.

[2] Diese Ausgabe, welche Panzer bezweifelt pag. 105 a. a. O., ist in mei=
nen Händen.

Neben Holbein war es noch der obengenannte Solothurner Urs Graf, [1] dem die Baslerbibeln Illustrationen verdanken. Von diesem Künstler sind mehr als 200 Holzschnitte bekannt, meist biblischen Inhalts und für verschiedene Werke angefertigt. Die Basler Kunstsammlung besitzt eine sehr große Anzahl seiner Handzeichnungen. Graf, zwischen 1485 und 1490 geboren, stand 1507 in Zürich bei dem Goldschmied Leonhard Tüblin in Arbeit und ließ sich dann 1509 in Basel nieder, von wo an seine Holzschnitte zu Baslerdruckwerken datiren. Seine Compositionen, die sich meist durch satyrischen Humor, Originalität, sowie durch erstaunliche Freiheit der Hand auszeichnen, bringen nach dem Geiste der Zeit manches Frivole; dagegen lassen seine biblischen Bilder ihn doch als einen Mann von frommem und edlem Gemüthe erkennen. Vielfach erinnern sie an Albrecht Dürer. Noch mehr Aehnlichkeit hat jedoch Graf mit seinem Waffengefährten, dem berühmten Berner, Niklaus Manuel. Sein Aufenthalt in Basel brachte ihn auch mit den dortigen Buchdruckern in Verbindung und er scheint vorzüglich für Adam Petri gearbeitet zu haben. Er starb wahrscheinlich in dem baslerschen Reformationsjahr 1529, und es ist nicht sehr wahrscheinlich, daß er selbst der Reformation sich angeschlossen hat.

Noch sei auch der in den Basler Ausgaben des alten Testamentes enthaltenen Illustrationen gedacht. Panzer[2] behauptet, die Holzschnitte des ersten bei Adam Petri im Dezember 1523 erschienenen Theils in Folio seien nach denjenigen der bei Silvan Otmar 1518 zu Augsburg in Folio gedruckten Ausgabe gearbeitet, doch so, daß sich der Meister dabei bisweilen einige Freiheit genommen habe. Andere behaupten, Ad. Petri habe sich des geschickten Zeichners Hans Schäuffelin bedient.[3] Dagegen weist Passavant und nach ihm Woltmann[4] die Compositionen zum Theil wenigstens dem jüngern

---

[1] Vid. Dr. Nagler, allg. Künstlerlexikon Bd. V, pag. 316. Münch. 1837 und His, Arch. f. zeichn. Künste 1865. XI, pag. 81 ff. und Jahrbücher f. Kunstwissensch. V, pag. 257 ff. Neulich hat das Leben des Künstlers sogar eine poetische Behandlung gefunden. J. Amiet: Urs Graf, Basel und Genf 1873.

[2] A. a. O. pag. 176.

[3] Stockmeyer und Reber a. a. O. pag. 136.

[4] A. a. O. II, pag. 49.

Holbein zu. Ich muß dieser letztern Ansicht nach Einsicht der auf
der Stadtbibliothek in Basel befindlichen zwei Exemplare beitreten.
Die Titeleinfassung ist zwar von dem obengenannten Formschneider,
Ursus Graf, auch mögen einige Holzschnitte ebenfalls von diesem
Künstler sein, dagegen heben sich viele Initialen mit Kinderspielen
und Thieren und eine ziemliche Anzahl anderer Holzschnitte als un-
zweifelhafte Compositionen Holbeins hervor. So gleich der große
Holzschnitt vor Genesis I, die Erschaffung des Weibes. „Gott Vater,
im langen Königsornat, mit spitzzulaufender Krone, würdigem Ausdruck und langem Bart hebt mit bedächtiger Sorgfalt die zierliche
kleine Eva aus der Seite des schlafenden Adam heraus, während
ein schäkernder Engel-Knabe den göttlichen Vater am Mantel zupft.
Auch alle andern, bereits vollbrachten Schöpfungswerke läßt der
Künstler uns überschauen, indem er über die gesammte Welt einen
Blick aus der Vogelperspective gewährt. In Mitten die Erde, auf
welcher der geschilderte Vorgang stattfindet, ein freundliches Eiland,
mit Grün bewachsen, von einigen Häschen, Hirsch und Bär belebt
und von der Glorie, die Gottes Haupt umgibt, wie von einer auf-
gehenden Sonne überstrahlt. Ringsum zieht sich das Meer, ein
Wasserstreifen, aus dem ein Paar Fische auftauchen, um diesen ein
Ring von Wolken und Gestirnen und ganz zu äußerst ein Kranz
von anbetenden und musicirenden Engeln, zwischen ihnen, oben,
noch einmal der allmächtige Vater, der segnend und gutheißend seine
Werke überschaut. In den vier Ecken endlich die großartigen und
kühnen Köpfe der vier Winde.“ In der Genesis allein finden sich
17 größere Holzschnitte, im Exodus 21, Lev. 2, Num. 9, Deuter. 2.
Der Titel, von Urs Graf geschmückt, steht in einer Art Säulenhalle.
Ueber dem Gewölbe sind zwei Phantasiefiguren, welche an einem
Seil zwei schildtragende Engelchen schaukeln. Zu beiden Seiten an
den Säulen steht eine männliche und eine weibliche Figur. Unter
dem Titel finden sich wieder zwei Engel, rechts unten das Künstler-
zeichen (Urs Graf).

Ohne Zweifel hatte Ad. Petri die Absicht, auch die übrigen
Theile von Luthers altem Testamente mit Bildern auszuschmücken zu
lassen; vielleicht hat Holbeins Wegzug von Basel die Ausführung
verhindert. Doch finden sich im zweiten Theile neben der obengenannten, ohne Zweifel von Holbein herrührenden Kampfescene noch

24 Bilder, welche zum Theil vom gleichen Künstler herrühren. Der dritte Theil hat nur 3 Bilder, 2 bei Hiob, 1 beim Psalter.

Wenn auch die oben angeführte Erscheinung des später so selten gewordenen Nachdrucks der Bibelübersetzung Luthers in der Schweiz zum Theil den Buchdruckerverhältnissen zuzuschreiben ist, so mag doch der Hauptgrund in der veränderten Stellung liegen, welche die beiden Reformationen, die deutsche und die schweizerische, allmälig zu einander nahmen, und darin, daß von Zürich sehr bald eine eigene Bibelübersetzung ausgegangen ist.

———— •

Zweiter Abschnitt.

Die Zürcherische Bibelübersetzung.

A. Veranlassung derselben.

Mag man den verschiedenen Charakter der deutschen und der schweizerischen Reformation aus dem verschiedenen Lebens- und Bildungsgang der beiden Hauptrepräsentanten derselben, Luthers und Zwinglis, oder aus dem verschiedenen Gegensatze, in den beide sich zur bisherigen Kirche, deren Paganismus und Judaismus stellten, oder aus der Hervorhebung der anthropologischen Seite bei dem einen und der theologischen bei dem andern, oder aus der ganz verschiedenen politischen Stellung Deutschlands und der Schweiz, oder aus dem Zusammenwirken aller dieser Verhältnisse erklären, das steht fest, daß schon in den Zwanzigerjahren des Reformationsjahrhunderts sich der Bruch vorbereitete, welcher die beiden Confessionen, die reformirte und die lutherische, in so schroffer Weise von einander trennte. Wie bekannt, war die Lehre vom heiligen Abendmahl der Boden, auf dem der Kampf sich entzündete. Zwingli sprach seine Ansicht zuerst in einem Briefe vom 15. Juni 1523 an seinen Lehrer und Freund Thomas Wyttenbach aus. Allein, daß er dieselbe schon mehrere Jahre zuvor hatte, sagt er selbst in einem Schreiben an Alber (16. Nov. 1524). Zwei holländische Gelehrte, Johannes Rhodius und Georg

Sagan, welche wahrscheinlich erst nach Wittenberg zu Luther, dann im Sommer 1523 über Basel nach Zürich gekommen waren, hatten ihn in seiner symbolischen Auffassung der Einsetzungsworte wesentlich bestärkt. Doch wünschte er keineswegs eine Aenderung der Einsetzungsworte selbst. „Denn, sagt er, so es heißt: „das ist mein Leib," so ist das Sakrament ja viel feierlicher und erhabener, als wenn wir sprechen „das bedeutet meinen Leib". Auch war er sehr vorsichtig, nicht gleich öffentlich mit seiner Auffassung hervorzutreten. „Ich bezeuge es auch bei Gott, daß ich einzig zu seiner Ehre schon einige Jahre mit vielen Gelehrten im Stillen mich besprach, darum weil ich nichts unbesonnen und vorschnell unter das Volk werfen wollte." Daß auch Luther eine Zeitlang versucht war, im Brod und Wein Sinnbilder des Leibes und Blutes Christi anzuschauen, erzählt er selbst in seinem Briefe an die Christen zu Straßburg den 15. Dez. 1524. „Aber ich bin gefangen, kann nicht heraus. Der Text ist zu gewaltig da und will sich mit Worten nicht lassen aus dem Sinn." Doch setzt er gleich hinzu: „Ja! wenn auch heutiges Tages möchte geschehen, daß Jemand mit beständigem Grunde beweisete, daß schlecht Brod und Wein da wäre, man dürfte mich nicht so antasten. Ich bin leider nur zu geneigt dazu, so viel ich einen Adam spüre." Das empörerische Auftreten der Zwickauer Propheten und die stürmische Art, mit der Karlstadt aus seiner Winkeldruckerei in Jena seine polemischen Schriften aussandte, trieben nicht nur Luthern noch vollends aus seinem Schwanken heraus, sondern es war auch die Veranlassung, daß Zwingli offen mit seiner Abendmahlslehre hervortreten mußte. Karlstadts Schrift von 1524, „ob man mit der heiligen Schrift erweisen möge, daß Christus mit Leib, Blut und Seele im Abendmahl sei", wurde mit großem Eifer verbreitet und wirkte „wie ein Feuerbrand" durch ganz Deutschland, indem Viele mit der Wandlungslehre der päpstlichen Kirche zerfallen waren, ohne der etwas künstlichen Auffassung Luthers beipflichten oder sich selbst eine richtigere unter Anleitung des Wortes Gottes bilden zu können." Nicht nur diese Schrift, sondern Karlstadt kam selbst nach Zürich. Die Stimmung gegen beide war dort eine ungünstige, da man in den Bestrebungen Karlstadts einen Zusammenhang mit den Täuferischen entdeckte. Der Rath beschloß daher, die Verbreitung und das Lesen der Schriften dieses Theologen zu verbieten. Zwingli war entschieden gegen diese Maßnahme, da er in denselben Keime der Wahrheit fand. „Karlstadt ist zwar der Wahrheit auf der Spur, aber indem er die Bedeutung der Bilder nicht versteht, verfaßt und verkehrt er so sinnlos die Wörter, wie ein junger Rekrut, der wohl Muth und Waffen, aber keine Kenntniß derselben besitzt und nicht weiß, an welche Körpertheile er die Waffen befestigen müsse." Zwingli bewirkte die Zurücknahme jenes Verbots und war nun auch genöthigt, sich öffentlich zu erklären. „Was wollte ich thun, da ich Karlstadt eifrig nach dem Ziel laufen, es aber zum Theil verfehlen sah? Sollte ich wieder die Leute in den vorigen Irrthum stoßen gegen meine Ansicht von dieser Sache? Ich fing also sogleich an, den bildlichen Verstand (tropos) zu offenbaren, der in den Worten des Herrn ist, und dieß mit so viel Glück, daß die Brüder die Sache schon faßten, noch ehe ich sie recht auseinandergesetzt hatte. Wann hätte ich also zeitgemäßer mit meiner Meinung hervortreten können, als da, wo der Gegenstand und zwar auf so gefährliche Weise auf die Bahn gebracht war? Ja, wäre es wohl zeitgemäßer gewesen zu schweigen?" Noch berührte dieß das Verhältniß Luthers zu den Schweizern nicht. Allein bald sah sich Zwingli veranlaßt, auch nach Außen sich auszusprechen. Die beabsichtigte Disputation zwischen Matthäus Alber, Stadtpfarrer in Reutlingen, und Conrad Herman, von denen der erste Luthers, der andere Karlstadts Ansicht vom heiligen Abendmahl theilte, veranlaßte ihn, sich in einem vertraulichen Schreiben v. 16. Nov. 1524 an erstern zu wenden. Der Brief fand aber sofort eine weitere Verbreitung in Süddeutschland, in der Schweiz und im Elsaß, zumal der Verfasser ihn noch andern vertrauten Freunden mitgetheilt hatte. Auch Luther erhielt davon so rasche Kunde, daß er schon am 21. Dez. desselben Jahres an Amsdorf schreiben konnte: „das Karlstadtsche Gift schleicht überall hin. Schon sind Zwingli und Leo Jud in Zürich seiner Ansicht beigetreten." So entbrannte jetzt der heftige Kampf, in den bald auch Oecolampad hineingezogen wurde. Karlstadt war bei seinem Aufenthalt in Basel mit letzterm nicht zusammengekommen. Allein Oecolampad sprach sich ganz ähnlich wie Zwingli über ihn aus. „Obwohl ich, sagt er, seine unbesonnene Ausdrucksweise nicht billigen konnte, so las ich doch geduldig seine Schriften und urtheilte, daß er nicht weit vom Ziele abgeirrt sei und sprach in diesem Sinne

zu denen, welche mich darüber fragten." [1]) Auch in Basel that der
Rath Schritte gegen Karlstadt und ließ sogar die beiden Buchdrucker,
welche sechs Schriften von demselben gedruckt hatten, in's Gefäng=
niß werfen. [2]) Oecolampad hielt mit seiner Ansicht noch zurück und
scheint auch noch länger, als Zwingli, wenigstens noch 1525 auf
lutherschem oder mystischem Standpunkte gewesen zu sein. Noch am
23. Juni 1524 hatte Luther ihm ein aufmunterndes Schreiben über
die Herausgabe des Commentars zu Jesajas geschrieben. Allein als
Luther, Capito, Bucer, Bugenhagen, jeder in seiner Art sich erklärt
hatten und die Anhänger der tropischen Auslegung in Deutschland
schon heftig angegriffen wurden, konnte der Basler Reformator nicht
mehr zurückbleiben. Zudem trat in Basel selbst ein Pfarrer Wissen=
burger für die Luthersche Auffassung in die Schranken. Erst sprach
nun Oecolampad sich in Predigten aus. Dann ließ er im Septem=
ber 1525 seine erste Schrift über den streitigen Punkt erscheinen:
„De genuina verborum domini: hoc est corpus meum juxta
vetustissimos authores expositione liber" und sandte Zwingli so=
gleich ein Exemplar. Mit der Ruhe und Klarheit, welche die Schrif=
ten Oecolampads überhaupt auszeichnet, wird gezeigt, warum der
tropischen Bedeutung der Einsetzungsworte durchaus nicht ausgewichen
werden könne. „Darüber will ich nicht streiten, ob jemand unter
dem Worte Leib die Figur des Leibes versteht oder das Wörtlein
„ist" durch „bedeutet" auslegt, denn auch dieses letztere gefällt mir;
doch billige ich beide Erklärungen, weil am Ende derselbe Sinn her=
auskommt. Wir sehen auf den Sinn, nicht auf die Worte." Be=
kanntlich hat Oecolampad die erste Erklärung (Leib als Figur des
Leibes) aufgestellt. Während Zwingli in Zürich ganz unangefochten
seine Lehre vortragen konnte und bei dem Rathe in allen Dingen
Unterstützung fand, standen die Verhältnisse in Basel anders. Nur
allmählig reifte dort die Reformation heran. Selbst die, welche sie
vorbereiten halfen, waren ihre erbittertsten Gegner geworden. Zwei
solcher Gegner saßen nun auch in der Censurkommission, welche der
Rath zur Prüfung der Schrift Oecolampads aufgestellt hatte, Erasmus

---

[1]) S. Herzog Oecolampad I, pag. 315.
[2]) Erasmus an Melanchton. 4. Jb. Dec. 1524.

und Dr. Ludwig Ber. Der Erfolg konnte daher nicht zweifelhaft
sein. Die Exemplare der ketzerischen Schrift wurden im Buchhandel
zu Basel confiscirt und der fernere Druck der Schriften ihres Ver=
fassers verboten. Die Stellung Oecolampads in Basel wurde sehr
schwierig. Eine Contrareformation schien vollends im Anzug. Seba=
stian Meyer aus Bern, und Sebastian Hofmeister aus Schaffhausen
vertrieben (1525), suchten vergeblich in Basel eine Zuflucht. Wahr=
scheinlich wurde um diese Zeit das Lesen des neuen Testamentes
nach Luthers Uebersetzung von der bischöflichen Regierung verboten. [1]
Dem Oecolampad entzog man sein ohnehin geringes Einkommen bis
Mitte Oktober 1525. Pellican und andere reformatorisch gesinnte
Männer machten Anstalt Basel zu verlassen. Oecolampad sollte eine
Professur der hebräischen Sprache in Zürich erhalten, allein die von
ihm bereits herangebildete Gemeinde hielt ihn in Basel fest. Im
Frühjahr 1526 wendete sich es wieder etwas zum Bessern und er wurde
zum Pfarrer im Sanct Martin erwählt. Unterdessen war Oecolam=
pad auch mit den deutschen Reformatoren in Kampf gerathen. So=
wohl das Resultat seiner Schrift als die Behauptung, daß im Grunde
die lutherische Auffassungsweise des Abendmahls von der römischen
nicht so weit entfernt sei, verletzte dieselben. Es erschien das schwä=
bische Syngramma von Brenz und wurde ihm schon als Manuscript
zugeschickt. Diese Schrift war nicht geeignet, den Baslerschen Refor=
mator umzustimmen, und er stellte ihr sein Antisyngramma entgegen
(Anfang des Jahres 1526), dessen Auseinandersetzungen über die
Bedeutung des innern Wortes die lutherschen Gegner von dem
Vorwurf der Schwärmerei nicht abzubringen im Stande waren.
Das befreundete Verhältniß, in welchem Oecolampad zu dem schwä=
bischen Reformator und zu andern reformatorischen Männern in
Deutschland, Theodor Billican, Prediger in Nördlingen, Billibald
Pirkheimer und andern bisher gestanden hatte, ermöglichte zwar noch
längere Zeit eine gewisse achtungsvolle Behandlung von beiden Sei=
ten, allein bald trat eine immer gereiztere Stimmung ein. Auch
Luthern gegenüber bewahrte Oecolampad den ganzen Ernst und An=
stand seines christlichen Charakters, ungeachtet der deutsche Refor=

---

[1] S. Herzog Oecolampad I, pag. 345 nach Oecolampads Anführung aus
dieser Zeit.

mator in der Vorrede zu dem schwäbischen Syngramma ihn heftig
angegriffen hatte. Er konnte auch in Wahrheit schreiben in seiner
„billigen Antwort auf Dr. Martin Luthers Bericht des Sakraments
halb": „Ich und Zwingli haben noch nicht unfreundlich mit dir gehandelt. — Hätten einige deiner Anhänger, die so gräulich geschrieen,
freundlichen Bericht gegeben und genommen, stünde es vielleicht
besser." Man lese nur die hieher gehörigen Schriften der beiden
Schweizer Reformatoren, Oecolampads ebengenannte Schrift, dann
Zwinglis unterdessen erschienene Auseinandersetzungen „eine klein
Unterrichtung vom nachtmal Christi"[1] vom Jahr 1526, seine amica
exegesis i. e. expositio eucharistiæ negotii ad Mart. Luth. von
1527 und den Brief an Luther vom 1. April 1529, und man wird
Oecolampads Aeußerung bestätigt finden. Auf des letztern Veranlassung schrieb nun Luther die Schrift: „daß die Worte Christi, das
ist mein Leib, noch feststehen wider die Schwarmgeister" und lehrte
hier, zum ersten Mal die Ubiquität des Leibes Christi. Beinahe zur
gleichen Zeit erschien auch sein „Sermon von dem Sacrament des
Leibes und Blutes Christi wider die Schwermgeister."

Oecolampad war genöthigt zu antworten und that dieß in der
Schrift „daß der Mißverstand Dr. Martin Luthers auf die ewig
beständigen Worte: das ist mein Leib, nicht bestehen mag, die andere billige Antwort" (1529). Auch Zwingli, den Luther gleichzeitig
angriff, gab seine Antwort in der Schrift „daß diese Worte: das
ist minn Lychnam, ewiglich den alten einigen Sinn haben werdend."
Der Riß wurde unheilbar, als Luther in dem bald nachher herausgegebenen „Bekenntniß vom heiligen Abendmahl" (1528) erklärte,
daß er keine Verständigung mehr kenne. „Ein Theil muß des Teu-
fels und Gottes Feind sein, da ist kein Mittel." Die gemeinsame
Antwort Zwinglis und Oecolampads an Luther[2] ist einer der letzten
vergeblichen Versuche, Luthern wenigstens die Anerkennung abzuringen,
daß auch die Schweizer Reformatoren nichts anders als Gottes Wort
und Gottes Ehre im Auge haben. Da Luther und seine Genossen
weder durch den Inhalt noch durch den Ton ihrer Schriften über-
zeugend zu wirken vermochten, so wurde mit Gewalt vorgefahren.

---

[1] Zwinglis Werke II, pag. 426—428.
[2] Zwinglis Werke II. Abth. 2, pag. 94.

Jakob Strauß, von Basel gebürtig, ein heftiger Gegner Zwinglis und Oecolampads, bewirkte, daß der Verkauf von deren Schriften in der Markgrafschaft Baden verboten wurde. Bereits wurden auch Prediger, welche sich zu den Anschauungen der beiden Schweizer-reformatoren bekannten, in's Gefängniß geworfen oder entsetzt.[1] Was von nun an noch geschah, die beiden Stiftungsländer der Reformation wieder miteinander zu verbinden, das Gespräch in Marburg (1529), die Unionsversuche der Straßburger Theologen Bucer, Capito, Hedio, erwies sich als unkräftig, die zertrennten Geister wieder zu vereinigen.

Je schroffer sich die Deutschen und Schweizer in diesem Kampfe gegenüberstanden, desto enger schlossen sich die schweizerischen Reformatoren an einander an. Wie Zwingli und Oecolampad zu einander hielten und für einander in treuer Freundschaft einstanden, wenn es galt, eine ungerechte Beschuldigung zurückzuweisen, davon legten sie wiederholt das schönste Zeugniß ab. Ein ununterbrochener geistiger Verkehr verband diese Männer mit Bertold Haller in Bern, Vadian in St. Gallen, Sebastian Hofmeister in Schaffhausen und mit den übrigen weniger hervorragenden Männern dieser und anderer Kantone. Dieses Zusammenwirken trug wesentlich bei, der Reformation in den Kantonen, wo sie noch längere Zeit auf wankendem Boden stand, wie in Bern, Basel, Schaffhausen zum Siege zu verhelfen. Die etwa noch vorhandenen Differenzen in der Lehre traten vor der Nothwendigkeit einer durchgreifenden Verbesserung des kirchlichen und sittlichen Lebens auf Grund der heiligen Schrift völlig in den Hintergrund und kamen erst da zum Vorschein, als die Reformation selbst fest begründet war. So bildete der reformatorisch gesinnte Theil der Schweiz eine innere Einheit, aus welcher ohne eigentliche Verabredung trotz mancher einzelner Abweichungen im Wesentlichen auch eine Einheit in Verfassung und Cultus hervorging. Das Gespräch zu Baden im Aargau (21. Mai bis 8. Juni 1526) beförderte diese Zusammenstimmung, obgleich weder Dr. Eck, noch der bischöfliche Generalvikar Faber es an Anstrengungen fehlen ließen, die Evange-

---

[1] S. den Brief Oecolampads 16. März 1526 an den gefangenen Lencius in Nürnberg, und s. Trostbrief an die beiden abgesetzten badischen Pfarrer Mantel und Ambach, 2. Sept. 1528. Oec. epp. fol. 191.

lischen von einander zu trennen und dazu den Abendmahlsstreit sehr klug zu benutzen verstanden. Mit Ende des Jahres 1529 war die Reformation nicht nur in Bern, Basel und Schaffhausen entschieden; auch in Graubünden, Glarus und Appenzell bildeten die Reformirten die Mehrheit und während St. Gallen schon früher das Evangelium angenommen, gaben sich auch in den gemeinen Herrschaften, dem Thurgau, dem Rheinthal, dem Sarganserlande, sowie in den freien Aemtern, im Reußthale, ja selbst in den italienischen Thälern immer mehr Zeichen einer evangelischen Regung kund. Nicht wenig wurden die schweizerischen Reformatoren dadurch in ihrer Ueberzeugung von der Wahrheit des von ihnen eingeschlagenen Weges bestärkt, daß allmählig auch im Auslande sich immer mehr Stimmen für ihre so hart angefochtene Abendmahlslehre erhoben. In Nürnberg, wo die Zwinglischen Schriften verboten waren, wagte ein Albrecht Durrer und Johannes Hauer für sie aufzutreten. In den Städten am Rhein, in ganz Holland und Ostfriesland und in Frankreich brach sich dieselbe bei den Evangelischen Bahn. In Braunschweig pflichtete Laffards, erster Rektor an der Martinsschule, der Zwinglischen Auffassung bei. Ja selbst unter den Augen Luthers in Wittenberg fand sie ihre Anhänger. Mit allem Rechte konnte daher Zwingli an Osiander schreiben: „in Zeit von drei Jahren werde sie in halb Europa die herrschende sein."

Die großartige Einheit unter den evangelischen Schweizern einerseits, die immer weiter gehende Trennung von Luther anderseits, mußten das Bedürfniß einer eigenen deutschen Bibelübersetzung nicht wenig rege machen. Doch war nicht die Mißstimmung gegen Luther und seine Anhänger dabei entscheidend, sondern noch mehr die sprachliche Zusammengehörigkeit der deutschen Schweiz. Mußten schon jetzt, wie wir gesehen, den Schweizerabdrücken der lutherschen Bibelübersetzungen Vocabularien beigegeben werden, und fanden sich bereits in jenen Abdrücken schon einige wenn auch kaum erwähnenswerthe Veränderungen zu Gunsten des schweizerischen Idioms, so stellte sich das Bedürfniß noch mehr heraus, als die heilige Schrift nicht mehr bloß in den Händen der Gelehrten blieb, sondern die Nachfrage unter dem Volke immer größer wurde. Dazu kam aber noch ein Umstand, der es den schweizerischen Reformatoren als Gewissenssache erscheinen ließ, an eine eigene Uebersetzung zu gehen. Zwingli und Oecolampad gingen in dem Abendmahlsstreit immer auf den biblischen Grundtext zurück, nahmen aber daneben Rücksicht auf die luthersche Uebersetzung. Hier trat ihnen nun zuweilen ein Ausdruck entgegen, der ihnen einzig zur Unterstützung der lutherschen Abendmahls= lehre gewählt zu sein schien. So hatte Luther εὐλογία, εὐχαριστία wiederholt mit „Segen" oder „Segnung" übersetzt, z. B. 1 Cor. 10, 16. Hier, sagt Zwingli, heiße εὐλογία Danksagung. Luther macht aber „segen" drus, und mags aber mit einem Wort nit dar= bringen; sonder alle christen von den apostlen her habends εὐχαριστίαν das ist, danksagung, anstatt εὐλογίαν genannt.[1]) So hatte Luther auch Marc. 14, 22 das εὐλογήσας übersetzt: „sprach den Segen." Zwingli sagt darüber:[2]) „Segnen" reden die Päpstler, von denen entlehnets Luther; so doch Matthäus, Lukas, Paulus εὐχαριστήσας haben, d. i. dank gseit oder gott gelobet. Allein Markus hat εὐλογήσας; welches wort aber wir vorher gnug anzeigt habend „danksagen" heißen, nit „segnen", als die alten wyber den ungenannten segnend, und die pfaffen die fladen. Aber es dient mal zur sach, segnen; es soll vermögen, daß man mit den worten einer materie kraft geb und den Luther vermögen den lychnam Christi ins brot bringen." War so einmal auf einzelne Stellen der Schein unrichtiger Uebersetzung geworfen, so mußte allmählig der Verdacht auf die ganze Bibelüber= setzung Luthers sich werfen und um so näher den Wunsch legen, eine andere an ihre Stelle zu setzen. In welcher Weise dieß ausgeführt wurde, wird der folgende Abschnitt zeigen.

B. Anfang und Fortgang der Zürcherschen Bibelübersetzung[3]) bis zur Mitte des 16. Jahrhunderts.

Als im September 1523 das Chorherrenstift sich an den Rath in Zürich übergab, vereinigte sich dieser mit dem Propst und dem Capitel unter andern Artikeln zu der erfolgreichen Bestimmung: „das

---

[1]) Zwinglis Antwort auf Luthers Bekenntniß vom Abendmahl. Werke 2. Bd. 2. Abth., pag. 213.

[2]) Ib. pag. 119. Ueber andere Stellen: z. B. Joh. 6, 36; 1 Cor. 13, 8; 1 Cor. 10, 16; 1 Cor. 15, 29; Eph. 1, 3. Ib. pag. 213, 185, 191, 161.

[3]) Quellen: H. Bullinger, Reformationsgeschichte nach dem Autographon herausgegeben von J. J. Hottinger und H. H. Vögeli. Frauenf. 1838 Bd. I, pag. 117, pag. 289. — Hottinger (J. J.), Helv. Kirchengeschichte

verordnet werdint wolgeleert kunſtrych ſittig menner, die alle tag
offentlich in der heyligen geſchrift, ein Stund in Hebreiſcher, ein
Stund in Griechiſcher, vnd ein Stund in latiniſcher ſprachen, die
zu rächtem verſtand der göttlichen geſchrifft gantz nodtwendig ſind,
läſind vnd leerind, one der vnſeren uß der Statt vnd ab dem Land,
ſo in iren Letzgen gand, belhonung vnd entgälltnuß." Sofort ſah
man ſich nach tüchtigen Gelehrten um. Manz und Grebel waren
bereits auserſehen, machten ſich aber durch ihren Anſchluß an die
wiedertäuferiſche Richtung unmöglich. Daher wurde Conrad Pellican
von Baſel berufen, als tüchtiger Kenner des Hebräiſchen, und dieſem
noch Jakob Ceporinus, ein ebenſo tüchtiger Kenner der hebräiſchen
und griechiſchen Sprache, beigegeben. Am 19. Juni 1524 wurde nun
die erſte öffentliche Bibellection von Zwingli mit Gebet im Chor des
Großmünſters eröffnet. Täglich mit Ausnahme des Freitags und
Sonntags ſollte dieſe Lection und zwar in folgender Weiſe abgehalten
werden. Man begann gleich mit dem Anfang des alten Teſtamentes.
Erſt las ein Studioſus den betreffenden Abſchnitt nach der lateini-
ſchen Ueberſetzung. Dann trat Ceporinus auf, las denſelben Abſchnitt im hebräiſchen Grundterte und erklärte ihn in lateiniſcher
Sprache. Endlich las Zwingli den griechiſchen Text der Septuaginta,

III, pag. 224. — Die verſchiedenen Vorreden zur Zürch. Bibelüberſ. beſ.
1529, 1531, 1536. — Breitinger (J. J.), Nachricht von den Zürch-
ſchen Herausgaben der heil. Schrift in deutſcher Sprache in Simlers
Sammlung, 2. Bd., 2. Abth. pag. 251. — Le Long, bibl. sacra, Lips.
1709. Vol. VI, pag. 249 ff. Zwingli: der Hirt an Jakob Schurtanner.
1524. Werke I, pag. 632. — Hottinger, Bibl. quadrip. Tig. 1664.
4°, pag. 153. — Baumgarten, Nachr. von merkw. Büchern. Bd. V, pag.
471 ff. — J. Bapt. Ott, dissert. de translationibus scr. sacræ. — J.
E. Rüſcheler, Vorrede zu der von Pfarrer Ulrich 1755 beſorgten Folioausgabe der Zürcher Bibel, aufgenommen und erweitert von Lork Beiträge
zur Bibelgeſch. pag. 212, und Panzer Entwurf pag. 260 f., wo aber
nur die Bibelüberſetzungen bis 1531 berückſichtigt ſind, ſ. Fritzſche in
Herzogs Encykl. Art.: deutſche Bibelüberſetzungen III, pag. 344 und Finſler
kirchl. Statiſtik der ref. Schweiz, pag. 588, 665. — Rudolphi (E. E.)
Die Buchdruckerfamilie Froſchauer in Zürich. 1521—1595. Zürich 1869. —
Neben dieſen die Werke über die ſchweizeriſche Reformation von Hottinger,
Wirz, M. Kirchhofer, Heß; und die Biographien von Zwingli (beſ. Mörikofers) und Leo Judä (beſ. E. Peſtalozzi).

und fügte ebenfalls in lateinischer Sprache seine Erklärungen bei. Zum
Schluß setzte ein Prediger noch das, was lateinisch bisher verhandelt
worden war, in deutscher Sprache aus einander und schloß mit
einem Gebet. Nach dem baldigen Tode Ceporins († 20. Dez. 1523)
nahm Pellican seine Stelle ein, und Zwingli wurde durch Buchmann
(Biblianter) abgelöst. Noch später übernahm Petr. Martyr die Lec-
tion des Pellican, und Josias Simler diejenige des Biblianter.
Auch Peter Martyr wurde nachher durch Joh. Wolf ersetzt. Mit
der Zeit wurden auch in der Ordnung des Lesens einige Aenderun-
gen getroffen, im Wesentlichen aber blieb man bei der Anordnung
Zwinglis. Daß daneben für die Studenten noch besondere exegetische
Vorlesungen gehalten wurden, beweist die Anstellung des Oswald
Myconius zum Zweck der Exegese des griechischen neuen Testamentes.
Jene öffentlichen Bibelvorlesungen hatten einen allgemeinern Zweck.
Deßhalb mußten alle Pfarrer, Prädicanten, Chorherrn, Caplane
und die ältern Schüler daran Antheil nehmen, und damit auch der
Gemeinde eine Frucht aus diesen Versammlungen zufalle, so wurde der
vorher in gelehrter Weise behandelte Abschnitt nachher noch für sie in
erbaulicher Art verwendet. Zwingli nannte diese wissenschaftliche und
erbauliche Uebung im Hinblick auf 1 Cor. 14 „Prophezei".[1]

Bald wurde auch der Mann zu dieser Thätigkeit berufen, wel-
cher die Seele der Zürcherschen Uebersetzungsarbeit werden sollte, Leo
Judä, Zwinglis Freund und Studiengenosse aus Rappoldsweiler im
Elsaß. Am 2. Februar 1523 trat derselbe sein Amt als Pfarrer am
St. Peter in Zürich an. Zwingli hat offenbar wesentlich zu dieser
Berufung beigetragen. Sein Gedankenflug ging aber weit über seine
Zeit hinaus. Ihm schwebte eine Anstalt vor, welche die Gesammtheit
der schönen und heiligen Wissenschaften umfaßte, und die, wie Myconius
bemerkt, ihres Gleichen nicht gefunden hätte, wenn ihr Urheber die
vollständige Ausführung seines Planes erlebt hätte. Der Zürchersche
Reformator selbst suchte auch nicht zurück zu bleiben in den Kenntnissen,
die er von einem wahren Theologen verlangte. Daher entschloß er
sich, mitten in seiner großen reformatorischen Wirksamkeit noch die
hebräische Sprache zu lernen und setzte sich als Schüler zu den Füßen
des nach Zürich gekommenen Andreas Böschenstein, nachdem er viel-

---

[1] Keßler bei Mörikofer, Zwingli I, pag. 318 ff.

leicht schon einen Anfang derselben durch Ceporin gewonnen hatte. [1])
Bald war er auch im Stande, mit großer Leichtigkeit die schwersten
Schriftstücke des alten Testamentes zu lesen und auszulegen. Wohl
wollte sich Zwingli, um recht den Sprachen leben zu können, 1524
aller Schriftstellerei enthalten, aber die allenthalben her an ihn heran=
drängenden Anliegen ließen es nicht dazu kommen. [2])

So hatte Zwingli hinlängliche Vorbereitungen getroffen, um
das Bibelwerk entstehen zu lassen, das den Namen von der Stadt
ihres Ursprunges bis auf diesen Tag sich erhalten hat. Zu den
schon genannten Gelehrten waren noch andere, Caspar Megander,
Joh. Ammann gekommen, die sich nun alle zu der gemeinsamen Ar=
beit einer neuen Bibelübersetzung vereinigten und die in der „Pro=
phezei" gemachten Studien hiezu verwertheten. Die oben genannte
Froschauersche Folioausgabe des neuen Testamentes konnte, da sie
schon am 1. August 1524 vollendet war, noch keine Frucht der bib=
lischen Vorträge in Zürich sein; allein die wenigen Abänderungen
des lutherschen Textes deuten darauf hin, daß eine gelehrte Hand
die Herausgabe leitete. Das dringende Bedürfniß einer deutschen
Ausgabe des alten Testamentes ließ den Zürcher Gelehrten keine Zeit,
eine eigene Arbeit so bald ausgehen zu lassen. Daher griffen sie
für die ersten Bücher zu der bereits herausgekommenen Lutherschen
Uebersetzung. So erschien denn im Anschluß an die genannte Folio=
ausgabe des neuen Testamentes im Hornung des Jahres 1525[3]) der
Pentateuch unter folgendem allgemeinen Titel: „Das Alt Testament
dütsch, der ursprünglichen Ebreischen waarheyt nach uff das aller=
trüwlichst verdütschet. Getruckt zu Zürich durch Christophorum Fro=
schauer im Hornung, des jahrs MDXXV." Dieser Titel steht in
einer Umfassung von zwölf Vignetten; die vier obern und zwei Bil=
der auf der rechten Seite stellen die sechs Schöpfungstage, die vier
untern und die zwei Bilder auf der linken Seite die Schöpfung des
Weibes, die Prüfung, den Sündenfall, die Flucht, die Vertreibung

---

[1]) So lassen sich wohl die beiden verschiedenen Nachrichten über den Unter=
richt Zwinglis vereinigen, den er nach der einen von Böschenstein, nach
der andern von Ceporin erhalten hätte. S. Zwinglio Werke (deutsch) I,
pag. 622 und Christoffel, Zwingli pag. 7.

[2]) V. Zwinglis Werke I, pag. 622.

[3]) Bei Rudolphi a. a. O. Nr. 87. Stadtbibl. Zürich.

aus dem Paradies, die Arbeit der ersten Eltern dar. Die zweite
Disputation zu Zürich im Spätjahr 1523, in welcher Zwingli so
nachdrücklich gegen die Bilder in den Kirchen sprach, hatte auffallen=
der Weise gar keinen Einfluß auf die herausgekommenen Bibeln.
Dies zeigt sich z. B. darin, daß das Bild Gottes allein auf dem
Titelblatt neunmal vorkommt. Auf der Rückseite des Titelblattes
steht ein Register der sämmtlichen Bücher des alten Testamentes, der
canonischen und apocryphischen, woraus man sieht, daß gleich die
Uebersetzung des ganzen alten Testamentes in Aussicht genommen
wurde. Dann folgt auf 5½ ungezählten Blättern die Vorrede Lu=
thers („das alt testament haltend ettlich gering, als das dem Jüdi=
schen Volk allein gegeben"). Luthers Name ist jedoch nicht genannt.
Mit Fol. I beginnt das erste Buch Mosis und mit Fol. CXII schließt
das fünfte Buch Mosis. Die Seiten sind in zwei Columnen gespalten.
In dem Text finden sich sechszehn kleinere Holzschnitte, von denen vier
zugleich die Anfangsbuchstaben der letzten vier Bücher bilden. Den
Schluß des ersten Theils macht noch eine Karte von Palästina.

Noch im gleichen Jahre erschien „das Ander teyl des Alten Te=
staments" unter diesem besondern Titel: „Gedrukt zu Zürich durch
Christophorum Froschouwer. Im jar als man zellt MDXXV."
Zwischen diesen und jenen Worten ist eine Vignette und das Register
über die Bücher dises teyls: Josua, die Richter, Ruth, Samuel, die
Künig, Chronika, Esther, Esra und Nehemias. Dieser Theil hat 147
Blätter und ist, die Vignetten der Anfangsbuchstaben eines jeden
Buchs eingerechnet, mit 33 Holzschnitten geziert. — Im gleichen Jahre
erschien „das dritt teyl des alten testaments" unter diesem besondern
Titel, auf welchen „das Register über die Bücher dieses teyls" folgt,
nämlich „Hiob, Psalter, Sprüch Salomonis, Prediger Salomonis,
Hohelied Salomonis". Sodann unter einer Arabeske die Worte:
„Getrukt zu Zürich durch Christophorum Froschouer im jar MDXXV."
Auf der Rückseite des Titels steht die „Vorred Martini Luther".
Auch die übrigen Vorreden des deutschen Reformators sind, doch ohne
dessen Namen, dem Psalter, den Proverbien und den Salomonischen
Schriften vorangestellt. Der Text hat 67 gezählte Blätter. Holz=
schnitte finden sich acht, von denen fünf auf die Initialen kommen.

Daß wir in diesen drei Bänden Luthers Uebersetzung vor uns
haben, darüber kann nicht der geringste Zweifel sein. Auch die Glos=

fen Luthers finden sich mit kleinerer Schrift in den Text eingefügt, ja selbst Luthers Name wird genannt, also nicht etwa, wie einige Schriftsteller behaupten, gleichsam absichtlich nicht angeführt. Es fragt sich nur, welche Ausgabe des Wittenberger Originals gebraucht wurde. Da die Glossen zu 1 Mose 11 und 5 Mose 17 fehlen, auch die Glosse 1 Mose 21, 27, welche in der zweiten Lutherschen Ausgabe (von Melch. Lotthar) fehlt, aufgenommen ist, so muß den Herausgebern die erste Wittenbergerausgabe von 1523 und 1524 oder deren fast gleichlautender Baslernachdruck von 1523 und 1524 vorgelegen haben. Jedenfalls gilt dieß von den historischen Schriften, wo keine nennenswerthen Veränderungen sich finden; denn wenn es 1 Mose 4, 1 heißt: „Ich hab überkommen den Mann den Herrn" statt bei Luther: „ich habe gekriegt den Mann den Herrn", oder 1 Mose 17, 1: „biß uffrecht und reblich" statt bei Luther: „und sey on wandel", oder 1 Mose 16, 1 heißt „volget der stimm" statt bei Luther „gehorcht der stymm", oder ebenda B. 6: „da sie nu Sarai zwang" statt „da sie nu Sarai wollt demüthigen", so sind dieß nur für die Schweizer verständlichere Ausdrücke. Zweifelhafter dürfte es bei den poetischen Büchern, namentlich den Psalmen sein, ob Luthers Folioausgabe oder die im gleichen Jahr 1524 erschienene Octavausgabe des Psalters die gewesen ist, welche vorzugsweise benützt wurde. Wahrscheinlich lagen den Zürchern beide Ausgaben vor. Es wurde aber vorzugsweise die Folioausgabe benützt. Psalm 4, 2 „miner gerechtigkeyt" (Octavausgabe „meyne"), Psalm 42, 7 „dine wasser waag" (Luthers Octavausgabe „deyne wasser wogen"), Psalm 103, 4 stehen die Worte: „der din läben erlöst von der gruben", welche in Luthers Octavausgabe fehlen. Dagegen fehlen Psalm 51, 21 die Worte „und ganzen Opfer" wie in der Octavausgabe von Luther.[1]

Was die Sprache der genannten drei ersten Theile betrifft, so gilt von ihr ganz das über das neue Testament von 1524 Gesagte. Die Veränderungen beziehen sich nur auf den Dialect. Zuweilen, aber höchst selten, ist ein Wort zur nähern Erklärung beigefügt, z. B. Genef. 1, 6: „Es werde eine veste oder underschlacht zwüschen den

---

[1] Die übrigen bei Panzer a. a. O. pag. 199 f. bezeichneten Stellen weisen fast ohne Ausnahme auf die Benützung der Folioausgabe Luthers hin.

waſſern ꝛc.“. Als Probe folge hier der 23. Pſalm, da gerade über deſſen Urgeſtalt die abſurdeſten Dinge umhergeboten wurden:

„Der HERR iſt min hirt, mir wirt nüts mangeln. Er laßt mich weiden, da vil graß ſtadt, und fürt mich zum waſſer, daß mich erfülete. Er erquicket myn ſeel: er fürt mich uff rechter ſtraaß umb ſynes namens willen. Und ob ich ſchon wandlete im finſtern tal, vörcht ich kain unglück: denn du biſt by mir.√Du bereyteſt vor mir einen tiſch gegen mynen fyenden. Du macheſt myn houpt feißt mit öl, [1]) und ſchenkeſt mir voll yn. Guts unn barmherzigkeyt werdend mir nachloufen min läben lang, und wird blyben im huß des HERRN jmmerdar.“

Nur hie und da ſcheint eine Berichtigung ſchon beabſichtigt, z. B. Gen. 2, 7 „uß ſtoub von der erden“ ſtatt des Lutherſchen: „aus einem Erdenkloß“ und Geneſis 3, 16: „und zu dinem Man dine ge= lüſt oder begier“ ſtatt bei Luther: „dein Wille ſoll deinem manne unterworfen ſein.“ 1 Sam. 8, 21: „Do loßet (ſchweizeriſch ſtatt hören) Samuel allem dem, daß das Volk ſaget und ſagt’s ꝛc.“ ſtatt bei Luther: „da gehorchte Samuel allem dem ꝛc.“ Auch 1 Moſe 10, 21: „Sem aber der Bruder Japhets des größern“ ſcheint eine Correctur zu ſein, da die Folioausgabe Luthers von 1524 noch hat: „Sem aber Japhets großer Bruder“, was freilich noch in ſpätern Luther= ausgaben geleſen wird, ungeachtet ſchon die Octavausgabe von 1524 das Richtige hat.

Unſtreitig kamen die Zürchertheologen einem allgemein gefühlten Bedürfniß entgegen. Die Lutherſche Sprache war dem Schweizervolk nicht verſtändlich genug, daß es ohne Schwierigkeit in der Ueber= ſetzung des deutſchen Reformators hätte Erbauung und Belehrung ſchöpfen können. Noch ehe daher Zwingli und ſeine Freunde die noch übrigen Theile des alten Teſtamentes vollendet hatten, ergab ſich die Nothwendigkeit der Herausgabe einer zweiten Ausgabe der bereits vollendeten Theile. Damit wurde noch im Jahre 1527 der Anfang gemacht und zur Bequemlichkeit der Leſer das Sedezformat gewählt [2]). Da die Jahreszahl 1527 nur auf dem erſten Theile

---

[1]) Beharrlich wird von einigen behauptet, die Zürcherüberſetzung habe an die= ſer Stelle: „Du ſchmiereſt min grind mit Schmeer.“

[2]) Rudolphi, pag. 20, Nr. 157. Zür. Stadtb.

erscheint, so läßt sich nicht genau bestimmen, ob auch die beiden fol=
genden im gleichen Jahre oder das Jahr darauf erschienen sind.
Das ganze Werk war wie die Folioausgabe auf sechs Theile berech=
net, in welchen es auch allmählig herauskam. Auch die Einrichtung
ist die nämliche. Das erste Bändchen enthält den Pentateuch. Der
Titel: „Das Allt Testament zu teutsch, d' ursprünglichen Ebreischen
waarheyt nach, auff das aller treüwlichest verdeutschet. Ge=
truckt zu Zürich bey Christoffel Froschouer" steht in einem Holz=
schnitt, dessen obere Seite die Schöpfung der Eva und die Geburt
Christi, dessen untere Seite den Fall Adams und der Eva und
Christus am Kreuze darstellt. Zu beiden Seiten stehen die Sinn=
bilder der vier Evangelisten. Auf der Rückseite des Titels ist eine
kurze Vorrede des Buchdruckers Christoffel Froschouer. Mit Blatt II
beginnt der Text und schließt mit Blatt CCXCIIII, an dessen Schluß
die Worte stehen: „Gedruckt zu Zürich durch Christoffel Froschouer.
Im MDXXVII jar". Der Anfangsbuchstabe eines jeden Buches ist
ein Holzschnitt und zwar im 2., 3. und 5. Buche derselbe, den wir
in der Folioausgabe fanden. Auf der Rückseite eines besondern Blattes
ist das Froschauersche Zeichen. Dann folgt die „Erklerung vnn auß=
legung etlicher dunckler schwärer Hebreischer wörter so in disem
Testamentli verzeychnet sind mit dem * vnnd in marginibus mit
der zal: In welchem buch und capitel man es suchen und fin=
den sol". Es sind 16 Blätter, welche die bei der großen Ausgabe
in den Text eingefügten Lutherschen Glossen enthalten. — Der zweite
Theil mit gleichem Titel wie die Folioausgabe, aber ohne Jahres=
zahl, enthält auf CCCCII Blättern die übrigen historischen Bücher,
deren Anfangsbuchstaben in Holzschnitt völlig mit denen der Folio=
ausgabe übereinstimmen. Den Schluß bildet auf sechs ungezählten
Blättern wieder das Verzeichniß der Lutherschen Glossen. — Der
dritte Theil hat wieder den gleichen Titel wie die große Ausgabe.
Er enthält auf CLXXII (172) Blättern die Lehrbücher. Auf 11½ Blät=
tern sind auch da an dem Schluß die Lutherschen Glossen beigesetzt.
Holzschnitte finden sich hier keine.

Diese ungemein schöne, mit feinen lateinischen Buchstaben gedruckte
Ausgabe wurde gleichzeitig mit der Folioausgabe fortgesetzt, so daß
sie wie diese sechs Theile enthält. Ob das dazu gehörige neue Testa=
ment früher als die Propheten und Apocryphen fertig war, läßt sich

nicht ſagen, da keine Jahreszahl angegeben iſt. Der Titel, in der
gleichen Einfaſſung wie das alte Teſtament, lautet nur: „Das Neuw
Teſtament, gründtlich und recht verteutſcht. Getruckt zu Zürich.
Bey Chriſtoffel Froſchouer.“ Das zweite Blatt enthält das Re=
giſter der Bücher des Neuen Teſtaments. Der Text umfaßt CCCLXII
(362) Blätter. Die Gloſſen Luthers ſind in den drei erſten Theilen
hinten angefügt. Die Vorreden Luthers ſind in den genannten drei
erſten Theilen wie beim neuen Teſtamente weggelaſſen. Der Unter=
ſchied zwiſchen der Folio= und der Sedezausgabe iſt bezüglich der
Ueberſetzung höchſt unbedeutend. Erſt in der zweiten Ausgabe des
erſten Theils vom Jahr 1530 kommen einige Veränderungen vor[1]),
z. B. Geneſ. 16, 4: „achtet ſy irer frowen gering vor ir“ (Fol.)
und „verachtet ſy ire fraw“, v. 5: „Ich muß unrecht lyden um
dinetwillen“ (Fol.) und „Mein unbill vnd ſchwach zu dir“, v. 6:
„Da ſy nun Sarai zwang“ (Fol.) und „Do nun Sarai die magt
hart hielt“, v. 9: „demüthige dich unter yhre hand“ (Fol.) und
„untergib dich unter jr hand“, v. 11: „die armſeligkeit“ (Fol.) und
„Dein hartſäligkeit“, v. 13: „Du Gott ſieheſt mich“ (Fol.) und „Du
biſt der Gott, der mich geſehen hat“, cap. 17, 1: „Ich bin der all=
mechtig Gott“ (Fol.) und „Ich bin der Gott Schaddai, das iſt, ein
vollmächtiger und ein überflüſſige gnugſame und völly alles guten“,
ib.: „unnd biſt uffrecht und redlich“ (Fol.) und „biſt ſteiff und
getrewen an mir“, ib. v. 14: „minen bund underlaſſen hat“ (Fol.)
und „meinen pundt krafftlos gemacht hat“, ib. v. 17: „mir hundert

---

[1]) Von der Sedezausgabe werden nämlich bei Panzer, a. a. O. pag. 267
bis 269, zwei Recenſionen genannt, die eine von 1527—1529, die andere
von 1530. Es iſt nun ganz richtig, daß der erſte Theil zweimal erſchie=
nen iſt 1527 und 1530. Allein Theil 2 und 3, das neue Teſtament
und das Bändchen der Apocryphen haben keine Jahreszahl und unter=
ſcheiden ſich die Exemplare ſo gar nicht von einander, daß ſchwerlich eine
zweite Ausgabe der übrigen Theile anzunehmen iſt. Dazu kommt, daß
auf dem vierten Theile immer die Jahreszahl 1529 ſteht, auch wo er mit
der Ausgabe des erſten Theils von 1530 zuſammengebunden iſt. Die
Stadtbibliothek von Zürich beſitzt die Ausgabe von 1527 in fünf Bänden,
die Miniſt.=Bibl. in Schaffhauſen hat die von 1530 und in ſechs Bänden. Der
Unterſchied beſteht nur darin, daß dort die Apocryphen mit dem dritten
Theil zuſammengebunden ſind. Rudolphi, a. a. O. Nr. 157. Die Stadt=
bibliothek (Schaffhauſen) beſitzt dieſelbe zweite Ausgabe, aber nur Bd. I, II, IV, V.

jar alt" (Fol.) und „mir hundertjärigen". Auffallender erscheint,
daß in der kleinen Ausgabe schon des ersten Theils von 1527
und in allen übrigen Theilen die Vocalisation wieder mehr der
Lutherschen sich nähert, z. B. Pf. 23, 3: mein statt myn, seines statt
synes; v. 4: bey statt by; v. 6: bleyben statt blyben; Pf. 25, 20:
trauwen statt truwen; Pf. 38, 5: erbauwen werden statt erbuwet
werden; Pf. 29, 7: fheur statt für. Schon auf dem Titel des alten
und des neuen Testaments steht „verdeutschet" wo die Folioausgabe
„verdutschet" hat. Auch einige Provinzialismen sind verändert, z. B.
in den oben angeführten Stellen Matth. 9: „Niemand flikt ein alt
kleyd mit einem stük vom neuwen tuch", Luc. 15: kleyen statt krütsch.
Diese Erscheinung ist um so auffallender, da sie sich bei den gleich
zu beschreibenden Ausgaben der Propheten und Apocryphen findet,
wo doch die Folio= und Sedezausgabe das ganz gleiche Datum
tragen. Leider gehen uns darüber alle Nachrichten ab, und es liegt
nur die Vermuthung nahe, daß die Zürcher durch die der Lutherschen
Sprache sich nähernde Uebersetzung dieser selbst wohl eine weitere
Verbreitung zu geben suchten, während sie durch die andere Ueber=
setzung doch dem näher liegenden Bedürfnisse dienen wollten. Der
lebhafte Verkehr zwischen Zürich und den süddeutschen Städten mußte
den Wunsch erwecken, auch diesen das neue Uebersetzungswerk zu=
gänglich zu machen. Dazu kommt, daß Froschouer selbst wiederholt
die Messe in Frankfurt besuchte und neben seinem lebhaften refor=
matorischen Eifer auch ein buchhändlerisches Interesse haben mochte,
den bei ihm herausgekommenen Schriften auch in Deutschland Ver=
breitung zu verschaffen[1].

Endlich erschienen im März 1529 die ersten selbstständigen
Uebersetzungswerke der Zürcher Theologen, die Propheten und die
Apocryphen. Die erstern kündigten sich als „ein Werk der Prädi=
canten zu Zürich" an, diese als die Arbeit Leo Judäs. In der Vor=
rede zu den Propheten rechtfertigen die Zürcher zuerst ihr Unter=
nehmen und sprechen dann die Grundsätze aus, nach welchen sie bei
ihrer Uebersetzung gearbeitet haben. „Nachdem wir yetz etliche jar,
die bücher des Alten Testaments, mit trüw und flyß die sprachen
gegen einander erwägende, offentlich geläsen habend, sind wir von

[1] S. Th. Christoffel, Zwingli, pag. 171.

vilen frommen gutherzigen hoch angeſtrengt unnd gebätten, daß wir
unſere tütſche vertolmetſchung in die Propheten (dann die allermeeſt
begäret wurdend von menglichem) in Truck ußgon ließind. Söliches
zu thun (wie wol es unns ſchwer und groß was) habend wir nach
langer bitt bewilliget. Eins teyls, das wir die ernſtliche bitt der
glöubigen vermeintend nitt billig abzuſchlahen. Anderes teyls, daß
wir das pfündlin, vonn unſerm HERREN Gott unns verlyhen,
nitt untrüwlich vergrübind: ſonder die gaaben dem zu eeren, der ſy
unns geben hatt, unnd zu nutz der ganzen Kilchen Chriſti, bruchtind."
Sodann ſagen die Prädicanten, daß zwar eine Ueberſetzung der Propheten vor kurzem ans Licht getreten ſei, welche an vielen Orten
fleißig und treu nach dem hebräiſchen Buchſtaben verteutſcht ſei, allein
dieſelbe werde mit Recht von „vielen einfeltigen und gutherzigen"
Chriſten verabſcheut, weil ſie von ſolchen ausgegangen ſei, „die die
rächten räbly fürer warend der ſächten und rotten, da unns uff
den hüttigen tag in der Kilchen Gottes meer unruw geſtattet, dann
das Papſtthum ye gethon hat". Offenbar iſt hier die 1527 in
Worms bei Peter Schöffer erſchienene Ueberſetzung von Ludwig Hätzer
und Johannes Denk gemeint, welche wegen ihrer wiedertäuferiſchen
Anſichten in Zürich keine Anſtellung gefunden hatten und nun wohl
ihre Tüchtigkeit durch dieſes Werk beurkunden wollten. Ferner rechtfertigen ſich die Zürcher Prädicanten andern deutſchen Bibelüberſetzungen gegenüber, unter denen wohl die vorreformatoriſchen ver-
ſtanden ſind („vor vilen Jaren"), und erklären, ſie maßen ſich nicht
an, ein fehlerloſes Werk zu liefern, auch wollen ſie die Arbeit Anderer keineswegs gering ſchätzen, allein die Gaben ſeien verſchieden
ausgetheilt, und wie ein Stern den andern an Klarheit übertreffe,
ſo übertreffe auch in der Kirche Gottes eyner den andern in verſtand und wiſſen, in Erkenntniß und Klarheit. Ob vielleicht ſchon
Urtheile Luthers über die bisherigen Zürcherarbeiten gemeint ſind,
wenn die Prädicanten hinzuſetzen: „diſes redend wir nitt, das wir
uns derfür ſchezind das wir yemand überträffind oder das wir
yeman wöllind verachten: ſonder vilmer abzulehnen etlicher ungunſt
unnd nachred, die nüt gut und recht achtend, denn das von jenen
geſchicht" läßt ſich nach dem früher Geſagten beinahe annehmen.
Die Vorrede ſtellt ſodann als Haupterforderniß für einen Ueberſetzer
der heiligen Schrift das auf: „Nieman mag die Propheten ußlegen

und verston, er habe denn zum vorlüchter unnd fürer den geyst, uß
deß yngebung die Propheten geredt unnd geschriben haben". Endlich
geht sie auf die Uebersetzungsgrundsätze ein, welche bei der Arbeit
geleitet und welche die Abweichung dieser Uebersetzung von andern
hervorgerufen haben. Viele hebräischen Worte verlieren bei der Uebersetzung ihre ursprüngliche Kraft und Schönheit und lassen sich im
Deutschen nicht völlig wiedergeben. Daher seien die Uebersetzer genöthigt gewesen, erstens statt das hebräische Wort ganz wörtlich zu
übersetzen, es zuweilen nur dem Sinne nach wiederzugeben, zweitens
hie und da ein Wörtchen zur Verdeutlichung des Sinnes beizufügen.
Wenn man zu buchstäblich übersetze, so wisse der Leser oft nicht, ob
es deutsch oder wälsch sei. Dieß wird unter Anderm an dem Beispiel des Wortes חָזוֹן nachgewiesen und gezeigt, wie im Grunde
das im Deutschen so vieldeutige Wort „Gesicht" den Sinn desselben
nicht wiedergebe, daher der passendere Ausdruck „Prophezey" gewählt
worden sei. Wo die Uebersetzer genöthigt gewesen seien zur Verdeutlichung ein Wort hinzuzusetzen, da hätten sie es gethan, jedoch
den Zusatz in kleinerer Schrift beigefügt. — „Der Punkten, Pasu-
ken und anders, so die Rabbi der Juden hynzugethon, habend wir
kleyn acht. Dann solcher Zusatz erst in kurzen jaren beschehen ist:
deßhalb er dem verstand und wäsen der worten keyn vorgericht
bringen soll." Schließlich ist die Rede von der allegorischen Interpretation. Es wird vor beiden Extremen gewarnt, entweder überall
Allegorie zu finden und darüber den einfachen Wortsinn zu verlieren oder in jüdischer Weise wieder alles nur fleischlich irdisch
zu verstehen und den hohen geistigen Gehalt der Propheten zu vergessen.

Was nun zunächst die äußere Einrichtung dieses Theils der
Zürcherschen Uebersetzung betrifft, so lautet der Titel: „Das vierde
teyl des alten testaments. Alle Propheten uß ebreischer sprach, mitt
gutem trüwenn unnd hohem flyß, durch die Predicanten zu Zürich,
in Tütsch vertolmätschet." Unter diesem Titel ist das Froschauersche
Zeichen, an dessen Fuß die Worte stehen: „Getruckt zu Zürich by
Christoffel Froschouer, im jar, so man zelt MDXXIX." Auf der
Rückseite ist das „Register über alle Propheten" und über den Apocryphen: „Diß sind die bücher, die by den alten under biblische
geschrifft nit gezellt sind, ouch by den Ebreern nitt gefunden".

Hierauf folgt die genannte Vorrede der Zürcherpredicanten auf 7 ungezählten Blättern (7¼ Blatt Text). Der Text der Propheten selbst geht von Blatt I bis zu Blatt CXXVII. Am Ende der ersten Seite des letzten Blattes stehen die Worte: „End aller Propheten, so vil by den Ebreern vnnd by den alten vnder biblische geschrifft gezelt sind. Getrukt zu Zürich, im Barfüßerkloster, durch Christoffel Froschouer, vnnd vollendet am ersten tag des Merzens, im Jar MDXXIX.“[1] Folio.

Von der unter dem gleichen Datum erschienenen Fortsetzung der Sedezausgabe ist das Gleiche zu sagen, was von den ersten drei Theilen eben bemerkt wurde. Die Vocalisation ist die neuhochdeutsche, wie schon der Titel zeigt: „Das Vierde teyl des alten Testaments. Alle Propheten, außz Ebraischer sprach, mit guten treuwen vnd hohem fleyß, durch die Predicanten zu Zürich, inn Teutsch vertollmätschet. Getrukt zu Zürich bey Christoffel Froschouer, im jar so man zalt MDXXIX.“ Auf der Rückseite des Titels ist „das Register über alle Propheten“, aber nicht, wie in der Folioausgabe über die Apocryphen. Dann kommt die Vorrede auf 15 ungezählten Blättern, sodann der Text auf CCCXLI Blättern. Auf einem besondern Blatt stehen die Worte der Folioausgabe „End aller ꝛc.“ und auf der Rückseite das Froschouersche Zeichen.

Diese Uebersetzung der Propheten kündigt sich schon auf dem Titel und noch bestimmter in der Vorrede als ein ganz neues Werk an und daß sie ein solches ist, zeigt schon der erste Blick in irgend ein Kapitel. Wohl hatte Luther schon 1526 die Propheten Habakuk und Jona herausgegeben und die Festepistel Jesaj. 9, 2—7, und Adam Petri ließ schon im August des gleichen Jahres von Habakuk noch in Basel einen Nachdruck erscheinen; auch im Jahre 1527 erschien ein Stück aus Jeremias (c. 23, 5—8), und endlich verließ im Anfang des Jahres 1528 der Prophet Sacharia, im October der Prophet Jesaja die Presse in Wittenberg; allein erst 1532 kam die Gesammtausgabe der Propheten heraus. Es ist nicht unwahrscheinlich, daß die Zürcher die ihnen bereits zugänglichen Theile der Lutherschen Uebersetzung benützten, obgleich uns mit Ausnahme einiger

---

[1] Rudolphi nennt a. a. O. Nr. 178 eine Octavausgabe. Es ist aber wohl obige Folioausgabe gemeint.

Stellen bei Habakuk keine deutlichen Spuren begegnet sind. Mehr
noch tritt die Benützung der schon in der Vorrede der Zürcherprädi=
canten genannten Uebersetzung von Ludwig Hätzer und Hans Denk
hervor[1]). Dieselbe trägt das Datum vom 3. April 1527. Die
Zürcherschen Uebersetzer gestehen selbst, daß dieselbe „so vil wir
darinn gelesen, an vilen orten flyßig vnnd getrüwlich naach dem
Ebreischen buchstaben vertütschet ist". Und in der That war dieß
eine treffliche Vorarbeit. Hätzer hatte seine Befähigung schon ein
Jahr vorher durch Herausgabe des Maleachi mit der Auslegung
Oecolampads bewiesen. Sowohl er als Denk besaßen tüchtige
Kenntnisse in der hebräischen Sprache. Ihre Uebersetzung ist bis dahin
noch nicht genugsam gewürdigt worden. Sie schließt sich zwar mög=
lichst an den hebräischen Wortlaut an, aber keineswegs so sclavisch,
daß die Klarheit darunter gelitten hätte. Die Sprache erinnert ganz
an die Luthersche. Die Ausdrücke sind meist edel gewählt. Die
auffallende öftere Zusammenstimmung mit Luthers Uebersetzung läßt
sich nicht anders erklären, als daß letzterer die Arbeit der beiden
Wiedertäufer vor Augen gehabt hat. Der deutsche Reformator mußte,
ungeachtet er den „Rottengeistern" die Fähigkeit, recht zu übersetzen,
abspricht, doch der Wormserübersetzung Gerechtigkeit widerfahren lassen,
„darum halte ich, daß kein falscher Christ noch Rottengeist treulich
dolmetschen könne, wie das wol scheint in den Propheten zu Worms
verteutscht, darin doch wahrlich großer Fleiß geschehen und
meinem Teutschen fast nachgegangen ist. Aber es sind Juden dabei
gewest, die Christo nicht große Hulde erzeigt haben; sonst wäre Kunst
und Fleiß genug da."[2]) Wie gewissenhaft Hätzer und Denk zu
Werke gegangen sind, beweisen die vielen Anmerkungen, in denen sie

---

[1]) Der Titel dieser Uebersetzung steht inmitten eines Holzschnittes und lautet:
„Alle Propheten, nach hebreischer sprach verteutscht. O Gott erlös die
gfangnen MDXXVII." Auf der ersten Seite des zweiten Blattes ist das
Register der Propheten, auf der zweiten beginnt die Vorrede von Ludwig
Hätzer (4 Seiten). Mit Blatt III beginnt, auf der ersten Seite des
Blattes CCCXVIIII schließt der Text. Auf der letzten Seite heißt es:
„Getrukt zu Worms bei Peter Schöffern, vnd volendet am dreizehnten
tag des aprillen, im Jahr der geburt Christi vnsers seligmachers
MDXXVII." 8.

[2]) Luth. Sendschreiben vom Dolmetschen bei Walch. Thl. 21. pag. 323.

es hervorhoben, wo ihnen die Uebersetzung im Texte nicht ganz ge=
nügte oder wo sie glaubten, daß auch eine andere ebenso berechtigt
sein möchte. Z. B. Jes. 9, 3 steht im Text: „Vnnd dweil du die
heyden merest, so machest auch der freuden vil", in der Anmerkung:
„Der text mag auch also gelesen werden „„Vnd diewyl du die
heyden merest, so minderst du die freud 2c.""" mir gefelt die ander
lection baß". Jes. 19, 4 im Text: „so werden die Küttgräben seicht
vnd troken", in der Anmerkung: „etlich lesen: so werden die wesser
Egypti 2c.". Jes. 28, 13 werden in der Anmerkung die griechische
und lateinische Uebersetzung genauer mit dem hebräischen Texte ver=
glichen, um die Uebersetzung zu rechtfertigen: „gebot über gebot,
schnur über schnur, nyn wenig da, nyn wenig da, auff das sie
gangen vnd zurükfallen, zermalen, verstrikt vnd gefangen werden".
Eine ziemliche Anzahl kurzer sachlicher Anmerkungen ist dem Texte
beigegeben, welche von den tüchtigen Kenntnissen der Uebersetzer
Zeugniß ablegen.

Die Vorrede der Zürcher deutet, wie bemerkt, auch auf Benützung
früherer deutscher Uebersetzungen. Von diesen urtheilt sie: „So vil
aber die art der sprach vnnd kommliche der red, ouch verstand der
sinnen antrifft, mag nieman verneynen, oft nit gnug tieff hinyn
gesähen syn".

Daß auch die beiden alten Uebersetzungen, die Septuaginta
und die Vulgata, benützt worden sind, haben wir aus der Geschichte
der öffentlichen Bibelvorträge oder der „Prophezey" bereits gesehen.
Jedesmal las nach dem Gebete einer der Stipendiaten die Stelle,
an der man angelangt war, nach der Vulgata vor. Dazu wurden
verschiedene Ausgaben zu Rathe gezogen. Das Exemplar, dessen
Zwingli sich bediente und welches noch auf der Stadtbibliothek in
Zürich aufbehalten wird, ist eine in Lyon 1519 gedruckte Octav=
ausgabe[1]).

Die Vergleichung mit der Septuaginta (septuaginta interpre-
tum aut quorumcunque tandem sit) hatte Zwingli übernommen
und behielt sie bis zu seinem Tode. Es lagen ihm die compluten=
sische Polyglotte und die Aldinische Ausgabe (Ven. 1518. 3 voll.
Fol.) zur Benützung vor.

---

[1]) Catal. der Zürcher Stadtbibl. vol. 1. pag. 134.

Die Erklärung des Grundtextes hatte Anfangs Zwingli selbst sich zugetheilt, übergab sie aber nachher dem Ceporinus. Nach des letztern baldigem Tode wurde sie dem Conrad Pellican überlassen. Bullinger erzählt darüber folgendes: „Ubi vero adolescens eum, qui tractandus venit, locum Latina lingua recitavit, assurgit lector Hebræus ac Hebræa lingua eundem locum recenset, sparsim ejus linguæ idiotismos proprietatesque indicans, jam sensum etiam reddens, aliquoties verbum verbo interpretans sed et Grammaticorum et Rabbinorum recitans sententias".[1])

Aus diesen Arbeiten ist nun das erste eigentlich selbstständige Uebersetzungswerk der Zürchergelehrten, die Propheten, hervorgegangen. Dieses ist denn auch in der That ein höchst interessantes Denkmal sowohl der Gewissenhaftigkeit seiner Urheber als der damals in der Schweiz herrschenden Schriftstellersprache. Hier mögen einige Stellen ihren Platz finden, da das Werk außerordentlich selten ist, wobei wir noch einige Stellen aus den anderen Büchern beifügen, in welchen sich Abweichungen von Luther finden. Daß auch in den Büchern, wo die Luthersche Uebersetzung sonst noch beibehalten wurde, doch hie und da eine Verbesserung versucht worden ist, mögen zunächst folgende Stellen beweisen.

Genef. 1, 26: „Wir wellend menschen machen vnd glychnuß in vnserer bildnuß". Die unmittelbar darauf folgende Sedezausgabe hat noch richtiger „in vnserer bildnuß nach vnserer gleichnuß". Gen. 3, 16: „vnd zu dinem man din gelüst oder begird". Gen. 4, 7: „thustu recht, so nimstu es: thustu nit recht, so ist die sünd vor der thür ruwend. Stat dann sin begird zu dir vnd wil über jnn herrschen". Genef. 10, 21: „Sem aber der bruder Japhets, der elter hat auch geboren kinder". Genef. 27, 40: „Und es wirt geschehen, daß du sin joch ablegest vnd von dinem hals ryßest". Gen. 31, 29: „Ich hette wol sovil macht daß ich üch künd übels thun". Gen. 41, 45: „Und nannte jn Zaphnat Paena". Num. 4, 7: „Und das täglich brod soll druff ligen". Deut. 4, 19: „welche der Herr din gott zugeteylet hat allen völkern". 1 Sam. 2, 20: „Der Herr gebe dir somen von disem wyb für diß gut, das du dem Herrn gelihen hast". 2 Reg. 2, 17: „Aber sy nötigetend inn, biß er sich schämet". 2 Chron. 6, 18:

---

[1]) Bulling., comment. ad cap. 14 epistolæ primæ ad Corinthios pag. 235 sq.

„der himmel — kann dich nit ynschließen". 2 Chron. 19, 8: „über
die gerichtshändel". 29, 19: mit luter stimm. Hiob. 28, 3: Enb
hat er der finsternuß gesetzt, aller dingen end ergründet er, die stein
der finsternuß und des dunkels. 36, 31: denn daselbst richtet er
die lüt und gibt spyß die fülle. 39, 13: die flügel des strußen (luth.
Pfauen). Pf. 26, 12: Myn fuß stadt uff der äbne. 39, 10: Ich bin
verstummet und tue min mund nit uff, denn du hast es gemacht.
42, 9: Der Herr hat des tags befolen sin güte. 49, 5: Ich will
min or zum spruch neygen und uff der harpfen mit rätersch (= räth=
sel) fürlegen. 56, 3: Gott stoße söllich lüt zorniglich hinunder.
69, 10: denn der yfer um din huß frißet mich. 73, 15: Gedacht ich,
daß ich ouch so sagen wölte, siehe, so verwerf ich daß geschlecht diner
Kinder. 74, 20: Schouw den bund an, dann es stadt voll frävlen
hüser an den finstern orten im land. 80, 18: Laß din hand syn
über den mann diner rechten und über die menschenkind die du dir
gesteckt hast. 84, 7: die durch das jammertal gond und machends zum
brunnen, und die tych werdend mit rägen erfüllt. 84, 8: Sie gond
von einer stärke zur anderen und erschynend by gott zu Zion. 106, 32:
Und Mose ging es übel um irentwillen. 108, 2: Min herz ist be=
reyt. — Proverb. 1, 6: Die wort der wysen und ire verborgene rät=
scherschen (= Räthsel). 8, 9: Sie sind alle grad denen, die sy ver=
nemmend und richtig denen, so erkanntnuß finden. 8, 10: erkanntnuß
mer denn köstlich gold. 9, 10: Der verstand ist erkanntnuß heiliger Dinge.
11, 31: So dem gerechten uff erden vergolten wirt, wo wil blyben der
gottlos und sünder. 13, 10: Die aber mit rat farend sind wyß. 14, 10:
Ein herz, das siner seel betrübnuß weißt, under deßelben fröud kann sich
kein frembder mengen. 18, 8: Die wort des verlumders sind schleg
und farend in die kamer des buchs (Bauches). 29, 24: Wer mit
dieben teyl hat, haßet sin seel, er höret lestren und sagts nit. —
Pred. 1, 18: Wer vil erfart muß vil lyden. Auch einzelne Ausdrücke
sind vielfach geändert, z. B. Gen. 1, 27: Mann vnd wyb (L. Männ=
lein und Fräulein); 2, 7 v. 13: Stoub von der Erde; 4, 21: Die
mit harpfen und pfyffen vmgiengind; 11, 3, 14, 10: Lätt (Schweiz.
= Thon, L. Erdpech). 2 Reg. 18, 29; 19, 10: verführen (L. auf=
setzen). 3 Mos. 13, 48: Yntrag (richtig statt des luth. Eintracht).
3 Mos. 14, 56: Zittermal (L. Gnäze). 2 Chron. 20, 19: Mit luter
stimm (L. mit großem Geschrei). — Matth. 28, 28: Darumb gond·

hin und leerend alle völker, ſy touffende in dem nammen — geiſtes. Sy leerende halten alles ꝛc. Marc. 9, 40: Wer nitt wider üch iſt, der iſt für üch. Luc. 3, 23: by dryßig jaren. Luc. 6, 40: Der Jünger iſt nitt über ſyn meyſter: welcher aber vollkommen wirdt, der wirdt wie ſin meyſter ſin. Joh. 1, 6: Es ward ein menſch. 4, 27: Mit einm wyb redt. Act. 1, 18: Lohn der Ungerechtigkeit. 2, 40: Ungeſchlachtigen geſchlecht. 17, 17: Klappermann (= Klat-ſcher, L. Lotterbube). Röm. 3, 23: Mangelnd des pryß, den gott an inen haben ſollt. 5, 7: Nun ſtirbt kum jemands um des gerech-ten willen: um eines fromen willen dörffte villicht jemands ſterben. 1 Cor. 11, 2: Und haltend die ſatzungen glych wie ich üch angeben hab. 12, 6: Mancherley arten der innerlichen würkungen. 2 Cor. 5, 6: Diewyl wir daheimen ſind in dem lyb, ſo wandelnd wir im abwäſen von dem Herrn. 6, 11: Unſer herz hat ſich ußbreitet. Gal. 5, 5: Wir aber wartend im geyſt der hoffnung, daß wir durch den glouben rechtfertig ſygind. Eph. 3, 15: Der der recht vater iſt über alles was vatter heyßt im hymmel und erden. 3, 19: Ouch erkennen die liebe Chriſti, die doch alle erkenntniß übertrifft. 2 Theſſ. 2, 7: Geheimniß der bosheit. Ebr. 7, 22: Eines beßeren teſtaments bürge. 9, 11: Die nitt diſes gebüws iſt. 9, 24: Gegen-bild der warhaftigen. 12, 1: Einen ſolchen wolken der zügen. Jac. 1, 3: Daß üwer bewärter gloub geduld würkt. v. 4: Die ge-duld aber hat ein vollkommen werk. v. 17: Vater der liechter. Jac. 2, 22: Da ſiehſt du das der gloub mitgewirkt hat an ſinen werken und durch die werk iſt der gloub vollfürt. Apocal. 2, 17: Und wil im geben einen wyßen ſteyn und uff dem ſteyn einen nüwen namen geſchriben. 17, 9: Und hier iſt der ſinn, der die wysheit hat.

Leicht ließen ſich die Stellen, in welchen die wittenbergiſche Ueberſetzung eine Aenderung auch in den Büchern gefunden hat, wo ſich ſonſt die Zürcher noch beinahe ganz an ſie anſchließen, um das zehnfache vermehren. Nicht immer iſt die Aenderung auch eine wirk-liche Verbeſſerung. Doch möchten gerade obige Stellen den deut-lichen Beweis liefern, daß die Zürcher Gelehrten nicht ohne voran-gegangene Vergleichung mit dem Grundtexte ihre Lutherſchen Ab-drücke beſorgten. Sie drücken durch die bereits vorgenommenen Aen-derungen gleichſam den Vorbehalt aus, den man ſich bei dieſer Her-ausgabe machte, daß nach gründlicherer Durchforſchung des Grund-

tertes eine durchgehends noch weiter verbefferte Ueberſetzung erſcheinen ſolle.

Es iſt bereits bemerkt worden, daß wir bei den Propheten eine
ganz neue Ueberſetzung vor uns haben. Einige Proben werden den
eigenthümlichen Charakter derſelben am beſten zeigen.

Jeſ. 1: Hör o himmel: los uff o erdtrich: dann der HERR
redt. Ich hab kinder erzogen vnd ufbracht, vnd die ſind von mir
abgefallen. Ein Ochs erkennt ſinen meyſter vnd ein Eſel den ſtal
ſines herren, aber Iſrael erkennt nützib: min volk hat keinen verſtand. Wee des ſüntlichen volks, das von laſteren träffenlich iſt:
ein verkerts geſchlächt: kinder, die uß der art ſchlahend. Sy habend
den HERREN verlaſſen: den heyligen Iſraels erzürnet, vnd ſind
hinden abgeträtten. Warumb ſoldend jr mee gſchlagen werden? Ja
daß jr noch mee abfielind. Das gantz houpt iſt krank, vnnd das
herz gar trurig. Von der ſolen des ſußes biß uffs houpt iſt nützs
geſunds (in üwerem ganzen lyb) ſunder alles wunden, gſchwulſt,
eyter, vnd ſtrychmaſen vnd iſt nit ze helffen noch ze verbinden, noch
mit eynigerley ſalb zu milteren oder külen. Üwer erd lyt wüſt:
üwere ſtett ſind verbränt, üwer land fräßend üwere fyend uß vnd jr
müßend zulugen vnd iſt verhergt, wie dann von fyenden in ein
krieg beſchicht. Vnnd iſt die tochter Zion verlaßen glych als ein
hütten in eym wyngarten als ein kriegiſch wachthüßly als ein be-
lägerte ſtatt. Vnd wo vnns der HERR des heeres nitt ein klyne
lypſchetten hette laßen überblyben, ſo wärend wir wie Sodoma
und Gomorre glych. — — — Nun wolhar, ſpricht der HERR, wir
wöllend vns mit einander erſpraachen. Iſt jm nit alſo? Wenn
üwer ſünd alſ rot ſind als ein ſcharlach, ſo werdend ſy wyßer dann
der ſchnee? Vnd ſo ſy brünnend wie ein purpur, ſo werdend ſy
wie wyße wollen? — Jeſ. 9: Aber das volck das in der finſternuß
gewonet hat, wirdt ein groß liecht ſähen. Die im land des tödtlichen ſchattens wonend, denen wirt das liecht ſchynen. Wirſtu aber
das volk vilen vnnd die fröud nit ouch groß machen? Sy werdend
ſich fröuwen vor dir wie man ſich in der Ernd fröuwet, vnnd wie
ſich die ſighafften fröuwend, wenn ſy die büt teylend. Dann du
wirſt das joch des volks burdy, den ſtab ſyner achßlen vnd die
ruten ſines trybers zerbrechen, wie des tags Madian. — — Dann
vns wirt ein kind geboren, vnd ein ſun gegeben. Uff des achßlen

wirt das rych ligen vnnd wirt mit sinem namen genennet, der wun=
derbarlich radt geb, der stark Gott, der ewig vatter, der fürst des
fridenns, der wirbt kein end machen das rych vnd friden zu meren
vnnd uff dem stul Davids vnd in sinem rych sitzen, daßelb zebereyten
vnd grundvestnen mit billigkeit, vnd gerechtigkeyt, dannethin biß in
die ewigkeyt. Das wirt der yfer des HERREN der heerschaaren
thun. — Jes. 53: Wer gloubt aber vnserem predigen oder wäm ist
der arm des HERREN erkannt? Er wirbt vor dem HERREN
wachsen wie ein schoß vnnd wie ein wurtz in eim dürren erdtrich.
Er wirbt weder gstalt noch zier haben. So wir jn ansehend, wirt
kein schöne da sein, wir werdend sein nit begären. Er wirt der
aller schlächtist vnd verachtist, der doch die schmertzen vnnd kranckheyten
wohl kennt. Wir werdend jn so schlächt vnd verworffen rechnen, das
wir vnsere angsicht vor jm verbergen werdend. Wiewol er allein
vnsere kranckheit warlich hinnimpt vnd vnsere schmerzen tregt: Noch
so rechnend wir jnn als ob er von gott geschlagen vnnd genidret sye,
so doch er vmb vnser überträttung willen verwundt, vnd vmb vnser
boßheyt zerknist wirt. Dann die buß vnserer straaf wirt jm ufgelegt
vnd mit sinen maasen werdend wir gsund. —

Auf die Propheten folgen sowohl in der Folioausgabe als in
der Sedezausgabe die Apokryphen unter dem besondern Titel: „Diß
sind die bücher, die by den alten vnder biblische gschrifft nit gezelt
sind, ouch by den Ebräern nit gefunden. Nüwlich widerumb durch
Leo Jud vertütschet." Hierauf folgt das Verzeichniß der einzelnen
Schriften. „I. Die zwey letzten bücher Ezra. II. Tobias. III. Judith.
IV. Baruch. V. Das buch der Wyßheit. VI. Der wiß man,
Ecclesiasticus genannt. VII. Die zwey bücher Macchabäorum." Auf=
fallend ist, daß noch „das dritt buch Machabäorum, nach dem Griechi=
schen (als der Sibenzig sprachmeistern Edition vermag) recht eygent=
lich vertütschet" ebenso „die schön history Susannah der hußfrowen
Jojakim" und „Die history vom bild zu Babel, Baal genannt" in
der Folioausgabe nicht genannt ist, obgleich der Text selbst diese
Schriften aufgenommen hat. Dagegen nennt die Sedezausgabe die
letzten beiden Schriften, aber das dritte Buch der Makkabäer eben=
falls nicht. Am Schluß der zweiten Seite des CVI. Blattes der
Folioausgabe, und der zweiten Seite des 287. Blattes der Sedez=
ausgabe steht: „Ennd diser bücher, so gschrifft gemäß, doch nitt als

biblisch oder in glychem maas by den hebreern gehalten worden. Getrukt zu Zürich [im genant barfüßerkloster durch Christoffel Froschouer vnd vollendet am sechsten tag Merzens in dem jar, so man zalt MDXXIX]". Auf dem letzten ungezählten Blatt ist das Froschauersche Zeichen. Die in Klammern eingeschlossenen Worte finden sich in der Sedezausgabe nicht. Dagegen ist ein kleines Druckfehlerverzeichniß vor der Angabe des Ortes und des Druckers. Die auf der Rückseite des Titels beider Ausgaben stehende Vorrede giebt eine Rechtfertigung der Herausgabe der Apocryphen, welche ohne Zweifel von dem Ueberseßer, Leo Jud, selbst herrührt. Sie seien nicht in der Meinung gedruckt worden, daß sie der heiligen Schrift an Werth gleich kämen, sondern damit diejenigen, die Liebe zu diesen Büchern hätten, sie auch lesen könnten. Es sei auch vieles darin enthalten, das der biblischen Schrift nicht widerstreite. Der Vorredner klagt dann sehr, daß die Exemplare, aus denen übersetzt worden sei, „vast falsch und wirrig" gewesen seien. Er habe sich aber alle Mühe gegeben, allen „mangel und prästen" zu bessern und zu ersetzen. Wir erfahren auch, daß dem Ueberseßer die griechischen und lateinischen Exemplare vorgelegen haben[1]).

Daß auch diese Ueberseßung ganz unabhängig von Luther da steht, beweist schon chronologisch der Umstand, daß der deutsche Reformator mit Ausnahme des Gebetes des Königs Manasse, welches schon 1519 erschien[2]), erst 1529 sich der Ueberseßung der Apocryphen zuwendete und zuerst „die Weisheit Salomonis" erscheinen ließ, welcher erst 1533 der Sirach, das erste Buch der Maccabäer, die Historie von der Susanna und Daniel und vom Bel und Drachen zu Babel folgte[3]). Erst in der Gesammtausgabe der Lutherbibel von 1534 kamen die Apocryphen vollständig heraus. Wenigstens bleibt die frühere Herausgabe einer Sammlung von Apocryphen noch immer zweifelhaft. Mit Luther übereinstimmend hat die Zürchersche Ueberseßung die in der Septuaginta enthaltenen fremdartigen

---

[1]) S. Lorck, a. a. O. pag. 217, Anm. 4. Nach Nüscheler soll noch im Jahr 1529 ein Abdruck der ersten zwei Ausgaben in 8⁰ erschienen sein. Palm führt wenigstens eine Octavausgabe der Propheten an. Diese Angaben stehen aber nicht außer Zweifel.

[2]) Panzer, Gesch. der Basl. Bibelübersetzung pag. 16.

[3]) ib. pag. 246 ff.

Zusätze zu Daniel von diesem abgetrennt. Dagegen wurden die beiden Stücke vom Bel und Drachen von Leo Judä nicht von einander getrennt. Das Gebet Asariä und der Gesang der drei Männer im Feuer wurden gar nicht aufgenommen. Auch die sog. Stücke in Esther und das Gebet Manasse sind nicht beibehalten. Der Grund dieser Auslassung ist nirgends angegeben. Beim Gebet Manasse liegt er wohl darin, daß die römische Kirche dieß Buch gar nicht in den Kanon aufgenommen hat, wenn es auch in der Vulgata sich befindet, und weil es in andern Handschriften der Septuaginta fehlt. Ebensowenig ist die Beibehaltung des dritten Buches der Maccabäer, das unter den kanonischen Büchern der römischen Kirche fehlt, begründet. Dasselbe gilt von den durch Luther nicht aufgenommenen beiden Büchern Esra, dem sog. dritten und vierten, von denen nur das erstere in der Vulgata steht. Am merkwürdigsten ist die Einreihung des vierten Buches Esra, da hierfür gar keine Autorität vorlag. Dem Uebersetzer muß eine Handschrift vorgelegen haben, die aber von der erst jüngst herausgegebenen vollständigen Ausgabe mehrfach abweicht[1]). Auch in den Büchern, welche unsere Ausgabe mit der Lutherbibel gemeinsam hat, finden wir an vielen Stellen einen andern, selbst entgegengesetzten Sinn, was uns bei dem Zustand der vorliegenden so verschiedenen lateinischen und griechischen Texte nicht wundern muß. Man will bemerkt haben, daß Leo Jud durch einen längern Aufenthalt in Deutschland sich weiter von dem schweizerischen Idiom entfernt habe. Dieß müßte in den Apocryphen, wo er ganz selbstständig geht, am sichtbarsten hervortreten. Aber wir finden keinen bemerkenswerthen Unterschied zwischen den Apocryphen und den Propheten, als daß die Uebersetzung jener durchgängig fließender ist. Diese fand so raschen Anklang auch im Auslande, daß noch im gleichen Jahre 1529 ein Nachdruck in Augsburg erschien[2]).

---

[1]) Vide Volckmar, Handbuch der Einleitung in die Apocryphen. 2. Abth. Das vierte Buch Esra. Zum erstenmale vollständig herausgegeben. Tüb. 1863.

[2]) Stadtbibl. in Schaffhausen. Kl. 8⁰, unter dem Titel des Originals: Diß seiend die bücher ꝛc. Getruft zu Augsburg durch Heynrich Stayner. MDXXIX. Es sind CCLXXXVIII gezählte Blätter. Der Abdruck ist ganz nach der Sedezausgabe verfertigt, kleinere Abweichungen, z. B. „nicht" statt „nit", abgerechnet.

J. C. Rüscheler nennt noch einen Nachdruck, der in Straßburg bei
H. Knoblauch 1536 in Folio erschien[1]).

Schon das Jahr darauf veranstaltete Froschauer auf die Bitte
von „ettlichen gutherzigen Christen" eine Handausgabe der gesammten Bibel mit Weglassung aller Vorreden und Glossen[2]). Es wurden dazu die kleinen lateinischen Lettern der Sedezausgabe verwendet. Nur der Titel und die auf dessen Rückseite befindliche Vorrede
Froschouers sind mit deutschen Lettern gedruckt. Der Titel: „Die
ganze Bibel, der Ebreischen und Griechischen waarheit nach, auff das
aller trewlichost verteutschet. Anno MDXXX" steht in einer
Umgebung von Vignetten, unter denen wieder die so beliebte Darstellung der Erschaffung des Weibes. Das Buch ist in klein Quart
„damit es als ein täglichs handbüchlin, zu Predigt oder auch über
väld, kommlich vnd leichtlich getragen möge werden". Der Text ist
auf 688 gezählten Blättern mit Doppelcolumnen gedruckt. Die
beiden letzten ungezählten Blätter enthalten auf der ersten Seite noch
einige Linien Text und ein Druckfehlerverzeichniß, auf der zweiten
und dritten Seite das Verzeichniß der canonischen und apocryphischen
Bücher, auf der letzten Seite das Froschouersche Buchdruckerbild.
Froschower bemerkt in der Vorrede, daß er den Text wieder habe
lassen „beläsen und castigiren". Im Wesentlichen stimmt dieser nach
Uebersetzung und Dialect mit der Sedezausgabe überein und zwar
im Pentateuch mit dem ersten Theile derselben von 1530, in den
übrigen Büchern mit sämmtlichen übrigen Theilen derselben. Wirkliche Aenderungen in der Uebersetzung finden sich wenige. 1 Mos.
1, 16 heißt es z. B. „ein groß licht, das dem tag brunne und ein
klein licht, das der nacht brunne". Sonst besteht der Unterschied
nur in der Druckfehlerverbesserung. Die Apokryphen finden sich am
Schlusse der ganzen Bibel.

Der ältere Hottinger nennt in seinem bibliothecarius quadrip.[3])
noch eine Folioausgabe der ganzen Bibel vom Jahr 1530. Allein

---

[1]) Vido Lorck, a. a. O. pag. 216.

[2]) Stadtbibl. in Schaffhausen. Bei Rudolphi, a. a. O. Nr. 181 und Panzer,
a. a. O. pag. 270.

[3]) Lib. I. c. 3. v. Breiting. bei Simler, Samml. II, 2. pag. 382 und
Rüscheler bei Lorck, pag. 218.

diese Ausgabe hat sich noch nirgends gefunden. Die Angabe beruht
wahrscheinlich auf Verwechslung mit der von ihm nicht genannten
Ausgabe von 1531, auf welche auch sein Lob, daß sie eine editio
perfectissima et absolutissima sei, sehr paßt. Die eifrige Nachfrage
von Bibellesern und der Wunsch, die früher in mehreren Theilen
allmählig erschienene Uebersetzung auch in großem Formate beisammen
zu haben, endlich auch das Bedürfniß, eine noch berichtigtere Ueber=
setzung zu besitzen, veranlaßte die Zürchergelehrten zur Herausgabe
des im Jahre 1531 in zwei Foliobänden erschienenen Bibelwerkes [1]).
Der erste Folioband hat den Titel: „Die gantze Bibel der ursprüng=
lichen Ebraischen und Griechischen waarheyt nach, auffs aller treuw=
lichest verteutschet". Darunter das Froschauer Zeichen und die Worte:
Getruckt zu Zürich bey Christoffel Froschouer im Jahr als man zelt
MDXXXI. Den Titel schließen zwölf Vignetten ein, von denen
sechs das Sechstagewerk, sechs die Schöpfung des Weibes und fünf
Momente des Sündenfalles darstellen. Die fünf folgenden Blätter
enthalten „Ein kurze vermannung vnnd eynleytung an die Christen=
lichen läser diser biblischen bücher". Hierauf folgt auf 4½ Blättern
„ein kurzer zeiger der fürnemsten und gemeinsten Artikeln des Alten
und neuwen Testaments, dem einfältigen Läser vast nütz und dienst=
lich", ein alphabetisches Spruchregister zur bequemeren Auffindung
von Personen und Sachen. Hierauf kommt auf der zweiten Seite
des fünften und der ersten des sechsten Blattes das Verzeichniß
sämmtlicher Bücher in alphabetischer Ordnung mit Verweisung auf
den betreffenden Band und die Blätterzahl. Der eigentliche Text
enthält auf CCCXLII Blättern die sämmtlichen historischen Bücher
des Alten Testaments und ohne Unterbrechung von Seite 2 des
CCXLI Blattes die Apocryphen im nämlichen Umfang wie in den
frühern Ausgaben. Die letzte Seite des Bandes schließt mit den
Worten: „End deß ersten teyls deß Alten Testaments mit sampt den
Büchern der gschrift gemäß, doch nit als biblisch, oder in gleychem
werd bey den Hebreern gehalten werdend. Getruckt und vollendet
zu Zürich bei Christoffel Froschouer, am XII tag Meyens, in dem
Jahr, do man zelt MDXXXI." — „Das ander teyl des Alten vnnd

---

[1]) Stadtbibl. und Kantonsbibl. in Zürich. Stadtbibl. in Bern. Rudolphi,
a. a. O. Nr. 198.

Neuwen Testaments" wie der in einer Einfassung von vier (Haupt-
momente im Leben des Apostels Paulus darstellenden) Vignetten
stehende Titel lautet, hat CCCXXII Blätter. Die letzte Seite zeigt
das Froschouerzeichen sammt den dazu gehörenden vier Bibelsprüchen.
Das Werk ist mit vielen Vignetten ausgeschmückt, welche größtentheils ein Wiederabdruck derjenigen der Folioausgabe von 1525 —
1529 sind. Auch die Figuren in der Apocalypse sind wieder genau
diejenigen der Luther'schen Bibelübersetzungen. Das Bild der Schöpfung des Weibes vor dem ersten Buche Mosis ist in größerm Maßstabe ausgeführt; denn es nimmt die ganze Breite und die Hälfte
der Länge des Blattes ein.

Ueber die Textesverschiedenheit von den frühern Ausgaben gibt
uns die Vorrede der Prädicanten von Zürich Auskunft. Diese sagt
ausdrücklich, daß der Herausgeber in den fünf Büchern Mosis, im
Josua, den Richtern, Ruth, den Büchern der Könige (worunter
1 und 2 Sam., 1 und 2 Kön. verstanden ist) und der Chronik der
wittenbergischen Uebersetzung gefolgt seien „außgenommen das wir
(als es wieder bei uns getrukt ward) eins teils etliche wörtly (so vil
die spraach betrifft) nach unserem oberländischen teutsch auf bitt ettlicher geenderet, des anderen teyls auch an etlichen orten den sinn
(als wir vermeynend das urteyl stende beym läser) klärer und ver-
ständlicher gemachet habend." Der hauptsächlichste Unterschied besteht
aber darin, daß auch die Psalmen, Hiob, die Sprichwörter, der Prediger und das Hohelied eine selbstständige Behandlung gefunden
haben. Die trefflich geschriebene, oft bis zu poetischem Schwunge
sich erhebende Vorrede ist aus dem Styl zu schließen von Zwingli
selbst verfaßt und hat mit Recht in allen unmittelbar darauf folgenden Ausgaben eine fast wörtliche Wiederholung gefunden. Sie hat
den Zweck, die Christen zum Lesen der heiligen Schrift zu reizen und
sie in das Verständniß der Bibel einzuführen. Man solle nicht bloß
auf die Worte, sondern auf den Sinn und Geist achten. „Die edle
blum reucht nit man zerreybe sy denn vor: die süße des kernens
wirt nit empfunden dieweyl man an der hülsen leckt, biß das man
die schalen auffbricht und den kernen zerbyßt." Da die Schrift von
Gott eingegeben sei, so müsse sie mit andächtigem Gebet gelesen werden. Man solle nicht seine „anfächtung" in die Schrift tragen, sondern saubere und reine Herzen mitbringen „ohne hochpracht und stolz"

Wo man Dingen begegne, die man nicht verstehe oder an denen
man sich stoße, da soll man zuerst seinem eigenen Unverstande Schuld
geben, z. B. wenn von göttlichem Zorne oder göttlicher Reue die
Rede sei, „so doch Gott söllicher anfechtungen keine hat", oder man=
ches figürlich sei, z. B. es sei denn, daß ihr mein Fleisch esset 2c.
Auf Ort, Zeit, Personen sei wohl zu achten, um ein richtiges Ver=
ständniß zu empfangen. Hierauf widerlegt die Vorrede die Behaup=
tung, daß das Lesen der Bibel für den gemeinen Mann schädlich sei,
und zeigt, daß wo etwa da oder dort nicht richtig übersetzt worden
sei, dieß kein hinreichender Grund sei, die ganze Uebersetzung zu ver=
werfen. Das Richtige sei, auf die Fehler aufmerksam zu machen,
damit sie verbessert werden können. Falsch sei es auch zu meinen,
verschiedene Uebersetzungen riefen Zwietracht im Glauben hervor.
Schon in den ersten christlichen Jahrhunderten habe es vielerlei Ueber=
setzungen, griechische und lateinische, gegeben. Es sei vielmehr ein
Schaden für die Kirche gewesen, daß nach Augustin kein solcher Ueber=
setzungseifer mehr gewesen sei. Wenn man in Wittenberg die Bibel
verdollmetsche und in Zürich, so solle man nur Gott dafür danken.
Dazu komme, daß die Aufgabe eine so schwierige sei, daß es noth=
wendig vieler zusammenwirkender Kräfte bedürfe, um das Richtige
zu treffen. Die Grundsätze, nach welchen die Zürcher ihre Ueber=
setzung gemacht, werden in folgenden Worten zusammengefaßt, die
wir beifügen, da sie in den spätern Ausgaben weggelassen worden
sind: „Nun wöllind wir hie nit verhalten, das in unsrer transla=
tion wenig der puncten acht gehabt ist, dann dieselben auch neuw=
lich von den Rabbinen der Juden erdacht, von anfang nit gewesen
sind. Es bekümmeret vnns auch wenig was die Rabbiner in jren
commentieren schreybind, welche auch innerthalb etlich hundert jaren
aufgestanden, die offt so ungerymte und torächte Ding fabulierend,
das es spottlich ist, davon zereden. Dieweyl sy dann jres eignen
gsatzes so unberichtet sind (dann die blindheyt ligt jnen vor den au=
gen) vnnd auch sunst aller guten künsten unwüßend und gar unver=
stendig, mögend sy zu erklärung vnnd verstand der gschrift wenig
fürderlich sein. Der sibenzig dolmätschen translation (die lang vor
Christo gemachet ist) verachtend wir gar nit, sonder haltend sy groß,
dann sy an vilen orten die ding gar eigentlich besähen habend. Doch
giltet bei uns allwäg mer das Hebreisch, als der ursprung und

grund, wiewol wir nit so vil auff den buchstaben als auff den sinn und meynnung achtend. Dann eigenschaft der sprach mag niemants mit nutz in ein andere spraach bringen, deßhalb es wäger ist, man behalte einer jeden spraach jr eigenschafft unverseert. Die torrechte superstition etlicher, die für ein große sünd habend vonn den silben und worten zeweichen, bedunkt uns mer ein eigenrichtiger kyb, weder ein vernünfftig ermäßen und urteyl, von dem aber hie nit nach notturst statt ist ze reden.“

Nach einigen Bemerkungen über den Druck, die Figuren und Summarien der Ausgabe kommt zuerst eine kurze Aufzählung der sämmtlichen Bücher des alten und neuen Testamentes und der Apocryphen. Ueber Letztere wird bemerkt: „Dise bücher sind mit den bücheren der ersten ordnung nit in gleycher acht. Denn ob gleych vil waars vnnd nutzbars (das zu frommkeyt des läbens vnnd erbarkeyt dienet) darinnen funden wirdt, so sind doch nit alle dinge so außgesprochen und lauter als in den vorgemälten. — — Es mischet sich in denen büchern vil ein, das sich der lauteren waarheyt nit wil zum genöuwesten angestalten, das fablen gleycher sicht. Jedoch wöllend wir nichts verachtet haben, darauß guts und nutzes gezogen mag werden.“ Nach diesem folgt eine kurze, zum Theil sehr treffende Inhaltsangabe sämmtlicher kanonischer Schriften. Den Schluß bildet eine nachdrückliche Empfehlung des Lesens und ein Lob der heiligen Schrift. „Ein yetlicher nemme so vil darauß, so vil jm der geyst gibt und verleyht, vnnd das er faßet, das behalte er und laße es im läben erglasten. Der verr voranhin laufft, der verachte die nit, die noch weyt dahinden sind, sonder er warte jren, ruff vnnd bringe sy nit in ein verzweyfflung, verzweyfle auch nit an jnen.“

Diese Ausgabe hat das erste Mal kurze Inhaltsangaben über den Capiteln. Diese sind meist kurz und treffend. Oft sind größere Abschnitte zusammengenommen, z. B. Prov. 10—31: „Von disem capitel an bis in das XXXI. werdend verzeychnet unzelbarlich vil hüpscher lieplicher und weiser sprüchen, in denen weyßheit mit großem nutz erlernet: Torheit mitt sampt schaden verhütet wirt.“ Ezechiel 40 bis Ende: „Von disem XL. capitel biß ans end wirt dem Propheten in einer erscheynung gezeygt, wie die statt Jerusalem vnd der tempel wider gebauwen, vnd das land wider geüffnet werden sol. Und wirt also mit leyblichen worten und dingen die schöne vnd zierd

der Kirchen Christi, auch die säligkeyt und wolstand der glöubigen
in Christo beschriben und entworffen." Matth. 26—28: „Hie hebt
an das leyden Christi wäret bis in das XXVIII capitel." Ganz
fehlen die Ueberschriften bei dem Hohenlied, den „Liedern Salomos"
und den Klageliedern des Jeremias. Hie und da wird auch die
verschiedene Auffassung der betreffenden Capitel angedeutet, z. B.
Hiob 38: „Bis ins XLII capitel wirt Gott eyngefürt, redende eint=
weders wider Hiob, jnn strafende, das er ze vil frävel von seiner für=
sichtigkeyt geredt habe, oder (als etlich meinend) wider Elihu zum
schirm des Jobs, vnd wirt in denen viel capitlen die macht, fürsich=
tigkeyt und weyßheyt Gottes außgestrichen." In den Psalmen und
Propheten ist die messianische Deutung überall da angebracht, wo
wir sie auch in spätern Lutherausgaben finden. Die schon in frühern
Ausgaben sich findenden Parallelstellen sind, um eine bedeutende Zahl
vermehrt, an den Rand gesetzt. Oft sind dieselben durch eine An=
merkung eingeleitet, z. B. Hiob 9, Anfang: „der gerecht ist nicht ge=
recht, so er mit Gott rechtet." Psalm 141, Eccl. 7, Röm. 7, 8,
1 Cor. 4, Prov. 18, 21, Esaja 43 oder es sind erklärende Glossen
beigefügt, wogegen jetzt die lutherschen Glossen fehlen. Die beiden
Bücher Samuels heißen 1. und 2. Buch der Könige, die beiden Bü=
cher der Könige 3. und 4. Buch der Könige. Doch steht bei den
Columnentiteln auf der linken Seite immer daneben 1. und 2. Sa=
muelis. Auch Nehemia heißt 2. Buch Esra, aber der eine Columnen=
titel hat daneben „Nehemia". Bei den frühern Ausgaben ist die
Hebräische Eintheilung der Psalmen schon eingeführt, in der von
1531 die der Vulgata, dagegen steht immer unter dem Titel vom
Psalm 10 an: Hebr. XI u. s. w. und in der Mitte des 9. und 113.
Psalms ist bemerkt, daß die Hebräer da den 10. und 115. Psalm
beginnen. Zum bequemern Nachschlagen sind die sämmtlichen einzel=
nen Kapitel in Abschnitte eingetheilt, welche je nach der Größe der=
selben zwei und mehr Buchstaben des Alphabets umfassen. Bei klei=
nern Kapiteln, z. B. kleinern Psalmen fällt diese Bezeichnung weg.
Oft sind zur Verdeutlichung eines oder mehrere Worte beigefügt, jedoch
in kleinerer Schrift, z. B. Psalm 8: „So ich die Himmel, die du
mit deinen fingern gemacht hast, betrachten, den mon und sternen,
die du geschaffen hast, „So denk ich", wie groß und wärd ist doch
der mensch rc. Psalm 14, 5 u. 6: Darum werdend sy denn übel er=

ſchräken, ſo Gott auff der frommen ſeyten ſton wirdt „und zu jnen
ſprechen“: Ihr habend den radt des armen verſpottet: aber Gott iſt
ſein hoffnung. Zuweilen iſt die deutſche Ueberſetzung beigefügt, z. B.
Jeſ. 7: Maherſchalal, Haſchbas „das iſt in deutſch“ ein ſchnäller
röuber, ein eylender Plünderer. Seltener findet ſich in kleinerer
Schrift eine andere Ueberſetzung, z. B. Pſ. 105 (Hebr. 106) 32 heißt es
im Text: „Sy erzurntend jnn auch bey dem haderbrunnen, daß es
auch dem Moſi übel ging umb jretwillen“. Unter demſelben: „Etlich läſend hie alſo: „Sy erzurntend jnn auch bey dem haderbrunnen,
das es auch Moſen an ſy verdroß, dann ſy hattend den geyſt Gottes dermaaß gereyzt, das er mit ſeinem mund redt. Das ſy die
Heyden nit austreyben wurdend, die jnen aber der HERR verheißen
hatt. Alſo wurdend ſy under die heyden gemiſcht.“ Darauf kommen
erſt die auf dieſe Bemerkung ſich beziehenden Verſe des Textes: „Dann
ſy hattend jnn dermaaß gereyzt, das er mit ſeinen läffzen ſchnallt.
Sy hebend auch die heiden nit außgereutet, di ſy aber der Herr hatt
gheißen außreuten.“

In den hiſtoriſchen Büchern iſt auch jetzt noch weſentlich die
Lutherſche Ueberſetzung beibehalten. Es ſind in der That nur „etliche
wörtly“, die verändert worden ſind „nach unſerm oberländiſchen teutſch“.
Doch haben wir nur ganz Weniges gefunden, was nicht ſchon in
den Ausgaben Sedez und Octav von 1530 geändert wäre, z. B.
Deut. 26, 5: „Syrerlannd wolt meinen vatter aushüngern“, wo die
frühern Ausgaben haben: „wolltend meinen vatter umbringen“.
Judic. 21, 22: „ſunder ir gebend ſy jnen nit bey zeit und iſt euer
ſchuld“, wo die frühern Ausgaben „bey zeit“ auslaſſen. Auch in
den Propheten finden wir außer kleinen dialektiſchen Aenderungen
beinahe den bloßen Abdruck der bezeichneten Ausgabe von 1530.
Jer. 10, 13 ſteht: „Er verkeert die blitzgen zum rägen“, wo 1530
hat: „er macht die blitzgen zum rägen“. Jer. 17, 9: „Under allen
dingen, die da läbend, hat der Menſch das geſchwindeſt und liſtigeſt
herz“, wogegen 1530: „das allergeſchwindeſt herz“. Jer. 22, 30:
„ſchrybend diſen mann under die verruften und verſchupften“, wogegen 1530: „ſch. d. m. under die verrüften“. Im neuen Teſtament
blieb durchweg die lutherſche Ueberſetzung mit den kleinen Abänderungen der unmittelbar vorangegangenen Ausgaben. Nennenswerth
iſt nur die Veränderung von Gal. 5, 15: „der gloub, ſo durch die

liebe thätig ist", wo in den frühern Ausgaben die unrichtige lutherſche Ueberſetzung: „die liebe, die durch den glauben thätig ist" noch beibehalten war. Und Tit. 1, 7—10: „denn ein pfarrer und biſchoff ſol unſträfflich ſein, als ein haußhalter vnd ſchaffner gottes: nit eygenſinnig, vnd zu ſelbsgefallende, nit zornmütig, nit weynig, nitt bißig, ſchlegig oder leſterig, nit ſchantlichs gewüns begierig: ſunder gaſtfrey und herbergklich, ein liebhaber guter dingen, vnd guter mann, recht gemütet, oder recht verſtendig, gerecht, heylig vnd fromm, ſein ſelbs gewaltig oder gemäß, widerhebig, vnd zäch zu leeren die leer deß gloubens", wo die frühern Ausgaben ſtatt „unſträfflich" das ungebräuchlichere „unbehaglich" ..., wogegen die Worte: „und herbergklich" „vnd guter mann" noch nicht eingerückt ſind.

Die wichtigſte Veränderung der Ausgabe von 1531 iſt, wie ſchon bemerkt wurde, die ganz neue Ueberſetzung des „Hiob, der Pſalmen, der Sprichwörter, des Predigers und des hohen Liedes". Die Vorrede bezeichnet ſie ſelbſt als „eine beſundere und eigne verdollmätſchung" der Kirchendiener zu Zürich. Nur ſelten finden ſich noch Anklänge an Luther. Nehmen wir einige Stellen aus Hiob.

Hiob 1, 17: Die houptleut der Chaldäern habend drey hauffen gemachet.

4, 16: Wo iſt dein vertrauwen auff Gott, wo deyn dapferkeit, dein ſtandhaft= und frommkeyt deines läbens.

5, 1: Lieber ruff doch einen oder keer dich etwa zu einem traut bidermann ob doch jeman ſey, der helfen möge.

„ 8: Und darum kumm ich wider auff den HERRN und wend mein red wider auff Gott.

6, 15-21: Meine brüder habend mich verlaßen wie ein waßerfluß und iſt jetlicher ſeinen wäg hingangen wie die waſſerbäch, aber die den reyffen geförchtet habend, auff die wirt der ſchnee fallen. So jr zeit kumpt werdend ſy verkaamen und verdärben, und ſo ſy angezündt, werdend ſy ab jrem ort herab geworffen. Dann die geng jrer wägen ſind verwirt, ſy eylend uff eytele ding und werdend umkommen. Trachtend die Fußwäg Thema und die wäg Saba darauf man ſich hoch vertröſtet hatt. Geſchendt ſind die, die uff ſy vertrauwet habend, dann

als sy das, das sy verhofftend schier erreicht hattend,
fielend sy in die gruben.

Hiob 16, 4 : Ich wil reden, wie jr geredt habend: O das es umb
euch stände, wie umb mich, so wolt ich auch vil worten
vor euch können zemen lesen.

19, 25 f. : Dann ich weiß, das mein retter und schirmer läbt und
das ich der tag eins auß dem kaat wider auffston wird
und das (meine glider) mit diser haut wider überzogen
werdend und das ich mit meinem fleisch bekleidet Gott
anschouwen wird.

Bei den Psalmen der Ausgabe von 1531 kommt nach der
Ueberschrift immer zuerst der „Titel“, dann der „Inhalt“, z. B. „der
XL Psalm, Hebr. XLI Psalm. Titel: Ein ermanlich gsang Davids.
Innhalt: Er vermanet Gott in einer franckheit des leibs oder der
seelen, das er sich seiner erbarme: dann er habe sich auch über die
armen erbarmet“. „Der XLIIII Psalm, Hebr. XLV Psalm. Titel:
Ist eine vermanung der sünen Core, ein bul liebly vonn den gylgen,
das so es vorgesungen wirt, andere leert vnd bericht. Innhalt. Es
ist ein lob (under dem lob eines künigs und küniginne) des waaren
und ewigen Künigs Christi, vnd der Kilchen seines gemahels“. Das
Hebräische לַמְנַצֵּחַ wird immer übersetzt „Ein ermanlich gsang,
z. B. Pf. 4. Ist ein ermanlich gsang Davids zum musikspil gemachet“. Pf. 5. „E. e. g. D. von erbteilen“. Pf. 22. „E. e. g. D. von
den ausgespäheten hind oder von den hind der morgenröthe.“ Luthers
„Lieder im höhern Chor“ werden übersetzt: „Gsang der staffeln Davids“. Andere bemerkenswerthe Ueberschriften sind Psalm 7: „Die
unwürfe Davids, die er gesungen hatt von der thaat Chusi des suns
Jemini“ (LXX υἱοῦ Τεμενί). Pf. 8: „Ein ermanlich gsang Davids, das zu danksagung für den Herbst.“ Pf. 16: Davids Michtham
das ist, ein kleinot. Pf. 30: „Mein lobgesang oder danksagung für
den bauw des tempels“, wobei im „Inhalt“ bemerkt ist: „hat ein
ansähen als wäre diser Psalm nach einer kranckheit gemacht.“ Auch
sonst werden Vermuthungen über den Zweck der Abfassung des Psalms
in den Summarien beigefügt, z. B. Pf. 100: „Es ist ein lobgesang,
das man ohn zweyfel auff die hochzeitlichen fäst gwon ist gwesen
zc singen.“

Von der bedeutenden Verschiedenheit der Psalmenübersetzung gegenüber der frühern fast durchweg noch an Luther sich haltenden mögen folgende Proben zeugen. „Der erst Psalm. Ist ein lob und preiß der frommkeit und unschuld. O wie sälig ist der mensch, der in den rabt der gottlosen nyrgend gabt, der sich in dem weg der sünderen nyrgend sumpt vnnd mit den verkerten gar kein gmeisame hat. Sunder sein lust vnd fröud ist im gesatz des HERREN, vnd in seinem gesatz übet er sich tag vnd nacht, der ist gleych wie ein baum der an den waßerflüßen gepflanzet, sein frucht zu seyner zeyt bringt. Seyne bletter fallend nit ab, vnnd alle frücht die er bringt, wachsend und sind gut. Die gottlosen aber sind nit also, sunder gleych dem staub der vom wind gewäyet wirt. Dannen här kumpt es, das die gottlosen vnd schälk in der versammlung vnnd gesellschaft der frommen nit läbend. Dann wie der wäg der frommen Gott gefelt, also wirt auch der wäg der gottlosen verderbt".

„Der XXII Psalm. Hebr. XXIII Psalm. Titel: Ein gsang Davids. Innhalt: Er lobt die großen gutthaten Gottes, vnder der gleychnuß eines hirten, der seine schaaf trüwlich weydet. „Der HERR hirtet mich, darumb mangelt mir nichts. Er macht mich in schöner weyd lüyen vnd fürt mich zu stillen waßern. Mit denen erfristet er mein seel, treybt mich auff den pfad der gerechtigkeit vmb seynen nammens willen. Und ob ich mich schon vergienge in das göw des tödtlichen schattens, so wurde ich doch nichts übels förchten dann du bist bey mir, zudem tröstend mich deyn stäken vnd stab. Du richtest mir ein tisch zu vor meynen feynden, du begeußest meyn haupt mit gesälb und füllest mir meinen bächer. So wölle deyn güte vnnd gnad ob mir halten meyn läben lang, das ich in deynem hauß wonen möge ewigklich."

Oft findet sich die richtige Construction der Sätze, z. B. Psalm 8, 45: „So ich die himmel die du mit deinen fingeren gemacht hast, betrachten: den mon vnd sternen die du geschaffen hast, so denk ich, wie groß vnd wärd ist doch der mensch das du sein gedacht hast: das du sein rechnung hast." Offenbar tritt in manchen Stellen der Versuch hervor, die lutersche Uebersetzung zu verbessern, z. B. Psalm 9, 17: „Der Herr machet sein gericht offenbar, so der sünder mitten in seinem Werk ergriffen wirt. Higaion. Säla." Pf. 10, 2: „Ach! das sy jnn jrer verräterey gefangen wurdend." Pf. 48, 3: „Der

berg zion ist ein schöner pflanz vnd' ein fröudenzier des ganzen lan=
des." Pf. 65, 5: „Das er gesettigt werde mit den güteren deynes
hauses, deines heyligen tempels." Pf. 67, 3: „Das dein wäg durch
die welt hin erkennt werde vnd dein heyl bey allen völkern." Psalm
72, 6: „Das billich vnd recht komme herab auff erden wie der rägen
auf eine gemäyte (wisenn)." Pf. 78, 2: „Jch wil meinen mund zu
sprüchen aufthun: räterschen vonn allen dingen wil ich herfürbringen".
Pf. 80, 15: „Und den pflanz, den deine gerechte hand gepflanzet hat,
das ist den sun, den du dir herrlich gemacht hast. V. 18: Halt dein
hand über den mann deiner gerechten hand und über den menschen=
sun, den du dir herlich gemacht hast." Pf. 107, 33. 34: „Der die
waßerflüß zu einer wüste machet und die waßerquellen zu einer
dürre." Pf. 122, 3: „Jerusalem, die du als eine herrliche statt ge=
bauwen bist, deren burger eins sind." An einigen Stellen hat die
Ueberseßung der frühern Ausgaben bereits das Richtigere, während
es in unserer Ueberseßung unnöthig geändert ist, z. B. Pf. 148, 4:
„lobend zu alle himmel und die waßer, die vnder den himmeln sind",
wogegen die Folioausgabe von 1527 schon hat: „lobend zu ir him=
mel aller himmlen vnd die waßer, die oben über den himmlen sind."
Pf. 99, 4: „die sterke des künigs liebet das gericht: du bereytest, das
richtig ist" Folioausgabe 1527, wogegen 1531: „die künigliche macht
hat billigkeit lieb, du handhabest das recht." Pf. 119, 83: „Dann
ich bin wie ein wynschluch im rouch" Folioausgabe 1527, wogegen
1531: „dann ich bin wie ein schlauch im fheur."

Für die Psalmen hatte Zwingli bedeutende Vorarbeiten gemacht.
Den Beweis hiefür liefert nicht nur die noch vollständig vorhandene
deutsche Ueberseßung, sondern auch eine Nachschrift von Zwinglis
Vorträgen über die Psalmen, die der Verfasser „hatt angefangen zue
predigen an sant Georgentag im großen Münster zu Zürich Anno
domini 1525". Jene Ueberseßung, von Zwinglis eigener Hand,
seinem enchiridion Psalmorum, einer ebenfalls ganz neuen lateini=
schen Uebertragung, beigegeben, gehört zu den interessantesten Fünden
der letzten Herausgeber der Werke des schweizerischen Reformators.[1]
Das Manuscript, sagen die Herausgeber, ist durchweg in drey Spalten

---

[1] Zwinglii opera ed. Schuler et Schulthess. Turici 1358. Vol. V, pag.
297 f. und 1541 vol. IV, pag. 208 f.

getheilt, deren die erste rechts die zu erklärenden hebräischen Textes=
worte, die zweite die vollständige deutsche Uebersetzung mit öftern
Varianten, die dritte die zur Erläuterung dienenden griechischen Wör=
ter und Stellen der LXX enthält. Die Summarien sind in der
zweiten Spalte deutsch, in der dritten meistens gleichförmig lateinisch
angegeben. Einzelne kurze lateinische Erklärungen und Bemerkungen
finden sich zerstreut in der ersten und dritten Spalte, sowie am Rande.
Erinnert auch diese Uebersetzung noch mehr an Luther als diejenige
von 1531, so ist sie doch viel selbstständiger, als diejenige der eben=
genannten Ausgabe. Daß aber die Verfasser der neuen Uebersetzung
Zwingli benützt haben, läßt sich aus einer Menge von Stellen nach=
weisen. Schon ein Paar Proben, wofür wir die schon oben ange=
führten Psalmen wählen, mögen dieses beweisen. Pf. 1: Wol dem
man, der nit wandlet in dem rat der gotlosen und stat im Weg der
sünderen nit, und sitzt uff dem seßel der spötteren nit. Sunder sin
gevallen ist in dem gsatz des herren und übt sich in seinem gsatz tag
und nacht. So wirt er wie ein boum der an die runsen der waße=
ren gepflanzt, der sin frucht gibt zur siner zyt. Und sin loub wirt
nit verderben und alles, das er tuot wirt sich glücken. Nit also gat
es den gotlosen sunder wie dem stoub den der wind verwirfft. (Anm.
von Zwingli: „Oder: Nit also werdend die gotlosen sin, sunder wie
der stoub den der wind zerwirfft.") Darum werdend die gotlosen
nit ufrecht blyben im gricht, noch die sünder in der gemein der grech=
ten. Dann der herr kennt den weg der grechten, aber der weg der
gotlosen wirt umkommen.

Pf. 23 (bei Zwingli noch Pf. 22): „Er lobt die großen gub=
taten gottes under der glychnuß eins hirten, der sine schaff trülich
weidet". — „Der herr ist mein hirt, ich wird nit mangeln. In
schöner weyd ernert (oder: alpet) er mich, zu rüewigen waßern trybt
er mich. Er bringt min sel wider, er trybt mich uff dem pfad der
grechtigkeit um sines namens willen. Und ob ich schon vergienge
(oder: wandlete) in dem tal (oder: göw, heid) des tods, so wird ich
übels nit fürchten, dann du bist by mir, din ruot und din stab
tröstend mich. Du bereitest in minem angsicht den tisch vor minen
fygenden, du machst min houpt feißt mit öl, min trinkgschirr ist voll.
Darzuo werdend guots und gnad mir nachylen alle tag myns läbens, und
wirt wonen in dem hus des herren den langen tag (oder: ewigklich).

Sehr oft hat Zwingli annähernd oder wirklich das Richtigere, so daß es auffallend erscheint, daß seine Arbeit in der Ausgabe von 1531 nicht eine noch reichlichere Benutzung gefunden hat, z. B. Pſ 22, 28: Es werdind yngedenk und kerind sich zuo dem herren (Anm.: Sy kömind an den herren) alle end der wellt, und anbettind vor sinem angsicht alle geschlecht der heiden. Dagegen 1531: „Alle ennd der welt werdend sich zum herren bekeeren vnd jn loben: vnd vor jm werdend anbätten alle geschlächte der Heyden." Pſ. 39, 10: „Ich bin verstummet vnd tuon minen mund nit uff, denn du haſt's gemacht." Dagegen 1531: „Wo du bz thuſt wil ich schweygen vnd meinen mund nit aufthun.

Pſ. 49, 5: Ich wil min or zuo glychnuß worten neigen vnd min räterschen uff der harfe fürlegen. Dagegen 1531: Ich wil mich wenden zu gleichnuß reden vnd wil meine räterschen in einem gſang fürlegen.

In der durch die Hand Mehrerer verfaßten Nachschrift von Zwinglis ohne Zweifel in der Prophezey gehaltenen Vorträgen über die Pſalmen[1]) iſt die genannte Ueberſetzung zu Grunde gelegt, ein Beweis, daß dieselbe vom Verfaſſer mit aller Sorgfalt abgefaßt war. Unter dieſen Erklärungen befindet ſich noch eine beſondere Ueberſetzung des 77. Pſalms von Leo Judäs Hand. Da dieſe ſowohl von der Zwingliſchen als von der in 1531 ſich mehrfach weſentlich unterſcheidet, ſo läßt ſich annehmen, daß letztere nicht oder jedenfalls nicht vorzugsweiſe von L. Judä verfaßt worden ist. Sehr bemerkenswerth iſt, daß in Zwinglis Erklärung nicht nur ſehr oft auf die LXX verwieſen iſt, namentlich wo dieſe einen ſehr treffenden Ausdruck hat oder von dem Grundtext abweicht, ſondern daß auch die chaldäiſchen Paraphraſen reichlich benutzt ſind. In der Ausgabe der Erklärungen findet ſich auch der 150. Pſalm, der in dem Manuſcripte des enchiridion fehlt. Wir ſetzen denselben noch bei und fügen die Varianten der Ueberſetzung von 1531 in ( ) bei.

Es iſt eine ermanung zum lob gottes.

Lobend den herren in ſeynem (ſym) heiligtuom (heyligthumb) lobend inn (jn) in der vnderſchlacht ſiner krafft (ſeiner ſterke). Lobend inn in ſinen ſterkinen (in ſeinen redlichen thaten) lobend inn (jn)

---

[1]) Zw. op. V, pag. 268, wo das Nähere angegeben iſt.

nach jiner träffenlichen (nach feiner) gröſſe. Lobend inn (jn) mit dem schall des herhorns (des Zinckens) lobend inn (jn) mit pſalter vnd harpfen (auff der lauten vnd harpffen). Lobend inn (jn) mit trumen vnd reyen: lobend inn (jn) mit ſeytenſpyl vnd pfyffen (pfeyffen). Lobend inn (jn) mit den woltönenden zimblen, lobend inn (jn) mit zimblen des ſchalles (mit den klingenden zimblen), Alles das do läbt lobe den herren. (1531 fügt noch hinzu: lobend den HERREN.)

Dieſes Beiſpiel mag zugleich den ſchlagenden Beweis für obige Behauptung liefern, daß den Ueberſetzern der Ausgabe von 1531 Zwinglis Manuſcript vorgelegen hat.

Die ebenfalls ganz neu überſetzten Schriften die „weiſen ſprüch Salomons", der „Prediger" und die „lieder Salomons" zeigen uns dieſelben Eigenthümlichkeiten. Einige Proben mögen dieß darthun.

Prov. 3, 1 ff. Die Inhaltsangabe lautet: „Vermanet zu gottesforcht vnd zu gedult: haltet inn ein lob der weyßheit vnd vermanet derſelben anzehangen". „Sun vergiß meines gſatzes nit vnd deyn herz behalte meyne gebott. Dann ſy werdend dir die tag vnd jar längern: frid vnd glückſäligkeyt werdend ſy dir bringen. Laß freuntliche vnnd trüw niemar mer von dir weychen: henk ſy an deinen hals, ſchreyb ſy in die taflen deines herzens. Denn mit diſen dingen wirſt du angenäm vnnd wol geachtet vor Gott vnd den menſchen. Vertrauw auff den HERREN von ganzem deinem herzen: auff dein weißheyt aber verlaß dich nit". Prov. 9, 10: „Das fürnämſt in der weyßheit iſt Gott förchten: vnd das höchſt in fürſichtigkeyt, iſt, erkennen das Göttlich". Prov. 19, 14: „Hauß vnd haab mag man von eltern ererben, aber ein weyß weyb iſt ein Gottes gab". Prov. 23, 15: „Meyn ſun, ſo deyn herz weyßheyt annimpt, ſo wirdt ſich meyn herz fröuwen". Prov. 26, 6: „Dem ſind die füß abgehawen, ja in eytelkeyt iſt er gar ertrunken, der einem toren etwas befilcht." Prov. 28, 8: „Der reychtag mit wucher vnd übernutz zuſammengelegt, der ſammelts einem, der es freymilt den armen geben wirt." Prov. 29, 24: „Wär ſich zu dieben geſellet, der iſt im ſelbs feynd: ob der ein fluch (wider gott) hört, ſo meldet er jnn nit." Prov. 30, 3: Dan wiewol ich der minſt vnder allen bin vnd menſchlichs verſtand nit hab (dann ich weyßheit nie gelernet hat), ſo bin ich doch des wüßens der göttlichen dingen verſtendig vnd wol berichtet."

Pred. 1, 1 ff.: „Es ift nüts dann ytelkeit (ſpricht der Prediger) jaa eytel eytelkeyt alles (das da geſchicht). Dann was bleibt dem menſchen über von aller ſeiner arbeyt die er vnder der Sonnen erleydet? Es kumpt ein geſchlächt dem andern nach, die erd aber bſtadt ewigklich. Die Sonn gabt auff, die Sonn gabt nider, vnd laufft begirlich an jr ort, das ſy da wider auffgange. Der wind durchwäygt mittag vnd mitternacht vnd ſo er alles durchſtreycht vnd vmgebt, kumpt er wider in ſich ſelbs. Alle waßerflüß laufend ins meer, vnd wirt doch das meer ob jnen nit voll. Dann da die flüß hinlauffent, dannenher kummend ſy wider. Alle ding ſind ſo hoch vnd ſchwär, das niemand (gnugſam) darvon reden mag." Pred. 1, 18: „Dann wo vil weyß= heyt iſt, da iſt auch vil angſt vnd ſorg: vnd je mer einer wüßens überkumpt, ye mer er auch müy vnd angſt überkumpt." Pred. 10, 5: „Ein ander übel iſt, das ich vnder der ſonnen geſähen hab, darin der hochfürſt gefält hat, nemlich das er den toren hoch hinauffſetzt vnd die hohen darzwüſchend hieniden ſitzend."

Eine gewiſſe Breite, durch welche der Deutlichkeit nachgeholfen werden ſoll, iſt beſonders in den lehrhaften Stücken bemerkbar. Da ein Ausdruck den Text nicht immer erſchöpft, ſo wird noch ein zwei= ter ähnlicher beigefügt.

Die Apocryphen dieſer Ausgabe ſind ſowohl nach Zahl und Reihenfolge als nach Text ein bloßer Abdruck der unmittelbar vor= hergehenden Ausgabe. Nur fehlt die Vorrede des Ueberſetzers Leo Judäs. Die früher ſtehen gelaſſenen Druckfehler ſind verbeſſert, eine Menge Parallelſtellen beigefügt und die Kapitel wie bei dem übrigen Bibelwerk mit Summarien verſehen.

Die äußere Ausſtattung des Werkes iſt prachtvoll zu nennen. Der Druck iſt ſehr groß. Mit Recht kann die Vorrede ſagen: „Zu diſem werk habend wir einen ſchönen lieblichen buchſtaben gegoſſen, der ſich alten und jungen wol fügt". Eine andere bemerkenswerthe Eigenthümlichkeit ſind die vielen Vignetten. Die Vorrede ſagt darüber: „Damit wir der gedächtnuß etwas hülffſind, vnd den läſer luſtig machtind, habend wir die figuren nach eyner yetlichen geſchicht gelägenheyt hinzu getruckt, verhoffend es werde luſtig vnd angenäm ſein". Die Geneſis hat ſolcher Holzſchnitte 19, Exodus 26, Levit. 2, Num. 10, Deut. 1, Joſua 4, Richt. 8, 1 Sam. 7, 2 Sam. 5, 1 Kön. 10, 2 Kön. 4, 1 Chron. 2, 2 Chron. 4, Eſra 2, Eſther 1

In den Apocryphen finden sich 29, Hiob 2, Psalmen 6, Prov. 1, Pred. 1, Hohelied 1, Jes. 2, von denen das erstere auch vor Psalm 39 und vor dem Hohenlied steht, Jerem. 5, Ezech. 4, Dan. 4, kl. Propheten 8. Die vier Evangelien haben je ein Bild, den Evangelisten mit seiner Figur darstellend. In der Apostelgeschichte wird das Bild des Evangelisten wiederholt. Die sämmtlichen Briefe haben keine Vignetten mit Ausnahme des Römerbriefs, wo ein Bild des Apostels voransteht. Die Apocalypse enthält Copieen derselben 21 Bilder, welche uns schon in frühern Ausgaben der Zürcherbibel und in den Baslerabdrücken des lutherschen neuen Testamentes begegnet sind. Im Ganzen hat unser Bibelwerk 205 solcher Bilder. Dazu kommen die gewöhnlich dem Anfang eines Buches vorangestellten Initialen, zu deren jeder derselbe Stempel wie für die Folioausgabe von 1527 gebraucht worden ist. Die Bilder sind zum Theil sehr sinnig und namentlich die kleinern oft von künstlerischem Werthe. Auffallend ist das mehrfach wiederkehrende Bild von Gott. So findet es sich auch in dieser Ausgabe nicht weniger als neunmal auf dem Titelblatt und etwa neunzehnmal in den einzelnen Bildern, ein Beweis, daß das so entschieden ausgesprochene Bilderverbot auch damals noch nicht allenthalben seine strenge Ausführung gefunden hat, ungeachtet die Uebersetzung selbst, wo es sich thun ließ, diese Bilderfeindschaft abweichend von der Lutherschen Bibel betont, z. B. Gal. 5, 20: „eer der bilderen" ($\varepsilon\iota\delta\omega\lambda o\lambda\alpha\tau\rho\varepsilon\tilde{\iota}\alpha$).

Die Frage, wer die Illustrationen zu der Froschauerbibel von 1531, welche sich beinahe in allen Folioausgaben bis 1545 wiederholen, componirt habe, scheint mir noch nicht völlig gelöst zu sein. Während Passavant auch das Titelblatt mit seinen 12 Darstellungen aus der Genesis dem jüngern Holbein zuschreibt, will Woltmann[1]) dieselben dem Zürcherschen Formschneider Hans Leu zuweisen. Die Initialen, welche fast ohne Ausnahme mit denjenigen der ersten Folioausgabe von 1525 übereinstimmen, dürften wirklich von dem letztgenannten Künstler componirt worden sein. Dagegen erweisen sich die übrigen Holzschnitte in der That als ein Werk des Meisters, der eben so groß in seinen künstlerischen Leistungen für das alte Testament war, wie Dürer es in denjenigen für das neue Testa-

---

[1]) A. a. O. II. pag. 416.

ment gewesen ist. Daß Holbein mit Froschouer in Verbindung stand, zeigen drei verschiedene Compositionen des Signetes, die er für den Zürcher Buchdrucker gemacht hatte[1]). Im Jahre 1538 erschienen in Lyon bei den Gebrüdern Melchior und Gaspar Trechsel unter dem Titel historiarum veteris instrumenti Icones ad vivum expressæ 91 alttestamentliche Bilder. Diese Bilder sind denjenigen der Froschouerschen Bibel von 1531 so ähnlich, daß sie offenbar von dem gleichen Meister herstammen. Diejenigen, welche die Lyoner- bilder für das Original halten, sind genöthigt anzunehmen, daß dieselben eine ziemliche Zeit vor 1538 entstanden seien. Allein da eine frühere Lyoner Ausgabe bisher noch nicht aufgefunden worden ist, so fragt es sich, ob nicht vielmehr die Bilder der Froschouerbibel das Original sind. Mögen auch nicht alle 181 Bilder des Alten Testamentes von Holbein sein, so tragen doch nicht nur die 91 des Lyonerwerks, welche sich sämmtlich darunter befinden, sondern noch eine große Anzahl von den übrigen unverkennbar das Gepräge des großen Meisters, wie auch die 21 Figuren der Apocalypse die Hol- beinschen sind. Die Bemerkung in den Papieren des Basilius Amer- bach: „Lützelburger, autor biblicarum historiolarum excusarum Lug- duni 1522"[2]) möchte sich vielleicht auf die, wie mir scheint, bisher unbekannten Bilder in der Folioausgabe der Vulgata, Lyon 1522, gedruckt durch Jacob Sacon auf Kosten des Nürnbergers Antonius Koburger, beziehen[3]). In diesem Werke stimmt die Zahl der Dar- stellungen genau mit derjenigen der Lyoner Bilder von 1538. Auch die Auswahl der Scenen ist die nämliche. Hie und da ist auch eine auffallende Aehnlichkeit der Auffassung, aber doch auch wieder so große Verschiedenheit, daß das, was beide Aehnliches haben, nur

[1]) Bei Passavant, peintre graveur. 135. 136. 137.

[2]) Woltmann, a. a. O. pag. 405.

[3]) Der Titel des Werkes ist: Biblia cum concordantiis veteris et novi testamenti et sacrorum canonum necnon additionibus in marginibus varietatis diversorum textuum etc. Der Titel steht in reich verzierter Einfassung. Unten am Titel stehen zwei weibliche Figuren unter einem Baum und halten einen Schild, auf welchem oben die drei französischen Lilien und ein Löwe sich befinden. Nach dreizehn Blättern Einleitung kommt der Text des Alten und Neuen Testamentes in CCXIII Blättern, an deren Schluß der Name des Druckers und die Jahreszahl steht. (Stadtbibl. von Zürich und Schaffhausen.)

der Behandlung desselben Bibeltextes entsprungen zu sein scheint. Bei der Erschaffung des Weibes fehlt Gott, während das Staunen der übrigen lebendigen Creaturen um so lebendiger sich hervorhebt. Das Bild des schlafenden Adams ist vortrefflich gezeichnet. Die Scene aus der Geschichte Samuels ist mit Ausnahme des feinen Zuges, daß Hanna bei Holbein weinend, in der Vulgata nur dastehend abgebildet ist, ganz die nämliche. Bei dem Opfer Abrahams trägt Isaak erst das Holz zum Altar, während bei Holbein Abraham sein Schlachtopfer schon zu vollziehen im Begriff steht. Die Bilder sind theilweise vortrefflich, der Ausdruck in den Physiognomien manchmal wahrhaft überraschend. Auf der letzten Seite der Einleitung ist ein die ganze Seite ausfüllender großer Holzschnitt. Der heilige Hieronymus sitzt schreibend an seinem Pult. Vor letzterm liegt der schlafende Löwe. Die Aussicht ins Freie zeigt eine hübsche Landschaft mit Bäumen und zwei Häusern. Der Kopf des Kirchenvaters ist sehr schön, wie überhaupt das Ganze einen tüchtigen Künstler verräth. Ob dieser in dem Monogramm, ISK, welches sowohl rechts unten an diesem Bilde als auch an dem Baum auf der rechten Seite der Erschaffung des Weibes sich findet, angedeutet ist und wen dasselbe bezeichnen soll, habe ich bisher nicht ermitteln können. Daß Holbein mit Lyon in Verbindung stand, macht Woltmann sehr wahrscheinlich[1]). Ob aber Froschouer die Bilder für die Bibel von 1531 aus einer Lyonerausgabe geschöpft oder ob er nicht vielmehr die Zeichnungen von dem Künstler selbst bezogen hat und dieselben dann durch die Formschneider Hans Leu oder Hans Lützelberger ausführen ließ, mag unausgemacht bleiben. Das Letztere scheint wegen der doch nicht ganz unbedeutenden Verschiedenheit der Bilder in der Lyonerausgabe das Wahrscheinlichere zu sein. Den künstlerischen Werth der einzelnen Bilder zu würdigen, ist hier nicht der Ort. Wir verweisen hierbei nur den Leser auf die geistvolle Darstellung des wiederholt genannten Biographen von Holbein[2]). Die neuere Zeit hat dem Meister dadurch seine Anerkennung ausgesprochen, daß sie seine alttestamentlichen Bilder bald einzeln bald vollständig wieder herausgegeben hat[3]).

---

[1]) Woltmann, a. a. O. Bd. II. pag. 57 ff.

[2]) Woltmann, a. a. O. Bd. II. pag. 60—73.

[3]) 3. B. in London von John und Mary Byfield. 1830, in Leipzig 1850 von Hugo Bürkner.

Die Zürcherausgabe von 1531 ist auch in sprachlicher Beziehung von hohem Interesse. Weicht sie auch in der Vocalisation
gleich der Sedezausgabe von 1527—29 und der Octavausgabe von
1530 von der ersten Folioausgabe von 1525 ff. ab, so trägt sie doch
das Gepräge des damals von den schweizerischen Schriftstellern, z. B.
Tschudy, gebrauchten Dialectes, allein, da die Uebertragung aus
einer andern Sprache und aus dem biblischen Gedankenkreise dazu
nöthigte, aus dem schweizerischen Sprachschatze eine Menge neuer
bisher für die Schriftsprache nicht angewendeter Wörter und Formen
aufzunehmen, so ist die genannte Bibel eine wahre Fundgrube für
die Erforschung des alemannischen Dialectes. Dazu kommt, daß
eine große Anzahl von Ausdrücken, welche in dem hochdeutschen
Sprachgebiet ganz bekannt waren und die uns jetzt geläufig sind,
den Schweizern ganz unverständlich waren und gegen andere vertauscht werden mußten.

Hatte dieses, wie wir gesehen, einerseits zu jenen Glossarien
geführt, welche den in Basel gedruckten neuen Testamenten vorgedruckt wurden, anderseits auch dazu mitgewirkt, eine ganz neue
Uebersetzung herauszugeben, so verdanken wir auch diesem Umstande
die Erhaltung einer großen Anzahl von Wörtern des alemannischen
Dialectes. Gewiß gehört zur Würdigung der Zürcherübersetzung
wesentlich die Kenntniß der damaligen Schweizersprache, die sich
theilweise bis in unsere Zeit erhalten hat. Vieles von dem, was
als „hart und schwerfällig“ oder gar „platt“ bezeichnet wird [1]), hängt
nun eben einmal mit der sprachlichen Eigenthümlichkeit zusammen.
Bis gegen Ende des Jahrhunderts bleibt letztere so ziemlich unverändert. Die confessionelle Trennung zwischen der deutsch-lutherischen
und schweizerisch-reformirten Kirche trug wesentlich dazu bei, auch
sprachlich abgesondert zu bleiben. Zu den in unserer Ausgabe vorkommenden Ausdrücken kommen daher in den spätern revidirten
Ausgaben noch immer neue [2]).

Nach der raschen Aufeinanderfolge der Zürcherschen Bibelausgaben trat ein Stillstand von drei Jahren ein, ehe wieder eine
vollständige Bibel erschien. Am Schluß des Jahres 1531, in dessen

---

[1]) Fritsche, a. a. O. pag. 344.
[2]) Vide sprachlicher Anhang.

Anfang die Herausgabe des eben beschriebenen Bibelwerkes fiel, begann jene verhängnißvolle Zeit, wo das ganze Werk der deutschschweizerischen Reformation in Frage gestellt schien. Die Schlacht bei Kappel am 11. October 1531, der Tod Zwinglis, der zweite Religionsfriede riefen die ganze schon längst im Stillen auf den günstigen Zeitpunkt harrende Opposition wach. Der volle Zorn der „Pensiöner" und der geheimen Anhänger Roms entlud sich auf die noch lebenden Häupter der Reformation. Zu diesen zählte besonders Zwinglis langjähriger Freund Leo Judä. Kaum entging dieser dem Untergang, den die aufgeregte Masse ihm zugedacht hatte. Der Rath der Zweihundert schwankte. Schon trat eines seiner Mitglieder zur alten Kirche zurück, schon bot der Nuntius seinen Einzug in Zürich an, schon hieß es in den übrigen reformirten Kantonen, daß Zürich bereits Anstalt treffe, das ganze alte Kirchenwesen wieder anzunehmen, und voll Angst darüber hielt Bern Nachfrage in Zürich. Mit scheinbar unverfänglichen Forderungen suchte der Rath die freie Predigt zu hemmen. Es war eine Zeit des Schwankens und des Ringens um die Aufrechthaltung der evangelischen Kirche in Zürich eingetreten, eine Zeit, der die noch vorhandenen reformatorischen Kräfte kaum gewachsen schienen[1]. Allein zu tief war die evangelische Wahrheit bereits in das Volk gedrungen, als daß dieses dieselbe hätte Preis geben wollen. Und hiezu hatte ohne Zweifel wesentlich die Verbreitung der heiligen Schrift mitgewirkt. Landleute, Handwerker, Tagelöhner, Männer und Frauen hatten lesen gelernt, trugen die Bibel mit sich herum und hatten ganze Abschnitte dem Gedächtniß eingeprägt. Wohlhabendere Männer der Stadt Zürich, z. B. der verdiente Bürgermeister Diethelm Röust, schickten ärmeren Geistlichen Exemplare des Testamentes zum Geschenk. Andere, z. B. Heinrich Werdmüller aus Zürich, Mitglied des Rathes, Zwinglis Freund, theilten das neue Testament vielfältig unter die Armen aus[2]. Trotz aller Einschüchterungsversuche wurde daher schon im

---

[1] Siehe das Nähere in den beiden trefflichen Biographien Bullingers und Leo Judäs von Pestalozzi (Leben und ausgewählte Schriften der Väter und Begründer der ref. Kirche. Bd. V. pag. 68 ff. und Bd. IX. 1. Hälfte. Leo Jud. pag. 31 ff.

[2] Zürcher Kirchenarchiv. cf. S. Heß, Ursprung und Gang der Zwinglischen Reformation. Zür. 1819. pag. 43 f.

December 1531 die Stelle eines ersten Pfarrers am Großmünster
wieder besetzt und dazu ein Mann gefunden, der wie kein anderer
befähigt war, Zwinglis Platz einzunehmen — Heinrich Bullinger.
Diesem Manne der „männlichen Ruhe, der zarten gewinnenden
Freundlichkeit" stand zur Seite der zweiundzwanzig Jahre ältere
Leo Judä, welcher durch seine „heilige Begeisterung, seine innige
Hingebung für die Sache des Herrn" seinen unentweglichen Zeugen-
muth, durch seine tiefe Einsicht in das Wort Gottes die heilige Sache
der Reformation fördern half. Schwere Kämpfe waren jetzt freilich
noch zu bestehen. Es galt nicht nur in Zürich selbst, die Kirche in
das richtige Verhältniß zur Staatsgewalt zu setzen, die sich allzusehr
in ihre Angelegenheiten „vertiefte", sondern sie auch nach Außen
gegen die Zumuthungen des Reichs und der katholischen Kantone
zu sichern. Ebenso nothwendig war aber auch der positive Weiterbau
der reformatorischen Gemeinde. Die Herstellung der durch die krie-
gerischen Jahre gelockerten Sittenzucht, die weitere Förderung der
Schulanstalten, die Einführung einer festen Prediger- und Synodalordnung und andere Veranstaltungen wurden zum Theil unter heißem
Kampfe errungen. War einmal Zürich der Belebungs- und Stütz-
punkt der deutsch-schweizerischen Reformation geworden, so hing von
den dortigen Leitern viel ab für die Befestigung des großen Werkes
in den andern Kantonen. Die Mißstimmung, welche der unglückliche
Ausgang des Kappelerkrieges in Zürich hervorgerufen hatte, theilte
sich ja auch den andern reformirten Ständen mit. Allenthalben trat
Mißtrauen ein. Dazu kamen die Versuche zur Gegenreformation,
denen es auch wirklich gelang, ganze Gebiete der evangelischen Kirche
wieder zu entziehen[1]). Daher that Einigung dringend Noth. Das
Bedürfniß einer Einigung der evangelischen Stände wurde noch
dringender, als diese sich von der deutsch-lutherschen Reformation
zurückgestoßen sahen, forderte doch Luther in dem Sendschreiben an
den Markgrafen Albrecht von Brandenburg eigentlich zu einem Kreuz-
zuge gegen die Zwinglischen Schwärmer, Rottengeister u. s. w. auf
(1532). Unermüdlich arbeitete nun Bullinger an der gegenseitigen

---

[1]) V. über die speciell die Landgrafschaft Thurgau betreffende Gegenreformation H. G. Sulzberger in Thurg. Beiträge, Heft 14, pag. 1 ff. und 16,
pag. 37 ff. (1871 und 1875).

Verständigung der reformirten Schweizerstädte. Nachdem dieselbe im November 1534 vorläufig in Beziehung auf die Abendmahlslehre eingetreten war, kam sie im Februar 1536 durch die einstimmige Annahme der ersten helvetischen Confession zu einem wirklichen Abschlusse.

Während dieses Ringens und Kämpfens um die Erhaltung des Evangeliums in und außerhalb Zürichs stellte die „Prophezei" ihre Arbeiten keineswegs ein. Dieß war um so eher möglich, da Zwingli wegen Geschäftsanhäufung sich schon früher hatte ersetzen lassen. Doch ließen die vielen anderweitigen Beschäftigungen dem Leo Judä, welcher jetzt die Seele jener biblischen Thätigkeit war, nicht zu, an neue Umarbeitungen der Uebersetzung zu gehen. Dem vorhandenen Bedürfniß kam man indeß durch Herausgabe einzelner Theile der Bibel entgegen. So erschien noch 1531 bei Froschouer „ein tütsch Psalter" in 12°, ein bloßer Abdruck aus der Folioausgabe des nämlichen Jahres. Dagegen ließ Leo Judä im folgenden Jahre (1532) Zwinglis enchiridion Psalmorum, welches, wie wir oben gesehen, sämmtliche Psalmen in Zwinglis deutscher und lateinischer Uebersetzung enthält, erscheinen. Offenbar wollte er auch damit das Andenken des großen Mannes lebendig erhalten. „Noch lebt er und lebt ewiglich, der tapferste der Helden, und hinterläßt ein unvergängliches Denkmal der Ehren, das von keinem Feuer kann verzehrt, durch keine Flamme vertilgt werden", sagt Leo in der mit wahrer Begeisterung geschriebenen Vorrede.[1]) Erst 1533 kam dann wieder eine Ausgabe des neuen Testamentes in Sedez heraus. „Das gantz Neuw Testament grundtlich vnn wol verteutscht. Auch gezieret mit vil schönen vnnd notwendigen Concordanzen." Die Offenbarung Johannis geht auf der ersten Seite des mit CCCCXVII bezeichneten Blattes zu Ende. Nun folgt noch auf zwei Seiten ein Register über die Bücher des neuen Testaments. Zuletzt wird eine Stelle angezeigt, die in der ersten Epistel Petri ausgelassen ist; und darunter steht: Getruckt zu Zürich bei Christoffel Froschouer. Im Jar MDXXXIII. Diese Ausgabe hat 492 Blätter. Eine andere Ausgabe vom gleichen Sedez-

---

[1]) Enchiridion Psalmorum, quos sanctæ memoriæ clarissimus vir Huldricus Zwinglius ex hebraica veritate latinitati donavit et mira claritate illustravit. Tiguri. 16. Auch in der Gwaltherschen Gesammtausgabe vol. III und Zw. opera ed. Schulth V, pag. 297.

format aber ohne Ort und Zahl in 418 Blättern ebenfalls bei Froschouer erschienen, fällt wahrscheinlich in das nämliche oder in das folgende Jahr. Pastor Götze besaß sie, aber ich fand sie in keinem Kataloge. [1)]

Erst im Jahr 1534 ließ Froschouer wieder eine ganze Bibel drucken. [2)] Diese besteht in zwei Quartbänden und ist in kleiner deutscher Schrift gedruckt. Nur die Inhaltsanzeigen der Capitel haben die lateinischen Lettern der Sedezausgaben von 1527—1530. Der Titel des ersten Bandes lautet: „Bibel Teutsch der ursprünglichen Hebreischen und Griechischen warheit nach, auffs treuwlichest verdollmetschet. Was über die nächst außgegangene edition weyters hinzukommen ist, wirt in nachfolgender vorred gnugsam begriffenn". Unter dem einfachen Froschouerzeichen (einem Weidenbaum, an dessen Fuß mehrere Frösche sich lagern) steht: „Getruckt zu Zürich bei Christoffel Froschouer, im Jar als man zalt MDXXXIIII." Auf der ersten Seite des zweiten Blattes befindet sich eine Vorrede von Froschouer, in welcher das Verhältniß dieser Ausgabe zu der unmittelbar vorangegangenen von 1531 besprochen ist. Auf der andern Seite des Blattes beginnt „Ein kurze vermanung und eynleytung an die christlichen läser dieser biblischen bücher". Es ist dieß die nämliche Einleitung, die wir bei der Ausgabe von 1531 besprochen haben, mit Auslassung der Stelle, welche von der Benützung des Grundtextes und der alten Uebersetzungen handelt und derjenigen, welche sich auf den Druck und die Figuren bezog. Diese Einleitung geht von der zweiten Seite des ersten Blattes bis zur ersten Seite des sechsten Blattes. Auf der Rückseite des sechsten Blattes und der ersten Seite des siebenten Blattes steht die „Kurze Anzeigung wie vil jedes buch des alten und neuwen testaments capitel unnd in welchem teyl und blatt jedes buchs anfang gefunden wird, sammpt beylauffender erklärung der abbreviaturen, wie sy durch diß bibel hie gebraucht werdend". Der Text des ersten Bandes umfaßt wie 1531 die sämmt-

---

[1)] Panzer, pag. 143 und Zusätze zu seinem Entwurf einer Geschichte der d. Bibelübers. pag. 16 und Götze (J M.) Verzeichniß seiner Sammlung seltener und merkwürdiger Bibeln. Halle 1777. Bei Rudolphi a. a. O. Nr. 212 ist die Ausgabe unter dem Jahr 1533 angegeben.

[2)] Stadtbibl. Zür. und Schaffhausen (1. Theil). Rud. Nr. 217.

lichen historischen Bücher und die Apocryphen und umfaßt CCCI
Blätter mit gespaltenen Colonnen. „Das annder teyl deß alten te=
staments mit sampt dem Neuwen" hat CCLXXXVI Blätter. Auf
der zweiten Seite des letzten Blattes steht: „Getruckt zu Zürich bei
Christoffel Froschower und vollendet am anderen tag des herbst=
monats im jar MDXXXIIII." Auf dem zweiten gezählten Blatte
beginnt das Buch Hiob mit einer Vignette, das Leiden Hiobs dar=
stellend. Mit Blatt CLXXI beginnt das neue Testament. Der Unter=
schied dieser und der vorigen Ausgabe bezieht sich rein nur auf die
Zuthaten, nicht auf den Text. Das Spruchregister ist weggelassen.
Das Bild der Schöpfung des Menschen vor der Genesis und das
von Hiobs Leiden am Anfang des zweiten Theils sind die einzigen
Bilder im ganzen Werke. Insofern ist es nicht ganz richtig, was
Froschouer in seiner Vorrede sagt, daß hier Alles enthalten sei, was
die „vordrigen Biblien" haben. Die Verbesserungen beschränken sich
auf zwei Punkte, auf die Parallelstellen „Concordanzen" und auf die
Summarien. Die frühern Parallelstellen waren ganz den bisherigen
lateinischen Bibeln entnommen, zumal den concordantiæ majores
Bibliæ. Durch Nachdrücke waren sie oft ganz gefälscht oder paßten
gar nicht zu dem nebenstehenden Texte. Froschouer unterzog sich der
nicht geringen Mühe einer durch die ganze Schrift sich verbreitenden
Revision dieser Stellen und fügte eine ganze Menge neuer hinzu.
So sind einzig in den ersten 7 Capiteln der Genesis 68 neue
Parallelstellen hinzugekommen. Auch im neuen Testamente sind die
Parallelstellen reicher, z. B. Matth. 1 sind deren 33, Röm. 1, 34. Den
Paulinischen Briefen sind einläßlichere Inhaltsangaben beigegeben,
z. B. Röm. 1: „In disem ersten capitel zeygt Paulus den Rö=
meren an, was grossen liebe er zu jnen hat, desshalb er begäre
jnen das Evangelium zu verkunden, das jm Christus befollen
hab zuo predigen den heyden, zeygt damit an was das evange=
lium sey, was nutz es bringe. Am end straaft er etlich die den
fleischlichen begirden anhengend." Die Ordnung der Psalmen
ist diejenige der Ausgabe von 1531. Das Hohelied hat auch da noch
keine Summarien. Im 1. Buch der Chronik ist vom 6. Capitel bis
zum 30. Capitel bemerkt: „den Latinschen das 5. ꝛc." Zur bequemern
Auffindung der Stellen wurden auch hier die Capitel in kleinere durch
Buchstaben bezeichnete Abschnitte getheilt, und den Parallelstellen ne=

ben dem Capitel des betreffenden Buches auch der entsprechende Buch=
stabe beigefügt und um die Hinweisungen für künftige Abbrücke desto
besser zu sichern, wurde durch + und * auf die zugehörigen Stellen
verwiesen. Die Summarien der Capitel wurden hie und da abge=
kürzt oder dem Inhalt entsprechend erweitert. Das letztere ist be=
sonders der Fall im 3. und 5. Buch Mosis. In der Offenbarung
Johannis, welche früher keine Inhaltsangaben hatte, finden sich nun
solche. Doch wird hier nirgends eine besondere Deutung vorgenom=
men, wie dieß in den prophetischen Capiteln des alten Testamentes
der Fall war. Es war die Apocalypse überhaupt noch nicht Gegen=
stand besonderer Erörterung geworden. Auch hatte sich das Urtheil
über ihre Kanonicität keineswegs schon festgestellt. Zwingli erwiderte
noch 1528 auf der Disputation zu Bern dem Gilg Murer, der aus
diesem Buche die Verehrung der Heiligen beweisen wollte: „Uß der
Apocalypsi nemen wir kein kundschaft an, denn es nit ein biblisch
buch ist, wiewol alles, das sy derglychen heryn möchten ziehen, uns
dienet und nit inen." [1]

Ob auch im folgenden Jahre 1535 eine neue Ausgabe der ge=
sammten Bibel in Folio bei Froschouer erschienen ist, wie J. C.
Rüscheler anführt, [2] ist wohl nicht ganz ausgemacht. Breitinger [3]
bestreitet es entschieden. Verfasser hat sie auch nirgends gefunden.
Dagegen gab Froschauer zum bequemern Gebrauch für Studirende
im genannten Jahre zwei Ausgaben des neuen Testamentes mit
deutschem und lateinischem Texte neben einander, die eine in Octav
und eine vielleicht in Quart heraus [4] unter dem Titel: „novum te-
stamentum omne latina versione, oppositum editioni vulgari s.
Germanicæ. Das ganz Neuw testament zu Teutsch dem Latinen
entgägengesetzt, mitsampt den nodtwendigen Concordanzenn. Zürich

---

1) 6. Schlußrede. Originalausgabe hat CXCVI. 2. Blatt.
2) Bei Lork a. a. O. pag. 218. Auch Rudolphi a. a. O. Nr. 227 nimmt
   eine solche Ausgabe an.
3) Simml. Sammlung II, 2, pag. 384.
4) Rüscheler bei Lork, pag. 218. Die Ausgabe in 4° findet sich auf der
   Stadtbibl. in Zürich und auf der Vadianischen Bibl. in St. Gallen. Die
   öftere Verwechslung der Formate mag vielleicht zur Annahme von zwei
   Ausgaben geführt haben; wenigstens hat genauere Nachforschung nur die
   Quartausgabe ausmitteln können, bei Rudolphi Nr. 228.

bei Ch. Froschouwer. 1535. Den unermüdlichen Berichtiger der Zürcherschen Bibelübersetzung beschäftigten damals die Verhandlungen,
welche die Aufstellung der ersten helvetischen Confession erforderte,
viel zu sehr, als daß er mehr als nur einen Abdruck der vorangehenden Ausgabe hätte veranstalten können.

Das Jahr 1536 brachte wieder eine neue Ausgabe in Folio.
Der Titel des ersten Bandes lautet: „Die gantze bibel, das ist alle
bücher altes vnnd neuws Testaments, den vrsprünglichen spraachen
nach, auffs aller treuwlichest vertütschet." „Darzu sind yetzund kommen
ein schön vnd vollkommen Register oder Zeyger über die gantzen
Bibel. Die jarzal vnnd rächnung der zeyten von Adamen biß an
Christum, mit sampt gewüssen Concordanzen, Argumenten, Zalen vnd
Figuren." „Getruckt zu Zürich bei Christoffel Froschouer, im Jar da
man zahlt MDXXXVI."[1]) Dieser Titel ist von den nämlichen
zwölf Vignetten umgeben, die wir in der Folioausgabe von 1531
kennen gelernt haben. Der uns zu Gebote stehenden Ausgabe fehlen
leider die auf dem Titel angekündigten Register, Zeyger und die chronologische Tabelle. Diese sind ohne Zweifel herausgerissen; denn auch
der Titel ist geflickt. Darauf folgt das schon 1534 vorgedruckte
Vorwort: „Christoffel Froschouer dem christenlichen Läser Gnad und
Fried von Gott" ohne irgend welchen Zusatz („Was großen fleyß" 2c.).
Auf der andern Seite und den vier folgenden Blättern findet sich
„Ein kurtze vermanung vnd eynleytung an die christenlichen Läser
dises biblischen buches." Es ist dieß der wörtliche Abdruck der in
den Folioausgaben von 1531 und 1534 stehenden Vorrede, welche wir
Zwingli glaubten zuschreiben zu müssen („Als wir auß bitt vil gut-
herziger Läser" 2c.) jedoch wieder mit Auslassung der schon in der
Ausgabe von 1534 übergangenen Stelle. Der Text, welcher bis
Blatt 240 Seite 1 die historischen Bücher des alten Testamentes
und von da an die schon bezeichneten Apocryphen (dieß sind die bücher — nit gefunden) in fortlaufender Blätterzahl enthält, umfaßt
CCCXLI Blätter, an deren Schluß nur die Worte stehen: „End
des ersten teyls der bibel". Der Titel des zweiten Bandes: „Das
ander teyl deß Alten testaments mit sampt dem Neuwen" MDXXXVI.
„Getruckt zu Zürich bey Christoffel Froschouer" steht wieder in der

---

[1]) Auf der Stadtbibliothek in Zürich, bei Rud. a. a. O. Nr. 239.

Vignettenumfassung desselben Titels in der Ausgabe von 1531 (vier
Darstellungen aus dem Leben des Apostels Paulus). Blatt II
bis Blatt CCCXVII enthalten zuerst die Lehrbücher; dann folgen
die Propheten des Alten Testamentes bis Blatt CCCXXXIX, hier-
auf beginnt gleich auf der folgenden Seite das neue Testament.
Am Schluß des Werkes steht: „Getruckt zu Zürich bei Christoffel
Froschouer, vnd vollendet am sechszehenden tag des Merzens im jar
MDXXXVI.

Zu den in den Text eingefügten Figuren beider Theile scheinen
wieder die nämlichen Holzschnittplatten verwendet worden zu sein,
welche Froschouer für die frühern Folioausgaben gebraucht hatte.
Sowohl die Zahl als die Größe derselben stimmt völlig mit der
Ausgabe von 1531 überein. Nur der Vignetten bei den Anfangsbuchstaben sind etwas weniger. Dennoch ist die Blätterzahl ungeachtet des gleich großen Drucks die nämliche. Auch sind die 21
apocalyptischen Bilder kleiner als in den ersten Ausgaben und die
Darstellung in so fern umgekehrt als das, was in den letztern
auf der rechten Seite steht, hier auf der linken sich findet. Die
Parallelstellen sind genau diejenigen der Ausgabe von 1534, nur
in wenigen Capiteln, z. B. Genes. 15 und Matth. 3 haben wir je
eine Parallelstelle mehr gefunden, ebenso die Bezeichnung der Bibel-
abschnitte durch Buchstaben. Die Summarien des alten Testamentes
sind überall dieselben wie in der Ausgabe von 1534. In den Psalmen steht am Rande neben denselben immer das Wort „Inhalt".
Das neue Testament hat dagegen durchweg neue Summarien erhalten,
welche bald kürzer bald länger, zum Theil aber nicht immer dem Inhalt des Capitels entsprechender sind, z. B. Matth. 1: „Von der geburt Jesu Christi nach dem fleisch. Von der vermählung Marie
seiner Mutter, wie der engel Josephen, der im fürgenommen hatt sy
zu verlaßen, berichtet." (1534: „Von dem geschlächt Christi vnd
vermählung seiner Mutter Marie. Von der angst Josephs vnd wie
er getröstet ward".) Matth. 2: „Von den weysen aus Perside, die
Christum kament mit jren gaben zevereeren. Von der flucht Christi
in Egypten vnd wüten Herodis." (1534: Er beschreybt die zeyt vnd
ort der geburt Christi, die heymsuchung der weysen mit jren gaben,
die flucht Christi in Egypten, der kindlinen tod vnd widerfart Christi
in Galiläam.) Cap. 5—8 stimmen mit Ausgabe 1534 überein. Cap. 9:

„Von dem bettrifen. Von der beruſung Matthei vnd tochter des ober=
ſten der ſynagog. Von dem blutflüßigen weyb, zweien blinden, be=
ſäßnen, ſtummen". (1534: Er heylet den bettriſen, berufft Matthäum
vom Zol, geſchweygt die glyßner, verantwurtet ſeine Jünger, lediget
das weyb vom blutfluß, machet lebendig die tochter Jairi, er=
leuchtet zween blindenn, machet einen ſtummen reden, einen tum=
men gehören, vnd treybt die teufel auß.) Röm. 1: „Zeygt an
ſeinen beruff vnd apoſtelampt ins euangelium Jeſu Chriſti, frolocket
irs glaubens halb. Von der kraft des euangelii. Von vnſinnigkeit
vnd laſtren deren, die gott erkannt, doch nit als Gott vereeret
habend". Cap. 2: „Weert das frävel vrteil, zeigt an, das Juden
vnd Heyden ſünder ſind, vnd was die rechten Juden ſeygind". (1534:
Er ſträaft die Juden, zeygt an, das ſy der ſchuld vnd ſünd halb
den heidenn gleych vnd etlicher maaß böſer ſind.) Cap. 3: „Worin
der jud den Heyden übertrufft. Item das wir alle ſünder ſeygind.
Wannen här waare vnd rechte frommkeit komme." (1534: Zeigt an,
worin die Juden beßer ſygind dann die Heyden, vnd das die Juden
vnd Heyden vnderworfen ſind den ſünden, allein auß gnaden Gottes
fromm.) Apoc. 1: „Ein offenbarung an die ſiben kilchen, von den
ſiben lüchteren, die heimligkeit der ſiben ſternen." (1534: Schreibt den
ſiben kilchen in Aſien, ſicht ſiben leuchter, vnd inmitten einen gleych
dem ſun des Menſchen.) Apoc. 21: „Von der neuwen erd, vnd
neuwen himmel, von Jeruſalem". Apoc. 22: „Von dem fluß des
läbenden waſſers". (1534 Cap. 21: In diſem capitel wirdt beſchri=
ben das neuw vnd geyſtlich Jeruſalem. Cap. 22: der fluß des lä=
bendigen Waſſers des neuwen Jeruſalems wirt gezeygt: anbättung
des Engels wirdt geweret: die Prophezey ſol man nit enden.)

Den Text anlangend, ſo haben wir im alten Teſtament nicht die
geringſte Abweichung von der Ueberſetzung der Ausgabe von 1534 gefunden. Etwaige Unterſchiede in der Vocaliſation, ei wo 1534 i ſteht
oder umgekehrt, ſind von keiner Bedeutung, ebenſo kleine Zuſätze, z. B.
Pſ. 9, 2: verrätherey „die ſy fürnemmend", Pſ. 109, 23: „wie ein
abendſchatten vnd far dahin wie die höwſtöffel", wo es früher hieß:
„wie ein ſchatten, der vertriben wird". Nur im neuen Teſtamente
ſind einige wenige Aenderungen vorgenommen, z. B.: 1 Tim. 3, 2 ff.
hieß es früher: „Pfarrer vnd biſchof", „ein mann eines weybs".
1536 iſt „Pfarrer" weggelaſſen vnd ſteht: „ein mann eines einigen

weybs". 1 Tim. 3, 16 lautete 1531 ff. „fromm gemacht im geyst".
1536: „gerecht gemacht im geist". 1 Tim. 6, 4 steht 1531—1534:
„Die da meynend, waare gotteseer vnd gotteshuld syn ein alefanz,
ein gewärb vnd genieß". 1536: „waare gottsäligkeit sei ein gewärb
vnd genieß." 1534 Tit. 1, 7: „Ein pfarrer vnd bischoff sol vnsträf=
lich sein als ein haushalter vnd schaffner Gottes, nit eigensinnig, nit
im selbs gefallend, nit zornig, nit wynig, nit bißig, nit schändlich
gewüns begierig, sunder gastfrey, ein liebhaber guter dingen, vnd
guter mann, recht gemuthet, gerecht, heylig vnd fromm, sin selbs ge=
waltig, widerhebig vnd zäch zu leeren die leer des gloubens." 1536:
hat „pfarrer" vnd „schaffner" ausgelassen, braucht statt „bißig" das
Wort „schlegig", statt „liebhaber guter dingen" 2c. „liebhaber der
erbarkeit, nüchter, gerecht, heilig, fromm, gemäß, widerhebig zu leeren
die leer des gloubens." Tit. 3, 10: 1531 ff.: „einen abtrünnigen
menschen vnd rotter meyd", 1536: „einen menschen, der ein rottirer
ist, den meyd". 1 Joh. 5, 8, welche Stelle früher mit kleinerer Schrift
gedruckt war, ist jetzt in Paranthesen eingeschlossen. — Ebr. 11, 1
hat 1531—1534: „Es ist aber der gloub ein gewüsse zuversicht beß,
das ze hoffen ist. Ein klarer anzeyg vnd offenbarung, ja ein gewiße
ergreyffung beren binge, die man nit sicht", 1536: „ein klare offenba=
rung, ja ein gewüsse ergreyffung 2c."

Die kleinen Verdeutlichungszusätze, welche schon 1534 in ( ) ge=
setzt sind, werden auch da in gleicher Weise hervorgehoben.

In der Reihenfolge der Bücher des neuen Testamentes ist die
noch bis 1534 beobachtete Ordnung der lutherschen Uebersetzung ab=
geändert. Der Brief an die Ebräer steht hinter den Paulinischen
Briefen, dann folgen 1. vnd 2. Petri, 1. 2. u. 3. Joh., Jac., Jud.
Im alten Testament dagegen ist die luthersche Reihenfolge beibehalten
mit Ausnahme der Stellung der Apocryphen, welche unmittelbar auf
das Buch Esther mit der oben schon erwähnten Einleitung: „dis sind
die bücher" 2c. folgen und auch der Zahl vnd Beschaffenheit nach
von den vorhergehenden Ausgaben nicht im Geringsten abweichen.

So hat J. J. B(reitinger) [1] nicht ganz Recht, wenn er die Aus=
gabe von 1536 als eine Wiederholung derjenigen von 1534 erklärt. [2]

---

[1] Simul. Sammlung II, 2, pag. 348.

[2] Lork nennt a. a. O. pag. 243, aber ohne seine Angabe verbürgen zu
wollen, noch eine Froschauersche Ausgabe vom Jahr 1536, in Quart oder

Aehnliches gilt aber auch von der folgenden Ausgabe des Jahres
1538.¹) Diese besteht aus zwei Theilen in Quart und stimmt in
Text und Seitenzahl ganz mit derjenigen von 1534 überein. (Der erste
Theil hat CCCI, der zweite CCLXXXVI gezählte Blätter.) Ja auch
die Summarien im neuen Testament sind in Abweichung derer von
1536 ganz dieselben wie 1534. Der Titel lautet: „Bibel teutsch, der
ursprünglichen hebreischen und griechischen warheyt nach, auffs treuw=
lichest verdollmetschet. Darzu sind yetzund kommen ein schön und
vollkommen Register vnd Zeyger über die gantzen bibel. Die jarzal
vnd rächnung der zeyten von Abamen bis an Christum, mit sampt
gewüßen Concordanzen, Argumenten und zalen". Darunter das
gewöhnliche Froschauersche Zeichen, unter welchem die Worte: „Ge=
truck zu Zürich bei Christoffel Froschouer, im Jar als man zalt
MDXXXVIII". Am Schluß des zweiten Theils: „Getruckt zu Zü=
rich bey Christoffel Froschouer, vnd vollendet am anderen Tag des
Herbstmonats im Jar MDXXXVIII." Auf den Titel folgen auf
6½ Blättern in gleicher Form wie 1534 zuerst die Vorrede von Fro=
schouer (Was großen fleyß ꝛc.), diejenige der Zürcherschen Kirchen=
diener (Als wir auß bitt ꝛc.) und das Register über die einzelnen
Bücher beider Theile. „Hienach folget ein kurtzer zeyger der für=
nemsten historien, vnd gemeinsten artikeln im Alten und Neuwen
Testament gegründt vnd vergriffen, dem einfeltigen Läser zu warer
kenntnuß des willen vnd der gnad Gottes gantz fürderlich nütz und
dienstlich." Voran stehen einige Bemerkungen über den Gebrauch
dieses „zeyger's", der zur leichtern Auffindung der biblischen Personen
und ihres Charakters, sowie zur Orientirung in den Hauptartikeln
des christlichen Glaubens dienen solle. Es ist eine Erweiterung der
schon 1531 beigegebenen Concordanz und umfaßt 19½ Blätter.
Das zwanzigste Blatt ist noch mit dem auf dem Titel angekündigten
chronologischen Register ausgefüllt: „Warhafte vnd gewüße jarzal
aller zyten vnnd jaren von Abamen bis uff Jesum Christum, vnd
uff dises gegenwärtig jar MDXXXVI gezogen uß der heyligen bibli=

gr. Octav. Verf. hat diese Angabe nirgends beseitigt gefunden, als in
der Angabe von Rudolphi a. a. O. Nr. 240.

¹) Zür. Stadtbibl. bei Rud. Nr. 249.

ichen geschrift." Dieß Register enthält zuerst ein „Summarium der zyten und jaren", welches so lautet:

1) Von Adam biß uff den sünbfluß sind 1656 jar.

2) Vom sünbfluß biß uff den ußzug Abrahams uß chaldeen sind 363 jar, 10 tag.

3) Vom ußzug abrahams bis uff den ußzug Israels in Egypten sind 430 jar.

4) Vom ußzug uß Egypten biß uff den ersten tempel oder das vierdt jar Salomons sind 480 jar.

5) Von dem tempel biß uff die babylonische gfencknuß sind 419 jar, 6 monat.

6) Von dem babylonischen gfencknuß bis zu der widergebuwten statt Jerusalem sind 143 jar.

7) Von dannen bis uff Jesum Christum sind 483 jar.

Dann kommt eine ausführliche „Erwysung vnd bewerung vor-gemelter summen vnd jarzal", an deren Schluß es heißt: „die jarzal von Christus geburt untz uff dises 1536 jar ist heiter vnd gewüß gnug. So zelt man von anfang der welt biß uff dises 1536 jar 5510 jar, 6 monat, 10 tag." Daß in diesem chronologischen Ver-zeichniß dreimal das Jahr 1536 steht, zeigt, daß wirklich in der vorangehenden Ausgabe das dort auf dem Titel verzeichnete Re-gister sich finden muß und daß dasselbe 1538 unverändert abgedruckt worden ist.

Wie 1534, so hat auch die Ausgabe von 1538 weder auf den Titeln noch im Texte Figuren. Nur der Anfang der beiden Theile hat die beiden dort angebrachten Darstellungen der Erschaffung des Weibes und des Leidens von Hiob. Die Verschiedenheit der Aus-gaben läßt sich, da der Titel fehlt, nur daraus erkennen, daß die Summarien von 1534 in lateinischer, diejenigen von 1538 in deut-scher Schrift gedruckt sind.

Während Froschouer so unermüdlich dafür besorgt war, den Vorrath an Exemplaren der heiligen Schrift nicht ausgehen zu lassen, waren die Theologen von Zürich ebenso eifrig, das wichtige Buch dem Verständniß der Gelehrten wie des Volkes immer näher zu bringen. Bullinger, Leo Jud und die übrigen Leiter der „Prophezey" entfalteten hierin eine in der That bewundernswerthe Thätigkeit.

Bullinger gab allmählig Auslegungen über sämmtliche Bücher des neuen Testamentes heraus. Zuerst erschien der Commentar über den Brief an die Hebräer (1532), dann im folgenden Jahr (1533) der Römerbrief und die Apostelgeschichte und so beinahe jedes Jahr ein neutestamentlicher Brief, zuletzt auch die Evangelien. Die Apocalypse sparte er auf spätere Zeit auf. Schon 1535 war eine zweite Auflage der Apostelgeschichte nothwendig. Oft wurde der Anfang eines Commentars schon gedruckt, während die Fortsetzung noch in Arbeit war. „Die Presse preßt mich", klagt er (1539) dem Vadian. Gleichzeitig erschienen C. Pellicans Commentare über sämmtliche Schriften des alten (1532—35) und über die Briefe des neuen Testaments (1539). Auch die übrigen Theologen, Casp. Megander und Th. Bibliander blieben nicht zurück, der eine mehr auf das alte, der andere mehr auf das neue Testament sich werfend. Unterdessen war Leo Jud vorzüglich beschäftigt mit den Vorbereitungen zur Herausgabe von Zwinglis Werken. Als Vorläufer davon erschien schon 1533 Zwinglis Auslegung der Epistel St. Jakobi, in deren Vorrede der Herausgeber diesen Brief gegen Luther, doch ohne Nennung von dessen Namen vertheidigte, und 1539 des Reformators Auslegungen zur evangelischen Geschichte und den Episteln. Doch sollte der fleißige Mann die Herausgabe des Ganzen nicht mehr erleben. Andere Arbeiten, namentlich eine neue berichtigte Ausgabe der deutschen Bibel und gleichzeitig die Uebersetzung der heiligen Schrift ins Lateinische unterbrachen das begonnene Werk, auf das die Freunde der Zürcherschen Reformation so sehnlich harrten.

Seit Herausgabe der grundlegenden Ausgabe von 1531 waren so viele tüchtige Vorarbeiten zu einer genauen Erforschung des Bibeltextes, namentlich des alten Testamentes gemacht worden, daß die Nothwendigkeit einer durchgehenden Revision der deutschen Uebersetzung Leo Judä sehr nahe liegen mußte. Eine äußere Veranlassung beförderte die Ausführung. Im Jahr 1538 kam nämlich ein gelehrter Jude, Michael Adam, der zum Christenthum übergetreten war, nach Zürich, und Pellican nahm denselben in sein Haus auf. Pellican rieth dem Leo Judä, die Hülfe dieses Gelehrten für eine neue Ausgabe beizuziehen. Sowohl diese Thätigkeit als die baldige Verheirathung hielt den Adam in Zürich zurück und so konnte denn in den Jahren 1539 und 1540 die vollständig revidirte Uebersetzung im

Druck erscheinen.[1]) Froschouer spricht sich in der Vorrede zu der=
selben folgendermaßen aus: „Dann wir ÿetzmal auff ein neuws durch
die geleerten der hebraischen spraach, mit großer müy vnd kosten, den
teutschen text gegen dem hebraischen buchstaben, von wort zu wort
gehalten, vnnd so vil möglich verglÿcht habend, deßhalb das Teutsch
ÿetz dem Hebraischen viel näher dann vor ÿe, worden ist, das wir
verhoffend, söliche vnsere arbeit sölle von keinem der hebraischen spraach
verstenbig, gescholten, sunder angenommen vnd gelobt werden. Auff
das bittend wir den christenlichen Läser, das er sich nichts irren lasse,
auch vns nit verarge, so er in disem truck ÿetz im 39 vnd 40 uß=
gangen, ouch in künftigem ein andre erklärung, vorred oder ÿnleÿ=
tung in die heilige bibel, ouch im text an vilen orten gantze sentenz
verbeßeret finden wirt. Dann söllichs nit fräventlich), sunder mit
guter vorbetrachtung vnnd fleÿßigem erwägen beider spraachen ge=
schehen ist, so die am basten vrteilen vnd erkennen mögend, die der
hebraischen spraach vnberricht sind, wie offt ein einiger sentenz in
vilerleÿ wäg gezogen vnd interpretirt mag werden: wir habend vns
des einfeltigen schlächten vnd natürlichen sins den meerteil gehalten."

Dieß Bibelwerk besteht aus zwei Foliobänden. Der Titel des
ersten Theils hat ganz dieselbe Einfassung, die wir in den Ausgaben
gleichen Formates von 1531 vnd 1536 kennen gelernt haben, näm=
lich die zwölf Vignetten mit neunmaligem Bilde von Gott. Der
Titel lautet: „Die gantze Bibel, das ist alle bücher allts vnnd neuws
Testaments, den vrsprünglichen spraachen nach, auffs aller treüwli=
chest verteutschet. Derzu sind ÿetzund kommen ein schön vnd vollkom=
men Register oder Zeyger über die gantzen bibel. Die jarzal vnd
rächnung der zeyten von Adam bis an Christum, mit sampt gewüßen
Concordanzen, Argumenten, Zalen vnd Figuren. Getruckt zu Zürich
bey Christoffel Froschouer im jar als man zalt MDXL." Statt der
„kurzen vermanung vnd einleitung" („Als wir auß bitt vil guther=
herziger 2c.") der vorangehenden Ausgaben beginnt auf dem zweiten
Blatt die ganz neue Einleitung, von der Froschauer in obiger Stelle
redet. Diese Vorrede vmfaßt 10 Blätter (19½ Seiten). Sodann
folgt die Froschauersche Vorrede, ein Abdruck der frühern („Was

---

[1]) Bei Rudolphi Nr. 255. Stadtbibl. in Zürich (wo in der Vorrede ein Blatt
fehlt) und Stadtbibl. Schaffhausen (ziemlich verdorbenes Exemplar).

großen flyß 2c.") mit dem einzigen schon angeführten Zusatz über die
vorgenommene Revision. Auf den 13 weitern Blättern ist dann die
in den beiden vorigen Ausgaben von 1536 und 1538 besprochene
Concordanz wörtlich abgedruckt nebst der dortigen Einleitung ("Wie
hertzlich wir yetz lange zeyt"). Am Schluß dieser Concordanz ist
noch ein Uebersetzungsfehler in Lev. Cap. 18 corrigirt: "deines suns
tochter scham, oder deiner tochtertochter scham sollt du nitt blößen,
denn es ist dein scham", wo der Text wie frühere Ausgaben hat:
"deines suns — deiner tochter". Endlich nimmt das Register über
die biblischen Bücher und die chronologische Tabelle, welche "uff dises
gegenwärtige jar MDXL" fortgesetzt ist, noch je ein Blatt ein. Die
Jahre der Welt sind nunmehr auf 5514 Jahre, 6 Monate und 10
Tage berechnet. Zum ersten Mal finden sich in dieser Ausgabe die
Apocryphen von den canonischen Büchern durch besondere Seitenzahlen und durch einen neuen Blattanfang getrennt. Doch sind sie
noch immer zwischen die historischen Bücher und die im zweiten
Theile folgenden poetischen und prophetischen Schriften hineingeschoben.
Blatt I bis Blatt CCXL erste Seite enthalten den Text der historischen Bücher (Genesis bis Esther), sodann Blatt I—CI die Apocryphen, letztere mit der frühern Ueberschrift eingeleitet ("diß sind die
bücher — gefunden"). Der zweite Theil hat denselben Titel und die
gleiche Einfassung wie die frühern Folioausgaben: "das ander teyl
deß Alten Testaments mit sampt dem Neuwen" und die vier Momente aus dem Leben des Apostels Paulus. Blatt II bis Blatt
CLXXXVI, Seite 1 ist der Rest des alten Testamentes, Blatt
CLXXXVI, Seite 2 bis Blatt CCCXIII das neue Testament, an
dessen Schluß die Worte: "Getruckt zu Zürich bey Christoffel
Froschouer, vnd vollendet am sechsten tag des Merzens, im jar
MDXXXIX."

Die große Schrift und die Doppelcolonnen der früheren Folioausgaben sind beibehalten. Die Zahl und der Gegenstand der Vignetten ist in beiden Theilen ebenfalls die nämliche geblieben.

Eine sehr werthe Zugabe zu dieser Bibel ist die schon genannte
neue Vorrede von Leo Judä. Denn dieser ist nach Ton und Styl
ohne Zweifel Verfasser derselben. Ihre Ueberschrift lautet: "Von
allen bücheren heiliger und göttlicher gschrifft, ouch von jrer würde
vnnd fürträffenliche, an den christlichen Läser ein klarer Bericht."

Das Ganze ist eine Apologie der biblischen Weisheit gegenüber den Einwendungen des damaligen Humanismus und dessen Ueberschätzung der Alten.

Diese Vorrede fängt an: „Es schreiet die wyßheit Gottes (als der wyß Salomon im buch der sprüche bezügt) zu allen menschen, was alters wäsens vnd stands die sygind, vnd spricht: Losend auf, dann ich wil hohe vnd herrliche ding reden ꝛc." An die Stelle Prov. 8 anknüpfend beklagt der Verfasser, daß man auf den heutigen Tag Gelehrte finde, „die sich ganz vnd gar, ja jr ganz läben lang uff die falsche betrügliche wyßheyt legend vnnd ab dem nammen der bibel ein vnwillen vnd scheuhen tragend. Vielleicht haben sy zewort es seyn in der bibel nit zierliche wolberedte redkunst sunder neywas groben vnd peurischen art zereden, deren sy seynd sygind." Er weist nun nach, daß auch einem Cicero nicht die glatte Form die Hauptsache gewesen sei, sondern der praktische Zweck der Rede. Auch mit dem, was Plato oder die Philosophie sage, stimme die Schrift überein. In ihr sei die rechte wahre Philosophie. Diese practische Philosophie wird sodann theils aus den Namen der heiligen Schrift (Bibel, neues und altes Testament), theils aus dem Inhalt der einzelnen Bücher nachgewiesen. Zuerst werden die sämmtlichen historischen Bücher durchgesprochen und bei jedem einige practische Gesichtspunkte hervorgehoben, auf die das Buch abzusehen sei, auch jedesmal die Zahl der Jahre bezeichnet, welche eine Schrift umfaßt. Von Moses wird gesagt: „Moses, der aller heiligen, die geschrieben habend, als vil als vatter ist, vnd als ein guldiner känel (Kanal) der hat alle waare Gottsäligkeit vnnd die rechte waare weyßheit in fünff bücher begriffen vnd gefaßet, vnd daßelbig mit hohem flyß vnd großen trüwen der ganzen wält dargestellt. Was er von anfang der wält uff sein zyt geschriben, hat er dermaß beschriben, das ers von anderen frommen vnd gloubwürdigen, ouch durch ynsprächen des Göttlichen geists empfangen hat. Das gsetz Gottes hat er von Gott selbs empfangen vnd dem volk geben." Auf die Charakterisirung der historischen Bücher folgt die der poetischen Schriften. Ein Paar Beispiele mögen hinreichen, die Eigenthümlichkeit dieser Auseinandersetzungen kennen zu lernen.

„Das ander buch Salomons wirdt genannt Ecclesiastes. Ecclesia heißt den Griechen als vil als uns Tütschen ein gmeind oder verſammlung, ſo ja ein gantze gmeind vnd volk zämen kumpt oder zämen berufft wirdt, zehören, was ein gmeinen nutz antrifft. Eccleſiazin heißt vor einer gmeind reden. Eccleſiaſtes heißt der, der oſſentlich vor einer gmeind redt. So haltet nun diſes büchlin kurtzer ſumm diſes inn: Laß dir ſein, es kumme eine gantze gmeind vnd volk des gantzen erdbodens zeſamme, vnd an der gmeind ſygind mancherley lüten, da einer diß der ander das von dem höchſten vnd obriſten gut redind: einer ſagt, diß ſye das obriſt gut, der ander ſagt jhenes ſye das obriſt gut. In dem zank vnd ſpaan laß dir ſyn es trätte der weyß Salomon mitten in die gmeind, vnd widerlege einem jeden ſein meinung vnd ſage: Es iſt nüt dann eytelkeit, ja es iſt alles eytel. Dann im erſten teil diſes büchlins, handelt er von der verrumpten frag, Warinn doch das höchſte vnd beſte gut ſtande? So findt es ſich, das kein höher vnd beßer gut nit iſt, dann ſo der menſch mit Gott vereinbaret iſt, vnd ewigklich ſein müßt. Deßhalb widerſichtet vnd verwirfft Salomon aller derer meinungen, die das obriſt gut in andren dingen ſetzend vnd ſuchend. Als etlich die ſetzend das obriſt vnd höchſte gut in kunſt vnd wüßen viler dingen, etlich in wolluſt, etlich in herrligkeit vnd höhe, etlich in rychtagen. Darneben leert er ouch wie man die wolluſt vnd zytliche hab recht vnd zimlichen bruchen ſol. In den letzſten capiteln gſtellet er den verſtand vnd vrteil von dem böſen vnd guten: was man begären: was man fliehen ſoll mit der glychen ſprüchen, wie ers im erſten buch gebraucht hat."

„Das drit buch heißt das Gſang der gſangen, oder das Hochgſang. Da leert er mit einer verwändten vnd figürlichen red, was es für ein gut ſye, vnd wie groß, mit Gott eins ſyn, dann das iſt das höchſte gut. Da bildet er an das Gott der gemahel vnd eeman iſt, die gläubige ſeel ein geſpons vnd braut. Da wirdt vil geſagt von der liebe, von umbfahen vnd küſſen, von der ſchöne vnd hübſche. In welchem er zeverſton wil geben die art, liebliche vnd kraft der Göttlichen liebe vnd vereinbarung. Dann alſo hat es der göttlichen Weißheit vnd güte gefallen, mit vns zereden vff vnſere art: dann nüt iſt lieblichers in allen menſchlichen händeln, dann liebe: nüt iſt wunderbarlichers, nüt krefftigers. Deßhalb ſol niemants nüt ſchnödes oder geils gedencken, ſo er diſes lißt: es ſind hie alle ding heilig, züchtig vnd künſch."

Nach einer ziemlich ausführlichen Schilderung des Wesens und Wirkens der Propheten durchgeht der Verfasser diese im Einzelnen, wobei manche treffende und feine Bemerkungen vorkommen. Ueber Jonas heißt es: „Jonas treyt einen bildner des sterbenden vnd wider ersteenden Christi, wie es der Herr im Matthäo selbs leert. Er hat vns hinder jm gelaßen ein histori, die schön beschriben ist, in welcher vns die natur vnnd art Gottes eigentlich abgemalet wirt, namlich, wie gewaltig, gut vnnd gerecht er sye, vnnd das er ouch seye ein Gott der Heyden. Item wie ytel menschliche raatschleg vnd anschleg sygind wider Gott: was waare vnd rechte enderung vnd besserung sye, wie der mensch so schwach, vnd wie das fleisch so hochmütig vnd stolz sye, ouch in den frommen vnd heiligen lüten, das es alweg sein acht vnd höhe vnderstaat zebeschirmen vnnd zeerhalten, wenn sölichs vilen andren großen schaden bringen sölte. Er hat geläbt vnder Joram, dem Künig Israel, ein Prophet vnd Apostel der Heyden, wiewol er den Juden ouch geprebigt hat, wie man findt im vierdten buch der Künigen im vierzähenden capitel."

In ähnlicher Weise ist das neue Testament behandelt. Von dem Evangelium Johannes heißt es: „Johannes hat fast spaat harnach die histori, wie das ewig wort ins fleysch kommen seye, geschriben vnd eroffnet. Ohne zwyfel hat er gesehen, was Matthäus geschriben hatt, vnd jm fürgenomen, das selbig zevolenden vnd ußzemachen, namlich allermeist der leeren vnd predginen halb Christi, ouch andrer dingen, die Matthäus fürgangen oder nur ein klein angerürt hat. Deßhalb in disen zwei Evangelisten, alle gschichten vnd leeren Christi volkommenlich vnd gnugsam vergriffen sind."

Nach einer Bemerkung über apocryphische Evangelien und über das Ausreichende der vier Evangelien und der Apostelgeschichte werden die apostolischen Briefe und die Apocalypse behandelt. Von dem Briefe an die Colosser wird geurtheilt, er sei „ein kurzer begriff oder ußzug" aus dem an die Epheser. Die Epistel Juda enthalte alles was 2 Petri. „In der Apocalypse hat Johannes uff prophetische weyß abgemalet vnd angebildet, was jm der Herr geoffenbaret hat, wie es der kilchen gon werde biß zum end der wält. Der meertheil ist genomen uß den Propheten Ezechiel, Daniel, Zachariä vnd anderen Propheten. Also hat es Gottes güte gefallen, das er frü vnd bey zyten sein kilchen warnte vor den künftigen üblen, damit ſy ſich deſſen baß vnd fleißiger hüte vnd Gott ernſtlicher bitte vnd anrüffe."

Nachdem der Verfaſſer mit einer kurzen Bemerkung die Zweifel an der Aechtheit der Briefe an die Ebräer, 2 Petri und Judä und der Apocalypſe zurückgewieſen, und die altteſtamentlichen Apocryphen nur mit wenigen Worten als Bücher bezeichnet hatte, die zu Hauſe geleſen werden können und aus denen man die Wahrheit nicht be=ſtätigen könne, kehrt er wieder zu ſeinem Thema zurück und fragt: "Nun ſagend an jr widerſächer, was jr doch meininb das vns mangle, oder was doch das ſye, das wir von ünwerer Philoſophy höuſchen vnd bättlen müßinb?"

Der Verfaſſer ſtellt nun eine ſehr geiſtreiche Vergleichung zwi=ſchen den Leiſtungen der alten Philoſophie, beſonders des Ariſtoteles, der antiken Beredtſamkeit, Geſetzgebung, Geſchichtſchreibung und zwi=ſchen der heiligen Schrift an, redet dann noch von der einflußreichen Stellung des Judenthums inmitten der Heiden und dem wichtigen Einfluß der Bibel auf die Völker vor Chriſtus und ſchließt dann mit der Mahnung: "Darum verlaßend die lugen vnd ergäbend üch ganz an die elteſte, gwüßeſte vnd heilſamſte Philoſophy, an die bibel vnd heilige gſchrift, das jr darinn vnderwiſen werdinb."

Der letzte Theil dieſer Vorrede zeugt nicht nur von der Begei=ſterung des Verfaſſers für die Bibel, ſondern auch von ſeiner viel=ſeitigen Bekanntſchaft mit der alten Literatur. Das Ganze iſt ein würdiges Seitenſtück zu der frühern Vorrede Zwinglis und würde wohl mit letzterer eine Verbreitung in weiterm Kreiſe verdienen.

Aus der obenerwähnten Bemerkung Froſchouers geht hervor, daß ſich die Reviſion des Textes der Ausgabe 1539/40 zunächſt nur auf das alte Teſtament bezog. Dieß wird denn auch durch die Ver=gleichung des Textes mit den frühern Ausgaben beſtätigt.

In Genef. 1 ſind neun Stellen verändert, z. B. 1, 2: "vngſtalt vnd öd" (früher = Luther). V. 6: "Es werde ein vnderſchlacht in=mitten der waßeren vnd das ſey ein vnderſcheyd zwüſchend den wa=ßeren vnd waßeren." V. 5: "da ward abend vnd morgen ein tag." V. 7: "der ander tag" (frühere Ausg.: "auß abend ꝛc."). V. 16: "ein groß liecht, das gwalt hatte im tag vnd ein klein liecht das gwalt hatte in der nacht" (früher: "das dem Tag vorſtände" ꝛc.). V. 20: "läbendige ſeelen" (früher: "l. tier"). V. 22: "vnd Gott

benedeyet ſy" (früher: „vnd gott begabet ſy reychlich"). Geneſ. 3, 15:
„vnd du wirſt jm in die färſen hecken" (früher: „vnd du wirſt jm
die färſen zertreten"). Gen. 4, 4: „Es warend auch zu den zeyten
Nephilim auff erden. Dann nachdem die kinder Gottes zu den töch=
tern der menſchen kamend, vnd jnen kinder geboren hattend, wur=
dend daruß helden, die von alter her namhafte lüt warend." Die
Gloſſe ſteht am Rande: „Nephilim heißend riſen oder faller, die von
Gott fallend." Cap. 11, 3: „vnd namend ziegel für ſtein vnd lätt
für mörtel" (früher: „päch für pflaſter"). Gen. 14, 10 iſt das ſeit
1531 wohl richtiger überſetzte „pechbronnen" wieder in „lättgruben" =
Luth. „Thongruben" verwandelt. — Cap. 19, 2: „ir herren" (früher
noch wie L. „Herr"). — Cap. 22, 2: „Lieber nimm deinen ſun,
diſen deinen einigen, den du lieb haſt." Gen. 31, 10: „die böck,
die da ſprungend uff die härd, waren geſprängt" ꝛc. Aehnlich iſt
berichtigt B. 10. Der Segen Jakobs Gen. 49) hat mehrere Aende=
rungen erfahren, z. B. B. 10: „biß das der Silo kommt" (früher =
Luther). B. 26: „die ſägen deines vatters überträffend die ſegen
meiner elteren, biß an den umbkreiß der büchlen (= Hügel) der wält."
Cap. 50, 19: „bin ich denn an gottes ſtatt?" Er. 17, 15: „der
Herr iſt mein paner." Cap. 22, 7: „zu behalten gibt." 1 Sam 6, 4:
„feigwarzen." 2 Sam. 16, 11: „laßend ihn, das er fluche." 1 Reg.
11, 25: „das bös, das Habad tat." Cap. 21, 20: „Haſt du mich
funden, du mein ſeynd?" 2 Reg. 19, 26: „vnd werdend wie das
graß uff dem väld vnd wie das grün kraut zum höuw uff den tü=
chern." — Hiob hat in dieſer Ausgabe nur wenige Aenderungen
erfahren, z. B. 11, 12: „vnd ein menſch wird wie ein junger wald=
eſel geboren." Cap. 28, 4 iſt wieder die lutherſche Ueberſetzung auf=
genommen, nachdem die Stelle ſeit 1531 ganz anders überſetzt worden
war. Es iſt dieß um ſo auffallender, da Luther gerade da dem
Grundtexte nicht gerecht geworden iſt.

Sehr zahlreich ſind die Aenderungen in den Pſalmen.

Pſalm 1 lautet: „Wol dem, der inn den radt der gottloſen nie=
nen gabt, der ſich in dem wäg der ſünderen nienen ſumet
vnd in dem ſtuhl der ſpottvöglen nitt ſitzt. Sunder ſein luſt
vnd fröud iſt im geſetz des HERREN, vnd in ſeinem geſetz
trachtet er tag vnd nacht. Der iſt gleych wie ein baum der
an den waßerflüßen gepflanzet, ſein frucht zu ſiner zeyt bringt.

Seine bletter fallend nit ab vnd alle frücht, die er bringt, werdend wol geraaten. Die gottlosen sind aber nitt also, sonder gleych wie die spreuwer die der wind zerwäyet. Darumb werdend die gottlosen im gericht nit mögen beston vnnd die sünder in der versammlung der gerechten. Denn der HERR kennt den wäg der frommen, aber der wäg der gottlosen wirdt vmbkommen."

Bei Pf. 8 ist der frühere Erklärungszusatz: „so denk ich" weggelassen und gleich wird fortgefahren: Wie groß vnd wärd ist doch der mensch 2c.

Psalm 23: „Der HERR ist mein hirt, darumb mangelt mir nichts. Er machet mich in schöner weyd lümen und fürt mich zu stillen waßeren. (Mit dennen) erfristet er mein seel, leytet mich auf den pfad der gerechtigkeit vmb seines Namens willen. Und ob ich mich schon verginge in das göw des tödtlichen schattens, so wurde ich doch nichts übels förchten: dann du bist bey mir, zu dem tröstend mich dein stäken und stab. Du richtest mir einen tisch zu vor minen feinden, du machst mir mein haupt feißt mit öl vnd vnd füllest mir meinen bächer."

Pf. 29, 9: Die stimm des HERREN macht die hinden schwach.

Pf. 39, 10: Ich schweig vnd thue meinen mund nit auf, dann du hast es gethon.

Pf. 49, 5: Ich wil mein or wenden zu gleychnußreden: vnd wil meine räterschen (= Räthsel) mit der lauten anheben.

Pf. 51, 8: Siehe zur warheit hast du lust: in der heimlichen verbärgnuß hast du mich weyßheit laßen wüßen.

Pf. 74, 9: Es ist kein prophet mee, wir habend nieman mee vnder vns, der etwas wüße.

Pf. 80, 15: Den pflanz, den deine gerechte hand gepflanzet hat, vnd den sun, den du dir gesterkt hast.

Pf. 106, 23: Wo nit Moses sein außerwelter wäre in die lucken gestanden.

Pf. 119, 83: Wie ein schlauch im rauch.

Pf. 148, 8: Lobend in alle himmel vnd die waßer, die ob dem himmel sind.

Aus diesen, wie aus einer großen Zahl anderer Stellen erhellt, wie zwar Luther benutzt wurde, wie aber auch fortwährend das Bestreben waltete, denselben zu berichtigen.

Auch die Summarien der Psalmen sind zuweilen geändert. Luthers Lieder in „höherm Chor" sind jetzt als „gsang des auffsteigens" bezeichnet. Sonst ist die Einrichtung und Zählung die gleiche geblieben, wie 1536. Dasselbe gilt auch von den Salomonischen Schriften. Die ersten 7 Verse der Proverbien werden wie früher als Einleitung zum Ganzen betrachtet. Dann kommt erst „das erst capitel". Die Ueberschriften haben keine Aenderung erfahren. Aus den zahlreichen Uebersetzungsänderungen seien nur wenige hervorgehoben.

Prov. 8, 27: Dann do Er die himmel schuff, was ich da: da er der tieffe ire cirkel stalt ꝛc.

Prov. 25, 20: Wär dem verkümberten herzen ein lied singt, ist gleych als so man in der kälte eim sein kleyd nimmpt und eßich über salpeter geußt.

Prov. 11, 31: Wird einem frommen uff erden vergolten, wie viel meer einem gottlosen und sünder. — Cap. 14, 10: Das herz erkennt die bitterkeit seiner seel und in sein fröud mag sich kein frömder ymmischen.

Prov. 36, 2: Die äglen (Schweizerisch == Blutegel) hat zwo töchtern.

Prediger 1, 18: Ye mer einer wüßens überkumpt, ye mer er auch müy vnd angst überkumpt. — Cap. 7, 1: Ein guter nam ist besser ꝛc.

Beim hohen Lied ist auch jetzt noch keine messianische Deutung angebracht. Die Propheten folgen den Salomonischen Schriften ohne Unterbrechung; denn auch da ist die treffliche Einleitung (Ausg. 1529. Sedez) weggelassen. Aus den ziemlich zahlreichen Aenderungen und theilweisen Verbesserungen in diesem Theil des alten Testamentes seien nur folgende angemerkt:

Jes. 2, 22: Hütend euch vor dem Menschen, der ein blaast in seinen naßlöchern hat, dann was ist er geachtet.

Jes. 11, 3: Und wirdt in lieblich riechen machen mit der forcht Gottes.

Jes. 14, 15: Gelt aber, du gyest in die tieffe der hell hinabgeworffen inn die winkel der gruben.

Jef. 21, 4: die nacht meiner begier hat er mir zum schräken
gemacht.

Jerem. 25, 9: Sehend der ist unser Gott, in den wir verträuwt
habend vnd er hat vns geholfen.

Jef. 40, 1: Sind wol getröstet min volk, sind wol getröstet,
spricht euwer gott.

Jef. 53, 1: Wär gloubt ober vnserem predigen oder wäm ist
der arm des herren eroffenbaret? V. 9: Sin begrebt (= Be=
gräbniß) wirdt jm mit den gottlosen gegeben vnd sein tod
mit den reychen.

Jef. 58, 2: Sy fragend mich von rechter gerichten wägen vnd
wöllend nach by Gott sein.

Jerem. 17, 9: Vnder allen dingen, die da läbend hat der mensch
das allergeschwindest vnd listigest herz. — 31, 21: stell dir
zeychen vnd mach dir hauffen: richt din herz auff die ban
der straaß die du gangen bist. — 46, 25: Nemmend war,
ich wird den Amon zu No, Pharaonem vnd Egypten auch
jre gött vnd könig heimsuchen, den Pharao vnd alle, die sich
auff jn vertröstend. — 49, 20: die minsten der härd wer=
dend sy zerreißen. — 51, 64: bis hieher (habend gwärt)
die Reden Jeremiä.

Thren. („die klag Jeremiä") 3, 37: Wär ist, der da sagen ge=
thar (darf) das etwas geschähe, das gott nit gebotten habe.

Ezech. 21, 10: Soltend wir vns des fröuwen? Die rut ist mi=
nes suns, sy verachtet alles holz. — 33, 31: Mit jrem mund
pfeiffend sy, mit jrem herzen trachtend sy jrem eigenen nutz
vnd gyt nach. — Diese Stelle nähert sich wieder Luther;
denn früher hieß es: „mit jrem mund thund sy, als wären
sy ynbrünstig". — 34, 16: Was aber feißt ist, vnnd sich
seiner stärke überhept, wil ich außreuten.

Dan. 9, 24: Sibenzig wochen sind über din volk vnd über dein
heylige statt bestimmpt, der schalkheit zu weeren, die sünd
zu versiglen, die mißthaat zu versünen vnd die ewigwärende
gerechtigkeit zu bringen, das gesicht vnd die propheten zu be=
siglen vnd den allerheyligsten zu salben.

Amos 4, 6: Ich hab euch den rägen, so noch drei monat zu ernd
warend, verhalten. (Früher vnrichtig: ich werde — verhalten.)

Abakuk 2, 1: Jch stund auff meiner hut vnd stalt mich auff mein feste vnnd wolt sehen vnd lugen was er reden vnd auff mein klag antworten wölte.

Zephonia 2, 1: Ersuchend euch selbs vnd trättend harzu, o du volk, das kein lust (darzu) hast, ee das herfür komme, das angschlagen vnd beschloßend ist.

Sachar. 4, 2: „ein yetliche amplen hatt siben gießschöpferly". Hier ähnlich wie Luther, früher richtiger: „vnd gingend je siben rörlin in ein ampel". — 10, 4: Ja von jm (dem Juda) wird sein das eck: von jm wirdt sein der nagel, von jm wirdt sein der streitbogen, von jm werdend ußgon alle zwinger mit einander.

Malachias 1, 7: Womit habend wir dich besudlet? Mit dem das ir sprechend: des HERREN tisch ist vnachtbar vnd schlächt.

Bei den Apocryphen ist hinsichtlich des Textes, der Ueberschriften und der Parallelstellen keine Aenderung eingetreten.

In den historischen Büchern findet sich eine ziemliche Anzahl Randglossen, welche meistens die im Text enthaltenen Ausdrücke er=klären oder umschreiben, z. B. bei Genes. 4. 6. 16. 24. 38. 41. Ex. 6. 12. 24. 29. Lev. 1 zu „strumpf" „da hie strumpf staht lesend etlich das netze oder griel". Cap. 8: „Wäben ist hin und här bewegen", „Wäbe ist ein opfer, das man vor dem herrn hin und her bewegt". Lev. 21. 23. Num. Cap. 15. 18. 19. 20. 21. 23. 29. Deut. 18. 34. Jos. 5. 11. 12. 13. Judic. 5. In den Apocryphen ist dreimal auf Joseph Antiq. verwiesen 1 Macc. 3. 6. 9. — Im Deuteron. findet sich Cap. 9 zu dem frühern Summarium noch der Zusatz: „Er be=schiltet auch das frevel vrtheil, das die menschen von Gottes werken thund. Cap. 30 der Zusatz: „Vnd das die sünder durch reuw und enderung des läbens gnad bei Gott findend". Josua 5 Zusatz: „Man hört uf, ein engel erscheint dem Josua". Cap. 21: „Von den stätten und freyen fälber der Leviten". 1 Sam. 12 Zusatz: Verweyßt jnen damit, das sy vnrecht gethon hattend, einen künig zu wellen". In den übrigen historischen Büchern sind keine Verschiedenheiten. Auch die Summarien der Apocryphen sind die gleichen geblieben. Bei Hiob Cap. 9 heißt der Schluß des Summariums: „das Gott nach seinem willen, nitt nach vnserem thun oder lassen strafe". Die

Propheten haben die nämlichen Summarien wie die früheren Aus=
gaben.

Das neue Testament von 1540 hat, wie schon bemerkt, nur we=
nige Aenderungen erfahren. Luther ist auch jetzt noch im Wesent=
lichen beibehalten, auch da, wo er offenbar unrichtig überseßt hat.
Einige Beispiele von versuchten Berichtigungen mögen hier folgen:
Matth. 5, 33: du sollst nicht fluchen oder schwören. V. 35: des
großen konigs stadt. V. 44: redend wol denen, die euch fluchen.
26, 27: trinkgeschirr (früher: kelch) — für die menge zur vergebung
der sünden. Marc. 3, 21: denn sy sprechend: er ist unsinnig. 6, 39:
daß sy sich alle lägerind nach gesellschaften. 9, 3: bleicher (Luth.:
färber). 9, 50: worinn wirdt man es salzen? 13, 17: Säugenden.
16, 2: an einem Tag der Sabbather. Luc. 1, 39: mit eyl (L.: en=
delich). 11, 40: der das ußer gemacht hat, der hat auch das inner
gemacht. 24, 1: an dem ersten tag nach dem sabbath.

Luc. 17, 36 fehlt auch noch, wie ursprünglich bei L.

Joh. 6, 55: meyn fleisch ist warlich ein speys und mein blut
ist warlich ein trank. 8, 25: Eben das, was ich mit euch rede. —
Joh. 8, 9 fehlen noch die Worte „von ihrem Gewißen überzeugt"
und „bis zu dem geringsten". Ebenso V. 59 die Worte: „mitten
durch sie hinstreichend" (L.). Ebenso fehlt Joh. 19, 38: „deßwegen
kam er und nahm den leichnahm Jesu herab".

Act. 7, 11: speiß (L.: Fütterung). 13, 38: von allen den din=
gen, die euch im gsaß Mosi nit grecht mochtend machen. V. 39 der
wirdt gerecht. Früher an beiden Stellen „fromm" statt „gerecht".
17, 11: edler und artiger denn die zu Theßalonich. 26, 24: macht
dich unsinnig. —

Röm. 3, 26 heißt es noch „fromm mache den, der da ist des
glaubens an Jesum Christum". Dagegen V. 28: So beschlüßend
wir nun, das der mensch gerecht gemacht werde on die werk des ge=
saßes durch den Glauben. Zum erstenmal ist hier das „allein" weg=
gelassen. Gal. 5, 5: gerecht syginb. 1 Cor. 14, 3: zur erbauung.
V. 11: unverstendlich (L. undeutsch). Eph. 1, 9: namlich, do er
uns hat wüßen laßen die geheimnuß seines willens nach seinem
wolgefallen: welche er in jm selbs fürgenomen hat. 2 Cor. 11, 17:
nit dem HERREN nach. 1 Cor. 13: die liebe ist langmütig und
fründlich, die liebe ist nit verbünstig, die liebe ist nit widerbäff=

zend, fy bläyet fich nit auf, ift nit unzüchtig, fucht jren nutz
nit, laßt fich nit zu zorn reitzen, fy mißt nichts zu argem. —
Hie und da ift ein Zurückkehren zu Luther bemerkbar, z. B. Ephef.
4, 13 „bis wir alle hinankommind zu einerley glauben und er=
kenntniß", wo es früher hieß: bis wir alle einer dem andern die
hand reichind zu einerley glauben und erkenntniß. — Tit. 3, 10:
„einen ketzerifchen Menfchen", früher: „einen abtrünnigen menfchen"
oder: „einen menfchen, der ein rottirer ift". Jac. 1, 17: „von dem
vatter der liechtern, bei welchem ift kein verenderung noch befchatti=
gung der vergleychung". — 1 Joh. 5, 17 find die Worte: „dann
drey find die zügnuß gebend im himmel: der vatter, das wort und
der heylig geift, vnd die drey find eins", auch jetzt noch in Paren=
thefe gefetzt. Erft gegen Ende des Jahrhunderts fielen die Klammern
weg, und es blieb fo bis zu den neueften Ausgaben, in denen fie
wieder erfcheinen.

Die Summarien der einzelnen Capitel find im neuen Teftament
diefelben, welche fchon in den Ausgaben von 1536 fich finden. Sie
find dann auch in den folgenden Ausgaben von 1542, 1545 und
1548 unverändert geblieben. Bemerkenswerth ift, daß auch hier der
Brief an die Ebräer jetzt hinter den Paulinifchen Briefen fteht.

Die Ausgabe von 1540 hat weder bezüglich der Gloffen noch
bezüglich der Parallelftellen irgend eine Bereicherung erfahren. Auch
die Vignetten find ein Abdruck derjenigen von 1531 und 1536. Nur
der erfte Buchftabe von Genef. 1 hat jetzt die Initiale von J (Im
Anfang") ftatt früher A („Am Anfang").

Die kurze Zeit zwifchen der Ausgabe von 1538 und der fchon
im März 1539 vollendeten eben befprochenen Ausgabe ließ es
nicht zu, das Ergebniß der Arbeiten L. Judäs und feines Mitar=
beiters fchon ganz aufzunehmen. Ebenfowenig war dieß bei der im
gleichen Jahr 1540 erfchienenen Quartausgabe möglich, welche ein
bloßer Abdruck der Folioausgabe ift mit Weglaffung aller Vignetten.[1]
Es blieb der folgenden Ausgabe vorbehalten, welche im Jahr 1542,
im Todesjahr des eifrigften Bibelüberfetzers in der Zürcherfchen

---

[1] Es ift nicht richtig, wenn Müfcheler a. a. D. pag. 220 fagt, daß in die=
fer Ausgabe eine weitläufigere Vorrede fei und daß vermehrte Argumente
fich darin finden. Die Vorrede Leo Judä ift fchon in der Folioausgabe
von 1539. 40. Bei Rudolphi Nr. 267.

Kirche erschien. Das auf der Zürcherschen Stadtbibliothek befind=
liche Exemplar hatte, wie eine (zum Theil incorrecte) handschrift=
liche Bemerkung hinten am Deckel aussagt, ein besonderes Schicksal.
„Anno in carne nati Dei filii MDLXVIII casparus de Vuis-
senbach, Subsylvaniæ (Unterwalden) Helvetiorum oriundus, is
eo temporis spatio Gynopedianensis provinciæ (Frauenfeld) præ-
fectus, in hujus urbis arce (quam omnes Helvetiæ terræ sep-
tem pagicorum Præfecti, diu inhabitare consuevere) in loco
quodam longissime occulto, hæc quæ vides Biblia invenit.
Quæ tamen non illo quo jure debebat, pretio æstimavit, verum Hereticorum instar Schismaticorumque librorum damnavit,
carnificique ut igne comburerentur, graviter injunxit. Nolens
hoc mandatum exhaurire carnifex (nomen cui erat Martinus) eo
quod factu indignum videbatur lapidem (?!), ut salva illa atque
integra manerent et opportune in alium locum mitterentur, quod
equidem probi et synceræ religionis amantis viri propositum pul-
chre et ex optatu successisse hæc ipsissima biblia satis testan-
tur. Veritas premitur at non opprimitur.“

Der Titel dieser Quartausgabe lautet: „Bibel Teutsch das ist
alle bücher Alts vnd Neuws Testaments den vrsprünglichen spraachen
nach auffs allertreuwlicheft verteutschet. Darzu sind yetzund kommen
ein schön vnd vollkommen Register oder Zeyger über die ganzen
Bibel. Die jarzal vnd rechnung der zeyten von Adamen biß an
Christum, mit sampt gewüßen Concordanzen, Argumenten vnd zalen.“
Dann kommt das Froschauerzeichen vnd vnter diesem: „Getruckt zu
Zürich bei Christoffel Froschouer, im Jar als man zalt MDXLII.“[1)]
Auf dem zweiten bis fünften Blatt findet sich die „kurze vermanung
vnd eynleytung an die christlichen Läser diser biblischen bücher von
1531 in der abgekürzten Form von 1534: „Als wir auß bitt vil
gutherziger bewegt u. s. w.“ Sodann kommt die ebenfalls früher
öfter abgedruckte Vorrede von Froschauer: „Was großen fleiß“ ꝛc.
vnd das Verzeichniß der biblischen Bücher. Beides zusammen füllt
drei Seiten. Hierauf folgen auf zwanzig Blättern die Concordanzen
vnd die biblische Zeitrechnung. Dieß ist so genau der Ausgabe von
1536 entnommen, daß diese Zeitrechnung nicht einmal bis 1542 fort=

[1)] Bei Rudolphi Nr. 283.

gesetzt ist. Als Einleitung hiezu ist die ebenfalls schon besprochene Vorrede: „Wie hertzlich wir yetzt lange zeit für 2c." vorgedruckt. Der Text selbst ist in zwei Bände abgetheilt, von denen der erste die historischen Bücher und die Apocryphen (296 gezählte Blätter), der andere Theil die übrigen Bücher des alten Testamentes und das neue Testament (279 gezählte Blätter incl. den besondern Titel) enthält. Am Schluß des Ganzen stehen noch einmal die Worte: „Getruckt zu Zürich bei Christoffel Froschouer. Im jar als man zalt MDXLII." Die deutschen Lettern sind die gleichen, wie diejenigen der Ausgabe von 1534. Mit Ausnahme des vielgenannten Bildes der Schöpfung des Weibes vor Genes. 1 finden sich gar keine Vignetten. Die Vorrede der Ausgabe von 1540 („Es schreyet") fehlt.

Die Ausgabe von 1542 stellt sich mehrfach als eine veränderte und erweiterte dar. Doch beschränken sich alle Aenderungen auf das alte Testament, während uns im neuen Testament weder bezüglich des Textes noch der Zuthaten etwas Neues begegnet ist. In den historischen Büchern des alten Testamentes finden sich beinahe keine Textveränderungen, da diese noch in die Ausgabe von 1539 (40) aufgenommen werden konnten. Gen. 3, 15 heißt es wieder: „du wirst jm die färsen zerträtten", wogegen 1539 (40): du wirst jm in die färsen hecken. Dagegen lauten namentlich im Hiob viele Stellen beinahe in allen Capiteln anders als früher, z. B. 6, 15—21. — Cap. 19, 25: „Dann ich weiß, daß mein retter vnd schirmer läbt, vnd daß er der letzt über den kaat ston wirt, vnd zletzt werdend sy mein haut wider über das ziehen, vnd in meinem fleisch werd ich Gott sähen. Den ich mir sähen wird, ja meine augen werdens sehen und nit eines andern." (Früher, noch 1539 (40): Dann ich weiß, daß mein retter vnd schirmer läbt vnd das ich der tag eins auß dem kaat wider aufston wirst, vnnd das (meine glider) mit dieser haut überzogen werdend und das ich mit meinem fleysch bekleydet Gott anschauen wird. Ja ich selber wird jn anschauen, nitt mit andern sondern mitt disen meinen augen".) 22, 2: Mag auch ein starker den starken Gott etwas nützen. Darum das ein fürsichtiger jm selbs nütz ist? Gefallt es dem allmächtigen so du dich selbs für gerecht ausgibst? 21, 23: die schollen des tals. 21, 29. 28, 3. 4. 33, 23. 34, 31. 36, 32. Etwas weniger ist in den Psalmen geändert. Ps. 8, 4 ff. hat wohl nicht eine Verbesserung dadurch erhalten, daß jetzt statt eines Vorderſatzes, wie frühere Ausgaben haben, geſagt iſt: „So will ich nun beſchouwen den himmel" ꝛc. Pſ. 74, 9: Es iſt kein prophet mer, wir habend niemand mer vnder vns, der wüße wie lang. 20, 9: die ſtimm des herrn machet die hinden gebären (1540 macht — ſchwach). 65, 5: daß er geſettigt werde (1540: daß wir geſettigt werdend).

Prov. 13, 2: Von der frucht ſeines munds wird ein yeder äßen das gut vnd die ſeel der überträtteren fräſel. 13, 10: Stolze ver=mäßenheit bringt nütt dann zank, bey den wolberadtnen aber iſt wyßheit. 13, 30. 18, 8. 17. 20, 19. 23, 2. 26, 24. 30, 3. Im Prediger vnd den „Liedern Salomons" ſind kaum nennenswerthe Aenderungen. Die Vorrede zu den Propheten von 1529 iſt auch hier wie ſchon 1539 (40) weggelaſſen. Jeſ. 5, 1: Mein geliebter freund hat einen räbgarten an einem fruchtbaren heißen ort, den umb=zünt er vnd ſüberet die ſtein daraus vnd pflanzet jn mit edelräben. 8, 14: Dann er wirdt zum heyligthum vnd ſtein. 9, 3. 10, 22. 23. 30, 7. 40, 1 hat wieder wie Luther: „tröſtend, tröſtend mein volk" (früher: ſind wol getröſtet). — Jerem. 1, 17: Erſchrick nit ob jnen, der ich dich nit etwa vor jnen fürchten mache. 2, 24. 25. 8, 8. 10, 1: Dann die ordnungen der heiden ſind nichts denn eitelkeit. 11, 25: Was hat mein geliebter in meinem haus zu ſchaffen. 17, 19: Ueber allen iſt das herz das liſtigeſt vnd arbeitſäligeſt, wär wills erkennen? 17, 9: das räbhun brütet, das es doch nit eyer legt. In Ezechiel vnd den kleinen Propheten iſt der Text mit wenigen unbedeutenden Ausnahmen gleich geblieben. Nahum 1, 11: Dann auß dir gabt auß, der args wider den herrn anſchlecht, vnd der teuf=liſche radtſchleg thut.

Während die Summarien vnd Parallelſtellen im alten vnd neuen Teſtament vnd in den Apocryphen die gleichen geblieben ſind, ſo zeichnet ſich dagegen die Ausgabe von 1542 durch eine reiche Zu=that von Gloſſen aus, welche theils eine andere Ueberſetzung andeu=ten, theils ſprachliche Erläuterungen geben. Die Gloſſen der erſten Art werden mit den Worten eingeleitet: „Möchte auch gläſen werden" oder nur mit „oder", z. B. Gen. 49, 6 zum Text: „vnnd in jrem mutwillend habend ſy einen ochſen entädert", die Gloſſe: „Oder, jnn nur zerriſſen." Exod. 34 zum Text: „vnd großer gnad vnd treuw": „Oder: großer barmherzigkeit vnd warheit". Lev. 19, 16: Du ſolt

nitt ein krämer under deinem volk gon." Gloſſe: „krämer bruchend
ſy hie für ein liſtigen vnd verlümnder, ſchwätzer, lütbſchyßer." In
den übrigen hiſtoriſchen Büchern finden ſich keine Gloſſen, die nicht
ſchon die Ausgabe von 1539 (40) hätte. Dagegen hat theils die
Schwierigkeit, welche die Ueberſetzung des Hiob darbot, theils die
Gewiſſenhaftigkeit der Ueberſetzer, welche die eigene Ungewißheit nicht
verbergen wollte, in obengenanntem Buche zu einer ſehr großen An=
zahl von Randbemerkungen geführt. Daſſelbe iſt in den Proverbien
und im Prediger der Fall. Auch in den Pſalmen und Propheten
tritt dieſelbe Eigenthümlichkeit dieſer Ausgabe hervor. Dagegen hat
das neue Teſtament auch hierin nichts Neues.

Leo Judä ſtarb, noch ehe er ein anderes ſeiner Hauptwerke,
nämlich ſeine lateiniſche Bibelüberſetzung vollendet hatte, am 19. Juni
1542. Vervollſtändigt durch die von Th. Biblіander und K. Pelli=
can noch bearbeiteten Bücher Daniel, Hiob, Prediger, Hohelied, die
48 letzten Pſalmen und die acht letzten Bücher des Ezechiel, erſchien
dieſe Ueberſetzung im Februar des Jahres 1543 mit Bullinger's Vor=
rede. Peter Choli, ein Schüler Leos, der in Paris ſich bedeutende
Kenntniſſe erworben, hatte die Apocryphen, Rudolph Gwalther auf
Grundlage der Ueberſetzung des Erasmus das neue Teſtament beſorgt.
Es ſei hier nur angedeutet, welchen großen Beifall dieſes Werk in
der Schweiz und im Ausland, bei Proteſtanten und Katholiken, bei
Reformirten und Lutheranern, bei Zeitgenoſſen und Spätern gefunden
hat. Nur Luther bildete eine Ausnahme, wie wir weiter unten
ſehen werden. [1])

Die Studien, welche Leo Judä für dieſes Werk zu machen hatte,
waren auch zugleich Vorarbeiten für eine immer weitergehende Verbeſſe=
rung der deutſchen Bibel. Der Ueberſetzer war namentlich genöthigt,
ſich nach einem möglichſt genauen hebräiſchen Text umzuſehen, und
die verſchiedenen Lesarten einer Kritik zu unterwerfen. Bullinger
gibt uns in der genannten Vorrede hierüber folgende Auskunft:
„Bei ſeiner Ueberſetzung bediente ſich Leo eines vorzüglich genauen

---

[1]) Das Ausführlichere über dieſe latein. Bibelüberſetzung ſ. Peſtalozzi Leo
Judä. Elbf. 1860, pag. 77 ff. und pag. 165. Frühere Schriftſteller beſ.
J. H. Hottinger bibliothecarius pag. 153 f. 167 und schola Tigur. pag.
213. 215. 217 und hodeget. vol. I, pag. 137 ff. Lelong bibl. ed.
1609, I, pag. 581—587.

Textes;[1] an diesen hielt er sich getreulich, faßte ihn überall in's Auge und folgte ihm, als dem einzigen Leitstern und der Richtschnur der ewigen und untrüglichen Wahrheit. Indeß zog er auch andere hebräische Texte bei, besonders bei schwierigen und zweifelhaften Stellen. Und obschon er nicht meinte, die wahre Lesart sei aus den griechischen oder den verschiedenen lateinischen Ausgaben zu schöpfen, zog er doch häufig auch sie zu Rathe; ebenso berücksichtigte er, was die rechtgläubigen kirchlichen Schriftsteller hie und da in Betreff der ächten Lesart und des richtigen Sinnes überliefern." „Trefflich wurde er unterstützt durch die Arbeit und den Fleiß der hocherleuchteten Männer, welche in den Sprachen und den Sachen wohl erfahren, schon seit mehr als achtzehn Jahren in der Zürcherschen Kirche das alte Testament nach dem hebräischen Urtext und mit Vergleichung der Sprachen auch mit Berücksichtigung der Ueberlieferungen der gelehrtesten Ausleger auf's Treuste erklärt haben. Er war ihr steter Zuhörer und zeichnete jedesmal fleißig aus ihren Vorträgen auf, was sie von der Eigenthümlichkeit und dem Genius der hebräischen Sprache, den Rabbinern oder hebräischen Auslegern, den Ansichten der ältern und neuern Kirchenlehrer, der Vergleichung der Handschriften und verschiedenen Lesarten mit unglaublicher Gelehrsamkeit und Sorgfalt vorbrachten. Zu Hause verarbeitete er erst Alles, verglich es mit den Autoren selbst und den authentischen Schriftstellern und bereitete so ohne anders unter vorausgehender Anordnung der göttlichen Vorsehung das Material für dieses sein künftiges Werk."

Es war leider dem fleißigen Manne nicht mehr vergönnt, die Ergebnisse seiner Forschungen auch auf eine neue Ausgabe der deutschen Bibel auszudehnen. Hatte es schon der eindringlichsten Mahnung auf dem Sterbebette bedurft, um seine Freunde Bibliander und Pellican zur Fortsetzung und Vollendung der lateinischen Bibel zu bewegen, so scheint sich Niemand für Fortsetzung der deutschen Uebersetzung gefunden zu haben. Die Folge davon war, daß jetzt eine Pause in der Uebersetzungsthätigkeit der Zürcher eintrat, und daß die Buchdrucker, um das stets wachsende Bedürfniß nach Exemplaren zu befriedigen, die bisherigen Ausgaben wieder abdruckten

---

[1] Nach Joh. H. Hottinger Hodeg. Zür. 1647. Vol. I, pag. 137 war dieß eine zu Venedig gedruckte Bibel.

und zwar nicht bloß die zuletzt noch von Leo Judä besorgte von
1542, sondern, wohl je nach dem Wunsche der Besitzer, auch frühere.
Schon J. Heinr. Hottinger [1]) hat den Versuch gemacht, die verschie=
denen zusammengehörenden Exemplare nach ihrer Aehnlichkeit zu
gruppiren und stellt so die Ausgaben von 1529, 1530, sodann die
von 1534, 1536, 1538, weiter die von 1540, 1548, 1554, 1570, 1571,
1580, auch 1565 (nur mit wenigen Abweichungen), endlich die von
1574, 1597, 1618, 1638 zusammen. Im Ganzen hat er richtig ge=
urtheilt. Doch fehlten ihm, wie von den frühern, so auch von den
spätern Ausgaben nicht wenige. Es läßt sich nicht verkennen, daß
in der Bearbeitung der Zürcherschen Bibelübersetzung nach Leo Judä
Tod ein ähnlicher Stillstand eintrat, wie er beinahe um dieselbe Zeit
in der lutherschen Uebersetzung durch den Tod ihres Urhebers erfolgte.
Mit Recht bemerkt der ebengenannte Hottinger, daß die bis zu seiner
Zeit, d. h. bis um die Mitte des siebenzehnten Jahrhunderts erschie=
nenen Ausgaben mehr nur sprachliche als sachliche Aenderungen er=
fahren haben. Wir nennen daher nur noch vorläufig die z w e i
Ausgaben von 1545 und 1548, welche während eines ganzen Jahr=
hunderts nach Form und Inhalt Vorbilder geblieben sind.

Die Nachfrage nach den deutschen Zürcherbibeln war unterdessen
so groß, daß Exemplare schon 1544 sehr schwer aufzutreiben waren.
So schreibt Bullinger (28. Nov. 1544) an den Seckelschreiber von
Bern, Eberhard von Rümlang, er hätte ihm gern eine deutsche Bibel
geschickt, aber er habe bei keinem Buchhändler in der ganzen Stadt
ein einziges Exemplar auftreiben können. Das einzige käufliche Exem=
plar mit colorirten Bildern wage er ihm nicht zu schicken, da es auf
7 Zürchergulden zu stehen komme. Um so dringender nothwendig
war die Veranstaltung einer neuen Ausgabe. Eine solche erschien
1545 in Folio. [2]) Dieselbe gleicht hinsichtlich des Drucks, der Vor=
reden und Register vollständig der schönen Folioausgabe von 1540 (39).
Nur die Blätterzahl ist verschieden. Die Titel der beiden Bände

---

[1]) Bibl. quadrip. Tig. 1664, pag. 154.

[2]) Zürch. Stadtbibl. Hottinger kannte diese Ausgabe nicht. Was Breitinger
(Siml. Urk. a. a. O.) darüber sagt, daß nämlich auf dem Titel 1525
statt 1545 stehe, ist nicht richtig. Ebenso ist es unrichtig, wenn er eine
Stelle aus der Vorrede als etwas Neues anführt. Denn dieselbe Stelle
findet sich in allen Ausgaben nach 1531. — Rudolphi Nr. 313.

unterscheiden sich von der genannten Ausgabe einzig durch die Jahr-
zahl. Die oben geschilderte Vorrede Leo Judä's „Es schreyet die weißheit" nimmt 9½ Blatt, Froschauers Vorrede die 2. Seite des letzten
Blattes ein, die Concordanzen 13 Blätter, das Verzeichniß der Bücher 1 Blatt, die Chronologie 1 Blatt ein. Der erste Theil hat 333,
der zweite Theil 315 Blätter. Am Schluß des zweiten Theils ist,
wie gewöhnlich, der Druckort und die Jahreszahl, hier 1545, doch ohne
specielles Datum angegeben. Der Text dieser Ausgabe ist ein Abdruck desjenigen von 1542 mit denselben Summarien, Glossen und
Parallelstellen. Aeußere Unterschiede sind nur folgende: 1) die Apocryphen haben keine besondere Zählung, während diese noch 1540 (39)
zu finden ist, 2) eine große Anzahl neuer Bilder im neuen Testament. In den Evangelien finden sich deren 93 ohne die Vignetten
der Anfangsbuchstaben. Einige wiederholen sich bei den nämlichen
Erzählungen. Die Apostelgeschichte zählt 13. Vor den Briefen ist
je ein Bild, das sich öfter wiederholt. In der Apocalypse sind die
21 Bilder früherer Ausgaben. Wir haben so hier schon eine förmliche Bilderbibel. Manche einzelne Darstellungen sind künstlerisch fein
und geistreich ausgeführt. In dieser Beziehung mag es richtig sein,
wenn Brucker diese Ausgabe nicht nur als die beste und vollständigste,
sondern auch als die schönste bezeichnet. [1] Dem dringenden Bedürfnisse entgegenzukommen, ließ Froschouer noch im gleichen Jahr 1545
einen Wiederabdruck der Ausgabe von 1539 in gr. 8⁰ erscheinen,
welche nichts Eigenthümliches hat. [2]

In diesen Ausgaben von 1545 findet sich noch die Vorrede von
Leo Judä. Diejenige von 1548 4⁰ hat sie nicht mehr. Letztere erschien in zwei großen Quartbänden. [3] Der Titel des ersten Bandes
lautet: „Bibel Teutsch; das ist alle bücher Alts vnd Newvs Testaments, den vrsprünglichen spraachen nach, auffs allertreuwlichest verteutschet. Darzu sind yetzund kommen ein schön vnd vollkommen
Register oder Zeiger über die ganzen bibel. Die jarzal vnd rechnung der zeyten von Adamen biß an Christum. Item ein kurter
summarischer begrif der heiligen geschrifft, mit sampt gewüßen Con-

---

[1] J. Brucker, Beiträge zur critischen Historie der deutschen Sprache. XVII, pag.
31—42. Leider ist durch kein Monogramm der Urheber der Bilder angedeutet.

[2] Bei Nüd. Nr. 314.

[3] Stadtbibl. Schaffhausen.

corbantzen, Argumenten und Zalen." Unter dem Froschouerschen
Zeichen heißt es sodann: „Getruckt zu Zürych bei Christoffel Fro=
schouer, im Jar als man zalt M.D.XLVIII." Auf der Rückseite ist
die bekannte Vorrede von Froschouer „Was großen Fleiß 2c." mit
dem Zusatz von 1539 (40). Dann kommt auf dem zweiten Blatt
wieder die Vorrede von 1531 „Als wir auß bitt 2c." 4½ Blatt um=
fassend. Neu ist dann ein „kurzer Summarischer begriff der ganzen
heiligen geschrifft beider testamenten" mit Randüberschriften und vie=
len biblischen Citaten. Es ist eine sehr dürftige Angabe des In=
haltes beider Testamente auf 4½ Seiten. Mit dem neunten Blatt
beginnt der „kurze zeiger der fürnämsten historien und gemeinsten
artiklen im Alten und neuwen testament" mit der Einleitung „Wie
herzlich wir yetz lange zeyt 2c.", dieselbe Concordanz auf 15 Blättern,
die wir schon in der Ausgabe von 1536 kennen gelernt haben. Den
Schluß bildet die Chronologische Tabelle „von Adamen bis auf Je=
sum Christum vnd auff dieses gegenwärtige jar MDXXXVI gezogen"
auf 1½ Seiten. Man unterzog sich also nicht einmal der Mühe,
die Chronologie bis 1548 fortzusetzen. Der Text dieses ersten Ban=
des umfaßt 287½ Blatt. Die einzige Vignette steht vor der Gene=
sis und ist das alle Ausgaben beinahe schmückende Bild der Erschaf=
fung des Weibes. Die historischen Bücher gehen bis zu Blatt 202;
dann folgen in fortlaufender Blätterzahl bis 288 die Apocryphen.
„Das ander teyl des alten testaments mit sampt dem Neuwen" hat
nebst diesem Titel nur das Froschauersche Zeichen und unten daran
die Worte: „Getruckt zu Zürich bey Christoffel Froschouer" ohne
Jahreszahl. Der Rest des alten Testamentes geht bis Blatt 162.
In der zweiten Hälfte der ersten Colonne beginnt dann gleich das
neue Testament und reicht bis Blatt 271, auf dessen Rückseite noch
das Verzeichniß sämmtlicher biblischer Bücher mit Angabe der Capitel
und Blätter enthalten ist. Am Schluß steht noch der Druckort und
die Jahreszahl MDXLVIII. Auch in diesem Bande findet sich nur
eine Vignette vor dem Buch Hiob, welche Hiobs Leiden darstellend
sich nur durch eine etwas veränderte Randverzierung von den ähn=
lichen Bildern der Ausgaben von 1534, 35 und 38 unterscheidet.

Sowohl Text als Beigaben weichen von den beiden unmittelbar
vorangehenden Ausgaben nicht im Geringsten ab. Diese Ausgabe
ist gleichsam der Typus der folgenden bis zur Revision der Zürcher=

übersetzung in der Mitte des siebenzehnten Jahrhunderts geblieben.
Das zeigt schon die noch im gleichen Jahr 1548 erschienene Folio=
ausgabe, sowie die im folgenden Jahre herausgekommene Ausgabe in
2 Bänden. 8°.[1]) Auch die Chronologie ist nur bis zum Jahr 1536
fortgeführt. Die frühern Vorreden „Als wir aus bitt" und „Was
großen Fleiß" sind nur abgekürzt wiedergegeben.

Noch mögen zum Schlusse dieses Abschnittes einige Bemerkungen
am Platze sein über das Verhältniß dieser Zürcherbibelausgaben zu
den gleichzeitigen Ausgaben der lutherschen Bibelübersetzung. Es ist
oben daran erinnert worden, daß in den Abdrücken der letztern,
welche in Zürich erschienen waren, zunächst die Baslernachdrücke zu
Grunde gelegt worden sind. Diese selbst folgten gleich den ersten in
Wittenberg herausgekommenen Theilen sowohl im alten als im neuen
Testament. Nachdem nun die Zürcher selbstständig zu arbeiten an=
gefangen hatten, so blieben sie da, wo sie etwa noch an Luther sich
anschlossen, bei dem ersten Wittenbergischen Texte. Daß Luther bis
zu der letzten bei seinen Lebzeiten noch herausgekommenen Ausgabe
von 1545 Verbesserungen vorgenommen hat, ist bekannt genug. In
wie weit nun aber die Zürcher auf dieselben Rücksicht genommen
haben, ist kaum mehr zu ermitteln. Wenn die Lutherbibel z. B.
Anfangs 2 Kön. 23, 11 übersetzte: „zu einem male" und seit 1543
„an der Kammer" und dann die Zürcher Uebersetzung von 1548
liest: „bei der Kammer" oder wenn Röm. 1, 30, wo noch Luther
das frühere „finanzer" in „schebliche" umwandelt, dann aber die
Ausgabe von 1546 „erfinder böser stück" übersetzt und die Zürcher=
ausgabe 1548 sich ähnlich ausdrückt: „erfinder böser dingen", so mag
dieß mehr ein zufälliges Zusammentreffen sein. So hatte die Zür=
cher Uebersetzung noch 1534 mit Luther 2 Sam. 2, 8 „und ein gmüß".
Luther übersetzt seit 1543: „und ein nößel weins". 1548 hat den
in der Schweiz bekanntern Ausdruck: „und ein lägel (mit wein)".
Ebenso steht in der Zürcher Uebersetzung von 1534 noch 1 Chron.
17, 3 „Suppen" wie bei Luther, dagegen hat Luther seit 1543 in
der einen Ausgabe dieses Jahres: „und ein Nößel Wein". Zürich
wieder ähnlich 1548 „lägelin (weyns)". — 2 Chron. 18, 25 hatte

---

[1]) Nüscheler bei Lork pag. 224 und Rudolphi a. a. O. pag. 39 (Nr. 341)
nennen diese im gleichen Jahr herausgekommene Folioausgabe v. Froschouer.

die Lutherſche und Zürcherſche Ueberſetzung von 1543 „Sohn Melech“, von da an „Sohn des Königs“.

Dagegen findet ſich eine nicht unbedeutende Anzahl von Stellen, in denen Luther ſpäter geändert hat, während die Zürcher bei dem Lutherſchen Ausdruck geblieben ſind. So iſt Röm. 1, 31 das von Luther in „unvernünftig“ verwandelte „unveſtendig“ beibehalten. — Luther überſetzt vor 1543 2 Reg. 23, 17: „was iſt die wartte“, ſpäter: „was iſt das für ein grabmahl“. Zürich blieb bei jenem. In Epheſ. 3, 15 iſt die ſchweizeriſche Ueberſetzung ebenfalls bei dem vor 1543 durch Luther gebrauchten Ausdruck: „über alles, was Vater heißt“ und V. 15 bei den Worten „erkennen die liebe Gottes“ ſtehen geblieben. Es würde hier zu weit führen, an den von dem Verfaſſer geſammelten Stellen der Zürcherſchen Bibelüberſetzung, welche noch an Luther erinnern, den Nachweis noch ausführlicher zu geben, daß jedenfalls in Zürich das Intereſſe an der weiteren Entwicklung der lutherſchen Aenderungen und Verbeſſerungen nicht ſehr groß geweſen iſt. An den Streitigkeiten, die ſich gleich nach Luthers Tode über die Wittenbergerausgabe von 1546 und ſpätere andere Ausgaben knüpften, betheiligten ſich weder die Zürcher noch ſelbſt diejenigen, welche ein näheres Intereſſe für die Lutherſche Bibel in der Schweiz hatten.

C. Die Zürcherbibelausgaben von der Mitte des 16. Jahrhunderts bis Mitte des 17. Jahrhunderts.

Die Zeit von der Mitte des ſechszehnten Jahrhunderts bis zur Mitte des ſiebenzehnten iſt eine der traurigſten in der ganzen Schweizergeſchichte. Innere Zerwürfniſſe, die ihren Ausgangspunkt bald in den confeſſionellen, bald in den politiſchen Intereſſen hatten, Hetzereien, die bald von den ſpaniſchen bald von den franzöſiſchen Partheien in's Werk geſetzt wurden, kleinliche Eiferſüchteleien, über denen einzelne Kantone das Ganze des Vaterlandes vergaßen, lähmten das geiſtige Leben. Als die großen Geiſter Calvin, Farel, Bullinger vom Schauplatz abgetreten waren, kamen kleinere an ihre Stelle, die zwar den guten Willen, aber nicht die Kraft beſaßen, ein neues Leben zu entzünden. In dem consensus Tigurinus (1549) und in der zweiten helvetiſchen Confeſſion (1566) war wohl eine Lehreinheit für die reformirte Schweiz gewonnen, deren segensreiche Folgen nicht unterschätzt werden sollen, aber man begnügte sich mit dem dogmatischen Schatz zu sehr, als daß man sich zu weiterer Bibel= forschung angetrieben gefühlt hätte. Die Zustimmung der schweize= risch=reformirten Theologen zu den Canones der Dortrechter=Synode war mehr der Ausdruck theologischer Ohnmacht als des kirchlichen Eifers. Dazu kam, daß die frevelhaften Angriffe von Seite der Je= suiten die reformirte Kirche noch mehr nöthigten, sich auf den gewon= nenen Boden ihrer Confession zurückzuziehen. Die Errichtung einer ständigen Nuntiatur, die Aufstellung des goldenen oder Borromäischen Bundes und anderer Sonderbünde, die blutigen Verfolgungen und Ketzergerichte, das Bestreben, überall irgend einen Rechtstitel ausfin= dig zu machen, der erloschene Rechte wieder zur Geltung bringen sollte, alle diese Zeichen planmäßigen verderblichen Wirkens des ge= nannten Ordens, riefen zahllose Denkschriften von Regierungen und Kirchenmännern hervor, in denen sich die besten Kräfte aufzehrten.

Es fehlte zwar auch in dieser Periode nicht an eifrigem Studium der heiligen Schrift. Ja es schien gerade der reformirten Kirche die Förderung der gelehrten Behandlung des alten und neuen Testa= mentes als ein wesentlicher Theil ihrer Theologie zugefallen zu sein. Sowohl das Carolinum in Zürich, als die Academie in Bern und die Universität Basel weisen eine Reihe ausgezeichneter gelehrter Bibel= forscher aus. Allein jene lebensvolle Exegese, welche in der Refor= mationszeit durch die „Prophezeien" ausgeübt wurde und welche im= mer sofort auch der Uebersetzung der Bibel zu Gute kam, trat vor dem Interesse an der gelehrten Behandlung der heiligen Schrift bei= nahe ganz zurück. Wie die deutsche Bibel nach Luthers Tode, so drohte auch die Zürcher'sche Bibelübersetzung zur Vulgata zu werden. Nur aus einigen wenigen Ausgaben gegen Ende des 16. und Anfang des 17. Jahrhunderts zeigt sich noch das im Stillen fortgehende Bestreben, die frühere Uebersetzungsthätigkeit fortzusetzen. Die dog= matische Richtung der Zeit kommt in einer Anzahl von Ausgaben, hauptsächlich in Vorreden, Ueberschriften und Glossen zum Ausdruck. Dieß ist namentlich im alten Testament der Fall, wo die früher sehr selten angewendete messianische Deutung nunmehr in der ausgedehn= testen Weise vorkommt. Die oft so feinen critischen Bemerkungen der frühern Ausgaben sind jetzt völlig verschwunden.

Zu den mancherlei ungünstigen Verhältnissen, welche eine fort=
gehende Verbesserung der Zürcherbibel verhinderten, kam noch der
am 1. April 1564 erfolgte Tod des trefflichen Buchdruckers Christoph
Froschouer, dem es persönlich ein heiliges Anliegen gewesen war,
den aus seiner Werkstätte hervorgehenden Bibeln die möglichste äußere
und innere Vollkommenheit zu geben. Nach seinem Hinscheid wurde
der Bibeldruck mehr noch eine buchhändlerische Speculation. Zuerst
übernahm sein Neffe, Christoph Froschouer die Druckerei und setzte
sie bis zu seinem Tode (2. Febr. 1585) fort. Da derselbe keine Kin=
der hinterließ, so führten die Erben das ausgedehnte Geschäft mit
der Firma: „ex officina Froschoveri“ oder „Gedruckt in der Fro=
schow“ bis zum Jahr 1590 weiter. Darauf ging die Druckerei in
die Hände des Johannes Wolf über, der noch einige Jahre lang bei
einzelnen Werken „typis Froschovianis“ beifügte. Im Jahr 1626
kam dann dieselbe in den Besitz der Familie Bodmer.[1]

Hatten früher die Uebersetzer der Bibel in Zürich selbst auch
über den Druck sorgfältig gewacht, so war jetzt Niemand an ihre
Stelle getreten. Daher kommt es, daß sich allmählig nicht nur eine
große Anzahl von Druckfehlern einschlich, die immer wieder abgedruckt,
auch immer vermehrt wurden, sondern daß auch manche willkürliche
Aenderungen in die Uebersetzung selbst hineingeriethen. Zudem machte
sich der Umwandlungsprozeß, den die schweizerische Büchersprache all=
mählig durch den Einfluß der deutsch=lutherschen erfuhr, auch in der
Zürcherbibel geltend. Einzelne unverständlicher werdende Wörter des
schweizerischen Sprachidioms verschwanden völlig. Die öfter noch
gebrauchte Form des Perfectums in der erzählenden Redeweise wich
immer mehr dem Imperfectum, und statt der früher vielfach ange=
wendeten Umschreibung des Genitivs durch die Präposition „von“
trat die eigentliche Genitivform des Substantivs ein.

Es kann dem oben Gesagten zu Folge von keinem besonderen
Werthe sein, die zahlreichen Bibelausgaben unserer Periode näher
zu schildern. Da zudem die Seltenheit dieser Ausgaben nicht so

---

[1] Dieser Familie blieb die Offizin bis 1723, wo sie an Heidegger und Rahn
überging, um dann 1765 mit der Orellschen Druckerei, jetzt Orell, Füßli
und Comp. vereinigt zu werden. V. Rudolphi: Die Buchdruckerfamilie
Froschauer in Zürich. Zür. 1869.

groß ist, wie die der frühern, so leidet auch die bibliographische Seite dieser Schrift nichts, wenn wir nur bei denjenigen Ausgaben uns aufhalten, welchen eine besondere Eigenthümlichkeit anhaftet oder in welchen noch Besserungsversuche vorkommen, dagegen die andern uns bekannt gewordenen Zürcherbibeln nur kurz bezeichnen.[1]

Die „bibel, teutsch, das ist alle bücher alts und neuws Testaments auffs allertreuwlichest verteutschet" in Großoctav 1550 und die Folioausgabe[2] von 1551,[3] beide bei Froschauer, haben gar nichts Eigenthümliches vor den in gleichem Format erschienenen Froschauerausgaben seit 1539. Die Vignetten der Folioausgabe, zu denen man die Stempel der Ausgabe von 1545 benutzt hatte, erscheinen schon bedeutend weniger scharf.

Die Ausgabe in zwei Quartbänden von 1552 und die Folioausgabe von 1553,[4] beide bei Froschauer herausgekommen, hat Verfasser in keiner Bibliothek angetroffen.

1554 erschien bei Andreas Geßner, dem jüngern, eine Bibel in Folio,[5] deren Titelumfassung mit den Froschauerausgaben von 1545 und 1551 übereinstimmt. Nur sind die Holzschnitte etwas feiner als bei den letztern. Der Titel ist mit rother Farbe gedruckt. „Die Vorred zum Läser von allen büchern heiliger göttlicher geschrifft" ist ganz neu. Sie beginnt mit den Worten: „Dieweyl uns unser herr Jesus Christus im heiligen Evangelio vermant, wir söllind die gschrifft fleißiglich erburen — so ist uns allen — erlich, nützlich und notwendig, daß wir gemelte gschrifft — mit höchstem fleyß und ernst erburind und betrachtind 2c." Dann wird näher von der „ingeistung" der heiligen Schrift gehandelt, worauf von dem Inhalt der biblischen Bücher im Allgemeinen gesprochen, das Wort Bibel erklärt, der Inhalt sämmtlicher canonischer Schriften kurz bezeichnet und endlich von den apocryphischen Büchern gesagt wird: „die hernach gesetzten bücher

---

[1] Dieß hauptsächlich nach den angeführten Schriften von Breitinger, Lork, Vögeli und Rudolphi.
[2] Zür. Stadtbibl. bei Rud. Nr. 368. Eine bei letzterm verzeichnete Octavausgabe von 1549 konnte nicht aufgefunden werden.
[3] Rud. Nr. 378. Zür. Stadtbibl.
[4] Bei Rudolphi Nr. 390 und 408.
[5] Zür. Stadtbibl.

hat man offentlich in der gmeind Gottes nit gebraucht noch mit
inen in zwyſpaltung und diſputationen, die warheit zu erhalten,
niemau getrungen, ſonder ſy ein yeden in ſeinem hauß daheim für
ſich ſelbs läſen laſſen." Die beiden Zugaben der Froſchauerbibeln
„kurze Anzeigung, wie viel jedes buch ꝛc." und „wahrhafte und ge=
wüße jarzahl ꝛc." finden ſich auch da. Bemerkenswerth iſt in dieſer
Ausgabe „das Regiſter der Epiſteln und Evangelien, die man liſt
an Sonntagen und namhaften fäſten. Auch wie du ſy ſolt ordent=
lich finden, iſt noch hie verzeichnet." Es iſt immer der Anfang und
der Schluß der Pericopen angegeben. Die Pericopen ſind die her=
gebrachten und möchten zum Beweiſe dienen, daß ſie damals noch in
den Zürcherkirchen geleſen wurden, wenn auch die regelmäßige Pre=
bigt darüber bekanntlich ſchon durch Zwingli beſeitigt wurde.

So ſehr iſt dieſe Ausgabe eine Copie der Froſchauerbibel von
1545, daß ſelbſt der Druckfehler in Lev. 18 „deines ſuns tochter
ſcham" wieder abgedruckt und hinten bemerkt iſt.

Der Titel des „andern teils" ſteht in einer Umfaſſung, die oben
zwei weibliche Figuren, zu beiden Seiten zwei Männer darſtellt, von
denen einer ſich an einer Säule feſthält, während der andere an der
Säule hinaufzuklimmen ſucht. Unten iſt eine Landſchaft, eine Stadt
am Meer, ein Schiff, aus dem ein Mann herausgeworfen wird,
welchen ein Hay verſchlingt. Am Ufer wird ein Mann vom Hay
ausgeſpieen. An einer andern Seite des Ufers ſitzt ein Mann mit
gefalteten Händen und einem offenen Buch zu ſeiner Seite. Links
davon iſt in der Ecke ein Monogramm M. Unten am Titel dieſes
zweiten Theils iſt das Motto und das Druckerzeichen: „viret undi-
que laurus," ein Lorbeerbaum, an deſſen Fuß auf einer Wappen=
rolle das Zeichen $_A^†_R$ ſich findet. Am Schluß des Werkes iſt neben
Geßner noch Rudolph Weiſſenbach genannt.

Bemerkenswerth iſt, daß auch bei dieſer Ausgabe die unächte
Stelle 1 Joh. 5 noch in ( ) geſetzt iſt. Beim Hohenlied finden ſich
noch immer keine Deutungen oder Summarien.

Daß bei einigen Exemplaren auf dem Titelblatt die Jahreszahl
1554, am Ende 1553, wie in dem von uns beſchriebenen Exemplar,
dagegen in andern 1555 und 1553 ſtehe, iſt wohl nur eine Ver=
muthung Breitingers (bei Simler), welche Rüſcheler bei Lork nach=
ſchreibt.

Die folgenden Froschauerausgaben: 1556 in gr. Fol., 1560[1]) in Fol. und 1560 in 4° (ob. gr. 8°), 1561 in 4° haben gar nichts Eigenthümliches; ebensowenig die besondern Abdrücke des neuen Testamentes von 1557, 1561, 1565.

Die wahrscheinlich zuerst in der von Rob. Stephanus 1548 gedruckten Vulgata vorkommende Verseintheilung fand in Zürich 1564 Eingang und wurde von Chr. Froschauer in der Ausgabe der lateinischen Bibel von S. Pagninus angewendet. Der Titel des Werkes lautet: Bibliorum codex sacer et authenticus Testamenti utriusque veteris et Novi, ex Hebræa et Græca veritate quam proxime ad literam quidem fieri potuit, fidelissime translatus in linguam latinam. Tiguri excudit Christo. Froschowerus junior. Anno 1564. 4°.[2])

Für die deutschen Bibelausgaben wurde vorerst noch die alte Eintheilung nach Buchstaben beibehalten. So in der Folioausgabe von 1565, der Quartausgabe von 1570, der Folioausgabe von 1571, welche ein bloßer Wiederabdruck der Ausgabe von 1536 ist, den Folioausgaben von 1580[3]) und 1586,[4]) sämmtlich bei Froschauer erschienen.

Bezüglich der Ausgabe von 1565 ist zu bemerken, daß es ziemlich zweifelhaft ist, ob sie wirklich bei Froschauer erschienen ist. Schon die Vorrede, welche die auf das Werk verwendete Arbeit mit einer gewissen Ruhmredigkeit preist, ist eine ganz andere als diejenige der übrigen Ausgaben des genannten Buchdruckers. Auch die Figuren im Text und den Anfangsbuchstaben sind ganz andere, ja selbst der Reformation widersprechende. So z. B. stellt gleich der erste Buchstabe die Person des Vaters, Sohnes und heiligen Geistes sammt der Krönung der Maria dar. Auch der Text unterscheidet sich nicht selten von den übrigen Zürcherbibeln. Dazu kommt, daß gegen des Druckers Gewohnheit dessen Namen nicht auf dem Titel, sondern nur hinten steht, und daß das Papier auf Basel hinweist. Vielleicht hat ein

---

[1]) Zür. Stadtbibl. Breitinger bei Simler bestreitet die Existenz dieser Ausgabe mit Unrecht. Rudolphi Nr. 518; die von 1556 Nr. 461.

[2]) Zür. Stadtbibl. Rud. Nr. 602.

[3]) Breitinger bei Simler bestreitet die Existenz dieser von Hottinger genannten Ausgabe (pag. 390 bei Siml.) bei Rud. Nr. 763. Zür. Stadtb.

[4]) Rud. Nr. 816.

Buchdrucker den kurz zuvor erfolgten Tod Froschauers schnell benutzt, um unter dem Namen des berühmten Druckers sein Werk einzuschmuggeln. [1)]

Während sämmtliche der eben genannten Ausgaben beinahe keine Textveränderung zeigen, so ist dieß dagegen bei dem neuen Testamente von 1574 der Fall, einer Octavausgabe, welche bisher auf keiner Bibliothek aufgefunden worden ist. [2)] „Das gantz neuw Testament recht grundtlich verteutschet. Hiezu sind kommen nutzliche und vollkommne Summarien oder Inhalt aller bücheren des neuwen Testaments, deßgleychen aller und jeder Capitlen insonderheit, sampt den notwendigen Concordanzen." Unter diesem Titel das bekannte Froschauerzeichen. Am Fuße dieses: „Gedruckt zu Zürych bei Christoffel Froschouer. MDLXXIIII." — Eine „Vorred an den christlichen Läser, von der heiligen Gschrifft wirde und ansähen, deßgleychen von jrem innhalt und worzu sy uns dienen solle" (6 Blätter). Sie beginnt mit den Worten: „Der heilig Apostel Paulus spricht in der Epistel zue Römern: „Alles, das fürgeschriben ist, das ist uns zur leer und underrichtung fürgeschriben, auff das wir die hoffnung habind durch die gedult und durch den trost der gschrifft." Es ist hauptsächlich die Rede von dem Werth der heiligen Schrift. Die „fliegenden fantasiengeister, die von einem besonderen wort Gottes sagend, das nit beschriben seyn, sonder allein im geist oder sinn und verstand begriffen werde" werden eifrig bekämpft. Nach dem Verzeichniß der neutestamentlichen Schriften folgt das „Register der Lectionen, Episteln und Evangelien, wie dieselbigen nochmals b e y e t = l i c h e n K i r c h e n stukweyß auff die Sonntäg auch andern namhafften Fest geläsen und geprediget werdend." Es sind die alten Pericopen, wobei auch die alten Namen der Sonntage (z. B. am ersten Sonntag nach der h. Königtag) beybehalten sind. Auffallend ist, daß auch für den Osterdienstag und Pfingstdienstag noch die Pericopen genannt sind, ebenso die Aposteltage, der Tag „der reinigung Mariä", Verkündung, Himmelfahrt Maria, Allerheiligentag, Feste, welche doch alle abge-

---

[1)] Rudolphi bezeichnet unter Nr. 617 die Ausgabe als eine Froschauersche.
[2)] Verf. hat diese Ausgabe 1874 aus einem Antiquariat in Chur erworben, das wiederholt schon alte Ausgaben der Zürcherbibel angeboten hat, vielleicht auch ein Zeichen, daß früher in Graubünden solche sehr zu Hause waren. Rudolphi Nr. 696.

schafft waren. Es folgt sodann „ein kurzer Zeiger der fürnemsten
historien vnd gemeinsten artikeln im N. T.", ein Auszug aus dem
Register der frühern Bibeln (14 Seiten). „Wyl etlich Columnen
noch lär stundend", so wurde zweckmäßig erachtet noch den Dekalog,
das Symbolum apostolicum vnd das s. Athanasianum, endlich die
„bekanntnuß vnd lobgsang Ambrosii vnd Augustini", das Te Deum
beizufügen. Eine weitere Beigabe ist: „Kurzer begrif vnnd innhalt
deß Evangeliums, wie dasselbig ist von Mattheo, Marko vnd Luca
beschriben worden." „Damit wir die history deß Evangeliums mit
frucht läsind, wil vil daran gelegen seyn, daß wir das wörtly Evangelium recht verstandind" (3 Seiten). Jedem Evangelium geht eine
kurze Lebensbeschreibung des Evangelisten voran. Die Apostelgeschichte
wie die Episteln werden durch ziemlich ausführliche Inhaltsangaben
eingeleitet.

Die Summarien in dieser Ausgabe sind ganz veränderte. Durch-
schnittlich sind sie weitläufiger aber oft weniger zutreffend, als die
frühern. So hieß es Joh. 1 früher nur: „Von der göttlichen Natur
des ewigen Wort Gottes. Von dem zeugniß Johannis des Töuffers.
Von der beruffung Andreä, Petri, Nathanaels." In unserer Ausgabe dagegen: „Von der waaren ewigen Gottheit Jesu Christi, vnnd
daß er waare menschheit angenommen habe. Item was zeugniß jm
Johannes der Töufer gäben. Vnd wie Christus erstlich den Andreas
vnd Petrus, dann noch den Nathanael berufft habe." Röm. 10 und
11, die früher keine Summarien hatten, haben jetzt solche. In der
Apocalypse sind jetzt die Inhaltsangaben eine Art Auslegung im
damaligen Geschmack, z. B. Cap. 8: „Es wirt durch die pusaunen
das sechste sigel von dem eynbruch der falschen leer baß erklärt.
Die erst zeigt in gmein an was unradts sy erwecke. Die ander bedeutet der Valentinianer, Manichäer vnd Montanisten sect. Die dritt
den Paulum Samosatanum vnd Arium. Die viert den Pelagium.
Doch so wirt zu anfang ein trost gesetzt, wie namlich Christus seiner
gloubigen Gebätt für Gott bringe, vnd dieselbigen bey der waren
leer treuwlich beware." Früher lautet es nur: „Das sibend sigel
wirt aufgethon, der engel stadt vor dem altar mit dem guldinen
rauchsaß." Cap. 9 lautet es 1574: „Die fünft pusaun verkündt
den streit, den die bäpst, nachdem sy abgefallen vnnd die schlüssel
des abgrunds empfangen, durch jren vermeintlichen geistlichen hauffen

wider die kirchen angericht habend. Die sächste bedeutet den Ma=
chomet vnd türkische tyranney. Darauf dann gemälbet wirdt, was
alle vnbußfertige zu warten habind, wenn sy schon von disen zweyen
vnbeleidiget bleybind." Früher stand: „Von dem fünften engel, von
dem brunnen, der aufgethon roucht höuwstöffel."

Mehr als hundert Stellen, in welchen frühere Ausgaben noch
Luthers Uebersetzung beibehalten hatten, sind in unserer Ausgabe
geändert, z. B. Matth. 8, 32: „stürzet sich gächlingen ins meer."
Matth. 21, 32: „Johannes ist zu euch gekommen mit dem wäg der
gerächtigkeit vnd jr habend jm nit gloubt." Marc. 3, 21: „Vnnd
wie es die seinen gehört habend — er ist nit bey jm sälber." Marc.
10, 15: „Wie ein kind". Marc. 14, 15: „der gespreitet ist." Luc.
4, 17: „Vnd wie er das buch aufgethon." Luc. 16, 16: „vnnd ein
yeder legt gwalt daran." Act. 1. 40: „von disem verkerten gschlächt."
Act. 3, 13: „seinen sun Jesum." Act. 3, 6: „vnd desselbigen namm hat
disen stark gemacht durch den glouben." Röm. 1, 16. 17: „Dann
ich beschäme mich deß evangeliums Christi nit, dann es ist die kraft
Gottes zum heyl einem yeden, der gloubt." Röm. 1, 19: „Darumb
daß dasyenig, das man an Gott soll vnd mag erkennen, bey jnen ist
geoffenbaret." Früher: „Dasyenig, so kundtlich ist an Gott." Röm.
5, 13: „Wo kein gesatz ist, da wirt die sünd nit gerächnet." Röm.
8, 1: „So habend nun bie, die in Christo sind, kein verdammnuß."
2 Cor. 3. 7: „Das ampt des todts, das in den buchstaben vnd in
die stein gegraben was." Gal. 4, 24: „Dise ding habend ein heim=
lichere bedeutung." Cap. 4, 25: „vnd vergleicht sich dem yetzigen
Jerusalem." 1 Tim. 1, 6: „in des teuffels urtheil falle." Eb. 2, 7:
„du hast jn ein wenig minder gemacht dann die engel." 1 Joh. 4, 2:
„in dem fleisch." Jac. 1, 17: „von dem vatter der lichteren, bei
welchem kein veränderung noch beschattigung der abwächslung ist."
Jac. 1, 23: „sein angeboren Angesicht." Jac. 3, 6: „zündet an den
lauf unserer natur."

Aus diesen und andern Stellen erhellt deutlich, daß sich die Zür=
chersche Uebersetzung immer mehr von Luther entfernte, daß sie aber zu
gleicher Zeit bestrebt ist, sich dem Grundtexte immer mehr zu nähern.

Wer diese Textesumgestaltung besorgt hat, ist unbekannt. Ob
der greise Bullinger noch mitgearbeitet hat (gest. d. 15. Sept. 1575)
oder seine nähern Freunde in Zürich, läßt sich nicht ermitteln. Gewiß

ist, daß die biblischen Studien auch dann noch in Zürich fortblühten, als die „Prophezei" des Reformationszeitalters nicht mehr in früherer Weise fortgesetzt wurde. Doch hat das fortdauernde Verlangen nach Bibeln dem Herausgeber nicht immer Zeit gelassen, vorangegangene Berichtigungen aufzunehmen. So gibt z. B. die Folioausgabe von 1580 ganz wieder den Text, welchen wir schon 1548 vor uns haben, während die Ausgaben des Neuen Testaments von 1592 und 1614,[1]) beide bei J. R. Wolf erschienen (398 und 394 Blätter), nach Einrichtung und Text vollständig der Ausgabe von 1574 gleichen.

Das Jahr 1589 brachte aus der Froschauerschen Officin die erste Bibel, in welcher die Verseintheilung aufgenommen ist: „Biblia d. i. alle bücher Alts und Neuws Testaments, den ursprünglichen spraachen nach, auffs treuwlichest verteutscht vnd jetzt von neuwen wider übersehen. Darzu ist kommen eine ordentliche abtheilung aller Capitlen in gewiße Versicul, sammt jedes Capitels ausführlichen Summarien, auch nothwendigen Concordanzen, Landtafeln, Figuren vnd einem vollkommnen Register. Gedrukt zu Zürich in der Froschouw. MDLXXXIX." Quart.[2]) Ob der Titel des auf der Stadtbibliothek in Zürich befindlichen Exemplars, welcher fehlt und nun schriftlich ergänzt ist, ursprünglich genau so lautete und nur die einfache Randverzierung von zwei bekränzten Säulen hatte, läßt sich nicht genau ermitteln. Dem Titel folgt auf dem zweiten Blatt die Vorrede des Buchdruckers: „Was großen Fleiß ꝛc." aber nur der Anfang des Frühern bis zu den Worten „der mertheil gehalten." Den Schluß bildet eine nähere Beschreibung dessen, was diese Ausgabe von den frühern unterscheidet: „damit söliche bibel dest mehr frucht dem Christenlichen Läser brächte, hat herr Paräus derselbigen zugethon schöne Vorreden, in denen die Zeiträchnungen von Anfang der Wält bis auff die babylonische gefänknuß vnnd fürter biß auff Christum begriffen sind: sammt anderen Vorreden, Summarien und Lehren, Zalen, Marginalien vnd Concordanzen: vnd das mit sölichem fleiß vnd vrtheil, das jme der Christenliche Läser höchlichen vmb söliche sein arbeit zu danken hat." Der Vorredner entschuldigt sich dann bei Paräus, daß er dieser „vnserer gelehrten Translation (die vnserer Kirchen dienstlicher dann deß Herren Dr. Luthers säligen tolmet-

---

[1]) Zür. Stadtbibl.
[2]) Rub. Nr. 846.

schung) seine Arbeit einverleibt habe. Endlich wird dann die übrige
Einrichtung des Buchs, z. B. die Verseintheilung noch gerechtfertigt
und endlich noch der frühere Schlußwunsch: „biß Alles — herr" bei=
gefügt.

Vom dritten Blatt an kommt auf 4¹/₂ Blättern die frühere:
„kurze vermanung vnd eynleitung" ohne Aenderung, als daß gesagt
ist, diese Ausgabe bestehe jetzt in vier Theilen. Auf 4¹/₂ Seiten fin=
det sich sodann der ebenfalls schon bekannte: „Kurze Summarische
begriff der ganzen heiligen geschrifft." Auf achtzehn Blättern ist ein
„Register über die ganze Bibel" abgedruckt. Dieses unterscheidet sich
völlig von den frühern sog. Concordanzen. Wie diese bringt dasselbe
zwar den Bibelinhalt unter gewisse Rubriken, aber diese selbst sind viel
zahlreicher und inhaltsreicher. Z. B. hatte das frühere Register unter
A nur Abgötterey, Ablaß der sünd, Almusen, Altar, Antichrist, Apo=
stel, Arbeit, Arme, Aufruhr, Auferstehung. Unsere Ausgabe dage=
gen: Abendmahl, Abgötterei, Abrahams Gerechtigkeit, Abrahams
Kinder, Abweychen vom bösen, Affterreden, Almusen, Altar, Alter,
Anbätten, Anrufen, Antichrist, Apostel, Arbeit, Arme, Aufruhr, Auf=
erstehung, Augen, Außsatz".

Jedem Buch ist eine kurze Inhaltsangabe vorgedruckt, welcher
in den historischen Büchern des Alten Testaments eine Zeitberechnung
angehängt ist. Ueber jedem einzelnen Capitel steht ein Summarium,
das viel ausführlicher ist als in den frühern Ausgaben und auf die
einzelnen Abschnitte durch Bezeichnung der Verse hinweist. Zuweilen
sind die früheren Summarien benutzt, aber immer erweitert, z. B.
Gen. 2 ist dem frühern noch beigefügt: „Stifftung des Ehestands". —
Röm. 1 lesen wir statt der frühern kurzen Inhaltsanzeige: 1. Pau=
lus 3. Danket Gott für der Römer glauben vnd bekeerung. 9. Be=
zeuget sein sorgfältigkeit vnd stetiges gebätt für sie. 13. Sein auß=
bleiben damit zu entschuldigen. 16. Rümet die kraft des Evangeliums.
17. Als dardurch die ware gerechtigkeit deß glaubens offenbaret werde.
Vnd setzet also kurz den hauptpunkten diser epistel, das one vnder=
scheid der Völker, nur ein weg zur seligkeit sey, vnd im evangelio
allen Menschen fürgetragen wird, nemlich, Jesus Christus mitt glou=
ben angenommen, welches hauptstuck er verhandelt biß zum anfang
des 9. capitels. 18. Erweyset er zu bekrefftigung des hauptpunktens,
das alle menschen ingemein, besonders aber die Heyden, an jnen

selbst ausert Christo. 19. Gottloß. 24. vngerecht, vnnd also der ver=
dammniß vnderworfen seien, müßend derhalben die gerechtigkeit vnd
seligkeit vßert jenen anderstwo suchen.

Auch die Parallelstellen sind bedeutend vermehrt. Gen. 1 statt
früher 16 jetzt 31, Matth. 1 früher 31 jetzt 35. Außer den Sum=
marien befindet sich an der Seite jedes Capitels noch eine oft nur
mit einem Worte angedeutete Inhaltsangabe.

Wie die Einleitungen zu den einzelnen Büchern der Bibelaus=
gabe von Paräus entnommen sind, so auch die am Schluß jedes
Capitels noch beigefügte „Lehr", z. B. Gen. 1: „Gottes weysheit,
allmacht vnd güte erzeigt sich in den werken der welt, die er ge=
schaffen." Röm. 1, 20. Gen. 2: „Verbott des Ehestands ein teuffels
lehr." 1 Tim. 4, 3. Num. 8: „Mennlicher verstand vnd ansehen wirt
in den kirchendieneren erfordert." Zuweilen ist nur auf eine andere
Bibelstelle verwiesen, z. B. Josua 5 auf Exod. 4, 24, Josua 8 auf
Deut. 24. Jac. 1: „Lehr: Ist durch den Text gnugsam klar". Nur
im Hohenlied, beim Brief Judä und der Apocalypse fehlt die „Lehr",
wie auch bei letzterem Buch die Randübersichten fehlen. Im Hohen=
liede finden sich keine Capitelsummarien, dagegen ist in der kurzen
Einleitung gesagt, daß „mit verblümpten worten" „die herzliche liebe
deß herrn Jesu Christi gegen der Christlichen kirchen — ganz ein=
brünstig beschrieben" sei. In den Psalmen ist möglichst oft die mes=
sianische Deutung in den Inhaltsanzeigen angebracht.

Das Werk selbst ist in vier Theile eingetheilt mit je besonderer
Paginirung. Der erste enthält sämmtliche historische Bücher auf 241½
Blättern, der zweite auf 98¼ Blättern die Apocryphen. Auf dem Titel
dieses Theils heißt es: „Libri ecclesiastici, bücher, so yeder zeyten
für heylig von der kirchen Gottes gehalten sind, vnd würdig geachtet,
daß sy von den glöubigen gelesen werdind. Sy haben aber nit gleyches
ansehen mit den Canonicis, als die wol in den kirchen mögend ge=
brauchet werden, aber die gloubens=punkten darmit zu beweysen, nit
gnugsam ansehnlichen sind. Werdend in hebraischer waarheit nit
funden, sonder allein bey den Griechen". Der dritte Theil, betitelt:
„das ander teil des alten testaments mit sampt dem neunven" zer=
fällt in zwei Theile, von denen der erste die sämmtlichen Propheten
(Blatt 1—206), der andere (also eigentlich der vierte) das „Neuve
Testament" (Blatt 1—146) enthält. Am Schluß des Ganzen ist das

Register über alle Bücher der Bibel mit deren Capitelzahl. In den
Büchern Mose und der Könige sind einige Vignetten, hauptsächlich
die heiligen Geräthe darstellend, die Stiftshütte, das Lager und den
Tempel. Sie sind durchaus ohne allen künstlerischen Werth. Das
der Genesis vorausgehende Bild, die Erschaffung des Weibes, ist
wohl vom gleichen Holzstempel wie das an der nämlichen Stelle in
der Ausgabe von 1548 4⁰. Die Titelumfassung des Neuen Testa=
mentes ist dieselbe wie bei der Folioausgabe von 1580 nur in klei=
nerem Maßstabe ausgeführt. Das holbeinsche Froschauerzeichen, ein
Kind auf dem Frosch unter einem Baum, findet sich auf dem Titel
des Neuen Testamentes und ganz am Schluß in reicher Verzierung.
Die paar Landkarten Gen. p. 2 das Paradies, und Josua 15 die
Landeseintheilung darstellend, sind ziemlich roh. Auffallend ist, daß
auch bei dieser Ausgabe auf den frühern Text zurückgegriffen wurde,
und alle Aenderungen nur der Außenseite der Bibel angehören. Wie bei
1580 ist auch da der Text von 1548 ganz unverändert geblieben.
Die theilweise trefflichen Verbesserungen, welche das neue Testament
von 1574 erfahren hat, sind völlig unberücksichtigt geblieben. Die
einzige Abweichung, die uns begegnete, Gen. 2, 7 ist eine Rückkehr
zu Luther: „auß einem erdenkloß", statt früher: „aus kaat von der
erden." Nur in der Sprache ist die Aenderung eingetreten, daß in
3. Pers. Plur. Präs. das d am Schluß weggefallen ist. Keeren,
hören, laufen statt keerend, hörend, laufend. Dagegen nähert sich
die Vocalisation durchgängig dem Hochdeutschen. Indessen tritt doch
der Dialect noch immer entschieden heraus, biß = sei; gang = geh
u. a. m.

Das Einzige, was diese Ausgabe mit dem neuen Testament von
1574 gemein hat, ist das Verzeichniß der Pericopen. Nur heißt
Weihnachten auffallenderweise „Christmäß" und „Frohnmäß", der
„Tag der reinigung Maria oder lichtmeßtag" heißt jetzt: „Unserer
lieben Frawen Tag zur Lichtmäß", der heilige Dreikönigstag heißt
jetzt Epiphanien, der hohe Donnerstag der „grüne Donnerstag", der
Tag der Himmelfahrt Mariä: „unserer lieben Frawen Himmel=
fahrtstag."

Die fortgesetzte Nachfrage nach Bibeln oder auch die Hoffnung,
diese in katholischen Kantonen anzubringen, mochte die Censur gegen
solche auffallende Zugaben weniger genau sein lassen.

Genannte Folioausgabe ist die letzte, welche aus der eigentlichen Froschauerschen Offizin hervorging.

In oben genannter Druckerei von Joh. Wolf erschien 1592: „das gantz neuw Testament recht gründtlich verteutschet." Diese Ausgabe stimmt in allen Beziehungen, selbst der Blätterzahl, so genau mit derjenigen von 1574 überein, daß man sie nur als eine bloße Titelausgabe betrachten könnte, wenn nicht in dem „Inhalt der drei ersten Evangelisten" Blatt 2 unten eine Zeile der Ausgabe von 1574 noch auf die folgende Seite hinübergenommen worden wäre.

Froschauers Nachfolger trat in dem Eifer für Ausbreitung der heiligen Schrift ganz in die Fußstapfen seines Vorgängers. Nicht nur gab er neue Abdrücke des vorhandenen kirchlichen Textes, z. B. gleich im Jahr 1593 abermal einen Abdruck des ebengenannten neuen Testamentes, sondern er übernahm auch die biblischen Privatarbeiten des Rudolph Gwalther. Dieser hatte schon 1588 bei Froschauer seinen Versuch einer berichtigten Psalmenübersetzung erscheinen lassen [1] (in 4°). Wolf gab denselben 1593 in 8° wieder heraus. Im gleichen Jahr wurden Gwalthers fünf Bücher Mosis zum Druck befördert (in 8°). Die theilweise sehr beachtenswerthen Berichtigungen des Zürchergelehrten fanden in den folgenden Bibelausgaben nicht die Anerkennung, welche sie verdienten.

Die 1596 bei Wolf erschienene Bibel in 4° ist ein Abdruck der ersten Ausgabe mit Versabtheilung. [2] Daß im gleichen Jahr wirklich noch eine Folioausgabe erschien, ist so viel als gewiß. [3] J. Wolf gab im Jahr 1597 eine neue Ausgabe in Folio heraus, welche sich zwar nicht in den äußern Zuthaten, wohl aber im Texte auch des alten Testamentes als eine nicht unwesentlich veränderte darstellt. [4]

Der Titel dieser Wolfschen Ausgabe ist derselbe, wie bei frühern Ausgaben, z. B. 1580. Auch die Umfassung ist dieselbe, nur daß unten statt des Froschauerzeichens ein kleines Bildchen mit ovalem Rand sich findet, welches das Friedensreich nach Jesaja 2 darstellen

---

[1] Bei Lork. Vol. I, pag. 243.
[2] Clement a. a. O. pag. 396 nennt diese Ausgabe, Rüscheler bei Lork I, pag. 227 bezweifelt sie, Lork selbst besaß sie. I, pag. 244.
[3] Clement pag. 396.
[4] Zür. Stadtbibl.

soll, im Vordergrund ein Wolf mitten unter Lämmern. Auf dem zweiten Blatt folgt dann der „klare bericht — von allen büchern heiliger Schrift", die schon bekannte Vorrede „Es schreyet die Weis=heit" 9½ Blätter. Hierauf gibt „Johannes Wolf dem christlichen Läser" Bericht über diese Ausgabe meist mit denselben Worten wie der frühere Froschowerbericht: „Was großen Fleiß es 2c." Nur ist hier die seit längerer Zeit nicht mehr ganz passend gewesene Behaup=tung über Verbesserung des Textes richtig. (½ Blatt.) Der darauf folgende „summarische begriff" gibt auf 2 Seiten den frühern wieder. Das „New Register über die fürnemmesten historien vnd gemeinsten Glaubensartikel" hat jetzt noch eine kleine Vorrede über die Einrich=tung dieses Registers. Letzteres unterscheidet sich von dem frühern nicht (14½ Blatt). Zum Schluß dieser Einleitungen ist noch bei=gefügt erstlich „das Register der Episteln vnnd evangelien, so man an Sonntagen vnd namhaftigen fästen in etlichen kirchen zu läsen pfleget" (3½ Seiten), und sodann die mehrerwähnte „Chronologia", bis 1596 fortgeführt, endlich das Verzeichniß der biblischen Bücher (2 Blätter). — Der Genesis geht auch hier auf einem halben Blatt das Bild der Erschaffung des Weibes voran, das sich von den frü=hern dadurch unterscheidet, daß Gott nicht mehr dabei steht. Letzteres weist auf ein charakteristisches Zeichen sämmtlicher seit 1597 erschie=nenen illustrirten Ausgaben hin. Das Bild von Gott ist von nun an überall weggelassen. Statt desselben ist bald die Andeutung eines Lichtglanzes oder z. B. in den Bildern, wo Moses mit Gott redet, (Exod. 19) steht der hebräische Name יהרה in einer Wolke vom Sonnenglanz umgeben. Viele Bilder stimmen ganz mit den frühern überein und es sind dazu wohl die freilich abgegriffenen Stempel der Froschouerschen Ausgaben benützt. Manche sind aber neu, doch von gar keinem künstlerischen Werthe.

Die äußere Einrichtung des Werkes ist diejenige der Ausgabe von 1589. Dasselbe zerfällt in 4 Theile mit besonderer Paginirung: 1) die sämmtlichen historischen Bücher des Alten Testamentes, Blatt I—CCXLVI, 2) die Apocryphen, Blatt I—CIII, 3) die poetischen und prophetischen Bücher, Blatt I—CXC, 4) das neue Testament Blatt I—CLXI. In der Reihenfolge der Schriften des Neuen Te=stamentes ist die Aenderung eingetreten, daß der Brief Jacobi wieder seine frühere Stellung nach dem Ebräerbrief einnimmt. Es mag wohl dieser Aenderung, welche von nun an in allen Zürcherbibeln bis auf unsere Zeit beibehalten worden ist, ursprünglich eine gewisse Opposition gegen Luthers bekanntes Urtheil zu Grunde gelegen haben. Bei den Psalmen ist die doppelte Zählung von Psalm 8 an aufgegeben.

Die schon angedeutete Verschiedenheit dieser Ausgabe von den frühern bezieht sich theils auf die Inhaltsangaben, theils auf den Text. Die Ueberschriften sind zwar denjenigen von 1548 noch ziemlich ähnlich und in der Regel kürzer als diejenigen von 1589, dagegen ausführlicher als die von 1548, aber bringen zuweilen die dogmatische Anschauung des Verfassers hinein: Genes. 1: „Erschaffung der ganzen Welt in sechs tagen: vnderscheidung vnd zierd der geschöpfften: formirung vnd auffenthalt des Menschen, vmm welches willen alle ding erschaffen." Genes. 3: „Der mensch wirt von der schlangen versucht, daß er sich den lust übergon läßt, vnnd das gebott Gottes vbertritt. Darüber wirdt die schlang verflucht, Christus verheißen, weib vnd man gestrafft, wie hefftig sy sich entschuldigend." Früher war hier von Christus nicht die Rede. Hiob 19: „Job klagt sich ob seiner freunden vnbarmherzigkeit, gibt für, daß dise sein straff ein sonderlich vrtheil Gottes sey. Endlich weißagt er von der allgemeinen Aufferstandtnuß." Früher wird von der Auferstehung nichts gesagt. — Bei Psalm 1 heißt es: „diser Psalm ist gleichsam ein vorred über alle Psalmen." Die messianische Deutung kommt zwar bei den Psalmen sehr oft vor, doch z. B. Pf. 8 steht nur: „Preist Gottes güte gegen vns menschen." Eigenthümlich ist die Inhaltsangabe von Psalm 22, da sie zugleich eine Deutung der Ueberschrift enthält: „David ein fürbild Christi beschreibt sein kreutz vnd bitter leiden demnach auch sein erlösung vnd entlich, wie sein reych erstarckt solle werden. Vnd hierauf gaht auch der Titel, darin Christus ein hind genannt wirdt, zur anzeigung, das er sich also habe müssen leiden vnder seinen feinden, wie ein hind vnder den jagern." Psalm 47: „bittet, das das reich Christi vnder alle völker außbreitet werde." Früher findet sich da keine messianische Deutung. Einige Mal ist in den Psalmen auch ein guter Rath für den Leser beigefügt, z. B. bei Pf. 119: dieser Psalm ist wol werth, den man allezeit im mund vnd herzen habe. — Jes. 7 ist den frühern Worten: „gibt im ein gnadenzeichen" jetzt beigefügt: „von der empfangknuß vnd geburt

Christi". Beim Hohenliede findet sich zum erstenmal die messianische
Deutung in der für das ganze Buch geltenden Inhaltsangabe des
ersten Capitels. Der Anfang und Schluß lautet: „In disem vnd
folgenden VII capiteln ist begriffen ein sehr schönes vnd vortreffliches
lied, auß vilen liedern in eins zusammengezogen, welches in sich helt
ein freundliches vnd liebliches gespräch zwischend dem rechten Salomo
oder kunig des fridens, das ist, vnserm Herrn Jesu Christo, vnd
einer gloubigen seel oder seiner gemeind. — — — — Sollend also
dise capitel nit nach dem buchstaben sondern geistlich verstanden
werden." Im neuen Testament sind die Ueberschriften sämmtlich der
Ausgabe von 1574 entnommen.

Wichtiger ist die Textveränderung im alten Testament und die
Aufnahme sämmtlicher Aenderungen und Verbesserungen der Ausgabe
von 1574. Es mögen wohl mehrere hundert Stellen sein, welche
zum Theil wesentliche Berichtigungen erfahren haben. Gen. 49, 10:
„noch der gsatzgeber von seinen füßen". Gen. 49, 6: „denn in irem
zorn habend sy die leut erwürget vnd in irem mutwillen habend
sy die ochsen hinweg grißen". Ex. 6, 2. 3: „aber in meinen namen,
Herr, bin ich jnen nit geoffenbaret worden". 9, 15: „daß du aus-
getilcket hattist müßen werden von der Erden." 9, 16: Und aber
ich hab dich deßhalb auffrecht behalten. 18, 11: Dann eben mit
dem, damit sy gemutwillet habend, ist er jnen obgelegen. Josua 13, 2:
alle landmarchen der Philister. 2 Sam. 22, 42: Sy schauwend um
sich, aber da ist kein helffer. Das ganze Capitel ist wesentlich umgeändert. 1 Reg. 17, 12: on ein hand mäls im krug. 22, 30: Ver-
kleyden wil ich mich vnd in den streit ziehen, du aber kleid dich mit
deinen kleidern. 2 Reg. 5, 18: der Herr wolle deinem knecht darinnen gnedig sein. 19, 20: Und was entrunnen und vberbliben ist
der tochter Juda. 2 Chron. 28, 20: aber er ängstiget jn mehr,
denn daß er jn sterckte.

Im Hiob ist beinahe kein Vers unverändert geblieben. In den
Psalmen haben schon die Ueberschriften wesentliche Aenderungen er-
fahren. Wo bisher eine Ueberschrift der schwierigen musikalischen
Namen versucht wurde, ist jetzt das hebräische Wort beibehalten, z. B.
Ps. 4: Gesang Davids, zu singen auff Neguinoth. (1548 ff.: Ist ein
ermanlich gsang Davids zum Musikspiel gemachet.) Ps. 5: „Gesang

Davids zu singen auf Nehiloth". (1548: Ein ermanlich gsang Davids
vom erbteilen.) Psm. 7, 1: Schiggajon Davids rc. (1548 ff.: die
vnmußen Davids.) Psm. 8: Ein Gesang Davids vorzusingen auff
Gittith. (1548: Ein e. g. D. zu danksagung für den herbst. Psm. 9:
Ein g. D. v. auff Muth Labben. (1548 ff.: von der jugend des
suns.) Das „Lamenazeach Le David" wird ähnlich wie Luther übersetzt: Gesang Davids vorzusingen. Psm. 16 hat wieder mit Luther:
„Ein guldin kleinot Davids." Psm. 22: „von der hinden der Morgenröthe" wie früher. Psm. 39 wie Luther: „für Jedithun". (1548:
„für die Ordnung Jedithun") Psm. 45: „Ein vnderweisung (vnd)
hochzeitlied der kinder Korah vorzusingen auff Schoschannim," (1548
ff.: „Ein vermanlich gsang den kindern Korah, ein vnderweysung vnd
lieblichs lieblin auff den gilgen.") Der Ausdruck: gsang des auff-
steygens, Psm. 122 ff. ist dagegen beibehalten. — Bei 9, 17 ist zu
dem schon früher richtig gegebenen: „Higgajon" die Randbemerkung
hinzugefügt: „Higgajon, teutsch, ein wol bedenken: welches wort die
Hebräer denen orten zusetzend, die wol zu bedenken sind: wie diß
ort ist." Ueberhaupt sind in der Weise früherer Folioausgaben namentlich in den Hagiographen und den Propheten ziemlich viele
Randglossen, in denen die wörtlichere Uebersetzung angegeben ist.
Statt einzelner Stellen mögen ein Paar größere Stücke zur Charakterisirung dieser Ausgabe folgen:

Psm. 8: „O Gott, vnser Herr, wie fürtreffenlich ist dein nam in
aller welt, der du dein lob biß in die himmel erhebt hast. Aus dem
mund der vnredenden kindlein vnd säuglingen hast du die sterke gegründet, von wegen deinen feynden, damit du die feynd, vnd die sich
selbs rächend, paschgetest (d. h. züchtigest). So wil ich beschauwen
deine himmel, die ein gemächt sind deiner fingern, den mon vnd die
sternen, die du so ordentlich zubereitet hast. Was ist doch der sterb-
lich mensch, daß du sein gedacht hast? Vnnd des menschen kind,
daß du seiner rechnung hast? Du hast jn ein wenig minder gemachet dann Gott. (Randgl.: „durch Gott mag man hie engel verston.")
Du hast jn zum fürwäser gemachet aller werken deiner henden: alles
hast du vnder seine füß gelegt. Alle schaaf vnd rind: alle thier des
felds: die vögel des lufft's, vnnd die fisch im wasser: was im meer
sein wäsen hat. O Gott, vnser herr, wie fürtreffenlich ist dein
namen in aller welt." — Schon 1548 ist die 1531 gemachte

Verbesserung der Verse 4 und 5, die sich wie Vordersatz und Nach=
satz verhalten, wieder beseitigt worden.

Pf. 23, 1: „Er laßt mich weyden in schöner weyd" (früher: das
unverständliche „lüyen"). 28, 2: zu dem innern theil deines heilig=
thumbs (früher: zu deinem heiligthumb). 45, 6: „deine pfeyl [sind]
scharpff, die völker werdend vnder dir niderfallen: mitten vnder den
feinden des künigs."

Zuweilen finden wir eine Rückkehr zu Luther, z. B. Gen. 3, 16:
„mit schmerzen" (früher: „mit kumber"). V. 19: „dein brod" (frü=
her: „dein speis". 49, 14: „Isaschar wird ein beynerner esel sein"
(vorher: „starker E.") — Jes. 9, 6: „der wunderbarlich, der rathgeb",
wo früher „der wunderbarlich raatgeb".

Noch ist bezüglich des Bibelwerkes von 1597 hinzuzufügen, daß
die aus Paräus genommenen Einleitungen der Ausgabe von 1589
ganz weggelassen sind. Gewiß bildet dasselbe einen würdigen Ab=
schluß der biblischen Studien Zürichs im Reformationsjahrhundert.
Was während dreier Jahrzehende nachher noch erschien, ist nur
Wiederabdruck unserer Ausgabe. So das bei Wolf 1614 erschienene
neue Testament in gr. 8°, die Octavausgabe von 1622 [1]) und die
vom gleichen Drucker herausgegebene Bibel 1618. Fol. [2]) Auch die
beiden weiter unten näher zu beschreibenden Ausgaben des neuen
Testamentes von 1629 und der ganzen Bibel von 1638 stehen noch
auf dem Boden der bisherigen Ausgaben oder verhalten sich mehr
nur wie Vorarbeiten zu der Ausgabe von 1669, mit welcher ein
neuer Abschnitt der Geschichte der Zürcherschen Bibelübersetzungs=
arbeiten beginnt. Es mag daher, ehe wir diese weiter betrachten,
vorerst von der Ausbreitung der deutschen Bibel in der Schweiz
die Rede sein.

---

[1]) Zür. Cantonsbibl. s. Fritzsche a. a. O. pag. 345.

[2]) Bei Joh. Rud. Wolf. Zür. Stadtbibl. J. J. Breitinger bemerkt, daß der
Rath von Zürich den beiden „Drukherrn" Wolf und Eustachius Froschauer
die Hälfte an den Unkosten des Papiers für diese Ausgabe vertragsweise
versprochen habe. Siml. Samml. 11, 2, pag. 391.

Dritter Abschnitt.

Die Verbreitung der deutschen Bibelübersetzungen von der Reformation bis Mitte des siebenzehnten Jahrhunderts.

A. Verbreitung der Zürcherbibelübersetzung.

Der Eifer, welcher seit dem Beginn der Reformation allenthalben, in Deutschland und in der Schweiz, erwacht war, die heilige Schrift in der Muttersprache zu lesen, läßt sich wohl am klarsten erkennen aus den zahllosen Exemplaren, welche von den verschiedensten Orten beider Länder ausgesandt worden sind. Die Begierde nach dem Bibelworte kümmerte sich auch Anfangs gar nicht darum, woher eine Uebersetzung kam, ob von Wittenberg und den deutschen Nachdrucks= orten oder von Basel und Zürich, wenn man ja überhaupt nur ein Exemplar hatte. Daher verbreiteten sich in der Schweiz Bibeln von verschiedenen Druckorten Deutschlands und des eignen Landes, wie auch hinwiederum in Deutschland eine nicht geringe Anzahl von in der Schweiz gedruckten Ausgaben Eingang fand. Ein Beweis hie= für dürfte wohl auch darin liegen, daß die Bibliotheken beider Län= der noch so manche von den so seltenen Drucken je des andern Landes bewahren. Wie rasch die Baslernachdrucke der Lutherbibel nach Zürich gekommen sind, davon ist schon die Rede gewesen. Da dieselben die ersten in der Schweiz waren, so hatten sie bereits in vielen Gegenden sich verbreitet, bevor noch Zürich mit seinen Nach= drucken und dann mit seiner selbstständigen Uebersetzung hervortrat. Wohl erließen sich's gelehrte und reformatorische Männer nicht, Cri= tik an dem Lutherschen Werke zu üben. So schreibt Pellican schon 1523 an Thomas Blaurer, er habe die fünf Bücher Mosis mit dem hebräischen Texte verglichen, und urtheilt: „Sie gefällt mir außer= ordentlich. Künftig wird es nur noch den Lehrern nöthig sein, den Grundtext zu studiren." Aber weder die Obrigkeiten noch das Volk bekümmerten sich darum, welche Uebersetzung gelesen werde und welche etwa die richtigere sein möchte. In keinem der reformatorischen Acte, durch welche die Räthe den Geistlichen befehlen, nur nach dem Worte Gottes zu predigen, ist irgendwo von einer bestimmten Uebersetzung die Rede. Aus dem ganzen Reformationsjahrhundert ist in dieser Beziehung auch kein einziger officieller Einführungsact bekannt. Nur darauf drangen die Reformatoren, ihre unmittelbaren Nachfolger, sowie die reformirten Obrigkeiten, daß der Vorrath an Bibeln nicht ausgehe. Letzteres war freilich bei der ungeheuren Nachfrage nicht immer zu verhindern, weßhalb der Rath in Zürich ein Paarmal sich veranlaßt sah, wenigstens vorübergehend anzuordnen, daß keine Exemplare außerhalb des Kantons verkauft werden.

Was nun im Besondern die Zürcherbibelübersetzung betrifft, so nehmen manche Schriftsteller[1]) an, dieselbe sei von Anfang an für die ganze deutsch=reformirte Schweiz bestimmt gewesen. Dieß läßt sich jedoch nicht nachweisen. Gewiß aber lag Zürich daran, sie nicht nur im eigenen Kantonsgebiet, sondern auch in den Gegenden der Schweiz zu verbreiten, welche mit ihm politisch und kirchlich näher verbunden waren. Nahmen zudem solche Gegenden auch die Zürcher= schen Kirchenbücher an, Liturgie und Catechismus, so war da der Weg auch für genannte Uebersetzung gebahnt. Wenn auch in der „Ordnung der Christenlichen Kilchenn zu Zürich" vom Jahr 1525 von einer Benutzung der von Luther abweichenden Uebersetzung noch nicht die Rede sein kann, so doch schon in der Liturgie von 1538. Schon das Zwinglische Taufformular übersetzt z. B. die Stelle Marc. 10, 16: „und sprach Gutes über sie", wo Luther hat: „und segnete sie". Es mußte deßhalb jenen Gegenden daran gelegen sein, die solchen einzelnen Stellen entsprechende Uebersetzung zu besitzen. Der entscheidende Einfluß, den Zürichs Reformator auf die Einführung und Erhaltung der Reformation in der ganzen nördlichen und östlichen Schweiz hatte, mußte auch auf die dortige Verbreitung der Zürcher= bibel wirken. Dazu kommt, daß eine große Zahl von Gemeinden mit Geistlichen besetzt wurde, die theils von Zürich selbst waren, theils von Zürchern empfohlen wurden. Die Anfeindungen, welchen die evangelischen Gemeinden von Seite der sie umgebenden römischen Kirche ausgesetzt waren, nöthigten sie zu engerem Verbande mit dem Mittelpunkte der schweizerischen Reformation. Glarus, manches

---

[1]) Z. B. Heß Ursprung, Gang und Folgen der Kirchenref. in Zür. Zür. 1819.

Jahr die Stätte geistlicher Wirksamkeit von Zwingli, bedurfte in seinem reformatorischen Ringen fortwährend Zürichs Hülfe. Die Freunde des Reformators Valentin Tschudy von Glarus, Fridolin Brunner in Mollis, Johann Schindler in Mollis und Andere sorgten dafür, daß die heilige Schrift im Lande verbreitet werde. Namentlich der erstgenannte, Tschudy war es, welcher schon im Mai 1527 jene Vereinigung der Glarnergeistlichkeit mit der Zürchersynode vorbereitete, welche bis 1621 dauerte. Es konnte daher kaum anders kommen, als daß die Ueberseßung der Zürcher auch im genannten Kanton die herrschende wurde.

In einem ähnlichen Verhältniß wie Glarus stand auch **das Thurgau** zu Zürich. In dem politischen wie in dem damit so vielfach sich vermischenden religiösen Kampfe waren die Thurgauer genöthigt, die staatliche und kirchliche Hülfe des Reformationscantons anzurufen. Zwinglis Einfluß auf der Synode zu Frauenfeld (auf Lucientag 1529) war entscheidend. Die Beschlüsse dieser Synode wurden in den Gemeinden willig angenommen. Schon jetzt wurden kirchliche Streitigkeiten an das Zürchersche Ehegericht gewiesen, nicht ohne Gewaltthätigkeiten Prediger selbst da eingesetzt, wo gar keine Neigung für die Reformation vorhanden war. Der unglückliche Ausgang des zweiten Kappeler Kriegs übte indeß seine Wirkung kaum irgendwo so sichtbar aus, wie im Thurgau.[1] Von einer eigenen Synode war nicht mehr die Rede. Die Geistlichen des untern Thurgaus schlossen sich nach einiger Zögerung an die Synode in Zürich an. Erst im Jahr 1589 folgten auch die oberthurgauschen Geistlichen. Was Zürich in der Kappeler Schlacht an Einfluß auf das thurgausche Kirchenwesen verloren hatte, wußte es allmählig als mitregierender Ort und als landesfriedliches Parteihaupt wieder zu gewinnen.[2] Zürich war thatsächlich der evangelische Bischof Thurgaus und die Organisation der Kapitel ein wesentliches Rad im politisch-kirchlichen Getriebe der Landgrafschaft. Das wesentliche Mittel dazu war die Besetzung der evangelischen Pfarreien durch Zürchergeistliche. Die

---

[1] Sulzberger a. a. O. Thurg. Beitr. Hft. 14 und 15.

[2] Sulzberger: Verzeichniß der Geistlichen — des Kantons Thurgau. Frauenf. 1863. **Pag.** 5.

Namen der letztern bezeugen dieß deutlich).[1] So bürgerten sich auch zugleich alle kirchlichen Bücher von Zürich, Bibel, Liturgie und Catechismus ein.

Mannigfache Beziehungen verbanden den Zürcher Reformator mit den Landestheilen, aus denen später der Kanton St. Gallen zusammengesetzt wurde. In der Stadt St. Gallen war der intime Freund und Studiengenosse Zwinglis, Joachim von Watt. Das Toggenburg war des Reformators Heimathland, im Rheinthal hatte Zürich schon längst das Kollaturrecht über einige Gemeinden, für andere das Vorschlagsrecht. In der nur drei Gemeinden umfassenden Herrschaft Sax bahnte sich die Reformation erst seit 1563 an und wurde endlich um 1637 durchgeführt, aber nicht nur hatte wesentlich der Einfluß von Zürich dieß Ergebniß zuletzt herbeigeführt, sondern diese Herrschaft selbst kam im Jahr 1615 durch Kauf an letztgenannten Kanton, und die drei Gemeinden wurden 1679 dem Zürcher Seekapitel zugetheilt. Die Grafschaft Werdenberg, mit der Herrschaft Sax, ebenfalls zum jetzigen Kanton St. Gallen gehörend, war seit 1517 Eigenthum des Kantons Glarus und so wurden denn die fünf evangelischen Gemeinden dem Kirchenverband des letzten Kantons angeschlossen.

Obgleich die Reformation nach allen diesen Theilen von Zürich aus geleitet war, so nahmen diese doch eine sehr verschiedene, zum Theil sehr selbstständige Stellung zu dem Vorort des deutsch = schweizerischen Protestantismus ein. Die Stadt St. Gallen hatte eine zu reiche Geschichte hinter sich, ihre Bürger trugen nach der endlich errungenen Unabhängigkeit von der Abtey ein zu hohes Bewußtsein eigener Bedeutung in sich, als daß sie sich dem Einfluß Zürichs ohne weiters hingegeben hätte. Nachdem die Disputation von Bern im Januar 1528 auch dort die Reformation entschieden hatte, traten im folgenden Jahre (4. Febr.) die Geistlichen der Stadt St. Gallen und des Landes Appenzell zu einer Synode zusammen.[2] In einer zweiten Synode vom 20. Dezember 1530 verfocht ein großer Theil der Mitglieder dem anwesenden Zwingli gegenüber, welcher das Strafamt

---

[1] Sulzberger, Verzeichniß der Geistlichen des Kantons Thurgau. Frauenf. 1863.

[2] S. bes. Sulzberger, Gesch. des Capitels St. Gallen in Mitth. zur vaterl. Gesch. St. Gallen. 1865. VI, pag. 149 ff.

nur der christlichen Obrigkeit zusprach, die kirchliche Anwendung des Bannes. Eine förmliche Synodalordnung kam zwar erst kurz vor 1544 zu Stande; dagegen leitete ein eigenes Ehegericht die ehelichen und ein eigener Kirchenrath die kirchlichen Verhältnisse in den zum St. Gallischen Kirchenverbande gehörigen vier Kreisen, der Stadt St. Gallen, dem Rheinthal, Appenzell und denjenigen thurgauischen Gemeinden, in welchen der Abt die niedere Gerichtsherrlichkeit besessen hatte. Vadian, obgleich einer der vertrautesten Freunde Zwinglis, konnte dem Zug nach kirchlicher Selbstständigkeit seiner Vaterstadt ebenfalls nicht widerstehen. Mit Recht bemerkt wohl sein neuester Biograph:[1] „die Reformation ist nächst Gott sein Werk, aber Vadian hat kein größeres Bestreben, als das, sie zum Werke der Bürgerschaft zu machen." Der Cultus wurde in der Stadt St. Gallen und den mit ihr verbundenen Landschaften beinahe ganz nach dem Vorbild von Zürich eingerichtet. Mehrere Male kamen kleinere Abweichungen von letzterm zur Sprache, z. B. über Privatcommunion, die man frei gab. Ein ander Mal redete man darüber, ob man beten solle „Vater unser" oder „Unser Vater", ob die Doxologie am Schluß des Gebetes des Herrn nach der Weise der Zürcher ausgelassen werden dürfe oder nicht. Auch da wollte man keine bindenden Beschlüsse fassen.[2] Ob auch die Zürchersche Liturgie gebraucht wurde, ist mir nicht bekannt. Daß die Zürchersche Bibelübersetzung vielfach im Gebrauch war, ist dagegen um so sicherer. Die wenigen deutschen Schriften Vadians, die, wie alle seine reformatorischen Schriften, bei Froschouer in Zürich erschienen, namentlich aber seine Briefe zeigen eine öftere Benützung genannter Uebersetzung, aber auch wieder eben so sichere Spuren des Gebrauchs von Luther. Daß aber die Luthersche Bibelübersetzung in St. Gallen schon frühe Verbreitung fand, zeigt der 1527 auf Antrag der Geistlichen veranstaltete und 1528 herausgekommene erste St. Galler Katechismus.[3] Schon die beiden Stellen auf dem Titel-

[1] Dr. Th. Pressel: Joachim Vadian. Elberf. 1861. Vorr. pag. 111.

[2] S. Sulzberger, Gesch. des Capitels St. Gallen in Mitth. f. vaterl. Gesch. St. Gallen. IV. 1865. Pag. 177.

[3] „Ein christliche Underweisung der Jugend im Glauben, gegründt in der heiligen Geschrifft, fragenswyß", ll. Octav. 47 Seiten. Getruckt zu Zürich by Christoffel Froschouer. MDXXVIII. Nach der Vorrede haben der große und kleine Rath am 7. Aug. 1527 die Einführung dieses Catechismus

blatt Luc. 18, 16 und Eph. 6, 4 sind dem Lutherschen Text ent=
nommen, und so auch die übrigen zahlreichen Bibelstellen, z. B. die
sämmtlichen Seligpreisungen der Bergpredigt. Auch die bisherige
Eintheilung des Dekalogs ist noch beibehalten. Der neue Catechis=
mus verdrängte, wie es scheint, sehr bald den Leo Judäschen, un=
geachtet Vadian an dessen Verfasser schreiben konnte: „dein Catechis=
mus ist in Aller händen und in allen häusern". Wurde so schon
die Jugend an Luther gewöhnt, so sind es noch andere Umstände,
welche gleich Anfangs mitwirken mußten, das Bibelwerk des deutschen
Reformators vorzuziehen. Zwei begeisterte Verehrer Luthers hatten
wesentlich die Reformation von St. Gallen gefördert. Der eine,
Johann Keßler, hatte in Wittenberg zu des Reformators Füßen ge=
sessen, und diesem auch dann noch hohe Achtung bewahrt, als er sich
Zwinglis Anschauungen ganz angeschlossen hatte. Der andere, Be=
nedict Burgauer, ziemlich lange zwischen der alten und neuen Kirche
hin und her schwankend, blieb zuletzt ganz bei der Lutherschen Abend=
mahlslehre stehen und vertheidigte sie gegen Zwingli und Oecolam=
pad in der vierten Schlußrede der Bernerdisputation. Vadian scheint
ungeachtet der an ihn gelangten Klagen über Burgauer[1]) den Mann
wegen seiner sonstigen Verdienste geschont zu haben. Auch Zwingli
nahm die Gerüchte über ihn nicht so schlimm auf.[2]) Doch mochte Va=
dian wohl später anders geurtheilt haben, wie das Schreiben der Straß=
burger an letztern andeutet: „Wir freuen uns, daß Ihr von euerm
Pfarrer befreit worden seid".[3]) Als Burgauer 1528 nach Schaff=
hausen berufen worden war, arbeitete der Pfarrer Dominik Zili in
seinem Sinn fort, wollte die Beichte in der St. Gallenschen Kirche
einführen und flüchtete sich, um den gegen ihn geführten Klagen
wegen Kanzelinjurien zu entgehen, hinter eine Amtswürde, von der
weder Vadian und seine Freunde noch der Rath in St. Gallen et=
was wissen wollten. Da gerade hervorragende Prediger es waren,
welche Neigung zu lutherscher Lehre und Kirchenordnung hatten, so

---

beschlossen. Auf dem Titel der in meiner Hand befindlichen Ausgabe steht
nichts von der Bestimmung des Buchs für weitere Kreise. Dageg. Fins=
ler kirchl. Statistik, pag. 678 Anm.
[1]) Z. B. von Erasm. Schmid von Stein 5. Febr. 1624 (Siml. S. vol. X.)
[2]) S. den scherzhaften Brief an Vadian. Zür. 24. Febr. 1524 (ib.).
[3]) Siml. S. Th. 20.

ließ man den Gebrauch der lutherschen Bibelübersetzung auch da noch
gewähren, als die Zwinglische Lehre vom Abendmahl entschieden ge-
siegt hatte (1527). So blieb denn auch fortan neben der Zürcherschen Bibelübersetzung das Werk des deutschen Reformators in der
Stadt St. Gallen und den mit ihr enger verbundenen Landschaften
die vorzugsweise gebrauchte Bibel. [1]

St. Gallen blieb längere Zeit der Mittelpunkt, an den die
Reformirten aus der Umgegend sich anschlossen. An der Synode
von 1530 nahmen noch die Geistlichen des Kantons Appenzell, der
oberthurganischen Gemeinden, des Rheinthals, vielleicht auch des Tog-
genburgs Antheil. Nach und nach bildeten jedoch diese Gegenden
theils eigene Kirchenkörper, theils schlossen sie sich an Zürich an.
Dieß übte seinen Einfluß auch auf die kirchlichen Einrichtungen, den
Kultus und den Gebrauch religiöser Bücher.

Am frühesten bildete sich in Toggenburg ein besonderer kirchlicher Verband. [2] Das Bestreben, sich von der Herrschaft des Abtes
von St. Gallen loszumachen, trieb diese Landschaft zu doppeltem
Eifer für ihre kirchliche Selbstständigkeit. Schon 1529 versammelten
sich die evangelischen Geistlichen zu einer besondern Synode. Von
großem Werthe mußte ihnen aber die stete Verbindung mit Zürich
sein. Zwingli sorgte dafür, dieselbe zu erhalten, theils durch fortdauernde briefliche Räthe und Mahnungen, theils durch persönliche
Anwesenheit in seinem Heimathlande. So wohnte er auch der zweiten
Synode von 1531 mit einer weltlichen Abordnung von Zürich bei.
Dem Einfluß Zürichs verdankten es auch die Toggenburger, daß sie,
ungeachtet der zweite Landfriede sie wieder unter die politische Herrschaft des Abtes gebracht hatte, dennoch ihre Synode retteten und sie
ohne Unterbrechung durch die folgenden zwei Jahrhunderte hindurch
trotz aller Anfeindungen, welche sie bis 1712 von Seite des Abtes
von St. Gallen zu erfahren hatten, alljährlich halten konnten. Damit war auch die Einführung der Zürcherschen Kirchenordnung gegeben.

---

[1] Die Psalmstelle 92, 19 auf dem Titel der wahrscheinlich 1533 ins Reine
geschriebenen Sabbatha von Joh. Keßler ist nach Luther (s. Keßler Sabbatha
ed. E. Götzinger in Mitth. zur vaterl. Gesch. St. Gallen 1866. V. VI.
Heft.

[2] S. Sulzberger, Beiträge zur Toggenb. ev. Kirchengesch. Mitth. f. vaterl.
Gesch. St. Gallen. 1866. III, pag. 16 ff.

Sagen auch die ersten Synodalstatuten von 1529 noch nichts davon, so ist dagegen bei der Revision derselben 1553 es in Art. 12 ausdrücklich hervorgehoben: „Im Gottesdienst soll sowohl in den Kirchengebräuchen als Gebeten Uniformität stattfinden und daher die Zürcher Kirchenordnung gebraucht werden." Dazu kommt, daß im 16. Jahrhundert ein großer Theil der Toggenburger Geistlichen von Zürich kam. Dem Abt von St. Gallen, dem noch immer das Bestätigungsrecht zukam, gelang es zwar Ende des 16. und Anfang des 17. Jahrhunderts dieß soweit zu verhindern, daß er Zürich entgegen sich selbst Mühe gab, Geistliche aus andern Cantonen, namentlich von Basel kommen zu lassen. Allein nicht nur blieben dessen ungeachtet die Liturgie und die Catechismus von Zürich, sondern auch die schweizerische Bibelübersetzung konnte auch dann nicht ganz aus dem Toggenburg verdrängt werden, als letzteres ein Theil des neuen Cantons St. Gallen wurde.

Im Jahr 1559 mußten sich das Rheinthal und die oberthurgauschen Gemeinden von der Synode in St. Gallen trennen.[1] Beide Landestheile schlossen sich an die Zürcherkirche an. Die rheinthalischen Gemeinden bildeten nunmehr das Kapitel Rheinthal, während die oberthurgauschen Gemeinden sich mit dem schon bestehenden Kapitel Oberthurgau verbanden. Die enge Verbindung der Gemeinden genannter beider Landschaften, sowie der obengenannten Sax und Werdenberg mit Zürich (letzteres durch Glarus) hatte immer die gottesdienstliche Ordnung und die Bibelübersetzung des kirchlichen Mittelpunktes zur Folge. Die Vermittlung geschah auch zum Theil durch die Geistlichen. Zürich hatte über mehrere Gemeinden des Rheinthals, so wie über die drei Gemeinden der Herrschaft Sax das Collaturrecht und dieses wurde ohne Ausnahme im Sinn des Collators geübt. Aber auch da, wo seltener Zürchergeistliche angestellt wurden, blieb es doch bei den einmal vorhandenen kirchlichen Einrichtungen.

In ein eigenthümlich enges Verhältniß zu St. Gallen trat Appenzell. Schon 1521 hatte in diesem Kanton die Reformation Eingang gefunden; und schon bei der ersten reformatorischen Synode, welche auf Veranstaltung Vadians im Februar 1529[2] zu Rheineck

---

[1] S. bes. Sulzberger a. a. O. pag. 179 ff.
[2] Sulzb. a. c. O. pag. 161 ff.

abgehalten wurde, schloß sich Appenzell mit der Stadt St. Gallen zu einem der vier dort eingerichteten kirchlichen Kreise zusammen. Als durch das Betreiben des Abtes die oberthurgauschen und rheinthal= schen Geistlichen sich von der St. Galler Synode trennen mußten, da ließen die Reformirten im Lande Appenzell durch ihre Obrigkeit bei dem Rathe in St. Gallen anhalten, daß ihre Prädicanten genannte Synode auch ferner noch besuchen dürften, was ihnen auch willig gewährt wurde. So blieb es denn auch dann, nachdem Appenzell Außerrhoden sich als besondern reformirten Theil von dem katho= lisch gebliebenen Innerrhoden im Jahr 1597 getrennt hatte. Obwohl Außerrhoden seit 1602 noch seine besondern Synoden zur Besorgung eigener Angelegenheiten hatte, so besuchte es doch noch diejenige von St. Gallen bis zum Jahr 1757, in welchem sich das bisherige Verhält= niß zu St. Gallen auflöste. Merkwürdigerweise zieht sich aber durch die kirchliche Geschichte Appenzells doch auch eine gewisse Verbindung mit Zürich hindurch. Einige Gemeinden handelten ganz selbstständig. So führte Urnäsch 1527 die Zürcherische Kirchenordnung ein. Später wurde der sog. alte, d. h. bäumlersche Zürchercatechismus allgemein gebraucht und hat sich jetzt noch in einigen Gemeinden erhalten. Selbst das 1852 eingeführte „religiöse Gedächtnißbuch" hat noch die Eintheilungen und Ueberschriften des ebengenannten Catechismus. Als sich Außerrhoden von Innerrhoden und dann auch gänzlich von dem bischöflichen Konsistorium in Konstanz trennte, beschloß die Regierung, für einstweilen alle Ehestreitigkeiten an das Ehegericht in Zürich zu weisen. Das 1600 aufgestellte besondere Ehegericht des reformirten Appenzells brauchte bis 1618 noch das Wesentlichste aus den Zürcherischen Ehegerichtssatzungen. Im Uebrigen blieb Appenzell größtentheils bei den St. Gallischen kirchlichen Ordnungen und wenn auch neben dem alten Zürchercatechismus der Heidelbergische gebraucht wurde, so war doch stets die lutherische Bibelübersetzung die kirchlich beinahe allein gebrauchte.

Kein Kanton war sowohl durch seine bisherige Geschichte als seine geographische Lage so an Zürich gewiesen, wie der Kanton Schaffhausen. Die kurz vor der Reformation (1501) errungene Verbindung mit der Eidgenossenschaft drängte um so mehr die Schaff= hauser, sich dem nächstliegenden Kanton anzuschließen, als das benach= barte deutsche Reich sie anzufechten fortfuhr. Kaum hatten daher die reformatorischen Bewegungen in Zürich begonnen, als das lebhafteste Interesse dafür sich auch in Schaffhausen regte. Die freundschaftliche Verbindung, in welche der Schaffhauser Reformator Sebastian Hof= meister schon als Barfüßer=Conventual in Zürich 1520 mit Zwingli trat, setzte sich nach seiner Rückkehr in seine Vaterstadt (1522) fort. Das zweite Religionsgespräch in Zürich im Spätjahr 1523, auf welchem Hofmeister einer der Alterspräsidenten war, verband die beiden Männer noch inniger, und 1524 standen Zürich und Schaff= hausen allein den andern Eidgenossen gegenüber entschieden auf Seite der Reformation. Die nach schweren Kämpfen, welche 1525 die Vertreibung Hofmeisters aus seiner Vaterstadt zu Folge hatten, endlich im Spätjahr 1529 errungene Reformation war wesentlich das Werk unermüdlicher Mahnungen Zwinglis und seiner Freunde. Sie konnte weder aufgehalten noch rückgängig gemacht werden, wie= wohl beides versucht wurde. Um die Predigten von Hofmeister wir= kungslos zu machen, wurde Erasmus Ritter von Rottweil berufen. Dieser aber, durch seine Polemik genöthigt, auf die Gründe seines Gegners einzugehen und die heilige Schrift zu studiren, sah sich bald überwunden und wurde ein eifriger Freund derer, die er bekämpft hatte. Die Gegner der Reformation versuchten sodann einen andern Weg, den nämlich, durch Berufung des lutheranisirenden Benedict Burgauer in St. Gallen das angefangene Werk sachte wieder auf die Bahn der alten Kirche zurückzuleiten (1528).[1]) Burgauer hielt mit seinen Ansichten anfänglich zurück, hatte er doch bei der Verner= disputation zuletzt erklärt, daß er die Zwinglische Lehre vom Abend= mahl nicht mehr bestreiten wolle. Auch M. Bucer suchte ihn von der Richtigkeit dieser Lehre in seinen Briefen zu überzeugen.[2]) Allein Burgauer, theils selbst sehr streitsüchtig, theils von seinen Freunden gedrängt, begann bald den Kampf und zuerst war es der Artikel „hinabgefahren zu der Hölle", mit dem er seinen Feldzug gegen Zwingli eröffnete, indem er ihn mit Luther als ein wirkliches Hinabsteigen Christi in den Hades auffaßte. Bemerkenswerth ist

---

[1]) Ueber die vergeblichen Versuche, diese Berufung nicht zu Stande kommen zu lassen s. des Verfassers Abh. in den „Verhandlungen der asc. Ges. v. Zürich. Zür. 1868 pag. 168 ff.

[2]) Siml. S. vol. 20.

dabei, daß auf Anrathen Zwinglis die Schlichtung des Streites dem Oecolampad übertragen wurde, dem es auch gelang, die Streitenden wenigstens äußerlich eine Zeit lang zur Ruhe zu bringen. Doch nur ein Paar Monate nachher brachte Burgauer sein Lutherthum auf die Kanzel, nannte die Zwinglianer Wiklefiten und erklärte, diejenigen machten Gott zum Lügner, welche die Worte „das ist mein Leib" anders als buchstäblich nähmen. Erasmus Ritter konnte nun als eifriger Anhänger der Zwinglischen Lehre nicht schweigen. So entstand ein unerquicklicher Streit, den zu schlichten und dabei gleichzeitig für die Reformation zu wirken, Zürich zwei Boten nach Schaffhausen schickte,[1] welche vor Rath die Hoffnung aussprachen, Schaffhausen werde sich Zürich „des göttlichen Wortes halb ganz gleichförmig machen und das zwiespältige Predigen in ihrer Stadt abstellen und nichts anders als die göttliche Schrift ohne Zuthun und Vermischung menschlicher Lehren und Satzungen verkünden und Meister sein lassen". Doch auch da ruhte der Streit nicht. Burgauer fing an, auch den Bildern das Wort zu reden, und wie er es in St. Gallen schon gethan, die Krankenheilung durch Oel zu empfehlen.[2] In der Taufe vollzog sich ihm bereits die Wiedergeburt. Unterdessen wurde die Reformation vollends durchgeführt, ohne daß aber der Kampf zwischen Lutherschen und Zwinglischen Anschauungen ausgeglichen war. Eine Deputation von Zürich, Bern und Basel kam daher nach Schaffhausen, um mit den noch vorhandenen Resten des Papstthums auch die lutherschen Bestrebungen zu beseitigen. Es gelang, Burgauer zum Widerruf zu bringen (9.—11. Dec. 1530). Eine von dem Pfarrer Martin Dechslin vorgelegte, aber von Bucer ausgearbeitete Formel in neun Artikeln enthielt zwar eine bestimmte Erklärung gegen die Transsubstantiation und die leibliche Gegenwart Christi im Abendmahl, drückte sich aber doch in zwei Artikeln so unbestimmt aus, daß die Lutherische Ansicht noch untergebracht werden konnte. Ritter und Burgauer mußten unterschreiben und noch in einem besonderen Revers sich erklären, Frieden zu halten. Der erstere bemerkte jedoch in den Verhandlungen selbst, er hätte größere Bestimmtheit und Klarheit in ein Paar Artikeln gewünscht.[3] Das schroffe Auf-

---

[1] S. die Instruktion derselben. Siml. Samml. Th. 22.
[2] Ritter an Bullinger 1536. Zür. K. A.
[3] Schaffh. Staatsarchiv.

treten von Ritter gegen ein Paar Eherichter hatte im gleichen Jahr eine bedeutende Mißstimmung gegen diesen verdienten Mann im Rath hervorgerufen. Burgauer, der auch in dieser Sache ein Gegner desselben war, benützte diese Stimmung, um gleich im folgenden Jahr den Streit über das Abendmahl von Neuem anzufachen. Der Rath ordnete mehrere Mitglieder an die Prädicanten ab, um Friede zu schaffen. Burgauer ließ sich sogar herbei, auf nächste Weihnachten nach einer ihm vom Rathe dictirten Formel die Luthersche Lehre öffentlich in der Kirche zu widerrufen. Die Altgläubigen hofften noch immer auf Rückkehr zu der römischen Kirche. Selbst die Messe wurde noch von vielen geistlichen und weltlichen Personen des Schaffhausergebietes besucht. Altäre und Bilder waren noch manche, namentlich auf dem Lande anzutreffen. Daher sahen sich drei Prediger aus der Stadt, unter denen Erasmus Ritter sich befand, veranlaßt (wahrscheinlich im Februar 1532) eine sehr energische Beschwerdeschrift über diese „Aergernisse" an den Rath gelangen zu lassen, in welcher sie nicht undeutlich auf die Nothwendigkeit der Entfernung Burgauers anspielten.[1] Das Schreiben hatte wohl einige Rathbeschlüsse hervorgerufen, in der Sache selbst aber hatte es keinen bedeutenden Erfolg. Das Jahr darauf kam der unermüdliche Vermittler Bucer nach Schaffhausen. Auf sein Verlangen versammelte Ritter einige Geistliche aus der Stadt und vom Lande. Burgauer wollte von dem Straßburger nichts wissen.[2] Bald bot sich ihm eine neue Gelegenheit dar, auf den alten Kampfplatz zu treten. Bisher hatten sich die Geistlichen noch nicht über eine gleichförmige Ordnung des Gottesdienstes geeinigt. Die einen brachen das Brod beim heiligen Abendmahl, andere nicht, die einen brauchten gewöhnliches Brod, andere die frühern runden Oblaten. Einige hatten silberne, andere hölzerne Kelche. Auch bei der heiligen Taufe herrschten noch verschiedene Gebräuche. Bei Anlaß des Eintrittes eines neuen Stadtgeistlichen beschlossen sämmtliche Pfarrer, eine gleichförmige Feier der Sacramente einzuführen und legten dem Rathe ihre Beschlüsse vor, welche einstimmig gefaßt, auch von letzterm genehmigt wurden. Da trat Burgauer dagegen auf. Er behauptete, der Gebrauch hölzerner Gefäße

---

[1] Schaffh. Rathsprotocoll.
[2] Ritter an Bullinger 10. Mai 1533. Siml. S. vol. 33.

und das Brodbrechen sei wider das Evangelium. Das Wort fran-
gere heiße so viel als distribuere. Nur rundes Brod dürfe man
gebrauchen, und Paulus sage: „in einem großen Hause sind goldene
und silberne Gefäße", daher dürfe man keine hölzernen gebrauchen.
Umsonst beschwörte ihn die nochmals versammelte Geistlichkeit, doch
in solchen Dingen nachzugeben: umsonst gab man ihm auf seine
Bitte erst 8 Tage, dann 15 Wochen Bedenkzeit. Da beschloß die
Geistlichkeit, „da Burgauer selbst öfter in ihrer Versammlung zuge-
standen habe, daß er unsere Artikel nicht widerlegen könne, wiewohl
er vor dem Rath sich anders ausgesprochen habe, und da er keine
Rücksicht auf die Einheit und Liebe der Kirche nehme, vielmehr zur
Befestigung seiner Hartnäckigkeit die heilige Schrift verdrehe, so können wir ihn nicht mehr für einen Christen halten, geschweige für
einen Bruder, sondern für einen Zerstörer und Verwirrer der Kirche,
und für einen Excommunicirten, bis er zur Besinnung zurückgekehrt
sein würde." Der Rath, dem dieser Beschluß mitgetheilt wurde,
ging zwar zum großen Aerger der Geistlichen nicht sogleich auf deren
Wünsche ein, Burgauer zu entfernen, beschloß vielmehr, ihnen zu erklären, da sie sich über die Kirchengebräuche geeinigt hätten, so sei
kein Grund zu weiterm Streite vorhanden. [1]) Die Geistlichen scheinen sich damit vorläufig beruhigt zu haben, worüber ihnen Myconius
Vorwürfe macht. [2]) Ritter hoffte um so mehr auf wissenschaftlichem
Wege gegen Burgauer etwas ausrichten zu können und begrüßte daher freudig die vom Rathe beschlossene „Lection" oder die Einrichtung einer Art von theologischer Schule. Lange konnte es nun in
der That mit Burgauer nicht mehr gehen. Der Rath befahl (Mon-
tag vor Sebastian 1534), das Abendmahl „wie der göttlichen und
biblischen Geschrifft und Ordnung am allernächsten ist, zu gebru-
chen" und nicht wie Burgauer lehre. Kurze Zeit nachher wurde beschlossen, diesem den Bestellungsbrief herauszugeben. Allein so groß
war noch der Einfluß dieses Mannes, daß man ihm seine Pfründe
noch ein Paar Jahre ließ. Der Rath gab ihm noch bei seinem Ab-
schied 1536 ein Ehrengeschenk von 20 Gulden. Selbst auf seine

---

[1]) S. über diesen ganzen Vorfall den ausführlichen Bericht von Ritter an Bucer.
27. Dec. 1533. Siml. S. vol. 33.

[2]) Myc. an Ritter ibidem.

Frau dehnte man noch das Wohlwollen aus, indem man ihr Vermögen noch 4 Jahre steuerfrei in Schaffhausen ließ. Seine Beschützer, unter denen besonders der mächtige Bürgermeister Hans von Waldkirch, der übrigens auch den Wiedertäufern wiederholt den Geistlichen gegenüber Schutz verlieh,[1] ruhten jetzt nicht, bis auch Erasmus Ritter entfernt war. Mittwoch vor Ostern 1536 erhielt er „um Fried und Ruewen willen" seine Entlassung. Er kam nach Bern, wo wir ihn wieder an ähnlichen Kämpfen Theil nehmen sehen, wie in Schaffhausen. Auch seine Freunde scheinen seinen Weggang nicht allzusehr bedauert zu haben, da seine heftige Polemik sehr dazu beigetragen hatte, die Kirche nicht zur Ruhe kommen zu lassen.[2] Von nun an beginnt auch wirklich eine ruhigere Entwicklung der Zustände Schaffhausens.[3] Heinrich Linggi, Hofmeisters treuer Gehülfe im Reformationswerk, und Zimprecht Vogt von Biel kamen an die Stelle der beiden entlassenen Prediger. Zum erstenmal traten die Geistlichen in eine eigentliche Synode zusammen. Diese entwarf die alte treffliche Kirchenordnung, welche bis in den Anfang unsers Jahrhunderts Grundlage des Schaffhauser Kirchenwesens blieb. Besonders beschäftigte sich die Synode mit der Unterweisung der Jugend. Jetzt näherte man sich wieder Zürich, während Ritter noch 1532 schreiben konnte: „est tamen nostris suspectum, quidquid Tigurum sapit."[4] So führte Linggi den großen Catechismus von Leo Judä ein und wandte bei Erklärung desselben die socratische Methode an. Schon 1533 wurden zwei Pfarrer von der Geistlichkeit beauftragt, eine Liturgie auszuarbeiten und diese enthielt wesentlich die Bestandtheile der „Ordnung der Christlichenn Kilchenn zu Zürich" 1529 (1529).[5]

Wir mußten die lutherschen Kämpfe in Schaffhausen hier etwas ausführlicher darstellen, theils weil sie bisher noch nicht bekannter

---

[1] Seb. Grübel an Vadian. 24. Aug. 1535. St. Galler Bürgerbibl.

[2] Seb. Grübel, Pfarrer in Schaffhausen an Vadian. 13. Juli 1535. Bürgerbibl. St. Gallen.

[3] s. Kirchhofer Schaffh. Jahrbücher, 2. A. 1838. pag. 134 ff.

[4] An Bucer. Siml. S. vol. 28.

[5] S. Geschichtl. Nachweise zur Schaffhauserliturgie v. 1860, von Pfarrer E. Stickelberger.

geworden sind, theils weil in ihnen auch hinsichtlich unseres Haupt-
gegenstandes manches Spätere seine Erklärung findet.

Der verdienstvolle Erforscher der Schaffhausergeschichte, Dr. M.
Kirchhofer, bemerkt,[1]) daß unter den Bibelübersetzungen die luthersche
eingeführt worden sei. Diese Bemerkung ist nicht ganz genau. Denn
weder in den Rathsprotocollen noch in den Synodalacten ist von
einer wirklichen Einführung genannter Bibelübersetzung die Rede.
Dagegen ist es wahr, daß sich durch die Geschichte der Schaffhauserkirche von dieser Zeit an ein gewisses Streben zeigt, sich möglichst
von dem Einflusse Zürichs unabhängig zu erhalten. Zwar sehen wir
die Männer, welche bis tief in das 17. Jahrhundert an der Spitze
der Kirche standen, Linggi, J. Vogt, später Dekan C. Ulmer, J. Jetz-
ler u. A. in stetem Verkehr mit den Zürcher Theologen und auch
diese versäumten es nicht, immer wieder das kleinere Schaffhausen
an sich zu ziehen.[2]) Aber jenes Streben nach kirchlicher Unabhängigkeit zeigt sich doch schon darin, daß die Studirenden der Theologie noch weit mehr nach Basel, Genf, Lausanne, Straßburg, Heidelberg, ja selbst bis zu Melanchthons Tod nach Wittenberg gesandt
wurden. Diese Studirenden, von denen einige später zu den einflußreichsten Stellen in ihrer Heimath gelangten, hatten sich schon
auf der Universität an die Luthersche Bibelübersetzung gewöhnt und
gebrauchten sie, wie sich das besonders aus ihren Briefen erkennen
läßt,[3]) auch später in ihren Gemeinden. Dazu kommt, daß das Mißtrauen der Altgläubigen gegen Zürich wiederholt dazu trieb, sich an
Basel zu wenden, wo man unbefangenere Beurtheilung der reformatorischen Vorgänge zu finden hoffte. So wurde Seb. Hofmeister noch
vor seiner förmlichen Vertreibung vom Rathe angewiesen, sich dem
Urtheil der Baslertheologen zu unterwerfen (1525) und noch später
ließ man sich von Oecolampad Vorschläge über die gottesdienstlichen
Einrichtungen geben. Die Einwirkungen der Parthei von Burgauer

---

[1]) A. a. O. pag. 137.

[2]) 3. B. auch durch Dedicationen von Schriften an den Rath. S. u. a. das
schmeichelhafte Schreiben von Rud. Gwalther. März 1563 bei der Dedication seiner 12 Propheten.

[3]) S. besonders eine Reihe solcher Briefe theils in dem höchst interessanten
schriftlichen Nachlaß des Dekans Ulmer, theils in dem Protocoll des ehemaligen Scholarchenrathes.

und die gewöhnliche Rede der Wiedertäufer, daß man nicht Gottes Wort, sondern das Wort der Berner und Zürcher treibe, haben ihren wesentlichen Antheil an dieser Erscheinung. Wurde so jedenfalls die Luther'sche Uebersetzung auch ohne besondern Einführungsbeschluß vielfach gebraucht, so fand doch die Zürcher'sche im Lauf des 16. Jahrhunderts immer mehr Eingang. Einmal übten schon die Leo Judä'schen Catechismen einen bedeutenden Einfluß, sodann das Mißtrauen, das sich allmählig gegen die reformirte Gesinnung in Basel bildete. Wurde, obwohl mit Unrecht, dieß Mißtrauen schon gegen Myconius rege,[1] so erwachte es mit um so größerem Recht, als Simon Sulzer erst (1548) als Prediger und Pfarrer, dann (1553) als Antistes in Basel seinen Lutheranismus offen bekannte. Die Schaffhauser Stipendiaten wurden theils gewarnt, theils erhielten sie die Weisung, Basel zu verlassen.[2] Die öftern Citate der Synode in deren Schreiben an den Rath lassen auf den officiellen Gebrauch der Zürcherübersetzung schließen und die Einführung der zweiten helvetischen Confession scheint diesen Gebrauch besiegelt zu haben.

Noch einmal drohte der Schaffhauserkirche ein Kampf um das Lutherthum. Doch trat dieser jetzt in gemäßigterer Form auf.[3] Im Jahr 1569 wurde Conrad von Ulm zum Vorsteher der Kirche gewählt. Derselbe hatte in Wittenberg Luther, Melanchthon und Bugenhagen gehört, war dann auf Luthers Empfehlung nach Lohr in der Grafschaft Rhinek gekommen. Nach einem sehr strengen Examen über seine reformirte Rechtgläubigkeit wurde er nach Schaffhausen berufen. Die kirchlichen Zustände, die er hier traf, waren nicht sehr erfreulich. Unter den Geistlichen zu Stadt und Land war keiner, der ihre Besserung an die Hand zu nehmen und durchzuführen im Stande war. Ulmer, ein ebenso gelehrter als gewandter Theologe, griff nun gleich das Uebel bei der Wurzel, nämlich bei dem sehr vernachlässigten Jugendunterricht an. Statt der Leo Judä'schen Fragstücke „für gar junge Kinder", welche fast allein gebraucht wurden, arbeitete er einen neuen Katechismus aus, der selbst Bullingers Beifall fand.

---

[1] Hagenbach, Gesch. der Baslerconf. pag. 91.
[2] Mss. Ulmeriana.
[3] Siehe das Ausführliche in den Verhandlungen der ascet. Gesellschaft von Zürich. 1868. pag. 179 ff. Einiges auch Heß, Gesch. des Zürchercatechismus pag. 43 f.

Allein nun erhob sich ein heftiger Streit für das bisherige Lehrbuch und besonders gegen den eingefügten Artikel vom Amt der Schlüssel, und man verlangte, Ulmer solle seine Amtsbrüder durch einen besondern Artikel über den Verdacht des Lutheranismus beruhigen. Auch die hochdeutsche Sprache, in der das neue Buch abgefaßt war, wurde angegriffen. Das Ergebniß des Streites war, daß der neue Catechismus ganz umgearbeitet, sämmtliche Judäschen Fragstücke wieder aufgenommen, einiges von Ulmer beigefügt und auch der 21. Frage des Heidelbergercatechismus eine Stelle gegeben wurde. Wie das Schweizeridiom so war auch die Zürchersche Bibelübersetzung wieder für die neue Arbeit gerettet (1569). Ja selbst den Ausdruck „Trinkgeschirr" statt des in der Schweiz weniger bekannten „Kelch" mußte sich Ulmer gefallen lassen. Ziemliche Zeit später (1592) wurde eine neue Liturgie, wahrscheinlich auf Ulmers Betrieb, bearbeitet. Mit Ausnahme des von Bern entlehnten Abendmahlsformulars und der Form für Einführung der „Prädicanten" gibt dieselbe hauptsächlich die in Zürich gebrauchten liturgischen Stücke. In dieser Ausgabe hatte sich Ulmer erlaubt, das ihm näher liegende Hochdeutsch zu gebrauchen, aber schon 1596 wurde eine neue Ausgabe veranstaltet, wo wieder der Schweizerdialect erscheint. Ulmer wurde so eingeschüchtert, daß er bei einer Theurung, für welche ein besonderes Gebet in der Kirche veranstaltet wurde, sich ein solches von Bullinger kommen ließ (1571). Doch für seine Predigten brauchte er stets die Lutherbibel. [1]) So blieb in der Schaffhauserkirche immerhin ein gewisses Schwanken zwischen beiden Ueberseßungen bis in die Mitte des 17. Jahrhunderts hinein.

Wenige Gebiete der Schweiz verdanken wohl den Zürchern so sehr die Erhaltung der Reformation unter den schwierigsten Verhältnissen und Kämpfen, wie der jetzige Kanton Graubünden. Mit Zürich schon längst durch ein Burgrecht verbunden, wandte sich Chur besonders in den Streitigkeiten mit dem Bischof und in andern Angelegenheiten öfters an die mächtigere Stadt, und die vom Humanismus angeregten Männer, Johann von Travers, Jakob Salandronius und Andere standen schon vor der Reformation mit den Zürcher-

---

[1]) S. z. B. die jetzt noch lesenswerthen Predigten von den h. Sakramenten Zürich 1598, in welchen er ευχαριστία in 1 Cor. 10 stets mit „Danksagung" übersetzt.

gelehrten in regem Briefwechsel. Doch ist der Anfang der refor=
matorischen Bewegungen im Bündtnerlande sehr in's Dunkel ge=
hüllt. Selbst der Name des Zürcher Predigers, der in Fläsch zu=
erst mit größerm Erfolge das Evangelium predigte, ist unbekannt.[1]
Bald jedoch ragte Johann Comander unter den gleichzeitig an ver=
schiedenen Orten auftretenden reformatorischen Männern hervor. Auch
er fand seinen Hauptstützpunkt in Zürich. Beinahe gleichzeitig (1524)
eröffnete Philipp Gallicius, vielleicht ein Schüler Luthers und Me=
lanchthons in Wittenberg, seine fast fünfzigjährige Thätigkeit zum
Heil der evangelischen Kirche seines Vaterlandes. Unter dem Ein=
fluß des dritten im Bunde dieser Männer, des Johann Travers,
kam schon jetzt der gemäßigte Beschluß der Häupter und Räthe zu
Stande, daß die Predigt aus Gottes Wort gestattet sei, daneben aber
auch die bisherigen kirchlichen Gebräuche unangetastet bleiben sollten.
Das Gespräch von Ilanz am 7. Jan. 1526 darf wohl als der Zeit=
punkt bezeichnet werden, von dem an die Reformation Graubündens
ihren eigentlichen Siegeslauf begann. Die Zürcher sandten zwei
Abgeordnete auf dasselbe, Dr. Sebastian Hofmeister und Joh. Jakob
Ammann. Durften diese auch nur als Zuhörer zugegen sein, so war
doch ihr Einfluß auf Comander und andere Glieder der Synode ein
entscheidender.[2] Der moralische Sieg, den die Evangelischen bei
diesem Gespräch erfochten, sprach sich bald nachher in dem Beschluß
des Bundestages aus, daß es Jedermann in den drei Bünden frei
stehe, sich zum evangelischen oder zum katholischen Glauben zu be=
kennen. Doch nun erst sollte die Bündtnerkirche durch die schwersten
Kämpfe hindurchgehen, welche manchmal ihren weitern Bestand in
Frage zu stellen schienen. Der unglückliche Ausgang des zweiten
Kappelerkrieges hatte seine Rückwirkung auch auf die rhätischen Lande.
Am meisten hatten die beiden Reformatoren, Comander und Gallicius,
darunter zu leiden. Der erstere wollte im Ueberdruß mit einem an=
dern evangelischen Geistlichen seine Stelle in Chur niederlegen. Nur

---

[1] Leonhardi: Philipp Gallicius. Bern 1865 nennt ihn Bürkli (pag. 7),
während Kind: die Reform. in den Bisthümern Chur und Como, Chur
1858, pag. 29, den Namen nicht nennt.

[2] S. Acta und Handlung des Gesprächs — durch Seb. Hofmeister. Zürich
1526. 4⁰.

Bullingers ernstes Zureden vermochte diesen Schlag von der Bünd=
nerkirche abzuwenden.

Mitten unter allen Kämpfen wurde an dem eigentlichen Aufbau
der Kirche Rhätiens gearbeitet. Als Hauptaufgabe erschien Coman=
dern die Errichtung einer Schule, an der sich junge Theologen auf
höhere Studien vorbereiten sollten. Als es Bullinger gelungen war,
den Johann Travers, den einflußreichsten Mann im Gotteshaus=
bunde, für die Reformation zu gewinnen, da wurde es erst möglich,
die so segensreiche Anstalt zu gründen. Travers erbat sich von
Bullinger den in Zürichs Schulen herangebildeten Pontisella, einen
Bündner. Auch Gallicius wirkte kurze Zeit an der neu errichteten
Schule. Der Mangel an tüchtigen evangelischen Predigern war im=
mer noch sehr groß. Bullinger sorgte dafür, daß talentvolle rhätische
Knaben in Zürich und Basel sich unentgeltlich auf das geistliche
Amt vorbereiten konnten. Doch die eigentliche theologische Bildungs=
anstalt für Graubünden blieb die Chorherrenschule am Großmünster
in Zürich.[1]) Es würde uns für unsern Zweck zu weit führen, woll=
ten wir den Einfluß Zürichs, namentlich Bullingers auf die fernere
Entwicklung der Bündtnerkirche weiter verfolgen. Wir erinnern nur
an die Errichtung der ersten Bündtnersynode, die Kämpfe mit den
italienischen libertinisch gefärbten Eindringlingen, mit den Wieder=
täufern, an die Versuche, das Hochstift Chur gänzlich zu reformiren,
an die Aufstellung der rhätischen Confession 1552 und die Aufnahme
der 2. helvetischen Confession (1566), endlich an die energischen Ver=
suche der Jesuiten zur Wiederherstellung der alten Kirche. „Bullin=
ger war die starke, sturmerprobte Wettertanne, unter deren immer=
grünem Dache auch Comander, Blasius, Gallicius und andere Männer
Gottes in den drei Bünden in allen Kämpfen und Nöthen ihres
bewegten Lebens Schutz und Schirm suchten und fanden."[2]) Als die
drei Hauptsäulen der reformirten Bündnerkirche Comander (1557),
Travers (1563) und Gallicius (1566) zu ihrer Ruhe eingegangen waren,
setzte Joh. Fabricius, den Zürich auf Bitte des Rathes nach Chur gesandt
hatte, ihr Werk mit jugendlichem Eifer fort, ermangelte aber nicht, stets
den Rath des greisen Vorstehers der Zürcher Kirche einzuholen.

---

[1]) Kind a. a. O. pag. 73.
[2]) Leonhardi a. a. O. pag. 47.

Aus obiger Darstellung ergibt sich von selbst, daß der Einfluß des deutsch-schweizerischen Mittelpunktes auf die Gestaltung der kirchlichen Einrichtungen in Graubünden ein überwiegender sein mußte. Zwar wollte auch da die Unionsgeschäftigkeit Bucers einen lutherisch-reformirten Kampf entzünden und vielleicht hoffte dieser Straßburger-theologe um so gewisser an sein Ziel zu kommen, als Gallicius für seine Person der Lutherschen Auffassung des heiligen Abendmahls zugethan war. Allein die Kämpfe der Rhätischen Kirche um ihre Existenz der römischen Hierarchie gegenüber, ließen alle Versuche, im eigenen Lager Zwiespalt zu erregen, scheitern. [1])

Das eigenthümliche Streben nach Selbstständigkeit der Gemeinden und der Bünde, welches der rhätischen Geschichte ihren eigenthümlichen Charakter gibt, zeigt sich auch in dessen Kirchenwesen. Es kam zu keinem gemeinschaftlichen Beschlusse, weder bezüglich einer Bibelübersetzung noch des Katechismus und der Liturgie. Es wurde zwar eine besondere Liturgie, die sog. Churerliturgie bearbeitet. Aber die rhätische Confession von 1552 setzte dennoch fest, daß sich die Geistlichen entweder der Zürcher oder der Churerliturgie bedienen sollten. Die letztere wurde aber bald in den deutschen Gemeinden von der erstern verdrängt, und so blieb die Zürchersche mit den Bibelstellen des Originals bis 1831, in welchem Jahre ein neues kirchliches Gebetbuch herausgegeben wurde. Aehnlich verhält es sich mit dem Catechismus. Comanders Catechismus, gleich nach der ersten Bündnersynode herausgegeben, trat bald ganz zurück und entsprach wohl auch nicht mehr dem schärfer ausgeprägten Lehrbegriff. Später arbeiteten die beiden Prediger, Gabriel und Esajas Schukan ein religiöses Lehrbuch aus. Aber ein allgemeiner Landescatechismus kam nicht zu Stande. Dagegen wurde der größere Catechismus von Leo Judä in vielen Gemeinden namentlich in Chur gebraucht. An seine Stelle trat später der Zürcher Catechismus von Marc. Bäumler. Gabriel Schukan arbeitete 1611 den letztern mit dem Heidelbergercatechismus zu Einem Werke zusammen, und gab dieses zuerst in romanischer Sprache, dann während seines Aufenthaltes in Zürich in deutscher Sprache heraus,

---

[1]) Comander an Bull. 1. Jan. 1541 klagt, daß Bucer ihm Lutheri et suas de eucharistia caligines habe aufdrängen wollen. S. Joh. Travers an Bull. Zür. 1d. Febr. 1541. Simler Samml. vol. 49.

und bis heute hat sich diese Arbeit noch im Prättigau erhalten, für welche Landschaft sie auch zuerst bestimmt war. In andern Gemeinden wurde der um 1620 herausgegebene Catechismus des Stephan Gabriel, Pfarrer zu Flanz und Dekan im obern Bunde, gebraucht und hat sich noch im Bergün und Filisur erhalten.

Wir haben schon aus obiger Darstellung ersehen können, daß, je weiter entfernt schon die geographische Lage einer reformirten Schweizergegend von der Zwinglistadt weggerückt war, desto unabhängiger von dieser das Kirchenwesen sich entfaltete. Kam noch dazu, daß die Reformation einer solchen Gegend sich an eine bedeutende Persönlichkeit anschloß, oder daß der betreffende Landestheil bisher eine hohe politische Stellung einnahm, so entfaltete sich auch das Kirchenwesen weit unabhängiger von anderweitigen Einflüssen. Das war nun in besonderem Maße der Fall in den beiden Kantonen, von denen noch die Rede sein muß, in Bern und Basel.

B. Die Bibelübersetzung in der Bernerkirche.

Mit der Disputation von Bern im Januar 1528, welche einen so großen Einfluß auf die Einführung der Reformation in der nördlichen und östlichen Schweiz hatte, war auch die Reformation des Kantons Bern entschieden und das Reformationsmandat vom 7. Februar desselben Jahres besiegelte das Werk. Die heilige Schrift war die Autorität, von der sich die reformatorischen Männer auf jener Disputation abhängig wußten. Bereits war das neue Testament von Luther seit mehreren Jahren in Deutschland und in der Schweiz verbreitet; die Zürcherische Uebersetzung war damals noch beinahe ganz die deutsche. Es ist nun nicht uninteressant zu sehen, wie verschiedenartige Uebersetzungen auf der Bernerdisputation zum Vorschein kommen, und wie die einzelnen Redner ihre Citate bald aus der Vulgata, bald aus Erasmus, bald aus dem Hebräischen und Griechischen, bald aus einer der beiden neuen deutschen Uebersetzungen nehmen. Daß die katholische Partei hauptsächlich an die Vulgata sich anschließt, versteht sich von selbst; es bedurfte auch nicht erst der Versicherung ihres Hauptsprechers: „wie uff unserer gegen=parthy vil hochgelerter lüten sind vnnd by unns kein besonders gelerter mann nit ist". [1]) Den Gilg Murer, der aus Genes. 14, 18 das Meßopfer beweisen will, weil es heiße: „denn Melchisedek war ein Priester Gottes", weist Zwingli mit dem hebräischen Text und den LXX zurecht, wo statt „denn" nur „und" stehe. Der Gegner weiß nichts Anderes zu sagen, als: „das wörtly enim stand nit im Griechischen noch im Hebräischen, lassen wir verantwurten, die diese sprach erfaren haben", und setzt ganz naiv hinzu: „Uns ist genug, das wir by dem hällen latinischen Text bliben." [2]) Auch bei der Besprechung über das Fegfeuer bezieht sich Zwingli bei Ps. 85 (oder 86, 13) auf den hebräischen Grundtext. Bei Joh. 6 citirt er ausdrücklich den griechischen Text (p. 106). Er weicht daher mehrfach sowohl von der luther'schen als der Zürcher'schen Uebersetzung ab, z. B. 1 Joh. 2, 1 (p. 206), Röm. 5, 3. 4. 5 (p. 209). Bucer weist den gleichen Gilg Murer zurecht, daß dieser sich auf die Uebersetzung des Erasmus berufe, weil es ihm jetzt bequem sei, während er sonst den Hierony= mus citire (p. 143). Er selbst hält sich nicht an Luthers Worte, sondern übersetzt z. B. Röm. 15, 16 ganz frei: „Ich bin ein diener Gottes zu den Heyden, reich jnen dar das Evangelium gottes, das das opfer der Heyden angenäm sye, geheyliget durch den heyligen geyst" (p. 184). Daß er das Hebräische vor sich hatte, sieht man aus p. 96, wo er Ex. 1, 21 den Ausdruck der Grundsprache anführt. Auch Oecolampad hält sich an keine Uebersetzung, sondern an den Grundtext, z. B. 2 Tim. 3, 12: „Alle, die gottselig wellend läben, bie lydend die durchächtung" (L. u. Zür.: „Verfolgung") und beson= ders in den längern Reden gegen Ben. Burgauer (p. 125 ff.) 1 Cor. 10, 16 übersetzt er „Kelch der benedeyung, damit wir benedeyen". Damals hatte auch die Zürcher'sche Uebersetzung noch „kelch", erst seit 1548 kommt „das Trinkgeschirr" vor, ein Wort, das aber schon bei dieser Disputation, z. B. von dem Bernerreformator Franz Kolb (p. 113) und von Zwingli selbst (p. 152) gebraucht wird.

Sowohl Berth. Haller [3]) als Ben. Burgauer waren mit den Grundsprachen der Bibel nicht vertraut. Letzterer entschuldigt sich auch Oecolampad gegenüber wegen „unverstand der griechischen sprach"

---

[1]) Handlung oder Acta gehaltener Disputation zu Bernn in üchtland. Zürich bei Froschouer 1528. 4⁰ pag. CCXXXIII und CLXXIX.

[2]) Ib. pag. CLXXV ff.

[3]) Kirchhofer, Berth. Haller. pag. 205.

(p. 121) und übersetzt die Vulgata öfter ganz wörtlich, z. B. 2 Cor. 10, 5 „in dienstbarkeit Christi vndergeben" (in captivitatem) p. 104. Haller scheint bald Luther, bald die Zürcherübersetzung, bald die Vulgata vor Augen zu haben. Joh. 16, 7: „Es ist üch nütz, daß ich von üch gang" = Zür. Luth: „es ist euch besser". So ist auch das Citat der Stelle 1 Petr. 5, 3 ganz der Zürcherschen Uebersetzung gleich. Joh. 6, 68: Herr zu wäm sollen wir gan, du hast die worte des ewigen Läbens = Zür. Bei 1 Cor. 1, 30 ist wohl „heilmachung" nach Sanctificatio in der Vulgata gegeben. Luth. und Zür. hat „heiligung". Röm. 8, 33 braucht Haller das Wort „rechtfertigt", wo Luther hat: „gerecht macht", Zür.: „from macht". Daß dem griechischen Wort auch letztere Bedeutung unterliege, zeigt Bucer (p. 95).

Die Bernerdisputation mit ihrem ganz freien Gebrauch verschiedener Uebersetzungen gab gleichsam den Ton an für die ganze folgende Zeit. „Das ganze Reformationsjahrhundert hindurch behalf sich jeder mit derjenigen Bibelübersetzung und Bibelausgabe, die er sich am leichtesten verschaffen konnte."[1] Auch in officiellen Actenstücken zeigt sich dieß, z. B. in dem Verner-Synodus 1532. Diese Predigerordnung, die nach Form und Inhalt zu dem Schönsten und Besten gehört, was die reformirte Schweizerkirche hervorgebracht hat,[2] braucht vorzugsweise die Luthersche Uebersetzung, doch hält sie sich nicht immer genau an deren Wortlaut, z. B. schon bei dem Motto auf dem Titel heißt es: „Ob wir auch Christum nach dem fleisch kennt habend, so kennend wir jn doch dermaßen nit mehr". (2 Cor. 5, 16.) In Cap. 23 heißt 2 Tim. 3, 17: „daß ein mensch Gottes

---

[1] J. J. Frikart, Beiträge zur Gesch. der Kirchengebräuche im ehemal. Kanton Bern. Aarau 1846. pag. 51.

[2] Noch im 18. Jahrhundert preist sie Zinzendorf in einem Leichengedicht auf S. Werenfels mit den Worten:

Schweiz, nach der Bibel ist um und um
Ueber den bernerischen Synodum
Keine Schrift zu finden.
Herr Jesu druke
Die von dir darin verfaßte Stucke
In aller Herz.

Vid. Bern. Mausoleum IV, pag. 154. Wiederabgedruckt Basel im Verlag christlicher Schriften. 1870. Mit Vorrede von Prof. Dr. J. Riggenbach.

ohn Wandel sy", wie Luther 1522 und den nächstfolgenden Ausgaben hat, während Zür. übersetzt: „ohn prästen" (schon 1530 ff.). Dagegen stimmt die Uebersetzung von 1 Tim. 3, 2—4 weder mit Luther, noch mit Zür.: „Es soll ein bischoff unsträfflich sin, nur eins Wybs Mann, nüchter, züchtig, zierlicher Sitten, gastfrey, leerhaftig, nit winsüchtig, nit schlagender Zungen, nit schentlichs gwyns begyrig, sunder eins billigen und linden fürnemens, nit strytig, nit gytig, der synem eignem huß wol fürstand, der gehorsame Kinder hab, mit aller dapferkeit."

Die nämliche Erscheinung findet sich in der am 19. April 1531 gehaltenen Disputation der Bernerprädicanten Berthold Haller, Caspar Megander, Seb. Hofmeister, Franz Kolb und Jakob Other mit dem Wiedertäufer Pfister (Bäcker) Meyer aus Aarau. Dieses Gespräch wurde gleich nachher gedruckt.[1] In den vielen prophetischen Stellen, die hier vorkommen, mußten sich die Prädicanten der Zürcherschen Uebersetzung um so mehr bedienen, da bis dahin nur noch wenige prophetische Stücke von Luther erschienen waren; in andern Citaten des alten und des neuen Testamentes werden wir bald an Luther, bald an die Zürcher erinnert. Pfister Meyers Citate aus den Propheten folgen hie und da der Uebersetzung von „Denk und Häber", während andere Stellen bald Luther, bald die Zürcher vor Augen haben.

Die weitere Entwicklung der Bernerreformation zu verfolgen, liegt außerhalb der Aufgabe dieser Schrift.[2] Für unsern Zweck sei nur an das bald abstoßende, bald sich wieder nähernde Verhalten der beiden reformatorischen Kantone Zürich und Bern erinnert, ein Verhalten, das auch auf die kirchlich gebrauchten Bücher, Bibel, Liturgie, Catechismus, von nicht unbedeutendem Einfluß war. In geistvoller, zugleich ächt historischer Weise hat Hundeshagen die Eigenthümlichkeit der beiden Gemeinwesen charakterisirt und daraus ihre

---

[1] Das sehr seltene Büchlein: „Ein christenlich Gespräch gehalten zu Bern zwüschen den Prädicanten und Hansen Pfister von Arouw." MDXXXI. 8°. Auf der Stadtbibl. in Schaffhausen.

[2] Siehe bes. M. Kirchhofer, Berthold Haller oder die Reformation in Bern. Bern 1828, und E. B. Hundeshagen: die Conflicte des Zwinglianismus, Lutherthums und Calvinismus in der bernischen Landeskirche von 1532 1558. Bern 1842.

Stellung zur Reformation und jenes Verhältniß zu einander abge=
leitet. [1]) Die Mißstimmung, welche sich nach dem zweiten Cappeler=
krieg beinahe zur Erbitterung steigerte, vermochte das schöne Band
der Gemeinschaft zwischen dem Vorsteher der Zürcherkirche und dem
Bernerreformator nicht zu trüben, und die Ueberzeugung von der
Nothwendigkeit des Zusammenhaltens im Kampfe gegen die römische
Kirche und gegen die Versuche, die reformirte Schweizerkirche mit
fremdartigen Elementen zu vermischen, führte immer wieder zur
Vereinigung.

Kaum war die Reformation in Bern eingeführt, so sorgte auch
B. Haller, daß gelehrte Männer berufen wurden, welche die heilige
Schrift nach den Grundsprachen auszulegen verstanden, denn „he=
bräisch und griechisch verstanden in Bern Wenige oder niemand.
Nur der Probst von Wattenwyl besaß eine hebräische Bibel." [2]) Zürich
überließ Bern die beiden Gelehrten Sebastian Hofmeister und Cas=
par Megander, weil der Wachsthum des Evangeliums brüderliche
Hülfe erforderte. Ihnen schloß sich dann noch Joh. Rhellican an.
Bald wurde auch eine sog. Prophezey eingerichtet. Das alte Testa=
ment wurde der Reihe nach gelesen, zuerst (wahrscheinlich von Haller)
nach der lateinischen Uebersetzung, dann die griechische Version von
Rhellican, hierauf der hebräische Text von Megander, endlich folgte
die deutsche Uebersetzung und nach Erforschung des Sinnes die prac=
tische Anwendung des vorgelesenen Abschnittes. Ueber das neue Te=
stament las Rhellican. Diesen unterstützte später Simon Sulzer.
Allein nicht nur in der Hauptstadt sollten gründliche biblische Studien
gemacht werden. Auch in den Landstädten Thun, Zofingen, Königs=
felden wurden gelehrte Bibelkenner angestellt. [3])

Der Einfluß der von Zürich berufenen Männer war ein so
großer, daß selbst Haller zurücktrat, den ohnehin die Last des Amtes
und die Beschwerden des Alters drückten. Megander, nach Hofmeisters
Anstellung in Zofingen unstreitig der gelehrteste Theolog in Bern,
schien sich vorgesetzt zu haben, ein Hort der Zwinglischen Theologie
an dem neuen Ort seiner Wirksamkeit zu werden, und vertrat seinen

---

[1]) Hundeshagen a. a. O. bes. pag. 15 ff.
[2]) Kirchh. a. a. O. pag. 130.
[3]) Ib pag. 203.

Standpunkt mit so viel Leidenschaftlichkeit und Energie, daß er in den Bucerschen Concordienverhandlungen zürcherischer als die Zürcher selbst sich zeigte. Als der Tod die Reihe der Männer gelichtet hatte, welche zuerst der Reformation Bahn gebrochen hatten, da traten an deren Stelle besonders zwei Theologen, bei denen nicht nur das Bucersche Vermittlungswerk bereitwilligen Zugang, sondern selbst die lutherische Abendmahlslehre offene Vertheidigung fand. Peter Kunz, der an Fr. Kolbs, und Sebastian Meyer, der an Hallers Stelle trat (1536), setzten es sich zur Aufgabe, die Phalanx der Zwinglianer in Bern zu durchbrechen. Nur an Erasmus Ritter, der ebenfalls nun berufen ward, fand noch Megander eine Stütze, während die Lutherische Partei an Simon Sulzer einen eifrigen Gehülfen hatte. Aus dem Kampfe, der zum Siege des Lutheranismus und zur Vertreibung Meganders und Rhellicans führte, sei nur das hieher Gehörige über den Catechismusstreit hervorgehoben.

B. Haller schrieb um 1530 an Bullinger, es sei hohe Zeit an die Herausgabe eines Catechismus zu denken. Der Pfarrer von Aarau, Jakob Other, verfaßte aus eigenem Antrieb einen solchen und gab ihn im gleichen Jahr heraus unter dem Titel: „Ein kurze ynleitung in die bekanntnuß rechtschaffener, christenlicher leer vnd glaubens für die kinder und eynfaltigen. Durch Jakob Other. Zu Basel durch Thomas Wolff MDXXX." in 8⁰. 5 Bogen. Die Schrift ist „Allen gloubigen zu Aarau gewidmet." Der Verfasser bemerkt in der Vorrede, daß er auf Andringen seiner Gemeindegenossen den „Kinderbericht" herausgegeben habe. Nach einer Reihe von Fragen über den Ursprung der Sünde, über das Wesen eines Christen, über die Person des Erlösers, über die Nothwendigkeit der Erlösung, die Unfähigkeit, sich durch Werke das Heil zu verdienen, über das Werk Christi, das Verhältniß des alten und neuen Testaments, über das Gesetz im Allgemeinen, geht der Catechismus auf den Decalog ein, bei dem die bisherige Eintheilung beibehalten wird. Darauf werden diese Gebote in dem Gebot der Liebe gegen Gott und den Nächsten zusammengefaßt, und ganz ähnlich, wie beim Heidelberger Catechismus wird die Frage aufgeworfen: Warum hat Gott denn die Gebote gegeben, so wir sy doch nitt mögen halten? Die Antwort leitet dann auf den Glauben hin, der allein fähig mache, Gottes Gebote zu halten. Daran schließt sich die Erklärung des apostolischen

Symbolums, welche wieder dem Heidelberger Catechismus ähnlich durch die Lehre von der heiligen Dreieinigkeit eingeleitet wird.

Die catechetische Form geht bei dieser Erklärung ganz in die bloß erklärende über, nimmt aber im folgenden Theil, der vom „Vater unser" handelt, erstere wieder auf. Der Erklärung der „sieben bitten" des Vaterunsers gehen die Fragen voran: Warum und wie man beten soll? Von der Doxologie am Schluß heißt es: „dieser Spruch wird zu einem bschluß von ettlichen anghenkt an das Vater unser, vnd das nit vnchristenlich." Auf das Gebet folgt eine sehr einläßliche Auseinandersetzung der Lehre von den beiden Sacramenten. Es ist in der That auffallend, wie auch hier z. B. bei der Erörterung über die Kindertaufe und die Bedingungen der Zulassung zum Tisch des Herrn beinahe wörtlich und in der gleichen Reihenfolge die bezüglichen Expositionen des viel jüngeren Heidelbergers sich finden. In der Abendmahlslehre tritt indessen die Zwinglische Ansicht entschieden auf. [1]

Die wenigen Bibelstellen, die in diesem Catechismus ausgeschrieben sind, lassen zwar nicht ein entschiedenes Urtheil über den Gebrauch einer bestimmten Bibelübersetzung zu, zumal auch die Zürchersche Bibelübersetzung damals noch im Neuen Testament beinahe ganz die Luthersche war. Weit entschiedener vertritt ein anderer Catechismus, der Megandersche, auch hinsichtlich der darin angeführten Bibelstellen die Kirche des Heimathcantons seines Verfassers. Es scheint, daß der Othersche Catechismus keine allgemeine Aufnahme im Kanton Bern fand, wohl schon deßhalb, weil er für die Jugend etwas zu hoch war. Dagegen war der Megandersche Catechismus von 1536, [2] ohne gesetzlich eingeführt zu sein, sowohl in Folge des Ansehens, das sein Verfasser genoß, als auch wegen mancher Vorzüge von sehr viel Predigern

---

[1] Da genannter Catechismus äußerst selten ist, so hat sich der Verfasser erlaubt, ausführlicher davon zu reden. Es wäre wohl sehr wünschenswerth, denselben durch Wiederabdruck in weitern Kreisen bekannt zu machen. Dr. M. Kirchhofer hat sich die Mühe nicht verdrießen lassen, ihn ganz zu copiren. Der Verfasser verdankt seine Kenntniß den auf der Stadtbibliothek in Schaffhausen aufbewahrten Manuscripten des sehr verdienten Historikers (de rebus Sec. XVI, vol. 22, pag. 355—388).

[2] Eyn kurze aber christenliche ußlegung für die jugend der gebotten Gottes, des waaren christenlichen Glaubens ꝛc. Jm 1536 Jar. Basel by Lux Schouler. 8⁰. 4 Bogen.

angenommen worden. Die einzelnen Theile dieses Catechismus fol=
gen sich in dieser Ordnung: das „Vaterunser", der Glaube, die 10
Gebote und die heiligen Sacramente. Bei den Geboten ist die alte
Eintheilung beibehalten. Manche Gedanken sind offenbar dem Other=
schen Buche entnommen, z. B. das Bild vom Ehering, als einem
Zeichen, das zugleich die Sache selbst bedeute, falls dieß Bild vom
heiligen Abendmahl nicht von einem dritten entlehnt ist. Die Lehre
vom heiligen Abendmahl ist ganz im Zwinglischen Sinne aufgefaßt.
Der Sturm, der gegen Megander ausbrechen sollte, wurde zuerst
auf seinen Catechismus geleitet. Ohne Wissen und Zustimmung des
Verfassers nahm Bucer eine Revision vor, bei der dreizehn Artikel
des bisherigen ausgeschieden, 38 neue hinzugefügt wurden. Selbst
der Titel wurde verändert.[1]) Der ernste Kampf, der in Folge der
lutheranisirenden Einschiebsel entstand, und der die Bernerkirche in
zwei Parteien auseinander zu reißen drohte, die Entsetzung Megan=
ders, die vergebliche Abmahnung von Seite der Zürcher, die unter
dem Schutze der Regierung geschehene Maßregelung der Opponenten,
dieß Alles sei hier nur berührt.[2]) Sicher ist, daß unter dem Ein=
fluß der lutheranisirenden Häupter nun möglichst Alles verdrängt
wurde, was an Zürich erinnerte. Gewiß liegt in diesen Wirren zum
Theil der Grund, warum es die Bernerkirche im ganzen Reforma=
tionszeitalter zu keiner regelmäßigen Synode brachte, während alle
von Zürich mehr oder weniger abhängigen Landschaften sich dieser
Einrichtung erfreuten.

In den Gewaltthätigkeiten, durch welche die lutheranisirende
Partei sich in den Besitz ihrer geistlichen Macht gesetzt hatte, lag
auch schon der Keim zu ihrem raschen Sturze. Schon seit 1542
kündigte sich dieser durch eine Reihe von Zeichen allgemeinen Miß=
behagens an. Die Entfernung der bedeutendsten Führer, Sulzer und
Grynäus, die Beseitigung des Bucerschen Catechismus, die Zurück=
berufung der Studirenden von Universitäten, die man dem Luther=
thum anheimgefallen ansah, die Einsetzung zweifelloser Anhänger
Bullingers, besonders des Johann Haller und des Wolfgang Mus=

---

[1]) Ein kurzer vnd christenlicher Bericht für die Jugend 2c. Bern bei Mathia
Apiario. 1538.

[2]) Die ausführliche Darstellung bei Hundesh. a. a. O. pag. 93 ff.

culus, alles dieß folgte sich so rasch auf einander, daß mit 1549 die gänzliche Verdrängung des Lutherthums als vollendet betrachtet werden konnte, und die Einführung des consensus Tigurinus besiegelte nach einigem Zögern den Sieg. So sehr war jetzt das Mißtrauen gegen die Anhänger des deutschen Reformators in der reformirten Schweiz verbreitet, daß von nun an jeder Vereinigungsversuch scheiterte.

In dem Grade, als man sich in Bern gegen die lutheranisirenden Elemente auflehnte, näherte man sich auch wieder den Zürchern. Wohl hängt damit auch die Nachfrage nach Zürcherbibeln zusammen, wie wir dieß schon im Jahr 1544 bemerkt haben. [1]

Die Bernerliturgie, welche schon Anfangs 1529 wahrscheinlich von den Predigern in Bern verfaßt worden war, [2] enthielt nur Formulare über Taufe, Abendmahl und Eheeinsegnung und war eine durchaus selbstständige Arbeit. Sie blieb in der Zeit des Kampfes ganz unverändert. Die einzige Stelle, welche der Zürcherübersetzung entnommen ist, sind die Worte Marc. 10, 16 in der Taufliturgie, wo es heißt: „und sprach guts über sie“. Diese so einfache Liturgie wurde später durch eine Anzahl Gebete bereichert, die zum Theil ganz der Zürcherschen Kirchenordnung entnommen waren. [3] Dieß ist schon der Fall in dem „Canzel- und Agendenbüchlein“ von 1551. Mit den Zürcherschen Stücken kamen auch Anklänge an die Leo Judäsche Uebersetzung in die Agende, die sich zum Theil bis in die neueste Bernerliturgie fortgeerbt haben.

Nach der Entfernung des Bucerschen Catechismus wurde der unveränderte Wiegandersche wieder eingeführt (1552). Die Weitläufigkeit, mit der in diesem die Sacramentenlehre behandelt war, mochte einen Auszug wünschenswerth machen, welcher 1681 unter dem Titel: „Kleiner Katechismus“ in Bern bei Benedict Ulmann und Vinzenz Imhof erschien. Dieses unter dem Namen „Berner Katechismus“ gebrauchte Lehrbuch erhielt sich bis in die neuere Zeit in der Bernerkirche und wurde neben dem Heidelbergercatechismus dem Religionsunterricht zu Grunde gelegt. Zu welcher Zeit der letztere zuerst

---

[1] S. Wyß zur Gesch. der bern. Liturgie und Kirchenagenda. Hft. I, pag. 86 der Beiträge zur Gesch. der schweiz. ref. Kirche. Bern 1841.

[2] Vide oben.

[3] Das Genauere hierüber bei Wyß a. a. O. pag. 100 ff.

Eingang gefunden hat, ist nicht gewiß.[1]) Sicher ist, daß die Schul=
ordnung von 1616 den Gebrauch desselben anbefiehlt. Daß manche
Theologen nach vollendetem Curse in Bern noch die Universität
Heidelberg besuchten, mag die Einführung wesentlich befördert haben.
Dazu kommt, daß die Theologen der Academie Vorträge darüber
hielten, und die Regierung für den Landesgebrauch besondere Exem=
plare drucken ließ.

Ungeachtet des Mißtrauens, das sich in Bern gegen die Erzeug=
nisse des deutschen Reformators erhielt, findet sich doch in den Beleg=
stellen der beiden genannten Catechismen, so wie noch in dem 1619
herausgekommenen und vielgebrauchten „kurzen christlichen Unter=
richt aus Gottes Wort" die lutherische Uebersetzung mit wenigen
wohl mehr zufälligen Abweichungen. Auch die wenigen uns zu Ge=
sichte gekommenen Predigten zeigen bis tief in das 17. Jahrhundert
hin dieselbe Erscheinung.

Noch einmal wurde in der zweiten Hälfte des 16. Jahrhunderts
die Bernerkirche in den Kampf mit dem Lutherthum geworfen. Der
bernische Prediger, Samuel Huber, erst Katholik, dann Reformirter,
zuletzt Lutheraner, nahm von dem Mömpelgarder Gespräch von 1586
Veranlassung, die Lehre von der Prädestination, wie sie Beza und die
Berner gegen Lucas Osiander vertheidigt hatten, anzugreifen und ihr
die Lehre von der allgemeinen Gnade gegenüberzustellen. Eine Sy=
node in Bern verlangte Widerruf von ihm. Da er denselben nicht
leisten wollte, wurde er seiner Stelle entlassen. Das hiedurch gestei=
gerte Mißtrauen und die Verurtheilung des Arminianismus auf der
Synode zu Dortrecht, welche auch von Bern beschickt ward, bereitete
der Einführung des Bibelwerkes von Piscator den Boden.
Von dieser wird weiter unten die Rede sein.

C. Die Bibelübersetzung in der Baslerkirche.

Basel war schon durch seine geographische Lage an der Grenze
gegen Deutschland und in größerer Entfernung vom Mittelpunkt der
deutsch=reformirten Schweiz einerseits auf eine gewisse Selbstständigkeit
seiner reformatorischen Entwicklung hingewiesen, anderseits aber doch

---

[1]) Fritart a. a. D. pag. 77. Zehender, Bern. Kirch. Gesch. Bd. II, pag. 72.

wieder dem Einfluß der beiden allmählig immer schroffer aus=
einandergehenden protestantischen Confessionen ausgesetzt. Zu der
größern Unabhängigkeit trug, abgesehen von der bedeutenden politischen
und wissenschaftlichen Stellung Basels, wesentlich das bei, daß der
Reformator Oecolampad ein Deutscher und ein Mann von festem
ausgeprägtem Charakter war. Schon die sog. erste Baslerconfession,
mag sie nun auf Grundlage von Aufzeichnungen Oecolampads auf=
gerichtet worden sein oder nicht, ist ein Zeichen eigenen Schaffens
der reformirten Baslerkirche. Aber auch schon die erste Reformations=
ordnung[1]) ist ein Werk, das, noch abgesehen von dem in ihr klar
betonten Banne, sich mehrfach von ähnlichen officiellen Kundgebungen
der übrigen evangelischen Städte unterscheidet. So behielt auch Basel
ungeachtet allen Widerspruches seiner reformirten Mitgenossen die
Krankencommunion bei und führte den Psalmengesang schon 1526
ein. Aber auf der andern Seite zieht sich wiederum ein Hin= und
Herschwanken zwischen beiden Reformationen durch die Geschichte der
Baslerkirche in der Reformationszeit hindurch, so daß es selbst ein=
mal, wie unter dem Antistes Sulzer, zu einem förmlichen Bruch mit
der schweizerischen Reformation kommt.

Die eben angedeuteten Verhältnisse haben ihren Einfluß auch
auf den Gebrauch der Bibelübersetzung ausgeübt. Man hätte denken
sollen, die Luther'sche Bibelübersetzung werde in Basel die allgemein
gebräuchliche geworden sein, nachdem die Buchdruckereien von Ad.
Petri und Thom. Wolf so thätig für ihren Druck und ihre Ausbreitung
gewesen waren. Da zudem selbst Froben, ungeachtet er unter dem
Einfluß des Erasmus stand, eine große Anzahl Luther'scher Schriften
nachgedruckt hatte, so konnte Basel an die Sprache des deutschen Re=
formators sich gewöhnen. Auf den Weheruf der Franziskaner über
die Buchdrucker wurde wenig Rücksicht genommen. Der Papst er=
mahnte zwar den Rath (1523) ferner den Druck Luther'scher Bücher
zu verbieten und die bereits gedruckten Bücher zu verbrennen, und auch
die Eidgenossen drangen beim Rathe darauf, daß in Basel keine luther=
schen Bücher mehr gedruckt würden, ja Adam Petri mußte im Sommer
desselben Jahres, in welchem er das neue Testament Luthers gedruckt
hatte, wegen einer reformatorischen Schrift eine Buße von 200 Gul=

---

[1]) Hagenbach, Basl. Conf. pag. 11 ff.

ben bezahlen,[1]) aber unterdeſſen wurde die deutſche Bibel doch geleſen. Baſel wurde zudem der Zufluchtsort mancher aus Deutſchland ver= triebener Lutheraner. Bereits hatte auch ſeit dem November 1522 Oecolampad ſeine erfolgreiche Thätigkeit begonnen. Daß er unge= achtet ſeiner von ihm ſelbſt ſchon ſeit dem Dezember des genannten Jahres eingeleiteten und von nun an ununterbrochenen Verbindung mit Zwingli dem hochdeutſchen Sprachidiom näher geblieben iſt, läßt ſich von vorn herein annehmen. Wir müßten uns daher nicht wun= dern, wenn er ungeachtet der bald erſchienenen Zürcherüberſetzung ſich der Lutherſchen bedient hätte. Dieß iſt aber keineswegs der Fall, ſondern Oecolampad bewegte ſich in der Regel ganz unabhängig, wie uns insbeſondere ſeine liturgiſchen und homiletiſchen Arbeiten zeigen.[2])

Der Baslerreformator gab ſchon im November 1525 die Grund= züge einer Liturgie heraus, deren Beſtandtheile ſich ſowohl in Bezug auf den Inhalt als auf die Sprache mehr oder weniger genau bis auf unſere Zeit erhalten haben.[3]) Mit dem genannten älteſten Drucke ſtimmt die im folgenden Jahre 1526 erſchienene Ausgabe faſt völlig überein. Die Aenderungen beſtehen in der Hinzufügung einer apo= logetiſchen Vorrede, im Weglaſſen der abrenuntiatio bei der Taufe und der „auffgezündeten kerzen", wobei ſich ohne Zweifel Zwinglis Einfluß ſchon erkennen läßt. Die angeführten Bibelſtellen tragen das Gepräge einer ſelbſtändigen Uebertragung von Seite Oecolam= pads an ſich. Die Einſetzungsworte des heiligen Abendmahls lauten in dem Druck von 1526 ſo: „denn am nechſten tag Er das leydt, nam Er das Brot in die Hand und als er dank geſagt, hat ers gebrochen und geſagt: Nemend, eſſend, das iſt mein leyb, der für euch geben wirdt, das thuend mein zu gedenken. Deßgleychen hat er auch, als das Nachtmal geſchehen was, das trank genom= men, dank geſagt und jnen gegeben und geſprochen: trinken auß diſem alle; das trank des newen teſtaments iſt in meinem blut.

---

[1]) Herzog, Dec. I, pag. 205.
[2]) Ich verdanke die folgenden Bemerkungen hauptſächlich meinem verehrten Freunde E. Stickelberger aus Baſel, Ephorus des Gymnaſiums in Schaff= hauſen. S. Hagenbach, Basl. Conf. Beil. pag. 243 und Herzog, theol. Encycl. s. v. Dec. pag. 539.
[3]) Riggenbach Kirchenfreund 1870 pag. 118 ff.

So dick ünd vil ir das thund, so thund es mein zu gedenken. Dann so offt ir immer bises brot essen werdet vnnd von disem kelch trinken, sollen ir den tod des Herren verkünden vnnd hoch prysen."

In den Drucken von 1525 vnd 1526 kommt auch Jes. 53 in folgender Uebersetzung vor: „O Herr wie gar wenig glouben diser vnser red vnnd wie so wenig ist die staerk des arms des Herrens eröffnet. Für Gott wuchs er wie ein bawm vnnd wurzel auß dürrer erden. Er hat weder gestalt noch zier vnnd wir haben in gesehen, er was als feyndtselig, das wir kain lust zu im hatten. Er was verschmacht vnd was kaun mann mer. Er was ein schmerzhaftiger man vnd wüst, was hieß krank seyn, vnd wir verbargen vnser angesicht vor Jm. Er was verschmacht vnd wir haben jn gehalten als het jn Gott geblagt vnd demüthigt. Und er ist geschwacht worden, von vnser übertretung wegen, vnser straff ist vollkommen über jn kommen vnd in seynem verhafften[1]) ist vnser wunden gehaylt worden."

In den Bibellectionen ist Marc. 15, 24—37 nach Luther übersetzt, bei V. 26 steht „übergeschrifft". V. 37: „gab seinen Geist auf" (Luth.: „verschied"). Die Stelle aus Luc. 23, 32 ff. lautet von Luther abweichend: „Es sind mit Christo zween Uebelthäter gefüert worden, das sie getödt wurden vnd da sy kommen seyn zu der houpt oder schedelstat, haben sy in daselbs gecreuziget vnd die übeltheter ein zur rechten den andern zur linken. Aber Jesus sprach 2c."

Während so Oecolampad im Jesajas, der damals von den Zürchern noch nicht übersetzt war, vnd im Neuen Testament theils selbstständig verfährt, theils Luther im Auge hat, folgte er bei den Psalmen nur mit ganz kleinen Aenderungen wörtlich der Zürcherübersetzung. War diese auch im Jahr 1525 fast noch wesentlich die luthersche, so hatten doch bereits nicht unerhebliche Abweichungen von der letztern. Diese Abweichungen finden sich nun auch bei Oecolampad. Daß dieß nicht zufälliges Zusammentreffen ist, beweisen theils charakteristische Ausdrücke, theils die unveränderte Aufnahme ungenau übersetzter Stellen. Als Beweis hiefür mögen Stellen aus den in der „Form der Krankenheimsuchung" befindlichen Psalmen 51 und 86 dienen. Ps. 51, 5: „Uebertretung" (Luth.: Mißethat). V. 5: „Da-

---

[1]) So übersetzt Dec. das וּבַחֲבֻרָתוֹ als ob es von dem Stamm חָבַר = sociare, jungere herkäme, statt von חָבַר secare, sauciare.

rumb wirstu gerecht blyben in deynen worten und rain erfunden, wenn du gericht würdeſt“. V. 7: „Sieh ich bin in untugent gemacht und meyn muter hat mich in sünden empfangen.“ V. 8: „Du haſt luſt zur warheit, die im Verborgnen liegt (letzterer Satz iſt in der Zürcher Ueberſetzung weggelaſſen), du laßeſt mich wißen dein Weyßheit heim=lich verborgen.“ V. 12: „und erneuwe in mir ain willigen gayſt.“ V. 14: „Laß mir wieder kommen den troſt deines Hayls und der frey gaiſt enthalt mich.“ V. 16: „Errette mich von den blutſchuldi=gen, das mein zung mög rümen (Zür.: „rüme“) dein gerechtigkait.“ V. 17: „lefzen“. V. 18: „ich gebe es ſunſt“. V. 19: „Thu wol an Zion nach deinem guten willen.“ V. 20: „So wirſtu luſt haben zu .... den brandopfern, ſo wurt man ochſen (Zür.: Farren) auff din altar legen.“ Pſ. 86, 4: „Dann Herr, zu dir heb ich meyn ſeel“ (wörtlich nach dem Hebr.). V. 7: „Denn du erhöreſt mich“ (Präſ. ſtatt Im=perf.). V. 11: „Bericht mich Herr, deynen weg, daß ich gang in deyner warheit und meyn herz ſich freuwe zu fürchten deinen namen“ (יחד nach Vulg. und **LXX** fälſchlich von חדה ſtatt von יחד abgeleitet). V. 13: „auß der unterſten hell“ (L.: tiefen). V. 14: „die rott der mächtigen (Luth.: Haufe der Tyrannen) ſtellet mir nach meiner ſeel und ſetzen dich nit für Augen“ (Zür.: für jre augenn).

Daß Oecolampad ſich gerade in dieſem Jahr 1525 enger an Zürich anſchloß, läßt ſich ſchon daraus erklären, daß daſſelbe in dop=pelter Hinſicht ein ſchweres für ihn war. Einmal gingen die Wellen der Antireformation in Baſel höher denn je, und es war nahe daran, den Reformator aus dieſer Stadt zu vertreiben. Sodann hatte Oe=colampad ſich auch ſo eben durch die offene Darlegung ſeiner Abend=mahlslehre nicht nur den Zorn ſeiner katholiſchen Gegner, ſondern auch den der Lutheraner erweckt. Ja nicht nur wurde ſein Buch „über die wahre Erklärung des Wortes des Herrn: das iſt mein Leib“ in Baſel confiscirt, ſondern auch der fernere Druck ſeiner Schriften daſelbſt verboten. So mußte er ſich vorzugsweiſe an die Zürcherfreunde, und unter dieſen namentlich an Zwingli gewieſen ſehen. Die Aufmunterungen, die er von daher empfing, mochten ihn auch in dem Muthe beſtärken, die neue Liturgie an die Stelle der römiſchen zu ſetzen. [1]

---

[1] Herz. Oec. I, pag. 340.

In den Predigten folgt Oecolampad faſt immer der Lutherſchen Bibelüberſetzung, ſowohl in dem alten als neuen Teſtament. Doch überſetzt er wieder ganz frei nach dem Hebräiſchen und Griechiſchen; z. B. in der Predigt über Jeſ. 9, 10 überſetzt er: „die Ziegelſteine ſind gefallen, aber wir wollen es mit gehauenen Steinen wieder bauen: Man hat Maulbeerbäume abgehauen, ſo wollen wir Cedern an die Stätte ſetzen", dagegen V. 14 und 18 und Cap. 10, 1 wie Luther. Der Text der Predigt bei dem Religionsgeſpräch in Bern 1528, 2 Cor. 11, 2 lautet: „Ich trage Eifer gegen euch, ja göttlichen Eifer: denn ich habe euch vermählet einem Manne, daß ich euch eine heilige Jungfrau darſtelle. Ich fürchte aber, daß wie die Schlange Eva verführte mit ihrer Schalkheit, alſo auch eure Sinne verrückt werden von der Einfältigkeit in Chriſto." [1]

In dem ſogenannten „Kinderbericht" (Fragen und Antworten in Verhörung der Kinder der Kirchen zu Baſel), der vor den Zeiten des Marburger Geſprächs abgefaßt ſcheint,[2] ſtimmt der Decalog weder mit der Lutherſchen, noch der Zürcherüberſetzung überein. Daß die Eintheilung die von den Reformirten angenommene iſt, verſteht ſich bei den ſchweizeriſchen Reformatoren ſchon wegen des zweiten Gebotes von ſelbſt. Dagegen bei dem Geſang, den Oecolampad ſchon 1526 einführte, bediente man ſich neben huſſitiſchen Liedern wahr= ſcheinlich einiger von Luther überſetzter Pſalmen.[3]

Oecolampads Nachfolger im Antiſtitium in Baſel, Oswald Myconius (1531—1553), wird mit Recht zu dem engern Freundes= kreis des Zürcherſchen Reformators gezählt. Hatte er hauptſächlich die Berufung Zwinglis nach Zürich betrieben, ſo ſtand er auch während ſeines zweimaligen Aufenthaltes in Zürich in dem innigſten Verhält= niſſe zu dem ihm allerdings weit überlegenen Manne. Als ſprach= und bibelkundiger Gelehrter war er auch zum Mitarbeiter bei der ſchon genannten „Prophezey" auserſehen und ſtand ſo der Zürcher= bibel in ihrer Entſtehung ſehr nahe. Wohl mußten die Eindrücke,

---

[1] Bei Hagenbach Oecolampad pag. 233.

[2] Herzog, Oecol. II, pag. 32. Hagenb. Basl. Conf. pag. 260 und daſ. Oecol. pag. 296.

[3] Hagenb. Basl. Conf. pag. 258. Riggenbach, Der Kirchengeſang in Baſel ſeit der Reformation (Beit. zur vaterländ. Geſch. 9. Band. Baſel 1870. pag. 325 ff.

welche er in Zürich empfangen hatte, ihn auch nach Basel begleiten, wohin er nach der Schlacht bei Kappel erst als Pfarrer zu St. Alban, dann als Vorsteher der Kirche kam, aber er war doch als Gelehrter und als Mann zu selbstständig, als daß er nicht auch einen offenen Sinn für andere theologische und kirchliche Anschauungen und Ansichten gehabt hätte. Er lebte sich daher auch bald in die in Manchem von Zürich abweichende Form der Baslerkirche ein. Dieselbe Pietät, mit der Bullinger die Erbschaft Zwinglis antrat, erfüllte auch Myconius in Beziehung auf Oecolampad. Die sog. erste Baslerconfession entstand ohne Zweifel auf Grundlage von Oecolampads Aufzeichnungen, erhielt aber wohl ihre officielle Form durch Myconius, von dem vielleicht die beigefügten Randglossen herstammen. Sie kam im Jahr 1534 heraus. Während in der ersten[1]) Originalausgabe das Motto Röm. 1, 16 mit Luther heißt: „ich scheme mich 2c.", heißt es in der dritten nach dem Zürcher Texte: „ich bschemm mich 2c." In dem Texte der Confession ist kein weiterer Einfluß einer bestimmten Uebersetzung erkennbar.

Myconius wurde wie sein Vorgänger in die Abendmahlstreitigkeiten hineingezogen. Es lag in ihm, wie in Oecolampad, ein tief unionistischer Zug, der ihn auch an der Errichtung der zweiten Basler oder der ersten helvetischen Confession (Jan. 1536) Theil nehmen und ihn die volle Zustimmung zu dem Consens über das Abendmahl zwischen Zürich und Genf (1549) geben ließ. Die Milde, mit der er über Luther trotz dessen heftigen Auftretens gegen die Schweizer urtheilte und die ihn auch die unermüdlichen Vereinigungsversuche Bucers in besserer Gestalt erscheinen ließ, zogen ihm freilich schwere Vorwürfe in Zürich und Bern zu. Er hatte das Schicksal aller Vermittler, von beiden Partheien auf das Heftigste angefochten zu werden. Und doch hielt Myconius, wie seine Predigten und seine andern Schriften klar beweisen, sowohl in der Abendmahlslehre als in andern nicht unwesentlichen Seiten fest an dem Standpunkte der reformirten Reformation. Dieß zeigt nun auch seine Benützung der Zürcherschen Bibelübersetzung, an deren Entstehung er, wie schon bemerkt, auch einen gewissen Antheil hatte.

---

[1]) Von Hagenbach a. a. O. mit A bezeichnet.

An die erste oben genannte Baslerliturgie schloß sich im Jahr
1537 ein von Myconius revidirtes Agendenbüchlein. [1) Hatte sich
Oecolampad in seiner Ausgabe seiner heimathlichen Mundart bedient,
so führte sein Nachfolger dagegen die schweizerische ein (i für ei, u
für au). In den Bibellectionen ist bald Luther, bald die Zürcher=
übersetzung benützt. Letzteres ist z. B. bei Pf. 128, Marc. 15, 24-38,
1 Cor. 7, 1—9 der Fall. Die Stellen stimmen, ganz kleine Abwei=
chungen ausgenommen, mit der Zürcherausgabe von 1530 8⁰ überein.
Noch mehrere Stellen lauten indeß wie bei Luther, z. B. Joh. 19, 17
—30, 2 Cor. 5, Matth. 19 und 28, Marc. 16, ebenfalls mit kleinen Ab=
weichungen. Eine Anzahl von Bibelstellen berücksichtigen aber weder
die eine, noch die andere Uebersetzung, z. B. Marc. 10. Das Tauf=
evangelium lautet: „Und sie trugen zu Jesu die kindlein, das er sy
angriff (Luth. und Zür.: anrürete), aber die jünger schalten (Zür.:
furend die an), so die kinblin herzutrugend (Zürch.: trugend). Da
das Jesus sahe, ward er onwirsch (Zür.: unwillig) und sprach zu
jn: Laßend die kinblin zu mir kommen, verbietend und hindernd
(Zür.: weerend) die nit, denn derglychen ist das rych der himmel; warlich
sage ich euch, welcher das rich nit annimpt als eyn kinblyn, würt nit
daryn yngon (Zür.: wirt nitt hineyn kommen), und da er sy in die
arm hat genommen (Zür.: und er umbfieng sy), hat er uff sy die hand
gelegt und hat sy gesegnet (Zür.: und legt die hand auff sy, unnd er
spraach gutes über sy)."

Psalm 116 lautet abweichend von Luth. und Zür. folgender=
maßen: „Ich glaube, darumb rede ich, ich war fast arm. Ich sagte
in myner Noth; es ist betrug mit allen Menschen. Was sell ich ver=
gelten dem Herrn für all syn gutthat an mir? Wolan ich wil den
kelch des Herren nehmen und synen namen anruffen. Myn gelübb
wil ich dem Herrn halten, ja für allem synem volk. Wie köstlich ist
vor dem Herren der tod syner heiligen! O Herr, ich bin dyn knecht,
dyner magd son, du hast myne band uffgelößt. Dir will ich lobopfer
opfferen und des herrn namen anruffen. Ich will mine gelübb dem
Herrn halten, ja für allem sinem Volk. In Höfen des Hauses des
Herrn, inmitten Hierusalem, lobt den Herrn, **gloria patri**."

[1) Hagenb. Basl. Conf. pag. 246.

Auffallend ist, daß in diesem Agendenbuche von 1537 dem Litur=
gen freigestellt wird, das apostolische Symbolum zu singen. Eine
wahrscheinlich bald darauf gedruckte Ausgabe (ohne Jahreszahl) ist
fast gleichlautend.

Auch in seinen andern deutschen Schriften hält sich Myconius
nicht an eine bestimmte Uebersetzung. In der Auslegung des 101.
(102.) Psalms von 1546 hat er offenbar die Zürcherübersetzung vor
Augen, wie sie vor 1545 war, allein auch da finden sich bedeutende
Abweichungen, namentlich im Gebrauch des Tempus. Vers 7 hat
Zür. noch mit Luther „Rohrdommel", von 1545 an „Pellikan". V. 9
ist übersetzt: „die mich loben, verschwören sich wider mich". Luther
und Zür. haben: „die mich verspottend, schweerend bei mir." V. 19:
übersetzt Myconius: „ihr same wird vor dir bestehen" (Zür.: „ir som
wirt vor dir beston"; Luther: „gedeihen"). Mit Recht bemerkt da=
her auch Hagenbach,[1]) daß Myconius bei seinen Predigten sich nicht
der Lutherschen Bibelübersetzung bediente.

Bemerkenswerth ist, daß kurz vor dem Tode des Myconius eine
Zürchersche Bibelübersetzung in Basel erschien. (1552. Folio.)[2])

Die Selbständigkeit, welche Oecolampads Nachfolger auch in
dieser Hinsicht bewies, überhebt uns der Mühe, ihn gegen den Vor=
wurf zu vertheidigen, als habe er seinem Nachfolger, Simon Sulzer,
den Weg zu dessen nur allzu gelungenem Versuche gebahnt, die Basler=
kirche zum Lutherthum hinzuführen. Der Vorwurf trifft noch eher
diejenigen, welche den Mann, der schon von Bern her als eifriger
Vertreter der Ansichten des deutschen Reformators bekannt war, im
Jahr 1552 an die oberste Pfarrstelle beriefen und welche ihn drei
und dreißig Jahre, bis 1585, an derselben beließen. Den größten
Vorwurf trifft indessen den Mann selbst, der die doppelte Person
eines baselschen=reformirten Antistes und eines markgräflich=badischen
lutherschen Superintendenten spielt, die Verbindung mit den übrigen
schweizerisch=reformirten Kirchen verhindert und doch sich gegen den
Vorwurf, als ob er die zweite helvetische Confession nicht habe zur
Einführung in Basel kommen lassen, wehrt, der in der Leichenrede,

---

[1]) Mycon. pag. 450 Anm.

[2]) Lelong 6. 1. II. pag. 254. S. Lork a. a. O. pag. 256. Leider konnte
ich diese Ausgabe nirgends einsehen.

welche er seinem Vorgänger hielt, diesem das schönste Zeugniß über
die Reinheit seiner Lehre gibt und nachher die Baslerconfession ver=
drängt und an ihre Stelle die Wittenbergerconcordie setzen läßt, und
selbst den Versuch macht, die Concordienformel zur Geltung zu brin=
gen, und der endlich mit den reformirten Theologen der übrigen
evangelischen Städte der Schweiz in anscheinend freundschaftlichem
Verkehre steht und dann über den Tod Bullingers triumphirt, wie
Luther über den Tod Zwinglis. Kein Wunder, wenn der Luthern
so mild beurtheilende Antistes der Schaffhauserkirche, J. C. Ulmer,
seine Stipendiaten vor dem Füchslein in Basel (vulpecula illa)
warnt und Bern seinen Stipendiaten geradezu verbietet, nach Basel
zu gehen. [1])

Daß Sulzer selbst der Lutherschen Bibelübersetzung sich werde
bedient haben, läßt sich zum Voraus erwarten; aber leider hat der
Verfasser keine seiner wenigen deutschen Schriften zu Gesichte bekom=
men können, um den klaren Beweis daraus zu schöpfen. Bemerkens=
werth ist übrigens, daß während seines Antistitiums 1556 ein latei=
nisch=deutsches neues Testament bei Nicolaus Brylinger in Basel in
8° erschienen ist, bei welchem ganz der Text der Zürcherschen Ueber=
setzung von 1535 sich findet. [2]) Vielleicht wollte der Herausgeber in

---

[1]) Hagenbach, Basl. Conf. pag. 88 ff. scheint mir nach dem Thatsächlichen,
das er selbst anführt, Sulzer doch allzugünstig zu beurtheilen. Etwas we=
niger günstig scheint das Urtheil desselben Schriftstellers in „die theol.
Schule Basels". Bas. 1860. pag. 15 ff.

[2]) Rüscheler, der diese Ausgabe selbst besaß, bei Lork a. a. O. pag. 219,
Anm. 9. Der gelehrte Arzt und Theologe Heinr. Pantaleon ließ sie im
Jahr 1556 zu Basel erscheinen. Es ist eine lateinisch=deutsche Ausgabe.
Die lateinische Uebersetzung ist diejenige des Erasmus, die deutsche ein Ab=
druck der Zürcherschen. Der Titel des sehr seltenen Buches (Stadtbibl.
Schaffhausen) lautet: Novum Test. latino-germanicum, in usus studio-
sorum nunc primum ordinatum et editum. „Das gantz Neuw Testa=
ment Latin und Teutsch neuwlich zu gutem den studierenden geordnet und
außgegangen". Getruft zu Basel bey Niclaus Brylinger, im jar 1556. 8°.
In der Dedication an den Canonicus Wilhelm von Bellemont in Mont=
pellier sagt der Herausgeber, er habe diese Ausgabe auf den Wunsch sehr
vieler Leute veranstaltet. Er bemerkt zwar nichts davon, daß er die Zür=
cherübersetzung aufgenommen habe, sondern redet nur von der usitata hujus regionis lingua. Daß es aber die ebengenannte Uebersetzung ist, zeigt
der erste Blick. Nur hie und da sind kleine Veränderungen, z. B. 1 Cor. 10

dieſer Weiſe ſeinen Widerſpruch gegen Sulzer bezeugen. Die vier
unter der Amtsführung dieſes Mannes herausgekommenen Agenden
von 1569, 1572, 1578, 1584 halten noch feſt an dem Texte des
Myconius. Ja unter der letztgenannten Ausgabe iſt zum erſtenmal
der Name ihres Bearbeiters genannt (geſtellt durch Oswaldum My-
conium). Richtig bemerkt daher Hagenbach: „Ueberhaupt finden wir
in den liturgiſchen Formeln der Baslerkirche, ſelbſt der ſpätern Zeit,
noch keinen Einfluß der Lutherſchen Bibelüberſetzung.“ [1] Dieſe Bemerkung gilt auch von der ſpätern Ausgabe der Agende von 1591.
Erſt in der bedeutend erweiterten Liturgie von 1666 findet ſich in
den neu hinzugekommenen Stücken die Einwirkung der unterdeſſen
kirchlich-gebräuchlich gewordenen Lutherſchen Bibel. Indeſſen die Spuren des urſprünglichen Textes blieben durch die verſchiedenen Bear-
beitungen von 1701, 1752, 1826 und 1867, doch allerdings mit
immer größerer Hinneigung zu Luther.

Ungeachtet aller dieſer Erſcheinungen läßt ſich doch behaupten,
daß die vielen Jahre, während derer Sulzer ſein Lutherthum geltend
zu machen Gelegenheit hatte und während derer er die baſelſche
Geiſtlichkeit zu Stadt und Land faſt ausnahmslos beherrſchte, die
allmälige Einführung der Lutherſchen Ueberſetzung bewirkt haben.
Von einem förmlichen Synodal- oder Rathsbeſchluß, durch den dieſe
Einführung geſchehen wäre, iſt ſo wenig die Rede, als in St. Gallen
oder Schaffhauſen. Allein die Thatſache, daß eine große Anzahl von
Predigten und Gelegenheitsſchriften aus der zweiten Hälfte des ſechs-
zehnten und aus dem ſiebenzehnten Jahrhundert in ihren Texten und
Citaten [2] von keiner andern Ueberſetzung mehr wiſſen, als von der
Lutherſchen, beweiſt wohl hinlänglich, daß dieſe ſich die alleinige
Herrſchaft errungen hatte.

Letzteres iſt um ſo bemerkenswerther, als nach Sulzers Tod
ſämmtliche Vorſteher der Baslerkirche, J. J. Grynäus (1585—1618),

---

„kelch“ ſtatt trinkgeſchirr. Die beiden Ueberſetzungen ſtehen einander in
zwei Colonnen gegenüber. Das Deutſche iſt in Curſivſchrift gedruckt.
Summarien finden ſich keine, dagegen die Parallelſtellen der Zürcher. Der
Text hat 726 Seiten.

[1] Basl. Conf. pag. 247.

[2] Die Bibliotheken von Zürich, Bern, Baſel, Schaffhauſen boten dem Verfaſſer ein reichliches Beweismaterial.

Johannes Wolleb (1618—1629), Theodor Zwinger (1630—1654), Lucas Gernler (1654—1675), Peter Werenfels (1676—1703), einander in dem Eifer für die reformirte Confession dermaßen überboten, daß selbst Zürich und Bern hinter ihnen zurückzutreten scheinen. In der Annahme der zweiten helvetischen Confession (1644) und der Einführung der formula consensus (1675) besiegelte die Baslerkirche ihren schweizerischen Glaubensbrüdern gegenüber in unwiderleglicher Weise ihre reformirte Orthodoxie. Daß trotzdem keine neue auch in reformirtem Interesse ausgearbeitete Bibelübersetzung sich Bahn brechen konnte, beweist folgende Erscheinung.

Inmitten des Kampfes für die Wiederherstellung der reformirten Confession nach Außen und nach Innen trat einer der Vorkämpfer an der Basleruniversität, der Schlesier Amandus Polanus von Polansdorf,[1] im Jahr 1603 mit einer ganz neuen Uebersetzung des neuen Testamentes auf. Der Titel des schon am Ende des siebenzehnten Jahrhunderts selten gewordenen Buches[2] lautet: „Das gantz Newe Testament unsers Herren Jesu Christi durch Amandum Polanum von Polensdorff, Mit den besten getruckten unnd auff Pergament geschriebenen alten Griechischen Exemplaren collationirt, und mit allen trewen übersehen. Darzu mit richtigen Abtheilungen aller Capiteln unnd erklärungen der schweresten ort, fürnemlich der Apostolischen Episteln, und dem nutz in Lehr, widerlegung, straf, vermanung und trost vermehret. Samt einem zweifachen Register über das gantz Testament und ober alle Sonntags Evangelia und Episteln. Getruckt zu Basel." In klein 8º. Der Buchdrucker ist nicht genannt. Am Schluß des Buches steht die Jahreszahl 1603.

In der Vorrede (6 Blätter) gibt der genannte Gelehrte Rechenschaft über seine Arbeit. Nachdem er zuerst von der hohen Bedeutung des neuen Testamentes gesprochen, erklärt er, daß er „ganz unversehentlich, durch Gottes fürsehung und durch etlicher umb die Gemeind Gottes wohlverdienten unnd der gemeinen aufferbauung begirigen Lehrern vermahnung — auch durch anderer Frommen unnd Gottesförchtigen Leut — oft geschehen begeren", das Werk an die Hand genommen habe. Sodann gibt er Rechenschaft über die von ihm

---

[1] S. über ihn Hagenb. die theol. Schule Basels. Basel 1860, pag. 20 ff.
[2] Lelong, bibl. s. vol. II, pag. 264. Im Besitz des Verfassers.

gebrauchten gedruckten Ausgaben des griechischen Textes und den verglichenen Handschriften, unter denen er namentlich drei auf der Universitätsbibliothek zu Basel befindliche Pergamenthandschriften nennt. Von den Ueberſetzungen, die er benutzt habe, hebt er die letzte franzöſiſche, die böhmiſche, die lutherſche und die letzte Zürcherſche heraus. Er rühmt auch die Mithülfe, die er bei ſeinem Schwiegervater, dem Antiſtes Grynäus, und andern Geiſtlichen von Baſel gefunden.

Schon ein flüchtiger Blick in dieſes Buch zeigt, daß es auf Grund der Lutherſchen Bibel gebaut iſt. Der ſchöne Duft, der auf der Ueberſetzung des deutſchen Reformators liegt, iſt beibehalten, aber es ſind eine Menge ſehr gelungener Verbeſſerungen angebracht. Mit großer Sorgfalt iſt dem Grundtext nachgegangen. Wo der Bearbeiter kein völlig entſprechendes deutſches Wort gefunden hat, da hat er es lieber „mit mehr Teutſchen worten ausgetrükt", wie er ſelbſt ſagt. Z. B. überſetzt er μετάνοια mit „beſſerung des Gemüthes", doch wird die Ueberſetzung dadurch ſelten ſchleppend. Namentlich ſind in den Briefen weſentliche Verbeſſerungen, die auch jetzt noch ihren Werth haben dürften. Daß die angefochtene Stelle 1 Joh. 5 ohne Bemerkung hingenommen wird, läßt ſich bei der Gefahr, der ſich ein Kritiker damals noch ausſetzte, wohl begreifen. Gewiß wäre es ein wahrer Gewinn für die reformirte Kirche geweſen, wenn dieſe Bibelausgabe ſich weiterer Verbreitung bei ihr erfreut hätte.

Die beigegebenen Randbemerkungen ſind meiſt zutreffend und gehaltreich. Diejenigen zu Röm. 9—11 zeigen uns den entſchiedenen Anhänger der Prädeſtination. Das dem Text vorangeſchickte „Regiſter und Zeyger des Neuwen Teſtaments namnhafter Punkten vnnd Artikeln" iſt eine Nachahmung der Zürcher Ausgaben. Es iſt jedoch eine ganz ſelbſtſtändige Arbeit. Dieſes Teſtament iſt mehr denn zwei Jahrhunderte lang der letzte Verſuch einer Reviſion der Lutherbibel auf ſchweizeriſchem Gebiete geblieben.

Dritter Abschnitt.

Die Stellung der deutschen Bibelübersetzung zu den nichtreformirten Kantonen der Schweiz und das Verhältniß der Zürcherschen Bibelübersetzung zu der evangelischen Kirche Deutschlands.

Theils das allgemeine Verlangen nach der heiligen Schrift, theils der Eifer der Reformatoren für Ausbreitung derselben verschaffte den in Zürich und Basel erschienenen Exemplaren auch in den Gegenden der Schweiz Eingang, welche sich den reformatorischen Bestrebungen verschlossen. Zwinglis Gesinnungsgenossen, Diebold von Geroldseck in dem schwyzerschen Einsiedeln, der Chorherr Jodocus Kilchmeyer, Rudolph Collin, Oswald Myconius in Luzern, Werner Steiner in Zug, der Bürgermeister Peter Falk in Freiburg, J. Dürr (Macrinus) in Solothurn, Thomas Plater im Wallis und Andere waren ebenso lebendige Vertreter der reformatorischen Ideen als eifrige Verbreiter reformatorischer Schriften. In den drei inneren Kantonen Uri, Schwyz (Einsiedeln ausgenommen) und Unterwalden wurden keine deutschen Bibeln oder neuen Testamente geduldet. Die Zuger stellten noch später diese Kantone als Muster in dieser Hinsicht auf.[1] In Zug selbst dagegen fanden viele Exemplare der heiligen Schrift Eingang. Gewöhnlich heißen diese „Lutherbibeln". Es wurde behauptet, Luther habe die Schrift an mehr als 400 Stellen verfälscht. Auf die Anfrage eines evangelisch Gesinnten an einen katholischen Geistlichen, man möge ihm eine solche Fälschung bezeichnen, konnte letzterer nur Matth. 20 nennen, wo Luther statt „Weingarten" „Weinberg" gesetzt habe. Da die Zürcherübersetzung bis 1545 letztern Ausdruck beibehalten hat, so ist aus dieser Aeußerung nicht zu erkennen, welcher Uebersetzung man sich in Zug bedient hat. Anfangs der Fünfziger Jahre des Reformationsjahrhunderts wurde in Zug

---

[1] Bericht an Bullinger über die Bibelverbrennung in Zug bei Heß. Bull. II, pag. 407.

ein Pfarrer angestellt, der ungescheut gegen Fasten, Wallfahrten u. s. w. predigte und vor dem Rath, der ihn zur Rechenschaft forderte, erklärte: „Was ich gepredigt, hab' ich aus heiliger Schrift gepredigt; diese ist einzig Gottes Wort." Unter diesem Geistlichen schafften so viele Bürger von Zug Bibeln an, daß der Rath einschreiten zu müssen glaubte und beschloß, ein jeder, sei er höhern oder niedern Standes, habe bei schwerer Buße jedes Exemplar auf das Rathhaus zu bringen. Am 28. Januar 1556 wurden die sämmtlichen Exemplare „in zwen Stubenofen und auf einer Herdplatten" „durch den geschwornen Waibel und Stadtknecht" dem Feuer übergeben.[1] „Der Kilchherr wurde beurlaubt." Der officielle Bericht des Amtmanns von Kappel, Rudolph Stucki, an den Rath von Zürich,[2] sagt, daß die Zuger hauptsächlich durch Drohungen von drei benachbarten Gemeinden zu diesem Schritt hingedrängt worden seien, und daß man in Luzern, wohin die Zuger durch eine Gesandtschaft Bericht über den Vorfall abstatteten, gar kein großes Wohlgefallen daran gehabt habe. Der Chronist Bullinger erzählt von allerhand Wunderzeichen, die das göttliche Mißfallen an der Bibelverbrennung bezeugt hätten.

Während so die reformatorischen Bibeln in den innern Kanto= nen dem Scharfrichter anheimfielen, wurde dagegen die angeblich römische Uebersetzung von Hieron. Emser daselbst geduldet.

Von Wallis bezeugt Bullinger ausdrücklich, daß dort von Zürich viele Bücher eingekauft und immer neu begehrt wurden. Im Hause des Landhauptmanns zu Begg hatten angesehene Personen Zusammenkünfte und sangen Psalmen; ein Peter Kaufmann, Pfarrer zu Visp, war ein eifriger Beförderer der evangelischen Lehre. Auf Bitte einiger Freunde kaufte ein Walliserlandmann mehrere Bibel= exemplare in Zürich. Das Paket, in das er die Bücher verpackt hatte, löste sich auf dem Weg durch Unterwalden auf. Ein Exem= plar wurde zurückbehalten, die übrigen sofort an den Bischof von Sitten abgeliefert. „Hat vil Redens bracht", doch scheint man mit dem Käufer glimpflich verfahren zu sein. Der Bischof mochte um so weniger Hand an die Evangelischen zu legen wagen, als an seinem

---

[1] Bericht an Bullinger über die Bibelverbrennung in Zug bei Heß. Bull. II, pag. 407.

[2] 25. März 1556. Arch. Zür. Abgedr. bei Heß. Bull. II, pag. 408.

Hofe selbst evangelisch Gesinnte sich befanden.[1] Indessen wurden doch sieben Bibeln in Sitten öffentlich verbrannt im gleichen Jahre wie in Zug. Es möchte auffallen, daß deutsche Schriften im Wallis gelesen wurden, aber abgesehen davon, daß durch die Anregung von Thomas Plater viele Jünglinge in deutschen Landen studirten, so war die deutsche Sprache damals überhaupt nach dem Süden der Schweiz noch weiter vorgeschoben als später.

Dieß möchten die letzten Bibelverbrennungen in der katholischen Schweiz gewesen sein. Der Beichtstuhl und die Wachsamkeit der Priesterschaft räumte auch so sehr unter den etwa noch vorhandenen Exemplaren auf, daß wir nur höchst selten ältere protestantische Bibeln in den katholischen Kantonen antreffen.

So lange die deutsche und die schweizerische Reformation ruhig neben einander ihr Werk ausrichtete, verbreiteten sich auch in ihren Gebieten ungehindert die von beiden Seiten herausgekommenen Schriften. Wir haben gesehen, wie die Luther'schen Schriften und Bibeln, wenn sie kaum die Presse in Wittenberg verlassen hatten, in Zürich und Basel durch den Druck vervielfältigt wurden. Zwingli's einzeln herausgekommene Schriften wurden namentlich in Augsburg nachgedruckt[2]. Daß Froschauer bemüht gewesen ist, seine Bibelausgaben auch auf der Frankfurtermesse zu verwerthen, ja daß sogar zum Zweck der Verbreitung derselben der Text selbst zu Gunsten des deutschen Dialectes verändert worden ist, haben wir früher nachgewiesen.[3] Indessen ist es begreiflich, daß von der schweizerischen Uebersetzung in Deutschland nicht viel Nachdrucke erschienen sind. Hinsichtlich der von Luther bereits übersetzten Stücke lag dazu kein Bedürfniß vor und die verschiedensten deutschen Druckereien sorgten für einen ausreichenden Vorrath. Dazu mußten die in Basel und Zürich zu Gunsten des schweizerischen Dialectes gemachten Aenderungen der Aufnahme eher hinderlich sein. Dagegen mußte sich doch der Wunsch regen, die von Luther noch nicht übersetzten Theile, namentlich die Propheten, von denen bis zum Jahr 1528 nur Jesajas, Daniel, Jona, Habacuc

---

[1] Haller an Bull., im Mai 1556, und Sulzer an Bull., 26. Mai 1556. K. A. Zür.

[2] Zapfs Buchdruckergeschichte von Augsburg ist in dieser Beziehung unvollständig.

[3] pag. 75.

und Sacharja vollständig erschienen waren, in deutscher Sprache lesen
zu können. Die Uebersetzung der Propheten von Ludwig Hätzer und
Hans Denk fand deßhalb in weiten Kreisen auch in Deutschland
Eingang und wurde namentlich im Elsaß und in Süddeutschland
nachgedruckt[1]). Auch die Apocryphen, von denen Luther in längern
Zwischenräumen bis 1534 nur das Gebet Manasse, das Buch der
Weisheit, Sirach, das erste Buch der Maccabäer, die Historie von der
Susanne und Daniel und von dem Bal und Drachen herausgegeben
hatte, mochte man ungern vermissen. Leo Judäs Uebersetzung der
Apocryphen wurde daher öfters nachgedruckt und findet sich in den
Straßburger Bibelausgaben von 1529 und den nächstfolgenden Jah=
ren[2]). Es ließ sich nun erwarten, daß irgendwo Abdrücke der ge=
sammten Zürcherbibel veranstaltet worden wären. Bis jetzt hat sich
aber nur ein einziger gefunden in der sogenannten Wormserbibel
von 1529. Der Titel dieses äußerst selten gewordenen Werkes ist:

Biblia beyder Allt vnd Newen Testamentes Teutsch.

Unter diesem in vier Zeilen mit großer Schrift gedruckten Titel
stehen in kleinerer Schrift die Worte: „Seitmal der allmechtig Gott
durch sein güte verlihen hat, daß alle bücher, beyd allts vnd news
testaments (wie dann die XXIII in Hebraischer, vnd die vbrigen,
sovil dero vorhanden in Griechischer sprach gefunden) inns Teutsch
verdollmetschet worden seind. Ist für nützlich angesehen, sölche alle,
ganzer Christenheyt zu gut, mit gemeyner Teutscher sprach inn eyn
buch (wie dann hie neben die namen vnd an welchem ort die gefun=
den, verzeychnet seynd) zetrucken. Sampt angehenckter außlegung der
schwersten örter, auff daß der, so iro prauchen wöllte deren nit ent=
raubt, vnd der ihenig, so jrer vnnotbürftig, dieselbigen dervon zethun
hab, hiemit gehab dich wol, vnd dancke Gott vmb seine gaben.
Amen.

Am Ende des Neuen Testaments: „Getruckt inn der Keyserlichen
frei statt Wormbs, bei Peter Schöfern inn jar nach der geburt
vnsers Herren MDXXIX". In Folio. Auf der Rückseite des Titel=
blattes steht auf zwei Colonnen das Register über die Bücher des
alten und neuen Testaments. Das alte Testament sammt den Apo=

[1]) Pestalozzi, Leo Judä. pag. 77.
[2]) Königl. Bibl. in Stuttgart.

cryphen hat CCLXXXVII gezählte Blätter, das neue Testament,
welchem kein besonderer Titel vorangeht, LXXVI gezählte Blätter.
Am Schluß des Ganzen ist auf 12 nicht gezählten Blättern die
„Auslegung ettlicher dunkeler schwerer wörter". Der Text ist in
gespaltenen Columnen mit einer kleinen aber scharfen Schrift gedruckt.
Vor Genes. 1 steht ein Holzschnitt, die Schöpfung der Welt darstellend.
Auch die Anfangsbuchstaben bestehen meist in sehr hübschen Holz=
schnitten, die sich von den Basler= und Zürcherschen Ausgaben ganz
unterscheiden.

Die genaueste Vergleichung, welche auch Panzer[1]) schon angestellt
hat, beweist, daß diese vielbesprochene Bibel den Text der Zürcher=
schen Ausgabe in Folio von 1524 — 1529 und der Ausgabe in 16
von 1527 — 1529 wiedergiebt. Auch die beigefügte „Außlegung et=
licher dunkeler schwärer wörter" zeigt dieß, indem diese Art von
Glossar eine Eigenthümlichkeit der Schweizerbibeln ist. Zwar sind
im Texte selbst, wenn auch selten, an die Stelle von Schweizeraus=
drücken deutsche gesetzt, z. B. Butter statt Anken, aber sonst bis auf
kleine Aenderungen die Zürchersche Uebersetzung abgedruckt. Eine be=
merkenswerthe Abweichung ist, daß der apocryphische Brief an die Lao=
dicäer, der in vorlutherschen deutschen Bibelübersetzungen und in der
katholischen von Dietenberger (1534) sich findet, nach Philemon ein=
gefügt ist mit den Worten: „Volgt die Epistel an die Laodiceer,
welche inn den seer alten bibeln gefunden, hie nachgedruckt ist".

In demselben Jahre 1534, in welchem Luthers Werk vollständig
vorlag, kam noch ein Nachdruck der Wormserbibel in Augsburg her=
aus in Median=Folio. „Biblia beyder Alt vnd Newen Testaments
Teutsch. Getruckt zu Augsburg durch Heynrich Steiner MDXXXIIII."[2])
Dieser Titel steht in einem hübschen Holzschnitt von Hans Schäufelin.
Das Glossar ist weggelassen, auch fehlen Vorreden und Randglossen.
Nur die Parallelstellen sind aufgenommen. Das auf 7½ Bogen
befindliche Register der namhaften Punkten und Artikeln und Sum=
marien aller Capitel stimmt mit den Zürcherausgaben überein. Vor
Genes. 1 ist die Erschaffung Adams und der Eva in der früher be=
schriebenen Weise dargestellt. Bis in die Mitte des Levit. befinden

---

[1]) A. a. O. pag. 254 ff.

[2]) Genau beschrieben von Panzer, Beschreibung der Augsb. Bibelausgaben.
pag. 124 ff.

sich kleine aber unbedeutende Holzschnitte, diejenigen der Apocalypse stimmen völlig mit denen der Wormserausgabe überein. Einige kleine Veränderungen im Text und in der Orthographie ausgenommen weicht diese Ausgabe weder von der Zürcherschen noch der Wormser Bibel ab.

Geben die genannten Ausgaben den vollständigen Zürchertext wieder, so finden wir ein Paar Bibeln, in denen letzterer nur theilweise aufgenommen ist. So in der Straßburger Foliobibel vom Jahr 1530:

„Die ganze Bibel Alt und Neuw Testament verteutscht durch D. Mart. Luther, Register weiset alle Historien vnd fürnehme Spruch über beyde Alt vnd New Testament. Item auch mit 200 Figuren mehr denn vorhin nie im Truck ausgegangen. Getruckt zu Straßburg bey Wolff Köpphl im Jor MDXXX." Das ganze Werk besteht in sechs Theilen. Der erste Theil, den Pentateuch enthaltend, weicht von Luther gar nicht ab, hat auch dessen Vorrede zum alten Testament. Der zweite Theil umfaßt die übrigen historischen Bücher. Es existiren von demselben zwei nur wenig von einander abweichende Ausgaben. Bemerkenswerth ist nur, daß von Josua bis in die Mitte von 1 Samuel die Zürcherübersetzung nach der Wormserausgabe aufgenommen ist, von da an wieder die Luthersche. Der dritte Theil, der „auß verlegung Wolff Köpffels, burgers zu Straßburg" schon 1529 (zum zweitenmal gedruckt 1531) zu Durlach gedruckt worden ist, enthält die Hagiographen und hat wieder den Text Luthers wie dessen Vorreden zu Hiob, Proverb. und dem Prediger. Der vierte Theil: „Propheten Alle groß und klein. Hastu Läser yetz gar jm Teutschen", findet sich ebenfalls in zwei Ausgaben von 1530 und 1532, und ist wieder in Durlach gedruckt. Bei Jesaja, Jona, Habacuk und Zacharia ist die Luthersche, bei den übrigen Propheten die Hätzersche Uebersetzung aufgenommen. Während die erste Ausgabe noch den schweizerischen Dialect beibehalten hat, z. B. Präs. 2 Pers. Plur. „waschend", „reinigend", „hörend", verwandelt die zweite denselben in den hochdeutschen. Der fünfte Theil „Dye bücher die bey den alten vnder biblische Gschrifft nit gezelt seind, auch bey den Ebräern nit gefunden. Neulich wiederumb durch Leo Jud verteutschet" ist 1529 und 1532 bey Wolff Köpphl gedruckt und kündigt sich schon durch den Titel als Zürchersche Uebersetzung an. Der sechste, neu=

testamentliche Theil hat den Text der Wittenbergerausgabe von 1526, nur daß auch hier nach Philemon der sog. Laodicäerbrief beigefügt ist. Die spätern Ausgaben desselben Druckers verlassen die Zürcherische Uebersetzung ganz.

Gleich nach der Erscheinung sämmtlicher canonischer Bücher der lutherschen Uebersetzung, 1534, erschien ein Nachdruck in Frankfurt bei Christian Egenolph in sechs Bänden. Da indessen von den Apocryphen nur das Buch der Weisheit, Sirach und 1 Macc. vollständig vorhanden waren, so wurde das Fehlende in dieser Ausgabe durch Leo Judäs Uebersetzung ergänzt und auch die Stücke daraus aufgenommen, die Luther auch nachher nicht übersetzt hat. Selbst die Epistel an die Laodicäer, welche die Schweizerbibeln nicht haben, und die von Luther nicht übersetzt ist, steht hier aber nach 3 Joh. Bemerkenswerth ist, daß spätere Lutheraner um der wenigen beigefügten Zürcherstücke dieß Werk eine editio adulterina genannt haben[1]).

Mit der Herausgabe des vollständigen Lutherwerks hörte das Interesse für andere protestantische Uebersetzungen gänzlich auf. Neben den schon genannten berechtigten Ursachen, welche der Uebersetzung des deutschen Reformators überall in Deutschland sowohl bei Reformirten als Lutheranern den Vorrang, ja die alleinige Herrschaft sicherten, wirkte die unterdessen immer heftiger gewordene Erbitterung Luthers gegen Zwingli und die schweizerischen Reformirten überhaupt mit. Der große Mann vergaß ganz das rein religiöse Interesse, welches die Schweizer zur Herausgabe ihrer Bibel getrieben hat. Die Uebersetzung der Propheten von Hetzer und Denk, welche ihm Zwingli zugesandt hatte[2]), beurtheilt er zwar nicht ungünstig: „Prophetas vernacula donatos Wormatiæ non contemno, nisi quod Germanismus obscurior est, forte natura illius regionis"[3]), und meint, daß darinnen großer Fleiß geschehen und seinem Deutschen fast nachgegangen sei, aber nicht nur äußert er sich hiebei mit deutlicher Anspielung auf Leo Judä: „aber es sind Juden dabei gewest, die Christo nicht Hulde erzeigt haben", sondern er spricht auch seinen Gegnern

---

[1]) Näher beschrieben bei Panzer, Cath. B. pag. 294—299.

[2]) Luth. an Spalat. bei DeWette, III, 171 (4. Mai 1527).

[3]) An Wencesl. Link. Im Mai 1527. ibid. pag. 172.

den Beruf treulich dolmetschen zu können, geradezu ab¹). Anfangs
urtheilte Luther nicht ungünstig über die Bestrebungen der Zürcher
hinsichtlich der Bibelübersetzung²), aber seine Verbitterung ließ ihn
zuletzt gar nichts Gutes mehr an den „Sacramentirern" erkennen.
Was er von der Uebersetzung des Buchs der Weisheit von Leo Judä
sagt: „ea, quae transtulit Leo Judæ Tiguri, forte Zwinglio autore,
mirum quam nihili sint"³), stellt sich bei Vergleichung mit dem griechischen und lateinischen Text, nach welchem Leo Judä arbeitete, als
durchaus ungerechtfertigt dar. Nichts zeigt so deutlich, daß der deutsche
Reformator zuletzt in wirklich blinde Leidenschaft hinein gerieth, als
der Brief an Froschauer, der ihm 1543 die lateinische Bibelübersetzung
von Leo Judä zugeschickt hatte. Luther wünscht, daß man ihm keine
von den Zürcherpredigern abgefaßte Bücher mehr zuschicke; diese Prediger seien doch verloren. Gott möge helfen, daß die Kirchen solcher
falschen verführerischen Prediger einmal los werden, und alle unschul-
digen Herzen vor ihrem Gifte bewahren u. s. w. Mit Recht sagt
Bullinger über genanntes Schreiben, Luther übertreffe sich an Roh-
heiten selbst, und tröstet sich mit der Hoffnung, daß alle frommen
und Wahrheit liebenden Menschen in jenen Kirchen ganz gut mit
den Zürchern stehen⁴). Er mochte damit besonders auch Melanchthon
meinen. Indeß hat auch selbst der württembergische Reformator
Brenz äußerst günstig über genanntes lateinisches Bibelwerk geur-
theilt⁵).

Der Ton, den Luther angeschlagen, hallte in den Schriften seiner
unbedingten Anhänger nach. Das Unglaublichste wurde über die
deutsche Bibelübersetzung der Zürcher Theologen ausgesagt und geglaubt, die abgeschmacktesten Sagen über einzelne Bibelstellen gingen
von Geschlecht zu Geschlecht. Der Stralsunder Superintendent Conr.
Schlüsselburg behauptete 1560⁶) zu Minden „in Sachsen" ein zu

---

¹) Sendbrief vom Dolmetschen an Wenc. Link bei Walch., Luthers Werke.
B. 21, pag. 323.
²) S. bei Meyer, De vers. Luth., pag. 95 f. und pag. 102.
³) Luther an Spalatin. 25. Mai 1529. Bei D. W. III, 460.
⁴) Pestalozzi, Bull. pag. 216 f.
⁵) Paul Venetscher an Bull. 15. Mai 1553. (Pestal., Leo Jud. pag. 80).
⁶) Theol. Calvinist., lib. 2, pag. 79. Baumgarten, Nachr., V, 476 sucht
vergeblich den Worten Schlüsselburgs eine andere Deutung zu geben.

Zürich gedrucktes Exemplar gesehen zu haben, in welchem 1 Cor. 11 die Worte „das bedeutet mein Leib" gestanden hätten. Der spanische Jesuit Varillas schmückte die gleiche Behauptung noch weiter aus, indem er ein schwarzes Gespenst dem Zwingli die Bibelverfälschung in die Feder dictiren läßt[1]). Da der schweizerisch-alemannische Dialect eine große Anzahl von Idiotismen bot, die dem Deutschen unverständlich ja sonderbar erscheinen mußten, so wurde die schweizerische Uebersetzung als Muster von Geschmacklosigkeit hingestellt und derselben noch Geschmacklosigkeiten angedichtet, welche sich im Texte sämmtlicher Ausgaben gar nicht finden. So hieß es z. B. in Psalm 23, 7 stünden die Worte: „Du schmierest meinen Grind mit Schmeer"[2]) u. a. m. In die Apocalypse c. 2, 17 sollte sogar der Stein der Weisen gekommen sein, weil die Worte ψῆφον λευκήν wörtlich übersetzt sind. „Ich will im geben einen weyßen Stein" hat schon die Ausgabe von 1536, während Luther ungenau „ein gut Zeugniß" übersetzt[3]).

Ein Versuch, die Zürchersche Uebersetzung in die hochdeutsche Sprache umzuwandeln und derselben so bei den Reformirten in Deutschland Eingang zu verschaffen, scheint niemals gemacht worden zu sein. Die letztern gebrauchten überall die Luthersche Bibel. Auch die Versuche, besondere reformirte oder sog. calvinische Uebersetzungen zu veranstalten und ihnen kirchliche Geltung zu verschaffen, mußten scheitern, auch wenn sie gelungener gewesen wären, als sie in der That waren[4]). Daß die zur Vulgata gewordene Luthersche Uebersetzung in der Zeit der Orthodoxie von keiner Seite her irgendwelche Verbesserungen mehr zuließ, das ist aus den spätern pietistischen Streitigkeiten zur Genüge bekannt.

Noch eines und zwar des letzten Versuches, die deutschen und schweizerischen Reformirten zu einer gemeinsamen Uebersetzungsarbeit zu veranlassen, sei hier gedacht. Der reformirte Fürst Johann von Zweibrücken sandte 1588 einen Gesandten nach Zürich, um die dor-

---

[1]) J. H. Hottinger, Helv. K.-G. III. pag. 248.

[2]) Reimman, Catal. Bibl. Theol.

[3]) Auch Stier corrigirt die Stelle.

[4]) S. das Nähere bei Schott, Gesch. der Bibelübers. Luthers. Leipz. 1833. pag. 160 ff.

tigen Theologen zu bewegen, Hand an eine möglichst correcte deutsche
Ueberſetzung für alle deutſchredende Reformirte zu legen. Ueber den
Erfolg der Sendung iſt nichts bekannt[1]). Eine auffallende Erſchei-
nung iſt wohl die, daß der Katholik J. Dietenberger in ſeiner zuerſt
1534 in Mainz und ſpäter öfter herausgekommenen Bibel die Apocryphen von Leo Judä faſt wörtlich aufgenommen hat[2]).

---

1) Hott., bibl. quadr. pag. 155.
2) Panzer, Geſch. der röm.-kath. deutſchen Bibel. Nürnb. 1781. 4. pag. 94 ff.

Zweite Periode.

Von der Mitte des 17. Jahrhunderts bis Ende des 18. Jahrhunderts.

—

Einleitung.

Allgemeine kirchliche Zeitverhältnisse.

Der Westphälische Friede von 1648 hat der schweizerischen Eid=
genossenschaft staatsrechtlich die politische Selbstständigkeit gegeben,
welche sie thatsächlich schon seit ein Paar Jahrhunderten besaß. Diese
Selbstständigkeit war stark genug gewesen, die Schweiz vor dem Elend
des dreißigjährigen Krieges beinahe gänzlich zu bewahren. Das
Sonderleben, welches dieses Land führen konnte, kam der theologi=
schen Gelehrsamkeit nicht wenig zu gut. Während noch der Krieg
an der Gränze tobte, arbeiteten in Basel der ältere Buxtorf († 1629)
und der jüngere († 1664) ihre bewundernswerthen hebräischen und
rabbinischen Werke aus, und in Zürich bereitete sich gleichzeitig ein
Blüthenalter theologischer Gelehrsamkeit vor, mit dem sich nur die
Reformationszeit vergleichen läßt. In wie weit diese Studien wenig=
stens in Zürich auch der deutschen Bibel zu Gute kamen, werden
wir weiter unten sehen. Je mehr die reformirte Schweizerkirche auf
sich selbst angewiesen war, desto mehr suchte sie sich auch den aus
der Reformationszeit bewahrten Schatz der reformirten Orthodoxie
zu bewahren und gegen jeden trübenden Einfluß von Außen und von
Innen zu schützen. Die heftigen Kämpfe gegen die römische Kirche,
welche neben zahlreichen kleinern Ausbrüchen auch zu den blutigen

Entscheiden bei Vilmergen führten (1656 und 1712), trieben noch mehr dazu, sich hinter die feste Burg der reinen Lehre zurückzuziehen. Hatten die schweizerischen Abgeordneten in Dortrecht mitgeholfen, den Arminianismus zu verurtheilen, so hielten es nun fortwährend die Theologen für eine ihrer wichtigsten Aufgaben, jeder auftauchenden Häresie oder Heterodoxie mit glühendem Eifer entgegenzutreten. Der Antistes Theodor Zwinger († 1654) konnte mit Recht noch 1648 sagen: „ecclesiarum nostrarum ut ὀρθοδοξία ita constans ὁμοφωνία admirationi fuit hactenus aliis Ecclesiis"[1]. Von Deutschland her, aus dessen theologischen Schulen man sich ohnehin immer mehr zurückzog, drohte keine Gefahr, um so mehr von den reformirten Schulen Frankreichs und Hollands. Von Saumur aus drang gleichzeitig Amyraults Angriff gegen die Calvinsche Prädestinationslehre, und derjenige La Chapelles gegen die Inspiration der hebräischen Vocalzeichen in die Schweiz hinein und fand offene und stille Anhänger erst in Genf und Lausanne, sodann auch in den reformirten Städten der deutschen Schweiz. Etwas weniger gefährlich erschien die Föderaltheologie des Coccejus. Dagegen erschien die Cartesianische Philosophie den Holländischen und Schweizerischen Reformirten gleich bedenklich. Bern verbot 1669, 1671 und 1680 das Lesen des häretischen Philosophen dem philosophischen Professor David Wyß und allen Stipendiaten[2] „als der bisher rühmlich fortgepflanzten orthodoxistischen Lehre widrig". Der schon vor Aufhebung des Edicts von Nantes beginnende Auszug französischer Reformirter nach protestantischen Ländern brachte auch der Schweiz viele derselben und mit ihnen auch die genauere Kenntniß der Saumurschen Theologie. Der gelehrte Kampf des jüngern Buxtorf gegen La Chapelle genügte den Wächtern auf der Zinne reformirter Orthodoxie nicht. Mit Buxtorf gaben die beiden Baslertheologen Theodor Zwinger und Joh. Rudolf Wetstein 1662 den syllabus controversiarum heraus, der die Theologiestudirenden alte und neue kirchliche und theologische Richtungen kennen und bekämpfen lehrte. Die Prädestinationslehre wird da in ihrer ganzen Strenge hingestellt. War so auch für Basel einstweilen gesorgt, so mußte das Bedürfniß einer gemeinsamen

---

[1] Bei Hagenb. theolog. Schule, pag. 65.
[2] Zehender, Bern. Kirchengesch. Misc Thl. 3.

Rüstung in noch weiteren Kreisen empfunden werden. Es ließ
den Theologen von Zürich und Genf keine Ruhe. Auch die staat=
lichen Behörden wurden von dem Eifer der Theologen ergriffen und
so kam 1675 unter ihrer Autorität die formula consensus zu Stande,
ein Werk des Joh. Heinr. Heidegger von Zürich, des Franz Turretin
von Genf und des Lucas Gernler von Basel. Den strengsten Ver=
tretern der Orthodoxie waren freilich die 25 Artikel der Formel immer
noch nicht strenge genug. Nur unwillig wurden dieselben von man=
chen Städten aufgenommen, und wie wenig man ein gutes Gewissen
bei dem Werke hatte, zeigt wohl schlagend der Umstand, daß die
Formel erst zu einer Zeit gedruckt ward, als sie außer Curs gerathen
war. Beschämend mußte es freilich für die reformirten Republicaner
sein, aus monarchischen Ländern an die Erhaltung evangelischer Frei=
heit gemahnt zu werden. Allein einstweilen blieb der Symbolzwang
und wurde in einer Weise ausgeübt, die den gleichzeitigen Maß=
nahmen Ludwigs XIV für katholische Lehreinheit nicht unähnlich
war [1]).

Die Polemik, in welcher die besten Kräfte sich verzehrten, konnte
den biblischen Studien nicht günstig sein. Auf die im Anfang
unserer Periode in Zürich, Bern und Basel noch eifrig betriebene
Bibelforschung folgte denn auch wirklich eine Zeit, in welcher kaum
Ein der heiligen Schrift zugewendetes Werk von Bedeutung erschie=
nen ist. Auch die noch ins 17. Jahrhundert fallende Einführung der
Piscatorbibel in Bern ist keineswegs das Ergebniß fortgesetzter exe=
getischer Studien. Jahrelang fehlten an der Academie in Bern
exegetische Vorlesungen, während auf zwei Cathedern Dogmatik und
„der Controvers" vorgetragen wurde [2]). Mit der Abnahme ernster
wissenschaftlicher Studien an den höhern Schulen ging Hand in Hand
die Zunahme religiöser und sittlicher Erschlaffung. Bis über die
Mitte des vorigen Jahrhunderts sind die Synodalacten angefüllt
von Klagen über sittliche Excesse schlimmster Art unter den Geist=
lichen. Was der nachmalige treffliche Bürgermeister von Zürich,
Johann Caspar Escher, noch als junger Mann (1709) der Synode
vorwirft, daß die Geistlichen durch gegenseitige Lobeserhebungen sich

---

[1]) S. Schweizer, Centrald. II, pag. VII der Vorrede.
[2]) Schärer, Gesch. der öff. Unterrichtsanstalten in Bern, pag. 238.

einschläferten, während sie doch in ihrem Berufe und in ihren Stu=
dien sich äußerst nachlässig zeigten[1]), gilt von einem großen Theil
der damaligen Geistlichkeit überhaupt. Auch in Bern mußte über
die Geldgier und den anstößigen Wandel der Geistlichen geklagt
werden, und man sah darin einen Hauptgrund der immer wieder
hervorbrechenden Wiedertäuferei[2]). Je mehr sich die geistige und
geistliche Tüchtigkeit verlor, desto mehr flüchteten sich die Geistlichen
hinter ihre Amtswürde, dieß bald dem Staate, bald der allmählig
immer mehr hervortretenden pietistischen und etwas später der natu=
ralistischen Zeitrichtung gegenüber.

Eine Frucht der Sonderstellung, welche die schweizerisch=refor=
mirte Kirche seit der Mitte des 17. Jahrhunderts einnahm, war auch
die Ausschließung auswärtiger Theologen von den academischen Lehr=
stühlen. Von den 52 Professoren, welche von 1676—1776 die acht
Lehrstühle in Bern besetzt hatten, waren nur zwei Nichtcantonsbürger
und diese waren zudem noch Lehrer der Rechte. Aehnliche Verhält=
nisse finden wir in Zürich und Basel. Anderseits wurden auch die
Studirenden der Theologie immer mehr im Lande zurückbehalten.
Eifrig wachte man darüber, daß die Wenigen, die ins Ausland gin=
gen, nur reformirte Schulen besuchten, wie Marburg, Heidelberg,
Herborn. Einzelne ließ man etwa nach den Academien Frankreichs
und Hollands ziehen, so lange diese nicht verdächtig waren. Ja man
errichtete selbst in kleinern Städten theologische Anstalten, z. B. in
Schaffhausen das collegium humanitatis. Diese Abschließung hatte
die bedenklichsten Folgen. Auf der Universität Basel war in der
Theologie „ein geistlicher und geistiger Tod eingetreten"[3]), der sich
auch den andern Facultäten mittheilte.

Während die officielle Kirche die Thüre gegen alle antireformir=
ten Theorien zuschloß, drangen gegen Ende des 17. Jahrhunderts von
allen Seiten der Spenersche Pietismus und andere damit verbundene
religiöse Strömungen ein, um auf practischem Gebiete die ver=
kümmerte Gewissensfreiheit sich wieder zu erobern. Ein unglaublicher
Eifer wurde dadurch in den reformirten Kirchen der Schweiz ent=

---

[1]) D. Wyß, Leben Joh. Caspar Eschers. Zür. 1790.
[2]) Bern. Rathsmanual. 27. Febr. 1675.
[3]) Hagenb., Die theol. Schule Basels. Bas. 1860. pag. 71.

zündet. Kirchenbehörden und Regierungen waren Eins in den här=
testen Maßregeln, und der nur noch spärlich fortgeführte Briefwechsel
unter den reformirten Kantonen belebte sich wieder und erhielt eine
Ausdehnung wie noch nie. Das beinahe in allen Staats= und Kirchen=
archiven unter dem Titel „acta pietistica" aufgehäufte Material hat
für unsern Zweck nur den Werth, daß es den Beweis führt, wie
von Seite der Kirche weit mehr kirchenregimentliche und dogmatische
Waffen ins Feld geführt wurden, als daß man in reformatorischer
Weise von biblischem Boden aus das Richtige am Pietismus gewür=
digt, das Ungesunde bekämpft hätte. Der berüchtigte Associationseid
der Bernerkirche (1699) ist gleichsam ein Typus der ganzen Kampfes=
weise der damaligen Zeit geworden. Der Pietismus förderte wohl
in weitern Kreisen das Bibellesen auch in der Schweiz. Die zahl=
reichen Bibelausgaben, die namentlich in Zürich und Basel in der
ersten Hälfte des 18. Jahrhunderts erschienen sind, deuten auf das
allgemeiner hervortretende Verlangen hin. Einzelne Privaten aus den
pietistischen Kreisen bemühten sich auch, Bibeln um wohlfeilen Preis
zu verbreiten. Dagegen fehlte vielen der kirchlichen Kämpfer eine
der wichtigsten Voraussetzungen evangelischer Theologie, ein auf
Kenntniß der Grundsprachen gegründetes Bibelstudium[1]).

Während die pietistische Bewegung allmälig den Confessionalis=
mus erschütterte, hatten bereits die Männer ihre Wirksamkeit begonnen,
welche eine gemilderte Orthodoxie zu verbreiten berufen waren, Sa=
muel Werenfels in Basel, J. J. Zimmermann in Zürich, Friedr. Oster=
wald in Neuenburg, Alphons Turretin in Genf. Es ist sehr bemerkens=
werth, daß diese Theologen ihre Thätigkeit wieder mehr der Bibel
zuwendeten. Werenfels hat wesentlich zur Herbeiführung einer rein
grammatisch=historischen Auslegung der heiligen Schrift beigetragen[2])
und so von der herrschenden dogmatischen Exegese abgelenkt. Während
dies der Bibelübersetzung auf deutsch=schweizerischem Boden vorläufig
wenig eingetragen hat, so sind dagegen Osterwalds biblische Studien
sofort für die französische Uebersetzung fruchtbar geworden. Oster=
walds Revision der Martinschen Uebersetzung (1744) ist eine mit Recht
jetzt noch geschätzte Arbeit.

---

[1]) Ein Nichtgeistlicher, der obengenannte J. C. Wyß, wirft den Zürchergeistlichen
Mangel an Kenntniß der griechischen Sprache vor.

[2]) Hagenb., a. a. O. pag. 39.

Werenfels hat wesentlich zur Abschaffung der formula consensus in Basel (1723) mitgewirkt, vermochte aber doch nicht, das Ketzergericht über den Kritiker Wetstein aufzuhalten. In den andern evangelischen Städten wurde die Formel ohne besondern Act der Kirche still zu Grabe getragen. Die Zeichen einer neuen Zeit kündigten sich auf allen Gebieten an. Wie die durch das ganze 18. Jahrhundert sich hindurchziehenden Kämpfe gegen die Städtearistokratien einen vollständigen Bruch mit den herrschenden Staatsformen vorbereiteten, so traten auf geistigem und religiösem Boden Erscheinungen auf, welche eine Zertrümmerung der kirchlichen Traditionen zurüsteten. Der französische Naturalismus fand in den vornehmen Kreisen sehr raschen Eingang, mit ihm auch eine sittliche Frivolität, welcher staatskirchliche Verordnungen ganz vergeblich einen Damm entgegenzusetzen versuchten. Es galt jetzt nicht mehr die Kirche, sondern das Christenthum selbst zu vertheidigen. Merkwürdigerweise nahmen in der Schweiz des angegriffenen Christenthums noch mehr die Nichttheologen sich an. So der Physiologe Albrecht Haller in Bern, der Mathematiker Leonh. Euler, etwas später der Geschichtsschreiber Johannes Müller.

Von großer Bedeutung auch für die biblischen Studien war die ungefähr seit dem vierten Jahrzehend des 18. Jahrhunderts beginnende Wiederanknüpfung der geistigen Beziehungen zwischen Deutschland und der Schweiz. Dieselbe vermittelte sich zunächst weder auf dem theologischen noch auf dem kirchlichen Gebiete, sondern ging vielmehr theils von den im Gegensatz gegen die herrschenden Kirchen entstandenen religiösen Richtungen des Pietismus und Herrnhutismus aus, theils hängt sie zusammen mit dem Aufschwung der deutschen Literatur. Standen schon die pietistischen Kreise Deutschlands mit denjenigen der Schweiz in sehr lebendigem schriftlichen und persönlichen Verkehr, so wurde die Verbindung eine noch weit lebhaftere, seitdem in der Schweiz eine große Zahl von Herrnhutersocietäten entstanden waren. Zinzendorfs wiederholte Anwesenheit in der Schweiz hatte die Gründung solcher Gemeinschaften in Zürich, Bern, Basel, Schaffhausen, Aarau, Winterthur und Chur zur Folge. Bald sandte man aus allen diesen Orten junge Leute in die deutschen Erziehungsinstitute der Brüdergemeinde. Selbst angesehene Kirchenmänner schlossen sich an Zinzendorf an. Der geistreiche Antistes der reformirten Kirche in Schaffhausen, J. H. Oschwald, verband mit seinem kirchlichen Amt zugleich das herrnhutische eines „Præses tropi reformati honorarius" [1]). Die ganz andere Erscheinung, welche das so gelockerte Band zwischen beiden Ländern wieder fester zusammenknüpfte, hängt mit dem Wiederaufblühen der deutschen Literatur zusammen. In Zürich, Bern und Basel bildeten sich jene „deutschen Gesellschaften", in denen die Erzeugnisse der deutschen Literatur mit Eifer besprochen wurden. Ihre hervorragenden Mitglieder standen in lebhaftem Verkehr mit den ähnlichen deutschen Kreisen. Zürich insbesondere wurde ein Mittelpunkt des geistigen Verkehrs mit Deutschland. Der Antheil, den die Schweizer an dem Aufschwung der deutschen Literatur genommen haben, kann hier nicht weiter berührt werden [2]). Der Bibelübersetzung trug freilich weder die eine noch die andere Erscheinung viel ein. Das Einzige, was es derselben brachte, war der sprachliche Einfluß, den die anbrechende neue Literaturepoche auf die Zürcher'sche Bibelübersetzung ausübte. Eine mit den literarischen Bestrebungen der Zeit zusammenhängende Arbeit waren die „Psalmen Davids" (1741) von dem Stifter der „deutschen Gesellschaft" in Basel, J. J. Spreng. Es ist eine Uebersetzung der biblischen Psalmen, die zwar in glatten Versen dahinfließt, aber „in Kraft und Bestimmtheit des Gedankens allzuweit hinter der Sprache ihres hohen Vorbildes" zurückbleibt [3]).

Unterdessen ging von Deutschland eine neue Strömung aus und drang auch in die reformirte Schweizerkirche ein. Der Rationalismus hatte in der letztern bereits große Eroberungen gemacht, als man sich noch einredete, auf dem Boden unversehrter Orthodoxie zu stehen. Bald zeigte sich die merkwürdige Erscheinung, daß während Staats- und Kirchenbehörden sehr sorgfältig darüber wachten, Theologiestudirende nicht an Orte gehen zu lassen, die des Pietismus verdächtig waren, man weit weniger ängstlich war in Beziehung auf Universitäten, in denen der Rationalismus bereits eingezogen war. Nach der Mitte des 18. Jahrhunderts sehen wir

---

[1]) J. U. Oschwald: Joh. Heinr. Oschwald. Schaffh. 1867. pag. 20 ff.

[2]) Das Genauere ist mit Geist und Gründlichkeit behandelt in J. C. Mörikofer: die schweiz. Literatur des 18. Jahrh. Zürich 1861.

[3]) Mörik., a a. O. pag. 70.

eine Menge Schweizerjünglinge nach Göttingen ziehen, um ihre theologische Wissenschaft bei einem Michaelis, Koppe, Spittler und andern
zu holen. Wem noch etwas bange war vor der dortigen Richtung,
der war doch nicht ängstlich, eine luthersche Universität, z. B. Tübingen,
zu besuchen, um da eine bereits vielfach durchbrochene Orthodoxie
entgegenzunehmen. Jetzt schon war der Verkehr zwischen Deutschland und der Schweiz so sehr lebendig, daß sich eine Union vollzogen hatte, noch ehe irgendwo officiell von einer solchen die Rede war.

Daß der deutsche Rationalismus auch die Theologen der Schweiz
vielfach berührte, ist nach obigem selbstverständlich; doch kann man
nicht behaupten, daß er es in irgend einem reformirten Kanton zur
Herrschaft gebracht hätte. In Zürich blieben die Bibelübersetzer
Stolz und Häfeli und in Basel S. Grynäus längere Zeit so ziemlich allein. Doch drang der Rationalismus gegen Ende des Jahrhunderts vollständig in die theologische Schule von Zürich ein und
der Chorherr Schultheß vertrat denselben noch zu einer Zeit, wo
bereits in Deutschland eine neue Wendung in der Theologie sich
vorbereitete. In Bern und Basel vermochte der Rationalismus mehr
nur zu einem gemilderten Supranaturalismus hinzuleiten. Eine
nicht unbedeutende Zahl von Schweizertheologen schloß sich noch mehr
an Herder an, wie der Baslertheologe J. F. Miville[1] und dessen
Freund Georg Müller in Schaffhausen, während Andere, wie der
treffliche Antistes der Zürcherkirche J. J. Heß und der geniale J. C.
Lavater ihre eigenen Wege gingen. Die beiden letztgenannten Männer
sind es hauptsächlich gewesen, welche dazu beigetragen haben, Ende
des vorigen und Anfang dieses Jahrhunderts die lebendigste religiöse
und geistige Verbindung zwischen Deutschland und der Schweiz zu
unterhalten und zu fördern. In ihnen faßte sich, wenn auch in
verschiedener Weise, das Ergebniß der pietistischen, herrnhutischen und
allgemein geistigen Bewegung des vorigen Jahrhunderts zusammen.
Waren sie auch beide entschiedene Gegner des Rationalismus, so
waren sie doch von demselben nicht unberührt geblieben. Schon die
Ausdrücke, derer sie sich in ihren Schriften und Predigten sehr oft
bedienen, z. B. Tugend, Freiheit, Unsterblichkeit, sind der in Deutsch-

---

[1] S. Kündig (Euch.) Erinnerungen an J. F. Miville. Mit Vorwort von
Hagenbach. B. 1851.

land herrschenden Richtung entnommen. Mit so großer Liebe beide
der Kirche dienten, so war deren orthodoxe Lehre es keineswegs,
worauf sie Gewicht legten. Sie wollten mehr Bibeltheologen sein.
Lavater hatte einen feinen Sinn auch für die poetische Seite der
heiligen Schrift. Doch ist es ihm nicht gelungen, seiner Psalmenübersetzung, die er für den öffentlichen Gottesdienst bestimmt hatte
und schon 1765 unter dem Titel „Auserlesene Psalmen" herausgab, Eingang in die Zürcherkirche zu verschaffen. Heß, dessen tief-
gehende Bibelstudien auch jetzt noch Anerkennung finden, war der bei
weitem gelehrtere Theologe. Um ihn sammelte sich auch Alles, was
in Zürich an der Förderung des Bibelstudiums ein Interesse hatte.
Im Jahr 1800 bildete sich unter ihm in Zürich eine „schriftforschende
Gesellschaft", welche sich die Aufgabe stellte, die Bibel critisch, exegetisch und practisch zu durchforschen. Dabei wurde die Hoffnung
ausgesprochen, daß die Resultate dieser biblischen Forschungen auch
einer künftigen Bibelübersetzung zu Gute kommen möchten. Die
ersten Mitglieder genannter Gesellschaft waren Antistes Heß, Chorherr Herder, Pfarrer Geßner, Leutpriester Schultheß, Pfarrer Vögeli,
dann noch drei Catechisten und vier Theologiestudirende. Alle acht
Tage kam man zusammen und nahm jedesmal einen Abschnitt aus
dem alten und einen aus dem neuen Testamente vor. Aus dem
vorhandenen Protocoll[1] ersieht man, daß jedesmal eine eingehende
Behandlung des Grundtextes voranging. Sodann wurden verschiedene Commentare und Uebersetzungen zu Rathe gezogen und letztere
critisirt. Sehr oft legte ein Mitglied eine eigene Uebersetzung vor.
Auch die alten Froschauerausgaben wurden wieder hervorgesucht
und wiederholt bemerkt, daß dieselben richtiger übersetzt hätten, als
die damals gebräuchlichen Zürcherübersetzungen. Wie lange diese
biblischen Zusammenkünfte gedauert haben, konnte nicht ermittelt
werden. Sie stehen bereits an der Schwelle einer Zeit, die in der
Theologie und in der Kirche ganz veränderte Bahnen einschlug.

---

[1] In den Händen des Verf. befinden sich die Protocolle Nr. 1—15 (25. Juli
bis 19. Nov. 1800).

A. **Die Uebersetzungsthätigkeit in Zürich und die daraus hervorgegangenen neuen Bibelausgaben.**

Während die Luther'sche und die Zürcher'sche Bibelübersetzung in den reformirten Gemeinden der deutschen Kantone um den Vorrang kämpften, arbeiteten die Zürchergelehrten an der Verbesserung ihrer Uebersetzung fort. Doch zu einer durchgreifendern Neubearbeitung der ganzen Bibel kam es erst nach der Mitte des siebenzehnten Jahr- hunderts. Ehe wir zu derselben übergehen, sei noch zweier nicht unwichtiger Vorarbeiten gedacht; des breitinger'schen neuen Testamen- tes von 1629 und der Bibel von 1638. Der gelehrte Zürcherantistes J. J. Breitinger gab nämlich heraus: „das gantz new Testament vnsers Herren vnd Heylands Jesu Christi. Recht grundtlich nach der Griechischen Hauptspraach verteutscht vnd mit fleiß widerumb vber- sehen. Gedruckt zu Zürych bei Johann Jakob Bodmer MDCXXIX.“ [1] gr. 4º. Der Bearbeiter gibt uns in der Vorrede selbst genauen Be- richt über die Veranlassung und die Eigenthümlichkeit seiner Ueber- setzung, bei der ihm noch einige andere Männer Hülfe leisteten, welche „der hohen schwären Hauptspraachen träffenlich berichtet sind.“ Der Mangel an vorräthigen Zürcherbibeln veranlaßte den „Truckerherrn“ J. J. Bodmer, das dringende Gesuch an Breitinger zu stellen, vor- läufig wenigstens zu einer neuen Ausgabe des neuen Testamentes Hand zu bieten und dabei etwa nothwendige Verbesserungen anzu- bringen. Breitinger willfahrte dem Wunsch und glaubte bei dieser neuen Ausgabe folgende zwei Grundsätze anwenden zu sollen. Erst- lich wollte er, „daß dieß New Testament vnserm volk wiedcrumb ge- geben wurde in seiner Eidgenöfischen, anerbornen mutterspraach, da sonsten jetz etliche jar har, so oft die testament in einer oder andern form bey vns außgegangen, vil außländische vnd solche wort nach vnd nach eingemischt worden sind, davon vnsere leut im läsen nit wenig verdruß empfangen haben.“ Einen zweiten Grundsatz bezeichnet

_____

[1] Stadtbibl. Schaffh. Zür. Das Exemplar der Ausgabe des N. T. von 1622, auf der Kantonsbibliothek in Zürich, in welches Breitingers Correcturen eingetragen sind, zeigt, daß diese Ausgabe dem Uebersetzer vorlag. Fritzsche a. a. O. pag. 345.

der Herausgeber folgendermaßen: „Wir habend uns sonderlich beflißen zu wegen zu bringen eine sömliche dollmetschung, welche der Griechischen, als der ursprünglichen Hauptspraach, beides am verstand und auch an worten die alleränlicheſt were." Deßhalb an „unzelbar vil orten, fürnemlich in den Episteln der heiligen Aposteln diß testament dem originaltext sich merklich näheret."

Was die Anwendung des ersten Grundſatzes betrifft, so haben wir uns umsonst bemüht, in unserer Ausgabe eine reiche Ausbeute von Wörtern zu finden, welche nunmehr an die Stelle von jenen „außländiſchen Wörtern" der vorangehenden Ausgaben getreten wären. Der Ausdruck Matth. 1 „hat gezeuget", welcher in den Ausgaben 1597 und 1614 aufgenommen wurde, mochte vielleicht dem Schweizer fremder klingen als der Ausdruck: „hat geboren". Letzterer fand daher wieder Aufnahme. Das Wort „Satan", an deſſen Stelle seit 1574 der Ausdruck „Teufel" getreten war, schien vielleicht volksthümlicher und wurde jetzt wieder in den betreffenden Stellen eingeſetzt. Das schweizerische „ſchmöckt" Joh. 11, 38 mochte dem Zürcher anſtändiger klingen, als das Lutherſche „stinkt". Sonst haben wir in der That eine kaum nennenswerthe Rückkehr zum Frühern gefunden. Dieß ist um so auffallender, als gerade diese Ausgabe von 1629 nicht nur eine durchgehende Annäherung an die in Deutschland herrschend gewordene Büchersprache und insbesondere an deren Orthographie, sondern auch eine öftere Annäherung an die Lutherſche Bibelüberſetzung aufweist.

Die Sprache ist zwar noch immer dem schweizerischen Idiom möglichst angepaßt, z. B. „biß" (sei), „gang" (gehe), „sicht" (siehe). Statt des Ind. Imperfect. wird das Perfectum noch fast ausschließlich gebraucht, z. B. Matth. 2, 11: Vnd sind hineyngegangen ins hauß vnnd habend das Kindlin funden — vnd sind nidergefallen ꝛc. Auch ist der Unterschied des Präſ. Ind. und Conj. noch immer strenge festgehalten, z. B. habend — habind, sehend — sehind, preisend — preiſind (Matth. 5, 16). 1. 2. 3. Perſ. Plur. Ind. Präſ. ist die Endung nd geblieben. Dagegen ist die Vorſilbe ge im Part. Perf. jetzt viel öfter gebraucht, z. B. getauft statt „taufft", gegangen statt „gangen". Die Diminutivendung „ly", z. B. „pünktly" (Matth. 5, 18), „kindly" (Matth. 2, 11) lautet „in" oder „ein" (pünktlin, kindlin). Statt „was" heißt es jetzt überall „war". Der früher seltener gebrauchte Infinitiv

Act. mit „zu“ erscheint nunmehr oft, z. B. Matth. 5, 28: „Ein jeder,
welcher ein weib ansicht, jhrer zu begären“, früher: „daß er jren be=
gärt“. Matth. 6, 1: „daß jhr euwer almosen nit thügind vor den
leuthen, von jhnen gesehen zu werden“, früher: „auff das jr von
jnen gesähen werdind.“ Eine wesentliche Aenderung ist die Einfü=
gung des Dehnungs = h, z. B. im Pron. Pers. jhm, jhn, statt jm, jn;
lohn, mehr, fahren, statt lon, mer, faren.

Einzelne der lutherschen Uebersetzung entnommene Ausdrücke
sind z. B. buße Matth. 3, 1: thund buß, früher: beßerend euch.
Matth. 3, 8: „frücht, die der buß gemäß seyend.“ B. 11: „waßer
zur buß“, früher: „beßerung“. Die seit 1574 eingeführten Ausdrücke
Matth. 5, 9: die „friedsamen“, Röm. 3, 25: „versünung“, Matth.
20, 28: „zur erlösung“ sind jetzt wieder die Lutherschen „friedferti=
gen“, „Gnadenstuhl“, „Lösegeld“. Nicht immer ist diese Rückkehr
zu Luther eine richtige, z. B. Marc. 16, 9: „am ersten Sabbath“,
wo 1574 ff. haben: „am ersten tag der wuchen“ (ähnlich Act. 20, 1),
Eph. 4, 5: „rechtschaffen in der liebe“, 1574 ff.: „aufrecht“ (d. h.
„aufrichtig“) in der liebe, Ebr. 3, 3: „der es (das haus) bereitet
hat“, 1574 ff.: „der es gebauwet hat“, Jac. 5, 7: „Morgen = und
abendrägen“, früher: „den frühen vnd den späten rägen“. Doch sind
dieß nur vereinzelte Stellen. Im Ganzen genommen ist nur da die
Luthersche Arbeit wieder berücksichtigt, wo es der Grundtext erlaubte
und der Ausdruck ein deutlicherer war. Dieß ist namentlich in dem
Briefe an die Römer wahrnehmbar.

Vollständig gerechtfertigt ist die andere Behauptung der brei=
tingerschen Vorrede unserer Ausgabe, daß eine durchgehende Revision
des Textes stattgefunden habe. Zu den vielen Verbesserungen frü=
herer Ausgaben sind mehrere hundert neue gekommen. Nur einige dieser
Berichtigungen von Stellen, wo die frühern Ausgaben sich zum Theil
noch an Luther anschließen, mögen hier genannt werden. Matth. 2, 1:
Weyse (früher mit Luther die W. — Matth. 2, 6: der weiden wird
mein Volk den Israel (früher: der m. V. regieren wirdt). 2, 13:
„ein Engel des Herrn“ (fr. mit L. der E.). 7, 29: als einer der
gewalt hat (fr.: als einer der gewalt vnd ansehen hat). 12, 40: Im
herzen der erden (früher mit L.: mitten in der erden). 14, 15: vnd
ist nun die stund dahin (fr. „der tag“, L. unrichtig: die Nacht fällt
daher). 26, 28: das ist mein blut, das blut des neuen testamentes.

Luc. 11, 53: suchtend etwas zu erjagen aus seinem mund (früher =
Luther). Joh. 10, 6: diß gleychniß (fr. = Luther Spruch). A. 7, 38:
lebendige wort (fr. mit L. Singul., berichtigt seit 1574: das läbendig
Wort). 8, 20: dein geld sei mit dir zum verderben (fr. = L.: daß
du verdammt w.). 15, 7: da aber vil disputirens worden (fr.: da
aber vil fragens sich erhob, seit 1574: als sich aber vil zanks erhebt
hat). 17, 22: zu vil die götter fürchtend (fr. = L.: abergläubig).

Am zahlreichsten sind die Aenderungen in den Briefen. Mehr
in dogmatischem Interesse wurde in den Briefen an die Römer und
Galater δικαιοῦν jetzt immer mit „gerecht sprechen“, δικαιοσύνη mit
„gerechtsprächung“ übersetzt, wo früher entweder „für gerecht erkennen“, „fromm machen“ oder auch „gerecht werden“, „gerechtmachung“
stand, z. B. Röm. 3, 24: „Werdend aber ohne verdienst grecht gesprochen durch sein gnad.“ V. 28: „So schließend wir nun, daß
der mensch grecht gesprochen werde durch den glauben.“ Folgende
Stellen mögen die Uebersetzung von 1629 bestimmter charakterisiren:
Röm. 1, 19 und 20: „Darumb dasjenig, das man an Gott erkennen mag, in jhnen[1]) offenbar ist. Dann Gott hat es jhnen geoffenbaret. Dann sein unsichtbares (als namlich sein ewige krafft und
Gottheit) wirt ersehen von der erschaffung der welt an, so man das-
selbige in den werken betrachtet, damit sy kein entschuldigung hebind.“
8, 1 ff.: „So widerfahrt derhalben jetzt kein verdammnuß denen, die
in Christo Jesu nit nach dem fleisch wandelnd, sondern nach dem
geist (1574 ff.: So habend nun die in Christo Jesu sind, kein verdammnuß, die 2c.). Dann das Gsatz deß Geists deß lebens in Christo
Jesu hat mich frei gemachet von dem gsatz der sünd und deß todts.
Dann der unmüglichkeit halben des Gsatzes, indem es durch das
fleisch geschwecht ward, hat Gott seinen Sohn gesandt in der gleichheit deß sündtlichen fleisches und umb der sünd willen, und hat die
sünd verdampt in fleisch: auff daß das Recht des Gsatzes erfüllt
wurde in uns, die wir nit nach dem fleisch wandelnd sonder nach
dem Geist. (V. 1574 an: Dann das dem gesatz unmöglich was [so
vern es namlich durch das fleisch beschwecht ward], das hat Gott
erstattet, als er seinen sun gesandt in der gestalt des sündtlichen

---

[1]) Das „in“ ist hier, wie noch jetzt im Schweizerdialect, Bezeichnung des
Dativs.

fleiſchs, vnd hat die ſünd im fleiſch durch die ſünd verdammet: auff
daß die gerächtigkeit des geſatzes ꝛc.). Dann die nach dem fleiſch
ſind, die ſinnend dem nach das beß fleiſches iſt, die aber nach dem
geiſt ſind, die ſinnend dem nach, das des Geiſtes iſt. (1574 ff: Dann
die nach dem fleiſch ſind, die ſind fleiſchlich geſinnet, die aber nach
dem geiſt ſind, die ſind geiſtlich geſinnet. Dann der ſinn des fleiſ=
ſches iſt der tod. Aber der ſinn des Geiſts iſt leben vnd frid.
(1574 ff. =) V. 15: Dann jhr habend nit den Geiſt der knecht=
ſchaft empfangen abermals zur Furcht (1574 ff. wie Luther: daß jhr
euch abermal fürchten müßind), ſondern jhr habt empfangen den geiſt
der kindſchaft (1574 ff.: den geiſt, der euch zu kindern Gottes ge=
macht hat.

V. 19: Das engſtlich harren der geſchöpfft (1574 ff.: das ernſt=
lich verharren der geſchöpfft). V. 20. 21: Dann die geſchöpfft iſt
der eitelkeit vnderworfen, nit mit jhrem willen, ſondern vmb deß
willen, der ſy vnderworfen hat: auff hoffnung hin, daß auch die
geſchöpfft ſelbs wird frey gemachet werden von der knechtſchafft der
zergenglichkeit, zu der freyheit der herrligkeit der kindern Gottes.“
Die frühern Ausgaben haben noch mit Luther V. 21 nicht richtig
mit V. 22 verbunden. Auch Röm. 9, 22 iſt wohl die Verbindung
richtiger als früher und bei Luther: „Wann aber Gott, als er
wöllen den zorn erzeigen vnnd kund thun ſein vermögen, ertragen
hat mit großer langmütigkeit die gſchirr deß zorns, die er zur herr=
ligkeit vorbereitet hat, welche ꝛc.“ — Röm. 8, 11: „einen geiſt tiefſten
ſchlafs“, früher: „einen verſtockten geiſt“. Röm. 13, 5: Darum muß
man nothhalben vnderthan ſein. 1 Cor. 2, 4: „in beredenden wor=
ten (1574 ff.: „in kreftigen worten“). 2, 14: „der Menſch, durch ſein
ſeel allein geleitet, faßet nit die ding, die des geiſts Gottes ſind.“
1574 ff.: „der menſch, der durch ſein natürliche ſeel allein geleitet wirt,
faßet nit die geheimniße des geiſtes Gottes.“ — Eph. 4, 13: „biß wir
alle kommend zur einheit des Glaubens vnd der erkanntnuß.“ 1574:
biß wir alle einander begegnind in einerley glouben. — Phil. 2, 8:
„nach den elementen der welt“. 1574 ff.: „nach der welt ſatzungen“. —
Ebr. 4, 14: „der durchgangen iſt die himmel“ (fr.: der in den himmel
gefaren iſt). 6, 2: leer des touffs (fr.: des touffs, der leer). — 8, 5:
dem Schatten der himmliſchen dinge (fr.: der himmliſchen). 9, 1: das
weltliche Heiligthumb (fr.: äußerliches Heiligthumb). V. 3: „das Aller=

heiligste", früher wie Luther. B. 8: wäg zum heiligthumb (fr.: der heilige Wäg). Ebr. 11, 3 ist zwar etwas breit, aber im Ganzen richtig übersetzt: „durch den glauben verstand wir, daß die welt durch das Wort Gottes zubereitet ist, also daß die ding, die man sicht, nit worden sind auß einigen Dingen, die sich erscheinend." Jac. 1, 13: Gott kann nit versucht werden zum bösen (seit 1574: G. wirdt nit versucht zum bösen). — Apoc. 17, 3: auff einem scharlachrothen thier (fr. mit Luther: rosenfarben).

Die Argumente der Capitel sind, wie der Herausgeber ausdrück= lich bemerkt, wieder die frühern, d. h. diejenigen der Ausgabe von 1574. Die Parallelstellen sind mit großer Sorgfalt gewählt. Dagegen feh= len sämmtliche Zuthaten der frühern Ausgaben, Concordanzen, Pe= ricopen, chronologische Tabellen u. s. w. Am Schluß befindet sich noch eine „Landtafel ober die Reisen unsers Herren Christi" und eine „ober die Reisen der heil. Apostlen." Auch Illustrationen finden sich keine. Wie das Format, so sind auch die Lettern größer als die der unmittelbar vorangegangenen neuen Testamente. Zum ersten Mal sind auch die einzelnen Verse je auf neue Linien gedruckt, welche Ver= änderung der Uebersetzer besonders zu empfehlen sich veranlaßt sieht, „daß der liebliche stylus deß heiligen Geists, beides deß Läsers aug, wie auch seinem verstand rechtschaffen entgegenkomme."

Diese Ausgabe scheint so beliebt geworden zu sein, daß Abdrücke von ihr später noch erschienen sind 1642 und 1656.[1] Auch in der Folioausgabe der ganzen Bibel von 1638[2] ist sie ohne irgend welche Veränderung abgedruckt.

Gewiß ist es eine bemerkenswerthe Erscheinung, daß in Zü= rich nicht nur die Geistlichen, sondern auch die Obrigkeit sich ange= legen sein ließen, daß der Vorrath an Bibelexemplaren nicht ausgehe, und daß der Rath auch bedeutende Summen vorstreckte. War dieß schon bei der Folioausgabe von 1618 der Fall, so konnte mit Recht auf den Titel derjenigen von 1638 gesetzt werden: „Aus Christen= licher Anordnung und Gottseligem Eifer einer Ehrsamen Oberfeit zu gutem ihrer Statt und Landschafft gedruckt." Vom 25. Sept. 1635 an bis 20. Dezemb. 1638 wurden auf den Druck dieses Bibelwerks

[1] Bei Le Long angeführt. S. J. C. Nüscheler bei Lork a. a. O. pag. 228. Anm. 20.

[2] Stadtbibl. Zür. und in meinen Händen.

an baarem Geld aus dem „Obmann=Amt" 10,849 Gulden, 37 Sch.,
2 Hlr. vorgestreckt[1]), und zur Beaufsichtigung der Arbeit eine Com=
mission von fünf Männern bestellt.[2]) Im Ganzen wurden 2993
Exemplare gedruckt.

Der Drucker dieser Ausgabe von 1638 ist nirgends genannt.
Daß es aber J. Bodmer war, ersieht man aus dem mit ihm ge=
machten Vertrag und den Lettern. Der Titel lautet wie der von
1589, nur daß die Worte „Landtafeln, Figuren" ausgelassen sind.
Derselbe steht in einer Holzschnitteinfassung. In den vier Ecken be=
finden sich die vier Evangelisten mit ihren Symbolen. Oben ist eine
kleine Landschaft, unten das Zürcherwappen, von zwei Genien ge=
tragen. Sodann folgt auf neun Blättern der wiederholt genannte
„klare Bericht": „Es schreyet die weißheit Gottes", sodann auf 1½
Blättern der „kurze summarische Bericht der ganzen heiligen Schrift"
(„Es lehrend vns"), endlich auf 20 Blättern das „Register über die
fürnämsten historien ꝛc.", die Zeitrechnung und das Bücherverzeichniß.
Der Text des alten Testamentes lauft ununterbrochen auf DCCCCXXVI
Seiten (nicht wie früher Blättern) fort. Hierauf folgen auf CCXX
Blättern mit neuer Zählung „die Bücher, so man Apokrypha nennt."
Das neue Testament hat einen besondern Titel in einfacher Umfassung,
in der Mitte das Zürcherwappen unter dem Reichsadler und umge=
ben von den Wappen der einzelnen Zürchergerichtsbarkeiten. Der
Text desselben umfaßt CCXCV gezählte Blätter. Während das alte
Testament noch eine ziemlich große Zahl von Bildern hat, wurden
dem neuen Testament nur wenige beigegeben. In der Apocalypse
fehlen sie ganz. Einzelne sind von ältern Stempeln abgedruckt,
manche neu, welche zum Theil nicht übel sind, z. B. die Bilder vor
den Evangelien.

J. J. Breitinger sagt: „In dieser Herausgabe sind die Aende=
rungen von An. 1597 vast alle beybehalten, und der Stilus zimlich
nach dem oberdeutschen Dialect accommodirt worden."[3]) Indessen
sind uns doch eine ziemliche Anzahl von Aenderungen und Verbesse=

---

[1]) Der betreffende Beschluß ist wörtlich abgedruckt bei Siml. Samml. 2. Bd.
2, pag. 392.

[2]) Die Namen derselben weisen lauter Nichtgeistliche auf. Siml. ebend. und
pag. 394.

[3]) Siml. Samml. a. a. O. pag. 392.

rungen vorgekommen. Die Capitelargumente im alten Testamente lauten durchgehend anders als früher und weisen auf die einzelnen Abschnitte durch Bezeichnung der Verse hin. Auch im neuen Testament sind diese Summarien meist geändert, obwohl der Text selbst der Ausgabe von 1629 folgt.

Lassen wir noch einige der genannten Aenderungen des alttestamentlichen Textes folgen.

Gen. 49, 11: sein eselin (1597: sein füllin). Das füllen seiner eslin (1597: seiner eslin sun). V. 12: Joseph ist der fruchtbare sohn, der sohn, der augenscheinlich wachset (1597: ein sun, der zusehenlich wachset). Andere kleine Aenderungen finden sich in diesem Capitel. Ex. 34, 28: Und er schrieb auff die taflen das Wort des bundes, die zehn wort. (1597: Und er schrieb auff die taflen solchen bund, die zehn wort.) Lev. 5, 15: einen widder — sampt deiner schatzung an silbernen sicklen (1597: einen widder, der zweier Sikel silbers werdt sei). — Num. 21, 1: ging er nit hin, wie vormals nach dem zauberwerk (1597: ging er nit hin, wie vormals zu suchen die zauberer). Jos. 21, 11 ist wieder die Luthersche Uebersetzung: „und die vorstätt umb sy här" aufgenommen (1597: und ire freien fälder umb sy här). Jud. 7, 23: Und versammelnd sich — und jagtend (1597: schryend und jagtend). 8, 22: die Männer in Israel (1597: etliche in Israel). 19, 16: Benjaminiten (1597: Kinder Jemini). 1 Sam. 14, 14: ohngefehrt in einer halben juchard akers (1597: in einer halben akers lenge felds). In dem Lobgesang Davids 2 Sam. 22 finden sich eine große Zahl Varianten. — 2 Sam. 23, 2: Sein red war auff meiner zungen (1597: Sein aussprechen ist durch mein zungen geschehen). 2 Reg. 19, 30: „Vom Haus Juda" (1597: der tochter Juda). 1 Chron. 3, 5: von Bath=Sua (1597: von der Tochter Sua). Esra 2, 63: Und der Landpfleger (1597: Und Hathirsata). — Hiob 19, 25: erlöser (1597: retter) über den staub stahn wirdt (1597: kaat).

In den Psalmen ist schon 1597 die doppelte Zählung von Psalm 10 an weggefallen. In Psalm 1 sind die Hauptsätze in Nebensätze verwandelt, z. B. dessen Blätter nit abfallend (früher: dessen Blätter fallend nit ab).

Die obigen Beispiele, die sich um viele vermehren ließen, zeigen zur Genüge ein beachtenswerthes Streben, dem Grundtexte gerechter zu werden. Einige Mal, namentlich in den Psalmen, ist die 1597

aufgegebene Uebersetzung von 1548 wieder aufgenommen, z. B. Pf.
18, 46. Pf. 23, 6. Pf. 29, 9. Pf. 39, 13. Bemerkenswerth ist auch
in den Psalmen die Rückkehr zu Luther, wo es der Grundtext erlaubt, z. B. Pf. 90, 2. 15. 17. Pf. 110, 6. Pf. 146, 2. In den
Proverbien und Propheten ist dieß auch ein paar Mal der Fall,
z. B. 8, 12. Jef. 49, 15. Jef. 57, 4. 5. Jer. 17, 9. Sonst gehen
die zahlreichen Aenderungen in den Propheten durchaus ihren eigenen Weg.

Gewiß ist so unsere Behauptung gerechtfertigt, daß die Folioausgabe von 1638 eine sehr tüchtige Vorarbeit für eine neue Zürcherübersetzung war. Auf sie wird daher auch sehr oft hingewiesen in
den Verhandlungen über das neue Bibelwerk, mit welchen wir erst
eigentlich einen neuen Abschnitt unserer Geschichte beginnen können.
Es ist diese Bibelarbeit keineswegs eine zufällige Erscheinung in der
Zürcherkirche. Sie hängt vielmehr zusammen mit der schon angedeuteten Blütheperiode theologischer Gelehrsamkeit, einer Erscheinung, wie
sie wohl auf so kleinem Gebiete, wie Zürich ist, kaum je vorgekommen
ist. Denn merkwürdiger Weise sind es nur einheimische Kräfte
gewesen, die der schola Tigurina „in jenem beinahe verrufenen Zeitalter, welches die Consensusformel aufgestellt hat,"[1] den Glanz verliehen haben, welchen gleichzeitige reformirte Academien in Deutschland,
Frankreich und Holland nicht zu überstrahlen vermochten. Die Namen
eines J. Heinr. Hottinger, Joh. Caspar Schweizer und J. Heinr.
Heidegger sind, ein jeder in eigenthümlicher Weise, für die reformirte
Kirche von großer Bedeutung geworden.

Kaum mag jemals ein so großer Apparat von Vorbereitungen
zu einer Bibelübersetzung zugerüstet worden sein, wie zu dem Zürcherschen Bibelwerk von 1667. Wir folgen in unserer Darstellung
den mit der äußersten Sorgfalt zusammengetragenen urkundlichen
Nachrichten von J. J. B(reitinger).[2]

Die nächste Veranlassung, an eine neue Ausgabe zu gehen, war
der Mangel an vorräthigen Exemplaren früherer Drucke. Dieser
Mangel hatte zur Folge, daß die Verkäufer höhere Preise verlangten,

[1] A. Schweizer: Die theologisch-ethischen Zustände der zweiten Hälfte des
17. Jahrhunderts in der Zürcherschen Kirche. Zür. 1857. pag. 8 ff.
[2] In Siml. Samml. I, 3. pag. 914 ff. und II, pag. 113 ff.

und daß es deßhalb spottend unter dem Volke hieß, das Wort Gottes habe in Zürich aufgeschlagen. Auch Geistliche waren genöthigt, zu lutherschen Bibeln die Zuflucht zu nehmen, was sehr beklagt wurde. In zwei Synoden vom Jahr 1659 kam die Sache zur Sprache, worauf eine Commission von drei Männern unter dem Vorsitz des Antistes Ulrich am 13. Jan. 1660 zusammentrat, welche jedoch nur von einem neuen Abdruck der Ausgabe von 1638 wissen wollte. In einer folgenden Versammlung der „verordneten Herrn zur Lehr" wurden schon weitergehende Ansichten ausgesprochen über Textesänderung, Weglassung der Figuren, Beifügung von Glossen, Vereinigung mit Bern (20. Jan.) Man wandte sich nun an den Rath und dieser veranstaltete eine Conferenz von Weltlichen und Geistlichen. Antistes Ulrich führte in einem besondern Vortrage aus, wie nothwendig die rasche Besorgung einer neuen Ausgabe, sowohl der deutschen als der lateinischen Zürcherübersetzung sei. Es wurde nun ein Ausschuß von je vier geistlichen und weltlichen Herren ernannt, welche mit Buchdruckern unterhandeln sollten. Bereits wurden auch Correctoren ernannt. Der Gedanke, auch Bern zu gemeinschaftlicher Arbeit einzuladen, wurde jetzt ernstlicher erwogen, scheiterte aber, wie wir weiter unten sehen werden, an Berns Bedenken. Dagegen beschloß Zürich im Jahr darauf, in confidentieller Weise mit den reformirten Kantonen zu verkehren, was aber ebenfalls ohne Erfolg blieb.

Unterdessen gingen die Vorbereitungen für das Bibelwerk ihren Gang fort. Um die Wünsche der Geistlichen zu erfahren, wandte sich der Antistes Ulrich an die einzelnen Capitel sowohl des Kantons Zürich, als derjenigen, die mit der Zürcherschen Synode verbunden waren, z. B. Glarus. Die eingegangenen Gutachten, welche sich sowohl über die allfällige Textverbesserung, als über die äußere Einrichtung der neuen Bibel aussprechen sollten, sind deßhalb beachtenswerth, weil sie ein Zeugniß ablegen von den fortgehenden Bibelstudien auch der Landgeistlichen und von dem immer allgemeiner werdenden Bibellesen in Gemeinden.[1]) Einige derselben bleiben freilich bei dem ganz

---

[1]) Der Dekan von Cappel berichtet z. B.: „Das Lesen der h. Schrift wird auf der Landschaft je länger je gemeiner, die Exercitia verstärken sich in Schulen und Kirchen, in den samstäglichen Abendgebätten, an den gemeinen Fast= und Bättagen, desgleichen auch den Sonntagen nach der Catechisation.

Aeußerlichen, Druck und Format, stehen. Ein Dekan berichtet z. B., „daß einfalte Leut den Format in Folio hoch, ja schier für ein Eigen= schaft der Bibel halten", ein anderer sagt hingegen zu Gunsten des Quartformates: „Eh man das schwere Buch (in folio) nimmt, auf= schlegt, durchgeht, eh läßt man es bleiben." Die meisten sind für Beibehaltung des Textes der Bibel von 1638 und des Neuen Testa= mentes von 1656, besonders weil die Katholiken die Verschiedenheit der Bibeln zu ihren Gunsten ausbeuten. Doch werden von mehrern Vorschläge von Textesverbesserungen gemacht. Eine ziemliche Anzahl wünscht „Ausmusterung der Figuren". Ein Dekan meint, es seien das „anstößig Gemähld", manche Leute beschauten nur diese Figuren und läsen den Text nicht. Obwohl diese Gutachten vielfach gegen das Eindringen der Lutherschen Bibel eifern, finden doch einige es sehr wünschenswerth, daß man zu der frühern verständlichern, gar alten Zürcherbibel zurückkehre, z. B. die Stelle 2 Cor. 4, 17: „Dann die schnelle Leichtigkeit unser Trübsal würket uns ein aller fürtreff= lichste ewige Wichtigkeit der Herrlichkeit" (seit 1629), wieder übersetze: „denn unsere Trübsal, die zeitlich und leicht 2c." Nur zwei außer= zürcherische Stimmen wünschen eine größere Annäherung an die hoch= deutsche Sprache.

Nachdem im Lauf des Jahres 1660 die Unterhandlungen mit dem Buchdrucker Bodmer und dem „Papirer" Froschauer zu Ende gebracht und die Durchführung derselben einem besondern Ausschuß übergeben waren, so wurde endlich an die wichtigste Aufgabe, die Revision der Bibel selbst, geschritten. Hiefür wurde ein besonderes Collegium biblicum aufgestellt. Dieses einigte sich vorerst über die Grundsätze (31. Jan. 1662), nach denen das Werk bearbeitet werden solle. Es ist nun sehr bemerkenswerth, daß dieses Collegium sich über alle jene Bedenken der Capitel gegen eine wirkliche Revision auf Grundlage des Urtextes hinwegsetzte, und in ächt protestantischer Weise die Gründe für Beibehaltung einer unveränderten Ueber= setzung zurückwies. Das hierüber ausgefertigte Gutachten[1] ver= dient auch heute noch beherzigt zu werden, z. B. folgende Bemer= kungen: „Was das Aergerniß betrifft (über etwaige Aenderungen), so ist es keine gegebene, sondern eine genommene Aergernuß. Denn

---

[1] Bei Siml. III, pag. 922 ff.

was hat man für Grund, sich an solch nothwendigen Verbesserungen zu ärgern? Es mangelt einfach Berichtens. Läßt man sich nach empfangenen genugsamen Bericht nicht sättigen, so ist es kein Aergerniß aus Schwachheit, sondern ein boshafter Muthwill. Dannzumalen aber giebt man Ursach sich billig zu ärgern, wenn bekannte Fehler mit Fleiß übergangen und unter dem Schein und Titul einer eigentlichen Uebersetzung widerwärtige Sachen geduldet und ausgebreitet werden." — „Der Einwurf, daß des Aenderns bey den Nachkommenden kein Ende seyn würde, ist bald verantwortet. Dann erstlich verhofft man, je fleißiger diese Edition nach dem Originaltext werde gehalten werden, je mehr auch der Anlaß inskünftig zu ändern benommen sey. Demnach ist man in solchen schweren Geschäften nach äußerstem Vermögen und nach dem Maß der empfangenen göttlichen Gaben zu handhaben verbunden, und der Austrag Gott zu überlassen. Man sucht keinen Anlaß unnöthige Aenderungen einzuführen, sondern man bedient sich einfältig der gegenwärtigen Gelegenheit das nothwendigste zu verbessern." Es scheint, daß dieses Gutachten nicht nur die Billigung der Herren „Verordneten zur Lehr", sondern auch vieler unter denen, welche bisher jeder Aenderung entgegen gewesen waren, gefunden hat. [1])

Die Mitglieder des Collegium biblicum verpflichteten sich noch zur Festhaltung an einer gewissen Ordnung, deren Bestimmungen uns einen genauern Einblick in ihre Thätigkeit geben. Vier Vormittage von 9—11 Uhr wurden für die Zusammenkünfte bestimmt. Letztere wurden mit einem Gebet begonnen. „In der Translation sollen allezeit zween den Originaltext vor sich haben: die andern aber versionem Tigurinam latinam, sonderlich Belgicam Tremellii et Junii. Und wo eine Ungleichheit sich zeigt, es seye in textu originali oder in Versionibus, selbige anzeigen und alsbann darüber deliberiren, ob und was man in dem vorgelesenen Exemplar ändern soll." Als Hülfsmittel werden noch genannt: interlinearis versio ex bibliotheca Carolina, die letzt Froschouwer Bibel, die Escher'sche Bibel in 4°, die Luthero - Tossani in Folio, des Piscator, des Deodati, die französisch = Genfersche, die niederländische, die englische." „Den stilum und die Orthographiam betreffend, soll es, sofern es

---

[1]) S. das Iudicium über dieß Gutachten a. a. O. pag. 931.

seyn kann, dergestalt eingerichtet werden, daß die Version so wol in der Eidgnoßschaft als bei den Hochdeutschen verständlich sey." „Die Sache selbst aber soll mit allen Treuen ex fontibus examinirt und nach denselbigen geschloßen werden." — „Schwere Dubia sollen nach Haus getragen, daselbst wol untersucht und erst hernach wiederum im Collegio proponirt werden. Was denn einhellig oder mit mehreren Stimmen gut gefunden wird, angenommen werden." — „Hebraismi, Ellipses und was sonst Lichts bedarf, soll allezeit in margine ausgezeichnet und erklärt werden." „Wo möglich soll nicht allein die Orthographie durchaus die gleiche sein, sondern es sollen auch die gleichen Hebräischen Phrasen überall in gleichem Deutsch gegeben werden." Die Parallelstellen, Inhaltsangaben, sollen ebenfalls revidirt und die erstern möglichst beschränkt werden. Man fand es auch für zweckmäßig, bei jedem Capitel, wo es das ganze Collegium für nothwendig halten würde, kurze exegetische Bemerkungen beizufügen.

Das Collegium theilte sich in zwei Abtheilungen, eine für das alte und eine für das neue Testament. Bei der eigentlichen Uebersetzungsarbeit waren nicht weniger als vierzehn Männer beschäftigt, unter denen acht Professoren des Carolinums und sechs Geistliche der Stadt Zürich. Dazu kommen noch zehn Theologen, denen die Inhaltsangaben der Capitel, die Randsummarien, Parallelstellen, jedoch unter Controle des eigentlichen Collegium biblicum übertragen wurden.

Bemerkenswerth ist die Vertheilung der bei der Uebersetzungsarbeit gebrauchten Hülfsmittel. In der alttestamentlichen Abtheilung sollten Dr. Hottinger und Diac. Müller den hebräischen Text vor sich haben, Prof. Zeller biblia lat. Tigurina, Schenkhofer Waser biblia Italica Diodati et Paraei Germanica, Prof. Hofmeister LXX interpp. Junii et Tremellii, Zuchtherr Frey Biblia Belgica, Piscators und Luthers. „Zu dem Collegio graeco N. T. und librorum apocryphorum sind geordnet: Prof. Waser und Prof. Schwyzer haben Textum Graecum, Prof. Wolph Erasmi, Tigur. Latin., Prof. Ott Bezae cum Vulgata, Prof. Lavater Belgicam et Gualtheri, Zuchtherr Frey Polani deutsche Version, Prof. Füeßli Piscatoris." Zuchtherr Simmler war für beide Testamente dazu bestimmt, das revidirte Exemplar zu lesen, zu stilisiren und zu orthographiren. Die notae exegeticae verfaßten je drei Mitglieder der beiden Abtheilungen.

Die Arbeit wurde nun sofort mit allem Eifer an die Hand ge=
nommen. Es scheinen indessen plötzlich Stimmen laut geworden zu sein,
welche Bedenken gegen eine durchgreifende Verbesserung hatten, und
deßhalb sah sich das Collegium biblicum veranlaßt, sich an den Rath
mit einem Schreiben zu wenden (5. Juli 1662), in welchem es um
Erneuerung der Vollmacht bat, auf dem begonnenen Wege fortzu=
fahren, zugleich aber darauf aufmerksam machte, daß die Arbeit noch
manches Jahr in Anspruch nehmen werde. Eines der Mitglieder,
der gelehrte Dr. H. Hottinger gab noch in einem öffentlichen Vortrag
einem weitern Kreise eine Rechtfertigung der Thätigkeit des Colle=
giums.[1] Bis Anfang des Jahres 1666 waren die sämmtlichen hi=
storischen Bücher des alten Testamentes und die Apocryphen, so wie
das ganze neue Testament vollendet. Dagegen fehlten noch die Pro=
pheten und „ein guter Theil der Hagiographorum". Angesichts der
Schwierigkeit, welche die Bearbeitung dieses Theiles der Bibel an
sich schon darbot, wandten sich die bisherigen Bearbeiter an die „Ver=
ordneten zur Lehr" mit der Bitte um Erweitung des Collegiums.
Zugleich richteten sie aber an dieselben die Anfrage, „wie weit sie in
annoch vorstehenden schweren Büchern in den Aenderungen zu gehen,
ob man, so viel möglich Alles, was sich mit dem Originaltext quo=
cunque modo vergleichen läßt, behalten soll, obschon das eint und
andere kommlicher könnte gegeben werden: Oder aber, ob man ein=
fältig alles auf das genaueste nach dem Exempel der holländischen
Version dem Originaltext ähnlich machen soll. Bei dem ersten Me=
thodo hätte man weniger Mühe: wo das andere beliebiger fallen
möchte, wäre die Continuation einem Collegio in die Ferne nicht
zuzumuthen." Offenbar hat die schon in das fünfte Jahr dauernde
Arbeit die Zürchergelehrten etwas ermüdet, zumal sie neben den übrigen
Berufsgeschäften gethan werden mußte. Die „Verordneten zur Lehr"
ließen es daher nicht an aufmunterndem Danke fehlen (1. April 1566)
und gaben dem Collegium noch ein Paar von diesem selbst gewünschte
Gehülfen bei. Sie legen zwar darauf Gewicht, daß die Uebersetzung
nach dem Originaltext noch ferner bearbeitet werde, wollen es sich
aber doch „gefallen lassen", jene Erleichterung eintreten zu lassen
(quocunque modo). Das letztere haben nun auch die Bearbeiter

---

[1] Abgedruckt in dessen Bibliothecarius. Tig. 1664. pag. 142.

sich nur zu sehr gemerkt, sonst wäre es wohl nicht möglich gewesen, die ganze Bibel schon Anfangs des folgenden Jahres im Druck her= auszugeben. Zu diesem raschen Abbrechen einer vieljährigen Arbeit mag nun freilich auch der Umstand wesentlich mitgewirkt haben, daß schon längere Zeit keine Bibelexemplare vorräthig waren. Hierauf wird auch schon in den Verhandlungen aufmerksam gemacht und der Vorschlag gemacht „Ulmer Bibeln“ zu bestellen. Daß dieß nur Bi= beln mit der Zürcherübersetzung sein können, versteht sich von selbst. Dieselben empfahlen sich noch besonders durch die beigefügte Aus= legung.[1]) Leider ist es dem Verfasser nicht gelungen, in Stuttgart, Ulm und auf Schweizerbibliotheken eine Spur solcher Ulmerbibeln zu entdecken.

Zwei ganz gleichlautende Ausgaben des neuen Bibelwerks er= schienen nun vom Jahr 1665—1667, die eine in Folio in Einem Band, die andere in Quart in zwei Bänden, beide Ausgaben unter dem Titel: „Biblia, das ist, Alle Bücher der heiligen Schrift: Aus den Grundsprachen treulich und wol verteutschet, aufs neue und mit fleiß widerum übersehen. Mit dienstlichen vorreden: begrifflichen Abtheilungen der Capiteln: abgesetzten Versen: nothwendigen Con= cordanzen und einem nutzlichen Register. Getruckt zu Zürich bei Jo= hann Jakob und Heinrich Bodmer.“ Die Apocryphen (mit besonderem Titel) und das neue Testament schon 1665, das alte Testament 1667. Beide Ausgaben sind sowohl hinsichtlich der äußern Einrichtung als des Textes ganz gleich. Nur fehlen in der Quartausgabe die Seiten= zahlen. In der Folioausgabe hat der Text der kanonischen Bücher 867, der Apocryphen 208, des neuen Testamentes 280 gezählte Sei= ten und die Parallelstellen und Glossen befinden sich am Rande, während die Quartausgabe sie unten am Texte hat. Dem Wunsche einiger Kapitel, daß keine „Figuren“ mehr beigegeben werden möchten, ist vollständig Rechnung getragen, indem mit Ausnahme einer ein= fachen, eine Tempelthüre vorstellenden Umfassung des abgekürzten Vortitels (C. Meyer fecit) keinerlei Abbildung vorkommt. In der Folioausgabe ist eine etwas reichere Illustration des Titels, indem unter dem Zürcherwappen sich zwei von C. Meyer gestochene Bilder (ein Säemann und ein Haus auf einem Felsen) befinden. Eine

---

[1]) Siml. a. a. O. IV, pag. 116 u. 117.

von Dr. Heidegger verfaßte[1]) „Vorrede der Kirchen = und Schuldiener zu Zürich an den chriſtlichen Leſer" vom 25. Hornung 1667 legt dem Leſer zuerſt die Bedeutung der heiligen Schrift ans Herz und gibt ſodann eine kurze Rechenſchaft über die vorliegende Ausgabe und verſichert, daß „nicht allein die Redensarten, ſondern auch das ganze Werk, die treuliche Dollmetſchung des Grundtextes, die komm= liche Abſetzung der Verſen, die anmuthige Eintheilung der Capitlen, dergeſtalt eingerichtet, daß ſelbiges verhoffentlich, nicht allein bei un= ſeren, ſondern auch andern evangeliſchen Kirchen ſeinen ſcheinbaren Nutzen haben kann."

J. J. Breitinger, dem wir die genauere Auskunft über die Ent= ſtehung dieſes Bibelwerkes verdanken, kann es nicht genug beklagen, daß daſſelbe den Erwartungen keineswegs entſpreche, zu denen man bei der fünfjährigen Arbeit des Collegium biblicum berechtigt ge= weſen wäre, und verſichert „aus einer genauen Collation, daß von den wenigen Fragmenten der collegialiter vorgeſchlagenen Verbeſſe= rungen aus dem Exodo und Jeſaja in dieſer Ausgabe kaum eine oder zwo ſind gebraucht worden."[2]) Unterſuchen wir, in wie fern dieß Urtheil gerechtfertigt iſt.

Der obengenannter Vorrede folgende „Summariſche Bericht von der ganzen heiligen Schrift" und das „Regiſter der fürnemſten Hi= ſtorien und Glaubensartikeln der Bücheren des alten und neuen Te= ſtaments", endlich das „Regiſter der Epiſteln und Evangelien", und die „Zeitrechnung" (letztere bis 1667 fortgeführt) ſind wörtliche Abdrücke dieſer Stückes aus den vorangegangenen Ausgaben, z. B. 1638. Auch die Namen und Reihenfolge der Bücher beider Teſtamente ſind die= ſelben geblieben, z. B. Abdias, Micheas, Zephonias, Haggeus. Neu ſind die ausführlichen Inhaltsangaben, ſowohl bei den einzelnen Büchern als den einzelnen Kapiteln. Nur bei den Kapiteln des Hohenliedes und vom 11. Capitel der Sprichwörter an fehlen die= ſelben. In den hiſtoriſchen Büchern iſt der Verſuch gemacht, den ganzen Inhalt zu gruppiren, z. B. wird die Geneſis in drei Theile getheilt (Cap. 1—7, 8—11, 12—50), ebenſo wird jedes Capitel in verſchiedene Abſchnitte mit Verweiſung auf die betreffenden Verſe

---

[1]) Siml. a. a. O. II, pag. 961.
[2]) Siml. a. a. O. pag. 960 ff.

zerlegt. Im neuen Testamente schließen sich die Inhaltsangaben meist
wörtlich an die vorangehende Ausgabe von 1638. Die messianische
Deutung ist, wie in der vorangehenden Ausgabe überall angebracht,
wo es die damalige Auslegung verlangte, ja noch weiter ausgedehnt
als früher. So heißt es in der Einleitung zum Hohenliede: „Hierin
werden auch eingeführt die Freunde des Bräutigams und der Braut
gespilen: durch jene können verstanden werden die heiligen Propheten des Alten und die heiligen Apostel des Neuen Testaments, wie
auch alle gottselige Lehrer und Vorsteher der Kirchen: und durch
diese alle ware Bekenner Christi.“ — „Also daß hierinn nichts fleischlich sonder alles keusch und heilig soll verstanden werden.“ Sehr schön
ist, was über die „kraft und lieblichkeit“ der Psalmen gesagt wird:
„Sind wir krank: sind wir angegriffen mit solchen Gebrechen, davon
zu besorgen unsers leibes namhafte Entgestung (Ermattung?) oder
daß wir werden Abbruch leiden müßen an der Gedechtniß, am Ge-
hör, am Gesicht, an der Red: trucken uns unsere Sünden, empfinden
wir den göttlichen zorn, sind wir voll herzlichen Reuens: gelustet
uns Gott dem Herrn zu beichten: wollen wir gottgefällige Buße thun:
sind uns widerwärtig und aufsätzig die Menschen: verwunden uns
scharfe und giftige zungen, stehet man vor unserm glük: schweben hoch
empor unsere Mißgönstige: gonnen sie uns unsere trübsal und An-
fäll, sind wir von listigen leuten herausgelocket, und können nicht
wieder zu uns nehmen unsere unbesinnten Worte, die uns irren,
schaden und kränken: sind wir vervortheilet in Erbfälen: werden wir
am Rechten versellet durch stumme oder falsche Kundschaft: werden
wir verschwetzt, verrathen, verlaßen von gefreundten und bekannten,
denen wir doch solches niemals getrauet: wirst verachtet von eigenen
kindern: leidest Ungemach in der Ehe, übergeben dich eigen Vater
und Mutter: sind Sterbensläufe: dreuet Gott mit Hunger und Theure,
straft er mit Donner, Blitz und Ungewitter: stehet man in kriegs- und
Verfolgungsgefahren: spüren gerechte Obern Untreu an Verbündeten,
an Nachbarn, an eigenen Underthanen: werden unschuldige Underthanen gedrengt, verjagt und tyrannisirt: in allen denen und gleichen
Fällen — — hat der edle Psalm einen wunderbaren merklichen Vorzug,
ja gar etwas eigenen und verborgenen ganz besondern Nachdruks, nicht
allein mit vollem Mund herfürzugeben des Herzens überfleußende Freud,
sondern auch zu stillen den größten Unmuth und Schräken.“

Die Parallelstellen der frühern Ausgaben sind beibehalten und mit einigen wenigen vermehrt. Hie und da finden sich Randglossen, welche entweder ein schwerer zu verstehendes Wort erklären, oder eine andere Uebersetzung geben.

Was den Grundtext betrifft, dessen sich die Uebersetzer bedienten, so reden zwar die Verhandlungen nicht davon, dagegen scheint aus einigen Glossen hervorzugehen, daß neben ältern Ausgaben im alten Testamente die größere Ausgabe von Johann Buxtorf, Basel 1620, und die Leipzigerausgabe von 1657 benützt worden ist. Die beiden auf der Stadtbibliothek in Zürich befindlichen Ausgaben haben einige schriftliche Notizen, welche auf einen solchen Gebrauch schließen lassen. Im neuen Testamente lag neben ältern Ausgaben hauptsächlich der textus receptus der Elzevirer = Ausgaben zu Grunde, welchem auch die bei den Reformirten so beliebte versio **Belgica** folgte.

Gehen wir auf die Uebersetzung selbst über, so ist Breitingers Urtheil nur theilweise gerechtfertigt. Wir finden in beiden Testamenten eine große Anzahl von wesentlichen Veränderungen und Verbesserungen, von denen wir hier nur wenige beifügen können.

Genes. 1 ist in vielen Stellen das Imperf. gesetzt, wo früher das Präs. stand. V. 2: schwebte. 5: nennete. 7: machete u. s. f. Das frühere: „Underschlacht", L. Veste, ist in „Ausdehnung" verwandelt und dazu die Glosse beigesetzt: „das hebr. wörtlein Rakià heißt eigentlich eine Außdehnung, Außbreitung ꝛc., wie man eisen, stahel und ander metall außdehnet oder außbreitet und aus einem dicken stuck ein dünnes blech schlagt. In diesem Verstand wird das hebräische Ursprungswort gebraucht Ex. 39, 3. Jes. 40, 19. Jer. 10, 9." — Cap. 3, 6 wird das frühere Luthersche „lustiger baum" in „anmuthiger B." verändert. 3, 16: „deine begierde wird zu deinem mann sein" (fr.: vnd zu deinem mann deine begierd). 3, 24: „gegen morgen des gartens eden" (fr.: „für den garten Eden"). Cap. 4, 4: „Dann nachdem die kinder Gottes zu den töchtern der menschen kamen, hatten sie ihnen auch kinder geboren: diese waren helden, die von alter her namhafte leute gewesen", früher der Schluß wie L.: „so wurdend daraus ꝛc." 6, 9 (fr. V. 8): „aufrichtiger", fr.: „auffrechter" und 15: „die erd ist vor ihnen mit frevel erfüllet. Und siehe ich will sie sammt der erden verderben", fr.: „voll frevels",

„mit der erden". 38, 12: „und Hira, sein Freund von Adollam"
(fr.: „sein Geselle"). — In Cap. 49 ist die einzige Aenderung „ein
(stark) gebeinter esel". 14 (fr. = L.) und V. 20: „angeneme könig=
liche trachten" (fr.: „königliche schläf"). Zum Exodus besitzen wir
noch die Verbesserungsvorschläge des Collegium biblicum und auch
die Begründung derselben.[1]) Es ist dieß eines der interessantesten
Actenstücke über die Thätigkeit der Zürchergelehrten. Nur wenige
dieser mehr als 100 Vorschläge sind freilich in die neue Ueberseßung
aufgenommen worden, obgleich neben allerdings unwesentlichen Aen=
derungen auch wirkliche Verbesserungen vorgeschlagen waren. Exod.
18, 15 schlug das Coll. bibl. vor: „Gott zu fragen", aber es blieb
bei dem frühern: „Gott um Rath zu fragen", und Exod. 19, 5:
„köstlich Eigenthum", aber man blieb bei: „Eigenthum". Ex. 21, 22:
wo der frühere Text hatte: „nach der tädigung, als die leuth erken=
nend" wurde nach dem Vorschlag des C. b. richtiger übersetzt: „nach
der Richter Urtheil". Ex. 22, 25 wird das von Luther stammende:
„Wucher treiben" richtiger mit „W. auflegen" gegeben. Exod. 25, 4
und 5, wo früher schon Luther theilweise berichtigt war: „Blawe
seiden, scharlach, rosinroth, weiß leinen, geißenhar, rothlechte Widder=
fell, Dachsfäll, Förchinholz", wurde vorgeschlagen: Hyazinth und
Purpurfarb und Charmesinroth, feine leimat, geißhaar, roth zubereitete
widderfell, dachsfell, Sittimholz", aber keine Aenderung aufgenommen.
Ex. 26, 12 wurde das Wort Tabernakel in „Hütte" verwandelt,
sonst Alles unverändert gelassen. Ebenso V. 13. Ex. 29, 37 ist
wieder statt des frühern: „Altar des Allerheiligsten" mit Luther ge=
sagt, „daß es sei ein Altar, das allerheiligste". Statt des Dialec=
tischen: „aufwütschtend" steht Gen. 32, 25 jeßt „aufstunden". Lev.
27, 16 ist das Frühere „nachdem er träget", richtiger: „nachdem an=
gesäyet wird". Das Wort „Prästen und maflen" ist Deut. 32, 5
in: „schandflecken" umgewandelt. — Deut. 33, 27 ist gegen früher
etwas verbessert: „Das ist die Wohnung des ewigen Gottes, von
unten her aber ewige Arme." Im ganzen Buche Josua haben wir
nur kleine sprachliche Veränderungen wahrgenommen. — Im Debora=
lied Richt. 5 sind zwei Stellen geändert. V. 20: „da waren die
roßhufen zerstoßen von der großen Ungestüme ihrer Helden" (fr.: „da

---

[1]) Siml. a. a. O. pag. 942.

klaffeten die roßhuffen von — — ihrer mächtigen reutterei". V. 30:
„Sollten sie nicht finden? den raub austheilen, eins oder zwei mägd=
lein dem fürnemsten mann? Einen Raub von vielen Farben dem
Sissera? Einen raub von vilen farben, der gesticket sei? zwei ge=
färbte, gestickte [kleider] an die hälse des raubs?" Früher noch bei=
nahe wie Luther. Richt. 9, 24 theilweise schon früher berichtigt,
heißt jetzt: „daß der frevel, an den söhnen Jeru=Baal begangen,
und ihr Blut über ihren Bruder Abimelech, der sie ermordet hat,
käme und geleget wurde, auch über die burger zu Sichem, die seine
hände gestärkt hatten, daß er seine brüder erwürgete." — In 1 Sam.
2, 20 ist das früher berichtigte: „für dieß gut" wieder beinahe mit
L. „für diese Bitte" übersetzt. Sonst blieb Alles unverändert in
diesem Buche.   2 Sam. 13, 3 statt früher: „sehr geschwinder Mann",
jetzt „sehr listiger Mann". — 2 Sam. 23, 5, wo noch 1638 der An=
fang richtiger als Frage aufgefaßt ist: „Wird nicht eben also mein
Haus bei Gott sein?" heißt es jetzt: „Also wird mein Haus bei
Gott nicht sein".   Sodann heißt es weiter: „Dann er hat einen
ewigen Bund mit mir gemachet, allenthalben fertig und versichert,
darum [ist das] all mein heil und lust, daß er mich nicht einem
erdgewächse gleich machen wird", wo früher stand: „darum wird er
all mein heyl und aller lust lassen herfür grünen."

Dem ersten Buch der Könige geht die Bemerkung voran: „Der
Scribenten dises Buchs sind unterschiedliche: Nathan, Abija und
Jddo die Propheten, welche neben Davids hohem Alter und dessen
todt, die Geschichten, so sich unter der Regierung Salomos begeben,
beschrieben haben: wie aus dem Buch der Chron. 29, 29 und aus
dem andern Buch Cap. 9, 29 zu sehen. Was unter den andern
Königen Israels und Juda schriftwürdiges sich zugetragen, ist von
andern Propheten in Verzeichniß kommen, da ein jeder sich befließen,
in die Feder zu bringen die Geschichten, die sich unter demjenigen
König, zu dessen Zeiten ein jeder selbst gelebt und aus göttlichem
Befehl geweißaget und gelehret, zugetragen haben."

In der Schilderung des Tempels 1. Kön. 6. 7. finden sich noch
theilweise die Benennungen von Luther, z. B. Chor. Einige wenige
Aenderungen sind eingetreten, z. B. 6, 5 „gänge" (fr.: abseiten").
7, 12: „schopf am Hause" (fr.: „vorschopf"). V. 19: „Und die knöpfe,
welche zu oberst an den säulen, waren von lilienwerk, vor dem

vorschopf, vier ellen groß" (fr.: „Und die knöpf warend, wie die ro=
sen vor dem vorschopf, vier ellen groß." — 25: „daß ir aller hinder=
theil hineinwärts war" (fr.: „daß all ir hindertheil inwendig war
under dem meer." 26: „wie der blust einer lilien" (fr.: wie ein
offne blühende rosen". — 15, 3: „welche einen abscheulichen Götzen im
Wald gemacht hatte" (fr.: „die da götzerei gemacht hatte im wald").

2 Kön. 3, 17: „daß ihr und euer viehe und euere thiere trin=
ket" (früher == L.). 2 Kön. 5, 18: „Nur darinnen wolle der
Herr deinem knechte gnädig sein" (früher = L.). 2 Chron. 26, 15:
„künstliche werke" (fr. künstliche wehrenen). 2 Chron. 28, 20: „aber
er ängstigte ihn und stärkte ihn nicht" (L. berichtigt). — Esra: „auf
seine Grundfeste (fr.: pfymmet). 2 Chron. 4, 10: und auf die Zeit
(fr.: und in Cheeneth, L. Canaan). — Neh. 13, 29: „die das Prie=
sterthum befleckt haben" (berichtigt).

Im Buche Hiob sind mehr als 200 Stellen geändert. Diese
Aenderungen sind theils nur sprachlicher Art, theils aber wirklich
neue Uebersetzungen. Zu den erstern gehören namentlich solche, wo
statt zweier Worte, die früher zur Verdeutlichung eines hebräischen
Wortes angewendet wurden, nur Ein Ausdruck angewendet wird, z. B.
5, 4: kein heil (fr.: „glück und heil"). B. 6: schalkheit (fr.: „unbill
und schalkheit"). 7, 20: „burde" (fr.: „beschwerd und burde"). 11, 18:
sicher (fr.: sicher und wol vertraut). 12, 21: die fürsten (fr.: die
hohen und edlen). 31, 5: leichtfertigkeit (fr.: üppigkeit und leicht=
fertigkeit).

Von den neu übersetzten Stellen seien nur folgende Beispiele
angeführt. Cap. 4, 6: „War nicht deine [gotts]forcht dein trost?
und die frommkeit deines lebens deine hoffnung?" 4, 17: „Kann
auch ein mensch gerechter sein als Gott? kann auch ein mann reiner
sein als sein schöpfer?" 6, 16: „welche verdunkelt werden vom eiß,
wenn sie der schnee bedeckt." 6, 21: „Also seidt ihr mir jetz zu nichte
geworden." 6, 26: „Wollet ihr dann gedenken, wie ihr meine worte
strafen möget?" 8, 9: „Wir sind von gestern här und wüßen nichts:
weil unsere tage, die wir auf erden leben ein schatten sind." — 17, 18:
„Lieber sehet doch, ich hab das gericht bestellt (und) weiß, daß ich
gerecht erkennet wird." — Die Stelle 19, 25 ff. lautet jetzt so: „Ich
weiß, daß mein Erlöser lebet und daß er zuletzt über den staub stehen
wird. Und nachdem sie meine haut wiederum werden über das gezogen

haben, alsdann wird ich in meinem fleisch Gott sehen. Welchen ich mir sehen wird: ja meine Augen werden ihn sehen und nicht eines andern: meine nieren sind in mir verzehret. Dann ihr werdet sagen: Warum verfolgeten wir ihn, so doch die wurzel des handels in mir gefunden ist? Förchtet euch vor dem schwert: dann der zorn (und) unbill verdienen das schwert, daß ihr wüßet, daß ein gericht sei."

Zu den messianischen Psalmen werden gerechnet: 22. 26. 40. 45. 65. 72. 96. 97. 98. 110. 117. Bezüglich der Inschriften wird bei Ps. 4 die Bemerkung gemacht: „Weil etliche zu anfangs der Psalmen gesetzte Wörter, als Ps. 4, 1: Neginoth, Ps. 5, 1: Nehiloth, 6, 1: Scheminith, Ps. 7, 1: Schiggaion, Ps. 8, 1: Gitthith u. s. w. unbekannt und von den gelehrten ungleich gegeben werden, so sind die hebräischen Worte einfaltig behalten worden." Dieß war theilweise schon in den frühern Ausgaben der Fall. Das hebräische Lamenazeach wird jetzt „für den Sängermeister" übersetzt.

Was nun den Text der Uebersetzung selbst betrifft, so ist auch in den Psalmen eine durchgreifende Aenderung vorgenommen. Mehrere hundert Stellen lauten anders als früher, ja in manchem Psalm ist kaum ein Vers unverändert geblieben. Diese Aenderungen sind theils solche, in welchen Luthers Uebersetzung wieder aufgenommen wurde, theils solche, in welchen überhaupt eine Verbesserung des frühern, namentlich des letzten Textes von 1638 vorgenommen worden ist. Was die erstern betrifft, so ist die Luthersche Uebersetzung in so ausgedehnter Weise verwerthet worden, daß manche Psalmen ein völlig Luthersches Gepräge bekommen haben. Es ist dieß zwar sehr auffallend, aber namentlich auch deßhalb begreiflich, weil die neue Uebersetzung den entschiedenen Schritt zur hochdeutschen Sprache wagte und deßhalb schon zu Luthers Text sich mehr hingedrängt sehen mußte. Als Beweis für diese Thatsache könnte beinahe jeder Psalm angeführt werden. Statt vieler andern mögen folgende zwei Psalmen dienen:

Psalm 23.

1667:	1638:
Gesang Davids.	Gesang Davids.
Der Herr ist mein hirt, es wird mir nichts mangeln.	Der Herr ist mein hirt: [darumb] manglet mir nichts.
Er weidet mich auf einer grünen aue und führet mich zu stillen waßeren.	Er laßt mich weyden in schöner weyd: er führt mich zu stillen waßeren.

Er erquicket meine seele, er leitet mich in der straße der gerechtigkeit, um seines namens willen.

Und wann ich schon wandeln wurde in dem Thal des schattens des todes, so wurde ich doch kein unglück fürchten: dann du bist bei mir: dein stecken und stab trösten mich.

Du bereitest vor mir einen tisch vor meinen feinden: du salbst mein haupt mit öl, und [schenkest mir] meinen becher voll ein.

Die güte und barmherzigkeit werden mir auch nachfolgen mein lebenlang und ich wird in des Herren hause bleiben immerdar.

Er erfristet mein seel: er leytet mich auf den pfad der gerechtigkeit, umb seines namens willen.

Und ob ich mich schon vergienge im thal des tödtlichen schattens, so wurde ich [doch] nichts vbels förchten: dann du bist bey mir: dein stäken und stab tröstend mich.

Du richtest vor mir einen tisch zu gegen meinen feinden: du machest mir mein haupt feißt mit öl und fülleft mir meinen becher.

So wölle dise güte vnd gnad ob mir halten mein lebenlang, daß ich in deinem hauß wohnen möge immerdar.

Psalm 7, 1—9.

1667:

Schiggajon Davids, welches er dem Herren gesungen hat wegen der worten Chus, des sohns Jemini.

Herr mein Gott ich vertraue auf dich, erhalte mich vor allen meinen verfolgern und errette mich:

Daß sie nicht meine seele erhaschen, wie ein leu [und] zerreißen, weil kein erretter vorhanden ist.

O Herr, mein Gott, habe ich das gethan und ist etwas unrechtes in meinen händen.

Habe ich dem böses vergolten, der mit mir fridsam gelebt hat, oder habe ich die beschädiget, welche mir ohne Ursache feind waren?

So verfolge der feind meine seel und ergreiffe sie und trette mein leben zu boden, und drucke meine ehre in den staub.

Stehe auf, o Herr, in deinem zorn, erhebe dich von wegen des großen grimms meiner feinden, und mache dich auf zu mir mit dem gericht (welches) du befohlen hast,

1638:

Schiggaion Davids, das er gesungen hat zum Herren vber den handel Chus, des sohns Jemini.

Herr, mein Gott, auff dich vertrauwe ich: friste mich vor allen denen, die mich durechtend vnd erlöß mich.

Daß sy mich nit hinzucktind vnd wie ein löw (mich) zerreißind, vnd niemand sey, der mich errette.

O Herr mein Gott, hab ich das gethan, wird die schuld an mir gefunden.

Hab ich arge widergolten dem, der mir guts gethan: vnd hab ich meinen feind mutwillig außgezogen:

So durechte mich der feind, vnd fahe mich, vnd trette mich zu boden, vnd mein ehr trucke er ins kaht.

Stand auff, o Herr, in deinem zorn: erhebe dich mit vnwürse wider meine feind, vnd rüste auff das gericht für mich, das du verheißen hast,

Damit sich die leuhte widerum zu
dir samlen, und um derselbigen willen
komm wiederum empor.

Der Herr ist richter über die völfer.
Richte mich Herr nach meiner gerechtigfeit und fromfeit.

Daß dich die gemeind der völferen
umbgebind, um deren willen komm wider empor.

O Herr, der du richteft die völfer,
sprich mir recht; o Herr, nach meiner
unschuld und nach meiner redlichfeit,
die bey mir ist.

Oft dürfte in der Rückfehr zu Luther das richtige Maaß überschritten und das Frühere mit Unrecht vertauscht worden sein, z. B.
Pf. 4, 3, wo Luth. übersetzt: „liebe Herrn", 1667: „ihr Herrn", 1638:
„ihr Kinder der Menschen". Pf. 41, 11 hat 1667 wie Luth.: „hilf mir,
so will ich sie bezahlen", 1638 richtiger: „daß ich ihnen wiedergelt".
Pf. 43, 2 jetzt mit Luth.: „Warum läßest du mich so traurig gehen?",
früher besser: „Warum gahn ich so traurig hereyn?". Pf. 45, 6 ist zwar
das frühere „unter dir" statt Luthers „vor dir" behalten, dagegen
ist das Luthersche „mitten unter den Feinden des König" statt des
Richtigern von 1638 „sy gahnd ins Herz der Feinde des Königs"
aufgenommen. — Zuweilen kömmt auch das Umgekehrte vor, daß
nämlich der früher gewählte Luthersche Ausdruck mit einem neuen
vertauscht wird. So heißt es jetzt in Pf. 110, der sonst manches
Luthersche hat, v. 3: „das tau deiner Geburt ist aus dem leib der
morgenröhte", während 1638 noch beinahe wie Luther übersetzt:
„deine finder werdend dir geboren werden wie das tauw auß der
morgenröhte".

Während manche Aenderungen des unmittelbar vorangegangenen
Textes nicht als wirkliche Verbesserungen betrachtet werden können,
so finden sich doch auch eine ziemliche Anzahl von Stellen, welche
dem Grundterte näher kommen als Luther. Einiges Wenige sei beigefügt. Pf. 17, 4: „Ich habe in allem dem, das die menschen zu
thun pflegen, mich nach dem wort deiner lefzen vor dem Weg des
zerstörers bewahret", 1638: „Um der worten willen deiner läffzen
hüte ich mich vor den thaaten der menschen (und) vor dem weg des
fräflers". 22, 28: „und werdend vor jhm (= Luth.) anbätten alle
geschlecht der Heiden" 1638, dagegen hat 1667: „vor dir". 27, 4:
„die Lieblichkeit des Herrn" statt 1638: „die schöne zierd des Herrn".
43, 3: „zu deinen wohnungen", wo 1638 noch mit Luth. hat: „in
dein wohnung". 50, 5: „die mit mir der opfer halben einen bund
gemacht haben", 1638: „die meinen bund der opfern halb haltend".

56, 8: „Sollen sie auch entrünnen mit ihrer ungerechtigkeit? O Gott stoße diese leute hinunter mit zorn", 1638: „Aber es ist vergebens, daß sy entrünnen werdind: dann du, o Herr! wirst dise völker in vnwürse hinunderstoßen". 84, 8: „Sie gehen von einer macht zur andern", 1638: „Sy gahnd von hauffen zu hauffen".

Von der Uebersetzung der Proverbien und des Predigers läßt sich beinahe dasselbe sagen, was bei den Psalmen bemerkt worden ist. Beinahe kein Vers ist unverändert geblieben. Luther wurde zwar reichlich benützt, doch nicht in dem Maaße, wie in den Psalmen. Offenbar hat die individuelle Ansicht des Uebersetzers bei dem einzelnen Buche den Ausschlag gegeben. Namentlich in den Proverbien kommt die Verwandlung des früher sehr oft vorkommenden doppelten Ausdrucks in Ein Wort vor, z. B. c. 16: „schön", früher: „schön und hübsch". v. 4: „alle hochmüthigen herzen", fr.: „die hochmüthigen und stolzen herzen". v. 9: „der Herr richtet seinen gang", fr.: „richtet und leytet seinen gang". v. 19: „mit dem niderträchtigen sich demüthigen", fr.: „mit den niderträchtigen und schlechten".

Von eigentlichen Verbesserungen seien folgende wenige genannt: Prov. 8, 4: „zu den menschenkindern (erhebe ich) meine Stimme", 1638: „zu euch, o ir arbeitsäligen menschen, erhebe ich 2c.". v. 31: „Ich spielte auf seinem erdkreis", 1638: „Auch den erdboden, den er gemachet hat, mache ich frölich". 10, 23: „Wie dem tohren ein Gelächter ist, einen frevel zu begehen: also ist dem verständigen die weißheit", 1638: „Wie es gering ist dem toren, einen frevel zu begahn: also ist dem weisen der verstand". — 12, 2: „der fromm erwirbet gunst vor dem Herrn", fr.: „gnad und gunst". v. 6: „die worte der gottlosen lauern auf blut", 1638: „der gottlosen red ist dem blut aufsäßig". — 13, 10: „bei denen, die gutes raths pflegen, ist weißheit", 1638: „bei den wolberathenen ist weyßheit". — 16, 15: „sein freundlichkeit ist wie die wolke des spatregens", 1638: „wie ein abendrägen". — Hoh. 10, 5: „gleich dem fehler, der von dem fürsten herkommt", 1638: „darin der hohe fürst gefehlt hat".

Auch die Propheten haben manche Veränderungen und Verbesserungen erfahren; Luther finden wir weit weniger berücksichtigt als in den Hagiographen. Dagegen ist Breitingers Behauptung [1]),

---

[1]) Simler, a. a. O. I, 3. pag. 962.

daß „von den collegialiter vorgeschlagenen Verbesserungen kaum eine gebraucht worden sei", geradezu unrichtig, und es ist unbegreiflich, daß er sie „auf eine genaue Collation" stützen will. Allerdings sind nicht alle Verbesserungsvorschläge, z. B. bei Jesajah, aufgenommen worden, aber man ging auch wohl deßhalb nicht auf alle ein, weil man sie schließlich doch nicht als Verbesserungen ansehen konnte. Wir haben zu Ehren jener Männer, denen die Revision übertragen war, wirklich jene genaue Collation vorgenommen und fügen aus unserm großen Vergleichungsmaterial nur folgendes bei. Cap. 13, 15 hatte die Ausgabe von 1638: „Welcher sich zur Wehr will stellen, der wird mit dem schwert umbkommen". Die Revisoren schlugen vor: „Welcher eilfertig zu entrinnen begehrt rc." Die Ueberseßung von 1667 hat nun diesem Vorschlag ähnlich: „Welcher sich in die flucht begeben will". 14, 32 hatte 1638: „Wie wird es dann die bottschaft verthädigen?" Vorschlag: „Und was wird jeder der botten den Heiden antworten?" Die Ueberseßung von 1667 beinahe so: „Was wird dann die bottschaft den heiden antworten?"

Zur Begründung ihrer Vorschläge führen die Revisoren an: 1) Constructio grammatica, quæ partitionem requirit. 2) Circumstantiæ textus. 3) Auctoritas LXX. Kimchii, Abarbanelis. Wenn 1667 bei Jes. 22, 15 mit Luther der Ausdruck „Schatzmeister" gewählt wird, statt des vorgeschlagenen „pfleger" und statt des frühern „kornmeister", so hat der aufgenommene Ausdruck jedenfalls eine Berechtigung. — Wenn 10, 28 gegen den Vorschlag: „ablegen" das „mustern" von früher beibehalten wird, so ist das wohl nicht zu tadeln. Die Revisoren können dafür auch nur die belgische Ueberseßung anführen.

Manche Vorschläge der Zürchergelehrten waren allerdings sehr begründet und die wenigen noch vorhandenen Fragmente derselben, denen die Begründung beigegeben ist, zeigen, wie umsichtig zu Werke gegangen worden ist[1]).

Einige der Verbesserungen bei Jesajah gegenüber der frühern Ausgabe mögen zum Beweis dienen, daß die Revisionsarbeit wirklich als solche bezeichnet werden kann. Von ca. 14 Aenderungen in Cap. 1 des Jesajah ist zu nennen: v. 4: „des volks, das mit laste-

---

[1]) Bei Siml. pag. 956 ff.

ren beſchwärt iſt", fr.: „in laſteren träffenlich iſt". v. 6: „und ſie
werden nicht außgetrukt noch verbunden noch mit einicherley öl ge=
milteret", 1638: „vnd iſt nit, daß man helfe, noch verbinde noch mit
einicherley ſalb miltere". c. 2, 2: „Es wird in den letzten tagen
dazu kommen, daß der berg des hauſes des Herrn wird auf dem
ſpitz der bergen beveſtent ſein", 1638: „daß auffgebauwen werden
wirdt auff ꝛc.". — 3, 1: „der Herr — wird — hinnehmen den ſtab
und ſtecken, allen ſtab des brots und allen ſtab des waſſers", 1638:
„hinnehmen allen vorrath und auffenthaltung, alle auffenthaltung der
ſpeiß" u. ſ. f. — In der Schilderung der Hoffahrt hebräiſcher Frauen
ſind beinahe alle frühern Ausdrücke verändert. — 5, 4: „über alle
wohnung des Berges Zion und über ihre verſammlungen", 1638:
„über — Zion vnd über ihr ganze menge". — 9, 18: „das gottloſe
weſen brennet wie ein feuer", 1638: „iſt angegangen wie ein feuer".
— 19, 7: „das Gras an dem fluß", 1638: „an den waßern". —
22, 6: „und Kir entblößete die ſchilde", 1638: „vnd die wänd waren
bloß von Schilden". — 23, 4: „Schäme dich, Zidon", 1638: „Zidon
hat leyd daran". — Nur ganz wenige Capitel, z. B. c. 18, haben
bloße ſprachliche Veränderungen erlitten.

Ganz dieſelben Wahrnehmungen laſſen ſich bei den übrigen
Propheten machen. Auch da haben die Reviſoren tüchtig eingegriffen,
bald an die Stelle des frühern eine Ueberſetzung gegeben, welche der
Lutherſchen ähnlich iſt, bald aber auch Stellen, welche früher noch
mehr der letztern ſich genähert hatten, verändert, z. B. Jerem. 17, 9,
wo es jetzt heißt: „Ueber Alles iſt das herz verſchlagen und doch
ein preſthaftes ding, wer will es erkennen". Dagegen 1638: „Vber
alles iſt das herz ein trutzig vnd verzagt ding, wer ꝛc.". — Manche
Capitel, z. B. Ezech. 1, Nahum. 1—3, ſind völlig umgeſtaltet, während
andere, z. B. Hoſea 1. 9, Jonas 1, wenige Veränderungen haben.

Die Apocryphen, welche nach Zahl (18) und Reihenfolge
dieſelben ſind, welche frühere Ausgaben haben, wurden ſchon vor den
canoniſchen Büchern des alten Teſtamentes herausgegeben und zwar
in den beiden Ausgaben. Sie erſchienen unter beſonderm Titel und
mit eigener Paginirung. Der Titel lautet: „Apocrypha, das iſt,
die bücher, welche von den göttlichen und canoniſchen Schriften jeder=
zeit unterſchieden worden, wie ſolches in der folgenden Vorrede grund=
lich dargethan wird. Zürich in der Bodmerſchen Truckerey getruckt.

MDCLXV." Die Vorrede ſetzt die Gründe auseinander, warum die Apocryphiſchen Bücher an Werth nicht gleichgehalten werden können und empfiehlt zwar das Leſen, aber Vorſicht dabei. Jedem Buch geht eine ziemlich ausführliche Inhaltsanzeige voran.

Es ſcheint, daß die Bearbeiter der neuen Bibelausgabe es nicht für der Mühe werth gehalten haben, in den Apocryphen viel zu ändern und zu beſſern. Mit Ausnahme der ſprachlichen Umwandlung iſt der frühere Text beibehalten, ja ſelbſt Ausdrücke, welche in den canoniſchen Schriften gegen verſtändlichere umgetauſcht wurden, ſind hier zuweilen ſtehen geblieben, z. B. das Wort „Pfimment" = Fun= dament. Die Folioausgabe unterſcheidet ſich auch da von der Quart= ausgabe nur durch die Zählung der Seiten (208).

Auch das neue Teſtament war ſchon 1665 in beiden Aus= gaben erſchienen. Der Titel lautet: „Das neue Teſtament unſers Herrn und Heilands Jeſu Chriſti; Recht gründlich, nach der Griechi= ſchen haubtſprache verteutſcht, vnd mit fleiß überſetzt. Zürich. In der Bodmerſchen Truckerey getruckt. MDCLXV." Der Folioausgabe iſt noch ein zweiter Titel vorangeſtellt, welcher eine durch Conrad Meyer ausgeführte Umfaſſung hat, an deren untere Seite das Wappen von Zürich nebſt zwei kleinen Bildchen („der Säemann" und „das Haus auf dem Felſen") ſich findet. Die Ausgabe in Folio hat 280 gezählte Blätter.

Es läßt ſich zum Voraus erwarten, daß das neue Teſtament viel weniger Veränderungen erfahren hat als das alte. Nicht nur die Autorität, welche die durchgreifende Ueberſetzung Breitingers vom Jahr 1629 beſaß und die ebendeßhalb unverändert in die Aus= gabe von 1638 aufgenommen war, hielt vor vielen neuen Aenderun= gen zurück, ſondern auch die Thatſache, daß ebengenannte Ueberſetzung bereits den Stand der philologiſchen und exegetiſchen Forſchung der da= maligen Zeit repräſentirte. Es blieb ſo überhaupt den Reviſoren weit weniger zum Corrigiren übrig, als im alten Teſtament. Ja es iſt nicht ſchwer nachzuweiſen, daß in den meiſten Stellen, wo Luther an= erkanntermaßen unrichtig überſetzt, das Richtige ſchon in den Aus= gaben von 1629 – 1638 ſich findet. Zwar auch in vorliegender Ausgabe findet ſich ſehr oft die Lutherſche Ueberſetzung aufgenommen, aber keineswegs läßt ſich immer dieſer Tauſch rechtfertigen, z. B. Matth. 12, 16: „daß ſie ihn nicht meldeten" (= L.), 1638 beſſer: „daß ſy

ihn mit offenbar machetend". — 19, 3: „im Anfang", früher beffer:
„von anfang". — Joh. 10, 11: „e i n guter Hirte", 1638 richtiger:
„d e r gute Hirte". — Act. 14, 17: „Und zwar hat er fich felbft nicht
unbezeuget gelaffen" (= L.), 1638: „Wiewol er fich felbs nit ꝛc.". —
15, 19: „befchließe ich" (= L.), 1638: „urtheile ich". — 26, 21:
„haben unterftanden mich zu töbten" (= L.), dagegen 1638: „haben
verfucht". — Röm. 8, 3: „Dann das dem Gefeß unmöglich war, in
dem es durch das fleifch gefchwächet ward, das thate Gott, und fandte
feinen Sohn in der gleichheit des fündlichen fleifches und um der
fünde willen verdammte er die fünde in dem fleifch". Hier ift wenig=
ftens eine Annäherung an Luther. 1638 wohl noch richtiger: „Dann
der unmöglichkeit halber des gefaßes, indem es durch das fleifch ge=
fchwächet ward, hat Gott feinen Sohn gefandt in der gleichheit des
fündtlichen fleifches und umb der fünd willen, vnd hat die fünd ver=
dammt im fleifch". Dagegen nehmen die Bearbeiter der neuen Ueber=
feßung auch wieder keine Rückficht auf Luther, felbft wo diefe aus=
drücklich gewünfcht wurde. So will das Zürcherfche Capitel „Buoch
am Irchel", daß man 2 Cor. 4, 17 wieder fage: „Dann unfer Trüb=
fal, die zeitlich und leicht ift, fchaffet ꝛc." ftatt der allerdings fehr
fchwerfälligen Ueberfeßung von Breitinger: „denn die fchnelle Leich=
tigkeit unferer Trübfal würket uns ein allerfürtrefflichfte ewige Wich=
tigkeit der Herrlichkeit", und Ephef. 3, 15 wünfcht daffelbe Capitel,
daß wieder gefagt werde: „Der der rechte Vater ift über Alles, was
Kinder heißt ꝛc." ftatt des ebenfalls Breitingerfchen: „Von welchem
her das ganze väterliche hausgefünd in himmlen und auf Erden
genannt wird". Bei erfterer Stelle blieb es bei der frühern Ueber=
feßung, die zweite lautet jeßt abweichend von Luther: „Von welchem
alle, die Gott zum Vater haben, in himmeln und auf erden genennet
werden".

Daß doch auch im neuen Teftament wirkliche Verbefferungen
nicht fehlen, mögen einige Stellen beweifen. Matth. 1 ift der von
Breitinger wieder eingeführte Ausdruck: „hat geboren" mit dem paffen=
dern: „hat gezeuget" vertaufcht. Act. 1, 13: „aufhielten", 1638 wie
L.: „enthieltend". 1 Cor. 5, 7: „Ofterlamm", fr.: „Ueberfchritt".
1 Cor. 12, 31: „Ich zeige euch noch weiter einen höhern weg", 1638:
„ich zeige euch den weg noch weiter auf eine fürtreffliche weiß".

In einigen Capiteln ist beinahe nichts geändert, z. B. in der Bergpredigt Matth. 5—7 und im Brief an die Galater.

Die Inhaltsangaben der Capitel des neuen Testaments sind beinahe dieselben wie in den unmittelbar vorangehenden Ausgaben. Auch die Parallelstellen sind die gleichen.

Schon in dem Obigen wurde auf die sehr durchgreifende sprachliche Veränderung der Ausgabe von 1665—1667 hingewiesen. Es ist in der That eine merkwürdige Erscheinung, daß die Bearbeiter dieser neuen Uebersetzung es wagen durften, den Schritt zur hochdeutschen lutherschen Sprache so rasch zu thun. Wohl hatten schon die frühern Ausgaben seit Anfang des 17. Jahrhunderts darauf vorbereitet. Ein Paar Zürchercapitel hatten, wenn auch sehr vorsichtig, den Wunsch geäußert, man möchte sich der hochdeutschen Sprache nähern. Entschieden hatten dieß jedoch nur zwei außerzürcherische Gutachten, das des Stephan Spleiß, Rectors am Gymnasium zu Schaffhausen, und des Glarnerpfarrers Johann Higius, ausgesprochen[1]). Das letztere sagt: „Orthographiam Germanicam probo, quia fiet, ut exteris quoque gratior sit futura nostra versio, nostratibusque minus peregrinæ sint futuræ exterorum versiones". Offenbar konnte die sprachliche Umwandlung nur deßhalb vollzogen werden, weil die hochdeutsche Sprache, wie das angeführte Gutachten von Spleiß bemerkt, „in der Herren zu Zürich löblichen Stadt und Landschaft bereits ja mehr und mehr bekannt war und auch von ungestudirten und ungereisten leichtlich verstanden ward". Zudem hatte trotz allem Widerstreben, das sich auch in einigen der genannten Gutachten sehr bestimmt ausspricht, die luthersche Uebersetzung bei Vielen Eingang gefunden.

Die sprachlichen Veränderungen sind sowohl dialectischer als grammatischer Natur. Zu den erstern zählen wir die große Anzahl von hochdeutschen Ausdrücken an der Stelle der frühern des schweizerischen Idioms, z. B.: grimm (früher: unwürse, z. B. Ps. 7, 7), schauen (fr.: lugen, z. B. Ps. 10, 7), Räthsel (fr.: räterschen), geängstigt (fr.: zerknitscht), behüten (fr.: vergoumen), unbefleckt (fr.: unvermasget), besser (fr.: weger, z. B. Prov. 16, 19), geschlachtet (fr.:

---

[1]) Bei Simler, a. a. O. pag. 161 und 165.

gemetzget), zuſammenflicken (fr.: zuſammenbützen), teich (fr.: wette), aufſtehen (fr.: aufwütſchen), heilen (fr.: arznen), widerſprechen (fr.: wieberbäffzen), hole Hand (fr.: gauffen, z. B. Jer. 40, 12), Herbſt ober Weinleſe (fr.: wümmet), hören (fr.: loſen), hügel (fr.: bühel), gelegene Zeit (fr.: kommliche Zeit), erheben (fr.: ſträußen) u. a. m.

Die Verbalformen, die bis 1638 ſchweizeriſch waren, ſind jetzt hochdeutſch. Die 1. und 3. Perſon des Plural, welche im Indicat. Präſ. auf „end“, im Conj. Präſ. auf „ind“ endete, iſt in das hoch= deutſche „en“, die 2. Perſ. des Plural im Indic. Präſ., Conj. Präſ. und Imperf., welche früher auf „end“ lauteten, in das hochdeutſche „t“ oder „et“ abgeſchwächt, z. B. Jerem. 2, 10: 1638: „dann ziehend in die Inſeln Chittim, vnd beſchauwend, ſchickend gen Kedas, vnd erfarend eigentlich, vnd beſchend doch“, 1667: „zeuhet, beſchauet, ſchicket, erfahret, beſehet“. — Geneſ. 42, 21: 1638: „Sy aber ſpra= chend vnder einanderen: Wahrhafftig wir habend das an vnſerem Bruder verſchuldet: dann wir ſahend die angſt ſeiner ſeel“, 1667: „ſprachen, haben, ſahen“. — Lev. 7, 21: „Und wann ein ſeel etwas vnreins anrühret, es ſeind vnreine menſchen ꝛc.“, 1667: „es ſeien“. — Gen. 1, 14: 1638: „Es werdind liechter an dem vnderſchlacht des Himmels vnd ſcheidind tag vnd nacht, vnd ſeyind zu zeichen ꝛc.“, 1667: „werden, ſcheiden, ſeien“. — Ex. 19, 12: „hütend euch, daß ihr nit auff den berg ſteigind, noch ſeine end anrührind“, jetzt 1667: „ſteiget, anrühret“. — Die 2. Perſ. Conj. Präſ., welche früher auf „iſt“ endete, lautet jetzt „eſt“, z. B. Jer. 1, 10: „daß du ausreutiſt, zerbrechiſt, verderbiſt vnd zerſchleitziſt: vnd daß du aufbauwiſt vnd pflanziſt“, 1667: „ausreuteſt, zerbrecheſt ꝛc.“. — Auch der Infinitiv, der früher bei manchen Verben auf „an“ auslautete, z. B. „han“, endet jetzt auf „en“, z. B. „haben“. — Zuweilen iſt die ſtarke Im= perfectform jetzt in die ſchwache umgewandelt, z. B. Gen. 1, 4: „ſcheidete“, früher: „ſchied“. 21: „erſchaffete“, 1638: „ſchuff“. — Die 3. Perſon Imperf., welche bisher auf „et“ oder „t“ ausging, „ſchauwet, machet, bracht“, heißt jetzt „te“: „ſchaute, machte, brachte“ (ſ. Gen. 1). — Auch andere Verbalformen ſind jetzt hochdeutſch, z. B. „geh“ ſtatt des frühern „gang“, „du ſollſt“ ſtatt des frühern „du ſolt“ (z. B. oft Ex. 40). — Die ſtarke Imperfectform von „ſcheinen“ und „ſchreien“, welche bisher: „ſchein, erſchein, ſchrei“ hieß, lautet jetzt: „ſchien, erſchien, ſchrie“.

Auch die Substantivformen sind umgewandelt, z. B. die Demi=
nutivform „in" lautet auf „ein", z. B. „stäublin, männlin, freulin"
jetzt: „stäublein, männlein, fräulein".

Das früher stets für „u" gebrauchte „v" ist jetzt ganz beseitigt.
Eine syntactische Eigenthümlichkeit ist beinahe pedantisch durchgeführt,
daß nämlich in Nebensätzen jetzt das Verb immer an das Ende gestellt
wird, während das bei Luth. und den bisherigen Zür. Ausgaben gar
nicht immer der Fall ist, z. B. Ex. 16, 23: „daß es bis an den
morgen behalten werde", fr.: „daß es behalten werde bis morn".
v. 32: „daß man das brot sehe, damit ich euch in der wüste gespeiset
habe", fr.: „daß man sehe das brot, darmit ich euch gespeyßt habe
in der wüste". Ex. 18, 16: „daß ich zwischen dem einen und andern
richte und ihnen gottes ordnungen und gesetze kund tuhe", fr.: „daß
ich richte zwischen einem vnd dem andern, und ihnen kund thüge
Gottes ordnungen und seine gesatz".

Die angeführten Beispiele mögen hinreichen zur Charakterisirung
der sprachlichen Umgestaltung, welche die Zürcherbibel jetzt erfahren hat.
Keine der folgenden Ausgaben ist zum frühern Idiom zurückgekehrt.
Wohl hat auch diese Bibelausgabe wesentlich dazu beigetragen, der
hochdeutschen Sprache auch für andere literarische Erzeugnisse in der
deutsch=reformirten Schweiz den Zutritt zu verschaffen.

Von der Zeit der Herausgabe des Bibelwerks, von 1665—1667,
ist ein mehr als hundertjähriger Stillstand in der Uebersetzungs=
thätigkeit der Zürcherschen Kirche eingetreten. Man begnügte sich
mit dem Wiederabdruck des neuen Bibeltextes. Nachdem die Exem=
plare vielgenannter Uebersetzung vergriffen waren, scheint man es
jeder Druckerei überlassen zu haben, wie viele und welche Abdrücke
sie machen wollten. Die früher so wachsame Aufsichtsbehörde küm=
merte sich nicht mehr darum, ob bei den einen Ausgaben sich Druck=
fehler einschlichen oder nicht. Dieß führte nun allerdings zu einer
ziemlichen Verwirrung, der endlich abgeholfen wurde. Letzteres geschah
jedoch erst im Jahr 1712, wo wenigstens die mit obrigkeitlicher Geld=
unterstützung herausgekommenen Ausgaben jedesmal einigen Pro=
fessoren zur Correctur übergeben wurden. Daneben hat aber doch die
Privatindustrie immer noch einige Ausgaben ans Licht treten lassen [1]).

[1]) Breitinger bei Siml., Urk. II, 2. pag. 395.

Der gewöhnliche, durch eine besondere Verordnung von 1714 und 1730 vorgeschriebene Gang bei Herausgabe einer Bibel war der: Es wurde der ganzen Geistlichkeit davon Anzeige gemacht, um die allfällig vorzuschlagenden Aenderungen gehörigen Ortes einzureihen, sodann die Obrigkeit um einen Zuschuß angesprochen. Die Obrigkeit selbst bestimmte dann den Verkaufspreis[1]).

Wie viele Separatabdrücke von dem Neuen Testamente herausgekommen sind, läßt sich schwerlich mehr ermitteln. Von den bei Lork genannten sechs Ausgaben, 1670. (12⁰) 1674. 1676. 1688. 1699. 1705[2]) konnte der Verfasser keine einzige auffinden. Die beiden Ausgaben von 1690, 8⁰, Zürich bei J. H. Lindinner und Schaufelbergers Erben, und von 1704, 8⁰, Zürich bei H. Bodmer[3]), zeichnen sich durch nichts als durch eine Anzahl Druckfehler aus.

Wichtiger sind die Ausgaben der gesammten Bibel. Ein noch ziemlich correcter Abdruck der Bibel von 1667 ist die von 1683[4]). Biblia, das ist, Alle Bücher der heiligen Schrift, aus den Grundsprachen treulich und wohl verteutschet, aufs neue und mit fleiß wiederum übersehen 2c. unter hoch Obrigkeitlichem Privilegio. Getruckt zu Zürich bei Michael Schaufelbergers sel. Erbin durch Joh. Bachmann. 1683. 8⁰. Vorreden, Ueberschriften und Uebersichten sind der Originalausgabe entnommen.

Eine was Druck und Papier anbetrifft sehr schöne Ausgabe ist die in Folio von 1691[5]) mit etwas verändertem Titel. „Biblia, das ist, die gantze heilige Schrift: Darinn begriffen alle Bücher des Alten und neuen Testaments: auß den 2c. Getruckt zu Zürich bey David Geßner. MDCXCI." Die dem Titel folgenden Vorreden und Zuthaten sind sämmtlich der Ausgabe von 1667 entnommen. Auch die Inhaltsangaben der Bücher und Capitel haben keine Aenderungen erlitten. Dagegen finden sich im Texte einige Berichtigungen, z. B. Ex. 16, 15: „Was ist das", wo noch 1667 unrichtig übersetzt: „Das ist Man". Deut. 2, 8: „von unsern brüdern", wo 1667

---

[1]) Wirz, histor. Darstellung der kirchl. Verordnungen 2c. Zür. 1794. Bd. 2. pag. 218.

[2]) Lork, Bibelgesch. I, pag. 244 u. 232.

[3]) Zür. Stadtbibl. IV, pag. 443.

[4]) Zür. Stadtbibl. I, pag. 371.

[5]) Zür. Stadtbibl. I, pag. 371.

noch das Unrichtige: „durch unsere brüder" stehen geblieben ist. —
Deut. 21, 6: „alle ältesten derselben statt, die zu dem erschlagenen herzu=
treten, sollen 2c.", 1667: „alle eltesten der statt sollen zu dem erschla=
genen herzutretten". — 2 Reg. 9, 32: „Wer hälts mit mir?", früher
nicht genau: „Wer ist bei mir?". — Einige Aenderungen finden sich im
Hiob 1, 19: „ein großer starker wind", 1667: „ein großes Ungewitter".
9, 2: „Ich weiß gewüßlich, daß 2c.", 1667: „Ich weiß, daß dem
gewüßlich also ist". 13, 3: „und mich gelüstet, mit Gott zu sprechen",
1667: „und mich mit Gott zu ersprachen". 13, 5: „so würde man
euch für weiß halten", 1667: „daß man euch für weiß hielt".

Im neuen Testament ist wie in den meisten Büchern des alten
Testamentes gar keine Veränderung vorgenommen worden. Dasselbe
ist auch der Fall mit den Apocryphen, die schon 1690 herausgekommen
waren. Der Text des alten Testaments hat 845, der Apocryphen
199, des neuen Testaments 268 gezählte Seiten.

Erst 1707 erschien wieder eine ganze Bibel mit dem Titel:
„Biblia das ist: die Gantze heilige Schrift — übersetzen" (wie in
der vorigen Ausgabe). Dem ist noch beigefügt: „Mit Summarien,
richtiger Eintheilung der biblischen Bücher in Capitel und Versen.
Worzu insonderheit die Lobwasserschen Psalmen sammt den nöthigen
Gesängen zu vier Stimmen aufgesetzt worden. 1707. Zürich in der
Geßnerischen Truckerey." Diese zierliche Octavausgabe ist offenbar
zum Gebrauch im Gottesdienst für den Einzelnen bestimmt gewesen.
Dem alten, dem neuen Testamente und den Lobwasserschen Psalmen
geht je ein nicht eben kunstvoller Kupferstich von C. Morf voran.
Auch den Titeln zu diesen drei Theilen des Werks ist eine kleine
Vignette beigegeben. In dem Verzeichniß der biblischen Bücher sind
zwar die Apocryphen aufgezählt, sind aber nicht beigebunden[1]).
Bemerkenswerth ist, daß in diesem Verzeichniß nur die vor Luther
aufgenommenen 14 apocryphischen Bücher genannt sind. Das 3.
und 4. Buch Esra, der Brief Jeremiä und das 3. Buch der Macca=
bäer sind weggelassen. Auch die Reihenfolge dieser Bücher ist die
Luthersche, fängt mit dem Buch Judith statt mit dem der Weisheit
an. Es mag dieß nur eine willkürliche Aenderung des Druckers
gewesen sein, die auch in den nächstfolgenden Ausgaben keine Nach=

---

[1]) In dem Exemplar des Verf. und in demjenigen der Stadtbibl. v. Zürich.

folge fand. Sämmtliche Vorreden und Einleitungen sind weggelassen, ebenso die Parallelstellen. Die Inhaltsangaben der einzelnen Capitel sind möglichst abgekürzt, z. B. Genes. 1: „Schöpfung der Welt". Gen. 2: „Adam wird Heva zugesellet". Gen. 3: „Des weibes samen wird versprochen".

Der Text dieser Ausgabe hat zwar die wenigen Aenderungen von 1691 aufgenommen, ist aber sonst ganz derjenige von 1667.

Während die Ausgabe von 1707 sich durch Correctheit aus= zeichnet, ist dagegen diejenige von 1710, welche bei Michael Schauffel= bergers Erben und Christoph Hardmeyer in Zürich erschien, durch manche Druckfehler verunstaltet. Sie ist ein Abdruck der Octav= ausgabe von 1683, aber ohne irgendwelche Bedeutung. Wahrschein= lich gab sie die Veranlassung zur Wiedereinführung einer obrigkeit= lichen Aufsicht[1]). Unter dieser Aufsicht erschienen von 1712—1745 vier verschiedene Bibelausgaben und zwar jedesmal in Folio und Quart in wohlfeilem Preis „zu gemeinem Nutzen und Gebrauch des L. Landvolks", nämlich 1712, 1724, 1728 und 1745, letztere Aus= gabe nur in klein Folio. Alle diese obrigkeitlichen Ausgaben sind in der Bodmerschen und der Geßnerschen Druckerei erschienen, z. B. die Folioausgabe von 1712 bei Bodmer, die Quartausgabe bei Geß= ner[2]). Gleichzeitig genügte man noch dem kirchlichen Bedürfniß durch Herausgabe von neuen Testamenten. So 1716 bei Bodmer in 12⁰, 1718 bei Ebendemselben in 8⁰.

Neben diesen officiellen Ausgaben machte sich die Privatindustrie geltend. So kam in der Buchdruckerei H. Heidegger und J. H. Rahn 1724[3]) eine ganze Bibel in 4⁰, und 1728 eine solche in Folio[4]) und 1745 abermals eine in Folio heraus, und ein neues Testament mit schöner großer Schrift 1729 in 8⁰. Die erstgenannte Ausgabe von 1724 scheint als eine Art Normalausgabe betrachtet worden zu sein, da in den spätern Verhandlungen mehreremale auf dieselbe hin= gewiesen wird. Der Text ist jedoch derjenige der Ausgaben von 1691 und 1707. Noch einmal kommt hier die Vorrede „der Kirchen=

---

[1]) Siml., a. a. O. II, 2. pag. 395.

[2]) Beide in der Zür. Stadtbibl. (v. Cat. pag. 75).

[3]) Zür. Stadtbibl. ib. und in des Verf.'s Händen.

[4]) Zür. Stadtbibl. I, pag. 372.

und Schuldiener zu Zürich" von 1667 („Ernsthaft und beweglich ꝛc."),
sowie der „summarische Bericht von der ganzen heiligen Schrift" vor.
Die Zeitrechnung ist bis 1725 fortgeführt, das Bibelregister etwas
abgekürzt. Die Inhaltsangaben über den einzelnen Büchern und
Capiteln sind mit unbedeutenden Aenderungen den frühern Ausgaben
entnommen.

Es ist in der That erstaunenswerth, wenn wir auf diese in die
erste Hälfte des 18. Jahrhunderts fallende Thätigkeit zur Ausbreitung
der Zürcherbibel sehen, zumal, wenn wir noch in Betracht ziehen,
daß die Zürcherschen Gelehrten und Buchdrucker daneben noch bemüht
waren, die Bibel auch noch in andern Sprachen erscheinen zu lassen.
Z. B. kam 1703 bei Geßner eine ganze lateinische Bibel in den
Uebersetzungen von Tremellius, Junius und Beza, 1708 bei Bodmer
das lateinische neue Testament von Beza, 1710 bei Geßner ein ita-
lienisches, 1711 ein französisches neues Testament heraus. Die verdienstvolle Ausgabe der Septuaginta von dem gelehrten J. J: Breitinger besorgt und bei J. H. Heidegger & Soc. 1730 in vier Quartbänden erschienen, mag hier auch genannt werden.

Was nun den Text der obengenannten Ausgaben von 1712 ff.
betrifft, so kann der Verfasser nur nach den wenigen Exemplaren,
welche er aufzutreiben vermochte, urtheilen. Schon die rasche Aufeinanderfolge läßt indessen erwarten, daß für bedeutende Umänderungen
keine Zeit vorhanden war. Eine genaue Vergleichung einiger dieser
Ausgaben bestätigt auch vollständig diese Erwartung. Die Uebersetzung von 1667 ist einer jeden derselben zu Grunde gelegt. Zuweilen kehrt eine spätere Uebersetzung zu der von 1667 zurück, wenn
auch eine vorangegangene etwas davon abgewichen ist, z. B. Jes. 1, 31
übersetzt 1691: „ein kind", 1707 hat wieder wie 1667: „ein kleines
kind", 1724: „ein kleiner knab". Bisweilen findet sich ein Wort
weggelassen, z. B. ist Jes. 1, 6 das in 1667, 1691, 1707 beigefügte
„einicherlei" (öl) 1724 weggekommen.

Bemerkenswerth ist noch, daß in den Ausgaben des vorigen
Jahrhunderts das Verzeichniß der sonn- und festtäglichen Evangelien
und Episteln verschwindet. Es scheint, daß dieselben überhaupt in
den schweizerisch-reformirten Kirchen allmählig nirgends mehr berücksichtigt worden sind.

In der zweiten Hälfte des achtzehnten Jahrhunderts ermattete
der Eifer für die Herausgabe neuer Ausgaben der Zürcherschen
Bibelübersetzung und bereits gibt sich in einzelnen Erscheinungen auf
dem Gebiete der Bibelforschung der Einfluß des deutschen Rationalismus zu erkennen. Zwei junge Männer, J. J. Stolz und Häfeli,
wandelten sich sogar aus begeisterten Anhängern Lavaters in ebenso
eifrige Vertreter der Aufklärung um, und der erstere machte, wie wir
sehen werden, den Versuch, seine Anschauungen auf dem Gebiete der
Bibelübersetzung geltend zu machen. Unberührt von diesen Bestrebungen sind noch zwei Ausgaben der Bibelübersetzung geblieben,
welche 1755 und 1756 erschienen sind und die manches Bemerkenswerthe darbieten. Für den kirchlichen und häuslichen Gebrauch setzte
sich überhaupt die Thätigkeit der Zürchergelehrten auf Grundlage des
bisherigen Textes fort. Johann Caspar Ulrich, Pfarrer am Frau-
Münster, ließ in der Druckerei von C. Orell und Comp. 1755 und
1756 eine Foliobibel unter folgendem Titel erscheinen: „Biblia, das
ist: die ganze heilige Schrift Alten und Neuen Testaments, Aus den
Grundsprachen treulich wol verteutschet; aufs neue und mit Fleiß
übersehen: Mit dienstlichen Vorreden, begreiflichen Abtheilungen der
Capitel, vielen Auslegungen und Nutzanwendungen, auch genauer
Anmerkung der Parallelstellen, und nothwendigen Concordanzen, Gott
zu Ehren und allen heilsbegierigen Seelen zum Unterricht und Trost
versehen und herausgegeben von Johann Caspar Ulrich." [1]) Die
beiden Theile, von denen der erste (1755) die historischen Bücher des
Alten Testaments und die Hagiographen, der zweite (1756) die Propheten, Apocryphen und das neue Testament enthält, zerfallen selbst
wieder in mehrere durch besondere Paginirung unterschiedene Abtheilungen. Dem Titel des ersten Theils folgt die Dedication des Herausgebers an den „Bürgermeister der Stadt Zürich" Johann Caspar Escher. In der hierauf folgenden Vorrede wird mit Anknüpfung
an 1 Cor. 3, 11 von dem Werth der heiligen Schrift gesprochen,
worauf der Herausgeber in die gewiß gerechtfertigten Worte ausbricht:
„Glükliches Zürich, das du schon von altem her nicht wenige rechtschaffene, unermüdete und treue Knechte des Herrn in deinem Schooß

---

[1]) Vgl. Nachricht von dem neuen Zürichischen Bibelwerk. 1755. Bei Siml.
Urk. Bd. 2, pag. 365. Zür. Stadtbibl.

ernähret haft, die sich alle nur erfinnliche Mühe gegeben haben, deinen
Kindern die heilige Bibel in ihre Landessprache getreulich zu überfetzen."
Wir erfahren aus diefer Rede ferner, daß der Verleger es war, der
den Pfarrer Ulrich zur Herausgabe diefes Bibelwerks hauptfächlich
aus dem Grunde angegangen hatte, weil der Vorrath an Foliobibeln
wieder aufgebraucht war. Ueber die äußern Zuthaten bemerkt der
Herausgeber, daß die Parallelftellen revidirt, manche derfelben weg=
gelaffen, einige wenige hinzugefügt worden feien, daß die Einleitungen
zu den einzelnen Büchern und die Summarien der Capitel aus den
frühern Ausgaben 1667 und 1724 beinahe unverändert beibehalten
wurden. Ueber andere Eigenthümlichkeiten diefer Ausgabe fagt der
Herausgeber felbft: „Da wir uns unferer Zürcherifchen Ueberfetzung
nicht nur nicht zu fchämen, fondern Gott dafür herzlich zu danken
haben, als habe ich auch diefelbige, nach der Ausgabe von 1667 und
1724 beybehalten, ohne wo ich, nach genauer Vergleichung mit dem
Grundtext, geglaubt habe, daß fich einige Druckfehler oder fo was
dergleichen, möchte eingefchlichen haben." Sehr rühmend wird der
Mithülfe zweier anderer Zürcher Gelehrten gedacht. Der eine, ein Nicht=
theologe, „der Artilleriehauptmann und Gefellfchaftsfeckelmeifter Joh.
Conrad Nüfcheler beforgte folgende Punkte: „1) durchging er die in
den vorigen Ausgaben angemerkten Parallelftellen mit genauem Fleiß;
und wo er wahrnahm, daß entweder ein Drukfehler fich eingefchlichen
oder wo die Gleichheit der Stelle nur auf ein Wort ankam, fo ließ
er das citirte Parallelwort aus, er fetzte aber auch nicht wenige er=
läuternde Stellen hinzu. 2) Gab er fich Mühe den Namen Jehovah
und Jah, wo er immer vorkomt, durch HERR, Adonai aber durch
HErr, und Elohim durch Gott zu überfetzen. 3) Durch die ganze
Bibel revidirte er die Ueberfetzung nach dem Grundtext. 4) Auch
das Bibelregifter von 1667 und 1724 wurde revidirt. Der andere
Zürchergelehrte, ein Theologe, Joh. Rudolph Ziegler „moderator ludi
Carolini" beforgte die Correctur, „aber nicht fo, wie einer, der nur
den Buchftaben des ihm vorgelegten Exemplars nachfieht, fondern mit
forgfältiger Vergleichung des Grundtextes." Bemerkt muß noch
werden, daß auch diefe Ausgabe unter die Aufficht des Kirchenrathes
geftellt war.

Sehen wir nun unfere Ausgabe auf die bezeichneten Punkte an,
fo ift vor Allem anzuerkennen, daß diefelbe, wie auch äußerlich be=

züglich des Druckes und Papiers eine der schönsten, so auch eine der
correctesten ist. Eine Menge früherer unpassender Parallelstellen sind
weggelassen, in den Apocryphen finden sich gar keine mehr. Auch
frühere Glossen, z. B. zu Hiob 19, 27, wo mit Berufung auf Gen.
1, 24 „alle Personen der Dreieinigkeit" hineingedeutet wurden, sind
übergangen. — Die Summarien sind aus den frühern Ausgaben
von 1667 und 1724 genommen, nur selten abgekürzt, z. B. Sachar.
12, 1, wo früher der Inhalt ausführlich angegeben war, heißt es
jetzt nur: „Künftige Begebenheiten mit dem jüdischen Volke", und
Cap. 14 nur: „das Siegel des ganzen Volkes".

Während in den Glossen früherer Ausgaben gesagt ist, daß man
die musikalischen Ausdrücke in den Ueberschriften einfach nach ihrem
hebräischen Namen wiedergebe, werden diese mit ziemlicher Zuversicht
erklärt, z. B. Pf. 3, 1: „Neginoth sind musikalische Instrumente von
Saiten gewesen, die mit Fingern gegriffen oder geschlagen worden
sind." S. Pf. 6, 1. Pf. 7, 1.

Das Bibelregister enthält sämmtliche Artikel der frühern Ausgaben. Der Unterschied besteht nur in einer richtigern alphabetischen
Aufeinanderfolge, in Weglassung einiger Stellen, z. B. bei „Antichrist" sämmtlicher alttestamentlichen Stellen, und in Vertauschung
der alten Bezeichnungen der biblischen Bücher in deutsche, z. B.
1 Mose statt Genesis.

Was den Text betrifft, so ließen sich nach der Vorrede des Herausgebers größere Aenderungen oder Verbesserungen erwarten. Jene
Unterscheidung der hebräischen Gottesnamen ist wirklich durchgeführt.
Dagegen bestehen die meisten Berichtigungen nur darin, daß im Grundtexte nicht vorkommende, nur zur Verdeutlichung beigefügte Ausdrücke
mehr, als es früher geschehen ist, in Klammern eingeschlossen sind.

Im alten Testament finden sich wesentliche Aenderungen nur
in den drei Salomonischen Schriften.

Prov. 8, 10: „(Darum) achtet meine strafe höher als silber und
die wissenschaft höher (als feines gold)", früher: „(darum)
nehmet meine strafe an für silber und die wissenschaft für
lauteres gold."

V. 16: „und (durch mich) regieren die fürsten und eblen (und)
alle richter der welt", früher: „durch mich regieren die fürsten und sind alle obere der erden gabenreich."

B. 20: „Ich führe auf der straße der gerechtigkeit", früher: „Ich gehe auf ꝛc."

9, 9: „Lehre den frommen, so wird er in der lehre weiter kommen", früher: „so wird er seine gabe mehren."

11, 2: „Kommt hoffahrt, so wird (gewiß) auch schmach kommen", früher: „Wo hoffart ist, da ist auch schmach".

B. 22: „also ist ein weib, welches zwar schön ist, aber wenig verstand besitzet", früher: „(also) ist ein weibe, die unzüchtige gebehrden hat."

17, 9: „wer aber viel erzehlens darvon machet", früher: „wer aber die worte änderet".

Hohel. 1, 2: „Eitelkeit der eitelkeiten! sprach der prediger, Eitelkeit der Eitelkeiten, es ist alles eitel", früher: „Es ist nichts als eitelkeit, spricht der Prediger (ja) alles ist eitel eitelkeit."

6, 9: „Dasjenige, was ich vor augen hab, ist besser als das, wornach meine begierden ausschweifen", früher: „Es ist besser fürsichtig sein, als mit den begirden hin= und herschweifen."

Hohel. 1, 14: „Mein geliebter ist mir eine traube", früher: „Du bist mir, o du mein geliebter eine traube ꝛc."

3, 5: „Ich beschweere euch, o ihr töchter Jerusalems", früher: „Ich ermahne euch hoch und theuer, o ihr töchteren J."

4, 2: „Deine zähne sind wie eine heerde gleichgeschorner schafe, welche von der schwemme heraufsteigen", früher: „deine zäne sind wie eine herd (schafe), welche in der ordnung gehen (und) von der schwemme heraufsteigen."

B. 9: „Du hast mir mein herz genommen, o meine schwester (und) braut! Du hast mir mein herz genommen mit einem (blicke) deiner augen und (auch) mit einem deiner halsbanden", früher: „So wirst du mir mein herz erfreuen, o meine schwester (und) braut: Du wirst mir mein herz erfreuen (ja wann mir nicht mehr) als ein blick deiner augen oder deines hals= bandes werden mag."

B. 10: „O wie schön sind deren liebesbezeugungen", früher: „o wie schön ist deine vielfeltige liebe."

In den Psalmen ist nur zu bemerken 119, 52: „Ich bin ein= gedenk deiner gerichte von je welten her", früher: „Ich bin eingedenk deiner rechten, die von ewigkeit her sind." Ps. 47, 10: „Die Für=

sten der Völker sind versammelt zu dem Volke des Gottes Abraham", früher: „die völker — zu dem Gott Abrahams."

In den Propheten ist kaum Nennenswerthes geändert, Hosea 11, 3: „Ich zwar lehrete Ephraim gehen und nahm ihn bei seinen Armen", früher: „Ich zwar lehrete Ephraim gehen; er nahme sie auf seine Arme." Maleachi 1, 8 heißt es jetzt: „Und wenn ihr ein blindes zum opfer bringet, (so sagt ihr) das ist nicht Sünde, und wenn ihr ein blindes und schwaches opfert (so sagt ihr), das ist nichts böses", früher: „Und — bringt, ist das nicht bös? und wenn — opfert, ist das nicht bös?"

Auch das neue Testament ist bei dem Texte der Ausgaben von 1667 und 1724 geblieben. Die wenigen bedeutendern Aenderungen mögen hier genannt werden.

Matth. 13, 15: „und ich sie gesund mache", früher: „und ich sie selig mache."

Marc. 6, 9: „sondern daß sie geringe schuhe anhätten", früher: „sonder daß sie mit sofelen geschuhet seien." — 14: „deß= wegen geschehen durch ihn diese wunderthaten", früher: „von deßwegen würken in ihm die krefte." — 26: „um der (ge= thanen) betheurungen", früher: „um des eids." — 31: „kom= met ihr alleine an einen einsamen ort", früher: „kommet besonders in einen einöden ort." Ebenso V. 32. — 8, 16: „keine brote", früher: „kein brot". V. 11: „haben mit ihm zu disputieren angefangen", früher: „und haben sich mit ihm zu befragen angefangen." — 10, 16: „hat er sie gesegnet", früher: „hat er gutes über sie gesprochen." — 13, 6: „Ich bin (der Meßias)", früher: „ich bin Christus." — 13, 11: „bedenket euch nicht zuvor darauf", früher: „trachtet ihm nicht nach". — 13, 19: „vom anfang der welt, da Gott die= selbe schuff", früher: „vom anfang des geschöpfes, das Gott erschaffen hat." — 13, 20: „so würde kein mensch errettet werden", früher: „so würde kein fleisch selig werden". — 14, 4: „Wozu ist diese verschwendung des salbs geschehen?" früher: „wozu ist diese verderbnuß des salbs geschehen?" — 14, 12: „da man das osterlamm schlachtete", früher: „da man den überschritt schlachtet."

Luc. 9, 10: „einsamen ort", früher: „öden ort." Ebenso V. 12.

Röm. 1, 24: „unter sich selbst zu schänden", früher: „durch sich
    selbst zu schänden."

1 Cor. 7, 19: „die haltung des gebotes Gottes", früher: „die
    erfüllung."

Eph. 1, 3: „der uns mit aller geistlicher benedeyung mit himm=
    lischen (gütern) in Christo benedeyt hat", früher: „der —
    benedeyung in den himmeln in Christo gebenedeyet hat." —
    1, 10: „bis die verordnete Zeit erfüllt wäre", früher: „zu
    der verwaltung der fülle der zeiten."

Ebr. 10, 35: „euere freie und öffentliche bekanntnuß", früher:
    „eure freiheit zu reden."

Jac. 1, 22: „als die ihr euch selbst bekriegen wurdet", früher:
    „die ihr euch selber bekrieget."

Ist die Ausbeute, welche diese Bibelausgabe bezüglich der Text=
verbesserung liefert, nicht sehr groß, so ist dagegen die sprachliche
Aenderung um so bedeutender. Der Antheil, den die Zürcherbibel=
übersetzung bisher an der in die schweizerische Literatur immer mehr
übergehenden neuhochdeutschen Sprache genommen hatte, mußte sich in
der zweiten Hälfte des vorigen Jahrhunderts um so mehr geltend
machen, als ja die deutsche Schweiz, bisher wissenschaftlich wie poli=
tisch ein in sich abgeschlossenes Leben führend, durch die Bodmer und
Breitinger auch in die geistige Bewegung Deutschlands einzugreifen
begann und jener lebendige geistige Verkehr zwischen den bedeutenden
Geistern beider Länder sich anbahnte, der erst in neuester Zeit eine
gerechte Würdigung fand.[1]

Sowohl in orthographischer als in grammatischer und lexicali=
scher Beziehung wurde in unserer Ausgabe geändert. Die kleinen
Buchstaben für die Hauptwörter sind zwar noch geblieben, aber die
vielen doppelten t, z. B. hätten, vatter, lauffen, sind in einfache „beten"
u. s. w. umgewandelt. Das h, z. B. genohmen, vernihm, gebohren
ist weggefallen; und umgekehrt ist der früher einfach erscheinende
Consonant in einen doppelten verwandelt, z. B. jammer statt Jamer.
Das am Ende der Substantive angehängte e, z. B. das viehe, der
leibe, der ruhme, heißt jetzt vieh, leib, ruhm. Das seit etwa 100

---

[1] Hauptsächlich durch Dr. J. C. Mörikofer in dem ausgezeichneten Buche „die
schweizerische Literatur des achtzehnten Jahrhunderts". Leipz. 1861.

Jahren eingeführte f statt v, z. B. foll, ferluft, wich dem voll, ver-
luft u. f. w. Das starke Imperfect, z. B. fund, luff, lautet jetzt fand,
lief. Auch die Declination ist die der neuern Schriftsprache, z. B.
im Plural früher: „die gottlose", „die weise", jetzt die gottlosen, die
weisen. Manches dem Schweizerdialecte Angehörende ist dennoch
stehen geblieben, z. B. der lug, der last, der luft, statt „die lüge" 2c.
Auch der Gebrauch des Perfects in der Erzählung dauert noch fort.

Noch drei werthvolle Beigaben finden sich in der genannten
Folioausgabe, einmal die der Vorrede folgende: „Kurze Anzeige, wie
oft die heilige Bibel seit der Zeit der seligen Glaubensverbeßerung
von den Kirchen= und Schuldienern zu Zürich nach den Grundsprachen
übersehen, sowohl in das teutsche als in das lateine übersetzt, und
aus hochobrigkeitlichem Eifer und Befehl zu Wiederbringung und
Befestigung Evangelischer Wahrheit gedrukt worden." Dieses von
dem oben genannten J. C. Rüscheler verfaßte Verzeichniß der seit
der Reformation in Zürich erschienenen Bibelausgaben ist der erste
gründlichere Versuch einer Geschichte der Zürcherbibelübersetzung und
verzeichnet bis zum Jahr 1745 zweiundsiebenzig Ausgaben theils der
ganzen Bibel theils einzelner Theile.[1] — Die zweite Beigabe besteht
in den unter die Verse des Textes mit kleinerer Schrift beigefügten
Anmerkungen, bei denen sich der Herausgeber der verschiedensten exegetischen Schriften und größerer Bibelwerke mit Anmerkungen bedient
hat. Die Anmerkungen bestehen theils in Erläuterungen einzelner
Stellen, theils in erbaulichen Anwendungen. Nur bei den Apocryphen
fehlt beides. Die Auswahl ist im Ganzen eine vortreffliche und
zeigt, daß der Herausgeber sehr ausgedehnte Kenntnisse in der frühern und spätern exegetischen Literatur besessen hat. Auch jetzt noch
ließe sich diese Bibel mit vielem Nutzen gebrauchen, wäre sie nur
nicht zur größten Seltenheit geworden. — Endlich folgt noch auf
22 gespaltenen Folioseiten ein „heilsamer Unterricht von der Vor-
trefflichkeit des göttlichen Worts und von fruchtbarer Lesung desselben, ehemal verfasset von Herrn Johann Jakob Ulrich, gewesenem
Professor der christlichen Sittenlehre 2c." Dieser „Unterricht" war
schon 1728 als Einleitung zu dem sog. Thurneysenschen Bibelwerk in

[1] Vollständig abgedruckt und mit Zusätzen begleitet in Lork Bibelgeschichte
I, pag. 212 ff.

Basel erschienen und enthält unter Anderm eine reiche Sammlung
von Aussprüchen aus verschiedenen Zeiten über den Werth der heiligen Schrift. — Diese Ausgabe erhielt eine große Verbreitung auch
außerhalb des Kantons Zürich und ist eine beliebte Hausbibel geworden, die unter dem Namen „Ulrichbibel" hin und wieder noch
in schweizerisch-reformirten Familien angetroffen wird.

Gleichzeitig mit dem zweiten Bande des ebengenannten Bibelwerkes ließ im Jahr 1756 die „bürgklische Truckerey" in zwei Bänden 8° eine „Biblia sacra, das ist die ganze heilige Schrift c."
erscheinen. Diese Ausgabe, wohl zum gottesdienstlichen Gebrauch
bestimmt, weßhalb die Lobwaßerschen Psalmen und die Festgesänge
beigefügt sind, ist ein wörtlicher Wiederabdruck der Octavausgabe
von 1707. Die wenigen Aenderungen der eben beschriebenen Folioausgabe sind gar nicht berücksichtigt. Der erste Theil enthält das
alte, der zweite das neue Testament, an dessen Schluß die Apocryphen
mit besonderer Paginirung sich befinden. Bei letztern wird bemerkt,
daß sie auch an den Schluß des Alten Testamentes gebunden oder
ganz weggelassen werden könnten. Das Einzige, was diese Ausgabe
der Erwähnung werth macht, ist das, daß sie seit mehr denn einem
Jahrhundert wieder als die erste erscheint, welcher Illustrationen
beigefügt sind. Es sind deren im alten Testament 56, im neuen Testament 72, in den Apocryphen 7, sämmtlich in der Octavgröße des
Buches. Sie befinden sich je auf einem besondern Blatte. Wahrscheinlich sollten diese Bilder noch lateinische und französische Ausgaben
schmücken. Denn immer ist der beigefügten deutschen Bibelstelle, auf
die sich die einzelnen beziehen, auch noch die lateinische und französische Uebersetzung beigegeben. Es sind Kupferstiche, ausgeführt von
Johannes Ammann von Schaffhausen. Ihr künstlerischer Werth ist
sehr gering, namentlich der Bilder des alten Testamentes.

Eine sowohl wegen ihres Schicksals als wegen ihrer Eigenthümlichkeiten sehr merkwürdige Ausgabe ist die 1772 in zwei Foliobänden
erschienene.[1]) Der von den frühern etwas abweichende Titel lautet: „Die Bibel. Das ist: Alle Bücher der ganzen heiligen Schrift
des Alten und neuen Testaments. Aus den Grundsprachen treulich
und wol verdeutschet, Auf das Neue und mit Fleiß wieder übersehen.

---

[1]) Stadtbibl. von Zürich und Schaffhausen.

Sammt den sogenannten Apocryphischen Büchern, dienlicher Vorrede, begreiflichen Abtheilungen der Capitel, abgesetzten Versen, nothwendigen Concordanzen, und einem nützlichen Register." Unten an diesem Titel ist ein Bild, Moses darstellend, wie er einigen Männern das Gesetz erklärt. Unter diesem Bilde: „Zürich bei David Geßner Gebrüdern, und bei Orell, Geßner, Füßli und Compagnie MDCCLXXII." Eine ganz neue Vorrede enthält zuerst ein Lob der heiligen Schrift, darauf ein Lob der Zürcherschen Obrigkeit, „mit deren Bewilligung und Anwendung nicht geringer Kosten diese Ausgabe in einem so wohlfeilen Preis veranstaltet worden ist, daß auch die allerärmsten unter uns sich dieselbe ohne einige Beschwerde anzuschaffen im Stande sind." Das Folgende gibt einläßlichen Bericht über die Grundsätze, nach denen diese Bibel bearbeitet worden ist. Erstlich seien frühere Druckfehler verbessert worden. Zuweilen sei die ganze Schreibart „nach sichern Regeln und nach dem nun einmal in ganz Deutschland angenommenen Sprachgebrauch" eingerichtet worden. Hiebei wird daran erinnert, daß „in unsern lichtvollen Tagen" auch die niedrigen Klassen viel mehr Bücher anderer Art lesen als früher. Wenn denselben nun die „altmodische Schreibart" der Bibel begegne, so werden sie von dem Gebrauch dieses Buches eher abgeschreckt. Drittens wird gesagt, daß bei dieser neuen Ausgabe der Grundtext wirklich zu Rathe gezogen sei, nicht so, daß man, wie bei vielen Bibelausgaben, den Lesern auf dem Titel die unwahre Versicherung gebe, es sei aus den Grundsprachen treulich und wohl verbessert worden. — Die vielfachen Aenderungen werden schließlich gerechtfertigt mit dem Hinweis auf die fortschreitende Erkenntniß der Sprachen, auf die manchmal nur von den Buchdruckern ausgegangenen willführlichen Veränderungen, und es wird dabei gesagt, daß von den geschickten Arbeiten der einsichtsvollsten Theologen, des seligen Verwalters Cramer, des seligen Antistes Wirz und anderer, zum Theil noch lebender gelehrter Männer der Zürcherkirche Gebrauch gemacht worden sei. Zur Beruhigung gewisser Leser, welche „mit einer abergläubischen Aengstlichkeit an den Worten der alten Uebersetzungen hängen" wird endlich noch eine dahinzielende Stelle aus Antistes Breitingers Vorrede zu dessen Uebersetzung des Neuen Testaments vom Jahr 1629 angeführt.

Dieser Vorrede folgt die übliche Zeitrechnung bis 1772 oder dem Jahre 5742 der Welt.

Statt der gewöhnlichen sog. Concordanzen haben die Heraus=
geber ein „Real=Wörterbuch der meisten biblischen Wörter, die es
vorzüglich nöthig haben erklärt zu werden", vorangestellt. Dieses Real=
wörterbuch, das von Geistlichen unter der Autorität der Obrigkeit
erschienen ist, beweist sehr klar, daß der Rationalismus, oder wie er
in Zürich damals gewöhnlich genannt wurde, der Socinianismus,
bereits tief in die Zürcherkirche eingedrungen war. Es enthält einen
förmlichen Bruch mit der confessionellen Theologie der reformirten
Kirche. Die Erlösung wird wesentlich in die Subjectivität des Men=
schen gelegt, z. B. wird die Stelle: „das Blut Christi reinigt uns
von aller Sünde" erklärt: „das Leiden und Sterben des Heilandes,
wenn man es nämlich aufmerksam betrachtet." — „Besprengung mit
dem Blut Jesu, Reinigung (Befreiung) von Sünden durch den Glau=
ben an Jesu Tod und Auferstehung." „Erlösen" heiße die „Befrei=
ung der Juden und Heiden (d. i. der Menschen überhaupt) von der
Herrschaft der Sünde vermittelst Buße und Glaubens." — „Gerechtig=
keit heißt sehr oft güte, gutthätigkeit, — auch tugend, rechtschaffen=
heit überhaupt, frommigkeit." „Blut" heißt der Tod des Herrn in
absicht auf die wolthaten, welche Gott denen verspricht, welche
ihn wegen dessen, was er erlitten hat, verehren und lieben." Ganz
abweichend von der reformirten Fassung heißt „erwählen" als bewährt
und vorzüglich gut auszeichnen oder auch gnädig aufnehmen, zu be=
gnadigen willens sein." Die Aufgabe des Christenthums wird vor=
zugsweise in die Erkenntniß und Belehrung gesetzt. „Erleuchten, in
der Religion unterrichten." „Geheimnisse der Reichs der Himmel,
d. i. zum evangelio gehörige lehren." „Grund, den Grund legen
1 Cor. 3, 10 den ersten Grund in der Religion geben." „Offenbaren,
bekanntmachen, was man ohne unterricht nicht wissen konnte." „Die
meisten stellen des neuen testamentes, wo des reiches Gottes meldung
geschieht, werden klar, wenn man dafür das Wort Christenthum oder
christliche Religion setzt." Eine Menge biblischer Begriffe, Sohn
Gottes, heiliger Geist u. a. m. werden rationalistisch abgeschwächt,
ein ander Mal aber doch wieder, wenn auch nicht ganz orthodox,
doch dem Wortsinn gemäß gefaßt.

Kein Wunder, daß dieser Realindex in reformirten Kantonen,
wo die orthodoxe Lehre noch nicht erschüttert war, den größten Wider=
spruch erfuhr. Im Mai 1773 erließ der Dekan Abraham von Greyerz

im Namen der Geistlichkeit und der Academie in Bern ein Schreiben in lateinischer Sprache an die Zürchersche Geistlichkeit. Das Schreiben geht in seiner Einleitung von der Nothwendigkeit aus, die Einheit der Lehre im Kampf gegen den immer mehr um sich greifenden Socinianismus unter den evangelischen Kirchen zu bewahren. Bern habe bisher darauf gehalten, daß die in den heiligen Schriften und den symbolischen Büchern überlieferte orthodoxe Lehre unversehrt erhalten werde, auch Zürich habe seit der Reformation dasselbe gethan. „Es wundert uns daher, fährt das Schreiben fort, daß der neuen, kürzlich von Euch veranstalteten Bibelübersetzung, ohne Zweifel nicht auf Euere, sondern einiger jüngerer Geistlichen Privatveranstaltung ein Index beigefügt worden ist, in welchem wir Irrthümer, die den von unsern Kirchen bis jetzt einstimmig festgehaltenen und vertheidigten symbolischen Büchern geradezu entgegengesetzt sind, gefunden zu haben glauben, vornehmlich über das Mysterium der heiligen Trinität, die Rechtfertigung vor Gott, das Elend des Menschen und das ganze Werk der Erlösung und Gnade und andere Dogmen, welchen zwar sein und zweideutig, aber doch offen ein anderer Sinn untergeschoben zu sein scheint." Die Berner verwahren sich zwar gegen den Vorwurf der Ketzerrichterei, aber sie müßten doch sich entschieden dagegen aussprechen, daß unter der heiligen Autorität der Bibel verderbliche Irrthümer unter das Volk gestreut werden. „Wir verhehlen Euch also nicht, heißt es dann weiter, daß wir diesen Index hier verboten haben, damit in unsern Gemeinden keine Gefahr entstehe und erwarten von Eurer Einsicht und Eurem Eifer, den Ihr bis jetzt in den Angelegenheiten unserer heiligsten Religion bewiesen habet, daß auch Ihr Euch Mühe geben werdet, daß Eure Kirche vor allen Irrthümern bewahrt bleibe, damit sie nicht weiter greifen und nicht nur in Euere, sondern auch in die übrigen Kirchen der reformirten Schweiz eindringen u. s. w."

Die Stimmung, welche dieß Schreiben in Zürich erweckte, war um so bitterer, als man sich einerseits dort überhaupt solche Mahnungen von Bern nicht gerne gefallen ließ und andererseits sich doch gestehen mußte, daß dieselben nicht ganz ungerechtfertigt seien. Herr Antistes Ulrich, den der Examinatoren-Konvent mit der Antwort an Bern beauftragt hatte, gab zunächst in einem Circularschreiben an die Zürcherschen Geistlichen jener Stimmung einen sehr energischen

Ausdruck. Es wird darin von dem harten und unfreundlichen Benehmen des Ministeriums in Bern gesprochen, welches daher entstanden sei, daß einige Stellen jenes Registers das Unglück gehabt hätten, demselben zu mißfallen. Die Berner hätten sich, wie man genau erfahren, durch einen einzigen, gar zu dictatorischen Theologen ohne genugsame Untersuchung der Sache zu dem übereilten Schritt verleiten lassen. In dem Antwortschreiben an Bern selbst wird nach ausdrücklicher Versicherung, daß Zürich ferne davon sei, das zwischen beiden Kirchen bestehende Band zu zerreißen, das Bedauern ausgesprochen, daß Bern eine auf Befehl und Veranstaltung der Zürcherregierung herausgekommene Bibelübersetzung ohne genauere Prüfung verboten habe. Sodann wird eine Rechtfertigung des Realindex mit folgenden Worten versucht: „Wir können in die Gründe Euers Entschlusses nicht eindringen, denn wir finden in dem ganzen Index nichts, was billige Leser so sehr stoßen könnte; nichts was mit der reinen Lehre des Evangeliums und unsern symbolischen Büchern streiten würde; nichts endlich, was die Erdichtungen der Socinianer oder Pelagianer begünstigen würde." Manche Stellen beweisen freilich das gerade Gegentheil. Man habe indessen, (so lenken die Zürcher ein) keine Gesetze, sondern Auslegungen schreiben wollen, und diese seien nicht als göttliche Orakel anzusehen. Uebrigens gelte ihnen die heilige Schrift als oberste Autorität, deren Erklärung selbst die Helvetische Confession frei gebe. Dieß wird noch mit Berufung auf den bernischen Theologen Stapfer bekräftigt. Schließlich kommt noch eine ziemlich scharfe Mahnung: „Sehet zu, daß nicht in unsern Zeiten dasselbe eintreffe, was schon zu seiner Zeit unser große Zwingli so bitter beklagt hat, es gebe neue Papisten, welche, während sie sich als Prediger des Evangeliums breit machen, es nicht dulden, wenn einer nur einen Finger breit von ihrer Meinung abweicht, indem sie nicht als Diener, sondern als Herren der Kirche handeln."

Bern scheint keine Antwort auf dieß Schreiben gegeben zu haben. Wenn auch Zürich nicht ganz im Rechte war, so hat jedenfalls Bern darin gefehlt, daß es in seiner Klageschrift die Stellen des Index, auf welche sich seine Vorwürfe bezogen, gar nicht namhaft macht. Daß die Berner wirklich, wie die Zürcher behaupten, oberflächlich in der Sache verfahren waren, beweist auch der Umstand, daß nur von dem Realwörterbuch die Rede ist, aber gar nicht von den Anmerkungen zu dem biblischen Texte, die noch eine ziemlich große Ausbeute für jene Beschwerden hätten liefern können. Wohl sind in unserer Bibel= ausgabe beinahe alle die Glossen und kurzen Bemerkungen, welche seit der Ausgabe von 1667 in alle folgenden übergegangen sind, wieder aufgenommen, dagegen ist noch eine große Zahl von ganz neuen beigefügt, welche ganz im Ton und Geist des Realwörterbuchs gehalten sind. Das alte Testament ist hievon ziemlich unberührt geblieben, während namentlich die neutestamentlichen Briefe eine Menge von Anmerkungen haben, welche den Sinn des Textes offenbar abschwächen. Pf. 19, 10 ist „die Furcht des Herrn" erklärt: „die lehre von der furcht des Herrn." Pf. 51, 12 zu den Worten: „er= neuere in mir einen befestigten Geist (frühere Uebers. „einen aufrich= tigen Geist") die Erklärung „festen Vorsatz" gegeben. Prov. 1, 2: „Weisheit und Zucht", d. h. sittlichkeit. 16, 4: „der Herr hat alles um seiner selbst willen gemacht", d. h. „der Herr hat alles in schön= ster Ordnung und Uebereinstimmung gemacht." — Matth. 14, 19: „hat ers gesegnet", d. h. dankte er Gott. 19, 12: „die sich selbst um des reichs der himmel verschnitten haben", d. h. die freywillig sich des ehestandes begeben. 21, 32: „Johannes ist zu euch gekom= men in dem weg der gerechtigkeit", d. h. „mit der lehre der gerech= tigkeit, mit der rechten lehre." 24, 51: „Ich werde ihn in zwei hauen", d. h. „von den guten knechten absondern." — Marc. 1, 22: „er lehrte sie als der gewalt hatte", d. h. „mit einem eigenthüm= lichen Ansehen." — Joh. 8, 23: „Ich bin von oben herab", d. h. „ich bin göttlich gesinnt." 15, 10: „so werdet ihr in meiner liebe bleiben", d. i. eure liebe gegen mich beweisen. — 16, 8: „so wird er (der h. Geist) die welt überzeugen — von der gerechtigkeit", d. h. der rechten lehre. — Röm. 2, 16: „nach meinem evangelium, nach der von mir verkündigten lehre." 3, 19: „das gesetz", d. i. „das alte testament." — 6, 19: „wegen der schwachheit euers fleisches", wegen euern schwachen und fleischlich=irdischen Vorstellungen". 7, 14: „daß das gesetz geistlich ist", d. i. „reine handlung von uns fordert." 8, 23: „wir erwarten — die befreiung von unsern körpern" (früher: „die erlösung unsers leibes"), d. i. „die befreiung unsers körpers von dem hang zur sünde, oder: von äußerem elend." 13, 12: die werke der finsterniß, d. i. die aus unwissenheit unserer pflichten entstanden. 1 Cor. 11, 2: daß ihr meiner — eingedenk seid, d. h. euch meines unterrichtes erinnert. 15, 31: „alle tage sterbe", d. i. „die furcht und angst des todes fühle." Gal. 3, 27: „die haben Christum angezogen", d. h. Christi Lehre und die damit verbundenen vorrechte angenommen". Eph. 4, 15: „rechtschaffen sein in der liebe", d. h. die wahrheit lehren, der wahrheit anhangen. 1 Tim. 5, 17: „die sollen doppelter ehre werth gehalten werden", d. i. „doppelter Besoldung" (sic!). 1 Petr. 5, 18: „der teufel" oder „der verleumder".

Daß indessen neben den vielen Anmerkungen dieser Art auch viele andere vorkommen, auf die sich die Zürchertheologen zum Beweis ihrer ungetrübten Orthodoxie hätten berufen können, zeigt schon der erste Blick in diese Bibel.

Was noch die übrigen Zuthaten zu dieser Bibelausgabe betrifft, so sind die Parallelstellen einer neuen Durchsicht unterworfen, eine Anzahl derselben weggelassen, andere beigefügt worden. Die Einleitungen zu den einzelnen Büchern und die Summarien der einzelnen Capitel sind diejenigen, welche seit 1667 fast in allen Ausgaben erscheinen. Es wurden dabei nur unbedeutende sprachliche Aenderungen vorgenommen. Eine neue Zugabe ist „das Verzeichniß der vornehmsten biblischen Begebenheiten und göttlichen Anstalten nach der Ordnung der Bücher und Capitel." Es besteht aus einem kurzen Inhaltsverzeichniß der einzelnen Bücher des alten Testamentes, einer Art Synopse der vier Evangelien und einem kurz gefaßten Inhalt der paulinischen Briefe.

Die Versicherung der Vorrede, daß der Text dieser Ausgabe wirklich eine durchgreifende Aenderung erfahren habe, ist vollständig begründet, ja wir haben hier die einzige Zürcherbibel aus dem vorigen Jahrhundert, welche mit einer Totalrevision Ernst gemacht hat. Bemerkenswerth ist auch das, daß diese Ausgabe nicht die geringste Rücksicht auf die allerdings sehr wenig zahlreichen Veränderungen der Bibel von 1755 nimmt, sondern sich als ein ganz selbstständiges Werk auf Grundlage der Ausgabe von 1724 darstellt. Im Allgemeinen charakterisiren sich die außerordentlich zahlreichen Aenderungen dadurch, daß in ihnen sich das Bestreben kund gibt, den Sinn einer Stelle möglichst klar wiederzugeben. Dieß wird einerseits dadurch bewerkstelligt, daß durch eingefügte, jedoch in Parenthese gesetzte Wörter eine größere Klarheit zu erreichen versucht wird, anderseits, und dieß namentlich in den neutestamentlichen Briefen dadurch, daß eine gewiſſe Umſchreibung des Sinnes ſtattfindet. Durch Letzteres tritt allerdings zuweilen eine gewiſſe Breite der Ueberſetzung ein, doch ſelten in der Art, daß der Sinn damit verflacht wird. Die Ueber-ſetzung lieſt ſich daher ſehr leicht und man könnte hier das von Lu-ther für ſeine Ueberſetzung gebrauchte Bild vom „gehoffelten Brett“ wohl mit noch größerm Rechte gebrauchen. Gewiß iſt, daß auch jetzige Ueberſetzer der heiligen Schrift von der Gewandtheit in der Ueberſetzungskunſt, die in dieſem Bibelwerke zu Tage tritt, noch Man-ches lernen können. De Wette's Ueberſetzung trifft in ſo viel Fällen mit der unſrigen zuſammen, daß anzunehmen iſt, ſie habe ihrem Verfaſſer öfter vor Augen gelegen. Sehr oft läßt ſich die Aenderung des frühern Textes nicht rechtfertigen und nicht recht begreifen, warum bald zu Luther zurückgekehrt, bald von demſelben wieder abgewichen wird. Beſtimmte exegetiſche Arbeiten der damaligen oder einer frü-hern Zeit ſcheinen den Bearbeitern nicht vorgelegen zu haben; da-gegen iſt manchmal ein wohl nicht zufälliges Zuſammentreffen mit der Berlenburgerbibel erkennbar. Wohl mögen den größten Beitrag die in der Vorrede genannten Zürchergelehrten geliefert haben. Bei-nahe immer ſieht man ein ſorgfältiges Zurückgehen auf den Grund-text. Oft freilich iſt die Aenderung nur zu Gunſten der Annäherung an die deutſche Schriftſprache gemacht.

Einige Stellen mögen zur Beſtätigung der obigen Charakteriſtik unſerer Ausgabe beigefügt werden, wobei mit dem Wort fr. (früher) die Ausgabe von 1724 gemeint iſt.

Aus Geneſis, welches Buch ſehr viele Aenderungen zeigt, ſeien nur folgende bemerkt:

Geneſ. 1, 11: „die erde laße hervorſproßen gras und kraut, das ſich beſame; fruchtbare bäume, die nach ihrer art frucht tragen, in welcher (frucht) ihr ſame ſei, auf der erde“, fr.: „die erde laße her-fürgrünen g. u. k., das ſich beſame, und fruchtbar holz, daß ein jedes nach ſeiner art frucht trage und habe ſeinen (eigenen) ſamen bei ſich ſelbſt auf erden“ (ähnlich V. 12). Gen. 1, 20: „auf der erde in der ausdehnung des himmels“, fr.: „auf erden unter der a. d. h.“ ·· 2, 6: „ſtieg auf von der erden“, fr.: „ging auf.“ V. 7: „Und Gott d. H. bildete den menſchen aus ſtaub von der erde und blies — in ſeine naſe“, fr.: „Und G. d. h. geſtaltete den menſchen aus koth von der erden und blies — in ſeine naslöcher.“ V. 10: „Und ein

ſtrom ging aus von Eden — der ſich von dannen in vier haupt=
flüße theilte", fr.: „Und ein fluß — in vier hauptwaſſer." V. 22:
„von Adam" „zu Adam", fr.: „menſch". 3, 16: „Ich will deiner
ſchmerzen in deiner ſchwangerſchaft viel machen — deine begierde
wird ſich zu deinem manne neigen", fr.: „Ich will deines ſchmerzens
und deiner empfängniß viel machen — und deine begierde wird zu
deinem mann ſein." — 3, 19: „du biſt ſtaub und ſollſt ſtaub werden",
fr.: „koth". 6, 9: „und wandelte ſtets mit gott", fr.: „und führte
einen göttlichen wandel." — 7, 19: „Und die waßer nahmen mäch=
tig zu und ſtiegen ſo ſehr über die erde, daß ꝛc.", fr.: „Und das
waßer nahm überhand und wuchs ſo ſehr auf erden, daß ꝛc." —
9, 6: „denn er hat den menſchen nach gottes bildniß gemacht", fr.:
„denn Gott hat den menſchen zu ſeiner bildnuß gemacht." V. 20:
„Noah aber fing an als einer, der den feldbau liebete, weinreben zu
pflanzen", fr.: „N. fing an und war ein ackermann und pflanzte
weinreben." — 14, 10: „harzgruben", fr.: „leimgruben". 22, 2:
„nimm deinen ſohn, deinen einigen, den du lieb haſt, den Iſaak",
fr.: „nim den Iſaak, dieſen deinen einigen ſohn, den du ꝛc." — In
dem Deborahlied Jud. 5 iſt ſehr viel verändert, z. B. V. 27: „wie er ſich
krümmte, ſo lag er dahingeſtreckt", fr.: „ſo lag er da verderbet." —
V. 30: „Sollen ſie nicht finden und austheilen die beute? das ſchönſte
mägdlein zur ausbeute dem vornehmſten mann? dem Sißera? bunte
geſtickte kleider zur ausbeute? bunte geſtickte zierarthen um die hälſe
zur ausbeute?" fr.: „Sollen ſie nicht finden? den raub austheilen,
eins oder zwei mägdlein dem fürnehmſten mann? Einen raub von
vielen farben, dem Sißerah? Einen raub von vielen farben, der ge=
ſtickt ſeye? Zwei gefärbte, geſtickte (kleider) an die hälſe des raubs?" —
1 Kön. 15, 13: „weil ſie einen abſcheulichen götzen im walde gemacht
hatte", fr.: „welche — gemacht hatte."

Sehr zahlreich ſind die Aenderungen namentlich in den poetiſchen
Schriften des A. T. mit Ausnahme des Hohenliedes. In manchen
Pſalmen, z. B. 5. 7. 58. 59. iſt beinahe kein Vers unverändert ge=
blieben. Pſ. 1, 1: „Selig iſt der mann, der", fr. = Luth.: „wohl
dem". V. 2: „ſondern ſeine luſt findet am geſetz — und in ſeinem
geſetze forſchet", fr.: „ſonder ſeine luſt iſt zum g. — und in ſeinem
geſetz trachtet er" und V. 3: „der wird ſein — baum, an den waßer=
flüßen gepflanzet, der frucht bringt zu ſeiner zeit — das wird wohl

gelingen", fr.: „der ist — baum, der an den waßerflüßen gepflanzet, frucht bringt z. s. z. — das gerathet wol." V. 6: „der gottlosen weg wird vergehen", fr.: „vergehet." Pf. 2, 1: „heiden" wie Luther, fr.: „völfer". 4, 5: „murret und sündiget nicht — seid ruhig", fr.: „zürnet und sündiget nicht — und seit still." Bei Pf. 8 ist das Verhältniß von Vers 4 zu Vers 5 wieder mit den ersten Ausgaben der Zürcherübersetzung als Vorder= und Nachsatz gefaßt: „Wenn ich deine himmel ansehe, das werk deiner finger 2c.", fr.: „Ich wird zwahr die himmel sehen, (welche) ein werk sind deiner fingeren 2c." Als Beispiel fast gänzlicher Abweichung von der frühern Uebersetzung möge Pf. 58 hier stehen:

1772:	1724:
1. Ein guldenes kleinod Davids für den Sängermeister, Al=Taschet.	1. =
2. Ist es denn in der that so, wollet ihr götter (richter) gerechtigkeit reden, wollet ihr richtige urtheile ausfprechen, o ihr menschenkinder?	2. Redet ihr (auch) o ihr versammelte (räthe) wahrlich, was recht ist? Richtet ihr auch recht, o ihr menschenkinder?
3. Aber im herzen schmiedet ihr un=recht: im lande wäget ihr die gewalt=thätigkeiten euer hände als recht dar.	3. Ja ihr rüstet in euern herzen un=recht zu: euere hände erwägen den ge=walt im lande.
4. Die gottlosen sind von mutterleib an verkehrt: sie sind irre geworden von der geburt an, die lügner.	4. Die gottlosen . . . . verkehrt; sie sind irre gegangen (und) haben lügen geredet.
5. Ihr gift ist gleich dem gift der schlangen, wie einer gehörlosen natter, die ihr ohr zuhält.	5. Ihr . . . . . natter, die ihr ohr verstopfet.
6. Daß sie nicht höre die stimme der zauberer, des beschwörers, der listig be=schwören kann.	6. Daß . . . . beschwörers, der wol beschweeren kann.
7. O Gott, zerbrich ihre zähne in ihrem munde: O Herr, reiß die hau=zähne der jungen löwen aus.	7. . . . . in ihrem maul . . . . zer=brich . . . . stockzähne der jungen leuen.
8. Wie das waßer werden sie ver=gehen und ins verderben rennen: er lege den pfeil auf: wie werden sie unter=finken?	8. Sie werden zerfließen, wie das waßer, welches dahin fließet: sie zielen mit iren pfeilen, aber dieselbige zer=brechen.
9.	9. =
10. Ehe man es gewahr wird, daß euere borne zum dornstrauch aufgewach=sen, wird ihn der sturmwind, da er noch	10. Ehe euere börne reif werden am dornstrauch, wird er sie also frisch mit zorn umkehren.

grün aber durch seine hitze ausgedorrt, dahin reißen.

11. Der gerechte .... wird seine füße in des gottlosen blut baden.	11. .... wäschen.
12. Dann wird man sprechen: Gewiß ist es ein vortheil gerecht zu sein: gewiß ist ein gott, der auf erden richtet.	12. Dann wird man sprechen: der gerechte wird ja seinen genuß haben, es ist ja ein gott, der auf erden richtet.

Aehnliche Vergleichungen ließen sich bei Hiob, z. B. c. 1, den Proverbien, z. B. c. 1 und 8, Hohelied, z. B. c. 1, anstellen. Ueberall ist da ein genaueres Eingehen auf den Grundtext bemerkbar. In den Propheten sind die Aenderungen und Verbesserungen weniger zahlreich, bedeutender in den großen als in den kleinen Propheten.

Von den vielen Aenderungen, welche das neue Testament, namentlich die Briefe erfahren haben, mögen folgende genannt werden. Matth. 1, 1: „das buch von dem leben Jesu Christi", fr.: „das buch der Geburt Jesu Christi". v. 18: „Als seine mutter Maria mit dem Joseph versprochen war", fr.: „vermählet war". 19: „Joseph — ging damit um, sie heimlich zu verlassen", fr.: „wollte sie — verlassen". 20: „denn, was in ihr gezeuget ist, das ist 2c.", fr.: „geboren ist". 23: „das will übersetzt so viel sagen als: Gott mit uns", fr.: „welches ist verdollmetschet". 5, 13: „Wenn aber das salz seine kraft verliert", fr.: „seine räße verliert". 13, 21: „Aber da er keine wurzel an sich hat, so wächst er nur für eine kleine zeit", fr.: „Aber er hat keine wurzel in ihm selbst, sonder ist ein wetterwendischer". 17, 22: „Als sie sich noch in Galiläa aufhielten", fr.: „Als sie aber ihr wesen in Galiläa hatten". 22, 46: „Es unterstuhnd auch von demselbigen tag an niemand ihn weiter zu fragen", fr.: „Es durfte ihn auch niemand — fragen". 26, 8: „Verschwendung", fr.: „verderbnuß".

Marc. 1, 27: „sie geriethen alle in bestürzung", „sie sind alle erstaunet". 2, 21: „So flicket auch niemand einen lappen von neuem tuch auf ein altes kleid", „niemand setzt einen bläz rauhes tuchs an ein altes kleid".

Luc. 1, 1—3: „Nachdem sich viele unterstanden haben, eine ordentliche erzählung derer dinge abzufassen, von deren gewißheit wir unter uns ganz versichert sind. 2: Wie uns diejenigen die nachricht gegeben haben, die alles von anfang selbst gesehen und diener des worts gewesen sind. 3: „so hat es auch mich wohlgethan zu sein bedünkt, nachdem ich alles von anfang an eigentlich erkundiget habe, dir es in guter ordnung zu beschreiben, vortrefflichster Theophile", fr.: „sintemal sich vil unterstanden haben eine ordentliche erzehlung zu stellen deren dingen, deren wir unter uns auf das gewisseste versichert sind, 2: wie uns diejenige übergeben haben, die es von anfang selbst gesehen und diener des worts gewesen sind, 3: so hat auch für mich gut angesehen, nachdem ich alles von anfang eigentlich erkundiget habe, dir es ordentlich zu beschreiben, fürtrefflichester Theophile".

Joh. 1, 16: „aus seiner fülle haben wir alle empfangen und zwar eine gnade vor die andere", fr. wie Luth. 4, 6: „setzte er sich bei dem brunnen nieder", fr.: „saß er auf dem brunnen". 5, 2: „bedeckte gänge", fr.: „schöpfe". 7, 35: „will er zu den zerstreuten unter den griechen gehen?", fr.: „unter die zerstreuung der griechen". 12, 36: „damit ihr kinder des lichtes werdet", fr.: „damit — seid". 14, 1: „vertrauet auf Gott und vertrauet auch auf mich", fr. wie Luther.

Act. 1, 20: „aufseheramt", fr.: „bischofsamt". — „Bischof" wird in dieser Ausgabe stets mit „aufseher" übersetzt. — 20, 7: „am ersten tag der woche", fr.: „am ersten tag des sabbaths". 27, 17: „umbanden das schiff", fr.: „gürteten ihn unten an das schiff".

Die meisten dieser Beispiele zeigen unverkennbar das Bestreben, dem Grundtexte näher zu kommen. Auch in den Briefen tritt dieß deutlich hervor. Dagegen führte der Wunsch, klar zu sein, bisweilen zu einer gewissen Breite, die den Sinn des Textes doch nicht immer trifft, z. B. Röm. 8, 23: „Nicht allein aber das geschöpf, sondern auch wir selbst, die wir zuerst das zeugniß des geistes empfangen haben, sehnen uns mit großem verlangen und erwarten die Kindschaft, die befreiung von unsern körpern", wozu die Glosse gemacht wird: „die befreiung unsers körpers von dem hang zur sünde oder: von äußerlichem elend", früher: „Nicht allein aber es, sondern auch wir selbst, die wir die erstlinge des geistes haben, erseufzen auch selbst bei uns selber, indem wir auf die kindschaft, auf die erlösung unsers leibes warten". 13, 6: „Denn darum bezahlet ihr auch steuern: indem sie (die obrigkeiten) diener Gottes sind, die allen ihren fleiß, sorgen und zeit auf ihren dienst wenden", fr.: „dann sie sind gottes diener, die ob diesem steif halten". 14, 8: „denn es sei, daß wir leben, so leben wir dem Herrn, und es sei, daß wir sterben, so sterben wir dem Herrn. Darum, wir mögen leben oder sterben, so sind wir des Herrn", fr. = Luther. — 1 Cor. 3, 21: „Es ist alles zu euern Diensten", fr. = Luther. 5, 2: „Und ihr könnet dabei noch so stolz und sicher sein: hättet ihr nicht vielmehr darüber trauren und den, der diese Schandthat begangen, aus eurer Gemeinde wegschaffen sollen?". 10, 16, wo früher es hieß: „das Trinkgeschirr der Benedeyung, welches wir benedeyen" lautet jetzt: „das Trinkgeschirr der Danksagung, welches wir segnen".

Ob die eindringlichen Mahnungen von Seite der Berner Mißtrauen gegen diese Uebersetzung erweckt haben oder ob die Anhänglichkeit an die frühern Ausgaben dieselbe nicht aufkommen ließ, läßt sich nicht mehr ermitteln. Gewiß ist, daß bis in den Anfang des folgenden Jahrhunderts die für den kirchlichen Gebrauch bestimmten Ausgaben den Text der Ausgaben von 1724 wieder aufnahmen. So nimmt noch eine 1807 erschienene Bibel nicht die geringste Rücksicht selbst auf die wirklichen Verbesserungen von 1772. Dagegen ließ sich die theologische Privatthätigkeit nicht zurückhalten, die in Zürich bereits betretene Bahn der Aufklärung auch auf die Bibelübersetzung hinzulenken. Wie der Basler Grynäus, so hat der Zürchertheologe J. J. Stolz[1]) es unternommen, das neue Testament seinen Zeitgenossen in der ihnen mundgerechten Sprache zu übersetzen. Im Jahr 1753 in Zürich geboren und eine Zeitlang Prediger daselbst, wurde er 1781 zum Prediger in Offenbach am Main, sodann nach Bremen berufen, wo er bis 1811 wirkte. Er kehrte wieder nach Zürich zurück, wo er 1821 starb. Schon 1781 hatte Johann Ludwig Vögeli († 1782) eine Uebersetzung der vier Evangelien und der Apostelgeschichte herausgegeben, unter dem Titel: „Geschichte Jesus, unsers Herrn und seiner Gesandten". Der Verleger wünschte in Hoffnung bessern Absatzes die Fortsetzung dieser Uebersetzung und wandte sich deßhalb an den Prediger Häfeli und an Stolz, welche die Arbeit wirklich übernahmen. Häfeli übersetzte den Römerbrief, die Corintherbriefe, den Brief an die Hebräer und die beiden Briefe Petri, Stolz die sämmtlichen übrigen Schriften[2]). Das Ganze er

---

[1]) Zu bemerken ist das große Lob, das Eichhorn, Bibl. VII, 5. S. 954 über die Stolzsche Ueberf. ausspricht.

[2]) Vorrede zur Ausgabe v. 1795, pag. III—V.

schien dann unter dem Titel: „Sämmtliche Schriften des Neuen Testaments. Aus dem Griechischen. Zürich, J. C. Füßli Sohn, 1781. 1782." 8°. Diese Uebersetzung hat nun schon ein ziemlich modernes Gepräge. In den von Vögeli übersetzten Büchern tritt dieß noch weniger hervor, ja im Ganzen läßt sich von diesen Theilen sagen, daß sie mit Geschmack übersetzt seien. Sehr breit lautet, z. B. Röm. 1 „(Die Lehre) ist das kräftigste Mittel, wodurch Gott jeden, der glaubt, rettet und beseligt, erst den Juden, dann den Heiden. Sie machts ja eben bekannt, daß Gott alle, welche auf ihn vertrauen, um ihres Vertrauens willen begnadigen wolle" — jener Schriftstelle zufolge: „Der Rechtschaffene wird um seines Vertrauens willen beim Leben erhalten werden". Die von Stolz übersetzten Stücke zeigen eine große sprachliche Gewandtheit, und wenn auch manchmal die zu weit gehende Umschreibung den Sinn einer Stelle ziemlich verwässert, so ließe sich doch recht viel für eine neue Uebersetzung daraus lernen.

Es scheint, daß diese Uebersetzung namentlich in katholischen Gegenden Beifall gefunden hat. So in der katholischen Schweiz, in dem katholischen Schwaben, in Bayern, im Erzstift Salzburg. In München soll sie sogar mit einigen sich auf die Vulgata beziehenden Veränderungen nachgedruckt worden sein. Erst nach zwölf Jahren wurde indessen eine neue Ausgabe nothwendig. Diese erschien Zürich und Leipzig 1795 in zwei Theilen: „Sämmtliche Schriften des neuen Testaments". Diese „zweite völlig umgearbeitete Ausgabe" ist ganz die Arbeit von Stolz[1]), und der Bearbeiter sagt es selbst, daß es ein ganz neues Werk, nicht etwa nur eine neue Auflage einer alten Arbeit sei. In einer 16 Seiten langen Vorrede bespricht Stolz nicht ohne ziemlich hohes Selbstbewußtsein seine Uebersetzungsfähigkeit und die Grundsätze, nach denen er verfahren ist. „Der Uebersetzer und Ausleger des neuen Testaments müsse frei von aller Anhänglichkeit an was für immer Dogmen sein." „Ob zehn Dogmen fallen zu seiner Seite und hundert Hypothesen zu seiner Rechten, das darf ihn nicht anfechten, wenn er nur richtig interpretirt." „Abergläubisches Entsetzen vor irgend einer Auslegung ist seiner nicht würdig." „Er ist zwar für Belehrungen sehr empfänglich; nur

---

[1]) Ib., pag. V.

muß man mir sie nicht in hierarchischem Tone geben wollen." „Freilich, wer sein System nur auf die gewöhnliche Luthersche Uebersetzung, die Vulgata der Protestanten, baute, der wird sich hier zuweilen ganz desorientirt glauben." „Er erkenne übrigens nur Gelehrte als competente Richter seiner Arbeit an. Beim Grundtext habe er die bessern Lesarten benützt, sei jedoch vorzüglich der Recepta gefolgt. Die Stelle 1 Joh. 5, 7 habe er ganz weggelassen, da sie entschieden unächt sei.

Einige wenige Stellen werden zur Charakterisirung dieser Uebersetzung hinreichen. Das bei Matthäus so oft vorkommende: „auf daß erfüllet werde" wird gewöhnlich so wiedergegeben: „Alles fügte sich hiebei so, daß in einem neuen Sinne wahr ward, was Jehovah durch seinen Propheten sprach", oder: „So konnte man darin eine Erfüllung sehen, was man in den Schriften der Propheten liest". Matth. 5, 3: „Selig sind die für Wahrheit noch offenen Seelen; für sie ist das göttliche Reich". Das Gebet des Herrn, Matth. 6, 9 ff., lautet: „Unser Vater im Himmel, dein Name werde hoch verehrt; dein Reich breche nun an; dein Wille werde befolgt, wie im Himmel, so auch auf Erden! Gieb uns jeden Tag das Brod für heute und für morgen; erlaß uns unsere Verschuldungen, so wie auch wir sie unsern Schuldnern erlassen! Laß uns nicht in die Versuchung treten, sondern erlöse uns von dem Bösen." In Luc. 1 und Act. 1 wird Theophilus „theuerster Gottlieb", „bester Gottlieb" angeredet. Joh. 1, 1: „Schon im Anfang der Dinge war das Schöpferwort Gottes". v. 14: „dieß Schöpferwort vereinigte sich nämlich mit einem Menschenkörper und schlug seine Wohnung unter uns auf". Röm. 1, 1 ff.: „Paulus, ein Diener und bevollmächtigter Apostel des Messias, Jesus, um, seiner Bestimmung gemäß, die von Gottes Propheten in den heiligen Schriften schon längst verheißene göttliche Glückseligkeitslehre bekannt zu machen, deren Inhalt Gottes Sohn, der Messias, Jesus, unser Herr ist". Das Wort σαρξ bei Paulus wird immer mit „Sinnlichkeit" oder „sinnliche Lust" übersetzt. Gal. 3, 21: „Allein die Schrift erklärt alle Menschen für Uebertreter des Gesetzes, um das verheißene Heil einzig und allein an die Annahme der Lehre des Messias, Jesus, zu knüpfen. Ehe diese Lehre bekannt war, war das Gesetz ein strenger Aufseher, der uns so lange bewachte, bis diese heilvolle Lehre zu unserer Kenntniß gelangte". — Die Evangelien sind überschrieben: „Matthäus ic. Nachrichten von Jesus". Joh. 1, 29: „Seht das Gotteslamm, welches das Sündigen aus der Welt schafft".

Bald nach Erscheinung dieser Bibelübersetzung gab Stolz noch eine Art Rechtfertigung derselben heraus in einem Commentar unter dem Titel: „Anmerkungen zu seiner Uebersetzung sämmtlicher Schriften des neuen Testaments". Hannover 1796—1800. 6 Hefte.

Beide Arbeiten trugen zwar dem Verfasser den Titel eines Doctors der Theologie (1797), aber auch, wie sich erwarten ließ, sehr viele, zum Theil heftige Angriffe ein. Namentlich war es Dr. J. L. Ewald, der vom Standpunkte einer gemilderten Orthodoxie gegen Stolz auftrat, welcher sich hinwiederum theils in einer besondern Schrift: „Nöthige Antwort auf Herrn Dr. Ewalds Wahrheit, Gerechtigkeit und Liebe. Helmstädt 1797", theils in den Vorreden zu seinem Commentar sehr eifrig vertheidigt. Unterdessen verbreitete sich die Uebersetzung sehr rasch in Deutschland und in der Schweiz, und es folgten sich die Ausgaben ziemlich schnell (1795, 1798, 1804). Eine letzte, fünfte Ausgabe erschien noch kurz vor des Verfassers Tod zu einer Zeit, wo sie bereits als ein Fremdling angesehen werden mußte. Es gab sich jedoch in dieser Ausgabe noch das Bestreben kund, dem Grundtext sich mehr zu nähern, als es in den frühern Ausgaben der Fall war. Auf die kirchlich eingeführte Bibel hatte die Stolzsche Uebersetzung gar keinen Einfluß.

B. Die Verbreitung der Zürcherschen Bibelübersetzung.

Im 17. und 18. Jahrhundert verengerte sich immer mehr das Gebiet, auf welchem seit der Reformation die Zürchersche Bibel sich verbreitet hatte oder wo sie kirchlich eingeführt war. Dagegen gewann die Lutherbibel, wie der folgende Abschnitt zeigen wird, immer mehr Boden. Selbst im Kanton Zürich fand sie Eingang, weßhalb der Rath 1723 erkannte, daß das Zürcherlandvolk sich keiner andern als der Zürcherübersetzung bedienen solle [1]. Die Kantone Schaffhausen und Appenzell, die Stadt St. Gallen und die nähere Umgebung, Graubünden, traten von der Verbindung mit Zürich immer mehr

---

[1] Heß, Urspr. und Gang ic. pag. 143.

zurück. Dagegen sind der reformirte Theil des Kantons Glarus, und die Reformirten des Thurgaus, der spätern St. Gallischen Landschaften Rheinthal und Tockenburg und der Herrschaft Sax der Zürcherschen Uebersetzung treu geblieben. Auch die evangelischen Gemeinden in der Grafschaft Werdenberg und der Herrschaft Wartau, deren Geistliche bis 1798 dem Kanton Glarus zugetheilt waren und durch zwei Abgeordnete die Synode des letztern besuchen mußten, bedienten sich selbstverständlich der kirchlichen Bücher ihres kirchlichen Mittelpunktes.

War auch Glarus aus der Synodalverbindung mit Zürich ausgetreten und zu einer eigenen Synode gelangt, so dauerten doch die engen Beziehungen zu der Stadt fort, deren Reformator längere Zeit in seinem Hauptorte gelebt hatte. Zudem hatten die Zürcher mit Bern, Basel und Genf dort Zutritt zu den Pfarrstellen[1]). Die kirchlichen Bücher, Liturgie und Catechismus, blieben die von Zürich. Die Bibelübersetzung von Zürich war nicht nur die in Kirche und Schule allein gebräuchliche, sondern auch die Privatschriftstellerei bediente sich derselben ausschließlich[2]). Der Pfarrer von Glarus, Joh. Heginz, redet in dem bei Anlaß der neuen Ausgabe der Zürcherbibelübersetzung an den Zürcher Dr. Guil. Freigius (Frey) gerichteten Schreiben (7. Februar 1667) ausdrücklich von der „editio nostra tigurina“[3]).

In den evangelischen Gemeinden des Thurgaus setzte sich in dieser Periode die kirchliche Verbindung mit Zürich fort. Dieselben konnten auch den Rath und Einfluß des reformirten Nachbarkantons um so weniger entbehren, als sie den beständigen Bedrückungen bald des Bischofs von Konstanz, bald des Abtes von St. Gallen, bald einzelner katholischer Gerichtsherren ausgesetzt waren. Die katholischen Orte, welche Mitantheil an der Regierung über die Landschaft hatten, suchten mit List und Gewalt bald die Einführung des katholischen Gottesdienstes in reformirten Kirchen zu erzwingen, bald einen Kirchenbau

---

[1]) Finsler, Statistik. pag. 607.

[2]) Z. B. die eine Menge Bibelcitate enthaltende, noch immer sehr lesenswerthe Schrift v. Antony Tschudy: Nichtigkeit deren falsch erdichteten Zusagen ꝛc. Zür. 1696 und Joh. Heinr. Tschudy: Beschreibung löbl. Orts und Lands Glarus 1714 (Vorrede).

[3]) Bei Siml., Urk. II, pag. 165.

zu hintertreiben, bald evangelische Predigerstellen aufzuheben. Erst der vierte Landfriede von 1712 schaffte einen, wenn auch nicht immer ungestörten Frieden. In allen diesen Streitigkeiten fanden die Reformirten bei Zürich Rath und Unterstützung. Der Einfluß, den letzteres dadurch gewann, wurde noch dadurch verstärkt, daß Zürich das Recht der Besetzung von neun Pfarreien hatte. Auch in den zehn Gemeinden, welche allmählich den Kirchensatz selbst erlangt hatten, und in denjenigen, deren Patronatsrecht die betreffenden Gerichtsherren oder geistlichen Korporationen besaßen, wußte sich der Rath von Zürich den dreifachen Vorschlag zu sichern. Zudem erwarb sich der mächtige Stand einzelne Herrschaften durch Kauf. Der langjährige Streit, den Glarus mit Zürich führte, um sich ebenfalls den Pfarrsatz in einigen Gemeinden im Thurgau zu erwerben, hatte auf die kirchlichen Verhältnisse keinen Einfluß. Daß Zürchergeistliche die bei weitem größte Zahl der evangelischen Gemeinden des Thurgaus besorgten, war so ein ganz natürliches Ergebniß von deren Lage. Auch der Gebrauch sämmtlicher in Zürich eingeführter Kirchenbücher, Bibelübersetzung, Catechismus und Liturgie war eine nothwendige Folge dieser Verhältnisse [1]. Zürich machte auch den geistlichen Capiteln des Thurgaus regelmäßig Mittheilung über vorbereitete oder schon herausgekommene Auflagen seiner Bibelübersetzung und forderte dieselben zur Eingabe allfälliger Correcturen und der Zahl bibelbedürftiger Gemeindeglieder auf (1725, 1726, 1737, 1769). Der auf Anregung der Examinatoren gefaßte Beschluß des Rathes in Zürich, daß alle Brautpaare eine Bibel anschaffen müßten (31. Mai 1769), sollte auch im Thurgau ausgeführt werden, stieß aber auf Schwierigkeiten [2]

Die Grafschaft Toggenburg, noch immer ein Unterthanenland des Fürstabtes von St. Gallen, hatte nicht nur in der Reformationszeit, sondern auch in unserer Periode so oft gegen die Eingriffe und Bedrückungen ihres Oberherrn den Schutz der evangelischen Orte, namentlich Zürichs erfahren, z. B. noch in den Jahren 1724—1726 wegen des ihr aufgelegten Eides, daß es nur eine dankbare Anerkennung dieser Hülfe war, wenn diese Landschaft auch sich vorzugsweise der Zürcherschen Religionsbücher bediente. — In engerm Ver-

---

[1] Zinsler, a. a. O. pag. 366 ff. und pag. 627.
[2] Mitth v. Pfarrer Sulzberger in Sevelen.

bande mit Zürich blieb das im engern Sinn sogenannte Rhein=
thal, seit es sich durch die Gewalt der katholischen regierenden Orte
von der St. Gallischen Synode trennen mußte (1589). Die rhein=
thalischen Gemeinden bildeten bis in den Anfang unsers Jahrhunderts
im zürcherschen Kirchenverband das Kapitel Rheinthal, und ihre
Geistlichen mußten zur Hälfte der Frühlings=, zur Hälfte der Herbst=
synode beiwohnen. Zudem besaß Zürich fortdauernd das Kollatur=
recht über einige dieser Gemeinden, für die Uebrigen das Vorschlags=
recht. Meistens waren auch Zürchergeistliche angestellt, welche aus
ihrem Heimathsorte die kirchlichen Ordnungen mitnahmen. In ähn=
lichem Verhältnisse stand die Herrschaft Sax, welcher es erst 1637
gelungen war, sich von dem katholischen Kirchenverbande völlig los=
zumachen. Die drei dazu gehörenden Gemeinden, über welche Zürich
bereits das Kollaturrecht ausübte, wurden dem Kapitel am Zürchersee
zugetheilt. Damit war der Anschluß an die Kirchengebräuche des
Synodalortes von selbst gegeben.

Eine ganz eigenthümliche Erscheinung ist es, daß die auf ein=
samen Höfen lebenden Wiedertäufer eine besondere Anhänglichkeit an
die alten Froschauerbibeln unter sich erhalten hatten. Vielleicht haben
die beigebundenen Propheten von Hetzer und Denk dabei mitgewirkt.
Der von dieser Seite veranstaltete Abdruck vielleicht nur des neuen
Testamentes, der in Basel 1684 erschien, mag zwar der einzige
geblieben sein. Selbst noch im Jahr 1815 wendeten sich Wieder=
täufer an die Baslerbibelgesellschaft mit dem Gesuch um Froschauer=
sche neue Testamente [1]).

Hatte die Zürcherbibel so immer noch ein ziemlich ausgedehntes
Gebiet, so vermochte sie dagegen auch in dieser Periode außerhalb
der Schweiz nirgends Eingang zu finden. Wie es sich mit den oben=
genannten Ulmischen Bibeln verhält, konnte, wie schon gesagt, nicht
ermittelt werden. Auffallend dagegen ist, daß die Ausgabe von 1667
in der sog. Berlenburgerbibel von 1726 ff. vielfach benutzt worden
ist. Nicht nur einzelne Stellen und Ausdrücke, sondern größere Ab=
schnitte sind der Zürcherbibel entnommen. Was Stier in seiner
„Polyglottenbibel" jener „mystischen und prophetischen Bibel" zu=
schreibt, ist sehr oft ursprüngliches Eigenthum der Zürcherübersetzung.

---

[1]) Protocoll der Bibelges. v. Basel.

Erst im vorigen Jahrhundert wendeten französische und deutsche Ge=
lehrte ihre Aufmerksamkeit auf das schweizerische Werk und brachten
mehr oder weniger vollständige Verzeichnisse der einzelnen Ausgaben.
So J. Le Long, biblioth. sacra, 1. Ausgabe, 1709; D. Clement,
bibliotheque curieuse; S. J. Baumgarten, Nachrichten, 1754; J. G.
Palm, Verzeichniß ꝛc., 1777; J. Lork, Bibelgeschichte, 1779, welcher
Rüscheler's Verzeichniß von 1755 vielfach ergänzte, und G. W. Panzer,
Entwurf, 1783. Doch sind diese Werke mehr in bibliographischem
und bibliothekarischem Interesse geschrieben. Von einer Würdigung
der Uebersetzung selbst ist keine Rede.

Zweiter Abschnitt.

Die Uebersetzung von Piscator in der Bernerkirche.

Nachdem die Bernerkirche bis in die Mitte des 17. Jahrhunderts
keiner kirchlich eingeführten Bibelübersetzung sich bediente, sondern der
Zürcherschen wie der Lutherschen freien Zugang gelassen hatte, kam
von Zürich aus an sie die Einladung zur Theilnahme an der Be=
arbeitung eines gemeinsamen Uebersetzungswerkes. Es geschah dieß
bei Anlaß der Vorbereitung zur Herausgabe der oben besprochenen
revidirten Zürcherübersetzung[1]). Erst schrieb der Rath von Zürich
an denjenigen von Bern. Sodann benutzten die beiden Bürger=
meister Waser und Statthalter Hirzel die Gelegenheit einer officiellen
Sendung nach Bern, um diesen Stand für genannten Zweck zu ge=
winnen. Etwas später sandte Antistes Ulrich Namens der Zürcher=
schen Geistlichkeit (29. Februar 1660) ein Schreiben nach Bern, wel=
ches in sehr eindringlicher Weise der dortigen Geistlichkeit die Sache
ans Herz legte und die Hoffnung aussprach, daß durch eine gemein=
same Bibelübersetzung das Band unter den Gliedern der schweizerisch=
reformirten Kirche enger geschlossen, insbesondere aber die Frechheit
der Gegner (audacia Philistæorum) einigermaßen gezügelt werde.
Auch der Rath von Zürich schrieb nochmals (29. März 1660) an den

---

[1]) Siml., Samml. 2. Bd. pag. 121 ff.

von Bern. Doch ist in diesem Schreiben nicht mehr von einer ge=
meinsamen Arbeit die Rede, sondern nur davon, „daß anständig und
nützlich sein würde, wenn das vorhabende neuwe Werk vnder gemein=
sam vnserm, als beiden vorderisten Gliederen der Eidgenössischen
Confession, Namen und Autorität durch den Truck verfertiget werden
möchte". Zugleich wird aber auch bemerkt, „daß man allbereits in
das Land bringen thüye Lutherisch=neugedruckte Versionen"[1]. Die
Antwort des Rathes von Bern, welchem der Kirchenconvent durch
den Dekan Hummel ein Gutachten abgegeben hatte, (27. April 1660)
erklärt zwar die Neigung „begehrender Maaßen Unsern Namen darzu
zu leihen", meint aber „die glaubensverwandtliche Anständigkeit"
erfordere, daß man auch die Zustimmung der übrigen evangelischen
Orte nachsuche, wie dieß auch bei der Einführung der helvetischen
Confession geschehen sei. „Eine sölche Sönderung könnte sonst Nach=
denken anderer Orten erwecken und die Muthmaßung hervorlocken,
daß man sich an dieser Version verbindlich halten sollte." Eigen=
thümlich ist dabei die Forderung, daß die Zürcher „die Terminos
ändern sollten, die bei ihnen zwar bräuchlich und bekannt, bei uns
aber unbräuchlich und unbekannt"[2]. Die Berner bemerken dabei
auch ausdrücklich, daß „in unsern Landen der freie Gebrauch anderer
Versionen auch zugelassen worden". Damit waren die Verhandlungen
vollständig abgebrochen.

Bereits hatte nun aber damals eine dritte Uebersetzung neben
der Zürcherschen und Lutherschen Eingang in Bern gefunden, nämlich
die von Piscator, und diese erhielt sogar nach und nach officiellen
Charakter in der Bernerkirche.

Johann Piscator, Professor in Herborn, hatte 1602 und 1603
die erste Ausgabe seiner Bibelübersetzung erscheinen lassen. In der
Vorrede giebt er selbst Nachricht über deren Veranlassung. Luthers
Uebersetzung sei vielfach unrichtig und der Verbesserung sehr bedürftig.
Die von ihm (Piscator) früher herausgegebene Lutherbibel mit eige=
nen Anmerkungen und mit Erläuterungen des Pareus sei von den
Wittenberger Theologen und von Jakob Andreä auf schmähliche Weise
angegriffen worden. Diese Theologen hätten erklärt, die Calvinischen

---

[1] Conventsarchiv in Bern, T. VI, pag. 855 ff.
[2] Teutsch Mißivbuch. Nr 20 f. 270 f.

Lehrer sollen die Luther'sche Bibel mit ihren Zusätzen und Erläuterungen „unbeschmeißt" lassen und statt dessen lieber die Zürcherbibel
erläutern oder eine eigene machen. Piscator fügt hinzu, daß das
Beispiel auswärtiger neuer Uebersetzungen und das Verlangen vieler
Bibelleser ihm aufmunternd entgegengekommen sei.

Wie nun diese Uebersetzung, welche sich sehr befleißt, die Ausdrücke der Grundsprache möglichst wörtlich wiederzugeben und deßhalb
oft nicht nur undeutlich, sondern auch undeutsch wird, und welche im
eigenen Heimathlande nirgends kirchlichen Eingang gefunden hat, im
Kanton Bern, dem doch die Zürcher'sche Uebersetzung so nahe zu liegen
schien, heimisch geworden ist, darüber liegen nur Vermuthungen vor.
Weder das Staatsarchiv von Bern, noch das freilich erst mit 1662
beginnende Manual des Kirchenconvents geben Auskunft[1]). Dagegen
ist es Thatsache, daß fortwährend Berner und zwar nicht Theologen
allein in Herborn studirten. Auch sonst stand man mit Herborn in
häufigem Verkehr, und die dortigen Professoren, namentlich der jüngere Piscator, genossen in Bern ein bedeutendes Ansehen. Die Anmerkungen der Piscator'schen Uebersetzung empfahlen sich den Studirenden sehr. Diese brachten daher die Bibel nach ihrer Heimath und
benützten sie mit Vorliebe. Dadurch machte sich die allmählige Aufnahme und Verbreitung von selbst ohne Einmischung oder Verfügung
geistlicher oder weltlicher Behörden. Daß aber bis nach Mitte des
17. Jahrhunderts die genannte Uebersetzung keineswegs die alleinige
Herrschaft hatte, geht aus der obengenannten Zuschrift des Rathes
von Bern an Zürich deutlich hervor.

Erst etwa zwanzig Jahre nach jenen Verhandlungen mit Zürich
machte sich das Bedürfniß einer neuen und wohlfeilen Bibelausgabe
geltend. Ohne Zweifel wurde die Sache zunächst von geistlicher Seite
angeregt; allein es fehlen alle Nachrichten über die zwischen dem
Rath und der Geistlichkeit geführten Verhandlungen. Durch Raths-
beschluß vom 19. Januar 1681 erhielt die „Bennerkammer" (Finanz-
behörde) den Auftrag, mit dem Buchdrucker Thormann einen Vertrag
über den Druck zu entwerfen[2]), welcher dann am 28. Februar ge-

---

[1]) Nach verdankenswerthen Mittheilungen von Hrn. Pfarrer Dr. theol. Trechsel in Bern.

[2]) Bern. Raths-Man. Nr. 190.

nehmigt wurde [1]). Die Regierung übernahm demzufolge die Kosten der Ausgabe von 8000 Exemplaren theils in Folio, theils in 4⁰ zu 9 B. Thaler per Bogen; später auch die Lieferung des Papiers; der Verkauf sollte auf ihre Rechnung, aber durch den Drucker geschehen, dem überdieß erlaubt wurde, 100 Exemplare für sich abzuziehen und außerhalb des Kantons zu verkaufen. Mit der speciellen Ausführung und der Ueberwachung des Drucks wurden zwei Berner-Gelehrte, J. Rudolph Rodolph, damals Professor der hebräischen Sprache, und der Pfarrer Maurer am Münster beauftragt.

Das Auffallendste ist nun aber gerade dieß, daß man in der Wahl der Uebersetzungen gar nicht geschwankt hat, sondern der Piscator-schen den Vorzug vor jeder andern gegeben zu haben scheint. Der Schluß liegt daher ziemlich nahe, daß während der zwanzig Jahre 1660—1681 diese Uebersetzung erst das entschiedene Uebergewicht er-langt und die vorher gleichberechtigten in den Hintergrund gedrängt habe. Durch die amtliche Ausgabe wurde denn freilich ihr Ansehn nicht nur erhöht, sondern auch ihre längst begonnene Einführung ohne darauf bezügliche Beschlüsse auf practischem Wege vollendet und besiegelt. Immerhin bleibt die Einführung der Piscatorbibel in der Kirche von Bern deßhalb noch auffallend, weil ihr Urheber durch seine Rechtfertigungslehre dem strengreformirten [2]) Confessionalismus bereits etwas verdächtig geworden war, und gerade Bern mit seinem beinahe berüchtigt gewordenen Associationseid und seinem Anschluß an die Consensusformel von 1675 sich aller Trübungen der reinen Lehre zu erwehren versucht hatte. Wir werden indessen sehen, daß die Berner es nicht unterlassen, schon in der Vorrede zu dem gleich näher zu schildernden Bibelwerk ihre Orthodoxie gegen allfäl-lige Vorwürfe sicher zu stellen.

Das sehr seltene Werk hat den Titel: [3]) „Biblia, das ist: Alle die Bücher der heiligen Schrifft deß Alten und Newen Testaments: Auß Hebreischer und Griechischer Spraach, in welchen sie anfangs von den Propheten und Aposteln geschriben, jetzund aufs new ver-teutscht: Auch eines jeden Buchs und Capitels inhalt, samt beygefügten Concordanzen und angehängter Erklärung der tunkeln Geschichten,

---

[1]) Deutsch Spruch. B. XX, pag. 337.
[2]) Schweizer Centraldogmen II, pag. 17 ff.
[3]) Bern. Stadtbibl. I, pag. 176.

Worten, Reden und Sachen, aufs kürzest und einfeltigst verfaßet: Ferner die Apocrypha, das ist, die Bücher, welche von alters an das Alte Testament angehengt werden, wiewol sie nicht durch Prophetischen Geist, noch in Hebreischer Spraach geschriben sind, aufs new verteutscht durch Johann Piscator, Professor der heyligen Schrifft zu Herborn, mit Rath und Hülff Christliebender gelehrter Männer, derselben Dollmetschungen und Erklärungen, verrfertigt." Unter diesem Titel ist ein Holzschnitt (ein Lorbeerkranz mit einem Palmzweigbündel auf jeder Seite desselben). Getrukt zu Bärn, In hoch Oberkeitlicher Trukerey durch Andreas Hugenet. Im Jahr Christi MDCLXXXIIII." Vor diesem Haupttitel ist noch ein großer Kupferstichtitel, als dessen Erfinder sich der Berner Joseph Werner und als dessen Kupferstecher sich der Basler J. J. Thourneysen nennt. In der Mitte steht der Titel: „die ganze heilige Schrift." Ueber demselben ist die Bundeslade und zu deren Seite je zwei der vier Evangelistensymbole, darunter die Worte: „dieß ist des Himmels Pforte." Zur Seite des Titels stehen zwei Frauengestalten „spes" und „fides". Unter dem Titel steht in der Mitte das Wappen von Bern, zu dessen einer Seite die Gesetzestafeln mit einem vom Schwerte durchbohrten Lamm stehen, während auf der andern Seite das Evangelienbuch mit Kelch und Brod gezeichnet ist. Dem Fluch des Gesetzes, den die um das Gesetzesbuch sich windende Schlange darstellt, entspricht auf der andern Seite die Friedenstaube über dem Evangelienbuch.

Das Ganze macht einen harmonischen Eindruck, während freilich die künstlerische Arbeit manches zu wünschen übrig läßt.

Dem Haupttitel folgt eine Zuschrift der bernerischen „Kirchen- und Schuldiener". Dieselbe beginnt mit den Worten: „Der größten ehr und würde unter seinem volk auf erden pflegt Gott der Herr auch, wie billich, die meiste sorg für das reich der himmeln anzubefehlen." Von Deut. 17, 18 ff. ausgehend, wird dann gezeigt, wie Gott den Regenten von Israel die Förderung der Ehre seines Wortes anbefohlen habe, wobei unter anderem das Lob der heiligen Schrift in folgenden Worten angestimmt wird: „Gottes Wort ist das Testament unsers himmlischen Vaters, welches keinem seiner Kinder zu verhalten ist: es ist ein Leuchter, dessen kein Hausgenoß, eine Kerze, deren kein Wandersmann, ein Kleinod, dessen kein Armer, eine geistliche Nahrung, dessen kein hungriger und durstiger, ein fruchtbarer Thau und Regen,

deſſen keine Pflanze, eine Arzney, deren kein Seelenkranker, eine reiche
Quelle alles lebendigen Trostes, deren kein Mühseliger und beladener
Sünder in der Kirch Gottes mangeln ſoll." Hierauf wird die ber-
niſche Landesregierung gepriesen, deren Eifer nicht nur die „Verlags-
unköſten" über ſich genommen, ſondern das Bibelwerk ſo habe ein-
richten laſſen, daß ſelbſt der unbemittelte gemeine mann es um einen
geringen Preis für ſich und ſeine Hausgenoſſen erkaufen könne.
Welches die „verſchiedenen hinderniſſe und bedenken, das Werk rück-
ſtellig zu machen", geweſen ſind, iſt nicht geſagt. Mit dem Ausdruck der
Freude über den Schutz und den Frieden, den die reformirte Bernerkirche unter dem dermaligen Regiment genieße und dem Wunſch, daß
Gott dieſes Bibelwerk an ſeiner Kirche ſegne, ſchließt der ſchöne Zuruf.

Hierauf folgt ein wörtlicher Abdruck der ſchon in der zweiten
Auflage der Piscatorſchen Ueberſetzung von 1604 befindlichen Vorrede des Ueberſetzers, in welcher dieſer ſeine Arbeit gegen die Angriffe
Jakob Andreäs und der Wittenberger theologiſchen Fakultät vertheidigt und die Nothwendigkeit einer Berichtigung der Lutherbibel nach-
weiſt. Auch „der Summariſche Bericht von der heiligen Schrift oder
Wort Gottes" iſt dem Herbornſchen Bibelwerke entnommen.

Ein „Bericht an den chriſtlichen Leſer" gibt Rechenſchaft über
die von den Bernern vorgenommenen Veränderungen. Der Piscatorſche Bibeltext ſei unverändert beibehalten worden, dagegen ſei bei
der Erklärung, wo Piscator göttliche Eidſchwüre in einer etwas harten Form ausgelegt habe, eine etwas gelindere Redensart gewählt
worden. Z. B. Num. 14, 23. 28. 30. 35 wird der Ausdruck: „ſo
will ich nicht Gott ſein" in den: „ſo wahr ich lebe" verwandelt.
Bei Act. 7, 16 iſt der Name „Abraham", der bei P. fehlt, aus dem
Grundtext aufgenommen. Die Erklärungen des bibliſchen Textes,
welche in der Herbornſchen Ueberſetzung den Capiteln nachgeſetzt ſind,
finden ſich hier als Randgloſſen neben dem Text, dagegen ſind die
Parallelſtellen unter die betreffenden Verſe geſtellt. Auch die Erklärungen ſelbſt wurden aus drei Gründen hin und wieder verändert.
Erſtens, weil Piscator ſelbſt in den verſchiedenen Ausgaben Veränderungen vorgenommen hatte, die nicht immer conſequent auf andere
gleichlautende Stellen ausgedehnt wurden. Zweitens habe Piscator
mitunter ſonderbare Meinungen in ſeinen Erklärun-
gen fürnämlich über die Schriften des neuen Teſtamen-

tes blicken laſſen, die in hieſigem Lande nicht ange=
nommen und weder in Kirchen, noch Schulen gelehret
werden."

Endlich hat Piscator den Erklärungen jedes Capitels noch be=
ſondere „Lehren" beigefügt. Theils die Rückſicht auf den Umfang
des Werkes, theils die Befürchtung, es möchten manche ſich mit dieſen
Lehren begnügen und die gottesdienſtlichen Verſammlungen verlaſſen,
veranlaßte die Herausgeber, dieſen Anhang wegzulaſſen. Nur Einiges
davon wurde in den Gloſſen aufgenommen, namentlich, wo es zur
Erklärung altteſtamentlicher Ceremonien dienen konnte. Es darf in=
deſſen hier wohl bemerkt werden, daß der practiſche Commentar, den
dieſe „Lehren" enthalten, meiſtens ganz vortrefflich iſt, und es iſt bei=
nahe unbegreiflich, daß er in neuern ähnlichen Werken beinahe gar
keine Berückſichtigung gefunden hat.

Auf den Bericht an den chriſtlichen Leſer folgt in unſerm Bibel=
werke ein „Regiſter der fürnemſten Sachen, ſo in den Büchern Alten
und Neuen Teſtamentes vermeldet und begriffen ſind." Dieſes 12
Seiten umfaſſende Regiſter iſt ein Auszug aus dem von Piscator
und ſeinen Mitarbeitern in einem beſondern Band herausgegebenen
ausführlichen Sach= und Spruchregiſter.

Das Werk enthält vier Theile, welche je mit neuen Seitenzahlen
beginnen. Der erſte Band S. 1—634 umfaßt die hiſtoriſchen Bücher
des alten Teſtamentes und die Lehrſchriften in der Reihenfolge der
Lutherſchen Bibel, der zweite Band S. 1—274 die Propheten, denen
eine kurze Vorrede vorangeht, die wir auch im Originalwerk finden.
Dieſe Vorrede macht auf die Bedeutung des Prophetenamtes auf=
merkſam. Der dritte Band S. 1—184 wird als „Anhang an das
alte Teſtament, darinnen begriffen ſind die Bücher, welche Apocrypha
genennet werden," bezeichnet. Eine Vorrede zeigt, warum dieſe Bü=
cher nicht als canoniſch betrachtet werden. Piscator, von dem die=
ſelbe herrührt, läßt im Grunde an den Apocryphen ſo wenig Gutes
gelten, daß man nicht begreift, warum er ſie noch aufgenommen hat.
Sowohl in der Reihenfolge als in dem Umfang der Bücher findet
ſich einige Abweichung von Luther. Es ſind folgende Bücher auf=
genommen: das Buch Tobit, das Gebet Manaſſes, das Buch Judith,
das Buch Baruch, Ein Brief Jeremiä, Anhänge an den Propheten
Daniel (das Gebet Aſarie, der lobgeſang der drei geſellen Daniels,

die Historia von Susanna, die Historia vom Bel, die Histori vom Drachen zu Babel), das dritte Buch Esra, das vierte Buch Esra, Anhang an das Buch Esther, das Buch Simeons, sonst genannt das dritte Buch der Machabäer. Das erste Buch der Machabäer, das andere Buch der Machabäer, das Buch der Weisheit, Jesus Sirach. — Der beigefügten Anmerkungen sind sehr wenige.

Der vierte Theil, welcher das neue Testament enthält, ist vor den frühern Theilen erschienen, denn er trägt die Jahreszahl 1683. Er hat auch einen besondern Titel: „das newe Testament Unsers Herren Jesu Christi durch Hr. Johann Piscator verteutschet und mit nothwendigen Auslegungen erkläret." Unter diesem Titel findet sich eine Vignette. Ein Mann, der in seiner Rechten einen Merkurstab emporhält, steht hinter einem Blumengefäß. Im Hintergrunde ist eine Stadt an einem Fluß, darüber das Motto: sic crescimus, unten ein Monogramm GT, dessen Bedeutung mir nicht bekannt ist.

Die Reihenfolge der Bücher folgt auch da ganz Piscator. Der Ebräerbrief kommt nach dem Brief an den Timotheus, dann folgen die Briefe Jakobi, Petri, Johannis, Judä.

Jedem einzelnen Buch und jedem Capitel gehen Inhaltsangaben voraus. In den Psalmen und dem Hohenlied folgen die Berner wörtlich der messianischen Deutung des Originals. Obwohl in dem Bericht an den Leser versichert ist, daß die anstößigen Betheurungsformeln weggelassen seien, so ist doch Marc. 8, 12 die bekannte Stelle: „Wenn diesem Geschlecht wird ein zeichen gegeben, so strafe mich Gott" stehen geblieben. In 1 Cor. 11 wird, wie in der Zürcherschen Bibelübersetzung der Kelch als „Trinkgeschirr" bezeichnet. Bemerkenswerth ist, daß bei 1 Petr. 3, 19 die Luthersche wörtliche Auffassung von den Bernern stehen gelassen wurde, während Eph. 4, 9 die „untersten Oerter" nach Pf. 139, 15 den Leib der Maria bedeuten sollen. 1 Joh. 5, 7 wird als unzweifelhaft ächt angenommen.

Noch sei bemerkt, daß diese Bernerbibel in Beziehung auf Druck und Papier als ein Muster schöner Ausstattung dasteht und in dieser Beziehung nur mit ein Paar der oben beschriebenen Froschauerbibeln verglichen werden kann.

Während so in der reformirten Kirche und Schule von Bern die Piscatorsche Bibel sich Eingang verschaffte, betrachteten die noch immer zahlreich im Canton verbreiteten Wiedertäufer diese Uebersetzung als gefälscht und ließen heimlich im gleichen Jahr 1684, in welchem die officielle Bibel erschien, in Basel das oben erwähnte neue Testament in der Zürcherübersetzung vom Jahr 1531 drucken.[1]

Im Jahr 1697 erschien ebenfalls in der obrigkeitlichen Druckerei bei Andreas Hugenet die zweite Bernerausgabe in 8° oder der Signatur nach groß 12° von 492 Seiten. Dieselbe unterscheidet sich von der frühern dadurch, daß sie, wie auf dem Titel bemerkt ist, „nach üblicher deutscher Sprach und Schreibart" eingerichtet ist.

Bis zum Jahr 1710 scheint keine neue Ausgabe mehr in Bern veranstaltet worden zu sein. Da erschien die erste Separat=Ausgabe des neuen Testamentes unter dem Titel: „das neue Testament unsers Herren und Heylands Jesu Christi sammt beigefügten Summarien, Concordanzen und Nutzen über ein jedes Capitel. Bern bei Daniel Tschiffeli, in 8° von 1039 Seiten ohne 13 S. Vorbericht. Hier finden sich nach jedem Capitel Nutzanwendungen, die von ihrem Inhalt und nächsten Zweck verschiedene Benennungen, der Lehre, Warnung, Vermahnung 2c. bekommen. Ueberdieß steht nach der kurzen Vorrede ein Bericht an den Leser, wie man mit Nutz das Wort Gottes lesen soll von 6 Seiten nebst einem Gebet, „welches zum heilsamen Lesen der heiligen Schrift gebraucht werden kann".[2] Jener Bericht sagt ausdrücklich, daß die Ausgabe auf Antrieb des Wohlehrwürdigen Convents (d. h. der Geistlichkeit) unternommen worden sei. Der Text ist eine bloße Wiederholung desjenigen von 1684; ebenso sind die Summarien der einzelnen Bücher und Capitel schon in jener Ausgabe zu finden.

Das Einzige, was diese Ausgabe von dem Original unterscheidet, ist das, daß sie den sprachlichen Aenderungen folgte, die sich seit einem Jahrhundert in Deutschland vollzogen hatten. Da jedoch die Uebersetzung aus Deutschland selbst eingeführt war, so konnte die selbst innerhalb eines Jahrhunderts sich entwickelnde Sprachveränderung nicht so groß sein, wie die, welche wir in den Zürcherausgaben bemerkt haben.

---

[1] Lorf a. a. O. pag. 244 und Le Long II, pag. 264 nach J. B. Ott. Ich habe dieselbe nirgends entdecken können.

[2] Sigmund J. Baumgarten, Nachrichten Bd. V, pag. 490 ff. — Stadtbibl. Zofingen.

Eine neue Ausgabe wurde 1719 veranstaltet in 2 Bänden gr. 8°[1]) Der erste Band hat ein illustrirtes Titelblatt, welches sehr hübsch ausgeführt ist. In der Mitte ist das Bernerwappen, von einer Krone bedeckt. Auf der linken Seite wird die alttestamentliche Zeit durch die Gesetzestafeln, um welche sich eine Schlange windet, durch einen Todtenkopf, ein Schwert und ein Opferlamm, auf der rechten Seite die neutestamentliche Zeit durch ein aufgeschlagenes Buch mit dem Christusbild, durch eine Taube mit dem Oelzweig, den Abendmahls= becher und das Taufbecken angedeutet. Ueber dem Ganzen ist die Inschrift: „Die ganze Heilige Schrift", unten das Bild der Stadt Bern. Der eigentliche Titel für das ganze Werk lautet: „Biblia, das ist die ganze heilige Schrifft, deß Alten und Neuen Testaments: Verteutschet durch Hr. Johann Piscator, Ehemalen Professor der heiligen Schrifft zu Herborn. Mit eines jeden Buchs und Capitels Innhalt, vielen locis Parallelis, und einichen kurzen Anmerkungen auß dem Grundtext versehen." Hierauf folgt eine kleine Vignette, eine Landschaft, in deren Vordergrund ein Anker und eine Taube sammt Oelzweig, und darüber die Worte: „in spe et silentio". An der untern Seite des Titels: „Getrukt zu Bern. In Hoch=Ober= keitlicher Druckerey, anno MDCCXIX.

Die 4⅙ Seiten umfassende Vorrede gibt zuerst die Veranlassung zur Herausgabe dieser Bibel an. Einerseits seien keine „Duisburger= bibeln" mehr vorräthig gewesen, anderseits sei der Wunsch ausge= sprochen worden, die Fehler dieser Bibeln, namentlich Auslassungen von Worten und Sprüchen zu beseitigen. Sodann wird im Anschluß an eine Aeußerung von Piscator die Nothwendigkeit einer immer fortgehenden Verbesserung der Uebersetzung nach dem Grundtext dar= gethan: „Sint dem Tod deß sel. Hr. Piscators, ist dise seine Ueber= setzung, so viel uns wißend, von niemand verbeßert, sonder gleichwie des Lutheri seine, so gelassen worden, wie sie selbige bei ihrem Ab= sterben hinderlaßen haben; Es ist aber sint der Zeit, gleich wie in allen Wißenschaften, also auch sonderlich in den Grundsprachen der Bi= bel durch den Fleiß gottseliger und gelehrter Männer, viles an den Tag kommen, so man vorher nicht gewußt, dardurch man den Sinn des heiligen Geists, von welchem die ganze heilige Schrift eingegeben

---

worden, beßer und gründlicher hat verstehen lehrnen, maßen hierinn keiner die Gaab der Unfehlbarkeit hat." Dabei wird noch aufmerksam gemacht auf „die noch unlängst mit großer Müh gesuchte und endlich gefundene Wißenschaft der Hebreischen Accentuation" und davor gewarnt „auß allzu großem Respect und Vorurtheil gegen das Alterthum keinen Gebrauch von jenen Fortschritten machen zu wollen." Endlich wird auf die Nothwendigkeit hingewiesen, außer Gebrauch gekommene Wörter und Redensarten mit verständlichern zu vertauschen.

Das ganze Werk ist in vier Theile getheilt, von denen der erste auf 362 Blättern die historischen und poetischen Bücher des alten Testamentes, der zweite auf 140 Blättern die Propheten, der dritte auf 117 Blättern die Apocryphen, der vierte auf 172 Blättern das neue Testament enthält.

Die Veränderungen und Verbesserungen, von denen die Vorrede spricht, sind nicht in den Text eingefügt, sondern jeweils unter die betreffenden Verse gesetzt. Man wagte es, wie es scheint, nur in dieser Weise sie allmählig bei dem Volke einzuführen. Sie sind ziemlich zahlreich, namentlich im Hiob, dem Prediger, in den Propheten und auch im neuen Testament, aber auch in den übrigen Büchern, z. B.

1684 (= Pisc.):	1719:
Genes. 3, 4: „Es ist nicht gewiß, daß ihr sterben werdet."	„Ihr werdet nicht des todes sterben."
3, 16: „Ich will dir vil schmerzen schaffen, wenn du schwanger wirst."	„Ich will deines schmerzens und deines empfangens vil machen."
4, 1: „Ich habe erworben einen Mann (vom) Herren."	„Ich habe bekommen den mann, nämlich den Jehovah" (!)
49, 10: „Bis daß kommen wird sein Sohn."	„Sein Begährter."
Hiob 4, 11: „durch die zähne des alten Löwen, der umkommen mußte, weil er keinen raub hat."	„Der alte Löw kommt um, weil er keinen Raub hat."
6, 13: „Ist denn keine verthädigung bei mir? Oder ist die warheit von mir verjaget?"	„Ist dann, wann kein hilff bey mir ist, auch die warheit von mir verjaget?"

Vers 19—21 sind ganz verändert.

19, 26: „Und (wiewol) sie nach meiner haut dises zerflochen haben: So werd ich doch auß meinem fleisch Gott sehen."	„Und nachdem sie dises von meiner haut werden zernaget haben: So werd 2c."

20, 19: „Wiewol er die armen unterdruckt hat, wird er sie doch müßen bleiben laßen. Wiewol er häuser an sich gerißen hat, wird er sie (doch) nicht bauen können."

„Weil er undertruckt und verlaßen hat die armen. Er hat ein hauß zu sich gerißen, das er nicht gebauet hat."

Pf. 23, 4: „Und ob ich schon wandelt im schröcklich finstern thal."

„. . . . . . Thal des schattens des todts."

Jef. 9, 3: „Du hast (zwar) diß volk groß gemacht, (aber) du hast die freude nicht (so) groß gemacht."

„Du hast des volks vil gemacht, du hast ihm die freud groß gemacht."

53, 9: „Welches (2c. volk) sein grab übergeben hat den gottlosen und seinen tod dem reichen."

„Und man bestellte mit den gottlosen sein grab, und er muß bei dem reichen sein in seinen ertödungen."

In den Apocryphen, die als „Anhang an das alte Testament" bezeichnet werden und mit besonderer Blätterzahl von den canonischen Schriften unterschieden werden, ist keine Berichtigung versucht worden. Es sind dieselben Bücher, die in den Zürcherbibeln sich befinden, nur in anderer Ordnung aufgenommen, also auch 3. und 4. Esra und 3. Macc. („das Buch Simeons sonst genannt das dritte Buch der Maccabäer.")

Das neue Testament hat einen besondern Titel. Die Reihenfolge der Bücher ist wie bei den Zürcherausgaben diejenige des textus receptus. Von den vorgeschlagenen Aenderungen mögen einige Beispiele die Ausgabe charakterisiren.

1684:

Matth. 1, 19: „Und sie nicht wollte berüchtigen."

1719:

„Und sie nicht wollte öffentlich ins geschrey bringen."

3, 8: „Früchte, die sich der Bekehrung geziemen."

„Früchte der Sinnesänderung."

8, 4 = Luther: „zu einem zeugniß wider sie."

„Ihnen zum zeugniß."

12, 34: „Weß das herz voll ist 2c. = Luther.

„Aus dem Ueberfluß des herzens redet der mund."

Marc. 8, 12 sind die bekannten Worte „so strafe mich Gott" in ( ) gesetzt, wie überhaupt solche Beifügungen zum Texte überall in Klammern gesetzt sind, z. B. Röm. 4, 6. 7. 9. 16.

Luc. 2, 14: „in den menschen des wolgefallens."

„In den menschen ein wolgefallen."

11, 35: „So betrachte nun, ob das liecht, das in dir ist, finsternuß sei."

„So siehe nun zu, daß nicht das licht, so in dir ist, finsternuß sei."

Joh. 1, 22: „Ihr wiſſet nicht, was ihr anbättet. Wir aber wiſſen, was wir anbätten."

„Ihr bättet an, was ihr nicht wiſſet, (nicht kennet). Wir bätten an, was wir wiſſen (kennen)."

11, 11: „ſchlaft."

„Iſt entſchlafen."

Röm, 1, 5: „den gehorſam des glaubens aufzurichten unter allen heyden" = Luther.

„Zum gehorſam des glaubens in allen heyden."

2, 2: „daß das gericht Gottes gerecht iſt über ꝛc."

„daß das gericht Gottes nach der warheit iſt."

8, 4: „auf daß die gerechtſprechung des geſetzes erfüllt würde in uns."

„Auf daß das Recht des Geſetzes ꝛc."

1 Cor. 11, 25 iſt der Ausdruck „Trinkgeſchirr" beibehalten.

1. Cor. 12, 7: „die erweiſung des Geiſtes."

„die offenbarung des geiſtes."

Gal. 1, 15: „Wie waret ihr dazumal ſo ſelig?"

„Was war dann eure ſeligkeit?"

5, 10: „der wird die verdammnus darin tragen."

„das urtheil tragen."

1 Tim. 2, 4: „welcher will, daß allerley menſchen ſelig gemacht werden."

„alle menſchen."

An allen drei Stellen 1 Tim. 3, 1. 4. und 6 iſt das Piscatorſche, wahrſcheinlich zu Gunſten der Prädeſtinationslehre, durch „a l l e r l e i" überſetzte Wort mit „allen" corrigirt.

Ebr. 11, 1: „eine zeigung deren Dingen, die man nicht ſiehet."

„eine überzeugung deren (Dingen) die man nicht ſiehet."

Unverſtändlich gewordene Ausdrücke ſind in verſtändlichere umgewandelt, z. B. Gen. 50, 10: „Heimbotten" in „Haagbornen". Ex. 27, 3: „klüfften" in „Zangen". Pſ. 81, 7: „Narthen" in „Töpfen oder irdinen Häfen". Am. 7, 1: „das grummet" in „d. Emd".

Die Zuthaten ſind aus der Piscatorbibel beibehalten, ſo die Inhaltsangaben vor den einzelnen Büchern, die ſehr weitläufigen Summarien der einzelnen Capitel und die Parallelſtellen, nur daß letztere je unter die betreffenden Verſe, nicht mehr unter das ganze Capitel geſetzt ſind. Im Uebrigen zeichnet ſich die Ausgabe weder durch Schönheit des Drucks noch des Papiers aus.

Nach neun Jahren (1728) wurde abermals eine neue Ausgabe der Vernerbibel durch den Rath des Kantons veranſtaltet, eine Ausgabe, die hauptſächlich für Unbemittelte beſtimmt war.[1] Unterdeſſen

---

[1] Nach der Vorrede zu der Bibel von 1736. Die Ausgabe ſelbſt hat der Verfaſſer nicht zu Geſichte bekommen.

war die reformirte Kirche Berns in manche religiöse Bewegungen ge=
rathen. Weder der Associationseid, noch die formula consensus,
noch die sog. Religionskammer, welche jeden der Heterodoxie Ver=
dächtigen vor ihr Forum zu ziehen hatte, vermochten den von allen
Seiten sich erhebenden Widerstand gegen die Orthodoxie und den
hereinbrechenden Strom des Pietismus aufzuhalten. Der Pietismus
verhielt sich nicht nur nicht gleichgültig gegen die Prädestinationslehre;
er bekämpfte sie geradezu. Die Verbannung des Predigers Samuel
König, die Maßregeln gegen den Prediger Samuel Luz (Lucius)
erwiesen sich als ohnmächtig. Dennoch machte der Rath und die
Geistlichkeit fortwährende Anstrengungen, bei jeder Gelegenheit die
verlorene Position wieder zu gewinnen.

Es ist nicht unmöglich, daß diese Kämpfe einigen Einfluß auf
die nächstfolgenden Ausgaben der kirchlich eingeführten Bibel gehabt
haben. Auffallend ist es gewiß, daß in den letztern auch nicht die
geringste Rücksicht auf die in der Ausgabe von 1719 gemachten Ver=
besserungsvorschläge genommen wurde. Selbst die Parenthesen, durch
welche hier die oft so unerträgliche Weitschweifigkeit Piscators we=
nigstens einigermaßen gemildert wurde, sind wieder entfernt. In
1 Tim. 2 wird nicht einmal durch eine Anmerkung das „allerley
Menschen" wieder aufgenommen. Man wollte selbst den Schein einer
Concession an Luther vermeiden. Dieß tritt schon in der nächstfol=
genden Ausgabe von 1736 hervor. Diese Bibel in Folio ist nichts
anders als ein wörtlicher Abdruck derjenigen von 1684, der sie auch
in ihrer schönen Ausstattung völlig gleicht.[1]) Schon das Titelbild

---

[1]) Das auf der Stadtbibliothek in Bern befindliche Exemplar ist vielleicht die
schönste Schweizerbibel, welche auf dem Boden der Eidgenossenschaft existirt,
nicht nur wegen des Einbandes (rother Saffian mit reicher Goldverzierung
und mit Goldschnitt), sondern auch wegen der 216 Kupferstiche in Folio
und Doppelfolio, welche ihr einverleibt worden sind. Da jedoch diese einem
niederländischen Werke entnommen sind, also nicht ursprünglich für die
Bernerbibel bestimmt waren, so kann hier nicht ausführlicher davon die
Rede sein. Die zum Theil ungemein schön entworfenen und gelungenen
Bilder sind, wie das erste Blatt, ein Titelblatt von reicher Erfindung,
sagt, im Haag erschienen: „Figures de la Bible à la Haye chez Pierre
de Hondt MDCCXXVIII." Auch das neue Testament hat ein solches
Titelbild mit der Ueberschrift: „Figures qui representent les événe-
mens les plus memorables du nouveau testament." Die sehr verschie=

ist von 1684 herübergenommen und trägt diese Jahreszahl. Der Titel selbst dagegen lautet etwas anders: „Biblia, das ist: die ganze heilige Schrifft, Alten und neuen Testaments; Aus Hebräischer und Griechischer Sprach, in welcher sie Anfangs von den Propheten und Aposteln geschrieben. Nach der Uebersetzung Johannis Piscatoris, Weiland Prof. der H. Schrifft zu Herborn. Mit beygefügten und vermehrten Erklärungen der tunkelen Geschichten, Schatten- und Sinn-bildern, Rätzeln, Gleichnußen, Göttlichen Träumen, Gesichtern, pro-phetischen Redensarten, Anweisungen der Erfüllungen, wie auch geist-lichen Nutzanwendungen auff jedes Capitel, von neuem ausgefertigt (unter allergnädigstem Privilegio und Vorschub des hohen Standes) von einem Ehrwürdigen Convent loblicher Stadt Bern." Unter dem folgenden Bernerwappen heißt es: „Bern in der obern Druckerey, verlegt und gedruckt von Emanuel Hortinus, im Jahr Christi MDCCXXXVI."

Auf dem zweiten Blatt folgt die „Vorrede der Kirchen- und Schuldienern von Bern." Ungeachtet des Datums: „Geben zu Bern den 16. Wintermonat des 1736 Jahres" ist dieselbe ein Abdruck der-jenigen von 1684, mit Ausnahme der Stelle, welche auf diese Aus-gabe hinweist. Sodann kommt die ebenfalls oben genannte „Vorrede Joh. Piscatoris", in Fernerm: „Summarischer Bericht von der hei-ligen Schrifft oder Wort Gottes", nur wenige Bemerkungen über den Inhalt und Werth der Bibel. Ein „Vorbericht über dieß neu aufgelegte Piscatorianische Bibelwerk" gibt Auskunft über das Ver-hältniß dieser Ausgabe zu der unmittelbar vorangegangenen vom Jahr 1728. Das ganze Werk zerfällt in fünf Theile mit je einer neuen Paginirung, Thl. I, 521 Seiten (die histor. Schriften des A. T.), Thl. II, 158 S. (die Lehrbücher), Thl. III, 440 S. (die Propheten), Thl. IV, 132 S. (Apocryphen), Thl. V, 336 S. (das neue Testament).

---

denen Zeichner und Kupferstecher sind immer genannt, sowie auch ein Paarmal die Gemälde, nach denen sie gearbeitet haben. Unten an jedem Bild ist dessen Inhalt in sechs Sprachen, hebräisch (im N. T. griechisch), latein, englisch, französisch, deutsch und holländisch angegeben, wohl ein Be-weis, daß das Kupferwerk die Bestimmung hatte, die Bibeln verschiedener Länder zu schmücken. So kam es nun wohl auch in die Bernerbibel.

Der Vorbericht erklärt selbst, daß man den Text der letzten Ausgabe unverändert aufgenommen habe, und da diese mit dem von 1719, ganz unbedeutende Correcturen ausgenommen, vollständig übereinstimmt, so ist anzunehmen, daß auch die Bibel von 1728 keinen wesentlichen Fortschritt in der Verbesserung gemacht habe. Die Sprache ist der allgemeinen Schriftsprache mehr angepaßt (z. B. „seit" statt „sint"), wogegen die obengenannten unverständlichen Ausdrücke noch unverändert beibehalten wurden.

Die Summarien der Bücher sind die frühern, dagegen sind diejenigen der Capitel, namentlich in den poetischen und den Lehrbüchern des Alten und Neuen Testaments vielfach abgekürzt. Die „Lehren" oder Nutzanwendungen unter den einzelnen Capiteln sind zwar aus Piscator genommen, aber bedeutend kürzer. Erklärungen von Ebreischen und Griechischen Wörtern wurden meist weggelassen. „In den Prophetischen Schriften, wo keine gesichter und sinnenbilder, hat man keine weitläufigen Anmerkungen gemachet, auch des seligen Piscatoris seine meistens behalten; doch der nothwendigkeit erachtet, wo man glaubete, daß die weißagungen auf spähtere und andere Zeiten, als der seelige Mann mit ältern Gottesgelehrten geglaubet, abzihleten, solches ganz bescheidenlich, hin und her, und sonderlich zu Ende der capitlen, angedeutet." — „Diejenigen Prophezeiungen aber, die voller gesichter und sinnenbilder, erforderten mehrere weitläuftigkeit, damit sie dem Leser nach Anleitung großer Gottesgelehrten, und eigener von Gott verliehener Gnade, solcher heiligen rätzeln einige öffnung geben möchten." Nach dieser Erklärung ist sich nicht zu wundern, wenn die messianische Deutung zuweilen auf die Spitze getrieben wird. So namentlich im Hohenliede, in den Propheten Ezechiel, Daniel und Sacharja. Unter dem Titel: „Erfüllung dieser Weißagung" ist vielen Capiteln aus diesen Propheten eine solche Deutung beigefügt, z. B. Ez. 27. 29. 35. 36. 37. 39. Selbst der Darstellung des neuen Tempels Ez. 40. 41 ist eine bis ins Einzelnste gehende „Geistliche Bedeutung" mitgegeben. Sehr weitläufig sind Auslegungen ähnlicher Art Dan. 9. 12., Sach. 12—14.

Ungeachtet die Piscatorsche Uebersetzung schon theils durch die von der Regierung und Geistlichkeit ans Licht getretenen Ausgaben, theils durch die kirchliche Gewohnheit als die officielle in der Bernerkirche galt, so wurden doch daneben noch andere Uebersetzungen gebraucht.

Dieß geschah noch um so öfter, weil der in Bern eingeführte Heidel=
bergercatechismus gewöhnlich die Sprüche der Lutherschen Bibel ent=
lehnte. Die Predigerordnung von 1743 nahm daher zum erstenmal
einen wirklich amtlichen Act der Einführung der Herborner Ueber=
setzung vor. Es heißt da: „damit durch die verschiedenen Ueber=
setzungen der heiligen Schrift nicht Irrungen entstehen, sollen nicht
nur durchgehends alle Prediger in ihren öffentlichen Verrichtungen
sich dieser (nämlich der Piscatorschen) bedienen, sondern alle ihre
Kirchangehörigen dahin vermahnen, die Testamente in gemeldeter
Uebersetzung zu kaufen." [1])

Weder von der Obrigkeit noch von der Geistlichkeit, sondern von
einer Frau ist die hübsch gedruckte Octavausgabe vom Jahr 1755
herausgegeben worden. Eine Wittwe Esther Bondelin geb. Sprüng=
lin, wohl dieselbe, welche nach dem Titel des Buchs Inhaberin der
Druckerei war, in der es herauskam, fühlte sich gedrungen, das „sehn=
liche Verlangen so vieler Knechte Gottes nach einer solchen Piscator=
schen Handbibel endlich zu stillen", da es „seit mehr als Dreißig Jah=
ren an einer zum Mittragen in das Haus des Herrn bequemen Form"
gemangelt habe. In der 9 Seiten umfassenden Dedication an die
„Herren Schultheißen, Räth und Burgern Einer hochloblichen Repu=
blik Bern" gibt die Herausgeberin zu verstehen, daß, weil ihr Ver=
mögen zu einem so kostbaren Unternehmen zu schwach war, sie ge=
hofft habe, sich gleich Andern eines „hohen gnädigen Vorschubs" er=
freuen zu können. Gott habe sie jedoch prüfen wollen und ihr deßhalb
jene Hoffnung nicht erfüllt. Aber ihr Vertrauen auf Gottes Hülfe
sei nicht zu Schanden geworden. Es scheint, daß die Herausgeberin
um ihres Werkes willen manchen Spott erfahren mußte. Deßhalb
setzt sie wohl hinzu: „Welt und Satan sind mit Spott zurücke ge=
trieben und ich bin — durch tausend Hindernisse glücklich hindurch=
gebrochen, daß ich endlich diese meine gemeinnützige Absicht erreicht
habe." Der Titel des Werks ist dem der vorigen Ausgabe gleich
bis zu dem Worte „Herborn". Dann steht nur in Kürze: „Sammt
beigefügten Summarien und Concordanzen über jedes Capitel." Unten
daran ist das Bernerwappen. Am Schluß: Bern. Getruckt und zu

---

[1]) Wiederholt im Jahr 1748. § 4, pag. 15, 16.

finden bei Joh. Bondeli sel. Wittib 1755.[1]) Nach der oben genann=
ten Dedication folgt ein wörtlicher Abdruck des „Summarischen Be-
richtes" der vorigen Ausgabe.

Der Text unterscheidet sich von dem des Jahres 1736 gar nicht.
Nur wagte man es, die in der Ausgabe von 1719 in Parenthese
gesetzten Flickwörter in etwas anderer Schrift aufzunehmen. Die
Capitelsummarien sind auch die abgekürzten der letztern. Die Inhaltsangaben der einzelnen Bücher sind mit wenigen Ausnahmen
(Genes., die Propheten, die Evangelien) weggelassen. Ebenso finden
sich die Apocryphen nicht. Diese Verkürzungen sind ohne Zweifel
im Interesse des Gebrauchs in den Kirchen gemacht worden. Das
Ganze zerfällt in drei Theile, von denen der erste auf 720 gespaltenen
Seiten die historischen und poetischen Schriften des Alten Testaments,
der zweite auf 268 Seiten die Propheten, der dritte auf 310 Seiten
das neue Testament enthält. Den Schluß bildet eine „Anmerkung
zur Lesung heiliger Schrifft."

Ob nun ein Stillstand in der Herausgabe von Bernerbibeln
folgte, ist dem Verfasser nicht bekannt. Die Nachforschungen haben
nur noch auf Eine Ausgabe geführt, die Folioausgabe von 1784:[2])
„Biblia, das ist die ganze heilige Schrift des alten und neuen Testaments. Aus der hebräischen und griechischen Sprache, in welcher
sie anfangs von den Propheten und Aposteln geschrieben worden,
übersetzt durch Johann Piscator, Professor der heiligen Schrift zu
Herborn." Zwischen zwei Strichen ist dann beigefügt: „Kostet un=
gebunden 40 Batzen[3]) und ist zu haben in der hochobrigkeitlichen
Buchdruckerey." Unten daran das Wappen von Bern und die
Worte: „Bern. Gedruckt bey Beat Friedrich Fischer, hochobrigkeit=
lichen Buchdrucker. 1784." Nach dem schon früher beigefügten „Sum=
marischen Bericht über die heilige Schrift" kommt der Text. Dieser
ist in vier Theile je mit besonderem Titel eingetheilt. Der erste
Theil enthält den Pentateuch, Josua, Richter und Ruth auf 252 Seiten, der zweite die übrigen Geschichtsbücher und die Lehrbücher
(336 S.), der dritte die Propheten (221 S.). Die hierauf folgenden

---

[1]) In den Händen des Verf.
[2]) Stadtbibl. Zofingen.
[3]) d. h. ein alter Vernerthaler, jetzt Fr. 5. 60.

Apocryphen werden unter besonderm Titel als „Anhang an das alte Testament" bezeichnet (151 S.). Der vierte Theil enthält das neue Testament. Der Text dieser sehr schönen Ausgabe hat durchaus keine andere Veränderung erfahren, als sprachliche, theils grammatische, theils orthographische, theils lexicalische, z. B. „schuf" statt „schuffe", „wäre" statt „ware" (Imp. Conj.), „verschlung" (= verschlang), fr. verschlund. — „Denn", fr. „dann", „auf", fr. „auff". — „Tännern" fr. „tännin"; „ehern", fr. „ehrin". Selten ist ein anderer Ausdruck gewählt, z. B. Ps. 56, 3: „mit stolzem Muth", fr.: „stolziglich". Ps. 81, 7: „töpfe", fr.: „Narthen". Die einzige wirklich bemerkens= werthe Aenderung hat Marc. 8, 12 erfahren: „Wahrlich ich sage euch, es wird diesem geschlecht kein zeichen gegeben", wo noch 1755 die alte Fassung steht: „Wann diesem geschlecht ein zeichen wird ge= geben werden, so straffe mich Gott." Dagegen sind die vielen Bei= fügungen durch nichts vom Text unterschieden.

In den Summarien ist diese Ausgabe wieder zu den ausführ= lichern von 1719 zurückgekehrt. Die Parallelstellen sind dagegen die= selben wie 1736 und 1755. Die Inhaltsangabe der Bücher ist die von 1719. Anmerkungen oder „Lehren" sind nirgends mehr beigegeben.

Es läßt sich nicht in Abrede stellen, daß dieß Werk schon durch die orthographische Aenderung viel an Lesbarkeit gewonnen hat. Die zahlreichen Stellen, in denen Luther wirklich verbessert worden ist, treten dadurch in ein noch günstigeres Licht.

Der damals noch so große und mächtige Kanton Bern, welcher seit der Reformation strenge auf Einheit der Lehre und des Cultus gehalten hat,[1]) wachte genau darüber, daß keine kirchliche Aenderung in den ihm untergebenen Gebieten vorgenommen wurden. So ging denn auch die Uebersetzung von Piscator in den reformirten Theil des Aargaues über und besiegte da um so rascher die sehr verbreitete Luther= bibel, als auch die bernischen Kirchen = und Lehrbücher gebraucht wer= den mußten. In weitere Kreise oder Kantone ist die Bernerbibel nicht gedrungen.

---

[1]) S. M. Ochsenbein: die Streitigkeiten über die formula consensus. Bern. Taschenb. 1859. pag. 173.

Dritter Abschnitt.

Die Luthersche Bibelübersetzung in Basel und andern reformirten Kantonen.

Während Zürich für Erhaltung und Verbreitung seiner Bibel=
übersetzung eifrig besorgt war und Bern durch Einführung der Pis=
catorbibel die Luthersche nach und nach verdrängte, konnte doch nicht
verhindert werden, daß die letztere in verschiedenen Theilen der re=
formirten Schweiz immer mehr Eingang fand. Die oben schon er=
wähnten Klagen von Zürich waren deßhalb nicht ungegründet. Bis
gegen Ende des achtzehnten Jahrhunderts hatte sich die Einführung
der Lutherbibel auch in mehrern von denjenigen Kantonen vollzogen,
die sich noch lange an Zürich angeschlossen hatten.

In Basel, das sich von Anfang der Reformation der deutsch=
lutherschen Bibelübersetzung beinahe ununterbrochen zugewendet hatte,
änderte sich in dieser Periode nichts. Die sämmtlichen in unserer
Periode dort erschienenen Ausgaben haben den Lutherschen Text und
folgen nur Schritt für Schritt der sprachlichen Umgestaltung desselben.
So z. B. die vielleicht von Baslertheologen veranstaltete „Biblia
sammt Auslegungen 2c. Paulli Tossani, in diser edition fürnämlich
aus der niederländischen und anderer Theologen besten Auslegungen
vermehrt". Basel 1665. Fol. und 1675 Fol. Ebenso die schönen
Ausgaben des Buchdruckers R. L. König 1678. 1680. 1683, in wel=
chen vor jedem biblischen Buch je ein besonderes Blatt mit acht Bil=
dern sich befindet, die indessen ohne künstlerischen Werth sind. Auch
die mit vielen Holzschnitten des Jac. Ringlinus geschmückte, bei J.
G. König erschienene Bibel von 1691 wiederholt den allgemein an=
genommenen Lutherschen Text. [1]) Ungeachtet in Basel die biblisch=
philologischen Studien, namentlich des alten Testamentes, durch die
beiden Buxtorf, Vater und Sohn, eines europäischen Rufes genossen,

---

[1]) In diesen Ausgaben befindet sich ein schönes Titelblatt (Rud. Huber inv.
J. J. Thurneisen sculps.). Die Bilder im Text sind bloße Wiederholun=
gen derjenigen in den Ausgaben von 1678. ff.

so trugen sie der Verbesserung der Bibelübersetzung nichts ein.
Der syllabus controversiarum vom Jahr 1662 und sodann die
Consensusformel, welche hauptsächlich Lucas Gernlers Vorgänger, der
Antistes Th. Zwinger, betrieb, beide Acte schlossen jede Abweichung
von dem Bestehenden aus. Indessen regten sich doch vereinzelte Wünsche
hinsichtlich einer Verbesserung der Lutherbibel. Die beiden Pfarrer
in Basel, Fr. Battier zu St. Alban und Theodor Gernler zu St.
Elisabeth gaben 1720 eine deutsche Lutherbibel heraus (gedruckt in
Folio bei Thurneisen, neu aufgelegt 1760), in deren sehr nüchtern
gehaltener Vorrede sie offen bekannten, daß sich viel Dunkles in der
Bibel finde, besonders für den, der sie nur in der lutherschen Ueber=
setzung kenne. Vielleicht ist diese Aeußerung eine Nachwirkung der
durch A. H. Franke in dessen biblischen Beobachtungen 1695 ange=
regten Revisionsversuche. Während die Bemerkung jener Basler=
theologen bald verhallte, so wurde dagegen das, was der berühmte
Baslertheologe J. J. Wettstein[1] hinsichtlich der Lutherschen Bibel=
übersetzung äußerte, weniger leicht aufgenommen. Ungeachtet in dem
mildgesinnten Samuel Werenfels († 1740) sich eine neue Zeit ange=
kündigt hatte, so wurde über Wettstein ein eifriges Ketzergericht ge=
halten, welches die ganze reformirte Schweiz in Bewegung setzte.
Unter den Anklagen gegen den genannten Kritiker war auch die freimü=
thige Kritik, die er an der Lutherschen Bibelübersetzung geübt hatte.
Wettstein war nicht Lehrer an der Universität, aber schon als Pfarrer
hielt er sich für verpflichtet, das Volk über das Verhältniß der Bibel=
übersetzung zum Grundtexte aufzuklären.[2] Er glaubte, daß die
Ueberschätzung des Lutherschen Werkes manche Mißverständnisse bei
den Schweizern veranlaße. Daß er diese Bedenken sogar vor dem
Volke aussprach, machte ihn bei seinen geistlichen Collegen verdächtig.
Diese meinten, es nehme dieß den Leuten die Lust, in der Bibel zu
lesen, wogegen Wettstein einwendete, daß gerade dieses magische
Dunkel des Ausdrucks manchen denkenden Leser vom Schriftgebrauch
abschrecke und hingegen die Verständlichkeit desselben die Lust mehre.
Wettstein machte auch, wie dieß A. von Polensdorf schon vor ihm
gethan hatte, auf die oft so ungeschickte Capitel= und Versabtheilung

---

[1] Hagenbach in Illgen Zeitsch. f. hist. Theologie 1839. I, pag. 105.
[2] Hagenb. a. a. O. pag. 113 ff.

aufmerkſam. Der ausgezeichnete Mann wurde 1730 bekanntlich als Irrlehrer abgeſetzt und die ſchweizeriſch = reformirten Mitſtände ſtimmten in ſeine Verurtheilung ein. Er ſtarb zu Amſterdam im Jahr 1754, als bereits die Zeit der Aufklärung allenthalben ſich ankündigte.

Auch an Baſel ging das Aufklärungsbeſtreben nicht vorüber. Dieſes ließ zwar die kirchliche Bibelüberſetzung unangetaſtet, dagegen machte es ſich in Privatarbeiten geltend. Eine ſolche iſt die im Jahr 1776 herausgekommene Bibelüberſetzung des Simon Grynäus, Pfarrers zu St. Peter in Baſel (geb. 1725, † 1799). Der Verfaſſer, der letzte Sprößling des ehemals berühmten Theologengeſchlechtes, hoffte mit ſeinem Werke ſeiner Kirche einen großen Dienſt zu leiſten, allein daſſelbe war ſo ſehr bloß das Ergebniß des Geſchmackes ſeiner Zeit, ohne gründliche bibliſche Erforſchung des Grundtextes, daß es noch weit raſcher vergeſſen wurde, als die ähnliche Arbeit des Zürchers Stolz. Es erſchien in fünf Bändchen, deren jedem Ausſprüche aus Cicero, Virgil, Martial, Horaz, Perſius und einer aus Gellerts Liedern vorangehen. Man kann hier kaum von einer Ueberſetzung, nicht einmal von einer wirklichen Paraphraſe reden. Manches, was im Grundtexte ſteht, iſt gar nicht berührt, z. B. in der Bergpredigt. Gen. 1, 1 lautet: „Gott, außer dem nichts war, machte den Anfang aller Dinge mit Erſchaffung des Grundſtoffes derſelben. Nun war die Erde noch ungeſtaltet, unbewachſen, unbewohnt.“ V. 26: „Laſſet uns Menſchen machen, einen nach unſern Vollkommenheiten gebildeten Abdruck.“ Gen. 48, 10: „die höchſte obrigkeitliche, geſetzgeberiſche, richterliche Macht wird von Juda nicht genommen — biß der große Friedensſtifter, der Meſſias kommt.“ Gen. 20, 4: „Keinem Bilde, keiner Vorſtellung irgend eines Geſchöpfes am Himmel, auf Erden, in dem Waſſer, ſollſt du göttliche Ehre erweiſen.“ Prov. 1, 8. 9.: „Mein Sohn, ſiehe den Unterricht deines Vaters und auch was dir deine Mutter eingeprägt hat, als ein Geſetz an; ſie leiten dich zu Tugenden, dieſem alle äußerlichen Verzierungen übertreffenden Schmucke der Seele.“ Das Hohelied iſt in bramatiſche Form gebracht. Die Perſonen dabei ſind: 1) der Bräutigam, der Meſſias, 2) Freunde deſſelben, evangeliſche Lehrer, 3) Geiſtliche Mütter der Braut, chriſtliche Gemeine aus den Juden, 4) Töchter Jeruſalems, Freundinnen derſelben, 5) Braut, chriſtliche Gemeine aus den Heiden, 6) Freundinnen derſelben, 7) Winzer, 8) Obſtgärtner, 9) Hüter des

Gewilds, 10) Hofbediente. Das Ganze ist in fünf Acte („Zusammenkünfte") eingetheilt und keineswegs ohne Geschick behandelt. Vor jeder „Zusammenkunft" findet sich ein Kupferstich (J. M. Söckler fec.).
Die Evangelien sind zu einer Art Synopse verarbeitet in 67 Abschnitten.
Joh. 1, 1—14 lautet: „Jesus Christus war vor seiner Menschwer-
dung: er (das Wort) war im Anfang der Dinge, in der Ewigkeit
war er bei und mit Gott; er war Gott; also war er bei Gott; durch
ihn ist Alles geschaffen, ohne ihn nichts. Er ist die Quelle alles
leiblichen, also auch alles geistlichen und ewigen Lebens; ihn, der
den Verstand der Menschen zu ihrem Heil erleuchtet, verkannten sie,
durch Sünde verfinstert." Bemerkenswerth ist, daß der Bearbeiter
daneben doch wieder gut orthodox sein will, z. B. Gen. 1, 25 heißt
es: „Er (der dreieinige Gott) sprach." Gen. 3, 15: „und ihrem
Samen (dem Messias)." 18, 1: „der Herr (der Messias) erschien
dem Abraham." Sechs Jahre später (1782) erschien ebenfalls in
Basel (und Berlin) noch eine zweite Auflage des Werkes in drei
Bänden mit größerem Format und beßerm Drucke. Hinsichtlich des
Textes unterscheidet sich jedoch diese Auflage nur wenig von der ersten. Auffallend ist, daß der Verfasser keine Anfechtungen wegen
seiner Arbeit erlitten hat.

In keinem reformirten Kanton ist der Uebergang von der Zürcherbibelübersetzung zu der Lutherschen in dieser Periode ein so vollständiger gewesen, wie in dem Kanton Schaffhausen. Noch in
den ersten drei Jahrzehnten des siebenzehnten Jahrhunderts ist die
Zürcherbibel die bevorzugte. Die in Zürich gedruckte „christliche Ordnung und Brüch für die Kirchen in der Statt und Landschaft Schaffhausen" und der „Catechismus oder Kinderbericht" vom Jahr 1607
bedienen sich der Zürcherübersetzung.

Bei der Erneuerung des Rathssaales im Jahr 1629 wurden an
den Wänden Sprüche aus ebenderselben angebracht. Allmählig trat
aber ein gewisses Schwanken ein. Hiezu wirkte einmal der Umstand,
daß die lebendige kirchliche Beziehung zwischen den Kirchen von Zürich und Schaffhausen nach und nach aufhörte und einem mehr nur
literarischen Verkehr Platz machte. Sodann wurden junge Theologen
wieder öfter nach Basel oder auf deutsche Universitäten geschickt. So
kommt es denn, daß einzelne Prediger in der nämlichen Predigt
bald die deutsche, bald die schweizerische Bibelübersetzung gebrauchen.

So z. B. der Dekan Koch, der Vertreter der Schaffhauserkirche bei
der Synode von Dortrecht. Auch im Privatgebrauch nehmen wir
ähnliche Erscheinungen wahr. Schaffhausersche Schriftsteller der zweiten Hälfte des 17. Jahrhunderts bedienten sich, zumal wenn sie ihre
Schriften in Zürich erscheinen ließen, der Zürcherschen Uebersetzung,[1]
während andere die Luthersche gebrauchen.[2] Der Rector des Gym-
nasiums in Schaffhausen, Stephan Spleiß, schreibt an den Buchdrucker
J. Bodmer in Zürich (13. April 1661), daß die „ältern Herren Theo-
logi und Prediger in den Lutherischen Editionen durch lange Uebung
und den Gebrauch ihre memoriam localem haben", hofft aber doch,
daß die neue Zürcherausgabe bei den Jüngern Eingang finden werde,
„wann sie ihnen bekannt und beliebt gemacht wurde", wünscht aber
sehr, daß man der verbesserten deutschen „Orthographey" sich bediene.[3]
Dieses Schwanken dauerte beinahe durch das ganze 17. Jahrhundert
hindurch. Doch immer mehr trat die Luthersche Bibelübersetzung in
den Vordergrund. Ein besonderes Ereigniß förderte dieses Verhältniß. Eine entsetzliche Pest in den Jahren 1628 und 1629 raffte
eine ziemliche Anzahl von Geistlichen hinweg. Nun war man genöthigt, von Außen her die Lücken wieder auszufüllen. Man wandte sich
nach der Pfalz und eine Reihe von dortigen Predigern wurde in
Kirche und Schule angestellt. Unter dem Einfluß dieser Geistlichen
wurde nicht nur der Heidelbergercatechismus in Schaffhausen eingeführt (1642), sondern auch die Luthersche Uebersetzung heimisch gemacht. Ungeachtet aber dadurch die Zürchersche Bibelübersetzung immer mehr in den Hintergrund trat, so war die Erinnerung daran
noch lebendig genug, um noch auf die neue Liturgie von 1658 ihren
Einfluß auszuüben, z. B. in dem wahrscheinlich von dem Dekan J.
G. Schalch herstammenden Gebet vor dem Morgengottesdienste. Zudem nahm man noch größere biblische Stücke unverändert aus der
frühern Liturgie nach der Zürcherübersetzung auf und ließ sie in dieser
Form stehen bis 1860, wo eine abermalige Revision der Liturgie
beinahe Alles nach der Lutherschen Uebersetzung umformte.

---

[1] Z. B. J. Burgauer: Von den Erdbidmen. Zür. 1651.
[2] Z. B. H. Stockar, Pfarrer in Schaffhausen. Seelenschmuck. Schaffh. 1669.
   L. Meyer, Reformation lobl. Stadt Schaffhausen. Schaffh. 1656.
[3] Siml. Urk. II, pag. 163.

Aus dem Jugendunterricht verschwand der Gebrauch der Ueber=
setzung des Nachbarkantons um so rascher, als man in Schaffhausen
in Kirche, Schule und im öffentlichen Leben immer mehr der hoch=
deutschen Sprache sich zu bedienen anfing. Der Heidelbergercatechis=
mus, welcher 1701 in diejenige Form gebracht wurde, welche er bis
1860 beibehalten hat, kennt nur noch die Luther'sche Bibel und Sprache.
Die erste in Schaffhausen gedruckte Bibel vom Jahr 1743 in 4° be=
siegelte gleichsam die Einführung der deutschen Bibelübersetzung, ohne
daß irgendwie ein officieller Act, wie dieß bei Einführung des Heidel=
bergercatechismus der Fall gewesen war, vorangegangen wäre. Die
ebengenannte Bibel hat einiges Eigenthümliche, das erwähnt zu wer=
den verdient. Es mag eine Nachwirkung der Zürcherbibelübersetzung
sein, daß von Luther abweichend den Apocryphen noch das dritte und
vierte Buch Esra und das dritte Buch der Maccabäer beigefügt ist.
Doch sind auch diese Stücke nicht der Zürcherübersetzung entnommen,
sondern den deutschen Ausgaben, in denen sie sich finden, wahrschein=
lich der Büdingerbibel von 1731, mit deren Inhaltsangaben sie auch
übereinstimmt. Die Vorrede, welche eine Einleitung zum richtigen
Verständniß der Bibel gibt, sagt, daß diese Ausgabe hauptsächlich
„zum Dienst der Armen und Nothdürftigen veranstaltet worden sei
und daß eine Anzahl von Freunden und Gönnern" das Werk durch
Vorschüsse befördert hätten. Dem Brief an die Römer geht Luthers
Vorrede voran. Ein Kupferstecher von Schaffhausen illustrirte diese
Bibel mit keineswegs übeln Bildern. Auf 16 Blättern des alten
und 10 Blättern des neuen Testamentes in der Größe der Quart=
ausgabe finden sich je sechs kleinere Darstellungen aus der biblischen
Geschichte. Ziemlich später erschienen in Schaffhausen noch zwei Bi=
beln in Folio, 1770 und 1772, beide auf Kosten des Buchdruckers
Joh. Conrad Müller. Neben den Apocryphen der ebengenannten
Quartausgabe finden sich in diesen Bibeln eine Menge Zuthaten,
z. B. sämmtliche Vorreden Luthers zu den neutestamentlichen Schriften,
auch die zu dem Jakobusbriefe und dem Judasbriefe mit den ver=
werfenden Urtheilen des deutschen Reformators, ferner eine Menge
Gebete und erbauliche Betrachtungen sammt einer Vorrede des be=
kannten mildgesinnten Tübingerprofessors J. Chr. Klemm. Eine An=
zahl ziemlich roh gearbeiteter Kupferstiche sind namentlich dem alten
Testamente beigegeben.

Nachdem die Lutherſche Bibel ſich in Schaffhauſen eingebürgert hatte, ſorgte dieſer Kanton dafür, daß ſie auch in diejenigen Gemein= den des Kantons Zürich und des Thurgaus komme, in denen er Patro= natsrechte beſaß. Es ſcheint, daß man dieſes Recht auch auf dieſem Wege zu wahren ſuchte. So hat auch Zürich in der einzigen Ge= meinde des Kantons Schaffhauſen (Dörflingen), in welcher es ab= wechſelnd den Pfarrſatz hatte, ſeine Bibelüberſetzung zu erhalten ge= wußt. Dieſe Verhältniſſe dauerten fort bis tief in das neunzehnte Jahrhundert hinein.

In den übrigen früher unter dem kirchlichen Einfluß von Zürich ſtehenden Kantonen und Landſchaften kam es in unſerer Periode zu keinem ſo entſchiedenen Gebrauch einer einzigen Ueberſetzung wie in dem Kanton Schaffhauſen. Doch wendeten ſich St. Gallen, Ap= penzell und Graubünden immer mehr der Lutherſchen Ueber= ſetzung zu, nachdem der Anfang hiezu ſchon in der vorigen Periode gemacht war.

Hatten wir ſchon in der vorigen Periode in der reformirten Kirche von St. Gallen eine Hinneigung zur Lutherſchen Ueberſetzung gefunden, ſo iſt dieſe ſeit Einführung des Heidelbergercatechismus in Kirche und Schule (1614) noch mehr hervorgetreten. Doch ver= mochte das Pfälziſche Lehrbuch den St. Gallercatechismus von 1528 nicht ganz zu verdrängen. Von der 1598 erſchienenen Ausgabe[1] wurden mit wenigen Auslaſſungen und Zuthaten mehrere Abdrücke bis gegen Ende des 17. Jahrhunderts gemacht.[2] Bei dem 1703 eingeführten „Fragſtücklein, gezogen aus dem Heidelbergercatechismus", wurde die Frage 80 des Heidelbergercatechismus und die Fragen über das Schlüſſelamt weggelaſſen, dagegen die Zürcher= „Fragſtück= lein" des Caspar Ulrich vom Jahr 1639 angefügt. Noch ſpäter, 1796, wurde wieder der ganze Pfälzercatechismus (mit Ausnahme des Schluſſes der 80. Frage „und eine vermaledeite Abgötterei") als Unterrichtsbuch anbefohlen. In allen dieſen Catechismusausgaben ſind die Sprüche der Lutherbibel entnommen.

Während die Stadt St. Gallen und der mit ihr enger verbun= dene kirchliche Kreis der Landſchaft ſich ganz von dem Zürcherbibel=

---

[1] Catechismus, der größere Kinderbericht für die Kirchen der Stadt St. Gallen. Baſel bei Joh. Schröter, 1598 in 16°. 79 Seiten.

[2] Melch. Kirchhofer Mſc. auf der Stadtbibliothek in Schaffhauſen.

werke losgesagt haben, so sind dagegen die erst später mit St. Gallen zu Einem Kanton verbundenen Landschaften Toggenburg und Rheinthal bis in den Anfang der folgenden Periode mit Zürich allzuenge verbunden geblieben, als daß sie von dessen Bibel gelassen hätten.

Anders war es in dem seit der Reformation mit der Stadt St. Gallen so eng verbundenen Kanton Appenzell. Daß hier ebenfalls die Luthersche Bibelübersetzung beinahe ausschließlich gebraucht wurde, beweisen nicht nur die aus unserer Periode erhaltenen Predigten,[1] sondern auch die im Anfang des vorigen Jahrhunderts eingeführte Liturgie.

Der reformirte Theil von Graubünden hatte sich, wie wir oben gesehen, schon in der Reformationszeit eine gewisse Freiheit im Gebrauch von Bibel, Liturgie und Catechismus bewahrt. In den wenigen Schriften der Reformatoren dieses Landes und in deren Briefen läßt sich kaum erkennen, ob sie der deutschen oder schweizerischen Bibelübersetzung sich bedienen. Dasselbe freie Verhältniß dauerte auch später noch fort. Das zeigen verschiedene Denkschriften und Actenstücke aus unserer Periode.[2] An den Wänden älterer Gotteshäuser findet man noch zahlreiche Sprüche aus der Zürcherübersetzung. Immerhin bleiben es vereinzelte Erscheinungen, wenn z. B. da und dort in Familien auf dem Lande noch die sog. „Ulrichbibel", die oben näher beschriebene Zürcherübersetzung von Joh. Casp. Ulrich von 1755, gebraucht ward und noch bis in unser Jahrhundert hinein angetroffen wird, oder wenn das Neue Testament von Zürich mit dem

---

[1] Z. B. „Einweihungspredigten für eine neue Kirche in Reuthi. 1688." Martin, Leichpredigt in Herisau. 1701.

[2] Z. B. Pündtnersche Handlungen. Wiederholte und vermehrte Deduction. 1622. 4⁰. (Denkschrift über die Oesterreichischen Verfolgungen im Zehngerichten=Bund.) Hier ist die Stelle Thren. 2, 21. 22 beinahe ganz nach Luther, aber statt „Feiertag" ist nach der Zürcherübersetzung „Hochzeit" übersetzt. 1 Macc. 2, 37 ist ähnlich wie Luther, aber statt „in unserer Unschuld" wie in der Zürcherübersetzung „in unserer Einfältigkeit" gesetzt. Thren. 4, 19 steht wie in der schweiz. Uebersetzung: „Unsere Verfolger waren schneller als die Adler des Lufts, sie haben uns nachgejagt über die Berg", wo Luther übersetzt: „Adler des Himmels haben uns verfolgt". Dagegen lautet der Schluß der Stelle wie Luther: „und in der Wüste auf uns gelauert", wo die Zürcherübersetzung hat: „und in der wüste auff uns gehalten."

Gesangbuch von 1780 zusammengebunden, sich noch lange in ein
Paar bündtnerischen Gemeinden erhalten hat. Denn die Thatsache
tritt aus einer großen Anzahl von Druckschriften, namentlich von
Chur, deutlich hervor, daß die Wittenbergerbibel allmählig im 17.
und 18. Jahrhundert beinahe zur unbedingten Geltung gekommen ist.[1])
Dazu wirkte hauptsächlich noch der Umstand mit, daß die Zürcherschen Buchdruckereien das nähere Bedürfniß vorzugsweise berücksich-
tigten und nicht selten mit ihrem Vorrath zurückzuhalten genöthigt
waren, während eine weit größere Zahl von Lutherbibeln aus Deutschland und der Schweiz, namentlich von Basel, zu Gebote stand.

---

[1]) B. Anhorn: „heilige Wiedergeburt der evangelischen Kirchen in den gemeinen drei Bünden. Chur 1680", bedient sich ausschließlich der Lutherbibel.

Dritte Periode.

Die Zeit der Bibelgesellschaften vom Anfang des 19. Jahrhunderts bis zur Gegenwart.

—

Erster Abschnitt.

Allgemeine kirchliche Verhältnisse der Schweiz im 19. Jahrhundert.

Die Revolutionsstürme hatten die alte Eidgenossenschaft umge=
worfen und der Umsturz riß auch die bisherigen kirchlichen Verhält=
nisse nach. Der Anfang des 19. Jahrhunderts stellt uns das Bild
grenzenloser Verwirrung und Verwilderung dar. Die 1798 von
Frankreich aus dictirte „Eine und untheilbare Republik", die sog.
„Helvetik", suchte im Gefühl ihrer Kurzlebigkeit mit der größten Hast
Alles zu beseitigen, was einer durchgreifenden Centralisation im Wege
zu stehen schien. Den herrschenden Gewalten war die Kirche, die
reformirte wie die katholische, Gegenstand des größten Mißtrauens.
Da man sie nicht wegschaffen konnte, so wurde sie in jeder Weise
der Chicane preisgegeben. Umsonst suchte der edle Philipp Albrecht
Stapfer, Minister der Künste und Wissenschaften, einst selbst dem geist=
lichen Stande angehörig, die Nothwendigkeit religiöser Erziehung des
Volkes nachzuweisen[1]) und das Directorium von Schritten gegen die
inneren Angelegenheiten der Kirche abzuhalten. Erst der Sturz der
Helvetik und die Zeit der Mediationsverfassung brachte der Kirche
wieder einige Ruhe und die Möglichkeit, sich wieder mehr selbst zu
ordnen. Während Lavater Märtyrer seines Feuereifers wurde, ver=

---

[1]) Bes. in der Denkschrift: quelques idées sur la necessité d'un culte
national en Helvetie.

suchte der treffliche Antistes J. J. Heß in ruhigerer Weise nicht nur die Zürcherkirche, sondern die schweizerisch = reformirten Kirchen in eine geordnete Bahn einzulenken. Er wagte es, nach dem Sturze des Di= rektoriums die Kirchenvorsteher von Zürich, Bern, Basel, St. Gallen, Schaffhausen und der Waadt zu sammeln und gemeinschaftlich mit ihnen die Rechte der Kirche und die freie Ausübung derselben von den staatlichen Behörden zurückzufordern.[1] Ein ausgezeichnetes Me= morial, das sogar die Idee einer schweizerisch=reformirten National= kirche andeutete, hatte doch wenigstens den Erfolg, daß die stillege= stellten Kirchenverfassungen in den alten reformirten Kantonen beinahe unverändert wieder hergestellt, in den neugebildeten Kantonen Thur= gau, St. Gallen neue Kirchenverfassungen nach ältern Vorbildern ge= schaffen wurden. Die Restaurationszeit von 1815 bis 1830 war nicht geeignet, auf kirchlichem Boden Neues zu schaffen. Es galt wie auf politischem Gebiete, so auch auf dem religiösen, das Bestehende zu conserviren. Dieses Bestehende war nun allerdings in den reformir= ten Kirchen der Schweiz officiell noch die helvetische Confession (erste und zweite), daneben war es aber, namentlich unter den Theologen, der noch herrschende Rationalismus. Was der Diacon Georg Schult= heß in Zürich schon 1800 beklagte, daß denen, die das biblische Christen= thum vertheidigten, mit jeder Büchermesse lauter, bald alles Denken, geschweige denn gründliche Kenntniß, Scharfsinn, Aufklärung und Ge= schmack abgesprochen werde,[2] das konnte noch mehr denn zwei Jahr= zehende später gesagt werden. Nicht ohne Mißtrauen wurde die Thätig= keit der neugegründeten Bibelgesellschaften angesehen. Und als bald nach dem Schluß der Kriegsjahre allenthalben sich eine in ihrem Grunde berechtigte, wenn auch vielfach in ungesunden Ausschreitungen sich kund= gebende „Erweckung“ des religiösen Lebens kund gab, so wurden staats= kirchliche Maßregeln dagegen aufgeboten, in deren Betreibung der Rationalismus mit der ehemaligen Orthodoxie zu wetteifern schien.

Unterdessen hatte sich auf deutschem Boden bereits der Umschwung der protestantischen Theologie vollzogen, der, wenn auch langsam, sich auf den schweizerischen Boden verpflanzte. Schleiermachers gewaltiges Manifest an die Gebildeten unter den Verächtern der Religion am

---

[1] Finsler, Zürch. Taschenb. auf das Jahr 1859. pag. 177.
[2] S. Verhandlungen der ascet. Gesellschaft in Zürich. 1868. pag. 18.

Schluß des vorigen Jahrhunderts klang zwar auch in die Schweiz
hinein, aber zunächst nur wie die Stimme eines Predigers in der
Wüste. Es fehlte namentlich in der theologischen Schule zu Zürich,
welche noch am längsten den Rationalismus festzuhalten suchte, nicht
an Witzen über den Namen des großen Theologen. Allein jetzt fingen
zahlreicher als je die schweizerischen Studirenden der Theologie an, nach
Deutschland zu ziehen. Auch die Kantone, welche eigene theologische
Schulen hatten, vermochten jene nicht vom Besuche deutscher Universitäten zurückzuhalten. Der Zug ging nach Göttingen, Heidelberg, Halle, Tübingen, Bonn, Leipzig, Erlangen, namentlich nach
Berlin, und die jungen Theologen brachten ihre Begeisterung sowohl
für die neue Theologie als für Umgestaltung des kirchlichen Lebens
nach Hause. Viele dieser Studirenden wurden später Zierden der
theologischen Wissenschaft, z. B. K. R. Hagenbach, J. L. Lutz, Al.
Schweizer, L. Usteri.

In den Zwanziger Jahren regte sich auch an den theologischen
Bildungsanstalten der reformirten Schweiz ein neuer Geist und es
ist bemerkenswerth, daß derselbe auch vielfach sich der Bibel zuwendete.
In Zürich eröffnete Joh. Casp. Orelli als Professor der Hermeneutik
durch seine Programme, selecta patrum capita den Blick in eine
biblische Kritik, welche über die exegetische Willkühr eines Chorherrn
Schultheß hinausging, und in Bern bahnte ein begeisterter Schüler
Schleiermachers, Usteri, schon 1824 durch seine Darstellung des paulinischen Lehrbegriffs einer geistvollern Behandlung der biblischen
Theologie den Weg. Basel durfte nicht zurückbleiben. „Es war, sagt
mit Recht Hagenbach,[1] ein kühner Gedanke von der Erziehungs-
behörde in Basel, im Jahr 1821 den Mann zu berufen, der unter
den Vertretern der neuern, damals neuesten Theologie in Deutschland
einen der ersten Namen hatte, M. L. DeWette." Das 28jährige
Wirken dieses Gelehrten in der Schweiz hat nicht nur der Universität
Basel zu einem neuen Aufschwung verholfen, sondern auch mannigfachen Einfluß auf die schweizerischen Theologen ausgeübt. Für unsern Zweck kommt namentlich seine Bibelübersetzung in Betracht. Mag
dieß Werk auch von den Fortschritten in der alt- und neutestamentlichen Exegese vielfach überholt sein, es steht doch noch da als ein

---

[1] Theologische Schule in Basel. pag. 57.

beredtes Zeugniß für den außerordentlichen Fleiß seines Verfassers. In manchen Kreisen hat es jetzt noch seine dankbaren Leser. Von dem Einfluß, den DeWettes Uebersetzung auf die spätern Ausgaben der Zürcherbibel hatte, wird weiter unten die Rede sein.

Mit DeWettes Berufung nach Basel war der Wiederanfang von Berufungen deutscher Theologen in der Schweiz gemacht. Solche Berufungen traten namentlich seit Mitte der Dreißiger Jahre ein, in welcher Zeit das Carolinum in Zürich und die Academie in Bern zu Universitäten erhoben wurden. Daß es hiebei gelungen ist, ausgezeichnete Männer für die theologischen Lehrstühle zu gewinnen, das bezeugen schon die Namen derselben. Nach Zürich kamen Hitzig, Rettig, Fritzsche, später J. P. Lange, Ebrard, Keim, Volkmar, nach Bern Schneckenburger, Hundeshagen, später Holsten, nach Basel H. Schulz, Kautzsch u. A. Manche unter diesen deutschen Theologen verließen nach einiger Zeit die Schweiz wieder und wurden Zierden deutscher Universitäten. Allein auch schweizerische Theologen pflegten die deutsche Theologie auf ihren vaterländischen Universitäten in hervorragender Weise, wie A. Schweizer und A. E. Biedermann in Zürich), K. R. Hagenbach, J. J. Stähelin, J. Riggenbach in Basel, J. L. Lutz, A. Immer in Bern.

Während die reformirte Schweiz eifrigen Antheil nahm an der Entwicklung der deutschen Theologie, so konnte es doch nicht anders sein, als daß die durch kein kirchenregimentliches Eingreifen bestimmte Arbeit der schweizerischen Theologen und Universitäten auch eine ungehemmte Herausbildung der verschiedenen Richtungen ermöglichte. Von einer reformirten Confessionstheologie war seit Langem keine Rede mehr. Was früher die ganze reformirte Schweiz in Aufregung gebracht hätte, die Abschaffung der helvetischen Confessionen, die Beseitigung der alten Catechismen beinahe in allen Kantonen, vollzog sich in diesen ohne bedeutende Aufregung und ohne Theilnahme von Seiten der reformirten Mitstände. Die Theologie der Meisten, die lehrten, und die man hörte, gehörte früher ausnahmslos der Unionsrichtung an. Dagegen fand seit den vierziger Jahren die Tübingerschule ihre Vertreter unter Gelehrten und Pfarrern. Dieß forderte den Gegensatz, aber auch die Vermittlungsversuche heraus. Ein lebhafter Kampf der drei Richtungen, die wir als die „evangelische", die „reformerische" und die „vermittlungstheologische" zu bezeichnen gewohnt sind, war

die Folge davon. Jede dieser Richtungen hat ihre besondern litera=
rischen Organe und hält ihre besondern Versammlungen. Dennoch
finden sich je und je alle drei zu gemeinschaftlichen Verhandlungen
wieder zusammen, und zwar nicht nur in freien Vereinen, z. B. in
dem protestantisch = kirchlichen Hilfsverein und in der schweizerischen
Predigergesellschaft, sondern auch in kirchlichen Behörden. In wie
weit die drei Richtungen Hand bieten werden zu gemeinschaftlicher
Bearbeitung der Bibelübersetzung, steht noch dahin.

So bedeutend auch die Fortschritte auf dem Gebiete der wissen=
schaftlichen Erklärung des alten und neuen Testamentes während
des letzten halben Jahrhunderts waren, so sind dieselben den kirchlich
eingeführten Bibelübersetzungen, namentlich der Lutherschen, noch nicht
in dem Maaße zu Gute gekommen, wie wir es erwarten sollten.
Dieß liegt abgesehen von der großen Schwierigkeit, welche eine Bibel=
revision an sich schon hat, wohl hauptsächlich in den kirchlichen Zu=
ständen der Gegenwart. Theils fehlt es an dem Interesse für die
Kirche, theils an der Ruhe, welche eine durch Jahre hindurch sich
ziehende Arbeit erfordert, theils auch an der Unbefangenheit, welche
wirkliche Mängel an den vorhandenen Uebersetzungen aufrichtig an=
erkennt, theils endlich an dem Vertrauen, daß überhaupt von irgend
Jemand etwas Besseres als das bereits Vorhandene zu Stande ge=
bracht werden könne. Nur auf dem kleinen Gebiet der Zürcherkirche
ist der Versuch gemacht worden, die wissenschaftlichen Ergebnisse der
Exegese für die Bibelübersetzung zu verwerthen. Dagegen wird auf
dem großen Gebiet deutscher Zunge, welches nicht nur das eigentliche
Deutschland und die deutsche Schweiz umfaßt, sondern auch in andere
Welttheile und Länder hinüberreicht, die unveränderte Luthersche
Bibel in Hunderttausenden von Exemplaren verbreitet. Immerhin
weckt der außerordentliche Aufwand geistiger und wissenschaftlicher
Kraft, der von den ersten Jahrzehenden dieses Jahrhunderts an bis
zur Gegenwart verwendet worden ist, um dem christlichen Volke eine
Uebersetzung in verbesserter Gestalt zu geben, gegründete Hoffnung
endlichen Gelingens. Bemerkenswerth ist hiebei, daß während einer
Reihe von Jahren auch Katholiken lebhaften Antheil an den Ueber=
setzungsarbeiten genommen haben. Ja es schien eine Zeitlang, als
ob es zu einem gemeinschaftlichen Zusammenarbeiten der beiden Con=
fessionen kommen wolle. Die katholischen Gebrüder van Eß gaben

zwei Ueberſetzungen des neuen Teſtaments heraus, eine für Katholiken
und eine für Proteſtanten, und der lutherſche Oberhofprediger Reinhard
ließ der letztern ſeine Empfehlung vordrucken. Der katholiſche J. M.
Scholz wollte es ſogar in kritiſcher Unbefangenheit den Proteſtanten
zuvorthun, ſchloß in ſeiner Bibelüberſetzung (1797—1816, 7 Bde.) die
Doxologie Matth. 6, 13 aus dem Texte aus und ſetzte Act. 9, 5. 6.
Röm. 8, 1, 1 Joh. 5, 7 in Klammern. Auch in der Bibelverbreitung
vereinigten ſich Männer beider Confeſſionen. Als der fromme Regens
des Prieſterſeminars zu Regensburg, Wittmann, 1805 einen Aufruf
zur Gründung einer katholiſchen Bibelanſtalt erlaſſen hatte, da fielen
ihm reichliche Beiträge auch von Proteſtanten zu, und als am 7. Oct.
1818 die Baslerbibelgeſellſchaft ſich im Antiſtitium verſammelte, da
ſaß neben einem der anweſenden Stifter der engliſchen Bibelgeſell=
ſchaft, Owen, auch der katholiſche Leander van Eß. Das Rundſchreiben
Leo XII. vom Jahr 1824, welches alle Bibelgeſellſchaften verdammte,
riß jedoch den ohnehin zarten Faden, welcher eine Zeitlang die bei=
den Confeſſionen verband, vollſtändig entzwei. Unterdeſſen fuhren
die proteſtantiſchen Theologen mit ihren Ueberſetzungsarbeiten fort.
Die ſchon genannte Auguſti=DeWetteſche Ueberſetzung erſchien von
1809—1860 in vier Auflagen. Faſt gleichzeitig gab J. Fr. Meyer
die verbeſſerte Lutherbibel heraus (Frkf. 1819. 3 Bde.). Rud. Stier
beſorgte noch 1842 die letzte Ausgabe, auf deren Grundlage er dann
ſelbſt 1856 eine berichtigte Ueberſetzung des Lutherſchen Werkes er=
ſcheinen ließ. Hiezu kommen die verſchiedenen Schriften des eben=
genannten Theologen, in denen er die Nothwendigkeit einer berich=
tigten Ueberſetzung darlegte. Faſt gleichzeitig begann das große
Bibelwerk von Bunſen und wurde nach dem Tode des Urhebers in
ſeinem Sinne vollendet. Von 1845—1855 erſchien die kritiſche Bibel=
überſetzung von Dr. F. E. Bindſeil. Noch ſei der 1854 durch meh=
rere deutſche Bibelgeſellſchaften angeregten, ſodann von dem deutſchen
Kirchentag 1857 vorläufig behandelten, endlich durch ausgezeichnete
Theologen an die Hand genommenen Reviſionsarbeiten gedacht, deren
erſtes Hauptreſultat in der 1867 herausgekommenen Ausgabe des
neuen Teſtamentes vorliegt. Ein Probeheft, welches Theile des alten
Teſtamentes enthält, erſchien vor Kurzem. Um der neuen Ueberſetzung
in der evangeliſchen Kirche Deutſchlands deſto ſicherer den Boden zu
bereiten, ſetzte man ſich mit den verſchiedenen Kirchenbehörden in

Verbindung, welche in der Eisenacherconferenz wiederholt die Sache behandelten. Die Cansteinsche Bibelanstalt ist der Mittelpunkt, in dem die Fäden dieser Thätigkeit zusammenlaufen. Die vielen Vorarbeiten von Hopf, Mönkeberg, Frommann, Riehm und Andern, zum Theil als Manuscript gedruckt, bilden ein reiches Material für ähnliche Arbeiten. Neben den officiellen Kundgebungen bezüglich einer Revision der ganzen Bibel sind noch ein Paar Privatarbeiten zu nennen, welche in den letzten Jahren erschienen sind, z. B. die „Protestantenbibel Neuen Testaments" Leipz. 1872, welche den Luthertext unverändert wiedergibt, die Veränderungen dagegen unter denselben stellt. Prof. C. Weizsäker gab auf Grundlage des Textes von Tischendorf (8. Ausg.) eine von Luther ganz unabhängige Uebersetzung des Neuen Testamentes heraus, die sich ebensosehr durch genauen Anschluß an den Grundtext, als durch edle Popularität der Sprache auszeichnet.

Jede künftige Bibelübersetzungsthätigkeit wird auf die genannten Arbeiten Rücksicht nehmen müssen. Die reformirte Schweiz hat, so weit sie es zu einer selbstständigen Gestalt einer Bibelübersetzung brachte, die deutschen Vorarbeiten stets reichlich benutzt. Die Bibelgesellschaften von Basel und Schaffhausen machten sogar den Versuch, die Stiersche Bibelübersetzung in ihren Kirchen einzuführen und setzten sich, wie wir sehen werden, zu diesem Zweck mit dem Bearbeiter derselben in Verbindung, ohne daß jedoch ein Resultat dadurch erzielt worden wäre. Dagegen hat die Stiersche Uebersetzung in manchen Gymnasien, z. B. Chur, und Lehrerseminarien Eingang gefunden. In vereinzelten religiösen Kreisen wurde die in Elberfeld erschienene Darbystische Bibelübersetzung beliebt, welche öfter an die Berlenburgerbibel erinnert, aber doch auch wieder sehr selbstständig verfährt.

Zweiter Abschnitt.
Die schweizerischen Bibelgesellschaften.

Inmitten aller Arbeiten und Anstrengungen für eine bessere Gestalt der Bibelübersetzung verbreiteten sich seit Anfang dieses Jahrhunderts die in der reformirten Schweiz kirchlich eingeführten Bibeln in vielen tausend Exemplaren, die Luthersche in unveränderter, die Zürcher-

und Bernerbibel in allmählig sich verändernder Gestalt. Diese außer=
ordentliche Verbreitung war das Werk der Bibelgesellschaften. Wäh=
rend bis zu Ende des 18. Jahrhunderts die Regierungen der einzelnen
reformirten Kantone die zu kirchlichem Gebrauch verwendeten Bibel=
ausgaben besorgen ließen und dafür, wie wir in Zürich und Bern
gesehen haben, große Summen verwendeten, ist mit der Gründung
der Bibelgesellschaften sowohl die Herausgabe als die Verbreitung der
heiligen Schrift ausschließlich in die Hände der letztern übergegangen.
Nur selten erscheinen noch etwa Beiträge von Regierungen. Das Re=
formationsfest von 1819 gab einzig noch den staatlichen Behörden
Veranlassung, ein Interesse an der Bibelverbreitung zu bethätigen.

Wohl hatten schon im vorigen Jahrhundert nach dem Vorbild
des Freiherrn von Canstein in einzelnen Städten, z. B. Zürich, Bern,
Basel, Schaffhausen, Gesellschaften, welche pietistisch oder herrnhutisch
angeregt waren, an ärmere Haushaltungen zu wohlfeilem Preis Bi=
beln ausgetheilt. Man verwendete hiefür hauptsächlich Hallische Bi=
beln. Diese wurden in Basel und Schaffhausen nachgedruckt. Der
Widerwille gegen Alles, was sonst als Werk des Pietismus galt,
trat hier um so mehr zurück, als die Herausgeber und Drucker
nicht unter der Controle der staatlichen und kirchlichen Behörden
standen und um keine Privilegien nachsuchten. Man erkennt diese
Bibeln namentlich daran, daß in der Regel das 3. und 4. Buch
Esra und das 3. Buch der Maccabäer beigefügt ist. In den spätern
Cansteinschen Bibeln wurden diese Stücke weggelassen, wie sie ja auch
in den 12° Bibeln aus der gleichen Anstalt von Anfang an keine Auf=
nahme gefunden hatten. Die genannten Anfänge waren sehr unbedeu=
tend gegenüber dem, was seit der Gründung der Bibelgesellschaften
geschah.

Nachdem die brittische und ausländische Bibelgesellschaft sich am
7. März 1804 constituirt hatte, nahm sie auch sofort den Continent
in Aussicht und richtete ihre Blicke zunächst hauptsächlich nach Deutsch=
land und nach der Schweiz. Einer der Secretäre genannter Gesell=
schaft, Dr. Fr. Steinkopf, welcher vor seinem Aufenthalt in London
fünf Jahre der Christenthumsgesellschaft in Basel gedient hatte, knüpfte
allenthalben in Deutschland und in der Schweiz Verbindungen zum
Zwecke der Bibelverbreitung an. Er war nicht nur der Mann, welcher
den Anstoß zur Gründung der ersten Bibelgesellschaft in Basel gab,

sondern auch der, welcher bei der Stiftung beinahe sämmtlicher Ge=
sellschaften in der Schweiz durch persönliche oder schriftliche Anre=
gungen betheiligt war. Seiner Vermittlung verdanken dieselben auch
die großen Beiträge, welche die brittische Anstalt ihnen wiederholt
zukommen ließ. Dabei ist zu bemerken, daß Steinkopf von Anfang
an keine Bibeln mit bestimmter Uebersetzung verbreitet wissen wollte,
weßhalb er auch die in Zürich und Bern gegründeten Gesellschaften ganz
gleich behandelte, wie diejenigen, welche Luther'sche Bibeln verbreiteten,
fanden ja doch auch die Bestrebungen, Katholiken katholische Ueber=
setzungen zu geben, reichliche Unterstützung durch seine Hand. Ganz
von selbst ergab es sich freilich schon durch die Größe des Gebietes,
auf welchem die Lutherbibel sich eingebürgert hatte, daß diese in
einer weit größern Zahl von Exemplaren verbreitet wurde. Es war
deßhalb auch nothwendig, sich über einen bestimmten Text zu ver=
einigen, und da bot sich von selbst der Text derjenigen Anstalt an,
welche bisher schon am meisten Luther'sche Bibeln verbreitet hatte,
der Cansteinsche in Halle.

Da so viele tausend Exemplare der Luther'schen Bibel durch die
englische und die baslersche Bibelgesellschaft in der Schweiz verbreitet
werden, so mögen noch einige Bemerkungen hier beigefügt werden
über die Entstehung des Cansteinschen Textes.

Obwohl an der letzten von Luther selbst noch herausgegebenen
Ausgabe von 1545 später nur wenig verändert wurde, so folgten
doch Herausgeber und Drucker wohl mehr unabsichtlich der allmäh=
ligen Umgestaltung der deutschen Sprache. Mit vollem Bewußtsein
hatten dagegen zwei Theologen, Dr. Jakob Weller in Lüneburg in
der Ausgabe von 1663 und Dr. Pretten in der Schleusingerausgabe
von 1664 in orthographischer und grammatikalischer Beziehung die
damalige Schreibweise aufgenommen. In die Fußstapfen dieser Män=
ner trat sodann der Generalsuperintendent Dr. Diekmann für die
sog. Staderbibeln. Wenn dieser Gelehrte es auch für zu weitläufig
und beschwerlich fand, daß die Bibel mit „ganz neuer richtiger Or=
thographie und Gebrauch der Vorwörter" erscheine, so paßte er doch
die Orthographie der zu seiner Zeit üblichen möglichst an, da die
bisher gebräuchliche sich „noch für unsere Zeit nicht völlig schicke." [1]

---

[1] Bertram, Gesch. der Cansteinschen Bibelanstalt. 1863. pag. 68 ff.

Die Staderbibel gewann bald großes Ansehen und eine bedeutende
Verbreitung, so daß sie auch den Ausgaben der von Canstein gegrün=
deten Bibelanstalt zu Grunde gelegt wurde. Doch sind diese Aus=
gaben nicht etwa ganz unveränderte Abdrücke von jener. Die Anklagen,
welche von den orthodoxen Gegnern des Pietismus schon gegen die
sehr bescheidenen Verbesserungsvorschläge A. Herm. Frankes geführt
worden waren, mahnten freilich zur Vorsicht, und es wurden beinahe
nur solche Correcturen aufgenommen, die sich irgendwie aus den noch
von Luther besorgten Ausgaben rechtfertigen ließen. Canstein erklärte
ausdrücklich, „eine deutsche Uebersetzung der Bibel herausbringen zu
wollen, die dem Grundtext vor andern am gewüßesten und dennoch
den Vorwurf nicht leiden darf, daß die Version Lutheri wird geän=
dert werden, die man vielmehr auf das genaueste beibehalten". Dieß
hinderte jedoch nicht, beinahe in jeder folgenden Ausgabe bis in die=
ses Jahrhundert hinein den Text dem jeweiligen Sprachgebrauch an=
zupassen. Nicht alle bibeldruckenden Gesellschaften in Deutschland
schlossen sich unbedingt dem Cansteinschen Texte an; ebenso wenig
hielten sich die Ausgaben an denselben, welche die Privatindustrie
herausgab. Daher kommt es, daß einzig in eilf deutschen Ausgaben
des Neuen Testamentes über 500 Varianten sich finden.[1]
An den Cansteinschen Bibeltext schloßen sich auch diejenigen
schweizerischen Bibelgesellschaften an, welche wie die in Basel, selbst=
ständige Ausgaben drucken ließen. So zahlreich die letztern waren,
so vermochten sie dem immer wachsenden Bedürfnisse nicht zu genü=
gen. Die große Wohlfeilheit und hübsche Ausstattung verschaffte
zudem den englischen Ausgaben auch dann noch eine weit größere
Verbreitung, als die Apocryphen aus denselben ausgeschlossen waren.
Nicht nur diejenigen Bibelgesellschaften, welche von Anfang an Lu=
thersche Bibeln verbreiteten, sondern auch diejenigen der Kantone
Zürich und Bern waren allmählig genöthigt, neben den eigenen Bi=
beln auch englische auf ihrem Lager zu halten. Es ist dieß um so
nothwendiger geworden, als die seit ein Paar Jahrzehnten immer
größer werdende Volksbewegung von einem Kanton zum andern,

---

[1] S. Mönkeberg: Tabell. Uebersicht der wichtigsten Varianten in den bedeu=
tendsten gangbaren Bibelausgaben. Halle. 1870. 71. 4⁰. (Als Mf. gedruckt.)
S. Dorner: Ueber die einheitl. Textgestaltung bez. Verbesserung der luth.
Uebersetzung des N. T. Stuttg. 1868. pag. 39.

und das Einströmen so vieler Deutschen, namentlich in die Städte der Schweiz, verschiedene Uebersetzungen von einem Ort zum andern hinträgt. Daher die öftere Erfahrung, daß Geistliche genöthigt sind, in ihren Religionsstunden verschiedene Uebersetzungen unter ihren Schülern zu dulden.[1]) Im Allgemeinen werden wir die Thatsache nicht in Abrede stellen können, daß die Luthersche Bibelübersetzung allmählig die Schweizerübersetzungen in immer engere Kreise zurückdrängt. Dieß wird sich uns aus der Geschichte der einzelnen Bibelgesellschaften unwiderleglich ergeben.

Es sind drei Hauptpunkte, von denen aus die drei in der Schweiz eingeführten kirchlichen Uebersetzungen, die Luthersche, Zürchersche und Piscatorsche hauptsächlich verbreitet wurden, Basel, Zürich und Bern Um diese gruppiren sich die verschiedenen Bibelgesellschaften der übrigen reformirten Kantone.

A. Die Bibelgesellschaft in Basel. — Verbreitung der Lutherschen und anderer Bibelübersetzungen durch sie. — Die an Basel sich anschließenden Kantone.

Basel steht in der Geschichte der Bibelgesellschaften der Schweiz mit Recht voran. Nicht nur wurde dort die erste Bibelgesellschaft in der Eidgenossenschaft gegründet, sondern diese Anstalt wurde bald nach ihrer Entstehung der Mittelpunkt der Thätigkeit für die Ausbreitung der heiligen Schrift, an den die meisten übrigen reformirten Kantone sich aufs Engste anschlossen, und mit der auch die Kantone Zürich und Bern, welche eigene Uebersetzungen verbreiteten, doch in mannigfacher Verbindung stehen. Die Geschichte der Baslergesellschaft ist eine in hohem Grade interessante nicht nur durch die ebenangedeutete Beziehung zu der übrigen Schweiz, sondern durch ihre internationale, selbst außereuropäische und interconfessionelle Wirksamkeit, welche in ihr zu Tage tritt. Wir müssen uns nur auf die Grundzüge dieser Geschichte beschränken, in der Hoffnung, daß

[1]) Dem Verfasser ist es einmal vorgekommen, daß bei Schülern in einer seiner Gymnasialclassen neben der Lutherschen die Zürchersche, die Stiersche, die De Wettesche, die Elberfeldsche und die katholische von Kistemaker zusammentrafen.

bald einmal eine andere Hand den umfangreichen Stoff bearbeiten
werde [1]).

Die Gründung der Bibelgesellschaft in Basel knüpfte sich zu=
nächst an die Bestrebungen der „Christenthumsgesellschaft" an, welche
1780 gestiftet, ihren Hauptsitz in Basel aufgeschlagen hatte. Letztere
Gesellschaft hatte bereits die Verbreitung der heiligen Schrift in den
Kreis ihrer Thätigkeit gezogen. Der in der Geschichte sämmtlicher
schweizerischer Bibelgesellschaften sehr oft genannte Mann, Dr. Stein=
kopf, war Secretär derselben gewesen von 1795—1800, worauf er
als Prediger an eine deutsch=lutherische Gemeinde in London berufen
wurde. Dieser Mann war sodann bei der Gründung der brittischen
und ausländischen Bibelgesellschaft, 1804, thätig und erhielt die Auf=
gabe, für deren Zwecke auch auf dem Continent zu wirken. So
wandte er sich denn auch an seine Freunde in Basel, und diese waren
sofort bereit, die Sache an die Hand zu nehmen. Am 31. October
1804 wurde die Bibelgesellschaft in Basel gegründet. Ihr erster Vor=
steher war Prof. Dr. theol. J. W. Herzog, und es ist bemerkenswerth,
daß die Gesellschaft ihren Zusammenhang mit der Kirche dadurch
beurkundete, daß dann fortan die Vorsteher (antistites) der Basler=
kirche auch die Präsidenten der Gesellschaft waren; nach Dr. Herzog
(1812) Antistes E. Merian, (1816) Hier. Falkeisen, (1834) J. Burck=
hardt, (1859) S. Preiswerk, (1871) J. Stockmeyer. Der Plan
war bei der Gründung der, eine schweizerische Bibelgesellschaft
zu gründen, allein derselbe scheiterte an der Verschiedenheit der
in der reformirten Schweiz eingeführten drei Bibelübersetzungen.
Steinkopfs Gedanke ging noch weiter. Er wollte zur Schweiz noch
Süddeutschland ziehen, und Nürnberg, dessen Christenthumsgesellschaft
die Bibelsache bereits auch schon an die Hand genommen hatte, zum
Hauptsitz machen. Dieß brachte wenigstens den gemeinschaftlichen
Beschluß der beiden Bibelgesellschaften in Basel und Nürnberg zu
Stande, zusammen ein stereotypirtes neues Testament herauszugeben.

---

[1]) Ostertag: Die Bibel und ihre Geschichte. Basel 1854. 2. Aufl. 1855.
3. Aufl. 1857, eine Jubiläumsschrift, bespricht nur die Gründung der
Gesellschaft. Dagegen hat der gegenwärtige Präsident, Herr Antistes Dr.
Stockmeyer in Basel dem Verfasser in liberalster Weise den Zutritt zu den
Protocollen der Gesellschaft gestattet. Außerdem standen eine große Anzahl
der gedruckten Jahresberichte zu Gebote.

Es zeigte sich nun freilich bald, daß ein solches Zusammengehen nicht zweckmäßig sei. Schon die ersten Bogen des in Nürnberg besorgten Druckes entsprachen billigen Anforderungen nicht, und so wurde schließlich das ganze Geschäft Basel übertragen, und später löste sich die Verbindung ganz. Doch behielt man in Basel den Namen „Deutsche Bibelgesellschaft" bis 1822 bei, von wo an sie erst „Basler Bibelgesellschaft" heißt. In Basel kam sodann 1806 das neue Testament vollständig heraus, wenn auch in einem noch nicht sehr befriedigenden Druck. Sofort ging die Baslergesellschaft an die Veranstaltung einer ganzen Bibel in größerer Schrift. Reichliche Beiträge von England, Nürnberg und den reformirten Schweizerstädten machten die 12,400 Gulden betragende Ausgabe möglich. Die damals noch sehr unvollkommene Stereotypirung wurde angewendet und im November 1808 lagen die 5500 Exemplare fertig da. Der Preis des Exemplars wurde auf 16 Batzen festgestellt, ein Preis, der über ein halbes Jahrhundert beibehalten wurde. Bald erweiterte sich die Gesellschaft durch Anschluß einer immer größern Anzahl von Mitgliedern. Dieß machte es möglich, im Jahr 1812 auf Steinkopf's Anregung den Druck einer kleinern Octavbibel in reinerer Schrift zu unternehmen. Im Jahr 1814 erschien dies Werk in 10,000 Exemplaren.

Gehen wir zunächst auf die mehr äußerliche Geschäftsthätigkeit der Basler Bibelgesellschaft ein, so sei aus den Verhandlungen über die einzelnen deutschen Bibelausgaben und deren Druck nur Folgendes bemerkt. Beinahe jedes Jahr erschien eine neue Ausgabe in groß Octav, im Jahr 1873 die fünfundfünfzigste. Die Zahl der jeweils abgesetzten Exemplare wechselt zwischen 2000 und 6000. Neben den ganzen Bibeln wurden auch neue Testamente herausgegeben in kleinerm Format, seit den 30er Jahren noch besonders das Evangelium Lucä mit den Psalmen. Für ältere Leute wurde eine Quartbibel mit großem Druck veranstaltet, welche jedoch nicht den erwünschten Absatz fand und deßhalb (seit 1834) um den ermäßigten Preis von 8 Schweizerfranken erlassen wurde. Die großen Anforderungen, welche von den verschiedensten Seiten gemacht wurden, verlangten sehr oft einen so raschen Wiederabdruck, daß z. B. schon 1817 vier Pressen beschäftigt werden mußten. Ja zuweilen ging der Vorrath zu frühe aus und die Gesellschaft war genöthigt, sich mit Buchhandlungen, wie die Thurneisensche, welche noch für sich kleinere Octavausgaben druckte, in Verbindung zu setzen. So wurden schon 1816 von ebengenannter Druckerei 3000 Exemplare bezogen und dieß später wiederholt, und als der Vorrath von kleinern Bibeln 1847 ausgegangen war, so ließ man deren 200 aus Magdeburg kommen. Wohl brachte dieß später (1840) wieder einmal auf den Gedanken, eine Stereotypausgabe zu veranstalten, allein Tauchnitz in Leipzig rieth sehr davon ab. Die zuweilen bis zur Zudringlichkeit sich steigernden Forderungen von Bibeln um ermäßigten Preis nöthigten die Gesellschaft 1835 bestimmte Grundsätze über die Vertheilung von heiligen Schriften aufzustellen und dieselben in weitern Kreisen bekannt zu machen. Es sollte als Regel gelten, nicht unter den ohnehin schon sehr mäßigen Preis herunterzugehen und die Ermäßigung oder Gratisabgabe nur in ganz außerordentlichen Fällen eintreten zu lassen. Die wiederholt vorkommenden Legate machten es möglich, diese Ausnahmen in einzelnen Fällen sehr weit auszudehnen. Viele Mühe gab sich die Gesellschaft, ihre Ausgaben auf schönes Papier drucken zu lassen. Es glückte ihr jedoch nicht immer, und sie mußte Klagen darüber hören (z. B. 1836), weßhalb sie sich dazu verstehen mußte, selbst mit dem Geschäft des Papierankaufs sich abzugeben. Später war dieß nicht mehr nothwendig, und die jetzt herauskommenden Ausgaben lassen an Schönheit nichts zu wünschen übrig.

Eine wichtige Episode in der Geschichte der Basler Bibelgesellschaft bildet der Apocryphenstreit. Von Anfang ihres Bestehens an hatte die Bibelgesellschaft nur Bibeln mit Apocryphen verbreitet. Der unermüdliche Vermittler der freundschaftlichen Beziehungen der englischen Bibelgesellschaft und der continentalen Gesellschaften, Dr. Steinkopf, wollte es auch nicht anders, bis der Beschluß von England wie ein Blitz in sämmtliche Bibelgesellschaften diesseits des Canals hineinfuhr, daß die brittische Gesellschaft fortan keine Bibeln mehr mit Apocryphen herausgeben und auch keine Unternehmungen mehr unterstützen werde, welche Apocryphen verbreiten würden. Am 9. Mai 1826 kam diese Angelegenheit in der Basler Bibelgesellschaft zur Sprache. Beinahe einstimmig wurde beschlossen, der brittischen Bibelgesellschaft in einer Zuschrift ernste Vorstellungen zu machen und sie zu ersuchen, von ihrem Beschlusse abzustehen, oder wenigstens die Anordnung zu treffen, daß jeder Bibelgesellschaft es überlassen sein solle, die Apocryphen beizubinden oder nicht. Der sehr einläßlich begründete Wunsch half nichts. Deßhalb beschloß die Basler Bibelgesellschaft ein Schreiben an sämmtliche Schwestergesellschaften in Deutschland und in der Schweiz zu richten und sie einzuladen, sich über folgende Punkte auszusprechen:

1) Die sämmtlichen Bibelgesellschaften vereinigen sich, der Londoner Bibelgesellschaft für ihre Liebe und Beihülfe zu danken und ihr ans Herz zu legen, die frühere Uebung beizubehalten.

2) Das bisherige Gesetz soll bleiben, daß die Bibel ohne Anmerkungen verbreitet werden soll.

3) Sämmtliche Bibelgesellschaften unterstützen sich wechselseitig nach Kräften.

4) Sie vereinigen sich, den Druck und die Verbreitung des alten Testamentes für Katholiken nach Kräften zu unterstützen und zu diesem Zweck die Bibelgesellschaft in Frankfurt a/M. als Geschäftsführer vorzuschlagen.

5) In Erwägung, daß das Merkmal christlicher Universalität den Grundcharakter einer Muttergesellschaft bildet, und in der gerechten Besorgniß, daß die Bibelgesellschaft in London durch Mißverständniß zu ihrer Verfügung wider ihren Willen genöthigt worden ist, erklären wir hiemit, daß wir ihr mit unauslöschlicher Dankbarkeit zugethan bleiben und uns alsbald bereitwillig an sie, als die Muttergesellschaft, anschließen, wenn sie vem Charakter der Universalität fortdauernd huldigen wird.

Von mehr als 60 größern und kleinern Bibelgesellschaften Deutschlands und der Schweiz langten bald zustimmende Antworten ein. Einige derselben wollten sich doch noch vorbehalten, von England Ausgaben ohne Apocryphen anzunehmen. Einige schlugen Basel statt Frankfurt als Mittelpunkt für die Ausbreitung von Bibeln unter Katholiken vor. Die Gesammterklärung der vielen Bibelgesellschaften ging sodann nach England ab, half aber nichts, ja selbst der würdige Secretär der Basler Bibelgesellschaft, Spittler, welcher die Corresponbenz vermittelte, wurde in einem englischen Blatte heftig angefeindet. Am 26. Juni 1827 lag ein Schreiben der brittischen Gesellschaft vor, in welchem derjenigen von Basel nichts Geringeres zugemuthet wurde, als daß, alle ihr zugehörigen Apocryphen zu verbrennen. Daß man hierauf nicht einging, ist begreiflich; doch meinten ein Paar Stimmen, man könnte dieselben zum Verstampfen in die Papiermühle senden. Als am 14. October 1827 Dr. Pinkerton Namens der brittischen Gesellschaft mit der Basler Bibelgesellschaft die letzte Abrechnung geordnet hatte, war die Trennung der beiden Anstalten vollzogen. Der Apocryphenstreit ruhte etwa zwanzig Jahre. Da wurde er von deutscher Seite, namentlich von Baden aus aufs Neue angefacht. Die verschiedenen dabei herausgekommenen Streitschriften von Stier, Keerl, Wild, Kluge, dem Schweizer Oschwald u. A. vermochten keine Aenderung in dem Beschluß der Basler Bibelgesellschaft hervorzurufen. Indessen blieb das Verhältniß der letztern zur englischen Bibelgesellschaft ein achtungsvolles, und Basel drückte die Anerkennung der hohen Verdienste Englands bei der Jubelfeier von 1854 durch ein Geschenk von 2500 Franken an die dortige Gesellschaft aus. Auch die öftere Anwesenheit von Dr. Steinkopf und Pinkerton in Basel und die Nothwendigkeit, sich in einzelnen Fällen an den englischen Vorrath zu wenden, erhielt die fortwährende Verbindung mit der Muttergesellschaft.

Während man so in Basel an dem äußern Umfang der herausgegebenen Bibeln festhielt, zeigte sich wiederholt das Bestreben, theils an den Zuthaten zum Texte, Ueberschriften, Parallelstellen, theils an dem lutherschen Texte selbst Aenderungen vorzunehmen. Von ihren ersten Anfängen an hatte die Basler Bibelgesellschaft in allen Beziehungen sich an die Cansteinschen Bibeln angeschlossen[1]). Nicht nur der Cansteinsche Text wurde unverändert aufgenommen, sondern es wurden auch die Parallelstellen mit wenigen Correcturen beibehalten. Die Orthographie sollte die durch Adelung gebräuchlich gewordene sein. In den durch die Thurneysensche Druckerei verbreiteten Bibeln ging man in orthographischer Beziehung noch etwas weiter. Dieselben kündigten sich ausdrücklich als solche an, welche „nach der gegenwärtigen Orthographie" verbessert seien. Diesen Ausgaben folgte allmählig auch die Bibelgesellschaft in den ihrigen. Einige Aenderungen in den Zuthaten wurden ein Paarmal vorgenommen. So kürzte man 1819 die Summarien etwas ab, wobei

---

[1]) Nachricht von der öffentl. Vers. der B.-G. in Basel 1815, pag. 11 (histor. Bericht von Rector Miville).

man die Stuttgarter, die Hallischen Bibeln und andere zu Rathe zog. Die Parallelstellen wurden 1821 sorgfältig revidirt.

Sehr bemerkenswerth sind die durch mehrere Jahrzehende sich hindurchziehenden Bestrebungen für eine Textesrevision. Schon im Jahr 1819 wurde ein kleiner Anfang damit gemacht, daß veraltete Wörter der lutherschen Bibelübersetzung zwar stehen gelassen, aber durch andere in kleinerer Schrift verdeutlicht wurden, z. B. Es. 32, 2 glum (trübe), Prov. 25, 5 jach (eilfertig), Jer. 2, 25 hellig (durstig, brünstig), Hiob 21, 11, Ps. 29, 6 lösen (hüpfen), Hos. 7, 14 lören (heulen), Jer. 15, 13 Rappuse (Plünderung). Erst 1828, als die 34. Auflage vorbereitet wurde, machte ein Mitglied der Bibelgesellschaft den Antrag (10. Juni) „es sollen bei der bevorstehenden Auflage die Verbesserungen der Sprache und der Uebersetzung, welche in dem Meyerschen Bibelwerk angebracht sind, benutzt werden". Der Antrag wurde zwar angenommen aber nicht ausgeführt, und die nochmalige Wiederholung desselben im Jahr darauf (12. Mai 1829) blieb unerledigt. Als 1836 von St. Gallen aus eine gemeinschaftliche Bibelübersetzung für die deutsch-reformirte Schweiz angeregt wurde, lehnten die Basler Kirchenbehörden die Theilnahme ab. Die Bibelgesellschaft scheint darüber nicht angefragt worden zu sein. Dagegen wurde in dem Comité selbst im gleichen Jahr beschlossen, die Schrift von Stier „Altes und Neues", welche schon 1828 in Basel erschienen war, in Circulation zu setzen und zu begutachten. Eine weitere Folge hatte auch dieses nicht. Erst 1840 (13. Januar) wurde die Revisionsfrage durch den Secretär der Gesellschaft wieder angeregt, doch zunächst nur auf das Aeußere der Bibelausgaben hingelenkt. Es soll 1) die hallische Paginatur, 2) ein correcterer Satz, 3) die Vermehrung von Parallelstellen eingeführt werden. Diese Anregung führte (23. October und 10. November 1840) zu dem erweiterten Beschluß: 1) Die Bibelgesellschaft veranstaltet unter dem Titel eines Versuchs eine besondere Ausgabe des neuen Testamentes, welche ganz unabhängig von den bisherigen Ausgaben sein soll. 2) In dieser Ausgabe soll eine gründliche Vermehrung der Citate und Parallelstellen eingeführt werden. 3) Hauptsächlich sollen die wichtigsten Uebersetzungsfehler der Lutherschen Bibel gründlich berichtigt, aber im Ganzen an Luther festgehalten werden. 4) Eine besondere Commission soll hiefür aufgestellt werden. Unterdessen kam die 43. Auflage der

Octavbibel heraus, ohne daß etwas geschehen wäre. Doch übernahm (12. October) ein Mitglied genannter Commission vorläufig die Revision der Parallelstellen. Am 11. October 1842 lagen die Revisionsproben vor und wurden in Circulation gesetzt. Erst 1845 kam bei Anlaß der Vorbereitungen auf die 45. Auflage die Sache wieder zur Sprache (13. Mai). Die Nothwendigkeit einer Revision wurde zwar abermals anerkannt, aber noch weit mehr Bedenken als früher dagegen erhoben, und dabei der Gedanke ausgesprochen, es möchte ein „ebenso gläubiger als tüchtiger Theologe", z. B. Dr. R. Stier, die Revision an die Hand nehmen. Um dem Verlangen nach revidirten Uebersetzungen entgegenzukommen, wurde beschlossen, 30 Exemplare der von Meyer'schen Bibel anzuschaffen und dieselben zu ermäßigtem Preise abzugeben. Manche fanden freilich, es sei diese Bibel „ein Luxusartikel" für die Gesellschaft, und wer sie wünsche, solle den vollen Preis dafür bezahlen (9. September 1845). In Folge der Klage, daß zwei Jahre lang nichts mehr geschehen sei (10. December 1847) wurde dann (10. Januar 1848) eine besondere Revisionscommission, welcher nebst andern die Herren Antistes J. J. Burkhardt, der damalige Inspector des Missionshauses (später Generalsuperintendent) Dr. W. Hoffmann und Prof. Dr. J. J. Stähelin angehörten. Diese Commission sollte als Probe einer Berichtigung vorläufig die Psalmen, das Evangelium Lucä und einen neutestamentlichen Brief herausgeben (10. October 1848). Es dauerte wiederum beinahe vier Jahre, ehe in dem engern Comité der Bibelgesellschaft die Angelegenheit wieder zur Sprache kam (5. Mai 1852). Es wurde nun noch bestimmter als früher betont, daß nur solche Stellen revidirt werden sollen, welche notorisch unrichtig und sinnentstellend seien, und daß nur unter dieser Bedingung die Bibelgesellschaft ihre finanzielle Unterstützung leisten werde. Zugleich trat aber das Revisionsgeschäft dadurch in ein neues Stadium, daß die engere Commission den Vorschlag machte, dem Dr. R. Stier die ganze Arbeit zu übertragen, und mit diesem deßhalb in Unterhandlungen zu treten. Die gesammte Bibelgesellschaft trat diesem Antrag bei (11. Mai 1852). Dr. Stier erklärte, unter gewissen Bedingungen die Arbeit an die Hand zu nehmen, und schon am 12. Juli konnten die eingesandten Proben (Evangelium Lucä und Brief an die Ephesier) vorgelegt werden. Diese Proben erhielten die Zustimmung der Gesellschaft und diese beschloß, Dr. Stier zur Fortsetzung einzuladen und seine Arbeit entweder am Schluß des Ganzen oder eines einzelnen Buches zu allfälligen Bemerkungen einzusenden. Selbstverständlich trat nun die früher ernannte Revisionscommission zurück. Alles schien im besten Gange zu sein. Da tönte ein eigenthümlicher Nachklang des englischen Apocryphenstreites hinein. Stier nahm unter die Citate auch Parallelstellen aus den Apocryphen auf. Das Comité der Bibelgesellschaft beschloß dagegen (24. November 1852) von solchen Citaten Umgang zu nehmen. Stier erklärte (9. Januar 1853) dieser Beschluß stehe mit dem Contracte in Widerspruch und er könne sich demselben nicht unterziehen. Diese Erklärung verursachte einen ernsten Kampf in der Gesellschaft. Mit Stichentscheid des Präsidenten wurde die Aufnahme der apocryphischen Parallelen beschlossen. Allein nun drohte eine Spaltung der Gesellschaft. Ein Mitglied trat aus und Andere folgten. Die Spaltung zu verhindern trat die Versammlung (31. Januar) nochmals zusammen und beschloß, keine apocryphischen Citate zuzulassen. Damit war der Vertrag mit Stier aufgehoben. Eine Frucht dieser gescheiterten Versuche, eine berichtigte Bibelübersetzung herzustellen, war wenigstens die, daß Stier, wie er selbst erklärte, dadurch sich veranlaßt fand, selbst eine revidirte Uebersetzung herauszugeben, welche wie bekannt 1856 erschienen ist. Das Bedürfniß verbesserter Uebersetzungen zeigte sich auch nachher noch. Deßhalb wandte die Bibelgesellschaft sich an den Verleger des Meyerschen Bibelwerkes, um Exemplare zu ermäßigtem Preise zu erhalten, bekam aber die Antwort, daß Ermäßigung des Preises nur bei Abnahme von 2000 Exemplaren eintreten könne. Die Bibelgesellschaft konnte hierauf um so weniger eingehen, als unterdessen die Stiersche Uebersetzung mehr Eingang fand. Die Revisionsfrage ruhte indessen nicht. Im fünfzigsten Gesellschaftsjahre (1854) wurde eine Commission für Revision ernannt, und das alte Testament den Herren Antistes Preiswerk und Prof. Stähelin, das neue den Herren Pfarrer (später Antistes) Stockmeyer und Prof. Riggenbach übergeben. Als jedoch die Stiersche Bibel erschienen war, wurde sie ebendenselben Gelehrten zur Begutachtung übergeben und als diese günstig ausfiel, traten die genannten Revisoren zurück (11. Januar 1856). Von dem letzten Versuch einer Revision, welchen die evangelische Conferenz 1859 anregte, wird später die Rede sein. Die Basler Bibelgesellschaft

betheiligte sich bei derselben mit einem namhaften Beitrage und stellte
noch weitere Unterstützung in Aussicht. Es bleibt als schließliches
Resultat das, daß die Baslergesellschaft den beinahe unveränderten
Text der Cansteinschen Ausgabe fortwährend abdrucken und ver=
breiten läßt.

Einem größern Erfolg als dem genannten begegnen wir in der
Thätigkeit der Basler Bibelgesellschaft zur Ausbreitung der heili=
gen Schrift. Diese Thätigkeit ist eine in der That erstaunenswerthe,
und kaum dürfte eine andere Gesellschaft auf dem Continent sich
einer gleichen Ausdehnung ihrer Wirksamkeit erfreuen. Die Mittel
der Verbreitung waren einerseits die regelmäßige Verbindung mit
andern Gesellschaften, namentlich der Schweiz, anderseits die Colpor=
tage. In besondern Fällen wurden auch Geldbeiträge zur Unter=
stützung einzelner Unternehmungen gegeben. Es wird bei den ein=
zelnen Schweizer Kantonen noch davon die Rede sein, wie diese alle
mit Ausnahme von Zürich, aus dem Depot von Basel ihren Bedarf
bezogen. In den letzten Jahren schloß sich auch die Berner Bibel=
gesellschaft an. Auch die Bibelgesellschaften der französischen Schweiz
in Genf, Waadt, Neuenburg setzten sich zum Zweck der Austheilung
von Bibeln unter die in diesen Kantonen zerstreuten Deutschen mit
Basel in Verbindung. Eine sehr erfolgreiche Einrichtung war die
der Colportage. Schon 1833 wird ein von der Gesellschaft un=
abhängiger Colportageverein genannt, dem heilige Schriften um er=
mäßigten Preis übergeben wurden (19. Januar). Sodann stellte
der schon genannte Spittler 1836 von sich aus einen Colporteur an, wel=
cher mit seinem Bibelwägelchen den Kanton Baselland und andere
Kantone durchzog. Erst 1847 (6. März) beschloß die Bibelgesellschaft,
von sich aus eine Colportage ins Werk zu setzen zunächst nur für
die nächste Umgebung, entschloß sich aber noch in demselben Jahr,
sie weiter auszudehnen nach dem Kanton Aargau, ins Elsaß und
selbst in die innern Schweizerkantone. Bald erweiterte sich diese
Einrichtung und umfaßte beinahe alle Kantone, deutsche und franzö=
sische, katholische und protestantische. Da nun unterdessen auch andere
Bibelgesellschaften Leute zu gleichem Zwecke aussandten, so wurde
eine Verständigung unter denselben nothwendig. Am 4. Juni 1866
traten deßhalb die Vertreter der verschiedenen schweizerischen Bibel=
vereine Zürich, Schaffhausen, St. Gallen, Neuenburg, Waadt, Genf

zu einer Colportagevereinigung zusammen, welche die verschiedenen
Gebiete der Ausbreitung der Bibel an die einzelnen Gesellschaften
vertheilte. Die Conferenz wählte (1. Juli 1868) Basel als Centrum
der Colportageverbindung und beschloß, sich je alle zwei Jahre zu
versammeln, was denn auch eine Zeit lang regelmäßig geschah.

Um die Bibelverbreitung desto wirksamer zu machen, wurden
seit 1852 „Bibelblätter" herausgegeben, welche Mittheilungen aus
dem ganzen Gebiete der Bibelverbreitung, namentlich auch über deren
Erfolge geben. Cand. Ostertag übernahm die Redaction derselben
und nach seinem Tode Pfarrer Ecklin. Zuletzt stieg die Auflage dieser
Blätter auf 9000, von denen 6000 dem in Basel erscheinenden
„Missionsmagazin" beigegeben wurden.

Werfen wir noch einen Blick auf die verschiedenen Gebiete, denen
sich die Thätigkeit der Basler Bibelgesellschaft zugewendet hat, so ist
es einmal Basel selbst und dessen Umgebung. Um theils eine
geordnete Collecte zu ermöglichen, theils das Bibelbedürfniß zu ermitteln, wurden 1826 (10. November) für die Stadt noch besondere
Bibelvereine gestiftet, und sodann (1836) die Stadt in bestimmte
Kreise eingetheilt und je einer derselben einem besondern Mann übergeben. Diese Bibelvereine und Collecteurs hielten ihre besonderen
Versammlungen und vermittelten das Verlangen nach heiligen Schriften bei der Bibelgesellschaft. Später wurde noch ein besonderer
Colporteur für die Stadt selbst angestellt. Wo sich irgend ein Bedürfniß zeigte, da trat die Gesellschaft ein. So wurden an Dienst-
boten, Neogamen (seit 1841), an durchreisende Handwerker (seit 1842),
an die Gasthöfe (1850), an die Strafanstalt (1865), an die Mägde-
herberge (1871), sodann an die benachbarten Anstalten, die Taub-
stummenanstalt in Riehen (1868), das Lehrerseminar in Beuggen
und andere Wohlthätigkeitsanstalten Bibeln meist gratis ausgetheilt,
einzelnen Gemeinden in der Stadt und auf dem Lande Kanzelbibeln
geschenkt.

Was den weitern Kreis der Thätigkeit der Basler Bibelgesellschaft
in der reformirten Schweiz betrifft, so wird davon bei den einzelnen
Kantonen die Rede sein. Nicht uninteressant ist es zu sehen, wie
in die Geschichte dieser Gesellschaft die politische Zeitgeschichte hinein-
spielt. Griechische Flüchtlinge, welche Anfangs der Zwanzigerjahre
durch Basel kamen, gaben Veranlassung zum Druck eines neugriechi-

schen neuen Testamentes, das in 2000 Exemplaren theils an die
anwesenden Griechen vertheilt, theils nach verschiedenen Orten versendet
wurde. Die politischen Wirren von 1831 und 1833 brachten eidge=
nössische Truppen nach Basel. Diesen wurden neue Testamente verab=
reicht. Die gefangenen Freischaaren in Luzern (1845) empfingen solche
durch Vermittlung des dortigen reformirten Pfarrers. Im Sonder=
bundskriege dachte man an die eidgenössischen Truppen, die ins Feld
zogen (1847). Die in großer Zahl über die Schweizergrenze gekom=
menen deutschen Flüchtlinge (1849) versah man ebenfalls mit neuen
Testamenten. Im Februar 1857 vergaß man die zur Besetzung
Neuenburgs und der Grenzen abgesandten Truppen nicht, und den
in Basel selbst stationirten eidgenössischen Truppen wurden 4490
neue Testamente ausgetheilt. Der Krieg in Italien 1859 veranlaßte
die Bibelgesellschaft 75 böhmische und ungarische neue Testamente
zur Austheilung an österreichische Gefangene nach Turin, und 500
van Eß'sche zu gleichem Zweck nach Marseille zu senden. Am meisten
wurde jedoch die Basler Bibelgesellschaft in dem Kriegsjahre 1870 in
Anspruch genommen, zumal auch die übrigen Schweizergesellschaften
an sie sich zu wenden genöthigt waren. Da auch in Basel der Vor=
rath bald zu Ende war, so kam die brittische Bibelgesellschaft mit
der größten Zuvorkommenheit zu Hülfe. Mit Recht sagt der Bericht
der „brittischen und ausländischen Bibelgesellschaft"[1], daß deren
Thätigkeit in dieser großen Zeit „eines der wichtigsten Werke war,
welche Gottes Vorsehung der Gesellschaft jemals anvertraut hat".
Von den 905,954 Exemplaren, welche sie an Kranke, Verwundete
und Gefangene vertheilt hat, fielen einzig für die Bourbakische Armee
in der Schweiz 40,000 Exemplare[2]. Daneben gab sie im gleichen
Jahre noch 48,870 Exemplare Bibeln und Bibeltheile theils an Basel,
theils an andere schweizerische Bibelgesellschaften ab. Im Ganzen
wurden über 96,000 Exemplare an die französischen Internirten ver=
schenkt[3]. Daneben vergaß man die eigenen zur Grenzbesetzung be=
fehligten Truppen nicht. Die Bibelgesellschaft in Basel verband sich
zu diesem Zwecke mit derjenigen von Bern, während die andern

---

[1] Auszüge aus dem 67. Jahresbericht. Cöln 1871. pag. 31.
[2] Ib., pag. 36.
[3] Jahresber. von Basel 1871, pag. 28.

Kantone für ihre eigenen Truppen sorgten[1]). Während so auf dem Boden der Schweiz für Verbreitung der Bibel unter dem Militär gesorgt wurde, arbeiteten gleichzeitig Colporteure von Basel in Frankreich. Genf that allerdings das Meiste in diesem Lande, indem es vermittelst 28 Delegirten im Ganzen 269,136 Testamente und Schrifttheile verbreitete. Aber auch die deutschen Truppen, welche in Hüningen, St. Louis und Neudorf stationirt waren, sollten als „kleine friedliche Demonstration"[2]) eine Anzahl Bibeln aus der Schweiz empfangen, und gemeinschaftlich mit der Bibelgesellschaft in Stuttgart wurden den Gefangenendepots in Württemberg heilige Schriften verabreicht.

Zu den außerordentlichen Bibelvertheilungen gehören auch die an Abgebrannte, z. B. in Glarus 1860, an Ueberschwemmte, wie die im Rheinthal und Graubünden (1868), an die Bahnwärterhäuschen der Centralbahn, an die Arbeiter bei der Rigibahn, der Gotthardbahn und andern Schweizerbahnen. Die verschiedenen Sprachen dieser Arbeiter machte auch die Aussendung deutsch=, italienisch= und französischredender Colporteure nothwendig.

Auf zwei Gebieten berührt sich die Thätigkeit der Bibelgesellschaften, insbesondere die von Basel mit derjenigen von zwei andern Gesellschaften, dem 1842 in Basel gestifteten Protestantisch = kirchlichen Hülfsverein und der 1815 gegründeten Missionsgesellschaft ebendaselbst. Die protestantischen Hülfsvereine in den schweizerisch reformirten Kantonen hatten gleich zu Anfang Basel zu ihrem Mittelpunkte gewählt, da hier die Fäden der verschiedensten Begehren zerstreuter Protestanten zusammenliefen. Doch schon lange vor ihrer Gründung war die Bibelgesellschaft veranlaßt, solche Protestanten mit Bibeln zu versehen, z. B. in Frankreich (1809), in Wien (1816), Odessa (1819), Freiburg im Breisgau (1831), Catharinenstadt an der Wolga (1835), Ungarn (1835), in verschiedenen Gegenden Oesterreichs (1835). Ebendeßhalb sah sich die Bibelgesellschaft schon 1812 veranlaßt, eine französische Bibel in 2500, und ein Neues Testament gleicher Sprache in 3000 Exemplaren zu drucken, und erwarb sich im

---

[1]) Siehe darüber den ausführlichen Bericht im Jahresber. v. Basel. 1871. pag. 15—30.
[2]) Ib., pag. 29.

gleichen Jahre 10,000 französische Testamente, welche in Paris in den Dachkammern eines Buchhändlers aufgefunden wurden. Später wurde bald das Verlangen nach Bibeln durch den protestantischen Hülfsverein vermittelt, bald kamen directe Wünsche, z. B. von Kärnthen (1865), Schlesien (1866), den alten Brüdergemeinden in Mähren (1868). Im Jahre 1854 wurde sogar der Druck eines mährischen Neuen Testamentes mit Psalmen veranstaltet. Von Frankreich aus wiederholte sich öfter das Verlangen nach heiligen Schriften. Die Protestanten in Marseille (1868 und 1870), im Département du Doubs (1869), am Geburtsort Farels in Gap (1872), in den Vogesen und anderen Gegenden wurden mit Bibeln versehen. Die Evangelisation in Italien, Sicilien und Spanien fand bereitwillige Unterstützung theils durch Schriften, theils durch Geldbeiträge. Mit armenischen Bibeln, welche angekauft wurden, unterstützte man Armenier (1828); der englischen Bibelgesellschaft sandte man Diodatibibeln für Italiener in London (1827). Selbst nach Griechenland sandte man griechische Testamente, und betheiligte sich bei dem Werke der Verbreitung von böhmischen Bibeln (1867). Für Studirende der Theologie des In= und Auslandes wurden schon 1821 hebräische Bibeln in 3000 Exemplaren gedruckt. Zu gleichem Zweck wurden auch griechische neue Testamente erworben, die von einer Buchdruckerei in Basel gedruckt worden waren (1842). Selbst über den Ocean reichte die Baselsche Opferwilligkeit. Nicht nur daß Auswanderer mit heiligen Schriften bedacht wurden, man kam auch den aus Amerika herübergesendeten Wünschen entgegen. So schon 1820 und später öfter. Selbst der schweizerische Consul in New=York vermittelte solche Begehren (1834). Nach Brasilien wurden 50 Exemplare der Meyerschen Bibel abgegeben. Auch dem Verlangen von Protestanten in Algier entsprach man bereitwillig (1838). Nach Schuscha in Georgien wurde (1825) eine bedeutende Summe Geldes geschickt, um eine Anzahl armenischer Bibeln, welche in Astrachan lag, zu erkaufen und zu verbreiten. Wie schon bei diesen letztgenannten Thätigkeiten, so trat bei zwei Unternehmungen die Basler Bibelgesellschaft mit der Missionsgesellschaft der gleichen Stadt in Verbindung. Am 27. Mai 1842 regte der damalige Missionsinspector Dr. W. Hoffmann die Herausgabe der Bibel in der Tulusprache in Indien an. Die Angelegenheit zog sich jedoch durch mehr als 14 Jahre hindurch. Im

Dezember 1856 beschloß die Bibelgesellschaft, mit Hülfe anderer Vereine die Veranstaltung des Werkes zu übernehmen. Die Beiträge flossen reichlich und ein Paar Jahre darauf (1859) war die Arbeit im Druck vollendet. Ein zweites ähnliches Unternehmen war die Uebersetzung des neuen Testamentes in der Malealimsprache, dem Idiom der Malabarbevölkerung von etwa 4 Millionen. Das zur Erinnerung an die erste öffentliche Feier 1815 veranstaltete Erinnerungsfest von 1865 brachte dieses Unternehmen erst in einen raschern Gang. Die übrigen Schweizergesellschaften gaben schöne Beiträge, Zürich 460 Fr., Bern 100 Fr., Schaffhausen 500 Fr., St. Gallen 300 Fr., Lausanne vorläufig 100 Fr., Genf 1000 Fr., wozu noch Beiträge von auswärtigen Bibelgesellschaften im Betrage von 3126 Fr. kamen. Im Jahr 1870 war das Werk, an dessen Kosten von ca. 17,000 Fr. die Bibelgesellschaft in Basel allein über 10,000 Fr. übernahm, vollendet. Ein drittes Unternehmen, die Uebersetzung in die Ashanteesprache wurde einstweilen noch verschoben (1876).

Endlich haben wir noch der Wirksamkeit Basels u n t e r d e n K a t h o l i k e n zu gedenken. Dieselbe zeichnet sich nicht nur durch ihren Umfang innerhalb und außerhalb der Schweiz aus, sondern gewinnt ein besonderes Interesse dadurch, daß sie ganz dem Gange folgt, den die römische Kirche innerhalb dieses Jahrhunderts eingeschlagen hat. Im Anfang ein wohlwollendes Zusammentreten der beiden Confessionen, sodann ein allmählig immer größer werdender Widerstand der katholischen Clerisei gegen Einführung jeder Art der Bibelübersetzung, zuletzt die Anfänge thätlicher Feindschaft gegen die Bibel von Seite des in völlige Knechtschaft von Rom gerathenen Ultramontanismus. Wir haben oben gesehen, wie L. van Eß in dem freundlichsten Verhältnisse zur Basler Bibelgesellschaft stand. Dieses dauerte auch fort, so lange dieser Mann lebte. Als es an Bibeln für Katholiken fehlte, bot derselbe (1812) 400 Exemplare an. Auch Geldbeiträge sandte er für den gleichen Zweck ein (1816). Die Kantone Luzern und Solothurn, das katholische Juragebiet und Aargau waren hauptsächlich die Gegenden, denen katholische Bibelübersetzungen zukamen. Die Vermittlung für Bibelbedürftige bei der Bibelgesellschaft geschah bis tief in die Dreißigerjahre hinein theils durch katholische Priester, deren Namen in den Baslerprotocollen verzeichnet sind, theils durch Privatpersonen. Es darf jetzt wohl mitgetheilt werden, daß der durch sein politisches, namentlich antijesuitisches Wirken in Luzern bekannt gewordene **Dr.** Robert Steiger schon als Studirender der Medicin (1826) nicht nur schriftlich mehrfach sein lebhaftes Interesse an der Bibel selbst kund gegeben hat, sondern auch für deren Verbreitung in seinem Kanton sehr thätig gewesen ist. Bei den öftern Bibel= begehren von Katholiken in Luzern war er der Basler Bibelgesell= schaft eine willkommene Auskunftsperson (26. September 1826). Ein Staatsrath desselben Kantons ließ viele neue Testamente kommen (1827) und dankte dafür in Briefen, welche „die schönsten Gesinnun= gen" ausdrücken (11. Januar 1833 und 10. November 1835). Im Jahr 1836 kam es in Laufenburg (Aargau) sogar zur Gründung einer katholischen Bibelgesellschaft, die mit Basel in lebendigem Ver= kehr stand. Vereinzelte Theologiestudirende in Luzern und Solothurn holten theils griechische Neue Testamente, theils Uebersetzungen von Basel. Oft reichte der Van Eßsche Vorrath nicht mehr und man ließ deßhalb Goßnersche und Regensburger Testamente kommen. Unterdessen war Leos XII. Verurtheilung der Bibelgesellschaften ge= kommen und machte ihren Einfluß auch in der Schweiz geltend. Schon 1824 langten Klagen des Vatican gegen die Ausbreitung der heiligen Schrift im katholischen Jura, namentlich um Delsberg, zu Bern an, und letzteres ließ durch die Polizei die Bibelgesellschaft zur Vorsicht mahnen (1825). Es begannen die jesuitischen Umtriebe, über welche die Basleracten viele Mittheilungen von katholischen Geistlichen enthalten. Man berief eine Versammlung von Geistlichen nach Olten (1825), um sie vor den Verbreitern der Bibel zu warnen. Auch der Bischof von Chur traf (1832) Maßregeln gegen den Ver= kauf heiliger Schriften, obwohl nur bischöflich approbirte Exemplare unter den Katholiken verbreitet wurden. Soviel wurde wenigstens hiedurch erreicht, daß Katholiken immer weniger es wagten, in directe Verbindung mit den Bibelgesellschaften zu treten. Um so eifriger arbeitete die indessen eingerichtete Colportage. Wir müssen es uns versagen, aus dem reichen und interessanten Material eingehendere Mittheilungen über die Erfahrungen, welche die Bibelverbreiter in den katholischen Kantonen, namentlich den innern Kantonen Uri, Schwyz und Unterwalden, gemacht haben[1]). Der früher abgebro=

---

[1]) Vid. bes. den ausführl. Bericht. Jahresber. v. Basel 1870, pag. 10—24.

chene Verkehr mit dem katholischen Jura wurde später wieder auf=
genommen, aber es kam dort 1870 in einem Dorfe zur förmlichen
Steinigung des Colporteurs. Wichtig ist für die innern Kantone
die Errichtung eines Bibeldepots in Luzern, von wo aus sich die
heilige Schrift auch in die benachbarten katholischen Gegenden ver=
breitet. Die sämmtlichen schweizerischen Bibelgesellschaften halfen bei
diesem Werke mit. Der Zudrang von Fremden brachte es mit sich,
daß heilige Schriften in 12 Sprachen zu Luzern auf dem Lager ge=
halten werden mußten. Neben manchen erfreulichen Erfahrungen,
welche die von Luzern ausgehende Colportage macht, wird auch die
schlimme gemeldet, daß im Jahr 1875 neun Bibeln in der Gemeinde
eines innern Kantons verbrannt wurden[1]). Seit ein Paar Jahren
hat sich auch der Kanton Tessin als ein neues Gebiet der Bibel=
ausbreitung eröffnet.

Während so trotz des Widerstandes der katholischen Priesterschaft
die heilige Schrift sich immer weiter verbreitet und oft sehr lebhaftes
Verlangen darnach unter Katholiken sich zeigt, trat seit ein Paar
Jahren der Arbeit der Bibelgesellschaft in einzelnen Gegenden der
katholischen Schweiz ein Widerspruch ganz anderer Art entgegen, die
moderne Feindschaft gegen das Christenthum selbst, und zwar in
einer Weise, wie sie den Bibelträgern früher auf protestantischem
Gebiete nicht begegnet ist. Dagegen hat die altkatholische Bewegung,
namentlich im Kanton Aargau, in Manchen das Verlangen nach der
Bibel geweckt[2]).

Die Zahl der durch die Basler Bibelgesellschaft gedruckten ganzen
Bibeln wird annähernd 300,000 betragen, die der neuen Testamente
ungefähr ebensoviel.

An diese älteste Bibelgesellschaft in Basel schlossen sich mit Aus=
nahme von Zürich sämmtliche Bibelgesellschaften der deutschen refor=
mirten Schweiz längere oder kürzere Zeit nach ihrer Gründung an und
traten mit derselben in mannigfache Verbindung. Seit die Luthersche
Bibelübersetzung allenthalben in den Vordergrund trat, waren die
Bibelgesellschaften um so mehr an Basel angewiesen, da dieses der
einzige schweizerische Ort war, welcher ganze Lutherbibeln drucken ließ.

---

[1]) Bericht der Colportage=Commission vom Mai 1876.
[2]) Ibid.

Nach der Zeit der Gründung ist die Reihenfolge dieser Bibelgesellschaften, die das Werk des deutschen Reformators verbreiteten, folgende: Schaffhausen (1809), St. Gallen und Graubünden (1813), Aargau (1816), Glarus und Appenzell a. Rh. (1819). Leider sind von mehreren dieser Gesellschaften weder gedruckte Jahresberichte, noch Protocolle vorhanden. Es ist daher unmöglich, ihre Geschichte genauer darzustellen.

Schaffhausen.[1]) Dieser Kanton hatte nach Basel und Bern die erste Bibelgesellschaft in der Schweiz. Nicht von Geistlichen ging die Anregung zu ihrer Gründung aus, sondern von sieben schlichten Bürgern, deren drei dem Handwerkerstande angehörten. Am 3. Dezember 1809 verbanden sich dieselben zur Sammlung jährlicher Beiträge für Austheilung von Bibeln hauptsächlich unter die Armen. Im Jahr 1818 kam Dr. Steinkopf nach Schaffhausen und leitete durch ein Geschenk von 200 Bibeln die Verbindung mit der brittischen Gesellschaft ein, rieth auch dringend die Erweiterung der Gesellschaft an. Neun neue Mitglieder wurden aufgenommen, unter denen sieben geistlichen Standes waren, wie Georg Müller, der treffliche Bruder des Geschichtschreibers, Pfarrer J. Schenkel, dessen Leben der Sohn, Prof. Schenkel in Heidelberg, beschrieben hat, Prof. D. Spleiß, späterer Antistes. Durch reichliche Geschenke von England, die mehrere Jahre hinter einander folgten und theils in Geld (20 Pfund), theils in 854 Neuen Testamenten und 60 Bibeln bestanden, vermochte die Gesellschaft dem vorhandenen Mangel an heiligen Schriften zu Stadt und Land immer mehr abzuhelfen. Das Reformationsfest, welches am 3. und 4. Jan. 1819 zu Stadt und Land unter zahlreicher Betheiligung der verschiedenen Behörden und der Gemeinden gefeiert wurde, war von einer Austheilung von Bibeln und Neuen Testamenten an Alt und Jung begleitet. Von da an wurde auch jährlich eine öffentliche Bibelfeier gehalten. Der brittische Apocryphenstreit berührte auch die Schaffhauser Bibelgesellschaft. Das frühere Verhältniß zu der englischen Anstalt konnte

---

[1]) Dr. J. Kirchhofer: Geschichte der Bibelgesellschaft von Schaffhausen. Eine Denkschrift auf das fünfzigjährige Jubiläum derselben. Schaffh. 1859. Es ist dieß leider die einzige vollständige Geschichte einer schweizer. Bibelgesellschaft geblieben.

durch die Anwesenheit von Dr. Pinkerton nicht mehr hergestellt wer=
den. Doch nahm man von nun an auch Bibeln ohne Apocryphen
in dem Depot auf. Etwas später wurde die Zahl der Gesellschafts=
mitglieder auf zwanzig erhöht, die sich immer wieder selbst ergänzen.
Allmählig erweiterte sich die Thätigkeit selbst, indem Bibeln an ver=
schiedene Anstalten, von 1841 auch an Brautleute, abgegeben wurden.
Schaffhausen, längs der ganzen Grenze gegen Deutschland von Ka=
tholiken umgeben, mußte es nahe liegen, auch letztern die heilige
Schrift zukommen zu lassen. Selbst eine Anzahl benachbarter katho=
lischer Geistlichen wünschte Bibeln für ihre Gemeinden. Da hiefür
die Mittel fehlten, so wandte man sich an Dr. L. van Eß (1831),
welcher 670 Exemplare des Alten und Neuen Testamentes zur un=
entgeltlichen oder wenigstens sehr billigen Verbreitung sandte.

Als der Apocryphenstreit Anfangs der 50ger Jahre auch auf
den Continent sich verpflanzte, da wurde die Bibelgesellschaft von
Schaffhausen plötzlich durch den Antrag eines Mitgliedes überrascht,
es möchten künftig nur Bibeln ohne Apocryphen verbreitet werden.
Die Gesellschaft wies zwar den Antrag nicht ohne weiters ab, kam
aber später nie mehr darauf zurück. Eine andere Anregung schien
Anfangs von größerm Erfolge begleitet zu sein, es möchte in Zukunft
die 1856 von Dr. R. Stier herausgegebene berichtigte Lutherbibel
verbreitet werden. Fast gleichzeitig wurde auch in der Synode der
förmliche Antrag gestellt, daß die Stiersche Uebersetzung statt der
Lutherschen in Kirche und Schule eingeführt werden solle. Zur nä=
hern Prüfung der Sache wurde eine Commission niedergesetzt. Diese
übergab verschiedenen Geistlichen ein oder zwei Bücher der heiligen
Schrift, damit dieselben Stier mit dem Grundtexte und mit Luther
verglichen. Das Ergebniß dieser Vergleichung, die wirklich vollstän=
dig vom ersten bis zum letzten Capitel der Schrift durchgeführt wurde,
lautete in den einzelnen Eingaben an die niedergesetzte Commission
sehr verschieden. Im Ganzen traten zwei ganz entgegengesetzte
Ansichten hervor. Die eine fand, Stier habe eher zu wenig als
zu viel geändert und meinte, dieser Uebersetzer zeige zwar oft weni=
ger seinen Sinn für Wohllaut und Volksthümlichkeit als Luther,
hänge auch hie und da an Sonderbarkeiten, aber es gebe sich doch
ein großer Fortschritt zum Bessern zu erkennen, namentlich im Hiob
und in den Propheten. Die andere Ansicht ging so weit, zu behaup=

ten, Luther habe keine sachlichen Irrthümer. Stiers Uebersetzung sei schon im Prinzip verfehlt, indem sie verbinden wolle, was Meyer und DeWette beide in ihrer Weise erstrebt hätten, nämlich gleichzeitig eine Volks- und Forscherbibel herzustellen. In vielen Stellen gäben die besten Ausleger Luthern gegen Stier Recht, Stier habe namentlich in den Psalmen die Macht und Schönheit der Lutherschen Sprache abgeschwächt u. a. m. Auch diejenigen, welche auf Seite der Vertreter der ersten Ansicht standen, gaben zu, daß es wünschenswerth wäre, wenn Stier in einer Anzahl von Stellen den Lutherschen Text wieder aufnähme. Dieser Wunsch führte zu dem Beschluß, sich an Dr. Stier selbst zu wenden und mit einer einläßlichen Darlegung der Sache zugleich die Frage an ihn zu richten, ob er nicht zu gewissen Aenderungen sich verstehen würde. Dr. Stier wies in seiner eingehenden Antwort nach, daß und warum er von den durch ihn vorgenommenen Aenderungen nicht abgehen könne. Zugleich fügte er hinzu, daß, weil die eben erschienene Ausgabe stereotypirt sei, jedenfalls vor der Hand keine Aenderung vorgenommen werden könne. In der Synode standen sich nun die beiden Anträge gegenüber, der eine, Stier als Kirchen- und Hausbibel einzuführen und seine Verbreitung der Bibelgesellschaft zu empfehlen, der andere, für einmal hievon Umgang zu nehmen. Nach lebhafter und gründlicher Berathung wurde der zweite Antrag erst durch den Convent der Geistlichen und nachher auch von der Synode angenommen. Der Bibelgesellschaft wurde dieses Resultat mitgetheilt. Sie begnügte sich einstweilen damit, gab aber dem Quästor den Auftrag, ein Depot der Uebersetzung von Stier anzulegen. Der Beschluß, etwa später in einem besondern Schriftchen ein Verzeichniß der berichtigten Stellen abdrucken zu lassen, blieb unausgeführt. Auch einige Jahre später (1861) wollte die Schaffhauserische Bibelgesellschaft abermals Hand bieten zu einer Berichtigung der Lutherschen Bibelübersetzung und bot der Conferenz schweizerischer Kirchenräthe, welche dieselbe bereits an die Hand genommen hatte, Fr. 200 zur Förderung ihres Werkes an.

Zu einer dem bisherigen Wirken der Bibelgesellschaft ferner liegenden Thätigkeit gab der Bau zweier Eisenbahnen durch den Kanton Schaffhausen Veranlassung. Es wurden nämlich für die Eisenbahnarbeiter besondere Prediger angestellt. In wie weit diese die ihnen zunächst angewiesene Aufgabe erfüllt haben, und welche Folgen

sich an ihre Wirksamkeit anknüpft, das kann hier nicht weiter erör-
tert werden. [1)

Im August des Jahres 1859 feierte die Bibelgesellschaft ihr
fünfzigjähriges Jubiläum. Bis dahin hatte sie 10,575 Bibeln und
8042 neue Testamente verbreitet, wozu noch 3969 Bibeln an Neu-
vermählte kommen. Die Einnahmen beliefen sich bis zum gleichen
Termin auf 46,936 Franken. Zweimal fühlte sich die Gesellschaft
gedrungen, an Militär neue Testamente auszutheilen, das erste Mal
während des Sonderbundkrieges, wo an die beiden Schaffhauser-
bataillone 1183 Exemplare kamen, das zweite Mal während des
deutsch-französischen Krieges, wo theils ein zur Grenzbesetzung in
den Kanton Schaffhausen verlegtes Tessinerbataillon mit italienischen
Testamenten bedacht wurde, theils an die im Kanton internirten
französischen Soldaten 250 neue Testamente und 600 Evangelien
ausgetheilt wurden. Von 1864 an wurde, wie früher schon einmal,
ein Colporteur angestellt, der unter Protestanten und Katholiken des
benachbarten badischen See- und Schwarzwaldkreises biblische Schriften verbreitete. Für Katholiken führte derselbe bischöflich approbirte,
für Protestanten Luther'sche Bibelübersetzungen bei sich. [2)] Der Erfolg
bei Katholiken war bei weitem nicht mehr der erfreuliche, wie zwei
Jahrzehnde vorher. Wo man nicht selbst Bibeln spenden konnte, da
trat man mit Geldbeiträgen ein. So wurde der Genferbibelgesellschaft
ein Beitrag für die Bibelausbreitung unter den Waldensern, dem
Comité für Evangelisation der ca. 20,000 italienischen Arbeiter in
der Schweiz ein Beitrag von Fr. 200 übersandt. Auch noch für ent-
ferntere Kreise hatte die Bibelgesellschaft eine offene Hand. [3)] Sie
übernahm einen Theil der Druckkosten für die durch den Schaffhau-
serschen Missionar J. Ammann bearbeitete Uebersetzung der Psalmen
in die indische Tulusprache mit Fr. 1400 und betheiligte sich mit
Fr. 500 an der von Basel herausgegebenen Uebersetzung des N. T.
in die indische Malalaym-Sprache. Im Ganzen hat die Schaffhauser Bibelgesellschaft seit ihrer Gründung 1809 bis 1875 16,655

[1)] S. Kirchhofer a. a. O. pag. 69—75, wo nur über den Anfang der Wirksamkeit der betreffenden Prediger Bericht gegeben werden konnte.
[2)] Jahresb. 1862—1866 pag. 5.
[3)] Jahresb. 1862—1866 pag. 7.

Bibeln und 13,746 neue Testamente und Theile der letztern ausge=
geben, unter den erstern befanden sich 7704 Hochzeitbibeln (seit 1841).
Vorsteher der Anstalt waren Prof. J. Altorfer (bis 1829), Triumvir
J. C. Maurer (bis 1838), Dr. J. Kirchhofer, Dekan (bis 1869).
Der gegenwärtige ist Pfarrer J. J. Schenkel.

Vier Jahre nach Gründung der obengenannten Bibelgesellschaft
im Jahr 1813 bildete sich diejenige von St. Gallen.¹) Auch hier
knüpfte sich die neue Anstalt an bereits vorhandene Bestrebungen
ähnlicher Art an. Ein Zweigverein der schon genannten „deutschen
Christenthumsgesellschaft" hatte sich in St. Gallen schon seit längerer
Zeit gebildet. Derselben gehörte ein sehr wohlhabender Kaufmann
an, Namens Caspar Steinmann. In seinem Greisenalter widmete
dieser sich ausschließlich dem Dienste des Reiches Gottes, insbesondere
der Verbreitung der heiligen Schrift. Er sammelte Beiträge für
diesen Zweck und ließ dafür Bibeln und Neue Testamente von
Basel kommen, die er in der Umgegend von St. Gallen verbreitete.
Durch seine Anregung wurde dann die Bibelgesellschaft selbst gegrün=
det, und er blieb bis an sein Ende die Seele des Vereins.²) Mit
großem Eifer nahm sich der zum ersten Präsidenten der Gesellschaft
ernannte Dekan G. Caspar Scherrer der Sache an. Die Bestrebun=
gen wurden nicht nur von den evangelischen Geistlichen des Kantons
St. Gallen, sondern auch durch solche aus den Nachbarkantonen
Appenzell und Thurgau unterstützt. Selbst katholische Geistliche
erfreuten die neugebildete Gesellschaft mit ihrer Theilnahme. So be=
richtete ein solcher (1814): „er sehe in seiner Gemeinde die sichtbar=
sten Spuren der guten Wirkung der Austheilung des Neuen Testa=
mentes, da gar Viele, die sonst den Sonntag Abend verschwärmten,
nun oft zusammensitzen, im Neuen Testamente lesen und sich über
seinen wohlthätigen Inhalt unterhalten." Gemäß einem Beschluß
der ersten Jahresversammlung 1814 erging im Januar 1815 an alle
Geistlichen beider Confessionen, auch an andere Männer eine
Einladung zum Beitritt. Hundert und siebenundfünfzig Männer traten

---

¹) Die folgende Darstellung beruht wesentlich auf den sehr verdankenswerthen
Mittheilungen des gegenwärtigen Präsidenten, Pfarrer Heß in St. Gallen.
²) Geschichtliches über Bibel= und Tractatgesellschaften. St. Gallen und Zürich
1846 (v. Ildeph. Fuchs) pag. 15 ff.

einzig in der Stadt St. Gallen der Gesellschaft bei, aber auch aus den Kantonen Appenzell, Thurgau und Glarus schlossen sich ihrer Viele an.[1]) Im gleichen Jahr kam der vielgenannte Dr. Steinkopf nach St. Gallen und förderte mit Rath und That die Thätigkeit des jungen Vereins. Zwei Jahre hintereinander kamen Geldbeiträge aus England (50 und 100 ₤ St.), 1050 Bibeln und 500 Neue Testamente. Basel sandte 600 Gulden zum Ankauf von 2000 Testamenten aus Regensburg. Selbst das kaufmännische Directorium bedachte die Anstalt mit 440 Gulden. In drei Jahren zusammen betrug die Einnahme 5652 Gulden. Die Gesellschaft konnte es daher 1816 wagen, selbst eine Auflage des Neuen Testamentes in 3000 Exemplaren zu veranstalten.[2])

Zur Erhöhung des Interesses an den im Rathhaus gefeierten jährlichen Hauptversammlungen wurden Gesänge eingeführt, z. B. 1817, wo eine von einem geistlichen Mitgliede gedichtete und componirte Cantate vorgetragen ward. Zur Feier der Reformation wurden in ebengenanntem Jahr 274 Exemplare Bibeln und 1429 Exemplare Neue Testamente vertheilt. Vom Jahr 1822 an, in welchem der Antistes Rothmund die Leitung der Gesellschaft übernahm, scheint ein etwelcher Stillstand in dem Leben der Gesellschaft eingetreten zu sein. Die Zahl der Contribuenten, die Summe der Beiträge und die Zahl der verbreiteten Exemplare nahm bedeutend ab.[3]) Zudem war Steinmann, dieses so belebende Mitglied, in hohem Alter gestorben (1822). Um so erfreulicher war es, daß unterdessen in Zwinglis engerm Geburtslande, im Toggenburg, durch eine Anzahl Geistliche eine besondere Bibelgesellschaft gegründet wurde[4]) (August 1820), die hauptsächlich unter die Armen der Gegend Bibeln austheilte.

Auch die St. Galler Bibelgesellschaft blieb von dem brittischen Apocryphenstreit nicht unberührt. Derselbe fand auch hier die nämliche Lösung wie in den übrigen Gesellschaften. Man stand zwar mit der brittischen Anstalt stets in Verbindung, hielt auch Bibelausgaben ohne Apocryphen, aber es war doch an die Stelle des frühern

---

[1]) Geschichtliches über Bibel- und Tractatgesellschaften. St. Gallen und Zürich 1816 (v. Jldeph. Fuchs) pag. 21. Jahresb. v. St. G. 1815, pag. 11 ff.

[2]) Ib. pag. 17.

[3]) Jahresb. v. 1822.

[4]) Zür. Jahresb. 1820 pag. 7.

schönen Zusammenwirkens mehr ein Verhältniß „nach der Rechnung
der Ausgabe und Einnahme" getreten.

Ein sehr bemerkenswerthes Unternehmen der Bibelgesellschaft
von St. Gallen ist die im Jahr 1841 veranstaltete Revision des
Lutherschen neuen Testamentes. Nachdem der unten weiter zu
besprechende Versuch der St. Gallersynode, eine Revision der Bibel
ins Werk zu setzen, gescheitert war (1835), so kam die Sache
in der Bibelgesellschaft zur Sprache, und es wurde beschlossen,
mit der Revision des Neuen Testamentes den Anfang zu machen.
Es sollte dabei der Luthersche Text möglichst geschont und nur da
geändert werden, wo der Grundtext dieß unbedingt verlange. Die
Arbeit wurde dem damaligen Pfarrer in St. Gallen, Bernet, über=
tragen und fand die Zustimmung der Gesellschaft, welche sie in 5000
Exemplaren drucken ließ unter dem Titel: „das neue Testament un=
sers Herrn und Heilandes Jesus Christus. Revidirte Ausgabe. St.
Gallen. Im Verlage der Bibelgesellschaft. 1841." Kl. Octav. (sog.
Schillerformat). Da dieses Testament, wenn wir von dem obenge=
nannten des Amandus von Polansdorf absehen, das einzige revidirte
Luthersche auf dem Boden der Schweiz ist, so mag hier Einiges zur
Charakterisirung desselben beigefügt werden.

Was die äußere Einrichtung dieser Ausgabe betrifft, so ist der
Brief des Jakobus, wie in den gewöhnlichen griechischen Texten den
katholischen Briefen vorangestellt, dagegen folgt diesen dann der
Ebräerbrief und kommt so unmittelbar vor die Apocalypse zu stehen.
Der Text läuft in unabgesetzten Versen fort. Die Inhaltsanzeigen
der Capitel sind kurz, aber meist zutreffend. Die sehr zahlreichen
Parallelstellen sind sorgfältig ausgewählt und stehen unten an. Zu=
weilen sind kurze Erklärungen beigefügt, z. B. p. 6 zu Matth. 2, 23:
„Er soll Nazoräer heißen", „Nasiräer, Abgesonderter, Geheiligter";
p. 6 zu Matth. 3, 1: „In jenen Zeiten", „Um das Jahr 30 nach Christi
Geburt"; p. 8 zu Matth. 4, 23: „in ihren Synagogen", „Versamm=
lungsörter für die Schriftauslegung am Sabbath"; p. 10 zu Matth.
5, 22: „Raka", „Tollkopf"; p. 39 zu Matth. 16, 18: „du bist Pe=
trus", „Petrus heißt felsenmäßig"; p. 42 zu Matth. 17, 24: „zwei
Drachmen", „die jährliche Tempelsteuer eines Juden", „gleich einem
halben Gulden"; p. 171 zu Luc. 16, 20: „Lazarus", „Im alten
Testament Eleazar (Gott hilft)"; p. 388 zu 1 Cor. 10, 20: „Dä=

monen", „von den Griechen als göttlich gedachte und verehrte Gei=
ster". In den Briefen sind diese Glossen viel seltener als in den
Evangelien. Die angefochtene Stelle 1 Joh. 5, 7 steht in Parenthese.

Die Uebersetzung selbst befolgt so ziemlich die vorgeschriebene
Weisung und hält ungefähr die Mitte zwischen Luther und von
Meyer. In einer großen Zahl von Abweichungen folgt sie der Ueber=
setzung des letztern, an einigen wenigen Stellen ist DeWette berück=
sichtigt. Doch nicht selten verfährt sie ganz selbstständig. Manchmal
ist auch unnöthig geändert und manchmal durch allzu wörtliche
Uebersetzung der Sinn verdunkelt. Zuweilen ist zur Verdeutlichung
eine nutzlose Breite eingetreten. Zu einer durchgreifenden Verbesse=
rung fehlte es dem Uebersetzer weniger an Geschmack als an philo=
logischer Genauigkeit. Zur Begründung unsers Urtheils möge eine
Anzahl von Stellen dienen. Matth. 5, 5: „sie werden das Land
als ein Erbtheil besitzen." B. 13: „Wenn das Salz kraftlos wird,
womit soll man es salzen." B. 16: „euern Vater verherrlichen."
B. 17: „sondern sie (sc. Gesetz und Propheten) zur Vollkommenheit
zu bringen." B. 20: „Wenn euere Gerechtigkeit — nicht übertreffen
wird." B. 25: „Sei schnell deinem Gegner geneigt." B. 29: „Reizt
dich dein rechtes Auge zur Sünde (= DW.)." 6, 1: „Hütet euch,
daß ihr euer Gutes ($\delta\iota\varkappa\alpha\iota\sigma\acute{\upsilon}\nu\eta$) nicht vor den Menschen thut."
B. 16: „Sie machen ihr Aeußeres unscheinbar." B. 33: „so wird
euch solches Alles als Zugabe werden." 7, 12: „dieß ist der Inhalt
des Gesetzes und der Propheten." 8, 9: „Selbst ich, ein Mensch,
der ich unter höhern Befehlen stehe (!), aber auch Kriegsleute unter
mir habe, darf nur zu dem einen sprechen." 27, 44: „die Straßen=
räuber." 28, 1: „beim Anbruch des ersten Wochentages." 28, 19:
„Gehet hin und machet alle Völker zu meinen Jüngern, indem ihr
sie taufet auf den Namen — Geistes. Und lehret sie halten ꝛc."
Marc. 9, 3: „wie sie kein Walker auf Erden so weiß machen kann."
Luc. 1, 1. 2: „Nachdem es Viele versucht haben, Erzählung zu ver=
fassen von den Geschichten, die sich unter uns zugetragen haben, wie
sie uns diejenigen überliefert haben, die von Anfang an Augenzeugen
und Diener des Worts gewesen sind." Luc. 21, 19: „Mit euerer
Geduld gewinnet eure Seelen." Joh. 1, 15: „der nach mir kommt,
ist mir zuvor geworden." Joh. 2, 4: „Weib, was soll das mir und
dir?" Joh. 7, 23: „Wenn ein Mensch die Beschneidung am Sab=

bath empfängt." Act. 2, 3: „Und es erschienen ihnen zertheilte Zungen wie Feuerflammen." B. 40: „Lasset euch helfen von diesem verkehrten Geschlecht." 3, 16: „Und durch den Glauben an seinen Namen hat diesen, den ihr sehet und kennet, sein Name stark gemacht." B. 20: „Damit kommen die Zeiten der Erquickung von dem Angesichte des Herrn, und er sende den, der euch jetzt geprediget ist." — 15, 3: „erzählten von der Bekehrung der Heiden." Die Reise des Apostels Paulus Cap. 27 hat Luther gegenüber viel an Klarheit und Richtigkeit gewonnen. In den Briefen des Paulus wird sehr oft da, wo Luther „gerecht" übersetzt, „gerechtfertigt" gesetzt, z. B. Röm. 2, 13. 3, 4. 3, 20. — Röm. 3, 24 ff.: „Und werden umsonst gerecht aus seiner Gnade, durch die Erlösung, welche in Jesus Christus ist. Welchen Gott zuvor bestimmt hat zu einem Söhnopfer durch den Glauben in seinem Blute, zum Beweise seiner Gerechtigkeit, wegen der Nachsicht mit den Sünden, welche vorher geschehen waren unter göttlicher Geduld". „Zum Beweise seiner Gerechtigkeit in jetziger Zeit, daß er gerecht sei und den gerecht mache, der an Jesus glaubt." B. 28: „So urtheilen wir nun, daß der Mensch durch den Glauben gerecht werde ohne des Gesetzes Werke." 6, 5: „Denn so wir mit ihm verwandt (!) geworden sind in der Aehnlichkeit seines Todes, so werden wir es auch in der Auferstehung sein." 8, 3: „das that Gott und sandte seinen Sohn in der Gestalt des sündlichen Fleisches und für die Sünde und verdammte die Sünde im Fleisch, damit das Recht des Gesetzes erfüllet würde in uns, die wir nicht nach dem Fleische, sondern nach dem Geiste wandeln." Gal. 3, 16: „Er spricht nicht: und den Samen, als von Vielen, sondern als von Einem „und deinem Samen", welcher ist Christus." Eph. 1, 9. 10: „Indem er uns hat wissen lassen das Geheimniß seines Willens, nach seinem Wohlgefallen, welches er in sich selbst vorgefaßt hatte, um in der Haushaltung der Fülle der Zeiten alle Dinge zusammenbringen zu lassen unter ein Haupt in Christus, beides das im Himmel und auch auf Erden ist." Eph. 4, 13: „Bis wir alle hinankommen zu einerlei Glauben und Erkanntniß des Sohnes Gottes, zur Mannesvollkommenheit in dem Maaß der vollen Statur (!) Christus." — 1 Tim. 3, 1 wird „Aufseheramt", 3, 2 „Gemeindeaufseher" übersetzt. Während die paulinischen Briefe ziemlich viele Veränderungen und zum Theil auch wirkliche Verbesserungen gefunden haben, sind diese in den katholischen Briefen seltener. Dagegen ist in dem Ebräerbrief und der Apocalypse manches geändert, z. B. Ebr. 1, 7: „Er macht seine Engel zu Winden." 2, 7: „Du hast ihn eine kleine Zeit geringer gemacht als die Engel." 4, 1: „So lasset uns nun fürchten, daß nicht jemand aus euch an der hinterlassenen Verheißung, einzugehen zu seiner Ruhe, zu kurz komme." V. 14: „Weil wir denn zum großen Hohenpriester haben Jesus, den Sohn Gottes, der durch die Himmel gegangen ist." 11, 3: „Durch den Glauben merken wir, daß die Weltzeiten durch Gottes Wort bestimmt seien, so daß, was man siehet, nicht aus Sichtbarem geworden ist." Apoc. 2, 4: „Daß du deine erste Liebe verlassen hast."

Daß in den beiläufig 250 Stellen, in denen von Luther abgewichen ist, immerhin ein beachtungswerther Versuch vorliegt, eine im Grunde mit Schonung vorgenommene Revision darzustellen, kann nicht in Abrede gestellt werden. Dennoch fand die Arbeit keinen großen Beifall. Den Einen ging sie in den Aenderungen zu weit, den Andern waren deren zu wenig. Dazu kam, daß keine der übrigen Bibelgesellschaften sich der Verbreitung des Werkes angenommen hat. Noch im Jahr 1844 lagen 4500 Exemplare in dem Depot der St. Gallischen Bibelgesellschaft. Letztere bot dieselben derjenigen von Basel zu 6 Kreuzer das Exemplar an, erhielt aber keine zustimmende Antwort.[1]) So wanderten denn die Exemplare allmählig in die Papiermühle, so daß es jetzt schwer geworden ist, noch eines derselben zu bekommen.

Bis Anfangs der 30er Jahre ging die Sache der Bibelgesellschaft in St. Gallen sonst ihren gewohnten Gang. Da trat in den Kreisen, welche dafür Interesse gezeigt hatten, die Theilnahme an der Missionssache in den Vordergrund, und es bildete sich ein Comite, welches beide Zwecke zu vereinigen strebte. Allmählig gab es keine eigentliche Bibelgesellschaft mehr, welche durch regelmäßige Beiträge sich verbunden wußte, sondern nur noch ein Missions- und Bibelcomite. Ja, es wird über den traurigen Zustand der Gesellschaft in dieser Zeit sehr geklagt.[2]) Die Einnahmen für die Bibelverbreitung beschränkten sich auf vereinzelte Gaben, auf den Ertrag mehre-

---

[1]) Prot. der Basler B. G. 15. Juli 1844.
[2]) Protokoll von Basel. 1833.

rer Jahrescollecten in den Bibelstunden und auf die Steuer an den
Jahresfesten. Letztere nahmen seit 1836 eine großartigere Gestalt
an, indem da zum ersten Mal in der Stadtkirche zu „St. Mangen"
eine öffentliche sehr zahlreich besuchte Missions= und Bibelfestfeier
abgehalten wurde. Im Jahr darauf 1837 wurde die Feier so ge=
ordnet, daß der Vormittag der Mission, der Nachmittag der Bibel=
sache gewidmet wurde. Neben der für letztere sich ergebenden Beisteuer
flossen noch immer besondere Beiträge von Bibelfreunden aus den
Kantonen Thurgau und Appenzell A. Rh.

Während die Bibelgesellschaft zu einem Bibelcomite herabschmolz,
bekam doch die Bibel verbreitung eine größere Ausdehnung. In
der Person eines Steffan Schlatter erfreute sich die brittische Bibel=
gesellschaft eines rastlos thätigen Agenten, der seine Colporteure noch
über die Grenzen des Kantons nach den Kantonen Appenzell, Thur=
gau, Glarus, Graubünden, selbst dessen romanischen Theilen sandte
und seit 1868 bis 1874 auch Depositär des Bibelcomite und dessen
Depots gewesen ist. Die Thätigkeit genannten Mannes enthob das
Bibelcomite der Mühe, selbst noch einen Colporteur auszusenden, wie
dieß allerdings zwei Jahre lang geschehen war. Andere erwähnens=
werthe Thätigkeiten der St. Galler Gesellschaft waren folgende. Seit
Jahren wurde jedem Hochzeitspaar, das in den reformirten Kirchen
St. Gallens sich trauen ließ, nach dem Acte der Trauung eine Bibel
geschenkt. Sämmtliche Wärterhäuschen der „Vereinigten Schweizer=
bahnen", und die Krankensäle des Kantonsspitals wurden gratis
mit Bibeln versehen. An die Bibelgesellschaft in Basel wurde 1856
ein Beitrag von Fr. 200 für Herausgabe des Neuen Testamentes in
der Tulusprache und 1865 ein Beitrag von Fr. 300 an die Kosten
der Herausgabe des Neuen Testamentes in der Malalayalimsprache
gesandt.

Seit Herbst 1874 hat das Bibelcomite, den veränderten Verhält=
nissen Rechnung tragend, seine Thätigkeit bedeutend vermindert. In
Betracht, daß genannter Herr Schlatter Agent der brittischen Bibel=
gesellschaft für die Bibelausbreitung sei, und daß auch auf dem De=
pot der unterdessen gegründeten „evangelischen Gesellschaft" Bibeln
mit und ohne Apocryphen zu haben seien, wurde das eigene Depo=
sitärgeschäft gänzlich aufgegeben. So beschränkt sich nunmehr die
Thätigkeit des Bibelcomite auf Besorgung von Trauungsbibeln, auf

Beitragsleistungen an das Colportagecomite in Basel und auf die
Veranstaltung einer jährlichen Festfeier.

Im Ganzen hat die St. Gallische Bibelgesellschaft von 1813-1874
14,332 Bibeln, 56,169 Neue Testamente, und daneben noch eine große
Anzahl einzelner Theile der heiligen Schrift, namentlich Psalmen
verbreitet.[1]

Im nämlichen Jahre, welchem die St. Galler Bibelgesellschaft
ihre Entstehung verdankte, wurde auch die Bibelgesellschaft des Kantons Graubünden gegründet. Auch hier bereitete sich dieselbe
längere Zeit vor. Schon 1808 war die brittische Bibelgesellschaft
darauf bedacht, demjenigen Theil des Kantons, welcher die romanische
Sprache spricht, neue Auflagen der heiligen Schrift in seiner Sprache
zu verschaffen, da die ältern beinahe nicht mehr zu bekommen waren.[2]
Demzufolge wurde auf ihre Kosten im Jahr 1810 ein neues Testament im eigentlichen romanischen Dialect zu 2000 Exemplaren und
zwar in Basel gedruckt und nach Bündten gesandt. Im Jahr 1812
ließ die englische Bibelgesellschaft ebenfalls in Basel für die italienisch
redenden Bündner eine Auflage von 3000 Exemplaren drucken. Andere Wohlthäter hatten indessen vorher schon das eigentliche romanische Neue Testament auf ihre Kosten herausgegeben. Nun sollte
aber eine ganze Bibel in dem eigentlich sogenannten romanischen
Dialecte herausgegeben werden. Dazu bedurfte es der Hülfe im
Kanton selbst. So wurden denn die mit der Baslerbibelgesellschaft
bereits in Verbindung stehenden Bibelfreunde aufgemuntert, selbst
eine solche Gesellschaft zu gründen. Angesehene Staatsmänner und
Geistliche traten nun im Februar 1813 zusammen und bildeten ein
Bibelcomite. Ihnen wurden sodann die zum Zwecke des Bibeldrucks
noch in Basel liegenden Gelder übersandt, und im Sommer 1815
war auch der Druck der romanischen Bibel bereits vollendet. Als
die circa 10,000 Bewohner des romanischen Graubündens, welche die
Sprache des andern Hauptzweiges des romanischen Dialectes, des
labinischen, sprechen, von der Herausgabe der romanischen Bibel hör-

[1] Mitth. von Pfarrer Heß und Jahresb. über die 46. öffentliche Missions-
und Bibelfeier. 1875. pag. 23. ff.

[2] Jahresb. von Basel 1815 pag. 17 und Ostertag: die Bibel und ihre Geschichte. pag. 178 ff.

ten, baten sie dringend, daß ihnen die Bibel auch in ihrem Dialecte
gegeben werden möchte. Die Baslergesellschaft bot hiezu Hand und
mit Hülfe der englischen Bibelgesellschaft kam schon 1813 das labi-
nische Neue Testament in 2000 Exemplaren heraus. Die Ausgaben
beider Dialecte sind wesentlich auf Grundlage der Lutherschen Bibelübersetzung gearbeitet, was bei der Schnelligkeit, mit der sie gemacht
werden mußten, sich wohl rechtfertigen läßt.

Die Thätigkeit der bündnerschen Bibelgesellschaft beschränkte sich
hauptsächlich auf Vermittlung der von der englischen und der baslerschen Bibelgesellschaft herausgegebenen Bibeln an die deutschen und
romanischen Gemeinden des Kantons. Leider geben keine gedruckten
Jahresberichte genaue Nachricht über den Umfang ihres Wirkens.
Eine Zeitlang erlahmte die Thätigkeit der Gesellschaft, wurde jedoch
1836 wieder dadurch etwas belebt, daß sich die Mitglieder in zwei
Departements theilten, eines für die romanischen und italienischen,
eines für die deutschen Gemeinden.[1]) Sehr vielfache Verbreitung
scheint die Meyersche Bibelausgabe im Kanton gefunden zu haben.
Es wird schon 1845 die wohlthätige Folge davon gerühmt.[2]) Eine
wichtige Arbeit unternahm die Gesellschaft im Jahr 1841 (?), nämlich
die Herausgabe eines neuen Testamentes im oberländischen (romanischen) Dialect, da die ebengenannte Baslerausgabe gänzlich vergriffen war. Professor Carisch übernahm die Arbeit. Diese weicht
von dem bisherigen textus receptus vielfach ab, indem manche Neuerung in syntactischer Beziehung vorgenommen und dabei vielfach
die DeWettesche Uebersetzung zu Grunde gelegt wurde. Auch diese
Uebersetzung war jedoch bald vergriffen und doch das Verlangen darnach so groß, daß die englische Bibelgesellschaft sich der Sache an-
nahm und sofort die Herausgabe von Bibeln in beiden romanischen Hauptdialecten unternahm. Zuerst verließ die Bibel im Dialect des Unterengadin die Presse (1870), doch wurde der frühere Text
vorher noch genauer durchgesehen und vielfach corrigirt, eine Arbeit,
welche die beiden Pastoren Andeer in Fuldera und Vital ·in Fettan
übernahmen. In kurzer Zeit waren 640 Bibeln und 526 Testamente
verbreitet. Die bündnerische Synode, im Juni 1870 in Tamins

---

[1]) Protocoll der Basler Bibelgesellschaft 9. Aug. 1836.
[2]) Protocoll der Basler Bibelgesellschaft 30. Juni 1845.

versammelt, beschloß auf den Antrag des Kirchenrathes einstimmig, der englischen Bibelgesellschaft den Dank für das Werk auszusprechen.[1] Auch die Bibelausgabe in dem oberländischen Dialect verließ 1872 vollständig die Presse. Der bei St. Gallen genannte Steffan Schlatter verbreitete mit dem größten Eifer die beiden Bibeln in dem romanischen Bündnerlande und überhob auch die Bibelgesellschaft der Mühe, sich der weitern Austheilung der heiligen Schrift in deutscher Sprache anzunehmen. Der ehrwürdige, am Schluß des Jahres 1875 im Alter von 92 Jahren verstorbene Antistes Kind stand bis zu seinem Tode an der Spitze der Gesellschaft.

Eine von St. Gallen aus ergangene Einladung veranlaßte die Gründung einer Bibelgesellschaft im Kanton Appenzell. Zwei Geistliche, Schieß und Walser, ergriffen lebhaft diese Einladung und traten mit einer Anzahl von Nichtgeistlichen in Herisau im Jahr 1815 zur Bildung eines Bibelvereins zusammen.[2] Die große Regsamkeit der nahen St. Gallischen Bibelgesellschaft, welche auch dem Kanton Appenzell zu Gute kam, mochte nach wenigen Jahren das Fortbestehen einer besondern Gesellschaft als nicht mehr nöthig erscheinen lassen, und so verschwand sie aus der Reihe der Bibelvereine, ohne daß durch einen besondern Act ihre Auflösung sich angekündigt hätte.

Die nächste Bibelgesellschaft der Zeitfolge nach gründete sich in Aarau im Jahr 1816. Die Anwesenheit von Steinkopf gab dazu die Anregung. Nachdem diese Gesellschaft sich zunächst nur als eine locale der Stadt Aarau constituirt hatte, wurde sie 1865 eine kantonale und erweiterte sich durch den Beitritt von Mitgliedern aus verschiedenen Theilen des Kantons. Sie bezog ihren Bedarf von Bibeln theils aus dem Depot der englischen Bibelgesellschaft, theils von Basel. Dabei wurde vorzugsweise der protestantische Theil des Kantons bedacht. War auch die Wirksamkeit dieser Gesellschaft eine bescheidene, so konnte sie doch 1842 berichten, daß innerhalb des Zeitraums von 25 Jahren 2454 Bibeln und 6501 neue Testamente durch sie verbreitet worden seien. Erst 1868 wurden durch einen Colpor-

---

[1] Auszüge aus dem 67. Bericht der brittischen und ausländischen Bibelgesellschaft. 1870/71, pag. 48 ff.

[2] St. Galler Jahresb. 1815 pag. 4.

teur auch bei Katholiken der beiden Bezirke Baden und Brugg Exemplare der heiligen Schrift verbreitet. In der Stadt Aarau ging eine Zeit= lang auch ein Frauenverein dem Bibelbedürfniß nach[1] und übergab dem Präsidenten der Bibelgesellschaft oft Bibeln zur Gratisausthei= lung. Während sehr viele Bibeln durch die kantonale Gesellschaft im protestantischen Aargau verbreitet wurden, so nahm dagegen die Basler Bibelgesellschaft im Jahr 1872 die Katholiken der Bezirke Frickthal, Baden und des Freiamtes in ihre Thätigkeit auf. Be= merkenswerth ist, daß im letztgenannten Bezirk sich auch katholische Priester des Werkes angenommen haben.[2] Gedruckte Jahresberichte hat die Aargauer Bibelgesellschaft niemals herausgegeben. Die Zahl der ausgetheilten Bücher war deßhalb nicht zu ermitteln. In neuerer Zeit hat auch die Meyer=Stier'sche Uebersetzung Eingang gefunden.

Das Festjahr der schweizerischen Reformation 1819 brachte auch dem Kanton Glarus eine Bibelgesellschaft. Die Gesellschaft von Basel, welche schon bisher Exemplare in diesen Kanton gesandt hatte, gab auch da die erste Anregung. Die Prosynode nahm diese auf und brachte einen einstimmigen Vorschlag an die Synode. Nicht nur die geistlichen Mitglieder der letztern, sondern auch die Abgeord= neten des Staates gingen mit Eifer in den Vorschlag ein. Der da= malige Landammann Heer lud auf den 23. Juni 1819 eine Anzahl Männer ein, welche sich zu einer Bibelgesellschaft vereinigten. Durch eine öffentliche Versammlung am 14. November 1820 wurde das Interesse an der Bibelverbreitung in weitern Kreisen geweckt. Sehr lebhaft nahm sich der Angelegenheit der Dekan Balth. Marti, später auch Pfarrer Oertli in Glarus an. Da diese Bibelgesellschaft mehr als andere von Kirchenbehörden ausgegangen war, so wurde auch von den Präsidenten der Gesellschaft von Zeit zu Zeit dem Convent der Geistlichen Rechenschaft abgelegt. Die meisten Pfarrer standen mit dem Verwalter der Gesellschaft in Rechnung, was später, nach= dem durch Colporteure die Bibeln in einzelne Gemeinden gebracht wurden, von selbst wegfiel. Doch wurde die Gesellschaft noch immer

---

[1] Jahresb. v. Basel. 1869 pag. 32 und 1872 pag. 20.

[2] Basl. Jahresb. 1872 pag. 17.

unterſtützt durch die oberſte Kirchenbehörde, die Kirchencommiſſion. Letztere nahm auch ſelbſt wiederholt Bibelvertheilungen im Kanton vor und hielt Andachtsbücher auf Lager, die ſie verkaufte oder ver= ſchenkte.

Der Brand von 1860, welcher einen großen Theil von Glarus zerſtörte, vernichtete auch das Depot der Bibelgeſellſchaft und deren Documente. Der Geſellſchaft wurden zwar 315 Franken vergütet, von denen Fr. 200 auf den Ankauf von Bibeln verwendet wurden, aber die Anſtalt ſelbſt hob ſich auf und konnte durch den in der Sparcaſſe liegenden Geldreſt von Fr. 230 nicht wohl zuſammen= gehalten werden. Ein ganz unabhängiges Bibeldepot ſorgt nunmehr reichlich für den Bedarf im Kanton.[1]

Anfangs hatte die Bibelgeſellſchaft in Glarus, ungeachtet ſie von Baſel eingeleitet war, ſich an Zürich, mit dem ſeine Kirche ſo lange in enger Verbindung ſtand, angeſchloſſen. Ein erſtes Geſchenk, das ſie 1819 von der engliſchen Bibelgeſellſchaft erhalten hatte, beſtand daher in Zürcherbibeln.[2] Allein die Zürcherüberſetzung, die noch ein paar Jahrzehende lang neben der Lutherſchen gebraucht wurde, iſt beinahe aus dem Kanton verſchwunden und letztere an ihre Stelle getreten.

B. Die Verbreitung der Zürcherſchen Bibelüberſetzung durch die Bibelgeſellſchaft in Zürich.

Die erſte Anregung zur Gründung einer Bibelgeſellſchaft in Zürich gab die Anweſenheit Dr. Steinkopfs in dieſer Stadt im Sep= tember 1812. Die dieſem Mann ausgeſprochene Klage, daß das für das Volk ſo dringend nothwendige neue Teſtament in großer Schrift längſt vergriffen ſei, bewog denſelben, bei der engliſchen Bibelgeſell= ſchaft einen Beitrag von 2250 Zürchergulden (circa 5400 Fr.) zu erwirken. Dieſes zunächſt für einen Bibelfond beſtimmte Geſchenk ver= anlaßte ſchon im November 1812 den Zuſammentritt einer Geſellſchaft unter dem Vorſitz des würdigen Antiſtes J. J. Heß. Ein ſofortiger

---

[1] Nach verdankenswerthen Mittheilungen v. Hrn. Pfr. Ritter in Schwanden.
[2] Zür. Ver. 1820 pag. 7.

Aufruf des erst noch kleinen Vereines brachte den schönen Beitrag von fl. 1707 (ca. Fr. 4096). Sofort zeigte sich aber auch ein allseitiges Verlangen nach Bibeln, besaßen doch in größern Gemeinden 100—150 Haushaltungen kein einziges Exemplar. Da es nicht möglich war, sofort eine neue Bibel drucken zu lassen, so wurden in den Verlagshandlungen 580 Foliobibeln und 400 Handbibeln angekauft. Doch schon 1814 erschien auf Kosten der Gesellschaft bei Orell, Füßli und Comp. ein neues Testament mit großer Schrift, an dessen Unkosten die englische Bibelgesellschaft abermal mit einem Beitrag von 2250 Zürchergulden sich betheiligte. Die Nothwendigkeit, so rasch als möglich diese Ausgabe erscheinen zu lassen, gestattete es nicht, irgend welche Textesrevision vorzunehmen und so kehrte man wieder zu der Normalausgabe von 1724 mit wenigen sprachlichen Veränderungen zurück. Da der Rest früherer ganzer Bibeln bald aufgebraucht war, so mußte an eine neue Auflage gedacht werden. Es wurde beschlossen, zwei Ausgaben erscheinen zu lassen, eine Folioausgabe und durch Umbrechen desselben Satzes eine in Median-Octav. Die Zeitumstände erlaubten es nicht, mehr als 3000 Exemplare beider Ausgaben zusammen drucken zu lassen, und auch das hätte die Gesellschaft in große Bedrängniß gebracht, wäre nicht die brittische Bibelgesellschaft ungesucht mit 250 Pfd. Sterling zu Hülfe gekommen.

Die Folioausgabe mit dem Titel: „Die Bibel, das ist Alle Bücher der ganzen heiligen Schrift, des Alten und Neuen Testamentes. Nach der in Zürich kirchlich eingeführten Uebersetzung, auf's neue mit Sorgfalt durchgesehen. Gedruckt auf Kosten der Zürcher'schen Bibelgesellschaft. Zürich, gedruckt bei Orell, Füßli und Compagnie, 1817", umfaßt auf 744 Seiten mit fortlaufender Paginirung das alte Testament, die Apocryphen d. i. „diejenigen Bücher, die von den Göttlichen und canonischen Schriften immer unterschieden wurden" und das neue Testament. Die ganz gleiche Ausgabe in Medianoctav besteht in vier Theilen mit je besonderer Paginirung. Nur der erste Theil hat einen der Folioausgabe gleichlautenden Titel und umfaßt auf 952 Seiten sämmtliche historische Bücher des Alten Testaments, der zweite Theil enthält auf 767 Seiten die Hagiographen und die Propheten, der dritte Theil auf 398 Seiten die Apocryphen, der vierte auf 556 Seiten das Neue Testament. Beide Ausgaben sind in Beziehung auf Druck und Papier wahre Prachtausgaben.

Die Versicherung des Titels: „auf's Neue mit Sorgfalt durch=
gesehen" ist hier keineswegs bloße Redensart. Sehr bemerkenswerth
ist, daß im Wesentlichen der Text der Bibel von 1772 zu Grunde
gelegt ist. Die Abneigung gegen letztere Bibel, die sich hauptsächlich
darin zeigt, daß bis 1817 sämmtliche zum kirchlichen Gebrauch er=
schienene Ausgaben zu dem Normaltext von 1724 zurückgekehrt
waren, scheint nunmehr verschwunden gewesen zu sein. Doch erscheint
der Text von 1817 als ein durchgehend revidirter. Die Abweichun=
gen von 1772 sind theils orthographische und dialectische, theils be=
stehen sie darin, daß Wörter, die zur Verdeutlichung in Parenthese
gesetzt waren, nun ohne letztere beigesetzt oder ganz weggelassen sind,
theils darin, daß an manchen Stellen doch auch wieder auf den Text
von 1724 zurückgegangen wird, theils in wirklich neuer Uebersetzung,
theils endlich, und dieß namentlich in den neutestamentlichen Briefen,
in Verkürzung der in 1772 vorkommenden Paraphrasirungen. Die
meisten Aenderungen finden sich in den Hagiographen, den Propheten
und im neuen Testament. Die Ungleichheit in den einzelnen Büchern
läßt darauf schließen, daß die Bearbeitung verschiedenen Gelehrten
übergeben war. Es hätte sich erwarten lassen, daß auf die kurz
vorher erschienene Uebersetzung von Augusti und DeWette Rücksicht
genommen worden wäre, allein wir haben nur äußerst Weniges ge=
funden, was diese Erwartung bestätigen möchte.

Fügen wir zur Charakterisirung dieser Bibelausgabe eine Anzahl
Beispiele bei:

a) Sprachliches. Die Orthographie ist nunmehr ganz der=
jenigen von Deutschland gleich geworden, z. B. sind die
Hauptwörter mit großen Anfangsbuchstaben gedruckt. Das
Wenige, das in der Ausgabe von 1772 aus dem Schweizer=
dialect noch beibehalten worden war, ist beseitigt, z. B. zer=
malmen statt zermürsen (Ps. 44, 20), einschlummern statt ent=
nücken (Prov. 6, 4), kriechen statt schlieffen (Jes. 2, 19 und
Joel 2, 9), kelter statt trotte (Jes. 5, 2), seit statt sint, Wein=
leser statt Wümmer (Jer. 6, 9), Topf statt Hafen (Jer. 1, 13),
beißen statt hecken (Num. 5, 19), zerschmettern statt zerknitschen
(Nah. 3, 10). Dagegen ist z. B. das Wort „tropfschlägig",
für welches 1772 „gichtbrüchig" gesetzt hatte, aus den frühern
Ausgaben wieder aufgenommen, z. B. Marc. 2, 6. Auffallend

ist, daß, während sehr oft das 1772 noch stehen gebliebene Perfect in der Erzählung in das Imperfect verwandelt ist, jenes ohne besondern Grund manchmal selbst da wieder vorkommt, wo 1772 es aufgegeben hat. Dieß ist namentlich in den Evangelien der Fall.

b) P a r e n t h e s e n. Gen. 4, 4 ist das 1772 beigefügte (gnädig) weggelassen. Jud. 5, 8 sind die 1772 in ( ) gesetzten Wörter: „Wenn (Israel) neue Götter erwählet, so war Krieg in (ihren) Thoren" nun ohne Parenthesen. Hiob 1, 3 hieß es 1772: (fast) der reichste, 1817: der reichste. Hiob 7, 1 1772: hat nicht der Mensch (eine bestimmte Zeit) seines streits auf Erden? 1817: hat nicht der Mensch einen Kampf auf Erden? Namentlich sind sehr oft Wörter, die früher zur Verdeutlichung beigefügt waren, weggelassen, z. B. Hiob 9, 4: Wer ist ihm je widerspänstig gewesen, der habe (bleiben und) bestehen können? 1817 ist das (bleiben und) nicht mehr beigefügt. Durch solche Weglassungen, die in den Psalmen und im Hiob unzählige mal erscheinen, hat der Text sehr gewonnen.

c) Es sind mindestens 200 Stellen, in denen zu den Uebersetzungen vor 1772, namentlich 1724, zurückgegangen ist, immerhin wenige im Vergleich zu den ersterer Uebersetzung entnommenen. Sie sind ziemlich zahlreich in den Psalmen, z. B. Ps. 1, 3: „das gelinget wohl", 1772: „das wird wohl gelingen". Ps. 2, 4: „lachet ihrer", 1772: „wird ihrer lachen". Ps. 11, 1: „sie soll von euern bergen hinwegfliegen", 1772: „sie soll über euere berge hinfliegen". Ps. 18, 6: „Die Stricke der Hölle". 1772: „Die Schlingen der Hölle". Ps. 22, 2: „von den Worten meiner Klage", 1772: „meines heulens". Ps. 44, 13: „und hast es nicht theurer geschätzt", 1772: „und haltest es sehr geringe im preis". — Proverb. 1, 17. 18: „das Garn werde vor den Augen der Vögel vergeblich gespannet" „Ja sie selbst sind ihrem eigenen Blut aufsätzig", 1772: „Wie das Garn vor den Augen der Vögel vergeblich gespannt wird, also werden sie ihren eigenen augen aufsätzig sein". — In den Propheten, die überhaupt weniger Veränderungen zeigen, haben wir kein Beispiel der Rückkehr zu frühern Uebersetzungen, als den von 1772, gefunden. Da-

gegen ist diese Rückkehr sehr auffallend in den Synoptikern.
Matth. c. 1: 2 Stellen, c. 2: 2 Stellen, c. 3: 8 Stellen, c. 4:
6 Stellen; in der Bergpredigt c. 5—7: 16 Stellen. — Viel
unabhängiger von 1724 sind die apostolischen Briefe und die
Apostelgeschichte.

d) Ganz von frühern Uebersetzungen abweichende Stellen. Solche
finden sich beinahe in allen Büchern des alten und des neuen
Testamentes. Oft sind nur einzelne Ausdrücke verändert, wo=
bei sich das Bestreben kund giebt, den edlern Ausdruck zu
wählen. Genes. 2, 7: „hauchte", früher: „blies". Ex. 15, 8:
„durch den hauch deines Zorns", fr.: „durch den blaß deines
zorns"). Jud. 5, 3: „spielen", fr.: „aufspielen". Hiob 8, 6:
„fromm", fr.: „frömmlich". Hiob 10, 10: „lassen zusammen=
rinnen", fr.: „machen zusammenrinnen". Hiob 15, 3: „mit
unziemenden Worten", fr.: „mit unfüglichen Worten". Ps. 9, 5:
„du gerechter Richter", fr.: „ein richter der gerechtigkeit".
Ps. 14, 3: „waren — alle mit einander verdorben", fr.: „sind
stinkend geworden". Ps. 19, 8: „die Unerfahrnen", fr.: „die
Unberichteten". Ps. 19, 12: „belehrt" (wie DeWette), fr.:
„gewarnt" oder „erleuchtet". v. 14: „vor dem übermuthe,
daß er nicht über mich herrsche", 1772: „vor verwogenen (Ge=
danken und Menschen) daß sie nicht über mich herrschen",
1724: „vor den hoffahrten ꝛc.". Ps. 22, 16: „an meinem
Gaumen", fr.: „an meinem Rachen". 37, 3: „nähre dich
redlich" (wie Luther), fr.: „aufrichtig". Jer. 42, 18: „ihr
Tauben", fr.: „ihr dummen". So auch v. 19. Jes. 55, 2:
„in die hände klatschen", fr.: „mit den händen klopfen".
Jer. 4, 19: „Ach! meine Eingeweide", fr.: „(Du wirst sagen)
ach! mein Bauch". Ez. 1, 9: „ging gerade vor sich", fr.:
„ging strafs vor sich". Dan. 1, 4: „Schrift und Gelehrsam=
keit", 1772: „bücher und gelehrsamkeit", 1724: „wissenschaft
und verstand". Dan. 2, 42: „zum Theil zerbrechlich" (wie
Augusti DeWette), fr.: „zum Theil zerbrochen". Hos. 4, 18:
„Schwelgerei", fr.: „Saufferey". Hos. 7, 6: „mit den Nach=
stellungen ihres herzens", fr.: „mit dem aufsatz ihres herzens".
Am. 1, 10: „verzehren", fr.: „fressen". Mich. 1, 4: „abwärts
strömen", fr.: „unterwärts schießen". Matth. 2, 2: „Wo ist

der Neugeborne" (wie Luther), fr.: „der jetztgeborne". Matth.
6, 27: „Lebenslänge", 1772: „länge", 1724: „gliedmaffen".
Luc. 1, 10: „Rauchopfer", fr.: „rauchwerk". Joh. 1, 16:
„Gnade über Gnade", 1772: „eine gnade vor die andere",
1724 und noch 1809 wie Luther: „Gnade um Gnade".
Joh. 2, 17: „hat mich verzehrt", fr. wie Luther: „gefreffen".
Joh. 8, 44: „Menschenmörder", fr. wie Luther: „Mörder".
Joh. 10, 22: „Tempelweihe", fr. wie Luther: „kirchweihe".
Joh. 11, 13: „von dem eigentlichen Schlafe", fr.: „von dem
leiblichen Schlafe". Act. 1, 40: „ungeschlachtem Geschlecht",
fr.: „verkehrtem Geschlecht". 7, 38: „der lebendige Aussprüche
empfing", fr.: „lebendige herrliche worte". 17, 18: „Was
will doch dieser Schwätzer", fr.: „klappermann". 17, 23:
„und euere heiligthümer besichtigte", 1724 und noch 1809:
„euere gottesdienste", 1772: „die von euch verehrten Götter".
Röm. 8, 23: „die befreiung unsers Leibes", fr.: „die befreiung
von unsern Körpern". 1 Cor. 1, 12: „Ich meine aber dieses",
fr.: „Ich sage aber dieses". 1 Cor. 1, 20: „die Zänker dieser
Welt", fr.: „die Disputirer". 1 Cor. 10, 16: „der Kelch der
Danksagung, welchen wir segnen", 1772: „kelch der benedey=
ung, welchen wir benedeyen", 1724 und noch 1809: „das
trinkgeschirr der b.". Gal. 1, 14: „viele Altersgenossen", fr.:
„viele meines Alters". Das Wort δικαιοσύνη, welches frü=
her bald mit „Gerechtsprechung", bald mit „Gerechtigkeit"
übersetzt ist, kommt in der Ausgabe von 1817 ein einziges
mal als „Rechtfertigung" vor, Gal. 5, 5. Jac. 3, 11: „aus
Einer Oeffnung", fr. wie Luther: „aus Einem Loch". Warum
1 Petr. 2, 5 und 9 dasselbe Wort ἱεράτευμα das einemal
mit „Priesterthum", das anderemal mit „Priesterschaft" über=
setzt ist, während es früher an beiden Stellen „Priesterschaft"
heißt, läßt sich nicht einsehen.

c) Eine wirklich neue Uebersetzung findet sich in den historischen
Büchern des alten Testamentes nicht, wohl aber in den poe=
tischen Büchern, z. B. Hiob 10, 17: „und deinen Zorn mehrest
du gegen mir; du änderst immer den Heerzeug gegen mich",
früher: „deines zorns treibst du viel mit mir; änderungen
und ein (ganzer) heerzeug sind bei mir". Hiob 11, 15: „als=

dann wirst du dein Angesicht ohne Scheu aufrichten dürfen", fr.: „von der Schande aufrichten dürfen". 16, 7: „du haft mein ganzes Haus zerstört", fr.: „du haft meine ganze Versammlung zerstört". 19, 28: „da ich doch einen guten Grund meiner Sache habe", fr.: „da doch die wurzel des handels in mir gefunden ist". Die Glosse dazu von 1772 wurde 1817 in den Text aufgenommen. Pf. 17, 10: „Sie sind in ihrer Fette gefühllos", fr.: „Sie sind mit ihrer fette beschlossen". Pf. 22, 11: „Von meiner Geburt war ich an Dich hingegeben", fr.: „Von meiner Geburt an war ich Dir gelassen gewesen". Pf. 36, 1: „Mir ist in meinem Herzen, die Sünde spreche zum Gottlosen: Es ist keine Furcht 2c.", 1772: „Mir ist, ich höre in meinem Herzen den Ausspruch des Abfalls zum Gottlosen: Es ist keine Furcht". Pf. 36, 3: „Denn er schmeichelt sich selbst vor seinen Augen, bis seine Bosheit des Hasses würdig erfunden wird", 1772: „Denn er schmeichelt ihm zwar vor seinen Augen, dabei hängt er seinen Sünden an und haffet ihn". Die in der Ausgabe von 1772 wohl aus Versehen weggelassene Stelle Pf. 37, 21: „Der Gerechte aber ist barmherzig und giebt" ist wieder aufgenommen.

Pf. 51, 6: „Darum wirst du gerecht erkannt werden, wenn du redest, und rein bleiben, wenn du richtest", 1772: „damit du gerecht erkannt werdest, wenn du redest (und) rein bleibest, wenn du richtest". — Im Pf. 58 ist bemerkenswerth, daß der erste Theil die Uebersetzung von 1772, der zweite die von 1724 vorzugsweise berücksichtigt hat.

Pf. 110, 3: „Wie der Thau aus der Morgenröthe, so deine Gebornen", fr.: „Der tau deiner geburt ist aus dem leib deiner Morgenröthe".

In den Sprüchwörtern finden sich eine Menge kleiner Aenderungen, die jedoch nicht sehr wesentlich sind. Dasselbe ist von Koh. und dem Hohenliede zu sagen.

Jef. 6, 13: „Der heilige Same ist ihr Stamm", 1772: „So bleibt von dem heiligen Samen ihr Stamm". Jef. 7, 9: „Wenn ihr nicht glaubet, so werdet ihr nicht stark sein", fr.: „Ihr glaubet nicht, weil ihr nicht versichert seid". Jef. 8, 7: „der wird sich über sein Bett ergießen und über alle seine

Gestade austreten", fr.: „der wird sich über alle seine Bäche
ergießen ꝛc.". Jes. 10, 14: „und einen Laut gebe", fr.: „oder
Pip spreche". Jes. 25, 19: „da wird euch die Plage auf=
merken und verstehen lehren", 1772: „da wird euch der schrecken
durch das gerüchte allein schon ankommen". Jes. 55, 3: „Die
zuverlässige Güte Davids", fr.: „die unbetrogene feste güte
Davids". — In Jeremias finden sich nur kleinere, meist
sprachliche Aenderungen. — Thren. 4, 14 sind die früher von
v. 13 abhängigen Sätze: „daß sie auf den gassen schwankten
(wie) die blinden (und) sich mit blut befleckten, welche doch
jener kleider nicht angerührt hatten" in Hauptsätze verwandelt.
„Sie schwankten auf den Gassen, wie die Blinden und be=
fleckten sich mit Blut, daß sie ihre Kleider nicht anrühren
konnten". Aehnlich Luther. — Ez. 4, 14: „denn von meiner
Jugend an habe ich niemals von — zerrissenem gegessen",
fr.: „denn — habe ich niemals das (von dem Gewild) zer=
rissen war, gegessen". — Dan. 1, 4: „Schrift und Gelehr=
samkeit", 1772: „in den büchern und in der gelehrsamkeit",
vorher: „wissenschaft und verstand". 2, 13: „Dieses Urtheil
ging aus, daß man die Weisen tödten sollte, und sie suchten
auf den Daniel ꝛc.", fr.: „Und als das Urtheil ausgegangen war
(fing man an) die weisen zu tödten und sie suchten ꝛc.". 3, 25:
„gleich einem Göttersohn" wie Luther, fr.: „Engel". — Hosea
7, 5: „An dem Tage unsers Königs taumeln die Fürsten durch
die Hitze des Weins", fr.: „An dem Tage unsers Königs
haben (ihn) die Fürsten krank gemacht durch die Hitze des
Weins". Hos. 8, 1: „Er stürzt auf das Haus des Herrn wie
ein Adler", fr.: „(Eile schnell) zu dem Hause des Herrn wie
ein Adler". 8, 5: „Wie lange werden sie nicht gereinigt
werden können", fr.: „Wie lange werden sie die unschuld
(Reinigkeit) nicht ertragen können". Sonst ist in Hosea auf=
fallend oft zu 1724 zurückgekehrt. — In Joel, Amos, Obadja
(Obdias), Jona fast keine Abweichungen von 1772. Micha
(Micheas) 3, 6: „Darum wird auch statt Offenbarung Nacht
und statt Weißagung Finsterniß werden", fr. wie L.: „Darum
wird auch die Offenbarung zur Nacht und die Weißagung zur
Finsterniß werden". In Nahum, Habakuk, Zephania (Zepho=

nias), Haggai (Haggäus) blieb der Text von 1772 beinahe
unverändert stehen. Zach. 1, 15: „daß sie, da ich ein wenig
erzürnt gewesen bin, zum Unglück halfen", 1772: „daß sie,
da — bin, dannoch ganz in Bosheit ersoffen sind". In Maleachi ist nichts Wesentliches geändert.

Die Apocryphen, welche in Zahl und Reihenfolge dieselben
geblieben sind, wie in den frühern Ausgaben, haben außer
Abweichungen im Dialecte nur wenige Aenderungen.

Die Evangelien sind zwar auch auf Grundlage von 1772
gearbeitet, weichen aber doch an einer großen Anzahl von
Stellen davon ab, indem sie bald zu den vor 1772 erschienenen Ausgaben zurückkehren, bald andere, wenn auch meistens
sehr unbedeutende Aenderungen haben, z. B. Matth. 1, 19:
„er gedachte sie heimlich zu verlassen", fr.: „ging damit um"
oder: „wollte". 2, 15: „bis zum Tode", 1772: „bis nach
dem Tode", oder: „bis auf den Tod" (1724). 3, 13: „daß
er getauft werde", fr.: „daß er sich taufen ließ". 3, 16: „ihm
haben sich die himmel aufgethan", 1772: „ihm thaten sich die
himmel von einander". 5, 2: „ihrer ist das land", 1772:
„ihnen gehört die Erde". 6, 10: „Es komme dein Reich", fr.:
„zukomme dein Reich". 6, 23: „Wenn aber dein Auge verdorben ist", fr.: „bös sein wird". 6, 28: „achtet, wie die lilien",
fr.: „lernet, wie die gilgen". 28, 19: „auf den Namen", fr.:
„in dem Namen". — Marc. 1, 28: „das gerücht von ihm", fr.:
„sein ruf" oder: „sein geschrey". — Luc. 1, 15: „mit heiligem
Geiste", fr.: „dem heiligen Geiste". — Joh. 1, 8: „Nicht er
war das Licht", fr.: „er war nicht das Licht". 1, 15: „der
nach mir kommt, ist vor mir gewesen", fr.: „der nach mir
kommt ist mir vorgezogen worden". 1, 23: „ich bin die Stimme
jenes Rufenden in der Wüste", 1772: „Ich bin die Stimme
dessen, der in der Wüste schreyet". Noch 1809 wie 1724:
„Ich bin eine Stimme eines Rufenden". 1, 40: „sahen, wo
er sich aufhielt", fr.: „wo er blieb". 4, 6: „setzte er sich an
den Brunnen", fr.: „setzte er sich bei dem brunnen nieder".
5, 18: „weil er — Gott seinen Vater genannt", fr.: „sagte,
Gott sei sein vater". 6, 63: „die Worte, die ich zu euch rede",
fr.: „mit euch". 14, 1: „Glaubet an Gott und glaubet an

mich", 1772: „vertrauet auch auf mich". Noch früher wie
Luther.

Act. 3, 16: „Und wegen des Glaubens an seinen Namen
hat diesen, den ihr sehet und kennet, sein Name gestärkt",
1772: „Und durch den glauben — sein name fest stehend
gemacht". 7, 13: „beim zweitenmal", fr. wie L.: „zum andern
mal". — In Röm. 1 sind mehrere frühere ( ) weggelassen,
sonst wenig verändert. 3, 4: Recht behaltest, wenn 2c.", fr.
wie L.: „überwindest". 3, 7: „Wenn die wahrhaftigkeit Gottes
durch meine lügen zu seiner Ehre noch mehr erhöht wird",
1772: „wenn — seine ehre noch mehr erhöhet", noch fr.:
„überflüssiger wird". 6, 1: „daß — noch größer werde",
1772: „recht groß werde", fr.: „überflüssig werde". 7, 6:
„und nicht nach dem alten Buchstaben", 1772: „und nicht nach
dem bloß buchstäblichen Ceremonialgesetz".

In vielen der bezeichneten und andern Stellen, besonders
der Briefe, giebt sich das Bestreben zu erkennen, die oft unerträgliche Breite der Uebersetzung von 1772 in die Kürze
zusammenzuziehen, z. B. noch 1 Cor. 2, 12: „damit wir das
erkennen können, was uns Gott gnädig geschenkt hat", 1772:
„damit wir wissen mögen, welch vortreffliche dinge uns von
Gott geschenkt sind". 1 Cor. 4, 9: „Gott habe uns, die Apostel, als die Geringsten dargestellt, als Leute, die zum Tode
aufbehalten werden", 1772: „Gott habe uns, die Apostel dazu
bestimmt, daß wir die äußerste verachtung erfahren sollten,
als Leute, die zum schmälichsten tod aufbehalten werden".
Sonst stehen die Corintherbriefe beinahe überall auf Seite
der Uebersetzung von 1772. — Ephes. 1, 8: „in aller Weisheit und Einsicht", 1772: „mit aller Weisheit und Klugheit
begleitet".

Wir übergehen die übrigen Schriften des Neuen Testamentes, da wohl in den angeführten Stellen das Eigenthümliche der Ausgabe von 1817 genugsam zum Ausdruck kommt.
Bemerkenswerth bleibt, daß überall das Bestreben hervortritt,
eine berichtigte Uebersetzung zu geben, und eine nicht geringe
Zahl der einzelnen Stellen beweist, daß die Berichtigung zuweilen sehr gelungen ist.

f) Die Zuthaten zum Texte. Die frühern Einleitungen zu den einzelnen Büchern sind weggelassen. Auch findet sich keine Vorrede zum Ganzen. Die Summarien der einzelnen Capitel sind bedeutend abgekürzt. Die messianische Deutung in den Psalmen ist selten angewendet, nur Ps. 2. 22. 110, desto mehr in den Propheten. Das Hohelied, bei welchem 1772 keine Summarien sich finden, wird in kurzen Inhaltsangaben als Lied der Liebe aufgefaßt. Im Neuen Testament hatten schon einzelne Handausgaben vor 1817, z. B. 1809, kürzere Argumente vorangesetzt, aber diejenigen unserer Ausgabe weichen davon ab. Die Parallelstellen, welche an den Schluß der einzelnen Capitel gestellt sind, entsprechen vollständig denen von 1772.

Noch sei der von der Bibelgesellschaft 1814 veranstalteten Ausgabe des Neuen Testamentes mit gröberm Drucke gedacht. Dieselbe wurde in Winterthur gedruckt und war für ältere Leute bestimmt.

Das im Jahr 1819 in der ganzen deutsch-reformirten Schweiz gefeierte Reformationsfest gab dem Werk der Bibelverbreitung einen neuen Aufschwung. In allen reformirten Kantonen war diese Feier mit zahlreicher Austheilung von Bibeln an Alt und Jung begleitet. Zürich, das seit dem Auftreten Zwinglis daselbst am 1. Januar 1519 Mittelpunkt der schweizerischen Reformation geworden war, sah es als seine Pflicht an, andern Kantonen auch bei der Gedächtnißfeier voranzuleuchten. Die Bibelgesellschaft beschloß, 1000 Bibeln und 500 neue Testamente zu vertheilen. Hiefür fehlte es aber an einer zweckdienlichen Handausgabe. Die Herausgabe einer solchen wurde dadurch ermöglicht, daß nicht nur die brittische Bibelgesellschaft abermals mit 100 Pfund Sterling eintrat, sondern auch die Regierung von Zürich 1000 Gulden Z. B. (ca. 2400 Fr.) spendete. Diese Jubelausgabe, deren 5000 Exemplare 6566 Gulden Z. B. kosteten, erschien noch im Festjahre bei Orell, Füßli und Comp. in 8°. Der Titel lautet wie derjenige von 1817. Auf 1434½ fortlaufenden Seiten in doppelten Colonnen sind das alte Testament, die Apocryphen und das neue Testament gedruckt. Der Druck ist zwar ordentlich, dagegen das Papier einer Jubelausgabe nicht sehr würdig. Der Text ist ein bloßer Wiederabdruck der Ausgabe von 1817 mit ganz wenigen Correcturen, z. B. Hiob 5, 7: „aufwärts fliegen", 1817: „aufwärts steigen". Pf. 16, 4: „Sie eilen einem Fremden nach", 1817: „Sie eilen einem Andern nach". Jer. 2, 34 ist „unschuldiger" weggelassen. Jer. 6, 3: „Die Hirten werden mit ihr kommen", 1817: „Die Hirten werden mit ihren Heerden zu ihr kommen".

Das Reformationsfest gab auch zur ersten öffentlichen General=versammlung der Bibelgesellschaft Veranlassung, welche am 25. No=vember 1819 abgehalten wurde. Erst später folgte ein jährliches Bibelfest in der Kirche.

Bald stellte sich die Nothwendigkeit einer sog. Hausbibel in größerm Format ein. Diese wurde mit einem Kostenaufwand von 17,000 Z. Gulden in 7500 Exemplaren gedruckt. Ein unerwartetes Geschenk von 2200 Z. Gulden und nachher noch von 1066 Z. Gulden von Seite der brittischen Bibelgesellschaft, sowie Beiträge der mittler=weile auf der Landschaft, namentlich in Winterthur, gebildeten Zweig=vereine machten die Deckung der großen Ausgabe möglich. Die neue Auflage in Medianoctav von 1824 gleicht mit Ausnahme der kleinen später eingefügten Aenderungen ganz derjenigen von 1817.

Da die kleine Handbibel von 1819 nach wenigen Jahren ver=griffen war, so mußte auch bald wieder an eine neue Ausgabe der=selben gedacht werden. Die immer mehr Eingang findende Sitte, den Confirmanden eine Bibel in die Hand zu geben, trug nicht wenig zu diesem raschen Ausgehen des Vorrathes bei. Man fand es nun zweckmäßig, die neue Ausgabe stereotypiren zu lassen. Die Tauchnitz=sche Druckerei in Leipzig lieferte die Stereotypen. Der Druck selbst wurde in Zürich besorgt. Zuerst erschien 1827 das neue Testament (289 Seiten mit gespaltenen Columnen). Gegen Ende des Jahres 1828 war auch das alte Testament mit den Apocryphen (1168 Seiten) vollendet. Glücklicherweise hatte sich die ökonomische Lage der Gesell=schaft so sehr verbessert, daß es ihr möglich war, die Ausgabe von 16,000 Fr. von sich aus zu bestreiten. Es war dieß um so wichtiger, weil die englische Bibelgesellschaft ihre Unterstützung auch der Zürcher Bibelgesellschaft entzogen hatte.

Die ebenbesprochene Stereotypausgabe ist ein bloßer Wieder=abdruck der Ausgaben von 1817 und 1819. Nur wenige unbedeu=tende Abweichungen finden sich. Gen. 1, 2 sind die in den genannten Ausgaben wohl nur durch Druckfehler weggelassenen Worte: „und öde" wieder beigefügt. Gen. 4, 1 heißt es wieder, wie früher: „Ich habe den Mann vom Herrn bekommen", 1817 und 1819: „den Mann, den Herrn". Pf. 39, 13: „Ich bin ein Pilger vor dir und ein Fremdling, wie alle meine Väter" (= Meyer), 1817 und 1819: „Ich bin ein Fremdling vor dir und ein Beisäß 2c.". Zach. 4, 1 ist wohl durch Versehen das Wörtchen „wie" weggelassen.

Während so die Bibelgesellschaft dafür sorgte, dem eingetretenen Mangel an Bibeln möglichst bald wieder abzuhelfen, brachte auch noch die Privatindustrie einzelner Buchdrucker zwar nicht ganze Bibeln aber doch neue Testamente und Psalmen zum Verkauf. Mehrere mal sah sich die Gesellschaft selbst genöthigt, zu derselben ihre Zuflucht zu nehmen, zumal für die Schulen immer mehr neue Testamente verlangt wurden. Die D. Bürkliiche Buchdruckerei setzte allein jährlich zwischen 2000—3000 Exemplare ab. Sie hatte schon seit Jahren ein Privilegium für die bei ihr herauskommenden neuen Testamente und Psalmen, wobei jedoch der Kirchenrath sich bei jeder neuen Auflage die Ueberwachung und wünschbar gewordene Revision vorbehielt. Letztere Arbeit war Herrn Kirchenrath Sal. Vögelin, nach dessen Tode seinem Sohn, Herrn Professor A. Sal. Vögelin übertragen, und diese Gelehrten machten auch von ihrem Revisionsrecht fortwährend Gebrauch. So kam es nun, daß zweierlei Recensionen des Neuen Testamentes und der Psalmen, die der Bibelgesellschaft und die Bürklische, gleichzeitig in Umlauf gesetzt wurden. Da im Jahr 1836 der Zürcherische Erziehungsrath die revidirte Bürkliiche Ausgabe in den Schulen einzuführen beschloß, so fand dieselbe eine große und rasche Verbreitung. Dieß konnte die Bibelgesellschaft nicht hindern, bei der fortgehenden Nachfrage nach den Handbibeln, immer neue Abzüge von dem stereotypirten Satze zu bewerkstelligen. Solche Abzüge erschienen 1833, 1837, 1841, 1848, 1851 [2]). Im Jahr 1839 ließ sie auch einen Abdruck des Psalters der Stereotypausgabe in 8° erscheinen.

Die sturmvolle Aufregung, in welche der Kanton Zürich im Jahr 1839 durch die Berufung von Dr. D. F. Strauß an die theologische Facultät der Universität versetzt wurde, übte ihren Einfluß auch auf die Thätigkeit der Bibelgesellschaft. Die Nachfrage nach der

---

[1] 31. Nachr. d. Zür. B. G. 1843. pag. 17.
[2] 38. Nachr. d. Zür. B. G. 1850. pag. 5.

heiligen Schrift wurde in manchen Gemeinden größer[1]). Damit hing auch der Beschluß des Zürcherschen großen Rathes vom 25. Juni 1840 zusammen, welcher das neue Testament für die Real= und Repetir= schulen auf dem Lande als obligatorisches Lehrmittel erklärte. Die Bibelgesellschaft beschloß „in die deklarirt armen Schulen nach der Bevölkerung einen Drittheil, in die übrigen Schulen nach der Bevölkerung einen Sechstheil neuer Testamente zu schenken". An 387 Schulen wurden so im Jahr 1840 im Ganzen 3300 Exemplare verschenkt mit einem Kostenaufwand von 1292 Zür. Gulden[2]). Wohl steht mit dem neuerwachten Bestreben, die heilige Schrift in vieler Hände zu bringen, die Erscheinung zusammen, daß die Zürcher Bibel= gesellschaft zum erstenmale lutherische neue Testamente ankaufte und vertheilte[3]).

Eine neue Epoche begann für die Zürcher Bibelgesellschaft durch die Verschmelzung mit der „evangelischen Gesellschaft". Diese hatte sich die Verbreitung der Bibel ebenfalls zum Zweck gesetzt und war daher bereits schon wiederholt mit der ältern Gesellschaft in Verbindung getreten. Es erschien daher zweckmäßig, die Bibelsache in Eine Hand zu legen. Im Jahr 1855 gab die Bibelgesellschaft zum letztenmal einen eigenen Jahresbericht heraus. Dagegen erschien von nun an in den Berichten der evangelischen Gesellschaft jährlich eine besondere Rechnung für die Bibelthätigkeit, zum erstenmal in dem Berichte vom 1. Januar 1855 bis 30. Juni 1856. Schon in letzterm wird eines neuen Abdrucks der stereotypirten Bibel gedacht. Das Jahr darauf ließ die Gesellschaft ein Neues Testament in Taschen= format mit Zugabe der Parallelstellen und einen Psalter in gleichem Format erscheinen. Letzterer ist an einigen Stellen revidirt. Zur Herausgabe dieses Testamentes gab hauptsächlich der Wunsch Veranlassung, den mannigfachen Störungen, welche der gleichzeitige Gebrauch der Zürcherschen und der lutherschen Uebersetzung herbeigeführt hat, zu begegnen[4]).

Im Lauf von dreißig Jahren waren die Stereotypplatten von

---

[1]) 28. Nachr. der Z. B. v. 1839, pag. 11 und 1840, pag. 5 f.
[2]) Z. B. v. 1840, pag. 13.
[3]) Z. B. 1839, pag. 27.
[4]) Jahresb. der ev. Ges. 1855/56, pag. 6.

1828, von denen im Ganzen 17,580 Exemplare abgezogen wurden, ganz unbrauchbar geworden. Das Bibelcomité beschloß deßhalb im Jahr 1857 nicht etwa nur einen Wiederabdruck des frühern Textes herauszugeben, sondern eine neu revidirte Ausgabe zu veranstalten, und übertrug die Revisionsarbeit dem Herrn Pfarrer Caspar Usteri in Kilchberg und Herrn Joh. Casp. Georg Usteri, Pfarrer in Rüsch=licon. Als die Arbeit schon ziemlich vorgerückt war, stellte Herr Diacon H. Hirzel in der Synode den Antrag, diese möchte in Ver=bindung mit dem Kirchenrathe die Revision der Bibelübersetzung in die Hand nehmen und als das Werk der Landeskirche durchführen. Nach verschiedenen Conferenzen und Verhandlungen beschloß die Synode am 9. Juni 1858, das Unternehmen der evangelischen Ge=sellschaft zu überlassen, die Revisionsarbeit indessen doch unter die Controle des Kirchenrathes zu stellen. Dabei wurde noch ausdrück=lich der Wunsch ausgesprochen, es möchten an der bisherigen Ueber=setzung nur die nothwendigsten Aenderungen vorgenommen werden, namentlich nur da, wo der jetzige Text in auffallender Weise das Sprachgefühl verletze oder wo anerkannte, das Verständniß störende Unrichtigkeiten vorkommen. Von den beiden genannten Männern setzte nunmehr Herr Pfarrer J. C. G. Usteri allein die begonnene Arbeit fort, wie er auch die letzte Durchsicht und Correctur des Ganzen besorgte. Bei einigen apocryphischen Büchern, sowie beim Neuen Testament wirkten noch die Herren Pfarrer Burkhardt in Herr=liberg (jetzt in Küßnacht) und Bezirksrath Hofmeister mit. Von Seite des Kirchenrathes waren den Revisoren die beiden Kirchenräthe J. Heß, Helfer am Groß=Münster in Zürich und J. C. Zollinger, Pfarrer in Winterthur zugeordnet. Ohne Zustimmung dieser officiellen Super=revisoren wurde nichts in dem alten Texte geändert. Der in diesem Jahre (1876) verstorbene Helfer=J. Heß übte sein Amt namentlich bei der zweiten Revision beinahe allein mit großer Sachkenntniß.

Neben den eben bezeichneten Schranken wurden den Revisoren theils von der Synode, theils vom Kirchenrathe noch zwei besondere Weisungen für ihre Arbeit gegeben. Erstlich wurde auf den Antrag der Synode vom Kirchenrathe beschlossen, „daß die Psalmen, vor=behalten die Aenderung einzelner Stellen und die Beifügung von Ueberschriften", in der neuen Ausgabe diejenige Fassung erhalten sollten, welche sich in der von der evangelischen Gesellschaft heraus=

gegebenen Psalmenübersetzung finde. Zweitens solle der Bearbeitung des neuen Testamentes die neueste Auflage der in der Bürklischen Buchdruckerei erschienenen Schulausgabe zu Grunde gelegt werden[1]). Es war der einstimmige Wunsch des Kirchenrathes, der Synode und des Erziehungsrathes, für Kirche und Schule einen einheitlichen Text des neuen Testamentes zu besitzen. Diesem Wunsche stellte sich aber vorerst noch eine Schwierigkeit in den Weg. Der Buchdrucker Bürkli gab seine Zustimmung zum Abdruck seiner Ausgabe nur unter der Bedingung, daß die vorbereitete Octavausgabe der Bibel nur als Ganzes, das neue Testament jedoch nicht für sich allein verkauft werden dürfe. Damit war indessen nicht ausgeschlossen, daß nicht im Einzelnen auch in der nun beigefügten Uebersetzung des Neuen Testaments Aenderungen vorgenommen werden dürften. Nach einem Beschluß des Erziehungsrathes sollte die Bürklische Schulausgabe mit dem Text der Octavbibel übereinstimmen. Dadurch war um so mehr einer Verständigung zwischen dem Kirchenrath und Bürkli der Weg gebahnt. Weil jedoch die Verhandlungen mit letzterm sich so lange hinausgezogen hatten, daß mit dem Druck des Neuen Testamentes vor Abschluß derselben begonnen werden mußte, so trat der Uebelstand ein, daß der Text in den Evangelien von der Bürklischen Ausgabe öfter abweicht, während derselbe in den übrigen Stücken des Neuen Testamentes beinahe derselbe geworden ist[2]).

Im Spätjahr 1860 hatte die neue Zürcherbibel bereits die Presse verlassen und lag in 15,000 Exemplaren, deren Herstellungskosten sich auf beinahe 29,000 Franken beliefen, zur Verbreitung vor. Am 6. November desselben Jahres wurde der Synode über die Revisions=arbeit Bericht erstattet. Kirchenrath und Synode sprachen den Mit=arbeitern den einstimmigen Dank aus. Es mag auch bemerkt werden, daß die Ausgabe von 1860 die erste ist, welche mit ausdrücklicher Genehmigung der Synode herausgekommen war.

Es dürfte auffallend erscheinen, daß in so kurzer Zeit eine Total=revision des Werkes zu Stande gekommen ist. Das wäre wohl nicht

---

[1]) Verhandl. der Zür. Synode, Nov. 1860, pag. 57—67.

[2]) Herr Usteri hat sich mit sehr verdankenswerther Bereitwilligkeit der Mühe unterzogen, den ganzen Abschnitt über die Zürchersche Bibelübersetzung zu durchsehen.

möglich geworden, hätte nicht der Hauptbearbeiter, Herr Pfarrer J.
C. G. Usteri[1]) schon seit Jahren an einer selbstständigen Bibelüber=
setzung gearbeitet und von derselben zu der Zeit, wo ihm die Revi=
sion übergeben war, bereits das ganze alte Testament und die Apo=
cryphen vollendet. Usteri war ein Schüler von Hitzig, und es mag
wohl hier die Bemerkung gestattet sein, daß die langjährige Wirk=
samkeit des ebengenannten Gelehrten an der Universität Zürich eine
ziemliche Anzahl junger Theologen für das Studium der hebräischen
Sprache so eingenommen hatte, daß dieselben auch später als prac=
tische Geistliche es mit Eifer fortsetzten.

Blicken wir nunmehr auf den Text der neuen Ausgabe, so ist
vorerst zu bemerken, daß zum erstenmal bei dieser Uebersetzung Rück=
sicht genommen worden ist auf die neuern kritischen Arbeiten über
den Grundtext des alten und des neuen Testamentes. Wohl wurde
in frühern Ausgaben häufig beigesetzt: „kann nach dem Ebräischen
auch heißen", aber man blieb doch stets bei dem Masorethischen Text.
Doch gingen die Bearbeiter lange nicht so weit, wie z. B. die Ueber=
setzer der neuesten Genferübersetzung, Segond und Oltramare. Sie
erklären in ihrem Berichte an die Synode: „Wir hielten uns überall
strenge an den Masorethischen Text und glaubten von demselben nur
in ganz wenigen Fällen (wo er anerkanntermaßen unrichtig ist) un=
ter Leitung der besonnensten Kritiker abweichen zu dürfen." Im
neuen Testamente wird auch nicht selten Rücksicht genommen auf die
Stellen, wo neuere Kritiker, wie Lachmann und Tischendorf, gemein=
schaftlich von dem **textus receptus** abweichen. Doch auch jetzt noch
wagte man es nicht, die schon in den ersten Zürcherausgaben vom übri=
gen Texte unterschiedene Stelle 1 Joh. 5, 7. 8. auszuscheiden, oder
wenigstens zu unterscheiden.

Die Uebersetzung selbst ist eine so durchgreifende, daß wohl die
engen Schranken, welche die Synode gezogen hatte, sehr bedeutend
überschritten erscheinen. Ueberall entdeckt man ein fleißiges Studium
der alten Uebersetzungen (Septuaginta und Vulgata), sowie der
deutschen Uebersetzung von Luther und deren Verbesserungen durch
Meyer und Stier, im Fernern der Uebersetzungen von DeWette

---

[1]) Vide Synodalprotocoll von Zürich 1860. pag. 57.

und Bunsen, so weit letztere bis dahin erschienen war. Auch die Commentare von Umbreit, Hengstenberg, Hitzig, Ewald, Keil und Delitzsch, die bekannten exegetischen Handbücher über das alte und neue Testament sind fleißig zu Rathe gezogen.[1] Für die Apocryphen wurde namentlich das exegetische Handbuch von Fritzsche und Grimm benützt. Im neuen Testament wurden auch ältere Kommentare benützt. „Es wurde als eine heilige Pflicht anerkannt, die Ergebnisse der Kritik und Exegese seit den Tagen der Reformation gewissenhaft, zwar mit Umsicht, aber ohne Ansehn der Person und der theologischen Farbe zu benützen.[2]“ Dabei erklären die Revisoren: „daß mit aller Gewissenhaftigkeit und mit ehrfurchtsvoller Rücksicht auf den ererbten Besitzstand unserer Zürcherischen Kirche verfahren worden ist“.[3] Zu einer ähnlichen Erfahrung, wie sie von denen gemacht worden ist, welche die Verbesserung der Lutherschen Bibelübersetzung an die Hand genommen haben, gelangten auch die Zürcherrevisoren. Sie bemerken: „Im Einzelnen war es oft überraschend, wie die beschlossene Veränderung der zunächst vorliegenden Uebersetzung sich schließlich als eine Rückkehr zu der ursprünglichen Uebersetzung von Leo Judä herausstellte.“

Gehen wir zu den einzelnen Haupttheilen des ganzen Werkes und zwar zunächst zum alten Testamente über, so haben die historischen Bücher verhältnißmäßig die wenigsten Aenderungen erfahren. Die vornehmlich in diesem Theil oft wiederkehrende Verdeutlichung wurde so vorgenommen, daß bei Personen- und Ortsnamen dem hebräischen Worte in Parenthese die deutsche Uebersetzung beigefügt wurde, z. B. Genes. 17, 5: „Abram“ (hoher Vater), „Abraham“ (Vater einer Menge). Gen. 29, 35: „Nun will ich den Herrn preisen. Darum hieß sie ihn Juda (Gepriesener).“ Gen. 26, 32. 33: „Seba“ (Eid), „Beer=Seba“ (Eidbrunnen), s. V. 28. Der Name Jehovah, bisher schon gebraucht, wurde im ganzen alten Testamente überall da eingeführt, wo ein besonderer Nachdruck auf ihm ruht. In der alten Bibel kam derselbe unsers Wissens nur ein einziges Mal vor Gen. 15, 6. Von den vielen Aenderungen im Pentateuch,

[1] A. a. O. pag. 63.
[2] A. a. O. pag. 60.
[3] Ib. pag. 61.
[4] Ib.

die sich sehr oft nur auf den Ausdruck beschränken, seien folgende
wesentlichere angemerkt. Gen. 3, 15 wie Luther: „und du wirst ihn
in die Ferse stechen" (früher: „du wirst ihm die Fersen zertreten").
4, 23: „Einen Mann erschlug ich um meine Wunde, und einen
Jüngling um meine Beule" (fr. = L.). 6, 3: „Mein Geist soll nicht
walten im Menschen ewiglich, dieweil er Fleisch ist, und seine Tage
seien 120" (fr.: „Mein Geist wird nicht immerzu mit dem Menschen
rechten, weil er nur Fleisch ist und seine Tage werden hundertund-
zwanzig Jahre sein"). In dem Segen Jakobs Cap. 49 ist beinahe
kein Vers unverändert geblieben. B. 3: „Ruben, du bist mein erst-
geborner Sohn, meine Kraft und der Anfang meiner Stärke, der
Erste an Hoheit und der Erste an Macht." 1828: „Ruben — —
Stärke, der Oberste im Regiment und der Oberste in der Macht."
B. 10: „Das Scepter wird von Juda nicht weichen, noch der Herr-
scherstab von seinen Füßen, bis der Schilo (Friede, Friedefürst) kommt
und ihm werden die Völker gehorchen." 1828: „Das Scepter wird
von Juda nicht entwendet werden, noch der Gesetzgeber von seinen
Füßen, bis der Schilo kommt und demselben werden die Völker zu-
fallen." B. 14 wo früher „Landmarken" stand, ist jetzt mit „Vieh-
hürden" übersetzt. B. 19: „Den Gad drängt eine Schaar; er aber
drängt sie zurück", fr.: „den Gad wird ein gerüsteter Heerzeug über-
fallen; zuletzt aber wird er überwinden." [1] Das Lied Exod. 15 ist
vielfach verändert. Die Capitel 25. 26. 27 im Exodus haben in der
neuen Uebersetzung wesentlich an Klarheit gewonnen. So auch Lev.
Cap. 13. 23. 25. — Cap. 24, 17 ist das frühere Futurum überall
in das Präsens verwandelt (wie DeWette). Das Lied des Moses
Deut. 32 ist durchgehends geändert; ebenso der Segen des Moses
Cap. 33. Beide Capitel sind beachtenswerthe Beispiele meist unab-
hängigen Arbeitens des Uebersetzers.

Im Buche Josua findet sich zwar eine ziemliche Anzahl von
Veränderungen, jedoch mehr des klareren Ausdrucks. Cap. 10, 13
lautet jetzt ähnlich, wie früher schon in der Berlenburgerbibel „im
Buch der Rechtschaffenen", fr.: „im Buch des Rechtes". Dagegen hat

---

[1] Ein Paar der von der deutschen Conferenz für Revision der Lutherschen
Bibel vorgeschlagenen Veränderungen (vergl. Riehm das erste Buch Mose.
Halle 1873) finden sich bereits in frühern Zürcher Ausgaben.

das Deborahlied Jud. 5 eine beinahe durchgehende Umgestaltung erfahren.

1860 :	1816—1828 :

B. 2. Lobet den Herrn, daß Führer in Israel anführten, daß sich willig zeigte das Volk.

B. 7. Es mangelten Führer in Israel, sie mangelten, bis ich Debora, aufstand, bis ich aufstand eine Mutter in Israel.

B. 8. Israel erwählte neue Götter, da war Krieg in ihren Thoren und war doch kein Schild, noch Spieß unter Vierzigtausenden in Israel gesehen.

B. 11. Mit der Stimme der Beutetheiler zwischen den Schöpfrinnen daselbst preisen sie die gerechten Thaten des Herrn, die gerechten Thaten seines Führers in Israel. Da zieht herab zu den Thoren das Volk Jehovas.

B. 13. Da (sprach ich): Ziehe herab, Ueberrest zu den Gewaltigen, Volk Jehovas, ziehe mir herab unter die Helden!

B. 2. Lobet den Herrn, daß er Israel trefflich gerochen hat; daß sich das Volk so freywillig hat gebrauchen lassen.

B. 7. Die Dörfer in Israel waren veröbet, sie waren veröbet, bis ich Debora aufkam, bis ich aufkam eine Mutter in Israel.

B. 8. Wenn Israel neue Götter erwählet, so war Krieg in ihren Thoren, und war doch kein Schild noch Spieß unter Vierzigtausenden in Israel gesehen.

B. 11. Die von dem Geschrei der Schützen befreit, das Wasser schöpfen, sollen daselbst mit Lob die gerechten Thaten des Herrn erheben, ja die gerechten Thaten gegen seine Dörfer in Israel; von welcher Zeit an das Volk des Herrn sicher zu den Thoren herabgeht.

B. 13. Nun herrschet der Uebergebliebene über die Herrlichen im Volk.

In den Büchern Samuels sind es besonders wieder die poetischen Stücke 1 Sam. 2., 2 Sam. 1, 17 ff. und in den Büchern der Könige und der Chronik die Beschreibung des Tempels und des königlichen Schlosses, 1 Reg. 6. 7., 2 Chron. Cap. 3. 4. 5., welche eine große Umänderung erfahren haben. Auch in Esra, Nehemia und Esther läßt sich die nachbessernde Hand wahrnehmen.

Ueber das Buch Hiob bemerken die Revisoren: „daß die Uebersetzung des Buches Hiob ganz besondern Schwierigkeiten unterlag, wird man uns gerne glauben. Manche Stellen der bisherigen Uebersetzung zeigten sich nicht bloß als unrichtig, sondern als ganz unverständlich. In diesem Buche ist der Uebersetzer nicht selten gezwungen, zugleich Ausleger zu sein; denn wenn er bei der außerordentlichen Prägnanz des Ausdrucks nichts weiter gibt, als die wörtliche Uebersetzung des hebräischen Textes in die deutsche Sprache, so kann er sicher sein, daß sie niemand versteht. Wir glaubten uns in dieser

Hinsicht vor den Fehlern neuerer und neuester Uebersetzer, z. B. Ewalds, hüten zu müssen, und in den Text einen deutlichen Sinn hineinlegen zu sollen, auch wenn er nicht von Allen als der richtige anerkannt werden sollte." Da kein Capitel unverändert geblieben ist, so müssen wir auf das ganze Buch verweisen, wenn der Leser in den Stand gesetzt sein soll, zu beurtheilen, ob dem Uebersetzer die schwierige Aufgabe gelungen ist. Nur zwei Stellen mögen zur Vergleichung mit der unmittelbar vorhergegangenen Uebersetzung dienen:

1860.	1816—1828.

1860.

Cap. 19, 25: Aber 'ich weiß, daß mein Erlöser lebt und daß er zuletzt über dem Staub stehen wird.

V. 26. Und nachdem diese meine Haut zerschlagen ist, alsdann werde ich, von meinem Fleische los, Gott sehen.

V. 27. Welchen ich mir sehen werde; ja meine Augen werden ihn sehen und nicht eines Andern! Es verzehren sich meine Nieren in meinem Innern.

V. 28. Denn ihr saget: Wie wollen wir ihn verfolgen? Da ich doch einen guten Grund meiner Sache habe?

V. 29. Fürchtet euch vor dem Schwert; denn Zorn ist eine der Sünden des Schwertes. Darum wisset, daß ein Gericht ist.

Cap. 30, 1: Jetzt aber verspotten mich die, welche an Jahren jünger sind als ich, deren Väter ich nicht werth gehalten, sie neben die Hunde meiner Heerde zu setzen;

V. 2. deren Hände Stärke mir zu nichts nütze gewesen wäre, da ihnen das Greisenalter verloren war.

V. 3. Die, in Mangel und Hunger abgehärtet, das dürre Land bewegten, die Nacht der Oede und Veröbung;

V. 4. die Melde pflückten am Gesträuche und die Ginsterwurzel zu ihrer Speise hatten.

1816—1828.

V. 25 = 1860.

V. 26. Und nachdem meine Haut wieder wird überzogen sein, alsdann werde ich in meinem Fleische Gott sehen.

V. 27. = 1860.

V. 28. Meine Nieren sind in mir verzehret. Denn ihr saget: Warum verfolgten wir ihn, da ich doch einen guten Grund meiner Sache habe?

V. 29. Fürchtet euch vor dem Schwert; denn der Zorn und das Unrecht verdienen das Schwert; wisset, daß ein Gericht sei.

V. 1. Jetzt aber verspotten mich die, welche an Jahren jünger sind als ich, deren Väter ich nicht werth gehalten habe, daß ich sie zu den Hunden meines Viehes gesetzt hätte.

V. 2. Deren Hände Stärke mir nirgend zu nütze gewesen wäre: deren Alter auch verloren ist.

V. 3. Die verachtet, hungrig und verlassen in der Einöde herumgingen, in der Finsterniß und wüsten Wildnissen;

V. 4. Die Pappeln abbrachen auf der Haide, und Wachholderwurzeln zu ihrer Speise.

V. 5. Wenn sie dann ausgetrieben wurden, entstand ein Geschrei nach ihnen, wie nach einem Diebe.

V. 6. Ihre Wohnung war in den Schluchten der tiefen Thäler, in den Hölen der Erde und in den Felsen.

V. 7. Sie schrien zwischen dem Gesträuche, unter Dornbüschen sammelten sie sich.

V. 5 = 1860.

V. 6. Ihre Wohnung war in Schrofen der tiefen Thäler, in den Höhlen der Erde und in den Felsen.

V. 7. Sie gingen schreyend unter dem Gesträuch her, unter den Nesseln gatteten sie sich.

Bezüglich der Psalmen hatten sich die Revisoren an die in der Novembersynode von 1858 beschlossenen Weisungen zu halten, daß dieselben, vorbehalten Aenderung einzelner Stellen und Beifügung von Ueberschriften, mit derjenigen Redaction in die neue Octavausgabe aufgenommen werden sollten, welche sich in der von der evangelischen Gesellschaft herausgegebenen und in ihrer Taschenausgabe des Neuen Testamentes beigefügten Psalmenübersetzung findet.

Schon 1852 hatte die Bibelgesellschaft nöthig gefunden an den Psalmen einige Correcturen vorzunehmen.[1]) Im Jahr 1857 übergab sodann das Bibelcomite der evangelischen Gesellschaft Herrn Professor A. Sal. Vögelin die Bearbeitung des Buchs auf Grundlage der bei D. Bürkli erschienenen Ausgabe. Dieser revidirte Psalter kam in Duodez in ebengenanntem Jahre heraus. Diese Revision war so durchgreifend, aber doch zugleich so besonnen, daß sie beinahe unverändert in das neue Bibelwerk von 1860 aufgenommen werden konnte.[2]) Mehr als 2000 Stellen der Stereotypausgabe von 1828 sind mehr oder weniger umgestaltet worden. Schon die Ueberschriften sind meist geändert, z. B. Ps. 4, 1: „Für den Sängermeister mit Saitenspielen ein Gesang von David" (fr.: „Ein Gesang Davids für den Sängermeister auf Reginoth"). Ps. 5, 1: „Für den Sängermeister auf den Flöten, ein Gesang von David" (fr.: „auf Nehiloth"). 6, 1: „Für den Sängermeister mit Saitenspiel über die achte Tonart" (fr.: „auf Reginoth, über Scheminith"). Ps. 9, 1: „Für den Sängermeister nach „Stirb für den Sohn", ein Gesang von David" (fr.: „auf Muth-Labben"). — Das „Säla" wird mit „Pause"

---

[1]) Jahresb. der Bib.-Ges. 1852. pag. 9.

[2]) Herr Professor Vögelin hatte die Güte, dem Verfasser das eigenhändige Manuscript seiner Revisionsarbeit mitzutheilen, wodurch die Richtigkeit obiger Behauptung ihre Bestätigung gefunden hat.

übersetzt. — Oft ist die Aenderung schon wohllautender, z. B. Pf.
23, 4: „in dem Thal des Todesschattens" statt „in dem Thal des
Schattens des Todes", oder B. 5: „Du bereitest vor mir einen Tisch
im Angesicht meiner Feinde" statt: „Du — Tisch vor meinen Fein=
den." Manchmal ist eine Stelle kürzer und kräftiger, z. B. Pf. 28, 1:
„schweige mir nicht", fr.: „thu nicht, als förchtest du mich nicht."
29, 7: „die Stimme des Herrn sprühet Feuerflammen", fr.: zerhauet
wie Feuerflammen." Pf. 36, 1: „Ein Ausspruch von der Sünde
des Gottlosen ist in meinem Herzen", fr.: „Mir ist in meinem Her=
zen, die Sünde spreche mit dem Gottlosen." Der Psalm 36 lautet
beinahe ganz anders. Statt vieler einzelner Beispiele möge der schon
durch viele Veränderungen hindurchgegangene Psalm 110 beigefügt
werden.

1860.

Von David ein Gesang.

1. Der Herr (Jehovah) sprach zu
meinem Herrn: Setze dich zu meiner
Rechten, bis ich deine Feinde zum Sche=
mel deiner Füße lege.

2. Der Herr wird den Stab deiner
Macht von Zion ausstrecken; herrsche in
Mitten deiner Feinde!

3. Dein Volk kommt freiwillig am
Tage deiner Heeresmacht. In heiliger
Zierde aus dem Schooß der Morgen=
röthe, wie der Thau, kommen deine Ge=
bornen.

4. Der Herr hat geschworen, und es
wird ihn nicht gereuen: „du bist Prie=
ster in Ewigkeit, nach der Ordnung
Melchisedecks."

5. Der Herr steht dir zur Rechten;
er zerschlägt die Könige am Tage sei=
nes Zorns.

6. Er wird unter den Heiden richten;
er wird Alles mit Leichnamen erfüllen;
er wird Häupter zerschlagen auf wei=
tem Lande.

7. Er wird vom Bach am Wege trin=
ken; darum wird er das Haupt empor=
heben.

1816—1828.

Ein Gesang Davids.

1. Der Herr hat zu meinem Herrn
gesprochen: Setze dich zu meiner Rech=
ten, bis ich deine Feinde zum Schemel
deiner Füße lege.

2. Der Herr wird den Stab deiner
Macht von Zion senden: herrsche mitten
unter deinen Feinden!

3. Dein Volk ist freiwillig an dem
Tage deines Siegs in heiliger Zierde.
Wie der Thau aus der Morgenröthe,
so deine Gebornen.

4. Der Herr hat geschworen, und es
wird ihn nicht gereuen: du bist ein
Priester ewig, nach der Ordnung Mel=
chisedeck!

5. Der Herr steht dir zu deiner
Rechten, er wird die Könige zerschlagen
zur Zeit seines Zorns.

6. Er wird unter den Heiden richten;
er wird alles mit todten Leichnamen
anfüllen; er wird das Haupt über viele
Länder zerschlagen.

7. Er wird auf dem Wege vom Bach
trinken, darum will er das Haupt em=
porheben.

Die „weisen Sprüche Salomos" zeigen nicht selten die oben angedeutete Erscheinung der Rückkehr zur ursprünglichen Ueber- setzung von Leo Judä, z. B. 1, 7: „Anfang der Erkenntniß" statt „Anfang der Wissenschaft". 8, 8: „Alle Reden meines Mundes sind gerecht", statt: „sind wahrhaft". Vergleiche 8, 14. 16. 22, 29. 33. und viele andere Stellen. Aus diesem Buche bemerken wir noch den gelungenen Versuch einer Nachahmung des alphabetischen Stückes Cap. 31, 10—31. Herr Pfarrer J. C. G. Usteri hatte sämmtliche übrige alphabetische Stücke des alten Testamentes, Psalmen und Klagelieder, in gleicher Weise übersetzt. Die Aufnahme derselben in die Bibelübersetzung wurde aber leider nicht gestattet.

Den vielfach veränderten Stellen im Prediger Cap. 12, 2—16 ist ausnahmsweise ein kurzer Commentar beigefügt. Zur Verglei- chung mögen Vers 3—6 beigefügt werden.

1860.	1816—1828.
12, 3: wenn die Wächter des Hauses erzittern und die Helden sich krümmen werden; wenn die Müllerinnen aufhören zu mahlen, weil sie sich vermindern, wenn auch die im Finstern sein werden, welche durch die Fenster sehen.	3. = 1860.
4. Wenn die Thore an den Gassen beschlossen werden bei dem leisen Ton der Mühle; wenn es sich anläßt zur Stimme des Vögeleins und alle Töch- ter des Gesangs sich dämpfen.	4. Wenn die Thore an den Gassen beschlossen werden und die Stimme der Müller ermattet; wenn man vor dem Vogelgesange aufstehen wird, und alle Sängerinnen sich bücken müssen.
5. Wenn man sich auch vor der An- höhe fürchtet und Schrecknisse auf dem Wege sind; wenn der Mandelbaum blüht und die Heuschrecke sich hebt und die Frucht der Kapper aufbricht; wenn der Mensch in sein ewiges Haus geht und die Klagenden auf der Gasse umhergehen.	5. Da sie dann sich auch vor der Anhöhe fürchten, und auf der Straße erschrecken werden; da der Mandelbaum blüht, und die Heuschrecke entflieget, und alle Lust vergeht; wenn der Mensch in sein ewiges Haus geht, das Haus allent- halben voll Klagender wird.
6. Ehe denn die silberne Schnur zer- reißet und der goldene Krug zerschmet- tert wird, und der Eimer an der Quelle zerbricht, und das Rad am Brunnen zerschlagen wird.	6. Ehe denn die silberne Schnur zer- reißet und das goldene Band zerbricht; und der Krug bei den Brunnquellen zerbrochen und das Rad am Sodbrun- nen zerstoßen wird.

Das „Lied der Lieder" hat in der neuen Uebersetzung an Richtigkeit und Klarheit bedeutend gewonnen.

Unter den **Propheten** haben die kleinen noch mehr Correc=
turen erfahren als die großen. Doch schon Jesajah 1, noch mehr
Jes. 3 in der Schilderung der Hoffahrt hebräischer Frauen befinden
sich zahlreiche Aenderungen. Nicht selten trifft schon die Ueberſetzung
vor 1860, und dann die von 1860 selbst mit den Vorschlägen der
deutschen Revisionsconferenz zusammen oder nähert sich ihr, oft wei=
chen aber wieder beide sehr von einander ab.[1]) Ein Paar Stellen
mögen auch hier zur Vergleichung beigesetzt werden.

1860.	1816—1828.
Jes. 9, 3: Du machst des Volkes viel. Deren Freude du nicht groß ge= macht hast, die werden sich vor dir freuen, wie man sich in der Ernte freut, und wie sich die Sieger freuen, wenn sie die Beute theilen.	9, 3: Du hast des Volkes zwar viel gemachet, aber die Freude hast du nicht groß gemachet. Sie werden sich vor dir freuen, wie man 2c.
9, 6: Denn uns ist ein Kind gebo= ren, uns ist ein Sohn gegeben, auf des= sen Schultern wird die Herrschaft lie= gen, und er wird mit seinem Namen genannt, der Wunderbare, der Rath= geber, der starke Gott, der Vater der Ewigkeit, der Fürst des Friedens.	9, 6 = 1860. Nur „das Reich" statt „die Herrschaft".

Jes. 53, 1—5 wurde beinahe unverändert beibehalten, dagegen
weicht Vers 6—9 bedeutend von den vorangehenden Ausgaben ab.

1860.	1816—1828.
V. 7. Er ward mißhandelt, und wie= wohl er gequält ward, that er doch sei= nen Mund nicht auf; wie das Schaf, das zur Schlachtung geführt wird, und wie ein Lamm, das vor seinen Sche= rern verstummet, also that er seinen Mund nicht auf.	V. 7. Es wird von ihm gefordert und er wird geängstiget werden, und er wird seinen Mund nicht aufthun. Er wird zur Schlachtung geführt wer= den, wie ein Schaf und wie ein Läm= lein, das vor seinem Bescheerer ver= stummet.
V. 8. Er ist aus der Angst und aus dem Gericht hingenommen worden, wer will aber sein Geschlecht ausforschen? denn er ist aus dem Lande der Leben= digen hinweggenommen worden; wegen der Uebertretung meines Volkes gehet diese Strafe über ihn.	V. 8. Er ist aus der Angst und aus dem Gericht hingenommen worden, wer will aber sein Geschlecht zählen? Denn er ist aus dem Lande der Lebendigen ab= gehauen worden; wegen der Uebertre= tung meines Volkes gehet diese Strafe über ihn.

---

[1]) Vergl. Riehm a. a. O. pag. 127 ff. und pag. 135 ff.

B. 9. Sein Begräbniß ward ihm mit den Gottlosen bestimmt, und beim Reichen war er in seinem Tode, wiewohl er keine Gewalt jemals geübt hat, noch Betrug in seinem Munde gewesen ist.

B. 9. Sein Begräbniß wird ihm mit den Gottlosen bestimmt und sein Tod mit den Reichen gegeben werden, wiewohl er keine Gewalt niemals geübt hat noch ꝛc.

Es würde zu weit führen, wollten wir hier noch in die den übrigen Propheten zu Theil gewordene Revision eintreten. Daniel ist von den großen Propheten wohl am wenigsten umgestaltet worden. Im Ezechiel sei besonders auf Cap. 1 und Cap. 40—44 aufmerksam gemacht. Unter den kleinen Propheten haben namentlich Hosea, Joel, Amos, Micha, vor Allen Habakuk eine neue Gestalt gewonnen. Die frühern Benennungen Abdias, Micheas, Zephonias, Haggäus, Malachias, sind jetzt in die richtigern Obadja, Micha, Zephania, Haggai und Maleachi umgeändert.

Bezüglich der Apocryphen spricht sich der Bericht der Revisoren an die Synode folgendermaßen aus: „Wir müssen unser Bedauern darüber aussprechen, daß es uns nicht vergönnt gewesen ist, diejenigen Bücher aus der Uebersetzung ganz wegfallen zu lassen, welche sich in der Lutherschen Uebersetzung nicht finden, nämlich das 3. und 4. Buch Esra und das 3. Buch der Maccabäer. Sie verdienen wirklich den Platz nicht, welchen sie in unserer Bibel einnehmen; da er ihnen aber für einstweilen eingeräumt bleiben mußte, so sind auch sie einer genauen Revision unterworfen, welche besonders bei dem 3. Buch der Maccabäer, einem rhetorischen Machwerk in höchst gewundener Sprache, nicht geringen Schwierigkeiten unterlag. Ueberhaupt aber ist die Bearbeitung der Apocryphen eine unerquickliche und für die Arbeiter selber unbefriedigende gewesen. Einerseits nämlich fehlt es durchweg an dem Fundamente eines sichern Textes, anderseits hat man es oft gar nicht mit einer Uebersetzung, sondern mit einer paraphrastischen Bearbeitung des benutzten Textes oder mehrerer benutzten Texte zu thun. Septuaginta und Vulgata sind manchmal in beliebiger Weise in einander gearbeitet, und man spürt es fast durchweg, daß die Uebersetzer in frühern Zeiten, als wären sie müde geworden, bei dieser Arbeit sich ohne geistige Anstrengung gehen und daher oft grobe Verstöße sich zu Schulden kommen ließen. Eine gründliche Berichtigung hätte allzugroße Verände-

rungen herbeigerufen, daher man sich in der Regel auf die Beseitigung
der größten Uebelstände beschränken mußte; und auch da, wo, wie
im Buche Tobias, die Uebersetzung an den schlechtesten Text, nämlich
an den der Vulgata, sich anlehnt, blieb doch nichts Anderes übrig,
als denselben beizubehalten, weil ein Uebergehen zum Text der Sep=
tuaginta ein offenbares Ueberschreiten der von der Synode gesteckten
Schranken nach sich gezogen hätte. Ungeachtet aller dieser unver=
meidlichen Mängel wird doch anerkannt werden müssen, daß die
Uebersetzung der Apocryphen in sehr vielen einzelnen Stellen theils
sprachlich, theils sachlich berichtigt und verbessert worden ist."

Während Herr Pfarrer J. C. G. Usteri die canonischen Bücher
des alten Testamentes beinahe einzig bearbeitet hatte, allerdings mit
öfterer Hinzuziehung der beiden kirchenräthlichen Revisoren, so hatten
dagegen noch ebengenannte zwei Herren Burkhardt und Hofmeister
einige Apocryphen übernommen. Diese Theilung der Arbeit war
nothwendig, weil schon seit einiger Zeit die Zürcherbibel gänzlich ver=
griffen war. Letzterer Umstand verhinderte auch eine weitergehende
Revision dieses Theils des Bibelwerkes.

Die Reihenfolge der einzelnen apocryphischen Bücher wurde nicht
verändert, dagegen haben diese eine besondere Paginirung bekommen,
während in den vorangegangenen Stereotypausgaben die Seitenzahlen
ununterbrochen an die canonischen Bücher sich anreihen. In dem
von Kammerer G. Usteri bearbeiteten Buch der Weisheit, und im
Sirach finden sich einige nicht unbedeutende Verbesserungen, während
die übrigen Schriften beinahe unverändert beibehalten wurden. Dem
Buche Sirach ist das früher wie bei Luther weggefallene Vorwort
vorangestellt. Da beinahe alle Veränderungen in der nächstfolgenden
revidirten Ausgabe wörtlich aufgenommen worden sind, so werden
wir später darauf zurückkommen.

Es ist bereits gesagt worden, daß nach dem Beschluß der Sy=
node das neue Testament in der revidirten Bibel mit der bei Bürkli
erschienenen, seit einer Reihe von Jahren durch die beiden Herren
Kirchenrath S. Vögelin und dessen Sohn, Prof. A. S. Vögelin mit
großer Sorgfalt und Sachkenntniß bearbeiteten und mehrmals revi=
dirten Schulausgabe in Uebereinstimmung gebracht werden sollte.
Aus oben angeführten Gründen konnte für die Evangelien diese Ueber=

einstimmung noch nicht vollständig erzielt werden.[1]) Allein die Re=
visoren nahmen doch schon in ebengenannten Büchern auf die Bürk=
lische Ausgabe in solcher Ausdehnung Rücksicht, daß die Verschieden=
heit weder im kirchlichen Unterricht, noch in der Schule sehr auffällig
sein konnte. Die modernisirenden, wohl zu Gunsten der Schule auf=
genommenen Ausdrücke und Wendungen der Schulausgabe wurden
dagegen nicht beibehalten, z. B. Matth. 1, 22. 2, 15. 17. „der Aus=
spruch des Herrn durch den Propheten". Matth. 1, 23: „das heißt".
Matth. 5, 15: „das Viertel". Matth. 7, 18: „schlechte Baum".
Der kirchenräthliche Revisor des Bürklischen Schultestamentes, Prof.
A. S. Vögelin, hatte übrigens schon vor Herausgabe des neuen
Bibelwerks auf Grundlage der Ausgabe von 1849, welche noch ganz
das Gepräge jener Modernisirung an sich trägt, eine durchgreifende
Revision unternommen. Die Revisoren der evangelischen Gesellschaft
und der Synode konnten diese beinahe unverändert aufnehmen,[2])
legten indeß immer ihre Arbeit zuerst noch Herrn Vögelin vor.

Vergleichen wir nun die E v a n g e l i e n mit der Stereotypaus=
gabe von 1828, so sind die Aenderungen sehr oft ganz unbedeutender
Art, und es möchte sich fragen, ob sie immer hinlänglich gerechtfer=
tigt sind, z. B. Matth. 1, 22 und 2, 15: „auf daß erfüllet würde,
was geredet ist", fr.: „was gesagt ist". 1, 28 und Marc. 1, 22:
„erstaunen" statt „sich entsetzen". Joh. 1, 3: „durch dasselbe gewor=
den", fr.: d. d. gemacht worden". 1, 39: „Wo bleibst du?", fr.:
„Wo hältst du dich auf?" (s. V. 40.) 2, 3: „als es an Wein man=
gelte", fr.: „als Mangel an Wein war". Andere Aenderungen sind
schon bedeutender: Matth. 1, 19: „gedachte sie heimlich zu entlassen",
fr.: „verlassen". 2, 6: „du bist keineswegs die kleinste unter den
Fürsten Juda; denn aus dir wird ein Herrscher hervorgehen", fr.:
„du bist gar nicht die kleinste — Juda; denn aus dir wird ein Her=
zog hervorgehen". Matth. 13, 15: „und ich sie gesund mache", fr.:
„selig mache". V. 20: „in den steinichten Grund", fr.: „in das

---

[1]) Der Jahresbericht der evang. Ges. 1859/60 pag. 9, der von einer völli=
gen Uebereinstimmung spricht, ist nicht ganz genau. Vgl. Auszug aus den
Verh. der Synode 1860 (Nr. 37) pag. 66.

[2]) Das ebenfalls gütigst mitgetheilte Manuscript der Revision des N. T. von
Prof. Vögelin setzte den Verfasser in den Stand, über obiges Verhältniß
ins Klare zu kommen.

Steinichte". Marc. 1, 15: „an das Evangelium", fr.: „dem Evan=
gelium". Luc. 1, 1—4: „Nachdem Viele es unternommen haben,
eine Erzählung der Dinge, die unter uns ergangen sind, aufzusetzen,
2. wie sie uns diejenigen überliefert haben, die von Anfang an Augen=
zeugen und Diener des Wortes gewesen sind; 3. so hielt auch ich
für gut, nachdem ich Alles von Anfang an genau erkundigt habe, es
dir der Ordnung nach zu beschreiben, vortrefflichster Th. 4. Damit
du von den Dingen, in welchen du unterrichtet worden bist, die Ge=
wißheit erkennest." Die frühere Fassung s. pag. 346. Das ganze Ca=
pitel hat eine ziemliche Anzahl kleinerer Aenderungen. Das Evange=
lium Johannis hat an Genauigkeit nicht unbedeutend gewonnen und
zwar in jedem Capitel. Joh. 3, 29: „diese meine Freude ist nun
erfüllt", fr.: „diese meine Freude nun ist vollkommen geworden".
5, 6: „und erfuhr, daß er schon lange Zeit zugebracht", fr.: und
vernahm, daß er schon lange Zeit krank liege". 17, 23: „auf daß
sie vollkommen Eins seien", fr.: „damit sie in eines vervollkommnet
seien."

In der Apostelgeschichte finden sich eine Menge kleinerer
Verbesserungen. Es sei nur auf c. 27, die Seereise des Apostels
Paulus, hingewiesen, welche wesentlich an Klarheit und Richtigkeit
gewonnen hat. Sowohl in diesem Buche als in den sämmtlichen
Briefen der Apostel und in der Apocalypse haben wir, wie
oben schon bemerkt wurde, im Wesentlichen die Vögelische Uebersetzung.
Diese weicht von den frühern Ausgaben vielfach ab. Sehr oft ist
die noch von der Ausgabe von 1772 herrührende Breite und Para=
phrasirung vollends beseitigt. In einigen Briefen, z. B. dem Römer=
brief, ist beinahe kein Vers der frühern Uebersetzung gleich geblieben.
Das δικαιουν wird in der Regel noch mit „gerecht sprechen" über=
setzt, z. B. Röm. 2, 13. 3, 24, was auch Weizsäcker[1]) jetzt aufgenommen
hat. Als Beispiel möge Röm. 3, 23—26 dienen:

1860.	1816—28.
23. Denn Alle haben gesündigt und mangeln der Ehre vor Gott	23. Denn sie haben alle gesündigt und mangeln der Ehre Gottes
21. und werden gerecht gesprochen ohne Verdienst durch seine Gnade mit=	24. werden aber ohne Verdienst ge= recht gesprochen durch seine Gnade durch

---

[1]) Das neue Testament übers. von C. Weizsäcker. Tüb. 1875.

telft der Erlöfung, die da ift in Chrifto Jefu.

25. Ihn hat Gott verordnet zu einem Sühnopfer durch den Glauben in feinem Blut, zur Beweifung feiner Gerechtigfeit, wegen der Vergebung der vorher gefchehenen Sünden unter der Langmuth Gottes;

26. zur Beweifung feiner Gerechtigfeit in der jetzigen Zeit, fo daß er felbft gerecht fei und den gerecht mache, der da ift aus dem Glauben an Jefum.

die Erlöfung, die in Chrifto Jefu gefchehen ift.

25. Welchen Gott zu einem Gnadenftuhl verordnet hat, durch den Glauben an fein Blut, feine Gerechtigfeit zu beweifen, durch Vergebung der vorher unter feiner göttlichen Langmuth gefchehenen Sünden.

26. Ja diefe feine Gerechtigfeit zur jetzigen Zeit zu beweifen, nämlich zu zeigen, daß er gerecht fei und den gerecht fprechen wolle, der an Jefum glaubt.

Gal. 4, 25:

25. Denn Agar bedeutet den Berg Sinai in Arabien und entfpricht dem jetzigen Jerufalem und ift mit ihren Kindern in Knechtfchaft.

25. Denn Agar bezeichnet in Arabien den Berg Sinai, und ift ein Bild des jetzigen Jerufalems, die mit ihren Kindern in der Knechtfchaft ift.

Ebr. 11, 1—3:

1. Es ift aber der Glaube eine Zuverficht deffen, was man hofft, eine Ueberzeugung der Dinge, die man nicht fieht.

2. Denn in ihm haben die Alten Zeugniß empfangen.

3. Durch den Glauben erkennen wir, daß die Welt durch Gottes Wort bereitet worden, alfo daß nicht aus fichtbaren Dingen die Dinge, die man fieht, entftanden find.

1. Der Glaube aber ift eine beftändige Zuverficht der Dinge, die man hoffet; eine gewiffe Ergreifung der Dinge, die man nicht fiehet.

2. Denn durch denfelben haben die Alten Zeugniß bekommen.

3. Durch den Glauben erkennen wir, daß die Welt durch das Wort Gottes bereitet ift; alfo daß die Dinge, die man fieht, nicht aus einigen Dingen, die fich fehen laffen, geworden find.

In einer nicht unbedeutenden Anzahl von Stellen des alten und neuen Teftamentes ift Luthers Ueberfetzung ganz oder annähernd aufgenommen, z. B. Gen. 3, 15. Deut. 32, 32. 41. 2 Sam. 1, 21. 10, 4. 1 Kön. 6, 3. 2 Chron. 34, 9. Hiob 1, 10. 5, 2. 21. 27, 11. 16. 17. Pf. 29, 4. Hof. 2, 9. Joel 1, 6. 7. Nah. 3, 19. Sach. 1, 20 u. A. m. Umgekehrt find aber auch Stellen, die früher Luther folgten, wieder geändert worden, z. B. 1 Sam. 1, 6. 2 Sam. 22, 3. Pf. 3, 6. 4, 3. 22, 21. 22. Hohel. 2, 4. Amos 2, 1—13.

Noch eine Eigenthümlichkeit der vorliegenden Ueberfetzung befteht darin, daß die 1772 bis zur Pedanterie getriebene Setzung des Verbs

an das Ende der Nebensätze aufgegeben wurde, z. B. Joh. 17, 19:
„auf daß auch sie geheiliget seien in der Wahrheit", noch 1828:
„auf daß auch sie in der Wahrheit geheiligt seien". Ib. v. 24:
„weil du mich geliebet hast vor Grundlegung der Welt", 1828:
„weil du mich vor Grundlegung der Welt geliebet hast". Schon die
unmittelbar vorangegangenen Zürcherbibeln hatten sich davon ziemlich
losgemacht, während die Bürklische Schulausgabe vor ihrer letzten
Revision durch Prof. Vögeli noch dabei geblieben war. Daß durch
die ebengenannte Aenderung der Charakter der Uebersetzung von 1860
demjenigen der Lutherschen Uebersetzung sich nähert, läßt sich keineswegs in Abrede stellen. Ueberdieß ist bemerkenswerth, daß in dieser
Uebersetzung, so zu sagen, der letzte Rest der schweizerischen Sprachform,
das erzählende Perfectum, von welchem die unmittelbar vorangegangenen Ausgaben noch nicht ganz haben lassen können, völlig verschwunden ist. Von schweizerischen Idiotismen ist vielleicht in der
ganzen Bibel nur noch das Wort „Näße" („Wann das Salz seine
Näße verliert") Matth. 5, 13 geblieben.

Die Zuthaten zum Texte, die Inhaltsangaben der Capitel und
die Parallelstellen, haben eine sehr anerkennenswerthe Revision erfahren, welche Herr Usteri allein übernommen hatte. Die Inhaltsangaben
lehnen sich zwar, zumal in den historischen Büchern, an die früher
schon vorhandenen an, deuten aber den Inhalt weit genauer an. In
den poetischen und prophetischen Büchern wich der Bearbeiter beinahe
überall von seinen Vorgängern ab. Ohne irgendwie der Auslegung
vorzugreifen oder den Capiteln zum Voraus eine bestimmte Deutung
zu geben, stellen diese Inhaltsangaben meist in sehr gelungener Weise
den Gedanken ganz in bündiger Weise dar, und sind daher sehr geeignet, den Leser zu orientiren. Am gelungensten sind wohl die
Inhaltsangaben zu dem Buche Hiob, den Proverbien, dem Prediger,
dem Hohenlied und unter den Propheten zum zweiten Theil des
Jesajah. Die messianische Deutung wird zwar nicht künstlich gesucht,
ihr wird aber auch nicht ausgewichen, wo sie als neutestamentlich
begründet erschien, z. B. Ps. 2: I. Das eitle Toben gegen Gott und
seinen Gesalbten, 1—6. II. Gottes Rathschluß über seinen Gesalbten, 7—8. III. Ermahnung, sich ihm zu unterwerfen, 10 12. In
1816—1828 lautete der dritte Abschnitt: „Das Heil derer, die
sich Christo unterwerfen". Ps. 16 wird v. 8—11 wie früher als:

„Weissagung der Auferstehung Christi" bezeichnet. Pf. 22, I, 2—22: „David besingt sein Leiden, als Vorbild des leidenden Messias", fr.: „David besingt sein Leiden, in dem er zum Vorbild Christi wird". — Jes. 53, I, 1—7: „Weissagung von dem stellvertretenden Leiden des Messias". II, 8—12: „Von der herrlichen Vollendung seines Werkes". Daß das Hohelied auch in dieser Ausgabe nicht messianisch gedeutet wird, läßt sich nach dem Vorgang früherer Ausgaben erwarten.

Die Parallelstellen, welche in den Stereotypausgaben weggefallen waren, sind wieder beigefügt, allein es ist eine neue sorgfältige Auswahl getroffen worden. Manche der frühern, welche sich in unberechtigter Weise von einer Ausgabe zur andern fortgeschleppt hatten, sind weggefallen, die zutreffenden beibehalten, manche neue aufgenommen worden. Der Bericht[1]) sagt darüber Folgendes: „Zwar herrscht hie und da die Meinung, als ob mit der Hinweisung auf Parallelstellen Mißbrauch getrieben, und die Auswahl derselben einer einseitig dogmatischen Auslegung dienstbar gemacht werde. Wir glauben uns aber, soweit als davon mit einigem Recht geredet werden kann, davor bewahrt zu haben, und schon die Rücksicht auf die meisten andern Uebersetzungen, zumal diejenige von Luther, welche gerade um der Parallelen willen von vielen Bibellesern bisher der unsrigen vorgezogen worden sind, machte deren Aufnahme zur Pflicht."

Bemerkenswerth ist, daß in dem Register über die neutestamentlichen Bücher „die vierzehn Episteln St. Pauli" genannt werden, der Brief an die Hebräer somit als der vierzehnte aufgenommen ist, wie schon früher. Die Reihenfolge der „sieben Episteln der andern Apostel" ist beibehalten. Jacobus geht demnach den andern voran.

Der Druck und namentlich auch das Papier dieses Werkes unterscheidet sich vortheilhaft von den Stereotypausgaben. Auch ist uns nirgends ein Druckfehler begegnet.

Kaum hatte die Bibelgesellschaft oder nunmehr evangelische Gesellschaft dieses Werk herausgegeben, so stellte sich eine bedeutende Nachfrage nach demselben ein und zwar nicht nur in dem Kanton Zürich, sondern auch in den Kantonen Thurgau und Graubünden. Ja seit längerer Zeit wurden auch von reformirten Gemeinden außer-

---

[1]) A. a. O. pag. 60.

Mezger, Gesch. der deutschen Bibelübersetzung.

25

halb der Schweiz, z. B. in Hannover, Böhmen, Wien, Exemplare
verlangt. Es mögen hiezu einzelne Zürcher im Auslande gewirkt
haben, denn in anderer Weise wurde die neue Uebersetzung nicht bekannt gemacht. Es wurden zwar von Zürich aus mehreren deutschen
Gelehrten Exemplare zugesendet, mit dem Wunsch, die Uebersetzung
einer einläßlichen Prüfung zu würdigen, aber unsers Wissens hat
nicht ein einziges kritisches Journal Notiz davon genommen.

Die fortgehende Nachfrage nach Psalmen machte schon 1861
einen neuen Abdruck nothwendig, welcher in 6000 Exemplaren in
der Bürklischen Druckerei erschien und mit dem Text der Octavausgabe völlig übereinstimmt [1]). Mit Schluß des Rechnungsjahres
1862/1863 war die große Auslage für die revidirte Bibel vollständig
gedeckt, ein Ergebniß, welches um so mehr Beachtung verdient, als
die Gesellschaft an jedem Einzelexemplar eine Einbuße von mindestens
1 Fr. erlitt.

Bald war auch wieder eine neue Auflage der Taschenausgabe
des Neuen Testamentes nothwendig, welche in 10,000 Exemplaren
1864 erschienen ist. 1600 Exemplare dieser Ausgabe wurden durch
die Genfer Bibelgesellschaft an die in Folge der Ereignisse vom
22. August 1864 nach Genf gesandten eidgenössischen Truppen der
Kantone Zürich und Thurgau vertheilt. Der Text der neuen Auflagen stimmt vollständig mit dem in die ganze Bibel aufgenommenen
überein.

Ziemlich lange bevor der Vorrath des Bibelwerks von 1860 zu
Ende ging, schon in dem Berichtsjahr 1864/1865, hatte die genannte
Gesellschaft Vorbereitungen zu einer neuen Ausgabe getroffen. Dieß
war um so nothwendiger, als der Verkauf von Bibeln, seit die evangelische Gesellschaft denselben übernommen hatte, einen sehr bedeutenden
Aufschwung nahm. Während unter der Leitung der frühern Bibelgesellschaft in 30 Jahren nur 17,000 Exemplare der heiligen Schrift
gebraucht worden waren, wurden nunmehr in 10 Jahren 15,000
Exemplare theils verkauft, theils verschenkt. Für eine neue Ausgabe
von 15,000 Exemplaren war nun freilich eine Ausgabe von 30,000 Fr.
nothwendig. Die evangelische Gesellschaft schreckte aber davor nicht

---

[1]) Jahresber. der ev. Ges. 1860/61 pag. 8 und 1861/62 pag. 8.
[2]) Jahresber. 1862/63 pag. 8.

zurück, sondern schloß mit demselben Buchdrucker, welcher die Ausgabe von 1860 besorgt hatte, die nöthigen Verträge ab.

Ein für die Zürcherische Kirche und deren biblische Bestrebungen sehr charakteristisches Zeichen ist es, daß auch diese neue Bibelausgabe nicht ein bloßer Abdruck der vorangehenden sein sollte. In Folge eines Antrages des mehrfach genannten Herrn Pfarrer J. C. G. Usteri beschloß das Bibelcomité mit Zustimmung des Kirchenrathes, daß abermals eine durchgreifende, jedoch weniger Veränderungen des Textes veranlassende Revision vorgenommen und besonders die sehr fehlerhafte Uebersetzung der Apocryphen gänzlich umgearbeitet werden solle. Der Kirchenrath beauftragte die schon genannten Herren Kirchenräthe Heß und Zollinger zur Beaufsichtigung der Arbeit. Pfarrer Usteri übernahm die ganze Arbeit allein, änderte jedoch ohne Zustimmung von Herrn Diacon Heß nichts ab. Von Neuem wurden nun die schon obengenannten Uebersetzungen und exegetischen Hülfsmittel, sowie andere unterdessen hinzugekommene durchgearbeitet. Parthieenweise wurden namentlich im alten Testament noch andere gelehrte Kenner des Hebräischen in Zürich selbst zu Rathe gezogen.

So erschien denn im Jahr 1868 die neue Ausgabe in gr. 8° unter dem Titel: „Die Bibel, das ist: Sämmtliche Bücher der Heiligen Schrift des Alten und des Neuen Testamentes. Nach der in Zürich kirchlich eingeführten Uebersetzung aufs Neue aus dem Grundtext berichtigt. Mit Genehmigung der Zürcherschen Synode. Zürich. Im Depot der evangelischen Gesellschaft. 1868." Sehr praktisch ist die Einrichtung getroffen, daß die Seiten des alten (948) und des neuen (290) Testamentes sowohl dem Inhalt als der Zahl nach mit der Ausgabe von 1860 übereinstimmen, während die große Veränderung der Apocryphen eine solche Uebereinstimmung nicht möglich machte (1860 hat 221, 1868 dagegen 228 Seiten).

Daß wirklich über die neue Ausgabe abermals eine bessernde Hand gegangen ist, läßt sich im alten Testament beinahe in jedem Capitel wahrnehmen; doch bestehen diese Aenderungen weit mehr als bei der Ausgabe von 1860 in andern Wendungen und Ausdrücken. Einige Beispiele mögen dieß beweisen. Gen. 2, 4: „dieses ist die Entstehung des Himmels und der Erde", 1860 und früher: „Geburt des Himmels 2c.". 4, 15: „an dem soll es siebenfältig gerochen werden", 1860 und fr.: „soll siebenfältig gerochen werden". 27, 39:

„Siehe ohne Fett der Erde wird deine Wohnung sein und ohne Thau des Himmels von oben her", 1860: „Siehe du wirst eine fette Woh= nung auf Erden haben und vom Thau des Himmels von oben her". Ex. 12, 35: „und forderten von den Aegyptern", 1860: „und ent= lehnten von den Aegyptern". 26, 12: „lassen überhängen hinten an der Wohnung", 1860: „lassen überhängen hinten an der Hütte" (cf. v. 17). Num. 24, 3: „Es sagt der Mann, dem das Auge verschlossen ist", 1860: „dem die Augen geöffnet sind". Deut. 33, 18: „in deinen Hütten", 1860: „in deiner Hütte". Jud. 5, 9: „Mein Herz ist mit den Regenten Israels, mit den Freiwilligen unter dem Volke: lobet den Herrn", 1860: „Mein Herz ist wohl mit den Regenten Israels; ihr, die ihr freiwillig seid unter dem Volke, lobet den Herrn". 2 Sam. 1, 17: „Und David sang dieses Trauerlied", 1860: „Und David machte ein Trauerlied". 22: „Vom Blut der Erschlagenen, vom Fett der Helden ist der Bogen Jonathans nicht zurückgewichen und das Schwert Sauls nicht leer wiedergekommen", 1860: „Der Bogen Jonathans hat niemals gefehlet und das Schwert Sauls ist niemals leer wiedergekommen von dem Blute der Erschlagenen und von dem Fette der Helden. 22, 26: „Gegen den Frommen zeigst du dich fromm, gegen den unsträflichen Mann zeigst du dich unsträflich", 1860: „Gegen den Heiligen zeigst du dich heilig und gegen den frommen Mann zeigst du dich fromm".

In den poetischen Büchern sind die Aenderungen zahlreicher, z. B. Hiob 1, 5: „und heiligte sie wieder", 1860: „und reinigte sie wieder". 3, 5: „Es erschrecken ihn Verfinsterungen des Tages", 1860: „Sie schrecken ihn wie die Unglücksfälle des Tages". 9: „sie warte auf das Licht und es komme nicht", 1860: „sie warte auf den Tag und komme keiner". 4, 8: „die ernbten es auch", 1860: „die schneiden es auch". 6, 6: „Isset man auch ein fade Speise", 1860: „eine ungeschmackte Speise". 11: „Was ist denn meine Kraft, daß ich noch harren soll?", 1860: „daß ich eine Hoffnung habe". 18: „Es biegen ab von ihrem Weg die Reisezüge, ziehen hin in die Oede und kommen um", 1860: „Man verläßt um ihret= willen den Pfad; aber sie zerfließen und werden zunichte". 30, 12: „Zu meiner Rechten erhebt sich die Brut", 1860: „Zu meiner Rechten erheben sie sich im Uebermuth". — Ps. 4, 4: „Erkennet doch, daß der Herr seinen Frommen wunderbar führt", 1860: „Erkennet doch, daß

der Herr den Heiligen sich auserkoren hat". 8, 1: „Für den Sängermeister nach Gitith (Tonart oder Instrument von Gath) ein Gesang
von David", 1860 ohne die erklärende Parenthese. 3: „um den
Feind und den Rachgierigen zum Schweigen zu bringen", 1860 wie
Luther: „daß du den Feind und den Rachgierigen vertilgest". 22, 17
ist zu der Uebersetzung: „sie haben mir meine Hände und Füße
durchgraben" unten noch die kritisch wohlbegründete Anmerkung beigefügt: „hat sich um mich gelagert, wie ein Löwe um meine Hände
und Füße". 23, 2: „Er lagert mich auf grünen Auen", 1860: „Er
weidet mich auf grünen Auen". — Prov. 8, 2. 3: „Auf dem Gipfel
der Höhen, am Wege, dahin, wo die Straßen sich kreuzen, hat sie
sich hingestellt. Zur Seite der Thore, wo die Stadt sich aufthut,
bei dem Eingang der Pforten ruft sie laut", 1860: „Hat sie sich
nicht auf die Höhen gestellt, auf die Straßen und Wege? Schreiet
sie nicht vor den Thoren, vorn an der Stadt, bei dem Eingang der
Thore?" — Hohelied 1, 4 Schluß: „aufrichtig haben sie dich lieb",
1860: „billig haben sie dich lieb". 2, 1: „Ich bin eine Narcisse zu
Saron", 1860: „Ich bin eine Rose zu Saron".

Die so tiefeingreifende Revision der Propheten von 1860 mochte
wohl zurückhalten in der neuen Ausgabe abermal viele Aenderungen
vorzunehmen. Doch fehlen diese keineswegs, z. B.

1868.	1860.
Jes. 53, 1. Wer hat aber unserer Predigt geglaubt, oder wem ist der Arm des Herrn geoffenbaret worden?	1. Wer glaubt aber unserer Predigt, oder wem ist der Arm des Herrn geoffenbaret?
2. Er ist vor ihm aufgewachsen wie ein Schoß, und wie eine Wurzel aus dem dürren Erdreich. Er hatte weder Gestalt noch Zierde; wenn wir ihn anschauten, so war sein Aussehen nicht so, daß wir seiner begehren sollten.	2. Er wird vor ihm aufwachsen wie ein Schoß, und wie eine Wurzel aus dem dürren Erdreich. Er wird weder Gestalt noch Zierde haben; wenn wir ihn anschauen, so wird keine Schönheit da sein, daß wir seiner begehren sollten.
3. Er war verachtet und verlassen von den Menschen, ein Mann voller Schmerzen, und der die Krankheit wohl erfahren hat. Er war so verachtet, daß man das Angesicht vor ihm verbarg, und wir seiner nicht achteten.	3. Er wird der Verachtetste und Verlassenste sein unter Allen, ein Mann voller Schmerzen, und der die Krankheit wohl erfahren hat. Er wird so verachtet sein, daß man sein Angesicht vor ihm verbergen, und wir seiner nicht achten werden.

5. Die Strafe lag auf ihm, daß wir Frieden hätten und durch seine Wunden sind wir gesund geworden.

5. Die Strafe liegt auf ihm, daß wir Frieden hätten und durch seine Wunden werden wir gesund.

Bemerkenswerth ist, daß diese Stelle, welche durch alle Ausgaben seit der Reformationszeit beinahe unverändert geblieben ist, nunmehr obige Fassung erhalten hat. Das Richtigere hätte wohl schon längst Platz gefunden, wäre nicht die Befürchtung vorhanden gewesen, durch Beseitigung des Futurums die Messianität der Stelle aufzuheben. Eine etwas ähnliche Bewandtniß hat es mit Joel 1, 6—12, wo schon 1860 das frühere Futur in das Präsens verwandelt wurde.

Habac. 1, 3: „Warum lässest du mich Unrecht sehen und schauest Unheil", 1860: „Warum zeigest du mir Unrecht und lässest mich Unheil sehen?" 4 Schluß: „Darum geht Recht verkehrt hervor", 1860: „Das ist die Ursache, daß verkehrte Urtheilssprüche ergehen". 7: „Sein Recht und seine Hoheit geht von ihm selbst aus", 1860: „wird — ausgehen". 12: „Aber du, o Herr! bist du nicht von Anfang her mein Gott, mein Heiliger?", 1860: „Aber du, o Herr, mein Gott, mein Heiliger, bist du nicht von Anfang her?" 3, 6: „Er steht und macht beben die Erde", 1860: „Er steht und mißt die Erde".

Zu durchgreifender Verbesserung der Apocryphen war 1860 keine Zeit mehr übrig geblieben, da der kleine Vorrath von Bibeln zu möglichst schneller Vollendung der Ausgabe drängte. Es waren daher vorläufig nur wenige Aenderungen vorgenommen worden. Die schon längst gewünschte und bereits vorbereitete Totalrevision wurde nun in der neuen Ausgabe von 1868 reichlich nachgeholt[1]).

Schon die äußere Ordnung der Apocryphen ist eine zweckmäßigere. Es werden unterschieden: I. Lehrbücher: Buch der Weisheit, Sirach, Baruch, Brief Jeremias, Tobias, Judith. II. Zusätze zu den kanonischen Büchern des alten Testamentes: Das dritte Buch Esra, das vierte Buch Esra, Zusätze zum Buche Esther,

---

[1]) Einer spätern Ausgabe muß es indessen vorbehalten bleiben, die beste nun vorhandene Textesausgabe der Apocryphen zu benutzen: libri apocryphi Vet. Testamenti graece. Recens. et cum commentario critico ed. Otto Frid. Fritzsche. Lips. 1871.

Zusätze zum Buche Daniel (Geschichte von Susanna und Daniel, das Gebet Asarjas, der Gesang der drei Männer im Feuer, Geschichte von dem Bilde Bel zu Babel, Geschichte vom Drachen zu Babel), das Gebet des Manasse. III. Geschichtsbücher: Das erste, zweite und dritte Buch der Maccabäer.

Bezüglich des Textes fanden die kritischen und exegetischen Arbeiten von Fritzsche, Grimm und Volkmar, Hilgenfeld und Ewald, namentlich auch die Untersuchungen der letztgenannten drei Gelehrten über das vierte Buch Esra eingehende Berücksichtigung. Im Buch Tobias und Judith legte Herr Pfarrer Usteri die lateinische Uebersetzung der Vulgata nach der Ausgabe von Van Eß zum Grunde, ebenso bei der Uebersetzung des vierten Buch Esra. Zur Erleichterung der Uebersicht dienen sehr die gänzlich umgearbeiteten Inhaltsangaben vor den einzelnen Capiteln, z. B. im Buch der Weisheit, Sirach und vierten Esra.

Zu genauer Beurtheilung der den Apocryphen zu Theil gewordenen Veränderungen würde die Mittheilung ganzer Capitel gehören. Da dieß zu weit führen würde, so stellen wir die Uebersetzung einiger Stellen der Ausgabe von 1828, mit welcher frühere übereinstimmen, und der Ausgaben von 1860 und 1868 nebeneinander.

1828.	1860.	1868.
	Buch der Weisheit:	
1, 7. Denn der Geist des Herrn erfüllet den Umkreis der Erden, und das hohe Wesen, das alle Dinge erhält, hat auch ein Wissen der Stimme.	7. Denn der Geist des Herrn erfüllet den Erdkreis, und das hohe Wesen, das alle Dinge erfüllt, hat auch ein Wissen der Rede.	7. Denn der Geist des Herrn erfüllet den Erdkreis, und das Wesen, das alle Dinge zusammenhält, hat auch ein Wissen der Rede.
8. Deßwegen mag derjenige nicht verborgen bleiben, welcher Unrecht redet; er mag auch dem Urtheil und der Strafe nicht entgehen.	8. = 1828.	8 Deßwegen mag derjenige nicht verborgen bleiben, welcher Unrecht redet und wird auch dem strafenden Urtheil nicht entgehen.
9. Denn man wird den Gedanken des Gottlosen eine Nachfrage halten und seine Reden kommen vor Gott, der ihre	9. Denn man wird nach den Gedanken des Gottlosen Nachfrage halten und seine Reden kommen vor Gott, der seine	9. Denn über die Anschläge des Gottlosen wird eine Untersuchung geschehen, und seine Reden kommen vor Gott zur Beftra-

Ungerechtigkeit auch strafen wird.

10. Denn des Eifrigen Ohr höret alle Dinge, und der Lärm des Murrens mag nicht verborgen bleiben.

15. Denn die Frömmigkeit ist ewig und unsterblich; die Gottlosigkeit aber bringet den Tod.

1, 6. Wem ist der Ursprung der Weisheit geoffenbaret? oder wer hat ihre verschiedenen Wege verstanden?

7. Der Einige ists, der Schöpfer aller Dinge, der Allerhöchste, der Gewalthaber aller Dinge, der gewaltige und mächtige König, vor dem alle Menschen billig erschrecken, der auf seinem Throne sitzt.

3,13. Denn der Erbärmde und des Mitleidens, so du mit deinem Vater hast, wird nimmermehr vergessen, sondern so dir mangelt, wird es dir ersetzet.

25, 6. O wie ein schönes Ding ist es, so das Alter wohl urtheilen, die Betagten wohl rathen können.

1, 15. Ihr sollt auch also sagen: Unser Herr

Ungerechtigkeit auch strafen wird.

10 = 1828.

15 = 1828.

Sirach:

6. Wem ist die Wurzel der Weisheit geoffenbaret?
Im Uebrigen = 1828.

7 = 1828.

13. Denn des Erbarmens, so du mit deinem Vater hast, wird nimmermehr vergessen; und obwohl du auch nur Sünder bist, so wird dir doch Gutes wiederfahren.
6 = 1828.

Baruch:

15. Ihr sollt auch also sagen: Unser Herr Gott

---

fung seiner Ungerechtigkeiten.

10. Denn das lauschende Ohr des Eifers (Gottes) höret Alles, und der rauschende Lärm des Murrens bleibt nicht verborgen.

15. Denn die Gerechtigkeit ist unsterblich; [die Ungerechtigkeit aber bringet den Tod].

6 = 1860.

7. Einer ist weise, sehr furchtbar, der auf seinem Throne sitzt, der Herr.

13. Denn des Erbarmens, so du mit deinem Vater hast, wird nimmermehr vergessen; und anstatt der Strafe deiner Sünden wird dein Wohlstand erblühen.

6. Wie schön steht dem grauen Haare das Urtheil und den Betagten Rath zu wissen! Wie schön ist die Weisheit der Greise, und bei den Geehrten Ueberlegung und Rathschlag!

15. Und ihr sollet sagen: „bei dem Herrn, unserm

Gott ist gerecht, wir aber
sind aller Schanden werth,
wie es denn auf den heu-
tigen Tag um das ganze
Juda, und um alle die,
so zu Jerusalem wohnen,
steht.

16. um unsere Könige,
Fürsten, Priester, Propheten und unsere Väter.

17. Wir haben vor Gott,
unserm Herrn, gesündigt;
wir haben auf ihn nicht
vertraut, wir sind ihm
nicht gehorsam gewesen.

ist gerecht, wir aber tragen
billig öffentliche Schande,
wie es denn auf den heu-
tigen Tag um das ganze
Juda und um alle die,
so zu Jerusalem wohnen,
steht.

16 und 17 = 1828.

Gott, ist die Gerechtigkeit,
uns aber ist die öffentliche
Schande, wie es denn auf
den heutigen Tag stehet,
uns, den Männern von
Juda und den Bewohnern
Jerusalems,

16. und unsern Köni-
gen, Fürsten, Priestern,
Propheten und unsern Vä-
tern

17. darum, daß wir
vor dem Herrn gesündigt
und ihm nicht gehorsam
gewesen.

Vor dem Buche Tobias und Judith heißt es in dieser Ausgabe
„aus dem Lateinischen". Im Ganzen ist in beiden Büchern weniger
verändert als in den übrigen Büchern, 1860 beinahe gar nichts.

Judith:

16, 8. Die Söhne der
Riesen haben ihn nicht geschlagen; die großen Hel-
den haben sich nicht an
ihn gelegt, sondern Judith,
die Tochter Merari, hat
ihn mit ihrer schönen Ge-
stalt zunichte gemacht.

10. Sie hat ihr An-
gesicht gesalbt und ihre
Haare in eine Haube auf-
gebunden, ihn zu betrügen.

8. Die Söhne der Rie-
sen haben ihn nicht er-
schlagen, die großen Hel-
den — gemacht.

10. Sie hat ihr An-
gesicht gesalbt und ihre
Haare in einen Bund auf-
gebunden, ihn zu betrügen.

8. Die Söhne der Rie-
sen haben ihn nicht er-
schlagen, noch haben sich
ihm große Helden entgegen-
gestellt; sondern Judith,
die Tochter Merari, hat
ihn mit der Schönheit ihres
Angesichtes zu nichte ge-
macht.

10. Sie hat ihr An-
gesicht gesalbet mit Salbe,
und ihre Locken zusammen-
gebunden mit einem Kopf-
bund, und ein neues Ge-
wand genommen, ihn zu
betrügen.

Zeigen schon obige Beispiele, daß dem Uebersetzer an manchen
Stellen ein erweiterter oder abgekürzter Grundtext vorgelegen hat,
so ist dieß auch bei andern Stücken der Fall, z. B. in den Zusätzen
zum Buche Esther. Cap. 1, 1 der frühern Ausgaben ist weggelassen,
das frühere Cap. 2 ist zu Cap. 1 gezogen, und die Verse 14—23 des

frühern Cap. 1 nun als Cap. 6 an den Schluß des Ganzen gesetzt. Es erhellt aus dem Gesagten, daß die Uebersetzung von 1868 in den Apocryphen von ihrer Vorgängerin weit mehr abweicht als in den canonischen Büchern.

Beim neuen Testament waren wohl die Revisoren mehr an den so wenige Jahre vorher revidirten Text gebunden, als beim alten Testament, zumal wohl die Tausende von Schulausgaben eine große Aenderung nicht wünschenswerth machten. Man beschränkte sich daher hauptsächlich auf diejenigen Stellen, bei welchen der Grundtext durchaus eine andere Uebersetzung forderte, z. B. Matth. 6, 1: „Habet Acht, daß ihr eure Gerechtigkeit (δικαιοσύνη) nicht übet vor den Leuten", wo es 1860 noch hieß: „Habet Acht, daß ihr euer Almosen nicht vor den Leuten gebet". Endlich ist auch die bekannte Stelle 1 Joh. 5, 6. 7: „im Himmel: der Vater — auf Erden" mit kleinerer Schrift in Parenthese gesetzt. Zweifelhafte Lesarten, z. B. 1 Cor. 6, 20, Apoc. 22, 1 sind in Parenthese eingeschlossen. Kleinere Ungenauigkeiten wurden verbessert, z. B. Matth. 24, 8: „Dieß Alles aber ist erst der Wehen Anfang", fr.: „der Schmerzen Anfang". Joh. 2, 24 ist statt des frühern: „am Fest des Ueberschrittes", wie auch 1860 in andern Stellen schon änderte, wieder: „am Passahfeste" gesetzt. So auch Joh. 6, 4. 13, 1. Hie und da ist zur Verdeutlichung der andere Name noch in Parenthese beigesetzt, z. B. Joh. 1, 13: „das wird verdollmetschet Fels (Petrus)". 1, 42: „das ist verdollmetschet der Gesalbte (Christus)". 1 Cor. 1, 12: „ich aber des Kephas (Petrus)."

Die Capitelüberschriften sind im ganzen Werke mit Ausnahme der Apocryphen diejenigen der Ausgabe von 1860. Der Hebräerbrief ist nun nicht mehr ausdrücklich als Paulinisch bezeichnet, sondern nur mit „Epistel an die Hebräer" überschrieben.

Die Bibel von 1868 zeichnet sich noch besonders durch schönen und correcten Druck, sowie durch schönes Papier aus. Mit Recht darf der Jahresbericht der evangelischen Gesellschaft[1]) von diesem Werke sagen: „Durch jahrelangen beharrlichen Fleiß und gewissenhafte Benutzung auch der neuesten und besten wissenschaftlichen Forschungen wurde so ein Werk zu Stande gebracht, das, wie wir glauben, der Zürcher

---

[1]) 1868/69, pag. 9.

Kirche zur Freude und zur Ehre gereicht". Mit demselben schließt sich auch vor der Hand die beinahe drei und ein halbes Jahrhundert stets fortgehende unermüdliche Uebersetzungsthätigkeit zum Besten der Zürcherbibel, und können wir auch nach der obigen Darstellung nicht behaupten, daß im Einzelnen diese Thätigkeit ein ununterbrochenes Fortschreiten darstellt, so verdient doch das fortgehende ernste Bestreben, sich mit der sprachlichen Entwicklung und den wissenschaftlichen Ergebnissen immerfort auseinanderzusetzen, volle Anerkennung, dieß um so mehr, als es das einzige Beispiel seiner Art in der evangelischen Kirche ist.

Die Thätigkeit der Zürcherschen Bibelgesellschaft für Ausbreitung der heiligen Schrift wurde in dem Kriegsjahr 1870 wie die der übrigen schweizerischen Bibelgesellschaften in eigenthümlicher Weise in Anspruch genommen. Wo immer Truppentheile der Bourbaki'schen Armee internirt wurden, da hielt man es für Pflicht, denselben auch neue Testamente oder die Psalmen zukommen zu lassen. Die Zürcher waren nun genöthigt, in diesem Falle eine Ausnahme von ihrer ausschließlichen Verbreitung der Zürcher Uebersetzung zu machen, und ließen deutsche Uebersetzungen von Luther und Kistemaker, sowie französische von Martin und de Sacy an die französischen Soldaten verabfolgen. Der Ernst der Zeit weckte auch eine größere Nachfrage nach dem Bibelworte, so daß im gleichen Jahre 2297 Exemplare theils der ganzen Bibel, theils des Neuen Testamentes verkauft oder verschenkt wurden. Dieß hatte zur Folge, daß der Druck einer vierten Ausgabe des Neuen Testamentes nothwendig wurde[1]). Diese erschien 1871 in 10,000 Exemplaren. Im folgenden Jahre war auch die Taschenausgabe der Psalmen vergriffen, und 1873 erschien eine neue stereotypirte Ausgabe vorläufig in 2000 Exemplaren.

Im Ganzen hat die Zürchersche Bibelgesellschaft seit dem Anfang ihres Bestehens gegen 52,000 Exemplare theils der ganzen Bibel, theils des neuen Testamentes verkauft oder verschenkt. Sie hat den Verkaufspreis eines einfach gebundenen Exemplares der ganzen Bibel auf Fr. 2. —, später durch die Umstände genöthigt auf Fr. 2. 50 festgesetzt, während noch im Jahre 1812 ein Exemplar auf Fr. 8. 40 zu stehen kam. Der Preis der neuen Testamente und der Psalmen

---

[1]) Jahresber. 1870/71, pag. 12—15.

blieb unverändert derselbe wie früher. Die Gesellschaft büßt auch jetzt noch an jedem Exemplar der ganzen Bibel einen Franken ein. Sie läßt sich diese Einbuße theils um der Sache selbst willen gefallen, theils aber auch, wie die Berichte mehrfach andeuten, „wegen der übermächtigen Concurrenz mit andern Uebersetzungen, namentlich mit der überall verbreiteten Luther'schen Bibelübersetzung" [1]). Doch kann und will sie es nicht verhindern, daß von ihrem Depot aus, sowie von einzelnen Buchhandlungen fortwährend nichtzürcher'sche Bibeln verlangt und verkauft werden.

Die Bibelgesellschaft in Winterthur, welche seit ihrer Gründung im Frühjahr 1819 mit Zürich in steter Verbindung gestanden und ihre Beiträge viele Jahre hindurch der Hauptstadt zugewendet hatte, erscheint zum letztenmal in der Rechnung der Zürcher'schen Bibelgesellschaft im Jahr 1851. In den Rechnungen der letztern vom Jahr 1852 und 1853 werden noch „Beiträge von Winterthur" verzeichnet, aber die Gesellschaft selbst scheint ohne eigentlichen Beschluß von selbst erloschen zu sein.

Die politische Selbstständigkeit, welche die früher mit Zürich in kirchlicher Beziehung vielfach verbundenen Kantone St. Gallen und Thurgau erlangt hatten, übte ihren Einfluß auch hinsichtlich der Verbreitung der Zürcher Bibelübersetzung aus. Es wäre zwar unbegreiflich, daß eine so gewaltige Masse von Exemplaren der letztern ausgegeben worden wäre, hätten sich diese nur auf den Kanton ihres Ursprunges beschränkt. Es ist nun aber namentlich der Kanton Thurgau noch bis auf die neueste Zeit der Zürcher Bibelübersetzung sehr treu geblieben. Theils wirkte hiezu die geschichtliche Tradition seit der Reformationszeit, theils die Anstellung von vielen Zürchergeistlichen bis in die ersten Jahrzehnte dieses Jahrhunderts, theils auch der Umstand, daß Thurgauische Grenzgemeinden Filiale auf Zürcher'schem Boden haben und daß Zürich selbst noch längere Zeit Collaturen im Thurgau besaß. Für Kirche und Schule wurden daher fortwährend aus dem Depot der Zürcher'schen Bibelgesellschaft Exemplare verlangt [2]) und daneben wanderte eine Menge von neuen Testamenten aus dem Bürkli'schen Verlag auch in genannten Kan-

---

[1]) Jahresbericht 1873/74, pag. 16.
[2]) Zür. Jahresber. 1861/62, pag. 7.

ton[1]). Die Zürcherbibel wurde auch auf der Synode von 1856 bei
Gelegenheit der Catechismusrevision als die eigentlich officielle erklärt. Doch wurde da die Concession gemacht, daß die lutherische
Bibelübersetzung in den Gemeinden, in denen sie eingeführt sei, beibehalten werden dürfe. Die Vorrede zu dem 1867 in 4. Auflage
erschienenen „Katechismus — für die evangelischen Gemeinden des
Kantons Thurgau" sagt: „Die als Zeugnisse den Antworten beigefügten Bibelstellen wurden mit Sorgfalt durchgesehen, gesichtet und
ergänzt, sowie der neuesten Ausgabe der Zürcher Bibelübersetzung gleichlautend gemacht". Eine Bibelgesellschaft war
im Thurgau schon 1819 im Werk, kam aber nicht zu Stande. Einzelne Geistliche legten Depots von Exemplaren der Zürcherschen Bibeln
an. Aber zu einem Mittelpunkt der Bibelverbreitung gelangte der
Kanton nicht. In neuerer Zeit ist auch von der Bibelgesellschaft in
St. Gallen manches Exemplar im Thurgau, hauptsächlich in der
Lutherschen Uebersetzung verbreitet worden[2]). Dasselbe geschieht durch
verschiedene Colporteure.

Als St. Gallen (1798 und 1803) ein selbstständiger Kanton
wurde und die Landschaften Rheinthal und Toggenburg politisch und
kirchlich mit ihm vereinigt wurden, nahm auch in letztern das Interesse für die Zürcherbibel ab, und jetzt hat auch dort die Luthersche
den Sieg erlangt. Ob der neueste Versuch, auf dem Wege des kirchlichen Unterrichtes der Zürcherschen Uebersetzung wieder Eingang zu
verschaffen, von Erfolg begleitet sein wird, kann erst die Zukunft entscheiden[3]). In Graubünden lebt zwar die Schweizerische Uebersetzung
in manchen Familien fort und wurden auch in den letzten Jahren für
Schulen, namentlich für die Kantonsschule in Chur, Exemplare von Zürich verlangt[4]), aber dieß kommt kaum in Betracht gegenüber der Menge
von Lutherbibeln, die auch in diesem Kanton der reformirten Kirche und
Schule zufließen. Die Erhebung Graubündens zu einem selbständigen
Kanton führte auch eine von äußerm Einfluß unabhängigere Entwicklung der kirchlichen Verhältnisse herbei. Kaum hat indessen eine Kirche
innerhalb der reformirten Schweiz so vieles Eigenthümliche im Ganzen

---

[1]) Zür. Ber. 1834, pag. 4.

[2]) Ber. d. Bibelges. in St. Gallen 1873.

[3]) S. Kinderlehrb. Samml. bibl. Abschn. ꝛc. v. Dekan C.E.Meyer. St.Gall.1875.

[4]) Ber. der ev. Ges. v. Zür. 1861/62 pag. 7.

und Einzelnen theils von Alters her bewahrt, theils neu geschaffen, wie die bündnerische. Der Zug der Freiheit in Cultus und in der Schule zeigt sich z. B. auch darin, daß der von Pfarrer J. Walther 1833 bearbeitete Catechismus zwar die kirchliche Genehmigung erhielt, daß es zugleich aber den Geistlichen überlassen wurde, jedes beliebige Lehrbuch zu gebrauchen, das mit der heiligen Schrift und den Grundsätzen der reformirten Kirche übereinstimmt. Auch der ebengenannte Catechismus entnimmt seine Sprüche der Luther'schen Uebersetzung.

Wie zähe die Gemeinden an der einmal überkommenen Sitte hängen, davon mag das als Beweis dienen, daß die erst 1803 zum Kanton Schaffhausen geschlagenen ehemaligen Zürchergemeinden (Stein am Rhein, Hemishofen, Ramsen und das früher genannte Dörflingen) bis in das sechste Jahrzehend unsers Jahrhunderts nicht nur die Zürcher'sche Form des Cultus (sitzende statt wandernde Communion, Oblaten statt Brod beim heiligen Abendmahl, Communion am hohen Donnerstag), sondern mit dem sog. alten Zürchercatechismus von Bäumler auch die Zürcher Bibelübersetzung behalten hatten.

Hiemit werden wir so ziemlich die Grenzen festgestellt haben, innerhalb derer die Zürcher'sche Bibelübersetzung auf schweizerischem Gebiete in neuerer Zeit noch Eingang gefunden hat. Dagegen ist bemerkenswerth, daß auch in den letzten Jahren Exemplare derselben aus entfernten Gegenden reformirten Bekenntnisses verlangt worden sind, z. B. aus Hannover, Böhmen, Wien.[1]) Selbst nach Cincinnati (Nordamerika) wurde auf Verlangen eine Anzahl derselben versandt.[2]) Die unter der Pflege des protestantischen Hülfsvereins in Zürich stehenden neugebildeten Gemeinden reformirter Confession in katholischen Gemeinden, z. B. Baar (Zug), Lachen (Schwyz), Gersau (Schwyz) wurden wiederholt mit Zürcher Bibeln und neuen Testamenten versorgt.[3])

Erst in unserm Jahrhundert schien sich allmählig eine unpartheiischere Beurtheilung des Zürcher'schen Bibelwerks auch außerhalb der Schweiz anbahnen zu wollen. Der erste, welcher in dieser Beziehung genannt werden kann, ist Dr. G. W. Meyer, der in seiner 1803 erschienenen „Geschichte der Schrifterklärung seit der Wiederher-

---

[1]) Zür. Ver. 1860/61, pag. 8 und 1872/73, pag. 16.

[2]) Ebend. 1868/69, pag. 11.

[3]) Ebend. 1867/68, pag. 11. 1869/70, pag. 13. 1871/72, pag. 14. 1873/74, pag. 16.

stellung der Wissenschaften" zum ersten Mal auf deutschem Boden
sich folgendermaßen äußert: „Schwerlich wird man es läugnen kön=
nen, daß sich diese Uebersetzung, wenn man das Harte und Rauhe
des schweizerischen Dialects nicht in Anschlag bringt, durch manche
sehr wesentliche Vorzüge ganz besonders empfiehlt und die Kenntniß
und die Gewandtheit ihrer Urheber hinlänglich beurkundet. Sie nä=
hert sich in Ansehung der Methode ganz der Lutherschen, da sie sich
zwar ziemlich genau ans Original anschließt, aber doch nicht sclavisch
demselben folgt; und sie enthält manche ihr ganz eigene und unter
diesen in der That sehr befriedigende und glückliche Versuche, die von
einer für jene Zeit nicht gemeinen Sprachkenntniß und von einem
richtigen Auffassen des Sinnes ein nicht unverwerfliches Zeugniß ab=
legen." Der Verfasser begründet dieß Urtheil mit einer Reihe von
Bibelstellen.[1] Erst ein halbes Jahrhundert später fand das Zür=
chersche Bibelwerk eine eingehendere Erörterung durch einen deutschen
Gelehrten an der Universität Zürich, O. F. Fritzsche, welcher in Herzogs
Realencyclopädie eine wenn auch kurze doch im Wesentlichen richtige ge=
schichtliche Darstellung gibt. Andere Gelehrte, denen eine Kenntniß=
nahme der schweizerischen Bibel nahe gelegen hätte, z. B. Meyer, Stier,
Weizsäker und die mit der Revision der Lutherbibel gegenwärtig in
Deutschland beschäftigten Gelehrten, scheinen kaum sich um genanntes
Werk bekümmert zu haben. In Stiers hinterlassener Bibliothek fand
sich nur die Ausgabe von 1828. Am meisten hat noch DeWette, dem
während seiner längern Anwesenheit in Basel die Arbeit der Zürcher
nicht entgangen sein konnte, dieselbe in seiner Uebersetzung, nament=
lich des alten Testamentes, gewürdigt und berücksichtigt. Zum ersten
Mal erschien auf deutschem Boden wieder einmal ein Abdruck des
Zürcher neuen Testamentes, Frankfurt und Leipzig 1825. Derselbe
stimmt mit dem Texte der Froschauer Ausgabe von 1534 überein.[2]

Auch von Seite der deutschen Sprachforschung wurde dem schweize=
rischen Werke nicht die verdiente Aufmerksamkeit geschenkt, obwohl es
ihr reichen und interessanten Stoff dargeboten hätte. Selbst Grimms
deutsches Wörterbuch, das doch Zwinglis und Tschudys Werke fleißig
ausbeutet, übergeht dasselbe gänzlich. Dagegen haben die Bearbeiter

---

[1] Bd. 2, pag. 214—254.
[2] In den Händen des Verfassers.

des schweizerischen Idioticons sich die Ausbeutung des sprachlichen Schatzes der ältesten Ausgaben der Zürcherbibel zum Ziele gesetzt.

Weit mehr als Theologen und Sprachforscher haben Kunstkritiker sich der schweizerischen Bibeln angenommen. Die gründlichen Forschungen der neuern Zeit über die Holzschnitte eines Holbein, Urs Graf und Anderer kamen auch den in Basel und Zürich erschienenen Bibeln zu gut, und führten zu der Entdeckung, daß in der reformirten Schweiz auch noch zu der Zeit, wo die Bilderstürmerei Werthvolles und Werthloses mit gleicher Schonungslosigkeit zerstörte, die Kunst großer Meister für die heilige Schrift arbeitete und dieser auch durch den Schmuck trefflich ausgeführter Bilder Eingang verschaffte. Was J. D. Passavant, Ed. His und Andere namentlich über die Werke des jüngern Holbein erforscht hatten, das stellte der bedeutendste Biograph dieses Künstlers, Woltmann[1]), jetzt Professor in Breslau, mit kundiger Hand zusammen. Dieser Anerkennung, welche einer Seite der in der Schweiz erschienenen Bibeln zu Theil geworden ist, dürfte vielleicht bald diejenige anderer Vorzüge derselben folgen.

C. Die Piscatorsche Bibelübersetzung und die Bibelgesellschaft von Bern.

Kein Kanton erlitt durch die helvetische Revolution von 1798 so gewaltige Veränderungen in seinem äußern Bestand, wie der Kanton Bern. Die Waadt, seit 1536 durch Eroberung mit Bern verbunden, riß sich los, und der Aargau wurde gleichfalls zu einem besondern Kanton erhoben. Eine verhältnißmäßig kleine Entschädigung war die Zutheilung des französischen und beinahe ganz katholischen Pruntruts. Das reformirte Biel wurde erst 1815 enger mit Bern verbunden. Diese Umgestaltungen hatten auf die Verbreitung der Piscatorbibel einen wesentlichen Einfluß. Der Kanton Aargau, selbstständig geworden, gab sich eigene kirchliche Ordnungen, und es lag kein Interesse mehr vor, die frühern bernischen Einrichtungen noch festzuhalten[2]). Einzelnes blieb freilich noch längere Zeit, z. B. die 1665

---

[1]) Woltmann: Holbein und seine Zeit. Leipz. 1868. Bd. II, pag. 20—73, pag. 404 ff.

[2]) Finsler Statist. pag. 352.

von Bern aus allen Landkirchen befohlene Vorlesung aus der heiligen
Schrift vor der Sonntagspredigt, während der Communion und an
den Festtagen. Da las noch bis vor etwa 10 Jahren in manchen
Gegenden der Pfarrer oder Schullehrer aus der in der Kirche liegenden Piscatorschen Foliobibel. Für die Schulen und den Confir-
mationsunterricht wurde nach Beseitigung des Heidelbergercatechismus
von dem Generalcapitel 1838 ein Lehrbuch von Ronne, Generalsuperintendent der Grafschaft Mark eingeführt, der in den Sprüchen nur
Luther folgt. Ein anderes Lehrmittel, das Spruchbuch von 1830,
revidirt 1831, hat ebenfalls lauter Abschnitte aus der Bibel des
deutschen Reformators. Auch die Liturgie von 1854 kennt die Bernerbibel nicht mehr. Die von allen Seiten, durch Bibelgesellschaften
und Colporteurs einströmenden Exemplare der Lutherschen Bibel ver-
drängten für immer die Piscatorbibel im Kanton Aargau.

Der Kanton Bern hielt dagegen lange Zeit um so mehr fast ausschließlich an seiner kirchlich eingeführten Uebersetzung fest und verbreitete sie eifrig durch die 1815 gestiftete Bibelgesellschaft. Wie die Basler
Bibelgesellschaft sich an einen schon vorhandenen christlichen Verein
angeschlossen hatte, so auch die Bibelgesellschaft in Bern. Schon 1798
traten einige Freunde zusammen und stifteten eine Tractatgesellschaft zur Verbreitung guter religiöser Schriften unter dem Volk.
Diese Gesellschaft trat sodann 1805 auf Anregung des Dr. Steinkopf
mit der Bibelgesellschaft in Basel in Verbindung und nahm auch die
Verbreitung der heiligen Schrift in ihren Wirkungskreis' auf. Die
bald sich erweiternde Thätigkeit für die Bibel machte eine Theilung
der Arbeit nothwendig und so constituirte sich hauptsächlich durch die
persönliche Anregung des ebengenannten Agenten der britischen Bibelgesellschaft im Frühjahr 1815 eine eigene Bibelgesellschaft unter dem
Vorsitz des Professors S. G. Hünerwadel, während die Tractatgesellschaft sich nunmehr „Bernersche Gesellschaft zur Verbreitung erbaulicher Schriften" nannte.[1] Damals standen religiöse Vereine in
Bern noch unter strenger Censur. Die neuerrichtete Bibelgesellschaft
übergab daher ihre Statuten dem Kleinen Rath zur Genehmigung,

---

[1] v. Nachr. v. der 2. öff. Versammlung der B. G. v. Bern 1819, pag. 5
ff. und Bericht der Bern. Ges. zur Verbr. rel. Schr. 1818/1819, pag. 1.
Erst 1839 löste sich letztere Gesellschaft auf.

welche auch am 26. Mai 1815 erfolgte. Im October 1819 besuchte Dr. Owen Bern und es kam durch seine begeisterte Empfehlung in das begonnene Werk ein neuer Schwung. Auch auf der Landschaft bildeten sich 7 Zweigvereine, z. B. in Attiswyl, Langenthal, Erlach, Aarberg, welche sich an die Hauptstadt anschlossen. Die bernische Bibelgesellschaft nahm von der englischen den Grundsatz an, die heilige Schrift nur in kirchlich anerkannten Uebersetzungen und ohne Anmerkungen und Kommentare zu verbreiten. Auch der kleine Rath (die Regierung), sowie der Kirchenrath wurden in das Interesse gezogen und sorgten für Verbreitung der Bibel in den Landschulen.[1] Neben dem deutschen Theil des Kantons war es auch der neuerworbene Theil des Bisthums Basel, für den die Gesellschaft mit französischen Bibeln eintrat. Schöne Beiträge von mehreren edlen Unbekannten im Betrag von 2804 (alten) Franken (3925 neue Franken) und von Seite der britischen Bibelgesellschaft im Betrag von 200 Pfd. Sterling ermunterten das Comite, an eine neue Ausgabe der bereits vergriffenen Handausgabe in Piscators Uebersetzung zu denken.[2] Nachher kamen von der britischen Bibelgesellschaft nochmals 300 Pfd. Sterling und ein Engländer, Namens G. Martyn, vermachte im gleichen Jahr den Bernern 200 Pfund. Ein ungenannter Wohlthäter schenkte noch 14,000 Franken, aus deren Zinsen Bibeln angekauft und vertheilt werden sollten.

Erst im Jahr 1823 erschien die erste von der Bibelgesellschaft veranstaltete Piscatorbibel mit einem Kostenaufwand von 37,800 Franken. Erst nach 17 Jahren war die Schuld gedeckt. Das Werk hat den Titel: „Die Bibel oder die ganze heilige Schrift des alten und des neuen Testaments nach Johann Piscators Uebersetzung, neu durchgesehen und mit dem Grundtext und Luthers Uebersetzung verglichen auf Veranstaltung der Bibelgesellschaft. Bern 1823. 2 Bände gr. 8°. Das alte Testament hat 1048 gezählte Seiten, doch ist vor den Propheten der obige Titel wiederholt und „zweite Abtheilung" hinzugesetzt. Die Apocryphen mit 191 besonders gezählten Seiten haben jetzt die Luthersche Ueberschrift: „Apocrypha, das sind Bücher — sind." Das neue Testament (339 Seiten) erschien nach dem

---

[1] Ber. v. 1819, pag. 11.
[2] Ber. v. 1821, pag. 27.

Titel schon 1821, das Ganze kam bei L. A. Haller „obrigkeitlichem Buchdrucker" heraus.

In der „Vorrede" werden als Gründe, warum man die Piscatorbibel wieder herausgebe, hauptsächlich angegeben, daß die Texte aller ältern Predigten und die Bibelstellen der Unterweisungsbücher aus dieser Uebersetzung genommen seien. Diese habe auch bedeutende Vorzüge; „der vornehmste ist eine gewissenhafte bis zur Aengstlichkeit getriebene Treue." „Durch diese Treue leidet freilich hie und da die Lebhaftigkeit und Kraft, zuweilen auch die Deutlichkeit, allein im Ganzen genommen, ist sie doch eine sehr schätzbare Eigenschaft, durch welche eine Uebersetzung erst recht sicher und zuverläßig wird. Uebrigens gibts mehrere Stellen, in denen Piscator richtiger und deutlicher übersetzt als Luther." Bezüglich der vorgenommenen Veränderungen sagt die Vorrede: „da der Zweck der Bibel ist, daß sie verstanden werde, so haben wir ganz unverständliche Worte und Redensarten mit verständlichen vertauscht, sowie wir auch für diejenigen veralteten Ausdrücke, die ins Unanständige fallen, und eben dadurch die Erbauung stören können, andere schicklichere zu setzen uns erlaubt haben." Doch wird hinzugesetzt: „Wir haben aber diese Freiheit mit großer Sparsamkeit gebraucht, so daß Piscator noch immer Piscator geblieben ist." Die Bibelgesellschaft habe jedoch keineswegs die Absicht, „Luthers herrliche Uebersetzung, die sich nun schon seit 15 Jahren im ganzen Kanton verbreitet hat", zu verdrängen. „Diese beiden Uebersetzungen werden sich friedlich neben einander vertragen." Sodann wird die Versicherung gegeben, daß alle Sorgfalt auf die Correctur verwendet worden sei. Zum Schluß wird aus der Vorrede einer Baslerausgabe eine Stelle über den Werth und die Bedeutung der heiligen Schrift und eine Anzahl von Regeln über ein gesegnetes Bibellesen beigefügt, woran sich das Lied von Gellert anschließt: „Soll dein verderbtes Herz zur Heiligung genesen 2c."

Die Arbeit der Durchsicht und Revision des Textes hatte der ebengenannte Prof. und Dr. der Theologie Samuel Gottlieb Hünerwadel, 16 Jahre lang Präsident der Bibelgesellschaft († 1848)[1] übernommen.

---

[1] Jahresb. v. 1849, pag. 22.

Das alte Testament hat beinahe keine Veränderung erfahren.
Es sind meist nur einzelne Wörter, die an die Stelle der frühern
gesetzt wurden. Gen. 2, 4: „Ursprung" (fr.: „Ursprünge"). 2, 7:
„lebendiger Athem" (fr.: „lebhaften Athem"). Gen. 5, 2: „Mann
und Weib" (fr.: „Männlein und Weiblein"). Deut. 33, 16: „über=
haupt" (fr.: „Summa"). — Hiob 2, 9: „segne Gott" (fr.: „lästere
Gott"). 10, 10: „wie Käse rinnen lassen" (fr.: „w. K. rinnen ge=
macht"). 12, 21: „macht den Gürtel der Starken los" (fr.: „m. d.
G. d. St. locker"). 13, 6: „mein Beweisthum" (fr.: „meine Bewei=
sung"). 13, 21: „mache mich nicht bestürzt" (fr.: „verstürze mich
nicht"). 14, 9: „vom Duft des Wassers" (fr.: „vom Geruch des
Wassers"). 38, 5: „ihre Maaße bestimmt" („ihre Abwässerungen
gesetzt"). 38, 31: „Kannst du die Lieblichkeiten des Siebengestirns
binden?" (fr.: „Kannst du die Wollüste der Gluckhenne binden?").
38, 32: „Kannst du den Heerwagen sammt seinen Kindern herführen"
(fr.: „Kannst du den Arctur rc.").. — Psalm 6, 8: „Mein Auge
verschmachtet vor Unmuth" (fr.: „Mein Angesicht ist durchstochen
v. U."). Ps. 26, 1: „in Frömmigkeit" (fr.: „frömmiglich"), s. V. 11.
29, 4: „mit Kraft" (fr.: „kräftiglich"). 29, 7: „haut Feuerflammen
heraus" (fr.: „zerhauet wie Feuerflammen"). — Prov. 7, 6: „Gitter"
(fr.: „guckfensterlein"). 7, 11: „plauderhaft" (fr.: „schnatterhaftig").
8, 7: „Mein Mund" (fr.: „mein rachen"). 17, 22: „Ein fröhliches
Herz ist eine gute Arznei" (fr.: „Ein fröhliches Herz arzet wohl"). —
Jes. 14, 2: „Wie hat abgelassen die goldene [Stadt]" (fr.: „Wie
hat die goldsteuer ein Ende"). 19, 10: „die lieblichen Teiche" (fr.:
„die lustige see"). — Jer. 2, 32: „ihre Binden" (fr.: „ihre Gebänder").
3, 19: „das anmuthige Land" (fr.: „das lustige Land"). 13, 4:
„In einen Felsenritz" (fr.: „in einen Schroffen eines Felsens"). 23, 29:
„Ist nicht mein Wort also wie ein Feuer?" (fr.: „Ist nicht mein
Wort also gethan, wie ein Feuer?"). Ezech. 16, 4: „denn mit dei=
ner Geburt ist es also zugegangen" (fr.: „denn deine geburt ist also
gethan gewesen"). In allen übrigen Büchern des alten Testamentes
finden sich nur wenige, kaum nennenswerthe Veränderungen. Selbst
die so häufige Wendung der Piscatorbibel: „belangend das — so",
so unerträglich sie beinahe immer ist, hat keinem einfachern Ausdruck
Platz gemacht, z. B. Gen. 4, 9: „Gad belangend, Aser belangend",
s. 1 Reg. 6, 12. 32; 7, 34. Ps. 2, 7: „Mich belangend, so habe ich

dich heute gezeuget." Jef. 30, 6: „Belangend die Laft der Thiere
2c." Im neuen Teftament dagegen ift diefe Sonderbarkeit meiftens
befeitigt.

Während die canonifchen Bücher fo beinahe unverändert geblieben
find, fo finden wir in den Apocryphen überall die beffernde Hand ange=
legt. Namentlich ift die Ueberfetzung der Bücher Sirach, Tobias, Weis=
heit, oft in recht gelungener Weife verbeffert und manche Gefchmacklofig=
keit und Unklarheit befeitigt. Gewiß ließe fich auch jetzt noch für eine
verbefferte Bibelüberfetzung manches aus diefem Bernerwerke lernen.
Da zur Charakterifirung diefer verbefferten Apocryphen ganze Capi=
tel ausgefchrieben werden müßten, fo find wir genöthigt, auf einzelne
Proben zu verzichten. Wie in frühern Ausgaben, fo ift auch hier
die bei Luther ausgefallene Vorrede zu Sirach aufgenommen.

Auch beim neuen Teftament ließ man es nicht bei der bis=
herigen Ueberfetzung bewenden und der auf dem Titel des Werks
gegebenen Verficherung „mit dem Grundtext und Luthers Ueberfetzung
verglichen" ift hier wirklich entfprochen worden. Nur das Evange=
lium und die Briefe des Johannes find beinahe unverändert geblie=
ben. Einige Stellen mögen hier beigefügt werden:

Matth. 2, 1: „da kamen Weife" (fr.: „etliche Weife"). 9, 2:
„da brachten fie zu ihm einen Gichtbrüchigen" (fr.: „einen Gerührten").
9, 16: „denn der Lappe nimmt nur noch mehr weg vom Kleide und
der Riß wird ärger" (fr.: „denn der Lappe reißt vom Kleid und
2c."). 15, 2: „die Satzung der Aelteften" (fr.: „die Gefetze d. A.").
Matth. 19, 11: „diefes faffet nicht jedermann" (fr.: „diefen Handel
faffet 2c."). 20, 2: „um einen Denar" (fr.: „Pfenning"). So öfter.
22, 25: „hinterließ er" (fr.: „verließ er"). 28, 1: „Am Ende aber
der Woche, beim Anbruch des erften Wochentages kam Maria M."
(fr.: „Am Ende der Woche aber, an dem Tage, welcher anbrach, daß es
der erfte Tag der Woche wurde"). — Marc. 5, 34: „von deiner
Plage" (fr.: „von d. geifel"). 6, 39: „Und er befahl ihnen, daß
fie fich alle lagerten in verfchiedenen Tifchgefellfchaften auf das grüne
Gras" (fr.: „daß fie fich alle lagerten bei tifch vollen, auf das grüne
gras"). V. 40: „Und fie fetzten fich in gevierten Abtheilungen"
(fr.: „Und fie legten fich abgetheilet in Beetlein"). 7, 11. 12 ift
mehr paraphrafirend überfetzt: „Ihr aber faget: Wenn einer zum
Vater oder zur Mutter fpricht: das, was ich zu deiner Unterftützung

beitragen könnte, soll Korban, d. h. eine Opfergabe werden, dem er-
laubet ihr nichts mehr zu thun für seinen Vater und seine Mutter"
(fr.: „Ihr aber saget: Wenn einer zum Vater oder zur Mutter
spricht: Es soll Korban (das ist eine Gabe) werden, womit dir von
mir möchte geholfen werden, das soll ungestraft bleiben. Also laß
ihn hinfort nichts thun seinem Vater oder seiner Mutter"). — Luc.
1, 1—3: „Demnach sich Viele unterwunden haben, aufzusetzen die
Erzählung der Geschichten, deren Gewißheit uns vollkommen dargethan worden ist, Wie uns überliefert haben, die es von Anfang selbst
gesehen haben, und Diener des Worts gewesen sind: So habe ich
auch für gut angesehen, Alles von Anfang her genau zu erzählen,
und dir, vortrefflichster Theophile, ordentlich zu beschreiben" (fr.:
demnach — haben, zu stellen die Erzählung der geschichten, deren gewißheit — ist, Wie uns dieselben übergeben haben, die das wort
von anfang selbst gesehen haben, und seine diener gewesen sind: So
hat es auch mich für gut angesehen, daß ich denselben allen von anfang her genau folgte, und sie also dir, v. Th., ordentlich beschreibe").
Act. 3, 16: „der Glaube durch ihn hat ihm gegeben" (fr.: „der
glaube, der durch ihn trauet, hat 2c."). Act. 3, 21: „bis auf die
Zeiten der gänzlichen Erfüllung dessen, was 2c." (fr.: „bis auf die
Zeiten der Wiederbringung alles dessen 2c."). — 6, 2: „und für den
Unterhalt (der Armen) sorgen" (fr.: „und zu tische dienen"). — Röm.
2, 11: „Denn es ist kein Ansehn der Person bei Gott" (fr.: „es ist
keine Annehmung des Angesichts bei Gott"). Die ähnlichen Stellen
sind alle in dieser Weise corrigirt. 3, 19: „die unter dem Gesetze
sind" (fr.: „die im Gesetze sind"). 3, 23: „mangeln des Ruhms vor
Gott" (fr.: „mangeln der Herrlichkeit Gottes"). 4, 19: „den erstor-
benen Leib der Sara" (fr.: „die erstorbene Bärmutter der S.").
6, 5: „denn so wir ihm eingepflanzt sind durch die Aehnlichkeit mit
seinem Tode, so werden wir mit Ihm ja auch eingepflanzt werden
durch die Aehnlichkeit der Auferstehung" (fr.: „denn — sind nach der
gleichniß seines todes, so — nach der gleichniß seiner Auferstehung").
8, 3: „in Gestalt des sündlichen Fleisches" (fr.: „in gleichniß des
s. fl."). — 8, 10: „So aber Christus in euch ist, so ist der Leib
zwar todt wegen der Sünde; der Geist aber ist lebendig wegen der
Gerechtigkeit" (fr.: „So aber — belangend die Sünde, der Geist —
belangend die Gerechtigkeit"). 9, 6: „Ich sage solches nicht, als wenn

das Wort Gottes unerfüllt bliebe" (fr.: „Ich — nicht, als wenn das
Wort Gottes entfallen wäre"). 1 Cor. 2, 4: „sondern in Ueberzeugung durch Geist und Kraft" (fr.: „sondern in Ueberweisung des
Geistes und der Kraft"). 1 Cor. 4, 6: „Solches habe ich auf mich
und den Apollo bezogen" (fr.: „Solches — Apollo durch verblümte
Rede (!) gezogen"). Exegetisch unrichtig ist 1 Cor. 14 das γλώσσαις
λαλεῖν ein Paarmal mit „in fremden Sprachen reden" übersetzt.
Früher hieß es nur „in Sprachen". 2 Cor. 4, 2: „Wir haben aller
schändlichen Bosheit im Verborgenen abgesagt" (fr.: „Wir haben den
deckmänteln der schande abgesagt"). Gal. 1, 10: „Suche ich durch
meine Predigt mir die Menschen oder Gott geneigt zu machen?"
(fr.: „Unterstehe ich mich denn jetzt euch zum Gehorsam gegen Menschen zu bringen oder zum Gehorsam gegen Gott?") 4, 25: „und
paßt sehr gut auf das Jerusalem, das jetzund ist" (fr.: „sie [sc.
die Hagar] geht aber in gleicher Ordnung mit der Stadt Jerusalem, die jetzund ist"). — Jac. 1, 14: „wenn er von seiner eigenen
Lust hingezogen und gelockt wird" (fr.: „wenn — hingezogen und
gleichsam als ein aas (!) gelocket wird"). Jac. 3, 6: „zündet den
Lauf unsers ganzen Lebens an" (fr.: „zündet das Rad unserer
Geburt an"). 1 Joh. 2, 18 steht statt des Frühern: „liebe Knäb-
lein" „Kindlein". Apoc. 2, 17: „einen weißen Stein" (fr.: „ein
weißes Steinlein").

Diese Beispiele mögen genügen, um zu zeigen, daß die Ausgabe
von 1823 wirklich das Bestreben hat, klarer und auch hie und da
geschmackvoller zu übersetzen. Einigemal ist noch zur Verdeutlichung
eine Erklärung beigefügt, z. B. Luc. 21, 19: „besitzet eure Seelen
in Geduld" (fr.: „durch geduldiges Ausharren werdet ihr eure Seelen retten").

Im alten Testament sind die Capitelüberschriften meist sehr kurz
und größtentheils ein Abdruck der frühern Capitelüberschriften, welche
den eingehendern Summarien vorangegangen waren. Im neuen
Testament sind sie meist ganz neu bearbeitet. Die Parallelstellen
sind die der frühern Ausgaben. Nur an wenigen Stellen, z. B.
Ps. 2, 1. Prov. 18, 12 sind sie vermehrt.

Die sprachliche Verschiedenheit von den frühern Ausgaben ist
sehr bedeutend, z. B. lagern (fr. lägern), verscheuchen (scheuen), Lippe
(Lefze), sehr (vast), Erz (Erzt), hüpfen (hupfen), ehern (ehrin), vor

(für), bestürzt (verstürzt). Auch die Verbalformen und Declinationen sind der neuern Sprache angepaßt. Selten sind etwa noch frühere Formen z. B. „verschlung", „begonnete" geblieben. Die Orthographie ist ganz in die jetzt gebräuchliche umgewandelt.

Das Aeußere der neuen Piscatorbibel ist zwar in den gewöhnlichen Exemplaren nicht sehr schön, dagegen ist der Druck ziemlich correct. Nur 1 Cor. 4, 20 ist ein bedeutender Druckfehler stehen geblieben: „das Wort Gottes stehet nicht" statt „das Reich Gottes".

Diese Ausgabe ist die Normalbibel geblieben, an der auch die spätern Ausgaben nichts mehr veränderten. Daß keine eigentlich durchgreifende Revision vorgenommen worden ist, mag, abgesehen von der im Kanton Bern verbreiteten Anhänglichkeit an das Piscatorsche Werk, auch darin seinen Grund gehabt haben, daß die Einsicht sich immer mehr Bahn brechen mußte, man könne unmöglich auf einem kleinen Gebiete ein Werk festhalten, das weder mit der populären Sprache Luthers ausgerüstet ist, noch wie die Zürchersche Bibelübersetzung mit der ganzen Geschichte des Kantons so enge zusammenhängt. Die Bibelgesellschaft von Bern hat auch selbst wesentlich mit dazu geholfen, andern Uebersetzungen Zugang zu verschaffen und damit die officielle Bibel zu verdrängen. Hatte schon jene Tractatgesellschaft, aus der die Berner Bibelgesellschaft hervorging, von Basel beträchtliche Lieferungen zuerst von Nürnberger-Testamenten, dann von der Baselschen Stereotypausgabe empfangen und verbreitet, so setzte sich diese Verbreitung dann durch die Bibelgesellschaft selbst fort bis zur Gegenwart. Auch die englische Bibelgesellschaft half hiezu mit, da sie den Bernern schon bald nach Stiftung der Bibelgesellschaft neben 500 französischen Bibeln und 250 französischen Testamenten 200 deutsch-Lutherische Bibeln und 1200 Testamente zu beliebiger Vertheilung schickte. Als in Folge des Apocryphenstreites von England aus keine Geldunterstützungen mehr kamen, so standen die Berner doch noch mit der brittischen Bibelgesellschaft in Verbindung, die ihr Bibeln ohne Apocryphen und neue Testamente, natürlich Lutherische, unter der Bedingung zusandte, daß diese Bücher nicht unter der Hälfte des Preises verkauft würden. Letztere Bedingung wurde 1846 etwas modificirt. Ungeachtet bis zum Jahr 1841 noch drei Abdrücke des Neuen Testamentes von Piscator veranstaltet wurden, so war doch noch immer Mangel, der durch Ankauf von Luthers Testament gedeckt werden mußte. Schon 1842 waren es 53 Pfarrämter, welche kleinere Depots der beiden Uebersetzungen hielten.

Im Jahr 1843 trat die Berner Bibelgesellschaft mit der evangelischen Gesellschaft in engere Verbindung. Die immer ausgedehnter und schwieriger gewordene Geschäftsführung bewog sie, der letztgenannten Gesellschaft das ganze Rechnungs- und Speditionswesen zu übergeben. Auch mit der Missionsgesellschaft verband man sich seit 1840 zu gemeinschaftlicher öffentlicher Feier. Die Bibelgesellschaft behielt sich die Anschaffung von Bibeln, die Bewilligung zur Vertheilung und zur Versendung auf die Ablagen, die Errichtung solcher Ablagen, die Beziehung der Gelder vor. Dagegen besorgt die evangelische Gesellschaft die Vollziehung der gefaßten Beschlüsse und den ganzen Detail der Versendungen.[1] Jene Verbindung mit der evangelischen Gesellschaft hatte den ähnlichen Erfolg wie in Zürich, daß nämlich der Absatz von Exemplaren der Bibel und des Neuen Testamentes bedeutend stieg.[2] Dieß hatte aber auch die Folge, daß der Vorrath der Piscatorbibel von 1823 bald erschöpft war. „Es wäre Schade, sagt bei diesem Anlaß der Bericht der Bibelgesellschaft, wenn die Piscatorbibel allmählig verschwinden oder außer Gebrauch kommen sollte. Zürich hat auch noch seine eigene Bibelübersetzung von Leo Judä revidirt, verbessert und beibehalten. — Den Vortheil, den Zürich hat, warum sollte ihn Bern entbehren?" Dieß sind nun freilich keine eigentlichen Gründe für Beibehaltung der Piscator-Uebersetzung. Ja bereits im Jahr 1830 hatte die neue Predigerordnung (S. 28) auch die Luther'sche Bibelübersetzung als kirchlich anerkannt und dem Pfarrer es überlassen, sich der einen oder der andern Uebersetzung zu bedienen. Die Summen für angekaufte Bibeln wurden daher immer größer. 1840: Fr. 952 ; 1873: Fr. 5127. Je eifriger nun besonders durch ausgesendete Colporteurs und durch Bibelablagen im Kanton (1853 waren der letztern schon 160) die Bibel verbreitet wurde, desto mehr wuchsen auch die Ansprüche an die Bibelgesellschaft. Bis 1854, also während 50 Jahren ihres Bestandes (wenn nämlich die Zeit, in der die Tractatgesellschaft Bibeln austheilte, hinzugerechnet wird), hatte die Berner Bibelgesellschaft im

---

[1] Jahresb. v. 1844, pag. 15 ff.
[2] Jahresb. v. 1844, pag 16.

Ganzen bereits 21,887 Exemplare ganzer Bibeln und 67,035 neue Testamente verbreitet. Schon diese Zahlen zeigen zur Genüge, daß die eigentliche Bernerbibel nicht ausgereicht hat. So ist es denn wohl auch durch die Verhältnisse selbst dahin gekommen, daß der Gedanke, nochmals eine Ausgabe derselben zu veranstalten, beinahe ganz in den Hintergrund trat. Dennoch machte die Bibelgesellschaft noch einen letzten Versuch, der Piscatorschen Uebersetzung Eingang zu verschaffen und veranstaltete eine Ausgabe in kl. Octav. Diese war auf drei Bändchen berechnet, aber es erschienen nur zwei davon, das alte Testament sammt den Apocryphen enthaltend, unter dem Titel: „Die heilige Schrift. Altes Testament. Erster Band, die historischen Bücher nach Piscator." 1006 Seiten. „Zweiter Band, die Lehrbücher, Propheten und Apocryphen nach Piscator." „Auf Veranstaltung der Bibelgesellschaft gedruckt. Bern, Druck und Verlag der Hallerschen Buchdruckerei." 1058 Seiten. — Das erste Bändchen erschien 1847, das zweite 1848. Text und Summarien sind ein bloßer Abdruck der Ausgabe von 1823. Die Apocryphen haben einen besondern Titel, aber keine besondere Paginirung. Ungeachtet diese Ausgabe sich durch ihre Zierlichkeit bezüglich des Drucks und Papiers auszeichnet, vermochte sie sich doch keinen Eingang zu verschaffen. Noch 1871 lagen 413 Exemplare unverkauft auf dem Lager.[1]) So war in dem reformirten Theil des Bernervolkes selbst allmälig das Verlangen nach der Piscatorbibel zurückgetreten. Noch mehr scheint der Wunsch nach dem Besitz der „Meyer-Stierschen Uebersetzung" hervorzutreten. Die Bibelgesellschaft sorgte deßhalb dafür, daß zu billigem Preise Exemplare ebengenannter Uebersetzung angekauft werden konnten.

Die ausgedehnten Grenzen des Kantons Bern theils gegen die katholischen innern Kantone, theils gegen die französischen Kantone, wiesen die Bibelgesellschaft darauf hin, ihre Thätigkeit über den eigenen Kanton auszudehnen. Unter den Katholiken Luzerns wurde das Neue Testament von Kistemaker verbreitet, ebenso kamen manche Testamente in den Kanton Freiburg, sowohl an dortige Protestanten als Katholiken. Die deutschredenden Bewohner der Kantone Neuenburg und Waadt wurden mehreremale mit Testamenten bedacht. Auch

---

[1]) Jahresb. 1871, pag. 16.

die reformirte Gemeinde von Sitten erhielt eine Anzahl Exemplare.
Curanstalten, Abgebrannte, Auswanderer empfingen theils ganze Bi=
beln, theils neue Testamente. Ein besonderes Anliegen war auch
der Bernergesellschaft, den eidgenössischen Truppen ihres Kantons neue
Testamente in die Hände zu legen; so erhielten die Occupations=
truppen in Neuenburg 1857 bei 2000 Exemplare von Neuen Testa=
menten. In dem Kriegsjahre 1870/71 theilte die Bibelgesellschaft
an die eidgenössischen Truppen, welche die Grenze besetzten, 1265
neue Testamente und 148 Theile des letztern aus, und an die im
Kanton internirten französischen Soldaten wurden 7091 Exemplare
theils neuer Testamente[1]), theils Theile desselben abgegeben. Auch
Geldbeiträge wurden zuweilen versandt. So an das Comité d'évan-
gelisation en France in Neuenburg für die neugegründete Station
zu Gap, dem Geburtsorte Farels, nach Luzern zum Behuf eines
ständigen Bibeldepots daselbst.[2]) Sehr bemerkenswerth ist, daß mit
der immer größern Ausdehnung der Thätigkeit des Bibelvereins in
Bern auch dessen Einnahmen immer mehr gestiegen sind, so daß in
einzelnen Jahren des letzten Dezenniums über 10,000 bis 18,000
Franken verfügt werden konnte. Im Ganzen hat diese Gesellschaft
vom Anfang ihres Bestehens bis 1875 verbreitet: 69,872 Bibeln,
179,212 neue Testamente und 5440 Theile der heiligen Schrift.

Mit den Bibelgesellschaften der deutsch = reformirten Schweiz ste=
hen diejenigen der drei französischen Schweizerkantone, Genf, Waadt
und Neuenburg in mannigfacher Verbindung und letztere wieder unter
sich selbst. Schon die Lage von Genf an der Grenze gegen Frank=
reich und Italien veranlaßte die 1814 gegründete Bibelgesellschaft
zu einer sehr ausgedehnten Thätigkeit. Bis nach Sicilien wurden
Bibeln gesandt. Das Kriegsjahr 1870 brachte die sämmtlichen
Bibelgesellschaften in Beziehung zu einander für das gemeinschaft=
liche Werk der Austheilung heiliger Schrift unter den Internir=
ten der Bourbakischen Armee. Im Ganzen wurden unter diese
108,959 neue Testamente und Bibeltheile ausgetheilt, und die fran=
zösischredenden Kantone halfen mit ihren Vorräthen vielfach aus.[3])

---

[1]) Jahresb. 1871, pag. 6.
[2]) Jahresb. 1873, pag. 17.
[3]) Genferbericht Nr. 56 v. 1872.

Die Bibelgesellschaften von Lausanne (gegründet 1814) und Neuenburg (gegründet 1816) senden Bibeln, nicht nur in ihre Kantone,
sondern auch in die Nachbarländer. Die von diesen schweizerisch-
reformirten Kantonen verbreiteten Bibelübersetzungen sind die von
Martin und Osterwald. Die erstere, zuerst 1707 herausgekommen,
schließt sich mehr wörtlich an den Grundtext und ist vielfach holpericht,
die andere, zuerst 1744 erschienene und auf Grundlage der alten
Genferübersetzung von Rob. Olivetan gearbeitete, schloß sich mehr
der Sprache der Zeit an und ist freier und glätter. Im Jahr 1823
wurde eine Art Combination der beiden Uebersetzungen veranstaltet
und dieses ist denn auch die von genannten Bibelgesellschaften fast
ausschließlich verbreitete Uebersetzung [1]), die auch in den deutschen
Kantonen vielfachen Eingang unter den daselbst lebenden Französisch-
Reformirten gefunden hat. Umgekehrt gehen von Basel und Bern
tausende von französischen Bibeln in ebengenannter Uebersetzung in
die französischen Kantone.

Die gemeinsame Thätigkeit aller schweizerischen Bibelgesellschaften
weckte den Gedanken in Basel schon 1821, eine Versammlung von
Deputirten derselben zu veranstalten. Allein der Gedanke, der vielleicht mit zur Erfüllung des immer mehr hervortretenden Bedürfnisses
einer gemeinsamen berichtigten Bibelübersetzung, sowohl auf französischer als auf deutscher Seite geführt hätte, wurde nicht verwirklicht.

Dritter Abschnitt.

**Versuche zur Aufstellung einer einheitlichen Bibelübersetzung in der
deutsch-reformirten Schweiz.**

Schon der gelehrte J. H. Hottinger in Zürich war eben daran,
eine Zusammenkunft von tüchtigen Männern aus sämmtlichen refor-

---

[1]) S. Chantre les traductions nouvelles de la Bible in Etrennes chré-
tiennes. 1875. pag. 88.

mirten Kantonen zu veranlaßen, welche sich über eine schweizerische
Bibelübersetzung besprechen und zur Ausarbeitung einer solchen sich
verbinden sollten, als sein jäher Tod in den Fluthen der Limmat
das ganze Vorhaben zerstörte (1667).[1] Beinahe 200 Jahre gingen
vorüber, ehe wieder ein ähnlicher Gedanke erwachte. Im Jahre
1835 am 19. August erließ die Synode in St. Gallen die Einladung
an die reformirten Mitstände, sich zu einer gemeinschaftlichen Bibel=
übersetzungsarbeit zu vereinigen. Sie fand sofort auch den Beifall
der Thurgauschen Synode. Auf den Wunsch beider Synoden nahm
die Zürchersynode, nachdem sie sich für die Sache erklärt hatte, die
Angelegenheit an die Hand und stellte eine Commission auf, welche
die nöthigen Einleitungen zu treffen hatte. Sämmtliche deutsch=re=
formirte Kirchenbehörden und Synoden wurden zum Beitritt eingeladen.
Ein Paar Kantone lehnten die Mitwirkung entschieden ab. So Schaff=
hausen[2] und Basel=Stadt. Dagegen traten im Februar 1836 Ab=
geordnete der Kantone Zürich, Bern, Glarus, St. Gallen, Aargau
und Thurgau in Zürich zu einer Conferenz zusammen. Da hier die
Vertreter der drei kirchlichen Bibelübersetzungen je ihre besonderen
Interessen geltend machten, so vereinigte man sich schließlich zu dem
Grundsatz: „die Luthersche Bibelübersetzung soll dem neuen Bibel=
werk zum Grunde gelegt, daneben jedoch zunächst die Zürchersche und
Piscatorsche Uebersetzung beachtet werden."[3] Eine von den Kirchen=
behörden der vereinigten Kantone zu wählende Commission sollte die
Bearbeitung der neuen Uebersetzung durch freie Concurrenz erzielen.
Bevor die zweite Conferenz im Juni 1837 zusammen kam, traten
schon drei Kantone, Baselland, Appenzell und Glarus zurück. Zwar
constituirte sich ebengenannte Conferenz als Prüfungscommission und
faßte Beschlüsse bezüglich der künftigen Theilnehmer an der Ueber=
setzungsarbeit. Allein bald trat auch St. Gallen, etwas später Bern
zurück. Zürich suchte noch 1838 die übriggebliebenen Kantone Aar=
gau, Thurgau und Graubünden zur Ausführung des Werkes zu
verbinden, allein ohne Erfolg.

---

[1] J. H. Heidegger: historia de vita et obitu J. H. Hottingeri. Tig. 1667.
Fol. 37.

[2] 3. Dez. 1835.

[3] S. Finsler Statistik pag. 23 ff.

Im Jahr 1857 richtete der bekannte Palästinaerforscher, Dr. Titus Tobler aus Appenzell a. R. an die Regierung in Zürich ein Schreiben, in welchem er letztere dringend um Mitwirkung bat, daß in sämmtlichen reformirten Kantonen eine besondere kirchliche Hauptfeier auf den Charfreitag verlegt werde. Auf Einladung genannter Regierung versammelte sich im April 1858 in Zürich eine Conferenz von Abgeordneten der Kirchenbehörden sämmtlicher reformirter Kantone. Zum ersten Mal seit drei Jahrhunderten sah man die reformirten Kirchen der Schweiz in officieller Weise beisammen. Das zuerst an die Hand genommene Vereinigungswerk der Erhebung des Charfreitages zu einem hohen Festtage gelang vollständig und wurde innerhalb zweier Jahre in allen Kantonen durchgeführt. Ein zweites Unternehmen, die Errichtung einer gemeinschaftlichen Prüfungscommission für Theologen konnte schon der Sprachverschiedenheit wegen nicht alle Kantone umfassen. Mit Ausnahme von Bern und Graubünden traten aber in wenigen Jahren alle deutsch-reformirten Kantone bei. Der günstige Erfolg, den die Conferenz so in zwei wichtigen Punkten erreicht hatte, ließ mit Recht hoffen, es werde die Einigung auch auf andern Gebieten gelingen. In der zweiten Hauptversammlung im Juni 1859 wurde eine Anregung der Zürcher'schen Synode an die Conferenz gebracht bezüglich einer gemeinschaftlichen Bibelübersetzung. Die Veranlassung zu dieser Anregung gab zunächst die damals vorbereitete neue Auflage der Zürcher'schen Uebersetzung. Die Synode wollte, ehe eine gründlichere und umfassendere Revision vorgenommen würde, abwarten, ob nicht für mehrere reformirte Kantone der Schweiz eine gemeinsame Bibelübersetzung zu Stande kommen könne. Prof. Dr. Al. Schweizer beleuchtete die Angelegenheit in der Conferenz, und jetzt war die Stimmung der meisten Abgeordneten weit günstiger als 24 Jahre zuvor. Es wurde eine Commission zur nähern Untersuchung und Antragstellung niedergesetzt, an deren Spitze der Antistes der Baslerkirche, S. Preiswerk, trat. [1] Diese Commission legte der dritten Versammlung der Conferenz, 6. Juni 1860 die Grundsätze vor, nach denen gearbeitet werden sollte. [2] Da die-

---

[1] Protoc. der Conferenz von 1859, pag. 12 und 63.

[2] Conf. Prot. 1860, pag. 50.

selben nur innerhalb eines sehr kleinen Kreises bekannt geworden
sind, so mögen sie hier einen Platz finden:

1. Die evangelische Conferenz strebt eine gemeinsame kirchlich anerkannte Bibelübersetzung für die deutsche reformirte Schweiz
an und übernimmt zu diesem Zwecke eine Revision der Lutherschen Bibelübersetzung.

2. Bei dieser Revision sollen die nothwendigen Berichtigungen
durchweg im Ton und in der Sprache der Lutherschen Uebersetzung vorgenommen werden.

3. Die bekanntern und schon von Luther selbst am sorgfältigsten bearbeiteten Bücher der heiligen Schrift, namentlich das
neue Testament und der Psalter, sollen bei der Revision mit
besonderer Vorsicht behandelt werden und mit möglichster
Beibehaltung des Lutherschen Textes. Bei den andern Büchern hingegen, namentlich bei den übrigen poetischen und
bei den prophetischen Schriften des alten Testamentes müssen
der Berichtigung weniger enge Schranken gezogen werden.

4. Für das alte Testament wird der Masorethische Text angenommen; beim neuen Testament haben die Bearbeiter von
den Ergebnissen der Text-Kritik gewissenhaften Gebrauch zu
machen.

5. Für den deutschen Text ist Luthers Ausgabe letzter Hand in
Verbindung mit den jüngsten Ausgaben der Bibelgesellschaften zu Rathe zu ziehen.

6. Die vorzunehmende Berichtigung wird auch auf die apocryphischen Bücher des alten Testamentes, aber nur auf diejenigen sich erstrecken, welche sich in der Lutherschen Bibel
befinden.

7. Dem biblischen Text werden Summarien der Kapitel und
Parallelstellen beigefügt.

8. Zur Ausführung dieser Bibelrevision setzt die evangelische
Conferenz eine Commission von sieben Mitgliedern nieder.

9. Diese Commission hat sich nach den geeigneten Arbeitern umzusehen und sucht sich zur Förderung des Werkes mit den
schweizerischen Bibelgesellschaften ins Einverständniß zu setzen.

Diese Grundsätze wurden von der Conferenz angenommen und
nur noch ein Zusatz bezüglich der Kosten beigefügt. Sofort wurde

auch die in § 8 bezeichnete Commission gewählt. Diese bestand aus
den Herren Antistes Dr. th. Preiswerk in Basel, Kirchenrath J. Heß
in Zürich, Kirchenrath J. Scherrer in St. Gallen, Dekan M. Wirth in
Herisau (Appenzell a. R.), Dekan Dr. th. Rüetschi in Bern, Antistes
Dr. th. J. Kirchhofer in Schaffhausen und Kirchenrath A. Aepli in
Gachnang (Thurgau). Die Commission ging sofort an die Arbeit
und wählte sich aus verschiedenen Kantonen tüchtige Kenner des Alten
und des Neuen Testamentes. Um jedoch auf sicherm Boden zu gehen,
glaubte die Commission vorerst eine Uebersetzungsprobe ausarbeiten
zu sollen, und diese an die schweizerischen Kirchenbehörden und Bibel=
gesellschaften zu vertheilen, damit ihr etwaige Wünsche und Bemer=
kungen eingesandt werden könnten. Die Conferenz billigte in ihrer
am 28. Mai 1861 zu Basel abgehaltenen Versammlung[1] dieses Ver=
fahren. Die Probe erschien bald[2] und umfaßte einen historischen
(Gen. 1—4), einen poetischen (Ps. 18—25) und einen prophetischen
(Jes. Cap. 7—12) Abschnitt des alten Testamentes, und einen histo=
rischen (Matth. 1—7) und einen epistolischen (Gal. 1—6) Abschnitt
des neuen Testamentes. Wir fügen ein Paar Proben aus diesen
Abschnitten bei: Gen. 1, 27: „Mann und Weib schuf er sie". 2, 5:
„Und noch war kein Strauch des Feldes auf Erden und war kein
Kraut auf dem Felde gewachsen; denn Gott der Herr hatte noch
nicht regnen lassen auf Erden ꝛc." 3, 16: „Und dein Verlangen
soll nach deinem Mann sein." 4, 1: „Ich habe gewonnen einen
Mann mit dem Herrn." V. 7: „und nach dir steht ihr Verlangen,
du aber herrsche über sie." V. 23: „Einen Mann erschlug ich um
meine Wunde und einen Jüngling um meine Beule." — Zahlreicher
sind die Aenderungen in den Psalmen und dem Jesajah. Ps. 18, 5:
„die Bäche des Verderbens." V. 7: „da mir angst war, rief ich
den Herrn an und schrie zu meinem Gott, so erhörte er meine
Stimme von seinem Tempel und mein Geschrei kam vor ihn zu sei=
nen Ohren." V. 16: „da sah man Gründe des Wassers." V. 17:
„Er langte herab von der Höhe und ergriff mich." V. 22—25 ist
statt des Präsens das Imperfect genommen. V. 31: „die Rede des

---

[1] Protoc. 1861, pag. 12 ff.
[2] Basel bei J. Schneider. 1861.

Herrn ist durchläutert." V. 36: „Deine Rechte stärket mich und deine Lindigkeit macht mich groß." V. 40: „du gürtest mich mit Stärke zum Streit." V. 45—47: „Wenn sie vernehmen mit den Ohren, gehorchen sie mir; die Kinder der Fremde schmeicheln mir. Die Kinder der Fremde verzagen und zittern hervor aus ihren Schlössern. Der Herr lebt und gelobet ist mein Hort und hoch erhaben der Gott meines Heils." Pf. 21, 3—5 ist immer das Präsens in das Imperfect verwandelt. Pf. 22, 1: „Dem Vorsänger nach: „Hindin der Morgenröthe", ein Psalm Davids." V. 21: „mein Einziges." V. 22: „von den Hörnern der Büffel." 23, 2: „Er lagert mich auf grünen Auen und führet mich zu stillen Wassern." — Jesaj. 7, 20: „Zu derselbigen Zeit wird der Herr durch ein gemiethetes Scheermesser von jenseits des Stroms, durch den König von Assyrien abscheeren das Haupt und die Haare an den Füßen und auch den Bart wird er abnehmen." 8, 12: „Nennet nicht alles Bund, was dieses Volk Bund nennet." V. 19: „Ihr müsset die Wahrsager und Zeichendeuter fragen, die da wispeln und murmeln (so sprecht:) soll nicht ꝛc." 9, 1: „Doch wird nicht im Dunkel bleiben das Land, das also geängstigt wird; sondern wie die vorige Zeit gering hielt das Land Sebulon und das Land Naphthali, so wird die letzte Zeit es in Ehren halten, das Land am Meere, jenseits des Jordans, der Heiden Galiläa." V. 3: „Du machst des Volkes viel; deren Freude du nicht hattest groß gemacht, die freuen sich vor dir, wie man sich freuet in der Ernte, wie man fröhlich ist, wenn man Beute austheilet." V. 5: „Denn alle Rüstung des Gerüsteten im Kriegsgetümmel und blutiges Kleid wird verbrannt und mit Feuer verzehret werden." 10, 4: „So sie nicht als Gefangene sich beugen, werden sie als Erschlagene fallen." V. 15: „Als ob der Stecken führete den, der ihn hebet; als höbe die Ruthe den Mann." V. 16: „und unter seiner Herrlichkeit wird ein Brand angehen, wie eines Feuers Brand." V. 22: „Denn Verderben ist beschlossen, das einherströmt mit Gerechtigkeit." V. 23: „Denn der Herr, der Herr Zebaoth wird ein Verderben und einen Rathschluß vollführen im ganzen Land." Nur ganz wenige Aenderungen hat der Luthersche Text in den Capiteln aus dem Evangelium Matthäi erfahren, z. B. 1, 19: „wollte sie nicht zu Schanden bringen." V. 20: „was in ihr gezeuget ist, das ist vom heiligen Geist." 2, 13: „denn Herodes wird das Kindlein aufsuchen, es umzubringen." 3, 5: „die

ganze Umgegend des Jordan." 5, 18: „ein Pünktlein vom Gesetze."
6, 1: „Habt Acht auf eure guten Werke, daß ihr sie nicht thut vor
den Leuten." V. 25: „Sorget nicht um euer Leben." V. 28: „um
die Kleidung." Als Probe aus den circa zwanzig meist sehr leise
veränderten Stellen des Galaterbriefes mögen folgende Stellen dienen:
2, 4. 5: „Um der falschen Brüder willen aber, welche mit einge=
drungen und neben eingeschlichen waren, zu verkundschaften unsere
Freiheit, die wir haben in Christo Jesu, daß sie uns gefangen nähmen,
wichen wir auch nicht auf eine Stunde, denselbigen unterthan zu
sein." Luthers Uebersetzung „gerecht werden" wird immer mit „ge=
rechtfertigt werden" vertauscht, z. B. 2, 16. 17., 3, 8. 11. — 3, 11:
„der Gerechte wird des Glaubens leben." V. 13: „losgekauft."
V. 19: „um der Uebertretungen willen." 4, 25: denn Agar heißt
in Arabien der Berg Sinai und kommt überein mit dem Jerusalem,
das zu dieser Zeit ist, denn es ist dienstbar mit seinen Kindern."
5, 24: „haben Christum gekreuzigt." 6, 9: „denn so wir nicht ab=
lassen, werden wir auch ernten zu seiner Zeit."

Im Juni des folgenden Jahres 1862 konnte die Commission
der Conferenzversammlung in Basel Bericht über die Aufnahme der
Probeübersetzung geben. Der sehr einläßliche Bericht, den Dekan
Aepli Namens der Commission vorlegte, bezeugt, daß in sämmtlichen
reformirten Kantonen theils die Synoden, theils Bibelgesellschaften,
theils Pastoralvereine, theils Einzelne mit vielem Eifer und theil=
weise auch mit bedeutender Sachkenntniß sich der Prüfung der Vor=
lage unterzogen hatten. In den 39 schriftlichen Eingaben wurde
zwar das Unternehmen einer revidirten Uebersetzung von keiner Seite
als ein unzuläßiges oder etwa überflüssiges angefochten; dagegen tra=
ten drei verschiedene Richtungen hervor: 1) solche, welche dem von
der Commission eingeschlagenen Weg beinahe unbedingte Zustimmung
gaben (die Synoden und Bibelgesellschaften von Basel, Schaffhausen,
Appenzell, St. Gallen, Bündten) und fünf von acht Eingaben aus
dem Kanton Bern. Unter diesen, im Ganzen 24 Stimmen, waren
einige, welche in einzelnen Punkten eher wieder zu Luther zurückzu=
gehen riethen. 2) Solche, welche im Interesse philologischer Genauig=
keit ein von Luther unabhängigeres Verfahren wünschten (einzelne
Stimmen aus St. Gallen, Bündten und Glarus). 3) Solche, die
sich mit der in der Probe vorliegenden Revision so gut wie gar

nicht einverstanden erklärten (Zürich, eines der vier Kapitel des Thurgaus, drei Pastoralgesellschaften des Kantons Bern).

Es ist begreiflich, daß die Stimmen der ersten Klasse hauptsächlich aus denjenigen Kantonen hervorgingen, in denen die Luthersche Bibelübersetzung schon lange eingebürgert war, daß dagegen der dritten Klasse namentlich diejenigen Kantone angehörten, in welchen bisher eine andere Uebersetzung öffentliche Geltung hatte, oder wo die Lutherische erst in diesem Jahrhundert eine theilweise Verbreitung gefunden hatte. Thurgau nahm daher auch eine zuwartende Stellung ein. Entschieden ablehnend verhielt sich im Grunde nur Zürich. Noch ehe die Probearbeit ausgegeben war, wurde in der ordentlichen Winterversammlung der Synode am 6. November 1860 [1]) von Pfarrer Meyer in Rifferswyl im Einverständniß mit dem Kapitel Affoltern folgende Motion gestellt:

In Erwägung: 1) daß der Synodalbeschluß vom Juni 1858 zwar im Allgemeinen die Geneigtheit zur Theilnahme an einer schweizerischen Bibelübersetzung aussprach, daß aber darin keine unbedingte Vollmacht zur wirklichen Ausführung derselben lag; 2) daß die Grundsätze, welche die evangelische Conferenz in Betreff einer solchen Uebersetzung festgestellt hat, ein gänzliches Aufgeben der Zürcherschen Uebersetzung in sich schließen, ohne für dieses große der Zürcherschen Kirche zugemuthete Opfer ihr einen genügenden Ersatz in Aussicht zu stellen; 3) daß es daher Recht und Pflicht der Zürcher Synode ist, über jene Grundsätze ein wohl erwogenes Urtheil abzugeben, möge die Synode beschließen, es sei eine Commission beauftragt, die von der evangelischen Conferenz aufgestellten Grundsätze der projectirten Uebersetzung zu prüfen, sowie über die Wünschbarkeit der weitern Betheiligung Zürichs an diesem Werke in der nächsten Sitzung Bericht und Antrag zu stellen.

Die Synode erklärte die Motion für erheblich und wählte neben dem Antragsteller zu Mitgliedern der Commission Herrn Kirchenrath J. Heß, das Zürchersche Mitglied der Bibelübersetzungscommission, Prof. Sal. Vögelin, Pfarrer Usteri und Prof. Dr. Al. Schweizer. Bemerkenswerth ist, daß uns die ersten vier Männer schon oben als

---

[1]) Protoc. der Synode XXXVII. Zür. 1860, pag. 16.

Mitarbeiter der beiden letzten Ausgaben der Zürcherschen Bibelüber=
setzung begegnet sind. Die Synode beauftragte gleich am folgenden
Tage die ebengenannten Mitglieder der Synode, die ganze Angelegen=
heit im Sinn des Motionsstellers näher zu prüfen. In der ordent=
lichen Synode vom 29. October 1861 brachte der Kirchenrath in voller
Uebereinstimmung mit den ihm zur Begutachtung übergebenen An=
trägen der Commission folgenden Antrag an die Synode:

1. Die Synode ist zwar auch jetzt noch geneigt, zur Herstellung
einer gemeinsamen, zeitgemäßen Bibelübersetzung für die
deutsch=reformirte Schweiz mitzuwirken.

2. Sie kann sich jedoch mit den von der evangelischen Conferenz
hiefür aufgestellten Grundsätzen und mit der Art und Weise,
wie dieselben in der gedruckt vorliegenden Probearbeit ange=
wandt worden sind, nicht unbedingt einverstanden erklären,
sondern muß darauf dringen, daß vor Allem als Grundsatz
die Nothwendigkeit eines fortwährenden, treuen Anschlusses
an den Grundtext anerkannt, und daher bei der Durchfüh=
rung dieses Grundsatzes außer der Lutherschen Uebersetzung
auch die neueste, berichtigte Zürchersche Uebersetzung durch=
gehends sorgfältig berücksichtigt werde.

3. Sollte sich aber die evangelische Konferenz nicht dazu ver=
stehen können, diesen Ansichten beizustimmen, so müßte die
Synode ihrerseits es für ihre Pflicht erachten, die der Zür=
cherschen Kirche seit den Tagen der Reformation eigenthüm=
liche, kirchlich eingeführte und von Zeit zu Zeit revidirte
Bibelübersetzung beizubehalten.

Dieser Beschluß wurde nebst weitern Erläuterungen dem Präsi=
denten der evangelischen Conferenz, Antistes Preiswerk, mitgetheilt,
sodann von der Uebersetzungscommission in Verbindung mit den
übrigen Eingaben in Erwägung gezogen. Es war unstreitig keine
leichte Aufgabe, einen Faden zu finden, der durch das Gewirr so
verschiedener, zum Theil vollständig entgegengesetzter Ansichten und
Wünsche hindurchleiten sollte. Dazu kamen noch Mißverständnisse
bezüglich des zweiten und dritten Artikels der Grundsätze, als ob es
sich darum handle, „die vom Grundtext der Schrift selbst gebotene
Berichtigung auf eine dem Sinn und Geist der evangelisch=reformir=
ten Kirche widersprechende Weise durch die Autorität Luthers zu

beschränken", Mißverständnisse, welche die Commission durch folgende
Erläuterung zu beseitigen sich veranlaßt fand. „Wenn die nothwen=
digen Berichtigungen auch durchweg in der Sprache der Lutherschen
Uebersetzung vorgenommen werden sollen, so ist damit nicht gemeint,
daß sprachlich Unrichtiges, sowie gänzlich veraltete und unverständlich
gewordene Ausdrücke beizubehalten seien, nur sind die Berichtigungen
in der Sprachweise Luthers vorzunehmen. Im Fernern soll aller=
dings die Revision der von Luther selbst am sorgfältigsten bearbei=
teten Bücher der heiligen Schrift mit besonderer Vorsicht behandelt
werden; jedoch ist es selbstverständlich, daß, wo Luther entschieden
unrichtig übersetzt hat, der Grundtext als maßgebend anerkannt werde,
und die Berichtigungen demselben gemäß zu geschehen haben."

In der schon genannten Versammlung der evangelischen Confe=
renz in Basel 1862 wurde ungeachtet aller Schwierigkeiten einstimmig
beschlossen, die Arbeit fortzusetzen. Man sprach es zwar offen aus,
„es werde nicht nur von keiner Seite eine bestimmte Anerkennung
der Arbeit zu erwarten sein, bis diese wirklich vollendet vorliege,
sondern sie werde auch dann wohl an den meisten Orten weniger
durch Hülfe und Unterstützung der Kirchenbehörden, als durch ihre
eigenen innern und äußern Vorzüge sich den Eingang in die Kirche
und in das Volk verschaffen müssen." Aufmunternd mußte es auch
für die Conferenz sein, daß von einzelnen Bibelgesellschaften namhafte
Beiträge an den Unkosten zugesagt wurde, wie von derjenigen von
Basel, welche die Druckkosten der Revisionsprobe übernommen und
weitere Beiträge in Aussicht gestellt hat, von derjenigen in St. Gallen,
welche Fr. 500, und von den beiden in Schaffhausen und Bündten,
welche je Fr. 200 zur Unterstützung der Arbeit bestimmt haben.

Die Commission arbeitete nunmehr einige Jahre hindurch mit
den beigezogenen Mitübersetzern rüstig fort. Jedes Buch wurde
einem Hauptarbeiter zugewiesen, der dasselbe nach seiner Vollendung
einem Superrevisor zu übergeben hatte. Es mochte schon der größere
Theil der Bücher des alten und des neuen Testamentes fertig ge=
worden sein: da trat ein Stillstand ein. Zwei sehr eifrige Mit=
glieder, der Präsident, Antistes Preiswerk und Antistes Kirchhofer
starben. Niemand wurde an ihre Stelle gewählt; denn auch die
evangelische Conferenz kam seit 1862 nie mehr zusammen. In der
Stille wurde noch von einigen Mitgliedern der verwaisten Commission

fortgearbeitet, und in einigen Pfarrhäusern harrten die gemachten Arbeiten ihrer Erlösung aus der unverdienten Vergessenheit. Eine von der Versammlung der Vermittlungstheologen 1872 gemachte Anregung, die Angelegenheit wieder aufzunehmen, hat vorläufig den Erfolg gehabt, daß wenigstens an die Sache wieder erinnert wurde. Der Synodalausschuß von Bern sprach den Wunsch gegen den Zürcherschen Kirchenrath aus, es möchte die abgebrochene Arbeit wieder aufgenommen werden. Letzterer wies auf den 1861 gefaßten Beschluß der Zürchersynode hin und auf die unterdessen vorgenommenen Revisionen der Zürcherübersetzung. Der Kirchenrath beschränkte sich deßhalb darauf, das Anerbieten des Herrn Kirchenrathes J. Heß anzunehmen, er wolle die noch lebenden Mitglieder der seiner Zeit mit der Bibelrevision beauftragten Commission bei Anlaß der Predigergesellschaft in Aarau (1873) zusammenrufen, damit das in Sachen Thunliche beschlossen werden könne. Es fand dann auch diese Conferenz statt und übergab die weitere Förderung der Sache dem bernischen Synodalausschuß, dem sie auch das Material, so weit es noch vorhanden war, mittheilte.[1] Unterdessen hat Zürich die oben besprochene neu revidirte Uebersetzung vom Jahr 1868 herausgegeben und damit dem genannten Synodalbeschluß einen thatsächlichen Ausdruck verliehen, und wir werden, am Schluß unserer Arbeit angekommen, die einem großen Theile nach sich mit der Zürcherübersetzung zu beschäftigen hatte, nicht umhin können zu gestehen, daß die Zürcherkirche ein volles Recht hat, ein Werk, das mit ihrer kirchlichen Geschichte so enge verbunden ist, nur dann aufzugeben, wenn ein wirklich besseres an seine Stelle getreten sein wird. Ist aber die Zürcherübersetzung namentlich in den historischen Büchern und im ganzen neuen Testament von der Lutherschen Uebersetzung ausgegangen, und trägt sie auch in ihrer selbstständigen Fortbildung bis zu der letzten Ausgabe noch vielfach die Spuren ihrer ersten Gestalt an sich, so dürfte hieran sich die Möglichkeit einer Vereinigung mit den Kantonen anknüpfen, welche bisher die Luthersche Bibel hatten oder in die sie allmählig eingedrungen ist. Es wird nur darauf hauptsächlich

---

[1] Protoc. der Synode der Zür. Geistlichkeit. LVII. v. 24. u. 25. Nov. 1874. pag. 35 f.

ankommen, daß auf beiden Seiten weder Vorliebe, noch Befangenheit den Blick in den Grundtext trübt.

Wir schließen daher gerne mit dem hoffnungsreichen Ausblick, den der Berichterstatter der Uebersetzungscommission, Herr Dekan Aepli, in seinem Bericht an die evangelische Conferenz gibt: „Es läßt, wie uns scheint, das, was schon vorliegt, kaum zweifeln, daß einerseits in unserm Lande überall da, wo die Lutherische Ueber= setzung schon eingebürgert ist, eine Revision, mit ernstem Fleiß, mit Gründlichkeit und Vorsicht ausgeführt, dem größten Theil unserer Glaubensgenossen willkommen sein wird, und daß anderseits aber auch eine solche Revision von dem Boden aus, wo Luthers Uebersetzung schon heimisch war, weit eher, als die unrevidirte Uebersetzung, sich auch den Theil der Kirche erobern wird, dem bisher die Lutherische Uebersetzung fremd geblieben war." [1]

[1] Protocoll d. fünften ev. Conferenz. 17. 18. Juni 1862. pag. 16.

Sprachlicher Anhang.

———

Folgende wenige Proben eigenthümlicher Ausdrücke sind den in dieser Hinsicht besonders reichen ersten Zürcher Ausgaben des alten Testamentes von 1529—34 entnommen. Sie machen keinen Anspruch auf Vollständigkeit, sondern wollen nur zu weitern Forschungen anregen. Zugleich möchten sie den des Schweizerdialectes weniger Kundigen beim Lesen der aus den ältern Bibeln gewählten Stellen unterstützen.

Aglen — Abfälle von Hanf.

ägerte, f. — unfruchtbares, unbebautes Land. Pf. 101, 34.

anken, m. — Butter.

ankuchen — anhauchen.

ätty — Vater.

aufrupfen — aufrücken (einem etwas).

beleyten — führen. Jes. 58.

baaben — boken. Jer. 3. (Gloffe: baaben sind weibesche nerrische jüngling).

benotzogen — nothzüchtigen.

bescheyßen — betrügen.

bichen — L. ausschroten. Jer. 48.

bickel, m. — spitze Hacke.

bilgery — Pilger. Pf. 119.

bitschelring — Siegelring. Jes. 22.

bletschen — herunterfallen.

böfel — Pöbel. Jes. 39.

bschroten — abscheeren (vom Bart). Jes. 15.

brunz, m. — Urin.

bühel — Hügel.

burde, burdy — Luther: Laft (von prophetischen Weissagungen).

byspylen — ein Beispiel geben.

byftell, f. — L.: Ueberschwelle. (Jer. 6.)

cörpel — körper.

baraften — dahinter.

bärtsche od. bartsche, f. — Schild. Jes. 46.

dören — dürfen.

ducht, m. — der Sinn (eines Wortes. Vorr. zur Genef.

dünkly — dunkelheit.

einliffte (der) — der eilfte.

erbämfen — kehren, wegfegen.

erkelen (von den Zähnen) — stumpf werden. Luth. Jer. 31.

erhummen — erschrecken. Jer. 13, 8. Jes. 29, 41.

erklupft — erschroken. Dan. 2.

entschütten — entsetzen (eine Festung). Jes. 43, 1.

erfyhen — versiegen. Jes. 19.

erwütschen — erwischen. Jes. 41.

Fächung, f. — die Messung. Ez. 48.

fechten (gefochten) — messen. Jes. 40.

fetzen — spotten, verlachen. Gal. 6.

funst, f. — Faust.

furhen, f. — die Furche.
fürpündig — trefflich.
füßen — mit Füßen treten. Jes. 63.

gilgen, f. — Lilie.
gitzli — junge Ziege. Cant. c. c. 1.
glaft, m. — glanz. — Glaften — glänzen.
glefe, f. — Spieß. Jes. 2.
gmeinder, m. — Genosse. Jer. 1.
gnüchtig — von einem Lande, das genug Früchte hervorbringt. Jer. 2, 7.
görpsen — rülpsen. Hof. 8.
gouff, m. — Faust.
goumen (sich) — sich fürchten, scheuen. Jes. 3, 1. Auch — Acht haben. Jes. 7, 4: „goum din", nimm dich in Acht.
gumpen — aufspringen. Hab. 3.
Güsel — Kehricht. 1 Cor. 4, 13.
Gyselfräßer — Geißeltreiber. Hiob 39, 7.

Halbörtler, m. — ein halbes Oertlein (eine schweiz. Geldmünze). Jes. 9.
hauffen (sich) — sich versammeln. Dan. 6.
Himmelküster — Sternenbeobachter, Astrolog. Jes. 47.
hindersäßen — Ansaßen. Ez. 4.
hirten — weiden. Ps. 23.
hocken — („die Sünde vor der Thür"). Gen. 4.
hön — böse, erzürnt. Jon. 4.
höwstöffel, m. — Heuschrecke (auch höwstöffel).
hölmen, m. — der Halm. Jes. 11.
Hüly, f. — die Höhle.

Jme, ymy, n. — ein kleines Fruchtmaß. Jes. 5.
Jüntly, n. — ein kurzes Kleid.

Klapperlaute — Klatscher. Prov. 21.
klöpfen — knallen mit der Geißel. Nah. 3.
Knastle, f. — das Geknister. Ez. 1.

kommlich — gut, zweckmäßig. Gen. 2: Es ist nit kommlich, das der mensch ꝛc.
kubeysch, m. — Kuhmist. Luth. Ezech. 5.
kündig — klug. Jer. 32, 5.
lyb, m. — schlechtigkeit, auch: schlechter mensch.
küssy, n. — kissen.

lätsch, m. — Knoten einer Schlinge. 2 Sam. 25, 30.
lägelin, n. — Fäßchen. Ps. 56, 9.
lätt — Thon. Gen. 11, 3. lättgraben — Thongrube. Gen. 14, 10.
landzügel — der durch das Land ziehende Fremde.
laußen — lauern. Ps. 10.
lender, m. — (Was man an den Lenden trägt) Gürtel. Jer. 3, 1.
losen — hören. (Du hast geloßt der stimm deines weybs.)
lugen — schauen. Impr.: lug.
lurzgen — undeutlich reden. Jes. 32, 3.

maßleybig — übelgelaunt. Ps. 118, 46.
mase, f. — Flecken.
metzgen — schlachten.
milttow — Mehlthau.
inmitz — mitten in.
muten (an dich) — dir die Zumuthung machen. Jer. 32.
muglos — unvermögend, kraftlos. Jesaias 29.

Nachbur m. — der Nachbar.
Nachleibschen, Nachleibeten, f. — Rest. Jer. 10, 22. Jes. 11.
neißwas — irgend etwas.
niemar — niemals, Ecc. 6.
niena — nirgends.
nynist — endlich einmal.

ögen (sich) — offenbar werden. Prov. 14, 33.

pärlenſiech — apoplettiſch, lahm.

pfauſen — ſchnauben, ſchnaufen (mit Geräuſch).

pfleg, n. — Luth. Vorhof. Jeſ. 1.

pfäzen — kneipen, z. B. mit einer Zange.

pfuchzen — ſpeyen. Jer. 19.

pfulmen, m. — größeres Kiſſen.

Pfummet — Pfoſten oder auch — Fundament.

Pißz, n. — das Gebiß.

Präſten, m. — Fehler oder irgend ein körperl. Leiden.

pfyſen — einen mit leiſem Pfeiffen rufen. Jeſ. 7.

räterſchen, m. — das Räthſel.

raſpen — zuſammenraffen. Hab. 2, 9.

rinfertig — gewandt. Jer. 4, 13.

runnen — einflüſtern, ins Ohr ſagen. Jeſ. 5.

rüfinen oder bergrunſen — Bergabhänge. Jeſ. 57, 6.

ryteren, f. oder wannen — ſieben, mit der Wanne reinigen. Amos 9.

ſägyſen, f. — Senſe.

ſam — wie, gleichwie.

ſchaben, f. — die Molte, auch der ſchab. Dan. 5.

ſchaarecht — ſchaarweiſe. Prov. 30.

ſchabab, m. — Auskehricht. Jeſ, 7.

Scheuchen, n. — die Scheu.

ſchlinkern — ſchleudern. 1 Sam, 25, 30.

ſchleizen — ſchleifen, z. B. eine Stadt.

Schlezrägen, m. — der Platzregen. Ez. 39.

ſchmützen — ſchmähen.

ſummerlauben, f. — Corridor. Jer. 2, 2.

Schwelm, m. — die Schwalbe.

Schwäbel, m. — der Schwefel.

ſchwäglen — pfeifen, flöten.

ſchweinen — verſchwinden. Prov. 34, 30.

ſchüglich — abſcheulich. Jer. 8.

ſinne — die Größe oder Höhe eines Maaßes. Ez. 45.

ſtalden, m. — Damm. Jeſ. 7.

ſtreychmaſen, f. — Striemen.

ſünbfluß, m. — die Sünbfluth.

ſüttig — ſiebenheiß.

ſöb, m. — die Ciſterne. Jer. 2, 15.

tolber, m. oder tolben — die Blüthenkrone oder der Wipfel eines Baums. Ez. 31.

tölle, f. — Herrlichkeit, Schönheit.

trähen, f. — Thränen.

tratzen — einem etwas zum Trotz thun, höhnen.

tropfſchlägig, gutſchlägig — apoplectiſch. Matth. 9.

trotte, f. Kelter. Jeſ. 4,

trümnlen — taumeln.

vffſaz tun — einem auffäzig ſein. Jeſ. 33, 1.

uffrupfen — vorrücken, vorwerfen.

ufmuzen, z. B. Kinder — auferziehen. Jeſ. 23, 4.

vfwütſchen — aufbrauſen (v. Wellen). Jeſ. 5.

unberjöchig — unter dem Joche ſtehend (von einem Rind). Jeſ. 63.

unwürſe f. — zorn. Pſ. 56, 8. — die unwürſig—das Schreckliche. Thron. 4.

vrſtende, f. — die Auferſtehung. Jeſ. 26.

ürte, f. — die Zeche.

uftennen — ausdehnen.

üzib — etwas.

vergoumen — warnen.

verhergen — ſchaben. Verherger — Verderber. Jer. 12.

verkanet — niedergebrückt.

vermazgen — beflecken. Jeſ. 9. Jer. 23.

verflözen — überſchwemmen. Jer. 47.

verhuchzen (zum) — zum Fluch. Jer. 25.

vernümgernen — die Lust büßen. Ez.
23, 17 oder: müde, überdrüßig wer=
den. V. 22.

verschlyßen — zerreißen. Jes. 51.

verschoppen — verstopfen (die Ohren).

verschupfen — verstoßen. Hiob 5.

versupfen — austrinken. Hiob 40.

vilen — vermehren. Jes. 9.

Vorschopf, m. oder: Helmhaus, n. —
L.: Umgang. 1 Reg. 6, 5. Vorhalle.

Viechmeister — Hirte. Amos 1.

wäger — beßer

Walker — Färber.

weerd, n. — Insel.

Wetty, f. — Teich. Jes. 22. Jes. 26.

Wassergumpen — Wasserteich.

rvhylen — wiehern.

Wiederäferung, f. (des Gesetzes) — Deu=
teronomium.

Wümmend, m. — Weinlese.

wullß und liniß — Wollenes und Lei=
nernes.

Wupp — Aufruhr. Jer. 29.

Würinnen, f. — Dämme. Jer. 8.

würsend, ein würsender Splyß — ein
schmerzender Splitter.

wurzen — Wurzeln bekommen. Jer. 37.

wutschen — aufpassen (einem). Jes. 41.

wyg, m. — der Weihe.

zerknötzen — zusammenbrücken. Ez. 23.

zerknütscht — zusammengedrückt.

zerknitscht — zerknirscht. Jes. 57.

zermürsen — zerstoßen.

zyt, n. — die Uhr.

zulugen — zuschauen.

Einige Bemerkungen über die grammatischen und syntactischen Eigenthümlichkeiten.

Eigenthümlichkeiten grammatischer Art sind unter Anderm fol=
gende. Im Plural der Substantive fehlt oft die Endung, z. B.
die gött (götter), die wort (die worte oder wörter), die küng (die
könige). Viele Substantive haben ein abweichendes genus, z. B. der
last (die Last), der schlang (die Schlange, Jes. 26), der blum (die
Blume), der luft (die Luft, Jes. 40), der flamm (die Flamme, Jes. 43),
der speyß (die Speise), der hand (mein Hand, Hiob 35), der gewalt
(die gewalt). —

Im Verbum wird statt des erzählenden Imperfects fast regel=
mäßig das Perfect gebraucht, doch fehlt jenes nicht ganz, z. B.: er
schrey = er schrie, er leyd = er litt. Ich hort = ich hörte, sie zu=

genb = fie zogen. In der 1., 2. und 3. Perf. Pluralis des Präfens
wechſelt die Endung ind und end, z. B.: wir wöllend, w. wandlind,
ihr erſcheynend, ihr zerträttind, ſie beſchämind, ſie brennend. — Un=
regelm. Endung: ſy lond (laſſen), gond (gehen). — 3. Perf. Sing.:
er treyt (trägt), leyt (legt), ſtand (ſteht), wandt (wendet). — Das
Verbum „ſein“ hat in allen 3 Perſonen des Präf. Plur. immer
„ſind“, ſeltener: ſygind. Dem Part. Perf. fehlt oft die Vorſilbe ge,
z. B. fräßen ſtatt gefreſſen, worden ſt. geworden, uffbracht ſt. aufge=
bracht (aufgezogen Jeſ. 1), anzündt ſt. angezündet (Jeſ. 9), geben ſt.
gegeben, doch auch: gleyt = gelegt, gethon == gethan, geſchlagen. Die
2. Perf. Imper. Sing. ſtets ohne e: gang = gehe, ſag = ſage, ſchrey
und frolock = ſchreie und frohlocke, erwig = erwäge, verſtopf = ver=
ſtopfe. Die 3. Perf. Plur. Präf. Conj. endet regelmäßig mit ind,
kommind, ſygind. — Auch in ſyntactiſcher Hinſicht finden ſich manche
Eigenthümlichkeiten, z. B. das Part. Präf. hat im Plural die En=
dung e, wo es durch die Copula „ſind“ mit einem Plural verbunden
iſt, z. B. „die böum ſind wachſende“. Auch eigenthümliche Verbal=
conſtructionen, z. B. eines külins gläben (von einer kleinen Kuh das
Leben friſten, Jeſ. 7), fragend radt = fraget um Rath, Jeſ. 8, Lich=
tes mangeln, mir ſchücht (ich ſcheue mich, Jeſ. 31), ſich der Geſetze
halten, Jeſ. 42 (ſich an die Geſetze halten).

Berichtigungen.

Seite 4, Zeile 7 von Oben: der statt das.

 " 6,   " 12 v. O.: mendacissimum st. mendacinimum

 " 7, Anmerk. 1: genannt st. gemeint.

 " 18, Zeile 2 von Unten: welche st. welcher.

 " 19,   " 2 v. O.: haben st. hat.

 " 24,   " 4 v. O.: ihnen st. ihm.

 " 46,   " 8 v. U.: denn st. dene.

 " 52,   " 2 v. O.: ne␣wes st. neures.

 " 86, Anmerk. 2: Luth. st. Basl.

 " 95, Zeile 11 v. O.: haben st. . . .

 " 96,   " 16 v. U.: מ st. ב.

 " 106, Anmerk. 1: Fritzsche st. Fritsche.

 " 152, Zeile 1 v. O.: seiner st. seine.

 " 156,   " 13 v. U.: ו st. ר.

 " 160,   " 5 v. U.: 1667 st. 1669.

 " 193,   " 7 v. U.: hatte sie st. hatten.

 " 197,   " 9 v. U.: soll st. sei.

 " 203 Oben: Vierter A. st. Dritter.

 " 204, Zeile 10 v. U.: Brieg st. Begg.

 " 214,   " 8 v. O.: δογ st. δ⸗δ.

 " 222: Vor „A. Die Uebersetzungsthätigkeit ꝛc." fehlt die Ueberschrift:
          „Erster Abschnitt. Die Zürcher Bibelübersetzung."

 " 286, Zeile 10 v. O.: gefunden st. gesundem.

 " 349,   " 10 v. U.: Malealim st. Malalayalim.

 " 380,   " 14 v. O.: obengen. st. ebengen.